# As formas elementares da vida religiosa

*O livro é a porta que se abre para a realização do homem.*

Jair Lot Vieira

Émile
Durkheim

# As formas elementares da vida religiosa

## O sistema totêmico na Austrália

Tradução, introdução e notas
**Rafael Faraco Benthien**
Graduado em História pela UFPR, e mestre e doutor em História Social pela USP.
Professor junto ao departamento de História e
ao Programa de pós-graduação em História da UFPR.
Secretário do Centro Brasileiro de Estudos Durkheimianos e
codiretor da coleção "Biblioteca Durkheimiana", publicada pela EDUSP.

**Raquel Andrade Weiss**
Graduada em Ciências Sociais, mestre em Sociologia e doutora em Filosofia pela USP.
Professora associada do departamento de Sociologia e
do Programa de pós-graduação em Sociologia da UFRGS.
Coordenadora do Centro Brasileiro de Estudos Durkheimianos e
codiretora da coleção "Biblioteca Durkheimiana", publicada pela EDUSP.

Copyright da tradução e desta edição © 2022 by Edipro Edições Profissionais Ltda.

Título original: *Les formes élémentaires de la vie religieuse: le système totémique en Australie.* Traduzido a partir da primeira edição, publicada em Paris, em 1912, pela Librairie Félix Alcan, sob a supervisão do autor.

Todos os direitos reservados. Nenhuma parte deste livro poderá ser reproduzida ou transmitida de qualquer forma ou por quaisquer meios, eletrônicos ou mecânicos, incluindo fotocópia, gravação ou qualquer sistema de armazenamento e recuperação de informações, sem permissão por escrito do editor.

Grafia conforme o novo Acordo Ortográfico da Língua Portuguesa.

1ª edição, 2022.

**Editores:** Jair Lot Vieira e Maíra Lot Vieira Micales
**Coordenação editorial:** Fernanda Godoy Tarcinalli
**Revisão técnica:** Rafael Faraco Benthien e Raquel Andrade Weiss
**Revisão:** Brendha Rodrigues Barreto, Fernanda Godoy Tarcinalli e Júlia Nejelsch Trujillo
**Diagramação:** Ana Laura Padovan, Karina Tenório e Karine Moreto de Almeida
**Capa:** Danielle Mariotin
**Adaptação de capa:** Karine Moreto de Almeida

---

Dados Internacionais de Catalogação na Publicação (CIP)
(Câmara Brasileira do Livro, SP, Brasil)

---

Durkheim, Émile, 1858-1917

   As formas elementares da vida religiosa : o sistema totêmico na Austrália / Émile Durkheim ; tradução, revisão técnica e notas de Rafael Faraco Benthien, Raquel Andrade Weiss. – São Paulo : Edipro, 2022.

   Título original: Les formes élémentaires de la vie religieuse

   ISBN 978-65-5660-054-3 (impresso)
   ISBN 978-65-5660-055-0 (e-pub)

   1. Cultos 2. Religião e sociologia 3. Religião primitiva 4. Totemismo 5. Totemismo - Austrália I. Benthien, Rafael Faraco. II. Weiss, Raquel Andrade. III. Título.

21-83049                                                                 CDD-306.6

---

Índice para catálogo sistemático:
1. Religião e sociologia : 306.6

Maria Alice Ferreira – Bibliotecária – CRB-8/7964

São Paulo: (11) 3107-7050 • Bauru: (14) 3234-4121
www.edipro.com.br • edipro@edipro.com.br
@editoraedipro   @editoraedipro

# Sumário

Introdução a uma nova edição brasileira ..................  7

## AS FORMAS ELEMENTARES DA VIDA RELIGIOSA
### O sistema totêmico na Austrália

Introdução – Objeto da pesquisa ..........................................  27
Sociologia religiosa e teoria do conhecimento ..................  27

**Livro I – Questões Preliminares** ..........................  47
Capítulo I – Definição do fenômeno religioso e da religião ........  49
Capítulo II – As principais concepções da religião elementar ......  77
I – O animismo .................................................................  77
Capítulo III – As principais concepções da religião elementar (*continuação*) ..........................................................  101
II – O naturismo ..............................................................  101
Capítulo IV – O totemismo como religião elementar ............  119
Histórico da questão – Método para tratá-la ...............  119

**Livro II – As crenças elementares** ..........................  133
Capítulo I – As crenças propriamente totêmicas ...............  135
O totem como nome e como emblema ...........................  135

Capítulo II – As crenças propriamente totêmicas (*continuação*) ... 167
   O animal totêmico e o ser humano ................................................. 167
Capítulo III – As crenças propriamente totêmicas (*continuação*) 183
   O sistema cosmológico do totemismo e a noção de gênero ........ 183
Capítulo IV – As crenças propriamente totêmicas (*fim*) ............... 201
   O totem individual e o totem sexual ............................................... 201
Capítulo V – Origem dessas crenças .................................................. 213
   Exame crítico das teorias .................................................................. 213
Capítulo VI – Origem dessas crenças (*continuação*) ..................... 237
   A noção de princípio, ou *mana* totêmico, e a ideia de força ....... 237
Capítulo VII – Origem dessas crenças (*fim*) ................................... 257
   Gênese da noção de princípio ou *mana* totêmico ........................ 257
Capítulo VIII – A noção de alma ........................................................ 295
Capítulo IX – A noção de espíritos e de deuses .............................. 331

Livro III – As principais atitudes rituais ................................. 359
Capítulo I – O culto negativo e suas funções – Os ritos ascéticos  361
Capítulo II – O culto positivo ............................................................. 391
   I – Os elementos do sacrifício ........................................................... 391
Capítulo III – O culto positivo (*continuação*) ................................ 419
   II – Os ritos miméticos e o princípio da causalidade ................... 419
Capítulo IV – O culto positivo (*fim*) ................................................ 439
   III – Os ritos representativos ou comemorativos .......................... 439
Capítulo V – Os ritos piaculares e a ambiguidade da noção do sagrado ................................................................................................. 459

Conclusão ............................................................................................... 489
Sinopse dos temas ................................................................................ 523
Índice onomástico ................................................................................ 535
Mapa etnográfico da Austrália .......................................................... 542

# Introdução a uma nova edição brasileira
## Ler *As Formas Elementares da Vida Religiosa* no século XXI

Em junho de 1912, Émile Durkheim (1858-1917) lançou aquele que seria seu derradeiro livro autoral publicado em vida, *As Formas Elementares da Vida Religiosa*. Saudado por muitos de seus contemporâneos como uma "obra-prima", ou mesmo "a grande obra" do autor, tal trabalho logrou atravessar o século XX e mantém-se, atualmente, leitura frequente nos cursos de ciências sociais mundo afora. Nesse ínterim, mudaram as indagações que se dirigem ao livro, bem como as respostas que nele se espera encontrar. Sua própria fatura sofreu com o tempo, sendo alterada em sucessivas edições e traduções, as quais dão ensejo a interessantes discussões.

Nos primeiros dias de janeiro de 2017, a Edipro, sensível à importância e à riqueza da obra, uma das poucas que ainda não figuravam em seu catálogo, entrou em contato com pesquisadores ligados ao Centro Brasileiro de Estudos Durkheimianos. Seu propósito inicial era nos sondar quanto à possibilidade de se produzir no Brasil uma nova tradução. Seguiu-se então, entre nós e a editora, uma série de discussões acerca da pertinência e do escopo do projeto. O fato é que o leitor lusófono tem ao seu alcance outras versões consolidadas deste livro, muitas delas produzidas por competentes tradutores e disponíveis em bibliotecas e livrarias nacionais.[1] Haveria espaço para mais uma? Se sim, o que a diferenciaria das demais?

---

1. Fragmentos de *As Formas Elementares da Vida Religiosa* foram traduzidos no Brasil a partir dos anos 1970. Nos quadros da coleção "Grandes Cientistas Sociais", da editora Ática, no vo-

É verdade que essas inquietações bem podem ser resolvidas por um destes cômodos argumentos de autoridade: uma tradução elaborada por uma nova geração de especialistas deve obrigatoriamente ser superior às demais. Tal ajuizamento não condiz, contudo, com a dinâmica própria da produção do conhecimento científico, a qual, diante de realidades complexas, prega cautela, transparência e humildade. Não custa lembrar que até os mais renomados especialistas têm o direito, ou mesmo a obrigação, de desconfiar dos dados e das interpretações de seus colegas, colocando-os à prova. Ser considerado um especialista, ou apresentar-se como tal, não garante de forma alguma a posse de verdades absolutas sobre determinado tema; implica, antes, estar contínua e seriamente engajado tanto na produção de mais amplas verdades quanto na revisão daquelas consideradas estabelecidas.[2] Trata-se, enfim, de uma inquietude.

Além disso, há a questão da linguagem e da tradução. Ninguém, por mais competente que seja, encerra em si mesmo a totalidade de uma língua. O ato de traduzir invariavelmente envolve, no descompasso entre os conhecimentos dos tradutores e a fatura expressiva do texto, escolhas. Concordamos com o filólogo francês Jean Bollack quando afirma que "todo leitor se encontra engajado, queira ou não, em uma história da tradução, diante da qual precisa tomar partido"[3]. A produção textual pressupõe, por si só, uma posição de seu autor diante do mundo, para a qual concorrem seu passado,

---

lume consagrado a Durkheim e organizado por José Albertino Rodrigues, tal trabalho coube a Laura Natal Rodrigues. Uma porção um pouco mais alentada da obra foi publicada pela editora Abril, no volume dedicado ao sociólogo francês da coleção "Os Pensadores", com seleção de textos de José Arthur Giannotti e tradução de Carlos Alberto Ribeiro de Moura. A partir do final dos anos 1980, enfim, o público brasileiro pôde contar com a integralidade da obra vertida ao português. Seus tradutores foram Joaquim Pereira Neto, pela editora Paulinas (1989), e Paulo Neves, pela editora Martins Fontes (1996). A editora Paulus relançou recentemente a primeira tradução, enquanto a Martins Fontes continua reimprimindo a segunda. Em Portugal, a editora Oeiras publicou apenas em 2002 uma tradução integral da mesma obra, trabalho realizado por Miguel Serras Pereira.

2. O cenário que caracteriza os estudos durkheimianos atuais é bastante diversificado e repleto de interessantes controvérsias. Em termos morfológicos, ele engaja pesquisadores de várias nacionalidades, os quais encontram-se federados em centros de pesquisa como o British Centre for Durkheimian Studies (Oxford), o Centre d'Études Durkheimiennes (Paris), o Laboratoire d'études durkheimiennes (Montreal) e o nosso centro brasileiro, para mencionar apenas alguns casos. Neles, discute-se não apenas a história das ciências sociais francesas e sua influência mundo afora, mas também a dimensão teórica dessa produção e sua eventual atualidade em relação ao tratamento de questões centrais para a contemporaneidade. Para uma visão panorâmica desses estudos, ver: Raquel Weiss e Rafael Faraco Benthien, "100 anos sem Durkheim, 100 anos com Durkheim". In: *Sociologias*, n. 44, 2017, p. 16-36 (Disponível em: http://seer.ufrgs.br/index.php/sociologias/article/view/72915. Acesso em: 22 jul. 2021.).

3. Jean Bollack *apud* Marc de Launay, *Qu'est-ce que traduire?* Paris, Vrin, 2006, p. 7.

seu presente e suas expectativas quanto ao futuro. A tradução reedita esse ato criador ao produzir, diante de novas circunstâncias, um novo texto. O leitor não se pode deixar enganar, imaginando que existe uma dimensão atemporal nos atos de produção textual e de leitura. A obra é sempre criação; sua leitura, uma tradução que recria. Refletindo sobre a multiplicidade de sentidos aí implicados, o leitor encontra um chão firme para sua atividade, a partir do qual ele pode assumir uma postura mais consciente, porque mais (auto)crítica, diante do autor e diante de si.

Justificar uma nova tradução passa, portanto, por convencer a nós mesmos e aos outros de que ela tem algo a oferecer. Diante dessas formulações, a Edipro nos autorizou a transformar o que inicialmente seria uma simples tradução em uma edição dotada de aparato crítico. Além de permitir que os tradutores dirijam-se aos leitores por intermédio de uma alentada introdução, ela nos deu liberdade para que editássemos a obra, inserindo elementos com o objetivo de enriquecer a experiência de sua leitura.[4]

De modo a oferecer ao leitor um pan-óptico de nossas intervenções e de suas possíveis consequências, a presente introdução foi dividida em duas partes. A primeira explicita nossas opções enquanto tradutores-editores. Na sequência, discutimos o lugar da obra na produção durkheimiana, bem como sua recepção no decorrer dos séculos XX e XXI, de modo a restituir algo de sua trajetória e das chaves que direcionaram sua leitura ao longo desse intervalo.

# I

Comecemos explicando a obra que o leitor tem em mãos. A mais significativa diferença entre esta e as demais traduções para o português de *As Formas Elementares da Vida Religiosa* diz respeito à edição francesa de referência. Enquanto nossos precedessores basearam-se em reimpressões de sua terceira edição, valemo-nos aqui do original de 1912, a única versão efetivamente controlada pelo autor. Para explicar devidamente tal escolha é necessário resgatar certos elementos da história da obra. Com efeito, após a morte de Durkheim em novembro de 1917, três novas edições "revistas"

---

4. Nos quadros do Centro Brasileiro de Estudos Durkheimianos, essa preocupação crítica tem sido uma constante, sobretudo no âmbito da coleção "Biblioteca Durkheimiana", editada pela Edusp. As pesquisas atreladas a cada volume da coleção revelam uma série de dados novos e inusitados diante da comparação entre as diferentes edições de um texto, ou mesmo a partir do cotejo de um texto com outros materiais de época (cartas, resenhas, necrológicos etc.). O que se vê aqui, portanto, não é fruto de uma iniciativa isolada e sem precedentes.

vieram à luz, uma em 1925, outra em 1937, e, por fim, a derradeira em 1960. O esforço de revisão foi justificado em função das imprecisões nas citações e dos erros tipográficos prejudiciais à boa compreensão do texto. Ainda assim, tendo em vista o tamanho do livro e as condições técnicas em que foram realizadas essas edições, novos erros acabaram se acumulando. O fato é que problemas na montagem das pranchas de impressão e a desatenção dos editores tornaram as edições "revistas" menos fiáveis que a original.[5]

O mais anedótico e inventivo desses erros refere-se à substituição da palavra dogmas (*dogmes*) por gnomos (*gnomes*) em uma das passagens mais importantes e referenciadas da obra, proveniente do Capítulo I de seu primeiro livro. A polaridade entre o sagrado e o profano é inscrita nesse trecho como algo central para a definição do fenômeno religioso. Seguem-se as diferentes versões do trecho em francês, ambas com grifos nossos:

[Na edição original (1912):] *La division du monde en deux domaines comprenant, l'un tout ce qui est sacré, l'autre tout ce qui est profane, tel est le trait distinctif de la pensée religieuse; les croyances, les mythes,* **les dogmes,** *les legendes sont ou des représentations ou des systèmes de représentations qui expriment la nature des choses sacrés, les vertus, et les pouvoirs qui leur sont attribués, leur histõre, leurs rapports les uns avec les autres et avec les choses profanes.*[6]

[Na terceira edição (1937):] *La division du monde en deux domaines comprenant, l'un tout ce qui est sacré, l'autre tout ce qui est profane, tel est le trait distinctif de la pensée religieuse; les croyances, les mythes,* **les gnomes,** *les legendes sont ou des représentations ou des systèmes de représentations qui expriment la nature des choses sacrés, les vertus, et les pouvoirs qui leur sont attribués, leur histõre, leurs rapports les uns avec les autres et avec les choses profanes.*[7]

Ao que tudo indica, tal alteração inusitada é fruto de um erro tipográfico da segunda edição (1925), que aparece igualmente na quarta edição (1960) e em todas as reimpressões que tomaram uma ou outra

---

5. Os comentadores que se dedicaram à questão são unânimes quanto a esse ponto. Ver um excelente balanço em: Dominique Merllié, "L' 'Année' Durkheimienne 2008", *Revue Philosophique de la France et de l'Étranger*, t. 134, abr.-jun. 2009, p. 217-29.

6. Émile Durkheim, *Les Formes Élémentaires de la Vie Religieuse*, Paris, Alcan, 1912, p. 50-1. Em português: "A divisão do mundo em dois domínios que compreendem, este, tudo o que é sagrado, aquele, tudo o que é profano, tal é o traço distintivo do pensamento religioso: as crenças, os mitos, **os dogmas,** as lendas são representações ou sistemas de representações que exprimem a natureza das coisas sagradas, suas relações mútuas e com as coisas profanas.". Ver, na presente edição, p. 63-4.

7. *Ibid.*, 3. ed. revista, Paris, Alcan, 1937, p. 50-1.

por base: a palavra dogmas (*dogmes*) foi, nelas, substituída por *gnogmes*, algo desprovido de sentido. O editor responsável pela terceira edição detectou o erro, mas provavelmente julgou se tratar de um problema do original, criando por sua própria conta e risco essa situação em que "gnomos" passaram a existir na definição do fenômeno religioso, tendo aí o mesmo estatuto de "crenças", "mitos" e "lendas". Todas as edições brasileiras reproduzem inadvertidamente esse erro.

Outras alterações, certamente menos constrangedoras, podem ser enumeradas: desmembramentos de parágrafos, modificações na posição e no conteúdo das notas de rodapé e supressão de passagens. Esses não são, contudo, os únicos motivos para tornar a edição de 1912 a mais fidedigna do ponto de vista da história da edição. Foi também a partir dela que se produziu a única tradução controlada por Durkheim: referimo-nos aqui à versão inglesa realizada em 1915 por Joseph Ward Swain.[8] Embora os arquivos pessoais de Durkheim tenham desaparecido durante a Segunda Guerra Mundial, quando o apartamento parisiense da família foi confiscado para servir de residência a representantes oficiais do regime nazista, sabe-se que o autor manteve contato com seu tradutor.[9] Assim, comparar a tradução de 1915 com a edição de 1912 permite não apenas ter uma ideia das correções a serem inseridas na obra, mas obter ainda um registro expressivo em outra língua dos sentidos do texto que o autor gostaria de enfatizar. Tal cotejamento foi amplamente utilizado na presente edição.[10]

Outro elemento muito importante para este trabalho foi a única edição crítica disponível da obra, publicada em 2015 pela editora Garnier e produzida sob os cuidados do sociólogo grego Myron Achimastos.[11] Na contramão das edições "revistas", e em consonância com os motivos anteriormente evocados, também ela assume o original de 1912 como base, mantendo as marcas de sua paginação no texto e intervindo de diversas maneiras: inserindo notas críticas, adequando as notas de rodapé aos modernos parâmetros

---

8. Émile Durkheim, *The Elementary Forms of the Religious Life*, Londres, George Allen & Unwin, 1915, com tradução de Joseph Ward Swain.
9. Ver, em especial: *Id.*, *Lettres à Marcel Mauss*, Marcel Fournier e Philippe Besnard (eds.), Paris, Puf, 1998, p. 460-1.
10. Dentre as demais traduções consultadas, destacamos aqui a excelente edição italiana, com tradução de Claudio Cividali, datada de 1963, inteiramente revista por Massimo Rosati. Sobre isso, ver: *Id.*, *Le Forme Elementari dela Vita Religiosa*, Milão, Mimesis, 2013.
11. *Id.*, Œuvres I – *Les Formes Élémentaires de la Vie Religieuse*. Myron Achimastos (ed.), Paris, Garnier, 2015. (Coleção *Bibliothèque des Sciences Sociales*.)

franceses, criando índices onomástico e temático, bem como selecionando anexos consequentes, os quais permitem acompanhar a produção da obra ao longo da década que antecede sua publicação. São esses os motivos que a tornam, hoje, indispensável para qualquer pesquisa aprofundada sobre a obra.

As intervenções da presente edição são bastante modestas se comparadas àquelas feitas por Achimastos, mas não deixam de ser significativas no contexto lusófono. Em primeiro lugar, optamos por também adequar as notas de rodapé originais. As demais edições integrais da obra para o português transformaram as notas de rodapé em notas de fim de texto, até porque, com a exceção das notas explicativas, elas tornaram-se praticamente ilegíveis com as mudanças nos padrões de citação. Nós as mantivemos em rodapé, onde Durkheim as inseriu originalmente, e criamos condições para que o leitor atual entenda as referências e possa, se quiser, buscá-las em bibliotecas e/ou em acervos digitais. Além disso, visando a facilitar o trabalho ao leitor não familiarizado com línguas antigas ou estrangeiras, realizamos, inclusive, traduções para o português de vários textos citados por Durkheim (em grego, latim, alemão, italiano etc.). Produzimos ainda notas e intervenções críticas identificadas como notas dos tradutores por "(N.T.)", ora indicadas por asteriscos, para diferenciá-las das notas do autor numeradas correntemente ao longo do livro, ora inseridas entre colchetes no corpo do texto ou nas notas. Essas intervenções elucidam o sentido de determinadas passagens. Ao final da obra, o leitor ainda encontra um índice onomástico completo, que inexiste no original e só foi produzido para a edição inglesa de 1915. Trata-se de um instrumento importante para localizar debates e as próprias referências completas das obras citadas por Durkheim (que, em geral, encontram-se nas primeiras alusões aos nomes de seus autores).

## II

Feitas essas considerações sobre a edição, cabe agora indagar sobre o lugar que o livro *As Formas Elementares da Vida Religiosa* ocupa na estrutura geral da obra durkheimiana. Essa indagação, aparentemente simples, tem sido objeto de disputas por parte de seus intérpretes, com repercussões para as diferentes apropriações deste livro no decorrer do último século. Sem qualquer expectativa de esgotar a questão, podemos articular essa diatribe em torno de dois grandes eixos, cada qual comportando uma miríade de conflitos e de possibilidades de leitura. O primeiro deles envolve a conhecida polêmica da continuidade *versus* ruptura, e o segundo diz respeito à definição sobre qual é o tema central da obra.

Desde a sua publicação em 1912, a presente obra suscita esse tipo de controvérsias entre seus leitores.[12] As reações mais imediatas versaram sobre o modo como o autor trata a religião, temática mais evidente do livro: para os representantes das grandes religiões mundiais, como católicos e protestantes, aproximá-las das religiões ditas "primitivas", caso do totemismo, ressoou como profanação; aos livre-pensadores, partidários de um ateísmo radical, desagradou a ideia de afirmar que, do ponto de vista sociológico, toda religião deveria ser considerada verdadeira, inscrita no real.[13]

Todavia, em relação às análises póstumas, nenhuma disputa foi mais persistente do que aquela comprometida em demonstrar, de um lado, que este livro representa uma quebra de continuidade em relação à obra anterior e, de outro, que há um fio que alinha todos os escritos de forma coerente. Grosso modo, os principais pontos de tensão versam sobre o estatuto dos conceitos de religião[14] e, em particular, de representações coletivas,[15] bem como acerca da questão de definir se esta obra tem caráter mais materialista – servindo bem aos propósitos de fundamentar a linha-

---

12. Para um levantamento completo da recepção da obra durante a vida do autor, recomenda-se a leitura do artigo de Stéphane Baciocchi: "Les recensions des Formes du vivant de leur auteur (1912-1917)", *Archives de sciences sociales des religions*, n. 159, 2012, p. 17-27. A importante questão da dimensão coletiva da obra não será abordada aqui. Com efeito, a partir da criação da revista *L'Année Sociologique* (1898), dirigida por Durkheim, criou-se um grupo que se via como coeso em termos intelectuais. Sem exagerar essa coesão, é importante destacá-la, de modo a convidar a refletir acerca do papel de cada um de seus integrantes na produção dos demais. Algumas dessas questões são abordadas na vasta bibliografia indicada nas notas que se seguem. Tal tema mereceria, contudo, um desenvolvimento particular.

13. Tal querela permite situar o trabalho perante os dilemas intelectuais e práticos da época, e é minuciosamente analisada nos seguintes trabalhos: Camille Tarot, *De Durkheim À Mauss, L'invention Du Symbolique*, Paris, Découverte/M.A.U.S.S., 1999; Steven Lukes, *Émile Durkheim, His Life and Work: A Historical and Critical Study*, Londres, Allen Lane, 1973; W. S. F. Pickering, *Durkheim's Sociology of Religion: Themes and Theories*, Londres, Routledge & Kegan Paul, 1984; W. S. F. Pickering, "The Response of Catholic and Protestant Thinkers to the Work of Émile Durkheim – With Special Reference to Les Formes Elementaires", *Durkheim Studies / Études Durkheimiennes*, n. 14, 2008, p. 59-93; Guillaume Cuchet, "La réception catholique des Formes élémentaires de la vie religieuse (1912) d'Émile Durkheim", *Archives de sciences sociales des religions*, n. 159, 2012, p. 29-48.

14. Essa questão foi abordada por um grande número de intérpretes, que ressaltam diferentes nuances no conceito de religião ao longo do conjunto da obra durkheimiana. Para possibilitar ao leitor situar-se diante desse debate, recomendamos a reconstrução bastante exaustiva realizada por Giovanni Paoletti em: "Les deux tournants, ou la religion dans l'œuvre de Durkheim avant Les formes élémentaires, The double turn: religion in Durkheim's work before The elementary forms", *L'Année sociologique*, t. 62, n. 2, 2012, p. 289-311. Essa mesma questão é discutida por José Benevides Queiroz em: "As formas elementares: ponto de redefinição da sociologia durkheimiana?", *Sociologias*, t. 19, n. 44, 2017.

15. Para uma discussão sobre o conceito de representações coletivas ao longo da obra de Durkheim e de suas múltiplas interpretações, ver: Márcio de Oliveira, "O conceito de representações

gem funcionalista, como no caso dos trabalhos de Robert Merton[16] –, ou mais idealista – com ênfase na dimensão simbólica da vida social, tornando--se apta a desempenhar o papel de totem para a linhagem estruturalista de Claude Lévi-Strauss[17], por exemplo. A primeira formulação de grande impacto da tese da ruptura veio pela pena de Talcott Parsons, sociólogo norte-americano cuja influência estendeu-se por diversos países, com consequências muito significativas para o campo da teoria sociológica em geral e para a interpretação da teoria durkheimiana em particular. Em sua obra *A Estrutura da Ação Social*, Parsons estabelece a primeira versão do cânone sociológico que, além de Durkheim e Max Weber, incluía ainda Alfred Marshall e Vilfredo Pareto. Nela, apresenta-se a tentativa de demonstração da existência de um ponto de convergência entre todos esses predecessores, qual seja, a ideia segundo a qual a "ação social" – que na teoria de Parsons assume uma definição bastante singular – é o tema central da sociologia. Trata-se, com efeito, da pedra angular de sua "teoria voluntarista da ação"[18].

Para nos atermos estritamente ao tema presente, o argumento de Parsons postulava a existência de quatro fases distintas na obra durkheimiana, completamente heterogêneas e inconsistentes entre si.[19] Nessa perspectiva, *As Formas Elementares da Vida Religiosa* representam a transição da fase marcada por uma concepção voluntarista da ação social para a fase idealista, com relação à qual Parsons manifesta-se da seguinte forma:

> Durkheim, ao escapar das dificuldades do positivismo, passou dos limites e foi claramente para o idealismo. [...] O efeito dessa tendência do pensamento de Durkheim é achar que o objetivo da sociologia é estudar os sistemas de ideias de valor, por eles próprios, enquanto a posição avançada acima exige um estudo bastante diferente, o desses sistemas *em suas relações com a ação*. Os dois

---

coletivas: uma trajetória da *Divisão do Trabalho* às *Formas Elementares*", *Debates do NER*, n. 22, 2012, p. 67-94.

16. Robert Merton, *Social Theory and Social Structure*, Nova York, Free Press, 1968; Id., "Durkheim's Division of Labor in Society", *The American Journal of Sociology*, t. 40, n. 3, 1934, p. 319-28.
17. Claude Lévi-Strauss, *As Estruturas Elementares do Parentesco*, Petrópolis, Vozes, 2003; Paula Montero, "A Teoria do Simbólico de Durkheim e Lévi-Strauss: desdobramentos contemporâneos no estudo das religiões", *Novos Estudos – CEBRAP*, n. 98, 2014, p. 125-42.
18. A teoria de Parsons passou por vários desdobramentos no decorrer do tempo, o que o levou a reformulações de seus *insights* originais, com diferentes implicações de suas leituras sobre Durkheim, tal como podemos ler em: Hans Joas e Wolfgang Knobl, *Teoria Social: Vinte Lições Introdutórias*, Petrópolis, Vozes, 2017. [Com tradução de Raquel Weiss (em particular, lições 2, 3 e 4).]
19. Talcott Parsons, *A Estrutura da Ação Social*, v. 1, Petrópolis, Vozes, 2010, p. 365-69.

caminhos representam escapes do positivismo, mas em termos da tendência do pensamento sociológico analisado no presente estudo, especialmente na próxima seção, a fase idealista deve ser considerada como uma aberração, como um beco sem saída.[20] Essa tese das diversas fases já foi amplamente debatida e questionada a partir de diversos pontos de vista.[21] Em todo caso, ela inaugurou uma tendência que perdurou por muito tempo, fazendo com que o posicionamento em relação à existência ou não de fases distintas se tornasse questão praticamente incontornável.[22]

À exceção de poucos autores,[23] esse olhar figura no contexto de interpretações que parecem nutrir pouca simpatia pela obra do autor como um todo, ou, ainda, que recusam *As Formas Elementares da Vida Religosa* como um livro coerente com os princípios de uma sociologia científica. Não à toa, durante muitas décadas do século XX, o livro ora traduzido ficou mais conhecido no âmbito da antropologia, sendo tomado como referência importante para o debate sobre o evolucionismo, bem como sobre as formas de consolidação da antropologia científica.[24]

Mesmo sem qualquer propósito de estabelecer uma divisão cronológica muito precisa, após a década de 1980 emerge um número muito maior de trabalhos interessados em apresentar o desenvolvimento da obra de Durkheim em termos de um aprofundamento de questões presentes desde o início de sua carreira intelectual. Essa nova tendência interpretativa

---

20. Talcott Parsons, *A Estrutura da Ação Social*, op. cit., p. 524-5 [grifos do original].
21. Os impactos da influência de Parsons sobre as interpretações correntes da obra de Durkheim são avaliados criticamente por Susan Stedman Jones, *Durkheim Reconsidered*, Cambridge, Polity Press, 2001. Quanto à primeira recepção da tese da convergência, ver: Whitney Pope, "Parsons on Durkheim, Revisited", *American Sociological Review*, t. 40, n. 1, 1975, p. 111-5; Whitney Pope, "Classic on Classic: Parsons' Interpretation of Durkheim", *American Sociological Review*, t. 38, n. 4, 1973, p. 399-415; Whitney Pope, Jere Cohen e Lawrence E. Hazelrigg, "On the Divergence of Weber and Durkheim: A Critique of Parson's Convergence Thesis", *American Sociological Review*, t. 40, n. 4, 1975, p. 417-27.
22. Em artigo recentemente publicado por José Benevides Queiroz, "As formas elementares (...)", op. cit., encontramos um panorama geral bastante interessante de algumas das principais versões da tese da ruptura, com destaque para as leituras de Claude Lévi-Strauss, Raymond Aron, Armand Cuvillier e Bernard Lacroix, e Béatrice Landerer.
23. Talcott Parsons, "Comment on 'Parson's Interpretation of Durkheim' and on 'Moral Freedom Through Understanding in Durkheim'", *American Sociological Review*, t. 40, n. 1, 1975, p. 106-11; Id., *A Estrutura da Ação Social*, op. cit.; bem como Warren Schmaus, *Rethinking Durkheim and His Tradition*, Cambridge, Cambridge University Press, 2004.
24. Sobre essa questão, ver Pascal Sanchez, "Les Formes élémentaires dans la pensée anthropologique du XXᵉ siècle", *L'Année sociologique*, t. 62, n. 2, 2012, p. 483-500.

surge em um contexto geral de consolidação do que podemos chamar de um campo de estudos durkheimianos, com a produção de novas narrativas biográficas e teóricas, a descoberta e a publicação de documentos históricos, e a publicação de coletâneas de artigos e pequenos textos que durante décadas ficaram de fora do *corpus* durkheimiano.[25] Tudo isso contribuiu para o encontro de outras possibilidades de articulação entre os diversos textos produzidos pelo autor, viabilizando a construção de narrativas guiadas por um fio condutor que antes parecia ausente. Sugere-se, então, tomar este livro como a versão mais acabada de um projeto que começara a ser desenhado com a publicação de *Da Divisão do Trabalho Social*.[26] O derradeiro livro de Durkheim voltou, então, ao centro das discussões, vindo a ser considerado por muitos autores o ponto alto do projeto durkheimiano.[27]

A ideia de uma articulação lógica atravessando a obra como um todo e amarrando seus textos em torno de um projeto coerente não implica, todavia, a presunção de uma linearidade isenta de tensões. Somos confrontados, em *As Formas Elementares da Vida Religiosa*, com diagnósticos desconcertantes, que convidam a repensar a própria ideia de sociologia, bem como a compreensão do autor acerca das dinâmicas da vida social. Isso não implica, bem entendido, abandonar as premissas metodológicas anunciadas em 1895, por ocasião da publicação de *As Regras do Método Sociológico*, mas alçá-las a um novo estatuto, que confere sentido mais complexo ao projeto científico encabeçado por Durkheim, dando testemunho de seu amadurecimento intelectual. Em relação a esse ponto, Massimo Rosati[28] ressalta como o presente livro também lança luz sobre elementos da personalidade

---

25. Remetemos novamente a nosso texto: Raquel Weiss e Rafael Faraco Benthien, "100 Anos sem Durkheim. 100 Anos com Durkheim", *op. cit.*

26. Esse argumento é delineado com muita clareza em: William Watts Miller, *A Durkheimian Quest: Solidarity and the Sacred*, Nova York, Berghahn Books, 2012.

27. William Pickering, *Durkheim's Sociology of Religion: Themes and Theories, op. cit.*; Susan Stedman Jones, *Durkheim Reconsidered, op. cit.*; Jeffrey C. Alexander, *Durkheimian Sociology: Cultural Studies*, Cambridge, Cambridge University Press, 1990; William Watts Miller, *A Durkheimian Quest, op. cit.*; *Id.*, *Durkheim, Morals and Modernity*, Londres/Montreal, UCL Press/McGill-Queen's University Press, 1996; Jacques Coenen-Huther, "Les Formes élémentaires et la sociologie contemporaine", *L'Année sociologique*, t. 62, n. 2, 2012, p. 501-21; Bernard Valade, "Durkheim et la sociologie durkheimienne en France: nouvelles lectures", *L'Année sociologique*, t. 62, n. 2, 2012, p. 535-44; Massimo Rosati, *Ritual and the Sacred: A Neo-Durkheimian Analysis of Politics, Religion and the Self*, Farnham, Ashgate, 2009; Edward Tiryakian, "Les formes élémentaires de la vie religieuse: passado, presente e futuro", *Sociologias*, t. 19, n. 44, 2017.

28. Massimo Rosati, "Abitare una Terra di Nessuno: Durkheim e la Modernitá", em Émile Durkheim, *Le Forme Elementari della Vita Religiosa, op. cit.*, p. 17-50.

de Durkheim. Sua figura tem sido francamente associada ao projeto iluminista, herdeiro do racionalismo cartesiano, marcada por um incontornável ascetismo e uma crença inabalável nas virtudes progressistas da modernidade, projeto do qual a sociologia, enquanto ciência, seria filha e artífice.

O exame de documentos históricos sugere, todavia, a existência de uma tensão constante em sua personalidade[29], que se aprofunda paulatinamente com a aproximação da Primeira Guerra. O livro que o/a leitor/a tem em mãos contribui em larga medida para esse processo de desconstrução da figura de Durkheim como cientista perfeitamente racional e cheio de esperança em um futuro auspicioso para a modernidade ocidental. Partindo de uma referência ao pintor Paul Klee, com sua pintura sobre o anjo da história, Rosati apresenta a narrativa construída em *As Formas Elementares da Vida Religiosa* como "uma viagem ao inconsciente dos fiéis, guiada por princípios metodológicos de uma sociologia do profundo e do 'suspeito', em busca do conteúdo de verdade escondido nas representações religiosas, na tentativa de tornar visível o invisível"[30].

Tal ponderação pavimenta o caminho para apresentarmos o segundo eixo de disputas sobre o sentido e o lugar do livro em questão, articulado em torno da definição de sua temática principal. A noção de "disputa" pode parecer um exagero aqui, e, em alguns casos, de fato o é. Muitas vezes trata-se apenas de salientar um ou outro aspecto passível de desenvolvimento a partir deste escrito seminal. Todavia, sobretudo entre os autores da geração que se seguiu àquela dos contemporâneos de Durkheim, essa questão mostrou-se particularmente sensível, pois a referência a um ou outro aspecto desta obra serviu ao propósito de fundamentar perspectivas não apenas diversas, mas muitas vezes opostas, concorrentes entre si.

Vale lembrar que o surgimento de uma "segunda geração" coincide também com a época das grandes disputas no campo das ciências sociais, organizadas em termos de dualidades como "ordem *versus* conflitualidade", "ação *versus* estrutura", ou "macro *versus* micro". A herança da sociologia durkheimiana não ficou de fora desse debate, e as leituras sobre o livro ora traduzido foram amplamente pautadas por esse propósito de construção de grandes narrativas teóricas, encabeçadas por figuras tão díspares como Talcott Parsons, Niklas Luhmann, Claude Lévi-Strauss, Radcliffe-Brown,

---

29. Considerações sobre a personalidade de Durkheim e os conflitos internos que marcaram sua vida pessoal e intelectual são tecidas por W. S. F. Pickering e Massimo Rosati, *Suffering and Evil*, op. cit.
30. Massimo Rosati, "Abitare una Terra di Nessuno: Durkheim e la Modernità", em Émile Durkheim, *Le Forme Elementari della Vita Religiosa*, op. cit., p. 26.

Bronislaw Malinowski, Erving Goffmann e mesmo Harold Garfinkel, para nomear apenas algumas das figuras mais emblemáticas desse momento.[31] No Brasil, a recepção inicial da obra deu-se por uma leitura de viés mais funcionalista, tendo como principal referência a primeira fase dos trabalhos de Florestan Fernandes.[32] Aqui, somente a partir da década de 1980 ela passa a ser incorporada no âmbito das ciências sociais de forma mais ampla.[33]

Determinar se estamos diante de uma mesma grande linhagem que tem em Durkheim uma matriz comum escapa ao escopo da presente introdução. Em todo caso, vale dizer que cada uma dessas abordagens inaugurou formas de leitura possíveis, com ressonância em diversos trabalhos da terceira e mesmo da quarta geração de teoria social, em campos cujas fronteiras ultrapassam o território da sociologia, abrangendo a antropologia, a filosofia, a psicologia, a psicanálise etc. A composição dessa teia de leituras configurada a partir do texto durkheimiano estende-se até o presente, incorporando numerosas outras referências, mas sua história ainda está por ser escrita, porém isso não nos exime de apontar alguns dos principais temas que vêm sendo desenvolvidos pela literatura especializada, seja na produção de teorias, seja na orientação de trabalhos empíricos.

A primeira e mais evidente maneira de olhar para *As Formas Elementares da Vida Religiosa* é enquanto obra no campo da sociologia da religião. É natural, portanto, que este livro tenha fundado uma vertente singular de investigação sobre os fenômenos religiosos.[34] Da mesma forma, há uma série de trabalhos que tomam conceitos diretamente correlatos ao tema da religião, como é o caso das teorias e pesquisas sobre o simbólico

---

31. Cumpre ressaltar que a disputa não se deu apenas em torno de *As Formas Elementares da Vida Religiosa*, mas da obra durkheimiana como um todo, ainda que este livro tenha importância central por se tratar do último livro escrito em vida, tornando necessário dar conta de seu sentido. Para compreender a importância de construção de uma narrativa que consolida certas interpretações dentro de um campo, recomendamos a leitura do artigo de Lygia Sigaud, "Doxa e crença entre os antropólogos", *Novos Estudos – CEBRAP*, n. 77, 2007, p. 129-52.
32. Em particular, Florestan Fernandes, *A organização social dos Tupinambá*, São Paulo, Hucitec, 1983.
33. Para um balanço da recepção de Durkheim no Brasil, inclusive sobre *As Formas Elementares da Vida Religiosa*, ver: Márcio de Oliveira e Raquel Weiss, "Vers un renouveau durkheimien au Brésil", *Sociologie*, v. 8, n. 3, 2017, p. 321-30.
34. William Pickering, *Durkheim's Sociology of Religion, op. cit.*; Massimo Rosati, *Ritual and the Sacred, op. cit.*; Robert N. Bellah, "Morale, religion et société dans l'œuvre durkheimienne", *Archives de Sciences Sociales des Religions*, t. 35, n. 69, 1990, p. 9-25; Robert Bellah, "Durkheim and Ritual", em Jeffrey Alexander e Philip Smith (orgs.), *The Cambridge Companion to Durkheim*, Cambridge, Cambridge University Press, 2005, p. 183-210.

e o simbolismo[35], sobre os rituais[36] e sobre as crenças[37]. Ao mesmo tempo, o livro postula explicitamente a formulação de uma explicação sobre a origem social das categorias estruturantes de nosso pensamento, ponto de partida para discussões no âmbito da sociologia do conhecimento, da metodologia e da epistemologia.[38]

---

35. Ver, sobre o tema: Jeffrey Alexander, "The Inner Development of Durkheim's Sociological Theory: From Early Writings to Maturity", em Jeffrey Alexander e Philip Smith (orgs.), *The Cambridge Companion to Durkheim*, p. 136-59; C. Lévi-Strauss, *As Estruturas Elementares do Parentesco, op. cit.*; Camille Tarot, *De Durkheim À Mauss, op. cit.*; Jeffrey C. Alexander, Bernhard Giesen, and Jason L. Mast, *Social Performance: Symbolic Action, Cultural Pragmatics, and Ritual*, Cambridge, Cambridge University Press, 2006; Barry Schwartz, "Mourning and the Making of a Sacred Symbol: Durkheim and the Lincoln Assassination", *Social Forces*, t. 70, n. 2, 1991, p. 343-64; Gregory P. Stone e Harvey A. Farberman, "On the Edge of Rapprochement: Was Durkheim Moving toward the Perspective of Symbolic Interaction?", *The Sociological Quarterly*, t. 8, n. 2, 1967, p. 149-64.

36. Cf. Massimo Rosati, *Ritual and the Sacred, op. cit.*; Robert Bellah, "Durkheim and Ritual", *op. cit.*; Susan Birrell, "Sport as Ritual: Interpretations from Durkheim to Goffman", *Social Forces*, t. 60, n. 2, 1981, p. 354-76; Randall Collins, *Interaction Ritual Chains*, Princeton, Princeton University Press, 2014; Amitai Etzioni, "Toward a Theory of Public Ritual", *Sociological Theory*, t. 18, n. 1, 2000, p. 44-59; Roy A. Rappaport, *Ritual and Religion in the Making of Humanity*, Cambridge, Cambridge University Press, 1999; e Victor Turner, *The Ritual Processes: Structure and Anti-Structure*, Londres, Routledge, 1969.

37. Sobre esse ponto, ver: Robert Bellah, *Beyond Belief, op. cit.*; Susan Stedman Jones, "The Concept of Belief in The Elementary Forms", em N. J Allen, W. S. F. Pickering e William Watts Miller (eds.), *On Durkheim's Elementary Forms of Religious Life*, Londres e Nova York, Routledge, 1998, p. 53-65; Giovanni Paolletti, "Representation and Belief – Durkheim's Rationalism and the Kantian Tradition", em William Pickering (org.), *Durkheim and Representation*, London, Routledge, 1999.

38. A relação entre sociologia da religião e teoria do conhecimento contempla uma ampla literatura. Mencionamos aqui apenas alguns títulos: Anne Warfield Rawls, *Epistemology and Practice – Dukheim's The Elementary Forms of Religious Life*, Cambridge, Cambridge University Press, 2004; Warren Schmaus, *Durkheim's Philosophy of Science and the Sociology of Knowledge*, Chicago, University of Chicago Press, 1994; Anne Warfield Rawls, "Durkheim's Epistemology: The Initial Critique, 1915-1924," *The Sociological Quarterly*, t. 38, n. 1, 1997, p. 111-45; Warren Schmaus, "Durkheim on the Causes and Functions of the Categories," N. J. Allen, W. S. F. Pickering e William Watts Miller (eds.), *On Durkheim's Elementary Forms of Religious Life, op. cit.*; David Bloor, *Knowledge and Social Imagery*, Chicago, University of Chicago Press, 2007; Kenneth Thompson, *Émile Durkheim*, Londres, Routledge, 2002; Alexandre Braga Massella, *O Naturalismo Metodológico de Émile Durkheim*, São Paulo/Goiânia, Humanas/Editora UFG, 2006; e Rafael Faraco Benthien, "Tempo Social e Categorias do Entendimento", em Henri Hubert, *Estudo Sumário da Representação do Tempo na Religião e na Magia*, São Paulo, Edusp, 2016, p. 111-21.

Outros campos, embora minoritários, também recorrem a este livro em busca de pistas e fundamentos: a produção estética (ou a arte)[39], a moral[40], as teorias das emoções[41], a teoria dos afetos[42], do parentesco[43] e das relações econômicas[44]. Não podemos deixar de mencionar sua significativa presença na obra de alguns dos principais teóricos do pensamento social contemporâneo, como é o caso de Anne Rawls, Pierre Bourdieu, Jürgen Habermas, Axel Honneth, Hans Joas, Jeffrey Alexander e Alain Caillé.

Em vez de uma fragmentação do campo, compreendemos esse debate como testemunho da fertilidade da obra, de sua capacidade de fundar múltiplas sendas. A diversidade temática e a potência teórica deste livro ficaram evidentes nos diversos eventos e publicações que marcaram seu centenário[45].

39. Sobre isso, ver: Alexander Riley, William Watts Miller e W. S. F. Pickering (orgs.), *Durkheim, the Durkheimians, and the Arts*, Nova York, Berghahn Books, 2013; W. Watts Miller, "Total Aesthetics: Art and The Elemental Forms", *Durkheimian Studies / Études Durkheimiennes*, n. 10, 2004, p. 88-118; Pierre-Michel Menger, "L'art, les pouvoirs de l'imagination et l'économie des désirs dans la théorie durkheimienne", *Durkheimian Studies / Études Durkheimiennes*, n. 6, 2000, p. 61-84; Werner Gephart, "The Beautiful and the Sacred: Durkheim's Look at the Elementary Forms of Aesthetic Life", *Durkheimian Studies / Études Durkheimiennes*, n. 6, 2000, p. 85-92.

40. Quanto à moral, ver: Serge Paugam, "Durkheim e o Vínculo aos Grupos: Uma Teoria Social Inacabada", *Sociologias*, v. 19, n. 44, 2017, p. 128-60; Massimo Rosati e Raquel Weiss, "Tradição e autenticidade em um mundo pós-convencional: uma leitura durkheimiana", *Sociologias*, v. 17, n. 39, 2015, p. 110-59; e Raquel Weiss, "Efervescência, dinamogenia e a ontogênese social do sagrado", *Mana*, v. 19, n. 1, 2013, p. 157-79.

41. Em relação às teorias das emoções, consultar: Jonathan S. Fish, *Defending the Durkheimian Tradition: Religion, Emotion, and Morality*, Alershot, Ashgate, 2005; Gene A. Fisher e Kyum Koo Chon, "Durkheim and the Social Construction of Emotion", *Social Psychology Quarterly*, t. 52, n. 1, 1989, p. 1-9; Chris Shilling, "Embodiment, Emotions, and the Foundations of Social Order: Durkheim's Enduring Contribution", em Jeffrey Alexander e Philip Smith (orgs.), *The Cambridge Companion to Durkheim*, p. 211-38.

42. Acerca dos afetos, indicamos a leitura de Ashley Barnwell, "Durkheim as Affect Theorist", *Journal of Classical Sociology*, t. 18, n. 1, 2018, p. 21-35.

43. Quanto ao parentesco, ver: Enric Porqueres i Gené, "Religion et parenté dans Les formes élémentaires, Religion and kinship in The Elementary Forms", *L'Année Sociologique*, t. 62, n. 2, 2012, p. 409-27.

44. Cf., a esse respeito, Philippe Steiner, *L'école durkheimienne et l'économie: Sociologie, Religion et Connaissance*, Genebra, Droz, 2005; bem como *Id.*, "Religion et économie: Mauss, Simiand et le programme durkheimien", *Revue Française de Sociologie*, t. 42, n. 4, 2001, p. 695-718.

45. O ano do centenário da publicação desta obra representou, com o perdão da expressão, uma verdadeira efervescência entre os estudiosos de Durkheim, dando origem à publicação de coletâneas de livros e artigos de revista, bem como colóquios e seminários dedicados a debater o tema. Stéphane Baciocchi e François Théron realizaram um projeto de mapeamento de todos os eventos e publicações realizados na ocasião, mantido em formato de uma página na internet: "Digital Durkheim – 1912-2012. Présence et postérité des Formes élémentaires de la vie religieuse. Disponível em: https://digitaldurkheim.hypotheses.org/. Acesso em: 22 jul. 2021.

Diante desse diagnóstico, podemos formular uma última pergunta: por qual razão um livro cujo título é *As Formas Elementares da Vida Religiosa* e que ostenta como subtítulo *O sistema totêmico na Austrália* pode ter gerado interesse em campos tão distintos, convertendo-se em referência tão importante para o pensamento social? Qualquer resposta definitiva a essa questão é, evidentemente, impossível. Isso não nos impede, contudo, de ensaiar algumas considerações, cujo intuito não é o de fechar portas, mas abri-las, apontando ao leitor as muitas formas possíveis de se acessar o texto.

Desde o início de sua trajetória intelectual, Durkheim viu-se confrontado com a missão de fundar a sociologia, lançando-se em uma jornada para tentar desvendar as estruturas e os processos subjacentes à vida coletiva e que tornam possível esse fenômeno, a sociedade, entendida como algo qualitativamente diverso da soma dos indivíduos que a constituem. Em seus vários livros, o autor aproximou-se dessa inquietação a partir de diferentes ângulos. Em *Da Divisão do Trabalho Social* (1893), por exemplo, a questão mais importante concerne à forma de sociabilidade predominante nas sociedades modernas, estruturadas a partir de um tipo de laço social baseado na diferença e na interdependência no mundo do trabalho. Em *As Regras do Método Sociológico* (1895), encontramos a noção fundante de "fato social", cunhada para reivindicar o caráter objetivo da realidade social, como algo que se faz sentir nos sujeitos de forma inequívoca, a partir de fora, conquanto a sociedade é algo que existe e resiste.

No livro *O Suicídio* (1897), Durkheim estabelece duas teses centrais. A primeira delas refere-se à possibilidade de demonstrar a existência de fenômenos que demandam uma explicação sociológica, não apenas psicológica, dando prova dos argumentos postulados em sua obra imediatamente anterior. A segunda tese advoga o papel dos vínculos sociais na construção da subjetividade, com a prerrogativa de proporcionar maior ou menor proteção contra o suicídio. Nesse livro aparecem duas questões cuja formulação mais profunda e precisa se dará em *As Formas Elementares da Vida Religiosa*, quais sejam, o papel preponderante da religião na vida humana e a ideia segundo a qual a sociedade é, fundamentalmente, uma forma de viver em conjunto, significativa na medida em que importa para os sujeitos reunidos sob seu abrigo.

Em todos esses livros, permanecia em aberto uma interrogação crucial, acerca da condição de possibilidade da vida coletiva, do fator de instaura-

---

O Brasil esteve presente nesse movimento, sediando encontros na Universidade Federal do Maranhão (que deram origem à publicação de um dossiê temático), na Universidade Federal do Rio Grande do Norte e na Universidade Federal do Rio Grande do Sul, todos no segundo semestre de 2012.

ção de laços duradouros, cujo papel é produzir e reproduzir a sociedade. Com a leitura dos relatos publicados pelos etnógrafos ingleses e alemães,[46] Durkheim encontrou os elementos faltantes na elaboração de uma teoria sobre a gênese e o funcionamento da vida coletiva. Isto é, ele foi buscar o núcleo da vida social no interior da vida religiosa, tentando compreender quais as suas formas mais elementares, leia-se, mais básicas, mais fundamentais. Sua descoberta central, demonstrada passo a passo ao longo dos vários capítulos, é a de que o núcleo da vida religiosa é a vida coletiva, que reverbera nos ritos, transmite-se pelas crenças e cristaliza-se nos símbolos. A sociedade é o resultado – nunca acabado – do processo mediante o qual os seres humanos metamorfoseiam sua própria existência em comum pela via da simbolização, tornada possível pelos ritos que a consagram como categoria transcendental e pela nossa capacidade de (re)produzir representações coletivas. Assim, ao mergulhar no coração da vida religiosa, Durkheim nos oferece um intrigante ponto de partida para investigar os múltiplos domínios que instituem e são instituídos pela vida coletiva.

*Rafael Faraco Benthien e*
*Raquel Andrade Weiss*

---

46. Em particular, as etnografias produzidas por funcionários coloniais ou missionários na Austrália, as quais fornecem a base para o livro ora traduzido. Ver, a esse respeito: William Watts Miller, "Durkheim's Re-Imagination of Australia: A Case Study of the Relation between Theory and 'Facts'", *L'Année Sociologique*, t. 62, n. 2, 2012, p. 329-49; bem como Paula Montero, "Ensaio crítico sobre 'A Origem dos Poderes Mágicos...' de Marcel Mauss", em Marcel Mauss, *A Origem dos Poderes Mágicos nas Sociedades Australianas*, São Paulo, Edusp, 2017, p. 125-32.

# AS FORMAS ELEMENTARES DA VIDA RELIGIOSA

O sistema totêmico na Austrália

# Introdução
## *Objeto da pesquisa**

### Sociologia religiosa e teoria do conhecimento

#### I

Propomo-nos a estudar neste livro a religião mais primitiva e simples atualmente conhecida, a analisá-la e a tentar explicá-la. Dizemos de um sistema religioso que ele é o mais primitivo que nos é dado observar quando preenche as duas seguintes condições: em primeiro lugar, é preciso que ele se encontre em sociedades cuja organização não é superada por nenhuma outra em simplicidade[1]; é preciso, além disso, que seja possível explicá-lo sem envolver qualquer elemento tomado de uma religião anterior.

Em relação a esse sistema, faremos o esforço de descrever sua economia com a exatidão e a fidelidade com que poderia fazê-lo um etnógrafo ou um historiador. Nossa tarefa não se limita, contudo, a isso. A sociologia coloca-se problemas diferentes daqueles formulados pela história ou pela etnografia. Ela não procura conhecer as formas ultrapassadas da civilização com o único objetivo de conhecê-las e de reconstituí-las. Mas, como toda ciência positiva, ela tem, acima de tudo, o propósito de explicar uma reali-

---

\*. No original: "*Objet de la recherche*". Durkheim joga aqui com o duplo sentido da palavra "*objet*", que remete tanto a "objeto" quanto a "objetivo/propósito/finalidade" da pesquisa. O mesmo ocorre ao longo de toda a introdução, o que nos fez optar por um ou por outro sentido em função do contexto. Ainda assim, mantivemos no subtítulo apenas "objeto", uma vez que esta é a opção da tradução para o inglês de Joseph Swain (1915), chancelada pelo autor. (N.T.)

1. Na mesma direção, diremos dessas sociedades que elas são primitivas, e chamaremos de primitivo o homem dessas sociedades. A expressão, sem dúvida, carece de precisão, mas é difícil evitá-la e, de todo modo, uma vez determinado seu significado, ela não apresenta inconvenientes.

dade atual, próxima de nós, capaz, por conseguinte, de afetar nossas ideias e nossos atos: essa realidade é o ser humano e, em especial, o ser humano de hoje, pois não há outro que estejamos mais interessados em conhecer bem. Ou seja, não estudaremos a religião arcaica que será aqui colocada em questão pelo simples prazer de expor suas excentricidades e suas singularidades. Se a tomamos como objeto de nossa pesquisa é porque ela nos pareceu mais apta do que qualquer outra para nos permitir compreender a natureza religiosa do homem, ou seja, para revelar-nos um aspecto essencial e permanente da humanidade.

Tal proposição não deixa de suscitar, porém, vivas objeções. Considera-se estranho que, para lograr conhecer a humanidade atual, seja necessário começar por afastar-se dela para transportar-se aos primórdios da história. Esse modo de proceder mostra-se particularmente paradoxal na questão que nos ocupa. Com efeito, tem-se por hábito atribuir às religiões um valor e uma dignidade desiguais. Geralmente se diz que nem todas contêm a mesma parte de verdade. Parece, assim, que não é possível comparar as formas mais elevadas do pensamento religioso àquelas menos elevadas sem rebaixar as primeiras ao nível das segundas. Admitir que os cultos rudimentares das tribos australianas podem nos ajudar a compreender o cristianismo, por exemplo, não é supor que este procede da mesma mentalidade, ou seja, que é feito das mesmas superstições e repousa sobre os mesmos erros? Eis aí como a importância teórica por vezes atribuída às religiões primitivas pôde ser considerada a marca de uma irreligiosidade sistemática que, ao prejulgar os resultados da pesquisa, viciava-os de antemão.

Não cabe aqui investigar se realmente existiram estudiosos que mereceram essa crítica e que fizeram da história e da etnografia religiosas uma máquina de guerra contra a religião. Em todo caso, esse não seria o ponto de vista de um sociólogo. Com efeito, é um postulado essencial da sociologia que uma instituição humana não pode se basear no erro e no engodo: do contrário, não poderia persistir. Se não estivesse fundada na natureza das coisas, teria encontrado nas coisas resistências perantes as quais não poderia triunfar. Assim, quando abordamos o estudo das religiões primitivas, o fazemos com a confiança de que elas dizem respeito ao real e o exprimem; ver-se-á esse princípio retornar o tempo todo ao longo das análises e das discussões que se seguirão, e o que criticaremos nas escolas das quais nos distanciamos é precisamente o fato de havê-lo ignorado. Sem dúvida, quando se considera apenas o sentido literal das fórmulas, essas crenças e essas práticas religiosas parecem por vezes desconcertantes, e pode-se ser tentado a atribuir a elas uma espécie de aberração intrínseca. Mas, sob o símbolo, é preciso saber alcançar a realidade que ele figura e que lhe dá sua verdadeira significação. Os ritos mais bárbaros e mais bizarros, os mitos mais estranhos traduzem alguma necessidade humana, algum aspecto da vida, seja individual, seja social. As razões que o fiel atribui a si mesmo para se justificar podem ser, e o são na maior parte das vezes, errôneas; as verdadeiras razões não deixam de existir; cabe à ciência descobri-las. Assim, não há, no fundo, religiões que sejam falsas. Todas são verdadeiras a seu modo: todas respondem, embora de maneiras diferentes, às condições dadas da existência humana. Sem dúvida, não é impossível dispô-las seguindo uma ordem hierárquica. Umas podem ser consideradas superiores às outras tanto no sentido de engajarem funções mentais mais elevadas, como de serem mais ricas de ideias e de sentimentos, de mobilizarem mais conceitos, menos sensações e imagens, bem como de sua sistematização ser mais erudita. Não obstante, por mais reais que sejam essa complexidade maior e essa idealidade mais elevada, elas não bastam para dispor as religiões correspondentes em gêneros separados. Todas são igualmente religiões, como todos os seres vivos são igualmente vivos, dos mais simples plastídios ao ser humano. Se, portanto, voltamo-nos às religiões primitivas, não é com a intenção de depreciar a religião de uma maneira geral; afinal, essas religiões não são menos respeitáveis que as outras. Elas atendem às mesmas necessidades, exercem o mesmo papel, dependem das mesmas causas; elas, então, podem bem servir tanto para manifestar a natureza da vida religiosa quanto, por conseguinte, para resolver o problema que desejamos examinar.

Mas por que conceder-lhes uma espécie de prerrogativa? Por que dar preferência a elas, frente a todas as outras, como objeto de nosso estudo? – Isso deve-se unicamente a razões de método.

Em primeiro lugar, podemos chegar a compreender as mais recentes religiões apenas acompanhando na história a matéria com a qual elas foram progressivamente compostas. A história é, com efeito, o único método de análise passível de lhes ser aplicado. Somente ela nos permite decompor uma instituição em seus elementos constitutivos, pois nos mostra como esses elementos nasceram no decorrer do tempo, uns após os outros. Por outro lado, situando cada um deles no conjunto de circunstâncias em que nasceu, ela nos proporciona o único meio capaz de determinar as causas que o suscitaram. Assim, sempre que se tenta explicar algo humano, em um momento específico do tempo – quer se trate de uma crença religiosa, de uma regra moral, de um preceito jurídico, de uma técnica ascética ou de um regime econômico –, é preciso partir do restabelecimento de sua forma mais primitiva e mais simples, procurando explicar os elementos pelos quais ele se define nesse momento de sua existência, para, em seguida, mostrar como paulatinamente se desenvolveu e se tornou complexo, como veio a ser o que é no momento considerado. Ora, concebe-se sem dificuldades a importância, em relação a essa série de explicações progressivas, da determinação do ponto de partida do qual elas dependem. Assim se exprimia um princípio cartesiano: na cadeia das verdades científicas, o primeiro elo exerce um papel predominante. Por certo, não seria o caso de colocar na base das ciências das religiões uma noção elaborada à maneira cartesiana, ou seja, um conceito lógico, um puro possível, construído unicamente pelas forças do espírito. O que precisamos encontrar é uma realidade concreta que só a observação histórica e etnográfica pode nos revelar. Mas se essa concepção central deve ser obtida por processos diferentes, continua verdadeiro que ela é compelida a exercer, sobre toda a cadeia de proposições que a ciência estabelece, uma influência considerável. A evolução biológica foi concebida de modo completamente distinto a partir do momento em que se soube que existiam seres unicelulares. Do mesmo modo, o detalhe dos fatos religiosos é explicado de forma diferente conforme se coloque na origem da evolução o naturismo, o animismo ou alguma outra forma religiosa. Mesmo os estudiosos mais especializados, caso pretendam não se restringir a uma tarefa de pura erudição, caso queiram explicar os fatos que analisam, são obrigados a escolher entre uma ou outra dessas hipóteses e nela se inspirar. Queiram eles ou não, as questões que se colocam assumem necessariamente a forma seguinte: como o naturismo e o animismo foram determinados a assumir, aqui ou ali, tal aspecto particular, a enriquecer-se ou empobrecer-se desta ou daquela maneira? Uma vez que não há como deixar de tomar partido sobre esse problema inicial, e como a solução dada é destinada a afetar o conjunto da ciência, convém abordá-lo de frente. É o que nos propomos a fazer.

Aliás, para além mesmo dessas repercussões indiretas, o estudo das religiões primitivas apresenta, por si só, um interesse imediato que é de suma importância.

Com efeito, se é útil saber em que consiste esta ou aquela religião particular, é ainda mais importante investigar o que é a religião de uma maneira geral. É esse o problema que, desde sempre, tentou a curiosidade dos filósofos, e não sem razão; afinal, ele interessa à humanidade inteira. Infelizmente, o método que eles empregaram de praxe para resolvê-lo é puramente dialético: limitam-se a analisar a ideia que têm da religião, quando muito ilustrando os resultados dessa análise mental com exemplos tomados das religiões que melhor realizam seu ideal. Se esse método deve, contudo, ser abandonado, o problema como um todo permanece, e o grande serviço prestado pela filosofia foi impedir que não fosse prescrito pelo desprezo dos eruditos. Pois bem, ele pode ser retomado por outras vias. Posto que todas as religiões são comparáveis, posto que elas são todas espécies de um mesmo gênero, há necessariamente elementos essenciais que lhes são comuns. Ao afirmar isso, não pretendemos simplesmente falar dos elementos exteriores e visíveis que todas elas igualmente apresentam e que permitem fornecer, desde o início da pesquisa, uma definição provisória. A descoberta desses signos aparentes é relativamente fácil, pois a observação que exige não vai além da superfície das coisas. Mas essas semelhanças exteriores levam a supor outras que são profundas. Na base de todos os sistemas de crenças e de todos os cultos deve necessariamente existir certo número de representações fundamentais e de atitudes rituais que, a despeito da diversidade das formas que umas e outras puderam assumir, têm sempre a mesma significação objetiva e desempenham sempre as mesmas funções. São esses elementos permanentes que constituem o que há de eterno e de humano na religião. Eles constituem todo o conteúdo objetivo da ideia que se exprime quando se fala da *religião* em geral. Como, então, é possível chegar a atingi-los?

Não, certamente, observando as religiões complexas que aparecem na sequência da história. Cada uma é formada de uma tal variedade de elementos que é muito difícil distinguir nelas o secundário do principal e o essencial do acessório. Considere-se religiões como as do Egito, da Índia ou da antiguidade clássica! É um denso emaranhado de cultos múltiplos, variáveis espacialmente, com os templos, as gerações, as dinastias, as invasões etc. As superstições populares se misturam aos mais refinados dogmas. Nem o pensamento nem a atividade religiosa estão igualmente repartidos na massa dos fiéis: de acordo com as pessoas, os meios e as circunstâncias, tanto as crenças quanto os ritos são vividos de maneiras diferentes. Aqui, são padres, lá, monges, acolá, leigos: existem místicos e racionalistas, teólogos e profetas etc. Nessas condições, é difícil perceber o que é comum a todos. É possível encontrar a maneira de estudar utilmente, por meio de um ou de outro desses sistemas, este ou aquele fato particular que nele se encontra especialmente desenvolvido, como o sacrifício ou o profetismo, o monaquismo ou os mistérios; mas como descobrir o fundo comum da vida religiosa sob essa luxuriante vegetação que a recobre? Como, diante do choque das teologias, da variação dos rituais, da multiplicidade dos agrupamentos, da diversidade dos indivíduos, encontrar os estados fundamentais, característicos da mentalidade religiosa em geral?

Algo completamente diferente ocorre nas sociedades inferiores. O menor desenvolvimento das individualidades, o tamanho reduzido do grupo, a homogeneidade das circunstâncias exteriores, tudo contribui para diminuir as diferenças e as variações ao mínimo. O grupo produz, de maneira regular, uma uniformidade intelectual e moral da qual somente encontramos raros exemplos nas sociedades mais avançadas. Tudo é comum a todos. Os movimentos são estereotipados: todos executam os mesmos nas mesmas circunstâncias, e esse conformismo de conduta apenas traduz o do pensamento. Sendo todas as consciências arrastadas pelos mesmos redemoinhos, o tipo individual quase coincide com o tipo genérico. Ao mesmo tempo em que tudo é uniforme, tudo é simples. Nada é tão tosco como esses mitos compostos de um único e mesmo tema que se repete sem fim, como esses ritos que são feitos de um pequeno número de gestos recomeçados sem cessar. A imaginação popular ou sacerdotal ainda não teve nem o tempo nem os meios de refinar e de transformar a matéria-prima das ideias e das práticas religiosas; esta mostra-se, portanto, nua e se oferece voluntariamente à observação, que precisa fazer apenas um pequeno esforço para descobri-la. O acessório, o secundário, os desenvolvimentos de luxo ainda não vieram ocultar o principal.[2] Tudo é reduzido ao indispensável, àquilo sem o que não poderia haver religião. O indispensável, contudo, é também o essencial, ou seja, aquilo que nos importa conhecer antes de qualquer coisa.

As civilizações primitivas constituem, portanto, casos privilegiados, pois são casos simples. Eis porque, em todas as ordens de fatos, as observações dos etnógrafos foram com frequência verdadeiras revelações que renovaram o estudo das instituições humanas. Por exemplo, até a metade do século XIX, todos estavam convencidos de que o pai era o elemento essencial da família. Ninguém concebia que pudesse haver uma organização familiar cuja pedra angular não fosse o poder paterno. A descoberta de Bachofen veio derrubar essa velha concepção. Até tempos muito recentes, considerava-se evidente que as relações morais e jurídicas que constituíam o parentesco eram apenas um aspecto das relações fisiológicas que resultam da comunidade de descendência. Bachofen e seus sucessores, Mac Lennan, Morgan e muitos outros, ainda estavam sob a influência desse preconceito. Desde que conhecemos a natureza do clã primitivo, sabemos, ao contrário, que não seria possível definir o parentesco apenas pela consanguinidade. Para retornar às religiões, a simples consideração das formas religiosas que nos são as mais familiares fez crer, durante muito tempo, que a noção de deus era característica de tudo o que é religioso. Ora, a religião que estudamos mais adiante é, em grande parte, alheia a toda ideia de divindade; nela,

---

2. Isso não quer dizer, sem dúvida, que todo luxo esteja ausente dos cultos primitivos. Veremos, ao contrário, que se encontram, em toda religião, crenças e práticas que não visam fins estritamente utilitários (Livro III, Capítulo IV, § 2). Esse luxo, contudo, é indispensável à vida religiosa: isso se deve à sua própria essência. De todo modo, ele é muito mais rudimentar nas religiões inferiores que nas demais, e é isso que nos permitirá melhor determinar sua razão de ser.

as forças às quais se dirigem os ritos são muito diferentes das que ocupam o primeiro lugar em nossas religiões modernas; e, ainda assim, elas nos ajudam a melhor compreender estas últimas. Nada é mais injusto, portanto, que o desprezo que um número muito grande de historiadores ainda dirige aos trabalhos dos etnógrafos. É evidente, ao contrário, que a etnografia com frequência determinou, nos mais diferentes ramos da sociologia, as mais fecundas revoluções. É, aliás, pela mesma razão que a descoberta dos seres unicelulares, dos quais falávamos há pouco, transformou a ideia que habitualmente se tinha da vida. Como, em tais seres bastante simples, a vida está reduzida a seus traços essenciais, estes dificilmente podem ser ignorados.

Mas as religiões primitivas não permitem apenas revelar os elementos constitutivos da religião, elas têm também essa grande vantagem de facilitar sua explicação. Como os fatos são nelas mais simples, as relações entre os fatos são nelas também mais aparentes. As razões pelas quais os seres humanos justificam seus atos ainda não foram elaboradas e desnaturalizadas por uma reflexão erudita; estão mais próximas, mais semelhantes aos motivos que realmente determinaram esses atos. Para compreender bem um delírio e para poder lhe aplicar o tratamento mais apropriado, o médico precisa saber qual foi o ponto de partida. Ora, esse acontecimento é tanto mais fácil de ser discernido quanto mais se pode observar esse delírio em um período mais próximo de suas origens. Ao contrário, quanto mais tempo se dá para que a doença se desenvolva, mais o ponto de partida escapa à observação: é que, tendo percorrido o caminho, todo tipo de interpretações intervêm, tendendo a recalcar o estado original no inconsciente e a substituí-lo por outros, em meio aos quais, por vezes, é difícil encontrar o primeiro. A distância psicológica entre a causa e o efeito, entre a causa aparente e a causa efetiva, tornou-se mais considerável e mais difícil para a inteligência percorrer. A sequência da presente obra será uma ilustração e uma verificação dessa observação metodológica. Ver-se-á como, nas religiões primitivas, o fato religioso ainda carrega visível a marca de suas origens: teria sido muito mais difícil inferi-las apenas considerando as religiões mais desenvolvidas.

O estudo que empreendemos é, portanto, uma maneira de retomar, *mas em novas condições*, o velho problema da origem das religiões. Por certo, se, por origem, entende-se um primeiro começo absoluto, a questão nada tem de científica, e deve ser decididamente descartada. Não existe um instante radical em que a religião tenha começado a existir, e não se trata de encontrar um meio que nos permita transportarmo-nos a esse instante via pensamento. Como toda instituição humana, a religião não começa em lugar algum. Do mesmo modo, todas as especulações dessa espécie são justamente desacreditadas: elas apenas podem consistir em construções subjetivas e arbitrárias, que não comportam nenhum tipo de controle. O problema que nos colocamos é totalmente diferente. O que gostaríamos é de encontrar um meio de discernir as causas, sempre presentes, das quais dependem as formas mais essenciais do pensamento e da prática religiosos. Ora, pelas razões que acabam de ser expostas, essas causas são tanto mais facilmente observáveis quanto menos complicadas forem as sociedades nas quais as observamos. Eis por que buscamos nos aproximar das origens[3]. Isso não significa que pretendemos atribuir virtudes particulares às religiões inferiores. Elas são, ao contrário, rudimentares e grosseiras: não se trata, portanto, de torná-las espécies de modelos que as religiões posteriores apenas teriam de reproduzir. Mas seu próprio caráter grosseiro as torna instrutivas, pois, assim, elas constituem experiências cômodas em que os fatos e suas relações são mais fáceis de serem percebidos. O físico, para descobrir as leis dos fenômenos que estuda, procura simplificá-los, separando-os de seus atributos secundários. No que diz respeito às instituições, a natureza faz espontaneamente simplificações do mesmo tipo no início da história. Queremos apenas tirar proveito delas. E, sem dúvida, só poderemos alcançar a partir desse método fatos muito elementares. Quando, na medida do possível, os tivermos atingido, ainda assim não serão explicadas as novidades de toda espécie que surgiram na sequência da evolução. Mas, se não pensamos em negar a importância dos problemas que elas colocam, estimamos que esses problemas ganham em ser tratados em seu devido momento, e que há interesse em abordá-los somente após aqueles cujo estudo iremos empreender.

## II

Mas nossa pesquisa não interessa apenas à ciência das religiões. Com efeito, toda religião tem um lado que vai além das ideias propriamente religiosas, e, com isso, o estudo dos fenômenos religiosos fornece um meio para renovar problemas que, até hoje, foram debatidos exclusivamente por filósofos.

Sabe-se há muito que os primeiros sistemas de representação que o ser humano produziu do mundo e de si próprio são de origem religiosa. Não existe religião que não seja uma cosmologia e, ao mesmo tempo, uma es-

---

[3]. Percebe-se que damos à palavra "origens", como à palavra "primitivo", um sentido todo relativo. Entendemos por ela não um começo absoluto, mas o estado social mais simples atualmente conhecido, para além do qual não nos é dado, hoje, retroceder. Quando falamos das origens, dos primórdios da história ou do pensamento religioso, é nesse sentido que tais expressões devem ser entendidas.

peculação sobre o divino. Se a filosofia e as ciências nasceram da religião, esta originalmente fez as vezes de ciências e de filosofia. O que foi menos observado, contudo, é que ela não se limitou a enriquecer com certo número de ideias um espírito humano previamente formado. Ela contribuiu para formá-lo. Os seres humanos não lhe devem apenas, em parte considerável, a matéria de seus conhecimentos, mas também a forma segundo a qual esses conhecimentos são elaborados.

Existe, na raiz de nossos juízos, certo número de noções essenciais que dominam toda a nossa vida intelectual; são aquelas a quem os filósofos, desde Aristóteles, nomeiam categorias do entendimento: noções de tempo, de espaço,[4] de gênero, de número, de causa, de substância, de personalidade etc. Elas são como os quadros sólidos que encerram o pensamento. Este não parece poder se libertar deles sem se destruir, pois não parece que possamos pensar objetos que não estejam no tempo ou no espaço, que não sejam quantificáveis etc. As demais noções são contingentes e móveis; concebemos que estas possam faltar a um indivíduo, a uma sociedade ou a uma época, enquanto aquelas nos parecem quase inseparáveis do funcionamento normal do espírito. Elas são como a ossatura da inteligência. Ora, quando metodicamente se analisa as crenças religiosas primitivas, naturalmente se encontra sobre seu caminho as principais dentre essas categorias. Elas nasceram na religião e da religião; elas são um produto do pensamento religioso. É uma constatação que teremos de fazer muitas vezes ao longo da presente obra.

Tal observação já carrega, por si só, um interesse; eis, contudo, o que lhe confere sua real importância.

A conclusão geral do livro que se irá ler é que a religião é algo eminentemente social. As representações religiosas são representações coletivas que exprimem realidades coletivas. Os ritos são modos de agir que surgem apenas no interior dos grupos associados e destinam-se a suscitar, a manter ou a refazer certos estados mentais desses grupos. Mas, então, se as categorias são de origem religiosa, devem participar da natureza comum a todos os fatos religiosos: devem ser, igualmente, coisas sociais, produtos do pensamento coletivo. É ao menos legítimo supor – pois, no estado atual de nossos conhecimentos nessas matérias, deve-se ter cuidado com toda tese radical e exclusiva – que elas sejam ricas em elementos sociais.

Aliás, é isso o que se pode, desde já, entrever em relação a algumas delas. Que se tente, por exemplo, imaginar o que seria a noção do tempo,

---

4. Dizemos que o tempo e o espaço são categorias porque não há nenhuma diferença entre o papel que desempenham tais noções na vida intelectual e aquele que remete às noções de gênero ou de causa (Ver, a esse respeito: Octave Hamelin, *Essai sur les éléments principaux de la représentation*, Paris, F. Alcan, 1907, p. 63 e 76.).

abstração feita dos procedimentos pelos quais o dividimos, o mensuramos, o exprimimos por meio de signos objetivos, um tempo que não seria uma sucessão de anos, de meses, de semanas, de dias, de horas! Ele seria algo quase impensável. Apenas podemos conceber o tempo se nele distinguimos momentos diferentes. Ora, qual é a origem dessa diferenciação? Sem dúvida, os estados de consciência que já experimentamos podem se reproduzir em nós, na ordem mesma com a qual eles se desenrolaram primitivamente; e assim porções do nosso passado voltam a ser presentes, ao mesmo tempo em que se distinguem espontaneamente do presente. Ainda assim, por mais importante que seja essa distinção para nossa experiência privada, ela não basta para constituir a noção ou categoria de tempo. Essa não consiste simplesmente em uma comemoração, parcial ou integral, de nossa vida passada. É um quadro abstrato e impessoal que envolve não apenas nossa existência individual, mas a da humanidade. É como um painel ilimitado em que toda a duração é exposta diante do espírito e em que todos os elementos possíveis podem ser situados em relação a pontos de apoio fixos e determinados. Não é *meu tempo* que é assim organizado: é o tempo tal como ele é objetivamente pensado por todas as pessoas de uma mesma civilização. Apenas isso já basta para dar a ver que tal organização deve ser coletiva. E, com efeito, a observação estabelece que esses pontos de apoio indispensáveis, em relação aos quais todas as coisas são classificadas temporalmente, são tomados de empréstimo da vida social. As divisões em dias, semanas, meses, anos etc. correspondem à periodicidade dos ritos, das festas, das cerimônias públicas.[5] Um calendário exprime o ritmo da atividade coletiva ao mesmo tempo em que tem por função garantir sua regularidade.[6]

---

5. Ver, em apoio a essa afirmação, em H. Hubert e M. Mauss, *Mélanges d'histoire religieuse* (coleção "Travaux de l'Année Sociologique"), o capítulo sobre "a representação do tempo na religião" (Paris, F. Alcan). [Há aqui um erro na referência da obra, que tem por título verdadeiro *Mélanges d'histoire des religions*, publicada em 1909 pela editora Félix Alcan. O capítulo ao qual Durkheim se refere foi publicado em português. Ver: H. Hubert, *Estudo Sumário sobre a Representação do Tempo na Religião e na Magia* (Edição bilíngue e crítica), São Paulo, Edusp, 2016, com tradução de Rafael Faraco Benthien e Rodrigo Turin. (N.T.)]

6. Percebe-se aí toda a diferença que há entre o complexo de sensações e de imagens que serve para nos orientar na duração e a categoria de tempo. As primeiras são o resumo de experiências individuais válidas apenas para o indivíduo que as viveu. O que exprime a categoria de tempo, ao contrário, é um tempo comum ao grupo, é o tempo social, se é possível falar desse modo. Ela é em si uma verdadeira instituição social. Ela é também particular ao ser humano; o animal não possui representação desse gênero. – Essa distinção entre a categoria de tempo e as sensações correspondentes poderia ser igualmente feita a respeito do espaço e da causa. Talvez ela ajudasse a dissipar certas confusões que alimentam as controvérsias que tomam essas questões por objeto. Voltaremos a esse ponto na Conclusão desta obra (§ 4).

O mesmo ocorre com o espaço. Como o demonstrou Hamelin,[7] o espaço não é esse meio vago e indeterminado que Kant havia imaginado: pura e absolutamente homogêneo, ele não teria serventia alguma e sequer ofereceria ensejo ao pensamento. A representação espacial consiste essencialmente em uma primeira coordenação introduzida entre os dados da experiência sensível. Essa coordenação, contudo, seria impossível se as partes do espaço fossem qualitativamente equivalentes, se fossem realmente substituíveis umas pelas outras. Para poder dispor espacialmente as coisas, é necessário poder situá-las diferentemente: colocar umas à direita, outras à esquerda, estas acima, aquelas abaixo, ao norte ou ao sul, a leste ou a oeste etc., da mesma forma que, para poder dispor temporalmente os estados da consciência, é necessário localizá-los em datas determinadas. Isso significa que o espaço não poderia ser ele próprio se, assim como o tempo, não fosse dividido e diferenciado. Mas essas divisões, que lhe são essenciais, de onde provêm? Por si só, não há nem esquerda, nem direita; nem alto, nem baixo; nem norte, nem sul etc. Todas essas distinções provêm, evidentemente, da atribuição de valores afetivos diferentes às regiões. E como todas as pessoas de uma mesma civilização concebem o espaço da mesma maneira, é necessário, evidentemente, que esses valores afetivos e as distinções que dele dependem lhes sejam igualmente comuns; o que implica quase necessariamente que sejam de origem social.[8]

Há, ademais, casos em que esse caráter social tornou-se manifesto. Existem sociedades na Austrália e na América do Norte nas quais o espaço é concebido sob a forma de um círculo imenso, pois a aldeia tem, ela mesma, uma forma circular,[9] e o círculo espacial é exatamente dividido como o círculo tribal e à imagem deste. Há tantas regiões distintas quanto há clãs na tribo, e é o lugar ocupado pelos clãs no interior da aldeia que determina a orientação das regiões. Cada região define-se pelo totem do clã ao qual é atribuída. Entre os Zuni, por exemplo, o *pueblo* compreende sete zonas. Cada uma delas é um grupo de clãs que um dia teve sua unidade: ao que

---

7. O. Hamelin, *op. cit.*, p. 75 ss.
8. Caso contrário, para explicar essa concordância, seria preciso admitir que todos os indivíduos, em virtude de sua constituição orgânico-física, são espontaneamente afetados da mesma maneira por diferentes partes do espaço: isso é ainda mais improvável visto que as diferentes regiões são, elas mesmas, afetivamente indiferentes. De todo modo, as divisões do espaço mudam com as sociedades: eis a prova de que elas não são fundadas exclusivamente na natureza congênita do ser humano.
9. Ver É. Durkheim e M. Mauss, "De quelques formes primitives de classification", em *Année sociol.*, VI, p. 47 ss. [Ver, em português: É. Durkheim e M. Mauss, "Algumas Formas Primitivas de Classificação", em M. Mauss, *Ensaios de Sociologia*, São Paulo, Perspectiva, 1981, p. 399-455, com tradução de Luiz João Gaio e Jacó Guinsburg. (N.T.)]

tudo indica, tratava-se primitivamente de um único clã que, na sequência, subdividiu-se. Ora, o espaço compreende igualmente sete regiões, e cada uma dessas sete zonas do mundo mantém relações íntimas com uma zona do *pueblo*, ou seja, com um grupo de clãs.[10] "Desse modo", diz Cushing, "uma divisão (...) está supostamente em relação com o norte; (...) outra representa o oeste, outra o sul (...)"[11] etc. Cada zona do *pueblo* possui sua cor característica, que o simboliza. Cada região possui a sua, que é exatamente a da zona correspondente. Ao longo da história, o número dos clãs fundamentais variou. O número das regiões do espaço variou da mesma maneira. Desse modo, a organização social foi o modelo da organização espacial, que é uma espécie de decalque da primeira. Até mesmo a distinção entre a esquerda e a direita, longe de estar implicada na natureza do ser humano em geral, é muito provavelmente o produto de representações religiosas, logo, coletivas.[12]

Mais adiante serão encontradas provas análogas para as noções de gênero, de força, de personalidade e de eficácia. É possível questionar se também a noção de contradição não depende de condições sociais. O que induz a pensar assim é que a influência que ela exerceu sobre o pensamento variou conforme as épocas e as sociedades. O princípio de identidade domina hoje o pensamento científico. Há, contudo, vastos sistemas de representação que exerceram na história das ideias um papel considerável e nos quais tal princípio é frequentemente desprezado: são as mitologias, desde as mais rudimentares até as mais sofisticadas.[13] Sem cessar, elas tratam de seres que têm simultaneamente os mais contraditórios atributos, que são ao mesmo tempo unos e múltiplos, materiais e espirituais, que podem se sub-

---

10. É. Durkheim e M. Mauss, "De quelques formes primitives de classification", *op. cit.*, p. 34 ss [Ou, em relação à edição brasileira referida na nota anterior, p. 435 ss. (N.T.)].

11. F. H. Cushing, "Outlines of Zuñi Creation Myths", em *13<sup>th</sup> Rep. of the Bureau of Amer. Ethnology*, Washington, Government Printing Office, 1896, p. 367 ss.

12. Ver R. Hertz, "La prééminence de la main droite. Étude de polarité religieuse", em *Rev. philos.*, dezembro de 1909. [Ver, em português: R. Hertz, "A preeminência da mão direita: um estudo sobre a polaridade religiosa", em *Religião e Sociedade*, n. 6, 1980, p. 99-128, com tradução de Alba Zaluar. (N.T.)] Sobre essa mesma questão das relações entre a representação do espaço e a forma da coletividade, ver em F. Ratzel, *Politische Geographie*, Munique/Leipzig, R. Oldenbourg, 1897, o capítulo intitulado "Der Raum im Geist der Völker".

13. Não pretendemos dizer que o pensamento mitológico o ignora, mas que ele o infringe com maior frequência e mais abertamente que o pensamento científico. Em contrapartida, mostraremos que a ciência não pode violá-lo, conformando-se a ele mais escrupulosamente que a religião. Entre a ciência e a religião há apenas, em relação a esse ponto, como em relação a muitos outros, diferenças de graus. Ainda que não se deva exagerar essas diferenças, é importante indicá-las, pois são significativas.

dividir indefinidamente sem perder nada do que os constitui. É um axioma, em mitologia, a parte equivaler ao todo. Essas variações pelas quais a regra que parece governar nossa lógica atual passou ao longo da história provam que, longe de estar inscrita para todo o sempre na constituição mental do ser humano, ela depende, ao menos em parte, de fatores históricos e, por conseguinte, sociais. Não sabemos exatamente quais são esses fatores; podemos, contudo, presumir que eles existem.[14]

Uma vez admitida tal hipótese, o problema do conhecimento é colocado em termos novos.

Até o presente, somente duas doutrinas estavam em confronto. Para uns, as categorias não podem ser derivadas da experiência: são logicamente anteriores a ela e a condicionam. São representadas como dados simples, irredutíveis, imanentes ao espírito humano em virtude de sua constituição inata. Eis por que se diz que elas são *a priori*. Para outros, ao contrário, elas seriam construídas, feitas de peças e pedaços, e o indivíduo seria o artífice dessa construção.[15]

Uma e outra solução levantam, contudo, graves dificuldades.

Acaso se adota a tese empirista? Então, é preciso retirar das categorias todas as suas propriedades características. Com efeito, elas distinguem-se de todos os outros conhecimentos em função de sua universalidade e de sua necessidade. Elas são os conceitos mais gerais que existem, pois aplicam-se a todo o real e, mesmo quando não estão atreladas a um objeto particular, são independentes de todo sujeito individual: elas são o lugar comum onde se encontram todos os espíritos. Além disso, eles aí se encontram necessariamente, pois a razão, que nada mais é que o conjunto das categorias fundamentais, está investida de uma autoridade da qual não podemos nos furtar à vontade. Quando tentamos nos insurgir contra ela, libertarmo-nos de al-

---

14. Tal hipótese já foi emitida por um dos fundadores da *Völkerpsychologie*. Ela é especialmente indicada em um curto artigo de Windelband intitulado "Die Erkenntnislehre unter dem völkerpsychologischen Gesichtspunkte", em *Zeitschrift für Völkerpsychologie und Sprachwissenschaft*, VIII, 1875, p. 166 ss. Ver uma nota de H. Steinthal sobre o mesmo tema: *Ibid.*, p. 178 ss.

15. Mesmo na teoria de H. Spencer, é com a experiência individual que são construídas as categorias. A única diferença que existe, quanto a isso, entre o empirismo ordinário e o empirismo evolucionário é a seguinte: para este, os resultados da experiência individual são consolidados pela hereditariedade. Mas essa consolidação nada lhes acrescenta de essencial: não entra em sua composição nenhum elemento que não tenha sua origem na experiência do indivíduo. Além disso, nessa teoria, a necessidade com a qual as categorias se impõem atualmente a nós é, ela mesma, o produto de uma ilusão, de um preconceito supersticioso, fortemente enraizado no organismo, mas sem fundamento na natureza das coisas.

gumas de suas noções essenciais, encontramos vivas resistências. Não somente, portanto, elas independem de nós, como impõem-se a nós. – Ora, os dados empíricos apresentam características diametralmente opostas. Uma sensação e uma imagem remetem sempre a um objeto determinado ou a uma coleção de objetos desse gênero, exprimindo o estado momentâneo de uma consciência particular: trata-se de algo essencialmente individual e subjetivo. Também podemos dispor, com uma liberdade relativa, das representações que têm essa origem. Sem dúvida, quando nossas sensações são atuais, elas se impõem a nós *de fato*. *De direito*, contudo, permanecemos capazes de concebê-las de maneira diferente do que são, de representá-las como se transcorressem em uma ordem diferente daquela na qual foram produzidas. Diante delas, desde que considerações de outras ordens não intervenham, nada nos prende. Eis aí, portanto, dois tipos de conhecimentos que estão como que nos dois polos opostos da inteligência. Nessas condições, remeter a razão à experiência é fazer com que ela desapareça. Afinal, isso significa reduzir a universalidade e a necessidade que a caracterizam ao estado de puras aparências, ilusões que podem ser cômodas na prática, mas que a nada correspondem nas coisas. Isso implica, por conseguinte, recusar toda realidade objetiva à vida lógica que as categorias têm por função regular e organizar. O empirismo clássico leva ao irracionalismo; talvez seja mesmo por esse derradeiro nome que convém designá-lo.

Os aprioristas, a despeito do sentido comumente atrelado às etiquetas, respeitam mais os fatos. Uma vez que não admitem como verdade evidente que as categorias são feitas dos mesmos elementos que nossas representações sensíveis, eles não se sentem compelidos a empobrecê-las sistematicamente, a esvaziá-las de todo conteúdo real, a reduzi-las a ser apenas artifícios verbais. Eles lhes concedem, ao contrário, todas as suas características específicas. Os aprioristas são racionalistas. Eles acreditam que o mundo tem um aspecto lógico que a razão eminentemente exprime. Para isso, contudo, é preciso que atribuam à inteligência certo poder de transcender a experiência, de acrescentar algo ao que lhe é imediatamente dado. Ora, eles não fornecem nem explicação, nem justificativa desse poder singular. Afinal, limitar-se a dizer que tal poder é inerente à natureza da inteligência humana não é explicá-lo. Seria ainda preciso mostrar de onde tiramos essa surpreendente prerrogativa e como podemos observar, nas coisas, relações que o espetáculo das coisas não teria condições de nos revelar. Dizer que a própria experiência é apenas possível mediante essa condição talvez seja deslocar o problema, mas não resolvê-lo. Afinal, trata-se precisamente de saber por que a experiência não se basta, mas supõe condições que lhe são exteriores e anteriores, e de que modo essas condições são realizadas quando e como convém. Para responder a tais questões, imaginou-se por vezes, acima das razões individuais, uma razão superior e perfeita, da qual aquelas emanariam e da qual obteriam, por uma espécie de participação mística, sua maravilhosa faculdade: a razão divina. Mas tal hipótese apresenta, no mínimo, o grave inconveniente de escapar a todo controle experimental. Ela não satisfaz, portanto, às condições requeridas por uma hipótese científica. Além disso, as categorias do pensamento humano jamais são fixadas sob uma forma definitiva: são feitas, desfeitas, refeitas incessantemente, mudando de acordo com os lugares e as épocas. A razão divina é, ao contrário, imutável. Como essa imutabilidade poderia explicar essa incessante variabilidade?

Tais são as duas concepções que, há séculos, chocam-se uma contra a outra; e, se o debate se eterniza, é porque, na verdade, os argumentos trocados equivalem-se significativamente. Se a razão é apenas uma forma da experiência individual, não existe mais razão. Por outro lado, caso nela se reconheçam os poderes que lhe são atribuídos, mas sem explicá-los, parece que a situamos fora da natureza e da ciência. Diante dessas objeções opostas, o espírito permanece incerto. – Se, contudo, admite-se a origem social das categorias, uma nova atitude é tornada possível, a qual permitiria, acreditamos, escapar a essas dificuldades contrárias.

A proposição fundamental do apriorismo é que o conhecimento é formado de dois tipos de elementos irredutíveis um ao outro, tal como duas camadas distintas e superpostas.[16] Nossa hipótese mantém integralmente esse princípio. Com efeito, os conhecimentos ditos empíricos, os únicos dos quais os teóricos do empirismo se valeram para construir a razão, são aqueles que a ação direta dos objetos suscita em nossos espíritos. São, portanto, estados individuais, que se explicam inteiramente[17] pela natureza psíquica do indivíduo. Se, ao contrário, como o pensamos, as categorias são representações essencialmente coletivas, elas traduzem acima de tudo estados da coletividade: elas dependem da maneira como esta é constituída e organizada, de sua morfologia, de suas instituições religiosas, morais, econômicas etc. Há, portanto, entre essas duas espécies de representações

---

16. Talvez cause espanto que não definamos o apriorismo a partir da hipótese da inatividade. Na realidade, porém, tal concepção exerce na doutrina um papel apenas secundário. Trata-se de uma maneira simplista de representar a irredutibilidade dos conhecimentos racionais aos dados empíricos. Dizer que aqueles são inatos é somente um modo positivo de dizer que não são um produto da experiência tal qual ela é ordinariamente concebida.

17. Ao menos na medida em que há representações individuais e, por conseguinte, integralmente empíricas. De fato, contudo, é improvável que esses dois tipos de elementos não se encontrem intimamente unidos.

toda a distância que separa o individual do social, e não se pode mais derivar as segundas das primeiras, assim como não se pode deduzir a sociedade do indivíduo, o todo da parte, o complexo do simples.[18] A sociedade é uma realidade *sui generis*. Ela tem seus elementos próprios, que não são encontrados, ou que não são encontrados sob a mesma forma, no restante do universo. As representações que o exprimem têm, assim, um conteúdo completamente distinto das representações puramente individuais, e pode-se estar certo de antemão que as primeiras acrescentam algo às segundas.

A maneira como ambas se formam acaba por diferenciá-las. As representações coletivas são o produto de uma imensa cooperação que se estende não apenas no espaço, mas no tempo. Para produzi-las, uma multidão de espíritos diversos associou, misturou, combinou suas ideias e seus sentimentos; um sem número de gerações nelas acumulou sua experiência e seu saber. Uma intelectualidade muito particular, infinitamente mais rica e mais complexa que a do indivíduo, encontra-se aí como que concentrada. Compreende-se, portanto, como a razão tem o poder de ir além dos conhecimentos empíricos. Ela não deve isso a alguma virtude misteriosa qualquer, mas simplesmente ao fato de que, seguindo uma fórmula conhecida, o ser humano é duplo. Há, nele, dois seres: um ser individual, que tem sua base no organismo e cuja esfera de ação se acha, por isso mesmo, fortemente limitada; e um ser social, que representa em nós a mais elevada realidade, na ordem intelectual e moral, que podemos conhecer pela observação, qual seja, a sociedade. Essa dualidade de nossa natureza tem por consequência, na ordem prática, a irredutibilidade do ideal moral ao móbil utilitário, bem como, na ordem do pensamento, a irredutibilidade da razão à experiência individual. O indivíduo, na medida em que participa da sociedade, naturalmente vai além de si mesmo, tanto ao pensar quanto ao agir.

Esse mesmo caráter social permite compreender de onde vem a necessidade das categorias. Diz-se que uma ideia é necessária quando, por uma espécie de virtude intrínseca, ela se impõe ao espírito sem ser acompanhada de

---

18. Não se pode compreender, aliás, essa irredutibilidade em um sentido absoluto. Não queremos dizer que não exista nada nas representações empíricas que anuncie as representações racionais, nem que não haja nada no indivíduo que possa ser visto como o anúncio da vida social. Se a experiência fosse estranha a tudo o que é racional, a razão não poderia ser aplicada a ela; do mesmo modo, se a natureza psíquica do indivíduo fosse refratária à vida social, a sociedade seria impossível. Uma análise completa das categorias deveria, portanto, buscar esses embriões de racionalidade até mesmo na consciência individual. Teremos, aliás, a oportunidade de voltar a esse ponto em nossa Conclusão. Tudo o que gostaríamos de estabelecer aqui é o seguinte: há, entre esses embriões indistintos da razão e a razão propriamente dita, uma distância comparável à que separa as propriedades dos elementos minerais dos quais o ser vivo é formado e os atributos característicos da vida, uma vez constituída.

prova alguma. Há, portanto, nela algo que constrange a inteligência, que conduz à adesão, sem exame prévio. O apriorismo postula essa eficácia singular, mas não a explica. Afinal, dizer que as categorias são necessárias porque são indispensáveis ao funcionamento do pensamento é simplesmente repetir que são necessárias. Se, contudo, elas tiverem a origem que lhes atribuímos, sua autoridade não mais surpreende. Com efeito, elas exprimem as relações mais gerais que existem entre as coisas. Ultrapassando em extensão todas as nossas outras noções, dominam cada detalhe de nossa vida intelectual. Se, portanto, a cada instante, as pessoas se desentendessem sobre essas ideias essenciais, se não houvesse uma concepção homogênea do tempo, do espaço, da causa, do número etc., todo acordo entre as inteligências tornar-se-ia impossível, e, por conseguinte, toda a vida, comum. Do mesmo modo, a sociedade não pode abandonar as categorias ao livre-arbítrio dos particulares sem abandonar a si mesma. Para poder viver, ela não requer apenas um conformismo moral suficiente: há um mínimo de conformismo lógico que lhe é indispensável. Por essa razão, ela pesa com toda sua autoridade sobre seus membros de modo a prevenir os dissidentes. Acaso um espírito infringe ostensivamente essas normas de todo pensamento? Ela não o considera mais um espírito humano no sentido pleno do termo, e lida com ele do modo apropriado. Eis porque, quando, mesmo em nosso foro íntimo, tentamos nos liberar dessas noções fundamentais, sentimos que não somos completamente livres, que algo nos resiste, dentro e fora de nós. Fora de nós, há a opinião que nos julga. Além disso, como a sociedade está também representada em nós, ela se opõe, a partir de nosso próprio interior, a essas veleidades revolucionárias. Temos a impressão de que não podemos nos entregar a elas sem que nosso pensamento deixe de ser um pensamento verdadeiramente humano. Essa parece ser a origem da autoridade muito especial que é inerente à razão e que faz com que aceitemos sem hesitação suas sugestões. Eis aí a própria autoridade da sociedade,[19] comunicando-se a certas maneiras de pensar que são as condições indispensáveis de toda ação comum. A necessidade com a qual as categorias se impõem a nós não é, portanto, o efeito de simples hábitos dos quais podemos nos libertar com um pouco de esforço; tampouco é uma necessidade física ou metafísica, pois as categorias mudam em função dos lugares e das épocas. Trata-se de um tipo particular de necessidade moral que está para a vida intelectual como a obrigação está para a vontade.[20]

---

19. Observou-se com frequência que os problemas sociais tinham por efeito multiplicar os problemas mentais. Eis aí uma prova a mais de que a disciplina lógica é um aspecto particular da disciplina social. A primeira se atenua quando a segunda se enfraquece.
20. Existe analogia entre essa necessidade lógica e a obrigação moral, mas não identidade, ao menos atualmente. Hoje, a sociedade trata os criminosos de maneira diferente da qual trata os

Mas se as categorias traduzem originalmente apenas estados sociais, disso não decorre que elas podem somente ser aplicadas ao restante da natureza como metáforas? Se são feitas unicamente para expressar as coisas sociais, elas não podem, ao que parece, ser estendidas aos outros reinos, a não ser por convenção. Desse modo, uma vez que nos permitem pensar o mundo físico ou biológico, elas teriam apenas o valor de símbolos artificiais, talvez úteis na prática, mas sem relação com a realidade. Retorna-se, portanto, por outra via, ao nominalismo e ao empirismo.

Interpretar dessa maneira uma teoria sociológica do conhecimento é, contudo, esquecer que, se a sociedade é uma realidade específica, isso não a torna um império dentro de outro império. Ela faz parte da natureza, sendo sua manifestação mais elevada. O reino social é um reino natural, diferindo dos outros apenas em função de sua maior complexidade. Ora, é impossível que a natureza, no que ela tem de mais essencial, seja, aqui e ali, radicalmente diferente de si mesma. As relações fundamentais que existem entre as coisas – justamente aquelas que as categorias têm por função expressar – não podem ser, portanto, essencialmente dessemelhantes conforme os reinos. Se, por razões que vamos investigar,[21] elas emergem de maneira mais aparente no mundo social, é impossível que não se encontrem em outros locais, ainda que sob uma forma mais velada. A sociedade as torna mais manifestas, mas não detém o privilégio. Eis como as noções que foram elaboradas com base no modelo das coisas sociais podem nos ajudar a pensar as coisas de outra natureza. Se, ao menos, quando são assim deslocadas de sua significação primeira, essas noções exercem, em um sentido, o papel de símbolos, trata-se de símbolos bem fundamentados. Se, pelo simples fato de serem conceitos construídos, há aí um artifício, trata-se de um artifício que segue de perto a natureza e que se esforça para aproximar-se dela cada vez mais.[22] Do fato de as ideias de tempo, de espaço, de gênero, de causa, de personalidade serem construídas com elementos sociais, não se deve

---

indivíduos anormais apenas quanto à inteligência. Trata-se de uma prova de que a autoridade atrelada às normas lógicas e aquela inerente às normas sociais, a despeito de importantes similitudes, não têm a mesma natureza. São duas espécies diferentes de um mesmo gênero. Seria interessante pesquisar em que consiste e de onde vem essa diferença que, ao que tudo leva a crer, não é primitiva, pois, durante muito tempo, a consciência pública mal distinguiu o alienado do delinquente. Limitamo-nos a indicar a questão. Vê-se, por exemplo, o número de problemas que suscita a análise dessas noções geralmente consideradas elementares e simples, mas que são, na realidade, de extrema complexidade.

21. A questão é tratada na Conclusão deste livro.
22. O racionalismo imanente à teoria sociológica do conhecimento é, portanto, intermediário entre o empirismo e o apriorismo clássico. Para o primeiro, as categorias são construções puramente artificiais; para o segundo, são, ao contrário, dados naturais; para nós, elas são, em certo

concluir que elas são desprovidas de todo valor objetivo. Ao contrário, sua origem social faz antes supor que elas não existam sem ter fundamento na natureza das coisas.[23]

Assim renovada, a teoria do conhecimento parece destinada a reunir as vantagens contrárias das duas teorias rivais, mas sem apresentar seus inconvenientes. Ela conserva todos os princípios essenciais do apriorismo; e, ao mesmo tempo, inspira-se nesse espírito de positividade ao qual o empirismo esforçava-se por satisfazer. Ela deixa à razão seu poder específico, mas o elucida, e isso sem ultrapassar os limites do mundo observável. Ela afirma, como real, a dualidade de nossa vida intelectual, mas a explica, e o faz a partir de causas naturais. As categorias deixam de ser consideradas fatos primeiros e impossíveis de ser analisados; e, contudo, mantêm uma complexidade que as análises tão simplistas do empirismo não seriam capazes de explicar. Afinal, elas surgem não mais como noções muito simples que qualquer um é capaz de depreender de suas observações pessoais e que a imaginação popular teria complicado de modo inconveniente, mas, ao contrário, como sofisticados instrumentos de pensamento, que os grupos humanos forjaram com labor ao longo dos séculos nos quais acumularam o melhor de seu capital intelectual.[24] Toda uma parte da história da humanidade encontra-se aí resumida. Vale dizer que, para chegar a compreendê-las e a julgá-las, é preciso recorrer a procedimentos diferentes daqueles que estiveram em voga até o presente. Para saber do que são feitas essas concepções, que nós mesmos não elaboramos, não bastaria que nos interrogássemos sobre nossa consciência. É para fora de nós que é preciso olhar, é a história que é preciso observar, é toda uma ciência que é preciso instituir, ciência complexa, que só pode avançar lentamente, a partir de um trabalho cole-

---

sentido, obras de arte, mas de uma arte que imita a natureza com uma perfeição suscetível de crescer sem limite.

23. Por exemplo, o ritmo da vida social é o que está na base da categoria de tempo, mas se existe um ritmo da vida coletiva, pode-se presumir que há outro na vida do indivíduo e, de modo mais geral, na do universo. O primeiro é apenas mais pronunciado e mais aparente que os outros. Do mesmo modo, veremos que a noção de gênero se formou a partir da noção de grupo humano. Se os seres humanos foram, contudo, grupos naturais, pode-se presumir que existam, entre as coisas, grupos ao mesmo tempo análogos e diferentes. São esses grupos naturais das coisas que constituem os gêneros e as espécies. – Se parece a um número muito grande de espíritos que não se possa atribuir uma origem social às categorias sem delas retirar todo valor especulativo, isso se dá porque a sociedade é tida ainda muito frequentemente como algo que não é natural. Disso conclui-se que as representações que a exprimem não exprimem nada da natureza. Mas a conclusão vale somente o mesmo que o princípio.

24. Eis por que é legítimo comparar as categorias a instrumentos. O instrumento, pois, por sua vez, é o capital material acumulado. Há, aliás, entre as noções de instrumento, de categoria e de instituição, um estreito parentesco.

tivo, e à qual a presente obra fornece, a título de ensaio, algumas contribuições fragmentárias. Sem fazer dessas questões o objeto direto de nosso estudo, utilizaremos todas as ocasiões que se oferecerem a nós para apreender em seu nascimento ao menos algumas dessas noções, as quais, embora religiosas por suas origens, estariam ainda assim fadadas a permanecer na base da mentalidade humana.

# Livro I
# Questões preliminares

CAPÍTULO I

# Definição do fenômeno religioso e da religião[25]

Para poder investigar qual é a mais primitiva e a mais simples religião que a observação nos permite conhecer, precisamos antes definir o que convém entender por religião: sem isso, nos exporíamos seja a chamar de religião um sistema de ideias e de práticas que nada teria de religioso, seja a tangenciar fatos religiosos sem perceber sua verdadeira natureza. O que mostra bem que o perigo nada tem de imaginário e que não se trata de forma alguma de se conformar a um vão formalismo metodológico é que, por não ter tomado essa precaução, um estudioso a quem a ciência comparada das religiões deve, contudo, muito, Frazer, não soube reconhecer o caráter profundamente religioso das crenças e dos ritos que serão estudados mais adiante, e nos quais enxergamos o embrião inicial da vida religiosa na humanidade. Há aí, portanto, uma questão prejudicial que deve ser tratada antes de qualquer outra. Não que possamos almejar atingir desde já os elementos profundos e realmente explicativos da religião: eles só podem ser determinados ao final da investigação. O que é necessário e possível, contudo, é indicar certo número de signos exteriores, facilmente perceptíveis, que permitem reconhecer os fenômenos religiosos onde quer que se encontrem, que nos impeçam de os confundir com fenômenos de outros tipos. É essa operação preliminar que realizaremos.

---

25. Procuramos já definir o fenômeno religioso em um trabalho que *L'Année Sociologique* publicou (t. III, p. 1 ss) [Trata-se do texto intitulado "De la définition des phénomènes religieux", publicado, diferentemente do que a nota original indica, no tomo II da revista, em 1899. (N.T.)]. A definição então fornecida difere, como se verá, da que propomos hoje. Explicamos, no final deste capítulo (p. 75, n. 92), as razões que determinaram essas modificações, que não implicam, ademais, nenhuma mudança essencial na concepção dos fatos.

Para que ela forneça os resultados esperados, contudo, é preciso começar libertando nosso espírito de toda ideia preconcebida. As pessoas foram obrigadas a criar para si uma noção do que é a religião, bem antes que a ciência das religiões tenha podido estabelecer suas comparações metódicas. As necessidades da existência nos obrigam a todos, crentes e incrédulos, a representar de alguma maneira as coisas em meio às quais vivemos, sobre as quais sem cessar emitimos juízos, e que precisamos considerar em nossa conduta. Ainda assim, como essas pré-noções foram formadas sem método, de acordo com as vicissitudes e as circunstâncias da vida, elas não têm direito a qualquer crédito, e devem ser rigorosamente afastadas do exame que se seguirá. Não é a nossos preconceitos, a nossas paixões, a nossos hábitos que devem ser requisitados os elementos da definição de que precisamos; é a própria realidade que se trata de definir.

Coloquemo-nos, então, diante dessa realidade. Deixando de lado toda concepção da religião em geral, consideremos as religiões em sua realidade concreta e busquemos delimitar o que elas podem ter em comum. Afinal, a religião não pode ser definida senão em função dos elementos que invariavelmente se encontram onde há religião. A essa comparação, portanto, convidaremos todos os sistemas religiosos que podemos conhecer, os do presente e os do passado, os mais primitivos e os mais simples, bem como os mais recentes e os mais refinados, pois não temos nem direito nem meio lógico de excluir alguns para reter apenas os outros. Para quem vê na religião somente uma manifestação natural da atividade humana, todas as religiões são, sem exceção, instrutivas de alguma maneira. Afinal, todas exprimem, a seu modo, o ser humano, podendo assim nos ajudar a compreender melhor esse aspecto de nossa natureza. Vimos, aliás, o quanto falta para que a melhor forma de estudar a religião seja considerá-la de preferência sob a forma que assume entre os povos mais civilizados.[26]

Mas para ajudar o espírito a se liberar dessas concepções usuais que, por seu prestígio, podem impedi-lo de ver as coisas tal como são, convém, antes de abordar a questão por nossa conta, examinar algumas das definições mais usuais em que tais preconceitos vieram a se exprimir.

---

26. Ver, anteriormente, p. 29. Não insistiremos mais sobre a necessidade dessas definições prévias, tampouco sobre o método a ser seguido para alcançá-las. Ver-se-á a exposição disto em É. Durkheim, *Règles de la Méthode Sociologique*, p. 43 ss. [Ver, em português: É. Durkheim, *As Regras do Método Sociológico*, São Paulo, Edipro, 2012, p. 57 ss., com tradução de Walter Solon. (N.T.)] Cf. *Le Suicide*, p. 1 ss. [Ver, em português: É. Durkheim, *O Suicídio*, 2. ed., São Paulo, Edipro, 2013, p. 7 ss., com tradução de Evelyn Tesche. (N.T.)]

## I

Uma noção geralmente tida como característica de tudo o que é religioso é a de sobrenatural. Entende-se por isso toda ordem de coisas que vai além do alcance de nosso entendimento. O sobrenatural é o mundo do mistério, do incognoscível e do incompreensível. A religião seria então uma espécie de especulação sobre tudo o que escapa à ciência e, de modo mais geral, ao pensamento claro. "As religiões", afirma Spencer, "diametralmente opostas por seus dogmas, concordam em reconhecer tacitamente que o mundo, com tudo o que ele contém e tudo o que o envolve, é um mistério que requer uma explicação"; ele as faz, portanto, consistir essencialmente em "a crença na onipresença de algo que vai além da inteligência"[27]. Do mesmo modo, Max Müller via em toda religião "um esforço para conceber o inconcebível, exprimir o inexprimível, uma aspiração ao infinito"[28].

É certo que o sentimento do mistério não deixou de exercer um papel importante em certas religiões, em especial no cristianismo. É preciso ainda acrescentar que a importância desse papel variou singularmente nos diferentes momentos da história cristã. Há períodos em que essa noção passa ao segundo plano e apaga-se. Para as pessoas do século XVII, por exemplo, o dogma em nada perturbava a razão. A fé conciliava-se sem dificuldade com a ciência e a filosofia, a ponto de pensadores, como Pascal, que sentiam intensamente algo de profundamente obscuro nas coisas, terem estado tão pouco em harmonia com sua época que permaneceram incompreendidos por seus contemporâneos.[29] Assim, poderia ser algo precipitado considerar como o elemento essencial, mesmo que apenas da religião cristã, uma ideia sujeita a tais eclipses.

Em todo caso, sabe-se que ela só aparece muito tardiamente na história das religiões. É totalmente estranha não apenas aos povos chamados primitivos, mas ainda a todos os que não atingiram certo grau de cultura intelectual. Sem dúvida, quando os vemos atribuir virtudes extraordinárias a objetos insignificantes, povoar o universo de princípios singulares,

---

27. H. Spencer, *Les Premiers Principes*, trad. fr. (Paris, F. Alcan), 6. ed., p. 38-9. [Ver, em português: H. Spencer, *Primeiros Princípios*, São Paulo, Ex-Machina, 2016, p. 18-19, com tradução de Irapuan Costa Júnior (N.T.)]

28. M. Müller, *Introduction to the Science of Religion*, Londres, Longmans, Green and Co., 1873, p. 17 [A citação é retirada, em verdade, da p. 18. (N.T.)]. Cf. *Id.*, *Origine et développement de la religion, étudiés à la lumière des religions de l'Inde*, Paris, Reinwald, 1879, p. 21.

29. O mesmo espírito encontra-se igualmente na época escolástica, como o atesta a fórmula pela qual se define a filosofia nesse período: *Fides quaerens intellectum* [Em português: "A fé buscando a inteligência". (N.T.)].

feitos dos mais díspares elementos, dotados de uma espécie de ubiquidade dificilmente representável, encontramos de bom grado nessas concepções um ar de mistério. Parece-nos que as pessoas apenas puderam se resignar a ideias tão surpreendentes para nossa razão moderna por incapacidade de encontrar outras que fossem mais racionais. Na realidade, porém, essas explicações que nos surpreendem parecem ao primitivo as mais simples do mundo. Ele não vê aí uma espécie de *ultima ratio* [razão última] à qual a inteligência resigna-se apenas em desespero de causa, mas a maneira mais imediata de se representar e de compreender o que ele observa ao seu redor. Para ele, não é surpreendente que se possa, com a voz ou com o gesto, comandar os elementos, interromper ou acelerar o curso dos astros, suscitar ou suspender a chuva etc. Os ritos que emprega para assegurar a fertilidade do solo ou a fecundidade das espécies animais das quais se alimenta não são, a seus olhos, mais irracionais que o são, para nós, os procedimentos técnicos utilizados por nossos agrônomos para a mesma finalidade. As potências que mobiliza por esses diversos expedientes não lhe parecem ter nada de especialmente misterioso. Sem dúvida, são forças diferentes das que o estudioso moderno concebe e cujos usos ele nos ensina. Elas têm outra maneira de se comportar e não se deixam disciplinar pelos mesmos procedimentos. Ainda assim, para o crente, elas não são mais ininteligíveis que o peso ou a eletricidade para o físico atual. Veremos, aliás, ao longo desta obra, que a noção de forças naturais é muito provavelmente derivada da noção de forças religiosas. Não poderia haver, portanto, entre essas e aquelas o abismo que separa o racional e o irracional. Mesmo o fato de as forças religiosas serem pensadas com frequência como entidades espirituais, de vontades conscientes, isso não é prova alguma de sua irracionalidade. A razão não rejeita *a priori* admitir que os corpos ditos inanimados sejam, como os corpos humanos, movidos por inteligências, embora a ciência contemporânea dificilmente se adapte a essa hipótese. Quando Leibniz propôs conceber o mundo exterior como uma imensa sociedade de espíritos, entre os quais apenas havia e apenas poderia haver relações espirituais, ele entendia estar fazendo obra de racionalista e não via nesse animismo universal nada que pudesse ofender o entendimento.

Ademais, a ideia de sobrenatural, tal como a entendemos, data de ontem: ela supõe, com efeito, a ideia contrária da qual ela é a negação, e que nada tem de primitivo. Para que se possa dizer que alguns fatos são sobrenaturais, seria preciso ter já o sentimento de que existe uma *ordem natural das coisas*, ou seja, de que os fenômenos do universo estão ligados entre si segundo relações necessárias, chamadas leis. Uma vez esse princípio adquirido, tudo o que não se conforma a essas leis devia necessariamente aparecer como exterior à natureza e, por conseguinte, à razão: afinal, o que é natural nesse sentido é também racional, e essas relações necessárias nada mais fazem que exprimir a maneira pela qual as coisas se encadeiam logicamente. Mas essa noção do determinismo universal tem origem recente. Nem mesmo os maiores pensadores da antiguidade clássica haviam sido capazes de tomar plena consciência dela. Trata-se de uma conquista das ciências positivas: o postulado sobre o qual repousam e que elas demonstraram por seus progressos. Ora, enquanto ele faltava ou não estava solidamente estabelecido, os acontecimentos mais extraordinários não pareciam ter nada que não pudesse ser perfeitamente concebível. Enquanto não se sabia o que a ordem das coisas tem de imutável e inflexível, enquanto via-se aí a obra de vontades contingentes, devia-se achar natural que essas ou outras vontades pudessem modificá-lo arbitrariamente. Eis por que as intervenções miraculosas que os antigos tomavam emprestado de seus deuses não eram milagres a seus olhos, ou não o eram na acepção moderna do termo. Eram para eles belos, raros ou terríveis espetáculos, objetos de surpresa e de maravilhamento (θαύματα, *mirabilia*, *miracula*); mas não viam nisso, de forma alguma, rotas de fuga para um mundo misterioso, impenetrável à razão.

Podemos compreender bem essa mentalidade uma vez que ela não desapareceu completamente de nosso meio. Se o princípio do determinismo está hoje solidamente estabelecido nas ciências físicas e naturais, há apenas um século ele começou a ser introduzido nas ciências sociais, e sua autoridade ainda é contestada nesse campo. Existe apenas um pequeno número de espíritos fortemente impregnados dessa ideia segundo a qual as sociedades estão submetidas a leis necessárias e constituem um reino natural. Disso decorre que as pessoas acreditem que verdadeiros milagres são possíveis. Admite-se, por exemplo, que o legislador possa criar uma instituição a partir do nada, apenas por uma simples injunção de sua vontade, que ele possa transformar um sistema social em outro, da mesma forma que os fiéis de tantas religiões admitem que a vontade divina criou o mundo do nada, ou pode arbitrariamente transformar seres uns nos outros. No que diz respeito aos fatos sociais, ainda temos uma mentalidade de primitivos. E, ainda assim, se, em matéria de sociologia, tantos contemporâneos se apegam a essa concepção antiquada, isso não ocorre porque a vida das sociedades lhes parece obscura e misteriosa. Ao contrário, se eles se contentam tão facilmente com essas explicações e obstinam-se nessas ilusões que desmentem a experiência sem cessar, isso ocorre porque os fatos sociais lhes parecem a coisa mais evidente do mundo. Isso ocorre porque não sentem a obscuridade real e ainda não reconheceram a necessidade de recorrer aos procedimentos trabalhosos das ciências naturais para dissipar progressivamente essas trevas. O mesmo estado de espírito encontra-se na origem de muitas crenças religiosas que nos surpreendem por seu simplismo. Foi a ciência, e não a religião, que ensinou aos seres humanos que as coisas são complexas e difíceis de entender.

Mas, responde Jevons,[30] o espírito humano não precisa de uma cultura propriamente científica para perceber que há entre os fatos sequências determinadas, uma ordem constante de sucessão, e para observar, por outro lado, que essa ordem é perturbada com frequência. Acontece que o sol bruscamente se eclipse, que falte chuva na época esperada, que a lua demore a aparecer após seu desaparecimento periódico etc. Porque esses eventos estão fora do curso ordinário das coisas, atribui-se a eles causas extraordinárias, excepcionais, ou seja, em suma, extranaturais. É sob essa forma que a ideia de sobrenatural teria nascido desde o início da história, e é ainda assim que, desde então, o pensamento religioso teria se munido de seu objeto próprio.

Em primeiro lugar, contudo, o sobrenatural não se reduz de modo algum ao imprevisto. O novo faz parte da natureza, bem como seu contrário. Se constatamos que, em geral, os fenômenos se sucedem em uma ordem determinada, observamos igualmente que essa ordem sempre é aproximada, que ela não é idêntica a si mesma de um instante a outro, que ela comporta todos os tipos de exceções. Por menor que seja nossa experiência, estamos acostumados a decepções frequentes em relação a nossos níveis de expectativas, e tais decepções são muito comuns para nos parecerem extraordinárias. Certa contingência é um dado da experiência, bem como certa uniformidade. Não há, portanto, nenhuma razão para atrelar uma delas a causas e a forças completamente diferentes daquelas de que a outra depende. Desse modo, para que tenhamos a ideia do sobrenatural, não basta que sejamos testemunhas de acontecimentos inesperados. É ainda preciso que eles sejam concebidos como impensáveis, ou seja, como inconciliáveis com uma ordem que, com ou sem razão, nos parece necessariamente implicada na natureza das coisas. Ora, são as ciências positivas que podem construir paulatinamente essa noção de uma ordem necessária e, por conseguinte, a noção oposta não poderia lhe ser anterior.

Ademais, a despeito da maneira pela qual as pessoas tenham representado as novidades e as contingências que a experiência revela, não há nada

---

30. F. B. Jevons, *An Introduction to the History of Religion*, Londres, Methuen, 1896, p. 15 ss.

nessas representações que possa servir para caracterizar a religião. Afinal, as concepções religiosas têm por objetivo, acima de tudo, exprimir e explicar não o que é excepcional e anormal nas coisas, mas, ao contrário, o que elas têm de constante e de regular. Quase sempre, os deuses servem muito menos para explicar monstruosidades, bizarrices, anomalias, do que a marcha habitual do universo, o movimento dos astros, o ritmo das estações, o crescimento anual da vegetação, a perpetuação das espécies etc. A noção do religioso está, portanto, longe de coincidir com as do extraordinário e do imprevisto. – Jevons responde que essa concepção das forças religiosas não é primitiva. Foi para explicar desordens e acidentes que se teria começado a imaginá-las, para apenas em seguida se valer delas para explicar as uniformidades da natureza.[31] Mas não se vê o que teria podido levar os seres humanos a atribuir sucessivamente a elas funções tão evidentemente contrárias. Além disso, a hipótese segundo a qual os seres sagrados teriam sido antes confinados a um papel negativo de perturbadores é completamente arbitrária. Veremos, com efeito, que, desde as mais simples religiões que conhecemos, eles tiveram por função essencial manter, de maneira positiva, o curso normal da vida.[32]

Assim, a ideia de mistério nada tem de original. Ela não foi dada ao ser humano; foi o ser humano que a forjou com suas próprias mãos, ao mesmo tempo em que confeccionou a ideia contrária. Eis porque ela encontra lugar em um reduzido número de religiões avançadas. Não se pode, então, torná-la o traço determinante dos fenômenos religiosos sem excluir da definição a maioria dos fatos a definir.

## II

Outra ideia a partir da qual tentou-se frequentemente definir a religião é a de divindade. "A religião", diz Réville, "é a determinação da vida humana pelo sentimento de um elo unindo o espírito humano ao espírito misterioso, cuja dominação tanto sobre o mundo quanto sobre si mesmo ele reconhece, e ao qual ama sentir-se unido".[33] É verdade que, se a palavra divindade for entendida em um sentido preciso e restrito, a definição deixa de fora um grande número de fatos manifestadamente religiosos. As almas dos mortos, os espíritos de toda espécie e de toda ordem

---

31. F. B. Jevons, *op. cit.*, p. 23.
32. Ver, na sequência, Livro III, Capítulo II.
33. A. Réville, *Prolégomènes à l'Histoire des Religions*, Paris, Fischbacher, 1881, p. 34.

com os quais a imaginação religiosa de tantos povos diversos povoou a natureza são sempre o objeto de ritos e, por vezes, mesmo de um culto regular. E, ainda assim, não se trata de deuses no sentido próprio da palavra. Para que a definição os abarque, basta, contudo, substituir a palavra deus por aquela, mais compreensiva, de ser espiritual. Foi o que Tylor fez: "o primeiro ponto essencial quando se trata de estudar sistematicamente as religiões das raças inferiores é", diz ele, "definir e precisar o que se entende por religião. Se se quer que essa palavra expresse a crença em uma divindade suprema..., certo número de tribos se encontrará excluída do mundo religioso. Mas essa definição muito estreita tem por defeito identificar a religião com alguns de seus desenvolvimentos particulares... É melhor, ao que parece, estabelecer simplesmente como definição mínima da religião a crença em seres espirituais".[34] Por seres espirituais é preciso compreender sujeitos conscientes, dotados de poderes superiores aos do ser humano comum. Tal qualificação convém então às almas dos mortos, aos gênios e aos demônios, assim como às divindades propriamente ditas. – É importante destacar de imediato a concepção particular da religião que está implicada nessa definição. O único comércio que poderíamos entreter com seres desse tipo encontra-se determinado pela natureza que lhes é atribuída. Trata-se de seres conscientes. Só podemos, portanto, agir sobre eles da mesma forma que se age sobre as consciências em geral, ou seja, por meio de procedimentos psicológicos, buscando convencê-los ou sensibilizá-los seja com a ajuda de palavras (invocações, rezas), seja mediante oferendas e sacrifícios. Uma vez que a religião teria por objetivo regular nossas relações com esses seres especiais, só poderia haver religião onde há rezas, sacrifícios, ritos propiciatórios etc. Ter-se-ia assim um critério muito simples que permitiria distinguir o que é e o que não é religioso. É a esse critério que Frazer[35] refere-se sistematicamente e, com ele, muitos etnógrafos[36].

Por mais evidente que possa parecer tal definição em decorrência de hábitos de pensamento que devemos à nossa educação religiosa, existem aí numerosos fatos aos quais ela não é aplicável e que advêm, contudo, do domínio da religião.

---

34. E. B. Tylor, *La Civilisation Primitive*, Paris, Reinwald, I, 1876, p. 491.
35. Na primeira edição do J. G. Frazer, *The Golden Bough, a Study in Comparative Religion*, Londres, Macmillian, 1890, I, p. 30-2.
36. Em especial, Baldwin Spencer e Francis Gillen, ou mesmo K. T. Preuss, que chama de mágicas todas as forças religiosas não individuais.

Em primeiro lugar, existem grandes religiões em que a ideia de deus e de espíritos está ausente ou, ao menos, exerce apenas um papel secundário e apagado. É o caso do budismo. O budismo, diz Burnouf, "coloca-se, em oposição ao bramanismo, como uma moral sem deus e um ateísmo sem Natureza"[37]. "Ele não reconhece nenhum deus do qual o ser humano dependa", diz Barth; "sua doutrina é absolutamente ateia",[38] e Oldenberg, por sua vez, o define como "uma religião sem deus"[39]. Com efeito, toda a essência do budismo reside em quatro proposições que os fiéis chamam de as quatro nobres verdades.[40] A primeira estabelece a existência da dor como ligada ao perpétuo fluir das coisas; a segunda mostra que no desejo está a causa da dor; a terceira faz da supressão do desejo o único meio de suprimir a dor; a quarta enumera as três etapas pelas quais é preciso passar para lograr essa supressão: a retidão, a meditação e, enfim, a sabedoria, a plena posse da doutrina. Atravessadas essas três etapas, chega-se ao final do caminho, à libertação, à salvação pelo Nirvana.

Ora, nenhum desses princípios trata de divindade. O budista não se preocupa em saber de onde vem esse mundo do devir em que vive e sofre. Ele o considera como um fato,[41] e todo seu esforço vai na direção de escapar desse mundo. Por outro lado, nesse trabalho de salvação, ele apenas pode contar consigo mesmo. Ele "não deve agradecer nenhum deus, do mesmo modo que, no combate, ele não pede a ajuda de ninguém"[42]. Em vez de rezar, no sentido usual do termo, em vez de se voltar a um ser superior e implorar sua assistência, ele inclina-se sobre si mesmo e medita. Isso não significa dizer "que ele nega frontalmente a existência de seres chamados Indra, Agni, Varuna;[43] mas estima que não lhes deve nada e que não tem nenhuma relação com eles", pois que o poder desses seres apenas se estende às coisas deste mundo, as quais, para ele, não têm

---

37. É. Burnouf, *Introduction à l'Histoire du Bouddhisme Indien*, 2. ed., Paris, Maisonneuve, 1876, p. 464. A última palavra do texto significa que o budismo não admite mesmo a existência de uma Natureza eterna.
38. A. Barth, *The Religion of India*, Londres, Trübner, 1882, p. 110.
39. H. Oldenberg, *Le Bouddha* (trad. fr., Paris, F. Alcan, 1894), p. 51.
40. *Ibid.*, p. 214 e 318. Cf. J. H. Kern, *Histoire du Bouddhisme dans l'Inde*, Paris, Leroux, I, 1901, p. 389 ss.
41. H. Oldenberg, *op. cit.*, p. 259; A. Barth, *op. cit.*, p. 110.
42. H. Oldenberg, *op. cit.*, p. 314.
43. A. Barth, *op. cit.*, p. 109. "Tenho a íntima convicção", diz igualmente Burnouf, "que se Sakyamuni não tivesse encontrado em torno de si um Panteão todo povoado de deuses, como aqueles que nomeei, não teria nenhuma necessidade de o inventar" (*Introd. à l'Hist. du Bouddhisme Indien*, p. 119.).

valor. Ele é, portanto, ateu no seguinte sentido: ele se desinteressa da questão de saber se existem ou não deuses. Aliás, mesmo que existissem e fossem dotados de algum poder, o santo, o liberto, considera-se superior a eles. Afinal, o que dá dignidade aos seres não é a extensão da ação que exercem sobre as coisas, é exclusivamente o grau de seu avanço no caminho da salvação.[44]

É verdade que o Buda, ao menos em certas divisões da Igreja budista, acabou sendo considerado como uma espécie de divindade. Ele tem seus templos, tornou-se o objeto de um culto que, aliás, é muito simples, pois reduz-se essencialmente à oferenda de algumas flores e à adoração de relíquias ou de imagens consagradas. Nada mais é que o culto da lembrança. Antes de qualquer coisa, porém, essa divinização do Buda, supondo-se que tal expressão seja exata, está restrita ao que se chama de budismo setentrional. "Os budistas do Sul", diz Kern, "e os menos avançados entre os budistas do Norte, tal como se pode afirmar a partir dos dados hoje conhecidos, falam do fundador de sua doutrina como se ele fosse um ser humano".[45] Sem dúvida, atribuem ao Buda poderes extraordinários, superiores àqueles dos comuns mortais. Trata-se, contudo, de uma crença muito antiga na Índia, aliás bastante difundida em uma multiplicidade de religiões diversas, que um grande santo é dotado de virtudes excepcionais.[46] Ainda assim, um santo não é um deus, não mais que um sacerdote ou um mago, a despeito das faculdades sobre-humanas que lhes são atribuídas com frequência. Por outro lado, segundo os mais reconhecidos estudiosos, essa espécie de teísmo e a complexa mitologia que geralmente o acompanha seriam apenas uma forma derivada e desviada do budismo. O Buda foi de início considerado apenas como "o mais sábio entre os seres humanos".[47] "A concepção de um Buda que não seria um homem que alcançou o mais alto grau de santidade está", diz Burnouf, "fora do círculo das ideias que constituem o próprio fundamento dos Sutras simples";[48] e, acrescenta ainda o autor, "sua humanidade permaneceu um fato tão incontestavelmente reconhecido por todos que os autores de lendas,

---

44. É. Burnouf, *op. cit.*, p. 117.
45. J. H. Kern, *op. cit.*, I, p. 289.
46. "A crença, admitida universalmente na Índia, de que uma grande santidade é necessariamente acompanhada de faculdades sobrenaturais, eis o único apoio que ele (Sakyamuni) devia encontrar nos espíritos" (É. Burnouf, *Introduction à l'Histoire du Bouddhisme Indien*, *op. cit.*, p. 119.).
47. *Ibid.*, p. 120.
48. *Ibid.*, p. 107.

aos quais os milagres custavam tão pouco, nem mesmo cogitaram torná-lo um deus após sua morte".[49] É lícito também questionar se ele jamais conseguiu despojar-se completamente desse caráter humano e se temos o direito de assimilá-lo completamente a um deus;[50] em todo caso, é a um deus de uma natureza muito particular e cuja função não se assemelha de forma alguma à de outras personalidades divinas. Um deus, afinal, é, antes de mais nada, um ser vivo com o qual o ser humano deve e pode contar. Ora, o Buda está morto, adentrou o Nirvana, e nada pode quanto ao curso dos acontecimentos humanos.[51]

Enfim, e a despeito do que se pense do caráter divino do Buda, trata-se de uma concepção totalmente exterior ao que há de realmente essencial no budismo. O budismo, com efeito, consiste antes de mais nada na noção de salvação, e salvação supõe unicamente que a boa doutrina é conhecida e praticada. Sem dúvida, ela não poderia ser conhecida se o Buda não tivesse vindo revelá-la. Tendo sido feita essa revelação, contudo, ela deixa de ser um fator necessário à vida religiosa. A prática das quatro verdades santas seria possível mesmo que a lembrança de quem as tornou conhecidas se apagasse das memórias.[52] Ocorre algo totalmente diferente com o cristianismo, que é impraticável sem a ideia sempre presente do Cristo e sem o culto a ele sempre dedicado. Afinal, é por meio do Cristo sempre vivo e cada dia imolado que a comunidade dos fiéis continua a se comunicar com a fonte suprema da vida espiritual.[53]

Tudo o que precede aplica-se igualmente a outra grande religião da Índia, o jainismo. Aliás, as duas doutrinas têm sensivelmente a mesma concepção do mundo e da vida. "Como os budistas", diz Barth, "os jainistas são ateus. Eles não admitem o criador; para eles, o mundo é eterno, e eles negam explicitamente que possa existir um ser perfeito por toda a

---

49. É. Burnouf, *op. cit.*, p. 302.
50. É o que J. H. Kern exprime nos termos seguintes: "Em alguns aspectos, ele é humano; em alguns aspectos, ele não é humano; em alguns aspectos, não é nem um, nem outro" (*Histoire du Bouddhisme dans l'inde, op. cit.*, I, p. 290.).
51. "A ideia de que o chefe divino da Comunidade não está ausente do meio dos seus, mas de que permanece realmente entre eles como mestre e como rei, de modo que o culto nada mais é que a expressão da perpetuidade dessa vida comum, é completamente estranha aos budistas. Seu mestre está no Nirvana, e não poderia ouvi-los, mesmo que eles gritassem em sua direção" (H. Oldenberg, *Le Bouddha, op. cit.*, p. 368.).
52. "A doutrina budista, em seus elementos essenciais, poderia existir, tal como existe na realidade, com a noção de Buda permanecendo-lhe totalmente estranha" (*Ibid.*, p. 322.). – O que é dito do Buda histórico aplica-se igualmente a todos os Budas mitológicos.
53. Ver, no mesmo sentido, Max Müller, *Natural Religion*, Londres, Longmans, Green and Co., 1889, p. 103 ss e 190.

eternidade. O Jaina tornou-se perfeito, mas nem sempre o foi." Tal como os budistas do Norte, os jainistas, ou ao menos alguns deles, voltaram-se, contudo, a uma espécie de deísmo. Nas inscrições do Decão, fala-se de um *Jinapati*, espécie de Jaina supremo, chamado de o primeiro criador. Mas um tal linguajar, diz o mesmo autor, "está em contradição com as declarações mais explícitas de seus escritores mais reconhecidos"[54].

Se, aliás, essa indiferença pelo divino é a tal ponto desenvolvida no budismo e no jainismo, é porque ela estava já em gestação no bramanismo, do qual ambas são derivadas. Ao menos sob algumas de suas formas, a especulação bramânica chegou a "uma explicação claramente materialista e ateia do universo"[55]. Com o tempo, as múltiplas divindades que os povos da Índia haviam originalmente aprendido a adorar acabaram se fundindo em uma espécie de princípio uno, impessoal e abstrato, essência de tudo o que existe. Tal realidade suprema, que nada mais tem de uma personalidade divina, o ser humano a contém em si mesmo ou, ainda, ele se torna uno com ela, uma vez que nada existe para além dela. Para encontrá-la e a ela se unir, não se deve, portanto, buscar fora de si algum apoio exterior. Basta que ele se concentre sobre si mesmo e que medite. "Quando", diz Oldenberg, "o budismo se engaja nessa grande empreitada de imaginar um mundo de salvação no qual o ser humano salva-se a si mesmo e de criar uma religião sem deus, a especulação bramânica já preparou o caminho para essa tentativa. A noção de divindade recuou passo a passo; as figuras dos antigos deuses se apagam, empalidecendo; o Brama reina em sua eterna quietude, muito alto, além do mundo terrestre, e permanece sendo apenas uma única pessoa a tomar parte ativa na grande obra da libertação: trata-se de um ser humano".[56] Eis aí, portanto, parte considerável da evolução religiosa que consistiu, em suma, no recuo progressivo da ideia de ser espiritual e de divindade. Eis aí grandes religiões nas quais as invocações, as propiciações, os sacrifícios, as orações propriamente ditas estão bem distantes de ocupar um lugar preponderante e que, por conseguinte, não apresentam o traço distintivo junto ao qual se pretende reconhecer as manifestações propriamente religiosas.

Mesmo no interior de religiões deístas, contudo, encontra-se um grande número de ritos completamente independentes de toda ideia de deus ou de seres espirituais. Há, antes de mais nada, uma grande quantidade de interdições. A Bíblia, por exemplo, ordena que a mulher viva isolada

---

54. A. Barth, *The Religions of India*, op. cit., p. 146.
55. A. Barth, em *Encyclopédie des Sciences Religieuses*, Paris, Sandoz e Fischbacher, VI, 1879, p. 548.
56. H. Oldenberg, *Le Bouddha*, op. cit., p. 51.

todo mês, durante um período específico.[57] Ela a obriga a um isolamento similar durante o parto.[58] Ela proíbe que o asno e o cavalo sejam atrelados juntos, que um vestido no qual se misturam o cânhamo e o linho seja utilizado,[59] sem que seja possível perceber qual papel a crença em Javé pode ter desempenhado nessas interdições. Afinal, ele está ausente de todas as relações assim proibidas, e não poderia estar nelas interessado. Pode-se dizer o mesmo da maior parte das interdições alimentares. E essas proibições não se restringem aos hebreus: elas são encontradas, sob formas diversas e com o mesmo caráter, em inúmeras religiões.

É verdade que esses ritos são puramente negativos, sem que deixem, porém, de ser religiosos. Além disso, existem outros que reclamam do fiel prestações ativas e positivas e que, no entanto, são de mesma natureza. Eles agem por si mesmos, sem que sua eficácia dependa de qualquer poder divino; suscitam mecanicamente os efeitos que são sua razão de ser. Não consistem nem em sacerdotes, nem em oferendas endereçadas a um ser de cuja boa vontade depende o resultado esperado; esse resultado é obtido pelo jogo automático da operação ritual. Tal é o caso, em especial, do sacrifício na religião védica. "O sacrifício", diz Bergaigne, "exerce uma influência direta sobre os fenômenos celestes".[60] Ele é todo-poderoso em si mesmo e sem qualquer influência divina. Foi ele, por exemplo, que rompeu as portas da caverna onde estavam trancafiadas as auroras e que permitiu brotar a luz do dia.[61] Do mesmo modo, são hinos apropriados que, por uma ação direta, derramaram sobre a terra as águas do céu, e *fizeram-no a despeito dos deuses*[62]. O cumprimento de certas austeridades tem a mesma eficácia. E há mais: "o sacrifício é de tal modo o princípio por excelência que a ele se remete não apenas a origem dos seres humanos, mas ainda a dos deuses... Uma concepção como essa pode, e com razão, parecer estranha.

---

57. I, *Sam.*, 21, 6. [Myron Achimastos, em sua edição crítica da obra de Durkheim, indica que há aqui um problema, uma vez que a referência fornecida não remete a nada no compêndio bíblico. Ele propõe então que se leia aí, o que nos parece correto após verificação, *Levítico*, XIV, 19-24. (N.T.)]

58. *Levítico*, XII.

59. *Deuteronômio*, XXII, 10 e 11.

60. A. Bergaine, *La Religion Védique d'Après les Hymnes du Rig-Veda*, Paris, Vieweg, I, 1878, p. 122.

61. *Ibid.*, p. 133.

62. "Nenhum texto", diz Bergaigne, "testemunha melhor a consciência de uma ação mágica do ser humano sobre as águas do céu que o verso X, 32, 7, em que essa crença encontra-se expressa em termos gerais, aplicáveis tanto ao ser humano atual quanto a seus ancestrais reais ou mitológicos: 'O ignorante interrogou o sábio; instruído pelo sábio, ele age, e eis aqui o ganho da instrução: ele obtém o escoamento das corredeiras.'." (*Ibid.*, p. 137.).

Ainda assim, ela se explica como uma das últimas consequências da ideia do poder absoluto do sacrifício"[63]. Além disso, em toda a primeira parte do trabalho de Bergaigne trata-se apenas de sacrifícios nos quais as divindades não desempenham qualquer papel.

O fato não é próprio à religião védica. Ele é, ao contrário, de uma grande generalidade. Em todo culto, existem práticas que agem de forma autônoma, por uma virtude que lhes é inerente e sem que algum deus se interponha entre o indivíduo que executa o rito e o propósito almejado. Quando, na festa dita dos Tabernáculos, o judeu movimentava o ar agitando, segundo determinado ritmo, ramos de salgueiro, ele o fazia para provocar o despertar do vento e o despencar da chuva; acreditava-se que o fenômeno desejado resultava automaticamente do rito, desde que esse tivesse sido corretamente realizado.[64] Eis o que explica, aliás, a importância primordial atrelada por quase todos os cultos à parte material das cerimônias. Esse formalismo religioso, que é muito provavelmente a forma primordial do formalismo jurídico, provém de que a fórmula a ser pronunciada e o movimento a ser executado, tendo em si mesmos a fonte de suas eficácias, perdê-la-iam caso não estivessem de acordo com o tipo consagrado pelo sucesso.

Há, assim, ritos sem deuses, bem como há ritos dos quais deuses derivam. Nem todas as virtudes religiosas emanam de personalidades divinas, e existem relações de culto que se propõem a algo diferente da união entre o ser humano e a divindade. A religião vai além, portanto, da ideia de deuses ou de espíritos e, por conseguinte, não pode ser definida exclusivamente em função desta última.

## III

Descartadas essas definições, assumamos nós mesmos uma posição diante do problema.

Observemos de início que, em todas essas fórmulas, busca-se exprimir diretamente a natureza da religião em seu conjunto. Procede-se como se a religião constituísse uma espécie de entidade indivisível, quando ela é um

---

63. A. Bergaine, *op. cit.*, p. 139.
64. Alguns exemplos podem ser encontrados em H. Hubert, verbete "Magia", publicado no *Dictionnaire des Antiquités Grecques et Romaines d'Après les Textes et les Monuments*, Paris, Hachette, VI, 1904, p. 1.509 [Ver, em português: H. Hubert, *Magia no Mundo Greco-Romano* (Edição bilíngue e crítica), São Paulo, Edusp, 2021, p. 131, com tradução de Rafael Faraco Benthien e Guilherme Gontijo). (N.T.)].

todo formado de partes. Trata-se de um sistema mais ou menos complexo de mitos, de dogmas, de ritos, de cerimônias. Ora, um todo apenas pode ser definido em relação às partes que o constituem. Assim, é mais metódico procurar caracterizar os fenômenos elementares dos quais toda religião resulta, antes de caracterizar o sistema produzido por sua união. Esse método impõe-se ainda mais porque existem fenômenos religiosos que não dizem respeito a nenhuma religião específica. É o caso dos que constituem a matéria do folclore. São, em geral, vestígios de religiões desaparecidas, sobrevivências inorganizadas. Mas existem também os que são formados espontaneamente, sob a influência de causas locais. Nos países europeus, o cristianismo fez um esforço em prol de sua absorção e de sua assimilação, imprimindo-lhes uma coloração cristã. Não obstante, muitos persistiram até uma data recente ou persistem ainda com relativa autonomia: festas da árvore de maio, do solstício do inverno, do carnaval, crenças diversas relativas a gênios, a demônios locais etc. Se o caráter religioso desses fatos está em vias de se apagar, sua importância religiosa é, contudo, enorme, ao ponto de permitirem a Mannhardt e à sua escola renovar a ciência das religiões. Uma definição que não leve isso em consideração não compreenderá, portanto, tudo o que é religioso.

Os fenômenos religiosos dispõem-se naturalmente em duas categorias fundamentais: as crenças e os ritos. As primeiras são estados de opinião, consistindo representações; os segundos são modos de ação determinados. Entre essas duas classes de fatos, há toda a diferença que separa o pensamento do movimento.

Os ritos só podem ser definidos e diferenciados das outras práticas humanas, em especial das práticas morais, em função da natureza especial de seu objeto. Uma regra moral, com efeito, prescreve-nos, tal como um rito, maneiras de agir, mas que se dirigem a objetos de um gênero diferente. É, portanto, o objeto do rito que é preciso caracterizar para que se possa caracterizar o próprio rito. Ora, a natureza especial desse objeto exprime-se na crença. Só se pode, portanto, definir o rito após se ter definido a crença.

Todas as crenças religiosas conhecidas, sejam elas simples ou complexas, apresentam um mesmo caráter comum: elas supõem uma classificação das coisas, reais ou ideais, concebidas pelos homens, em duas classes, em dois gêneros opostos, designados em geral por dois termos distintos que as palavras *profano* e *sagrado* traduzem muito bem. A divisão do mundo em dois domínios que compreendem, este, tudo o que é sagrado, aquele, tudo o que é profano, tal é o traço distintivo do pensamento religioso: as crenças, os mitos, os dogmas, as lendas são representações ou sistemas de representações que exprimem a natureza das coisas sagradas, suas relações mútuas e com as coisas profanas. Por coisas sagradas, contudo, não é preciso compreender simplesmente esses seres pessoais chamados deuses ou espíritos. Uma rocha, uma árvore, uma fonte, um seixo, um pedaço de madeira, uma casa, em uma palavra, qualquer coisa pode ser sagrada. Um rito pode apresentar esse caráter. Na verdade, não há rito que não o tenha em algum grau. Existem palavras, orações e fórmulas que apenas podem ser pronunciadas pela boca de personagens consagrados. Existem gestos e movimentos que não podem ser executados por todos. Se o sacrifício védico tem tamanha eficácia, ou mesmo se, segundo a mitologia, ao invés de obter o favor dos deuses, ele os gerou, é porque tinha uma virtude comparável à dos seres mais sagrados. A esfera dos objetos sagrados não pode, portanto, ser determinada de uma vez por todas. Sua extensão é infinitamente variável de acordo com as religiões. Eis como o budismo é uma religião: na falta de deuses, ele admite a existência de coisas sagradas, a saber, as quatro virtudes santas e as práticas delas derivadas.[65]

Limitamo-nos até aqui, porém, a enumerar, a título de exemplos, certo número de coisas sagradas: é preciso agora que indiquemos os elementos gerais que as distinguem das coisas profanas.

Poder-se-ia ser tentado, antes de mais nada, a defini-los pelo lugar que geralmente lhes é atribuído na hierarquia dos seres. Eles são de bom grado considerados como superiores em dignidade e em poder às coisas profanas e, sobretudo, ao ser humano, quando este é apenas um ser humano e não tem, em si mesmo, nada de sagrado. Ele é representado, com efeito, como ocupando, em relação a esses elementos, uma situação inferior e dependente; e essa representação certamente não é desprovida de verdade. Ainda assim, não há nada aí que seja realmente característico do sagrado. Não basta que uma coisa seja subordinada a outra para que a segunda seja sagrada em relação à primeira. Os escravos dependem de seus senhores; os súditos, de seu rei; os soldados, de seus superiores; as classes inferiores, das classes dirigentes; o avarento, de seu ouro; o ambicioso, do poder e das mãos que o detêm; ora, se por vezes é dito de alguém que ele possui a religião dos seres ou das coisas nos quais reconhece um valor eminente e uma espécie de superioridade em relação a si mesmo, torna-se evidente que, em todos os casos, a palavra é tomada em um sentido metafórico, e que nada há nessas relações que seja propriamente religioso.[66]

---

65. Sem mencionar o sábio e o santo que praticam essas verdades, e que são sagrados por tal motivo.

66. O que não equivale dizer que essas relações não possam assumir um caráter religioso. Elas não o são, contudo, necessariamente.

Por outro lado, é preciso não perder de vista que existem coisas sagradas de graus distintos e que, diante de algumas, o ser humano sente-se relativamente à vontade. Um amuleto tem um caráter sagrado, mas o respeito que inspira nada tem de excepcional. Mesmo diante dos deuses, o ser humano nem sempre está em um estado tão caracterizado de inferioridade. Afinal, ocorre com muita frequência que exerça sobre eles uma verdadeira coerção física para obter deles o que deseja. Bate-se no fetiche com o qual não se está contente, sem que se exclua a possibilidade de uma reconciliação caso ele finde por se mostrar mais dócil aos votos de seu adorador.[67] Para obter a chuva, lança-se pedras na fonte ou no lago sagrado no qual o deus da chuva supostamente mora: acredita-se, por meio desse expediente, obrigá-lo a sair e a se mostrar.[68] Aliás, se é verdade que o ser humano depende de seus deuses, a dependência é recíproca. Os deuses também precisam do ser humano. Sem as oferendas e os sacrifícios, eles morreriam. Teremos mesmo a ocasião de mostrar que certa dependência dos deuses em relação aos fiéis mantém-se até nas religiões mais idealistas.

Ainda assim, se uma distinção puramente hierárquica é um critério ao mesmo tempo geral demais e impreciso demais, não nos resta outra coisa senão definir o sagrado em relação ao profano em razão de sua heterogeneidade. O que faz que essa heterogeneidade baste para caracterizar essa classificação das coisas e para distingui-la de qualquer outra é, contudo, o fato de ela ser muito particular: *ela é absoluta*. Não existe na história do pensamento humano outro exemplo de duas categorias de coisas assim tão profundamente diferenciadas, assim radicalmente opostas uma à outra. A oposição tradicional entre o bem e o mal nada é ao lado dessa: afinal, o bem e o mal são duas espécies contrárias do mesmo gênero, qual seja, o moral; tal como a saúde e a doença são apenas dois aspectos diferentes de uma mesma ordem de fatos, a vida; isso enquanto o sagrado e o profano foram sempre e em toda parte concebidos pelo espírito humano como gêneros separados, como dois mundos entre os quais nada há de comum. As energias que atuam em um não são simplesmente, com alguns graus a mais, as que se encontram em outros: são de outra natureza. Segundo as religiões, essa oposição foi concebida de maneiras diferentes. Em um caso, para separar as duas espécies de coisas, pareceu suficiente localizá-las em regiões distintas do universo físico; em outro, algumas são repelidas para um meio ideal e transcendente, enquanto o mundo material é abandonado às

---

67. F. Schultze, *Der Fetischismus*, Leipzig, Wilfferodt, 1871, p. 129.
68. Pode-se encontrar exemplos desses usos em J. G. Frazer, *The Golden Bourgh*, 2. ed., Londres, Macmillan, I, 1900, p. 81 ss.

outras com exclusividade. Mas, se as formas do contraste são variáveis,[69] o próprio contraste é universal. Isso não significa dizer, contudo, que um ser não possa jamais passar de um desses mundos ao outro: mas a maneira pela qual essa passagem se produz, quando ocorre, coloca em evidência a dualidade essencial dos dois reinos. Ela implica, com efeito, uma verdadeira metamorfose. É o que demostram, em particular, os ritos de iniciação, tal como são praticados por um grande número de povos. A iniciação é composta por uma longa série de cerimônias que têm por objetivo introduzir o jovem na vida religiosa: ele deixa, pela primeira vez, o mundo puramente profano no qual transcorreu sua primeira infância para entrar no círculo das coisas sagradas. Ora, essa mudança de estado é concebida não como o simples e regular desenvolvimento de germes preexistentes, mas como uma transformação *totius substantiae* [de toda substância]. Diz-se nesse momento que o jovem morre, que a pessoa que ele era deixa de existir e que outra, de imediato, substitui a precedente. Ele renasce sob uma nova forma. Cerimônias apropriadas pretensamente realizam essa morte e esse renascimento, que não são entendidos apenas em um sentido simbólico, mas que são compreendidos literalmente.[70] Acaso essa não é a prova de que há uma solução de continuidade entre o ser profano que era e o ser religioso que se torna?

Essa heterogeneidade é mesmo tamanha que degenera frequentemente em um verdadeiro antagonismo. Os dois mundos não são apenas concebidos como separados, mas como hostis e zelosamente rivais um do outro. Como não se pode pertencer plenamente a um sem sair completamente do outro, o ser humano é exortado a retirar-se totalmente do profano para levar uma vida exclusivamente religiosa. Disso decorre o monaquismo, que, ao lado e além do meio natural onde vive o comum dos mortais, organiza artificialmente outro, fechado ao primeiro, e que quase sempre tende a ser seu contraponto. Disso decorre o ascetismo mís-

---

69. A concepção segundo a qual o profano opõe-se ao sagrado, tal como o irracional ao racional, ou o inteligível ao misterioso, é apenas uma das formas sob as quais se exprime essa oposição. Uma vez a ciência constituída, ela assume um caráter profano, sobretudo em relação às religiões cristãs. Pareceu, por conseguinte, que ela não podia se aplicar às coisas sagradas.

70. Ver J. G. Frazer, "On Some Ceremonies of the Central Australian Tribes", *Report of the Eighth Meeting of the Australasian Association for the Advancement of Science*, Victoria, Association Press, 1901, p. 313 ss. A concepção é, aliás, de uma extrema generalidade. Na Índia, a simples participação no ato sacrificial tem os mesmos efeitos: o sacrificante, apenas por entrar no círculo das coisas sagradas, muda de personalidade (Ver H. Hubert e M. Mauss, "Essai sur le sacrifice", *L'Année Sociologique*, II, p. 101 [Ver, em português: H. Hubert e M. Mauss, "Ensaio sobre a natureza e a função do sacrifício", em M. Mauss, *Ensaios de Sociologia*, São Paulo, Perspectiva, 1981, p. 156-7, com tradução de Luiz João Gaio e Jacó Guinsburg. (N.T.)].).

tico, cujo objetivo é extirpar do ser humano tudo o que nele permanece vinculado ao mundo profano. Disso decorrem, enfim, todas as formas de suicídio religioso, coroamento lógico desse ascetismo. Afinal, a única maneira de escapar totalmente à vida profana é, em definitivo, evadir-se completamente da vida.

A oposição desses dois gêneros, aliás, manifesta-se exteriormente por meio de um signo visível que permite reconhecer com facilidade essa classificação muito especial, onde quer que ela exista. Uma vez que a noção do sagrado é, no pensamento dos seres humanos, sempre e em toda parte separada da noção do profano, uma vez que concebemos entre elas uma espécie de vazio lógico, o espírito recusa terminantemente que as coisas correspondentes sejam confundidas ou simplesmente colocadas em contato. Afinal, tal promiscuidade ou mesmo uma contiguidade direta demais contradizem de forma muito violenta o estado de dissociação em que se encontram essas ideias nas consciências. A coisa sagrada é, por excelência, aquela que no profano não deve ou não pode tocar impunemente. Sem dúvida, essa interdição não poderia chegar ao ponto de tornar impossível toda comunicação entre os dois mundos, pois se o profano não pudesse de forma alguma relacionar-se com o sagrado, este não serviria para nada. Mas esse relacionamento, além de ser sempre, por si só, uma operação delicada, que requer precauções, e uma iniciação mais ou menos complicada,[71] não é possível sem que o profano perca suas características específicas, sem que se torne ele mesmo sagrado em certa medida e em certo grau. Os dois gêneros não podem se aproximar e guardar ao mesmo tempo sua natureza própria.

Temos, desta vez, um primeiro critério das crenças religiosas. Sem dúvida, no interior desses dois gêneros fundamentais, há espécies secundárias que são, também elas, mais ou menos incompatíveis umas com as outras.[72] Mas o traço fundamental do fenômeno religioso é que ele supõe sempre uma divisão bipartida do universo conhecido e conhecível em dois gêneros que compreendem tudo o que existe, mas que se excluem radicalmente. As coisas sagradas são aquelas que os interditos protegem e isolam. As coisas profanas, aquelas às quais esses interditos se aplicam e que devem permanecer à distância das primeiras. As crenças religiosas são representações que exprimem a natureza das coisas sagradas e as relações que mantêm

---

71. Ver, anteriormente, o que dizemos da iniciação, p. 66.
72. Nós mesmos mostraremos mais tarde como, por exemplo, certas espécies de coisas sagradas entre as quais existe incompatibilidade excluem-se como o sagrado exclui o profano (Livro II, Capítulo I, § 2 [Livro III, Capítulo I, § 2, na realidade. (N.T.)]).

seja umas com as outras, seja com as coisas profanas. Enfim, os ritos são as regras de conduta que prescrevem como o ser humano deve se comportar em relação às coisas sagradas.

Quando certo número de coisas sagradas mantém reciprocamente relações de coordenação e de subordinação, de modo a formar um sistema com alguma coesão, mas que não está contido ele próprio em nenhum outro sistema do mesmo gênero, o conjunto das crenças e dos ritos correspondentes constitui uma religião. Vê-se, por essa definição, que uma religião não diz respeito necessariamente a uma única e mesma ideia, não pode ser reduzida a um princípio único que, mesmo se diversificando ao sabor das circunstâncias em que é aplicado, seria, em seu fundamento, idêntico a si mesmo por toda parte: trata-se de uma totalidade formada de partes distintas e relativamente individualizadas. Cada grupo homogêneo de coisas sagradas ou mesmo cada coisa sagrada de alguma importância constitui um centro de organização em torno do qual gravita um grupo de crenças e de ritos, um culto particular. Não há religião, por mais unitária que possa ser, que não reconheça uma pluralidade de coisas sagradas. Mesmo o cristianismo, ao menos sob a forma católica, admite, além da personalidade divina, aliás concomitantemente tripla e una, a Virgem, os anjos, os santos, as almas dos mortos etc. Uma religião também não se reduz geralmente a um culto único, consistindo, antes, em um sistema de cultos dotados de certa autonomia. Essa autonomia é, aliás, variável. Por vezes, eles são hierarquizados e subordinados a algum culto predominante, no seio do qual terminam mesmo por ser absorvidos. Mas ocorre também que sejam simplesmente justapostos e confederados. A religião que estudaremos nos fornecerá justamente um exemplo dessa derradeira organização.

Ao mesmo tempo, explica-se a existência de grupos de fenômenos religiosos que não pertencem a nenhuma religião constituída: é porque eles não são ou não estão mais integrados a um sistema religioso. Caso um dos cultos em questão consiga se manter por razões particulares, enquanto o conjunto do qual fazia parte desapareceu, ele sobreviverá apenas no estado desintegrado. Foi isso o que ocorreu com vários cultos agrários, que sobreviveram a si mesmos no folclore. Em alguns casos, não se trata mesmo de um culto, mas de uma simples cerimônia, um rito particular que persiste sob essa forma.[73]

Embora essa definição seja apenas preliminar, ela permite desde já entrever em que termos se deve formular o problema que domina necessa-

---

73. É o caso de certos ritos nupciais ou funerários, por exemplo.

riamente a ciência das religiões. Quando se acredita que os seres sagrados distinguem-se dos outros somente em função da maior intensidade dos poderes que lhes são atribuídos, a questão de saber como os seres humanos puderam concebê-los é bastante simples: basta procurar quais são as forças que, por sua excepcional energia, puderam impressionar com muita vivacidade o espírito humano a ponto de inspirar sentimentos religiosos. Mas se, como tentamos estabelecer, as coisas sagradas diferem das coisas profanas quanto à sua natureza, se têm outra essência, o problema é complexo de outra maneira. Afinal, é preciso então se perguntar o que pôde induzir o ser humano a ver no mundo dois mundos heterogêneos e incomparáveis, uma vez que nada na experiência sensível parecia dever lhe sugerir a ideia de uma dualidade tão radical.

## IV

Ainda assim, essa definição não é completa, pois convém igualmente a duas ordens de fatos que, embora sejam aparentados, precisam ser distinguidos: trata-se da magia e da religião.

Também a magia é feita de crenças e ritos. Ela tem, como a religião, seus mitos e seus dogmas. Esses são somente mais rudimentares, sem dúvida porque ela, perseguindo fins técnicos e utilitários, não perde tempo em puras especulações. Ela tem igualmente suas cerimônias, seus sacrifícios, suas purificações, suas preces, seus cantos e suas danças. Os seres que o mago invoca, as forças que ele mobiliza, não são somente de natureza similar às formas e aos seres aos quais a religião se dirige: são, com frequência, exatamente os mesmos. Assim, desde as sociedades mais inferiores, as almas dos mortos são coisas essencialmente sagradas e são o objeto de ritos religiosos. Ao mesmo tempo, porém, elas exerceram na magia um papel considerável. Tanto na Austrália[74] quanto na Melanésia[75], tanto na Grécia quanto nos povos cristãos[76], as almas dos mortos, suas ossadas e seus cabelos figuram entre os intermediários dos quais o mago normalmente se vale. Os demônios são igualmente um instrumento usual da ação mágica. Ora, também os demônios são seres envoltos em

---

74. Ver B. Spencer e F. Gillen, *Native Tribes of Central Australia*, Londres, Macmillan, 1899, p. 534 ss.; *Id.*, *Northern Tribes of Central Australia*, Londres Macmillan, 1904, p. 463; bem como A. W. Howitt, *Native Tribes of South-East Australia*, Londres, Macmillan, 1904, p. 359-61.
75. Ver R. H. Codrington, *The Melanesias*, Oxford, Clarendon Press, 1891, cap. XII.
76. Ver Hubert, art. "Magia", em *Dictionnaire des Antiquités*, *op. cit.* [Ver nota 64 para a edição brasileira. (N.T.)]

proibições. Eles também são separados, vivendo em um mundo à parte, a ponto de ser difícil distingui-los dos deuses propriamente ditos.[77] Mesmo no cristianismo, aliás, não é o diabo um deus decaído e, a despeito de suas origens, não tem ele um caráter religioso que advém unicamente do fato de o inferno, do qual é o preposto, ser uma engrenagem indispensável da religião cristã? Existem mesmo divindades regulares e oficiais que são invocadas pelo mago. Por vezes, podem ser deuses de um povo estrangeiro; por exemplo, os magos gregos provocavam a intervenção de deuses egípcios, assírios ou judeus. Em outros casos, trata-se mesmo dos deuses nacionais: Hécate e Diana eram objeto de um culto mágico; a Virgem, o Cristo, os santos foram utilizados da mesma maneira por magos cristãos.[78]

Seria então preciso dizer que a magia rigorosamente não se distingue da religião, que está repleta de religião, tal como a religião está repleta de magia, sendo, por conseguinte, impossível separá-las e definir uma sem a outra? O que torna essa tese dificilmente sustentável é, contudo, a repugnância declarada da religião perante a magia, bem como, em contrapartida, a hostilidade desta àquela. A magia implica uma espécie de prazer profissional em profanar as coisas santas;[79] em seus ritos, assume o contrapé das cerimônias religiosas.[80] Por sua vez, a religião, mesmo que não tenha sempre condenado e proibido os ritos mágicos, os vê, em geral, de modo desfavorável. Como o observam Hubert e Mauss, há, nos procedimentos do mago, algo de fundamentalmente antirreligioso.[81] A despeito dos eventuais vínculos que possam existir entre esses dois tipos de instituições, é, portanto, difícil que não se oponham em algum ponto. Além disso, como pretendemos limitar nossa pesquisa à religião, encerrando-a onde começa a magia, é ainda mais necessário descobrir em que ambas se distinguem.

---

77. Por exemplo, na Melanésia, o *tindalo* é um espírito tanto mágico quanto religioso (Codrington, *op. cit.*, p. 125 ss. e 194 ss.).
78. Ver H. Hubert e M. Mauss, "Esquisse d'une Théorie générale de la magie", em *L'Année Sociologique*, t. VII, 1904, p. 83-4. [Ver, em português: H. Hubert e M. Mauss, "Esboço de uma teoria geral da magia", em Marcel Mauss, *Sociologia e Antropologia*, São Paulo, Cosac Naify, 2003, p. 120-1, com tradução de Paulo Neves. (N.T.)]
79. Na missa negra, por exemplo, profana-se a hóstia.
80. Dá-se as costas ao altar e gira-se em torno dele, começado da esquerda, ao invés de fazê-lo pela direita.
81. *Ibid.*, p. 19. [Ver, em português: H. Hubert e M. Mauss, "Esboço de uma teoria geral da magia", *op. cit.*, p. 60-1. (N.T.)]

Eis aqui como se pode traçar uma linha de demarcação entre esses dois domínios. As crenças propriamente religiosas são sempre comuns a uma coletividade determinada, que professa aderir a elas e praticar os ritos que lhes são solidários. Elas não são somente admitidas, a título individual, por todos os membros dessa coletividade. Elas são ainda o que há de característico do grupo, assim como constituem sua unidade. Os indivíduos que a compõe sentem-se ligados uns aos outros, e é apenas graças a isso que têm uma fé comum. Uma sociedade cujos membros estão unidos tanto porque concebem do mesmo modo o mundo sagrado e suas relações com o mundo profano quanto porque traduzem essa representação comum em práticas idênticas: eis o que se denomina Igreja. Ora, não encontramos ao longo da história uma religião sem Igreja. Em certos casos, a Igreja é estritamente nacional, em outros, estende-se para além das fronteiras. Em certos casos ela compreende todo um povo (Roma, Atenas, o povo hebreu), em outros, compreende apenas uma fração deste (as sociedades cristãs após o advento do protestantismo). Em certos casos, é dirigida por uma corporação de sacerdotes, enquanto em outros encontra-se praticamente desprovida de qualquer órgão diretor oficial[82]. Ainda assim, onde quer que observemos a vida religiosa, ela tem por substrato um grupo definido. Mesmo os cultos ditos privados, como o culto doméstico ou o culto corporativo, satisfazem a essa condição, pois são invariavelmente celebrados por uma coletividade, seja ela a família ou a corporação. Aliás, do mesmo modo que essas religiões particulares são, na maior parte dos casos, apenas formas especiais de uma religião mais geral que abarca a totalidade da vida,[83] essas Igrejas restritas são, na realidade, somente capelas em uma Igreja mais vasta, a qual, em razão mesmo dessa extensão, merece ainda mais ser chamada por esse nome.[84]

Com a magia, algo completamente diferente ocorre. Sem dúvida, as crenças mágicas jamais deixam de ter alguma generalidade. Em geral,

---

82. Sem dúvida, é raro que cada cerimônia não tenha seu diretor no momento em que é celebrada. Mesmo nas sociedades organizadas de modo mais grosseiro, existem geralmente pessoas designadas para exercer uma influência diretora sobre a vida religiosa, em função da importância de seu papel social (por exemplo, os chefes dos grupos locais em certas sociedades australianas). Essa atribuição de função, contudo, é ainda muito incerta.

83. Em Atenas, os deuses aos quais se dirige o culto doméstico são apenas formas especializadas dos deuses da cidade (Ζεύς κτήσιος, Ζεύς ἑρκεῖος [Zeus doméstico, Zeus protetor da casa]). Do mesmo modo, na Idade Média, os patrões das confrarias são santos do calendário.

84. Isso porque o nome Igreja aplica-se normalmente apenas a um grupo cujas crenças comuns se relacionam a um círculo de coisas menos especiais.

encontram-se difundidas em amplas camadas da população e existem mesmo muitos povos em que seu número de praticantes não é inferior ao da religião propriamente dita. Elas não têm, contudo, o efeito de ligar reciprocamente seus adeptos e de uni-los em um mesmo grupo, vivendo uma mesma vida. *Não existe Igreja mágica.* Entre o mago e os indivíduos que recorrem a ele, assim como entre esses mesmos indivíduos, não há vínculos duráveis que os tornam membros de um mesmo corpo moral, comparável ao que formam os fiéis de um mesmo deus, os seguidores de um mesmo culto. O mago tem uma clientela, não uma Igreja, e seus clientes podem muito bem não ter relações entre si, a ponto de ignorarem-se reciprocamente. Mesmo as relações que eles têm com o mago são geralmente acidentais e passageiras, semelhantes às que um doente tem com seu médico. O caráter oficial e público com o qual é, por vezes, investido, nada muda em relação a essa situação: o fato de funcionar a olhos vistos não o une de maneira mais regular e mais durável a quem recorre a seus serviços.

É verdade que, em certos casos, os magos formam entre si sociedades: pode ocorrer que eles se reúnam com maior ou menor periodicidade para celebrar em comum certos ritos. Sabe-se que lugar ocupam as assembleias de feiticeiros no folclore europeu. Antes de mais nada, contudo, observar-se-á que essas associações não são, de forma alguma, indispensáveis para o funcionamento da magia, sendo mesmo raras e muito excepcionais. O mago não tem nenhuma necessidade, para praticar sua arte, de se unir a seus confrades. Trata-se, sobretudo, de alguém isolado: em geral, ao invés de procurar a sociedade, foge dela. "Mesmo em relação a seus colegas, mantém [quase] sempre uma atitude de reserva."[85] Ao contrário, a religião é inseparável da ideia de Igreja. Sob esse primeiro aspecto, há já uma diferença essencial entre a magia e a religião. Além disso, e sobretudo, essas espécies de sociedades mágicas, quando se constituem, jamais abarcam, tal como é necessário, todos os que aderem à magia, mas apenas os magos. Os laicos, se acaso é possível se expressar dessa forma, ou seja, aqueles em cujo proveito os cultos são celebrados, os que, em definitivo, representam os fiéis dos cultos regulares, encontram-se excluídos. Ora, o mago está para a magia, assim como o sacerdote está para a religião, e um colégio de sacerdotes não é uma Igreja, não mais que uma congregação religiosa que prestaria a algum santo, na sombra do convento, um culto particular. Uma igreja não é simplesmente uma confraria sacer-

---

85. H. Hubert e M. Mauss, *loc. cit.*, p. 18. [Ver, em português: H. Hubert e M. Mauss, "Esboço de uma teoria geral da magia", em M. Mauss, *Sociologia e Antropologia*, São Paulo, Cosac Naify, 2003, p. 60, com tradução de Paulo Neves. (N.T.)]

dotal: trata-se da comunidade moral formada por todos os crentes de uma mesma lei, abarcando tanto fiéis quanto sacerdotes. Toda comunidade desse gênero está normalmente ausente da magia.[86]

Mas, ao se introduzir a noção de Igreja na definição de religião, acaso não se exclui, ao mesmo tempo, as religiões individuais que o indivíduo institui por si mesmo e celebra unicamente para si? Ora, há poucas sociedades nas quais essas não sejam encontradas. Cada Ojibway, como se verá mais adiante, tem seu *manitu* pessoal que ele próprio escolheu e ao qual oferece deveres religiosos particulares. O melanésio das ilhas Banks tem seu *tamaniu*;[87] o romano tem seu *genius*;[88] o cristão tem seu santo patrono e seu anjo protetor etc. Todos esses cultos parecem, por definição, independentes de toda ideia de grupo. E essas religiões individuais não são apenas muito frequentes na história, como algumas pessoas se perguntam hoje se acaso não estão destinadas a se tornar a forma eminente da vida religiosa e se não virá um dia em que não haverá outro culto senão aquele que cada um realizará livremente em seu foro íntimo.[89]

Mas se, deixando provisoriamente de lado essas especulações sobre o futuro, limitarmo-nos a considerar as religiões tais como elas existem no presente e tal como existiram no passado, parece evidente que esses cultos individuais constituem não sistemas religiosos distintos e autônomos, mas simples aspectos da religião comum a toda Igreja da qual seus indivíduos fazem parte. O santo patrono do cristão é escolhido a partir de uma lista oficial de santos reconhecidos pela Igreja católica, assim como são regras canônicas que prescrevem como cada fiel deve proceder em relação a esse culto particular. Do mesmo modo, a ideia de que cada ser humano tem necessariamente um gênio protetor está, sob formas distintas, na base tanto de um grande número de religiões americanas quanto da religião romana

---

86. W. Robertson Smith já havia mostrado que a magia opõe-se à religião como o indivíduo ao social (*Lectures on The Religion of the Semites*, 2. ed., Londres, A. and Ch. Black, 1894, p. 264-5). Aliás, distinguindo assim magia e religião, não pretendemos estabelecer entre elas uma solução de continuidade. As fronteiras entre os dois domínios são, com frequência, imprecisas.

87. R. H. Codrington, "Notes on the Customs of Mota, Banks Islands, with remarks by the Rev. Lorimer Fison, Fiji", *Transactions and Proceedings of the Royal Society of Victoria*, 1880, XVI, p. 136.

88. A. Negrioli, *Dei Genii presso i Romani*, Bolonha, Nicola Zanichelli, 1900.

89. É a conclusão à qual chega H. Spencer em seus *Ecclesiastical Institutions*, Londres, Williams and Norgate, 1885 (cap. XVI). É também a de A. Sabatier, em seu *Esquisse d'une Philosophie de la Religion d'après la Psychologie et l'Histoire*, Paris, Fischbacher, 1897, e de toda a escola à qual ele pertence.

(para citar apenas esses dois exemplos). Ela é, afinal, tal como se verá mais adiante, intimamente solidária da ideia de alma; e a ideia de alma não é daquelas que podem ser inteiramente abandonadas ao arbítrio dos particulares. Em suma, é a Igreja da qual ele é membro que ensina ao indivíduo o que são os deuses pessoais, qual é seu papel, como ele deve entrar em relação com esses deuses e como lhes deve prestar reverência. Quando se analisa metodicamente as doutrinas dessa Igreja, seja ela qual for, chega um momento em que em seu trajeto são encontradas aquelas que dizem respeito aos cultos especiais. Não há aí, portanto, duas religiões de tipos diferentes e voltadas a sentidos opostos: trata-se, nos dois casos, das mesmas ideias e dos mesmos princípios, aplicados aqui às circunstâncias que interessam à coletividade em seu conjunto, e ali, à vida do indivíduo. A solidariedade é mesmo tão estreita que, em certos povos,[90] as cerimônias em meio às quais o fiel entra pela primeira vez em comunicação com seu gênio protetor estão permeadas de ritos cujo caráter público é incontestе, a saber, de ritos de iniciação.[91]

Subsistem as aspirações contemporâneas a uma religião que seria inteiramente constituída de estados interiores e subjetivos, e que seria livremente construída por cada um de nós. Por mais reais que sejam, contudo, elas não poderiam afetar nossa definição, pois esta só pode ser aplicada a fatos conhecidos e tangíveis, e não a virtualidades incertas. Pode-se definir as religiões tal como são ou tal como foram, mas não tal como tendem mais ou menos vagamente a ser. É possível que esse individualismo religioso esteja destinado a ocorrer, mas para poder dizer em que medida isso se dará, seria preciso já saber o que é a religião, de quais elementos é formada, de que causas resulta, bem como qual função ela cumpre: não se pode prejulgar a solução para todas essas questões, enquanto não se ultrapassou o limiar da pesquisa. É somente ao final deste estudo que poderemos tentar antecipar o futuro.

Chegamos assim à seguinte definição: *uma religião é um sistema solidário de crenças e práticas relativas às coisas sagradas, ou seja, separadas e*

---

90. Em especial, em vários povos indígenas da América do Norte.
91. Essa constatação de fato não resolve, aliás, a questão de saber se a religião exterior e pública é apenas o desenvolvimento de uma religião interior e pessoal, que seria o fato primitivo, ou então se, ao contrário, a segunda não seria o prolongamento da primeira no interior das consciências individuais. O problema será diretamente abordado mais adiante (Livro II, Capítulo V, § 2. Cf., no mesmo Livro, Capítulos VI e VII, § 1). Por ora, nos limitaremos a observar que o culto individual se dá a ver como um elemento e uma dependência do culto coletivo.

*proibidas, crenças e práticas que unem em uma mesma comunidade moral, chamada Igreja, todos os que a ela aderem.* O segundo elemento que ocupa assim um lugar em nossa definição não é menos essencial que o primeiro; afinal, mostrando que a ideia de religião é inseparável da ideia de Igreja, ela permite entrever que a religião deve ser algo eminentemente coletivo.[92]

---

92. É em função disso que nossa definição atual se atrela àquela que outrora propusemos em *L'Année Sociologique* [Ver, anteriormente, a nota 25. (N.T.)]. No referido trabalho, definimos exclusivamente as crenças religiosas por seu caráter obrigatório; mas essa obrigação provém evidentemente, e nós o mostramos, do fato dessas crenças serem aquilo que, de um grupo, impõe-se a seus membros. As duas definições, portanto, sobrepõem-se parcialmente. Se pensamos dever propor uma nova, isso se dá porque a primeira era por demais formal e negligenciava completamente o conteúdo das representações religiosas. Ver-se-á, nas discussões a seguir, qual o interesse em se evidenciar de início o que ela tem de característico. Além disso, se o caráter imperativo é, de fato, um traço distintivo das crenças religiosas, ele comporta uma infinidade de graus; por conseguinte, existem casos em que não é facilmente perceptível. Daí decorrem as dificuldades e os embaraços dos quais nos poupamos ao substituir a este critério aquele que empregamos aqui.

CAPÍTULO II

# As principais concepções da religião elementar

## I – O animismo

Munidos dessa definição, podemos nos pôr à busca da religião elementar que nos propomos a encontrar. Mesmo as mais grosseiras religiões que a história e a etnografia nos permitem conhecer são investidas de uma complexidade que se coaduna mal com a ideia que algumas vezes se faz da mentalidade primitiva. Encontra-se aí não somente um sistema espesso de crenças e ritos, mas também uma tal pluralidade de princípios diferentes, uma tal riqueza de noções essenciais, que pareceu impossível perceber nelas algo diferente de um produto tardio de uma evolução muito longa. Disso conclui-se que, para descobrir a forma realmente original da vida religiosa, era necessário regredir, pela análise, para além das religiões observáveis, decompô-las em seus elementos comuns e fundamentais e pesquisar se, entre estes, não há um do qual os demais sejam derivados.

Ao problema assim formulado, foram dadas duas soluções opostas.

Não existe, por assim dizer, sistema religioso, antigo ou recente, em que, sob diversas formas, duas religiões não se encontrem lado a lado e que, embora intimamente unidas, e mesmo em uma relação de interpenetração, ainda assim não deixem de ser distintas. Uma se volta às coisas da natureza, seja às grandes forças cósmicas, como os ventos, os rios, os astros, o céu etc., seja aos objetos de todo tipo que povoam a superfície da terra, plantas, animais, rochedos etc.; a ela, por essa razão, dá-se o nome de *naturismo*. A outra tem por objeto os seres espirituais, os espíritos, almas, gênios, demônios, divindades propriamente ditas, agentes animados e conscientes como o ser humano, mas que ainda assim distinguem-se deste em função da natureza dos poderes que lhes são atribuídos e, em especial, por essa característica particular de não afetarem os sentidos da mesma forma: normalmente, não são perceptíveis a olhos humanos. Chama-se *animismo* a essa religião dos espíritos. Ora, para explicar a coexistência, por assim dizer universal, entre essas duas espécies de culto, duas teorias contraditórias foram propostas. Para alguns, o animismo seria a religião primitiva, da qual o naturismo seria apenas uma forma secundária e derivada. Para outros, ao contrário, o culto da natureza teria sido o ponto de partida da evolução religiosa, do qual o culto dos espíritos seria apenas um caso particular.

Essas duas teorias são, até o presente, as únicas pelas quais tentou-se explicar racionalmente[93] as origens do pensamento religioso. Desse modo, o problema capital que se coloca à ciência das religiões reduz-se no mais das vezes a saber qual dessas duas soluções se deve escolher, ou se não é melhor combiná-las, e, nesse caso, definir qual lugar reservar a cada um desses dois elementos.[94] Nem mesmo os estudiosos que não admitiram nenhuma dessas hipóteses em suas formas sistemáticas deixam de preservar algumas das proposições sobre as quais repousam.[95] Há nesse ponto, portanto, certo número de noções já constituídas e de evidências aparentes que devem ser submetidas à crítica antes de iniciarmos, por nós mesmos, o estudo dos fatos. Compreender-se-á melhor que é indispensável tentar uma via nova quando se entender a insuficiência das concepções tradicionais.

---

93. Aqui deixamos de lado as teorias que, total ou parcialmente, utilizam-se de dados supraexperimentais. Este é, sobretudo, o caso que Andrew Lang expôs em seu livro *The Making of Religion* e que o Padre W. Schmidt retomou, com variações de detalhes, em uma série de artigos sobre "L'Origine de l'idée de Dieu" (*Anthropos*, 1908 e 1909). Lang não rejeita completamente nem o animismo, nem o naturismo, mas, em última análise, admite um sentido, uma intuição direta do divino. Aliás, se acreditamos que não devemos expor e discutir essa concepção no presente capítulo, não pretendemos silenciá-la. Nós a reencontraremos mais tarde, quando teremos nós mesmos de explicar os fatos sobre os quais ela se apoia (Livro II, Capítulo IX, § 4).

94. É o caso, por exemplo, de Fustel de Coulanges, que aceita ao mesmo tempo as duas concepções (Ver *La Cité Antique*, Paris, Durand, 1864, livro I e livro III, cap. II [Ver, em português: Fustel de Coulanges, *A Cidade Antiga*, 4. ed., São Paulo, Martins Fontes, 1998, livro I, p. 7-34; livro III, cap. II, p. 127-34, com tradução de Fernando de Aguiar. (N.T.)].).

95. É desse modo que Jevons, mesmo criticando o animismo tal como exposto por Tylor, aceita suas teorias sobre a gênese da ideia de alma, sobre o instinto antropomórfico do ser humano. Inversamente, H. Usener, em seu *Götternamen* (Bonn, Cohen, 1896), mesmo rejeitando certas hipóteses de Max Müller que serão apresentadas mais adiante, admite os principais postulados do naturismo.

## I

Foi Tylor quem constituiu, em seus traços essenciais, a teoria animista.[96] Spencer, que a retomou na sequência, não a reproduziu, de fato, sem introduzir nela algumas modificações.[97] Ainda assim, em suma, as questões se colocam tanto para um quanto para o outro nos mesmos termos, e as soluções adotadas por ambos, com exceção de uma, são idênticas. Podemos, assim, reunir essas duas doutrinas na exposição que se seguirá, salvo para destacar, quando o momento vier, o ponto a partir do qual divergem entre si.

Para ter o direito de ver nas crenças e nas práticas animistas a forma primitiva da vida religiosa, é necessário satisfazer a um triplo *desideratum*: 1º) uma vez que, nessa hipótese, a ideia de alma é a noção cardeal da religião, é necessário mostrar como ela se formou sem emprestar elementos de uma religião anterior; 2º) é necessário explicar em seguida como as almas tornam-se o objeto de um culto e se transformam em espírito; 3º) por fim, uma vez que o culto dos espíritos não constitui a totalidade de qualquer religião, falta explicar como o culto da natureza é derivado do primeiro.

A ideia de alma teria sido sugerida ao ser humano pelo espetáculo, mal compreendido, da dupla vida que ele leva normalmente no estado de vigília, de um lado, e durante o sono, de outro. Com efeito, para o selvagem[98], as representações durante a vigília e aquelas percebidas no sonho têm, costuma-se dizer, o mesmo valor: ele objetiva estas como aquelas, o que equivale a dizer que ele vê nelas a imagem de objetos exteriores cujo aspecto reproduzem de forma mais ou menos exata. Quando sonha que visitou um país distante, ele realmente crê ter estado lá. Mas só pode ter estado lá se tiver dois seres dentro de si: um, seu corpo, que permanece deitado sobre o solo e que ele reencontra ao despertar na mesma posição; e o outro que, nesse mesmo intervalo, deslocou-se através do espaço. Do mesmo modo, se, durante seu sono, ele se vê conversando com algum de seus companheiros que sabe estar distante, conclui disso que este último é, igualmente, composto de dois seres: um que dorme a alguma distância e o outro que veio se manifestar pelo expediente do sonho. Dessas experiências repetidas depreende-se

---

96. E. B. Tylor, *La Civilisation Primitive*, op. cit., I, 1876, cap. XI, e Ibid., II, 1878, cap. XVIII.
97. Ver H. Spencer, *Principes de Sociologie*, op. cit., partes I e VI.
98. Essa é palavra da qual se vale Tylor. Ela tem o inconveniente de parecer implicar a existência de seres humanos, no sentido próprio do termo, antes de ter existido civilização. Aliás, não há um termo adequado para transmitir a ideia: o do primitivo, ao qual, na falta de algo melhor, damos preferência quanto ao emprego, está, como dissemos, longe de ser satisfatório.

pouco a pouco a ideia de que existe em cada um de nós um duplo, um outro de nós mesmos, o qual, em condições determinadas, tem o poder de deixar o organismo em que reside e partir para peregrinar ao longe.

Esse duplo reproduz naturalmente todos os traços fundamentais do ser sensível que lhe serve de invólucro exterior; mas, ao mesmo tempo, distingue-se dele por vários elementos. Ele é mais móvel, pois pode percorrer em um instante vastas distâncias. Ele é mais maleável, mais plástico, pois, para sair do corpo, é necessário que possa passar pelos orifícios do organismo, o nariz e a boca em especial. Sem dúvida, portanto, ele é concebido como feito de matéria, mas de uma matéria muito mais sutil e etérea que todas as que conhecemos empiricamente. Esse duplo é a alma. E não há dúvida, com efeito, que em um expressivo número de sociedades, a alma foi concebida como imagem do corpo; acredita-se mesmo que ela reproduz suas deformidades acidentais, como aquelas que resultam dos ferimentos ou das mutilações. Certos australianos, após terem matado seu inimigo, cortam o polegar direito dele, de maneira que sua alma, privada do contragolpe de seu polegar, não possa lançar o dardo e se vingar. Ao mesmo tempo, contudo, embora se assemelhe ao corpo, ela já tem algo de semiespiritual. Diz-se: "que ela é a parte mais sutil e mais aérea do corpo", "que não tem nem carne, nem osso, nem nervos", que "quando se quer percebê-la, nada se sente", que é "como um corpo purificado".[99]

Aliás, em torno desse dado fundamental do sonho, outros fatos da experiência vinham naturalmente se agrupar, os quais inclinavam os espíritos no mesmo sentido: trata-se da síncope, da apoplexia, da catalepsia, do êxtase, em uma palavra, de todos os casos de insensibilidade temporária. Com efeito, eles encontram muito bem explicação na hipótese de que o princípio da vida e do sentimento pode deixar momentaneamente o corpo. Por outro lado, era natural que esse princípio fosse confundido com o duplo, pois a ausência do duplo durante o sono tem quotidianamente por efeito a suspensão da vida e do pensamento. Desse modo, as observações diversas parecem se controlar mutuamente e confirmam a ideia da dualidade constitucional do ser humano.[100]

Mas a alma não é um espírito. Ela está atrelada a um corpo do qual sai apenas excepcionalmente; e, enquanto não for nada mais que isso, não é objeto de nenhum culto. O espírito, ao contrário, tendo geralmente por residência algo específico, pode se afastar dele à vontade, e o ser humano só pode entrar

---

99. Cf. E. B. Tylor, *La Civilisation Primitive, op. cit.*, I, 1876, p. 529.
100. Ver H. Spencer, *Príncipes de Sociologie, op. cit.*, I, p. 205 ss; E. B. Tylor, *La Civilisation Primitive, op. cit.*, I, 1876, p. 509 e 517.

em relações com ele ao observar precauções rituais. A alma só poderia, portanto, tornar-se espírito com a condição de se transformar: a simples aplicação das ideias precedentes ao fato da morte produziria naturalmente essa metamorfose. Para uma inteligência rudimentar, com efeito, a morte não se distingue de um longo desmaio ou de um sono prolongado: ela tem todas as características desses atos. Parece então que ela também consiste em uma separação entre alma e corpo, análoga à que se produz a cada noite. Mas como, em caso semelhante, não se vê o corpo reanimar-se, forma-se a ideia de uma separação sem limite de tempo determinável. Inclusive, uma vez que o corpo é destruído – e os ritos funerários têm como objetivo, em parte, acelerar essa destruição –, a separação é considerada necessariamente definitiva. Eis aí, portanto, espíritos libertos de qualquer organismo e deixados em liberdade através do espaço. Na medida em que sua quantidade aumenta com o tempo, forma-se assim, em torno da população viva, uma população de almas. Essas almas de seres humanos têm necessidades e paixões de seres humanos: elas buscam, portanto, misturar-se à vida de seus companheiros de ontem, seja para os ajudar, seja para os prejudicar, de acordo com os sentimentos que guardaram por eles. Ora, sua natureza as torna, de acordo com o caso, ou auxiliares muito preciosos ou adversários muito temíveis. Elas podem, com efeito, graças à sua extrema fluidez, penetrar nos corpos e neles causar todo tipo de desordens ou, ainda, ao contrário, restaurar sua vitalidade. Do mesmo modo, cultiva-se o hábito de imputar-lhes todos os eventos da vida que destoam um pouco do ordinário: não há mais acontecimentos que não possam ser explicados. Elas constituem, portanto, um arsenal de causas sempre disponíveis, que jamais deixam desamparado um espírito em busca de explicações. Alguém parece inspirado, fala com veemência, parece estar acima de si mesmo e do nível médio das demais pessoas? Isso se explica porque uma alma benfazeja está nele e o anima. Outro alguém sofre um ataque, é tomado de loucura? Isso se explica porque um espírito malévolo introduziu-se em seu corpo e lhe traz o problema. Não existe doença que não possa ser atrelada a alguma influência desse gênero. Desse modo, o poder das almas aumenta com tudo o que se atribui a ela, de maneira que o ser humano acaba por se encontrar prisioneiro desse mundo imaginário do qual ele é, contudo, o autor e o modelo. Ele cai sob a dependência dessas formas espirituais que criou com sua própria mão e à sua própria imagem. Afinal, se as almas determinam a esse nível a saúde e a doença, os bens e os males, é sábio atrair sua benevolência ou acalmá-las quando estão irritadas: disso decorrem as oferendas, os sacrifícios, as orações, em uma palavra, todo o aparato das observâncias religiosas.[101]

---

101. E. B. Tylor, *La Civilisation Primitive*, op. cit., II, 1878, p. 143 ss.

Eis a alma transformada. De simples princípio vital, animando o corpo de um ser humano, tornou-se um espírito, um gênio, bom ou ruim, ou mesmo uma divindade, em função da importância dos efeitos que lhe são atribuídos. Ainda assim, como a morte teria operado essa apoteose, é, em definitivo, aos mortos, às almas dos ancestrais que se teria dirigido o primeiro culto que a humanidade conheceu. Desse modo, os primeiros ritos teriam sido os ritos mortuários; os primeiros sacrifícios teriam sido oferendas alimentares destinadas a satisfazer as necessidades dos defuntos; os primeiros altares teriam sido tumbas.[102]

Uma vez que esses espíritos eram de origem humana, interessavam-se apenas pela vida dos seres humanos e agiam supostamente apenas sobre os eventos humanos. Falta ainda explicar como outros espíritos foram imaginados para dar conta dos outros fenômenos do universo e como, por conseguinte, ao lado do culto dos ancestrais, constituiu-se um culto da natureza.

Para Tylor, essa extensão do animismo seria uma decorrência da mentalidade particular do primitivo, que, como a criança, não sabe distinguir o animado do inanimado. Uma vez que os primeiros seres sobre os quais a criança começa a ter uma ideia são humanos, a saber, ela mesma e seus próximos, é a partir do modelo da natureza humana que tende a representar todas as coisas. Nos brinquedos do qual se vale, nos objetos de todo tipo que afetam seus sentidos, vê seres vivos como ela. Pois bem, o primitivo pensa como uma criança. Por conseguinte, ele está, também, inclinado a dotar todas as coisas, mesmo as inanimadas, de uma natureza análoga à sua. Uma vez, portanto, que, pelas razões expostas anteriormente, ele chegou a essa ideia de que o ser humano é um corpo animado por um espírito, ele devia necessariamente atribuir aos próprios corpos brutos uma dualidade do mesmo gênero e almas semelhantes à sua. Ainda assim, a esfera de ação de ambas não podia ser a mesma. As almas dos seres humanos somente têm influência direta sobre o mundo humano: elas têm pelo organismo humano uma espécie de predileção, mesmo depois da morte lhes ter dado a liberdade. Ao contrário, as almas das coisas residem antes de tudo nas coisas e são vistas como as causas geradoras de tudo o que nelas ocorre. As primeiras explicam a saúde ou a doença, a destreza e a falta de jeito etc.; a partir das segundas, explica-se antes de mais nada os fenômenos do mundo físico, a marcha dos rios e dos astros, a germinação das plantas, a proliferação dos animais etc. É assim que essa primeira filosofia do ser humano, que está na base do culto dos ancestrais, completa-se por uma filosofia do mundo.

---

102. E. B. Tylor, *La Civilisation Primitive*, op. cit., I, 1876, p. 326 e 555.

Frente a esses espíritos cósmicos, o ser humano encontra-se em um estado de dependência ainda mais evidente que frente aos duplos errantes de seus ancestrais. Afinal, com os derradeiros, apenas poderia haver um comércio ideal e imaginário, ao passo que ele depende realmente das coisas. Para viver, precisa de sua ajuda. Acredita, então, ter igualmente necessidade dos espíritos que supostamente animam essas coisas e determinam suas manifestações diversas. Ele implora sua assistência, solicita-a por meio de oferendas, de orações, e a religião do ser humano completou-se em uma religião da natureza.

Herbert Spencer objeta a essa explicação que a hipótese sobre a qual ela repousa é contradita pelos fatos. Admite-se, diz ele, que houve um momento em que o ser humano não percebia as diferenças que separavam o animado do inanimado. Ora, à medida que se ascende na escala animal, observa-se o aumento da aptidão para fazer essa distinção. Os animais superiores não confundem um objeto que se move por si só, cujos movimentos são ajustados a finalidades, com aqueles que são movidos de fora e mecanicamente. "Quando um gato se diverte com um camundongo que apanhou, se o vê permanecer imóvel por muito tempo, ele o toca com a ponta de suas garras para fazê-lo correr. Evidentemente, o gato pensa que um ser vivo que é incomodado procurará escapar."[103] O ser humano, mesmo primitivo, não poderia, contudo, ter uma inteligência inferior à dos animais que o precederam na evolução: não pode ser, portanto, por falta de discernimento que ele passou do culto dos ancestrais ao culto das coisas.

Segundo Spencer, o qual, nesse ponto, mas somente nesse ponto, diverge de Tylor, tal passagem seria de fato devida a uma confusão, mas de outra espécie. Essa seria, ao menos em grande medida, o resultado de incontáveis anfibologias. Em muitas sociedades inferiores, é um costume muito difundido dar a cada indivíduo – seja no momento de seu nascimento, seja mais tarde – o nome de um animal, de uma planta, de um astro, de um objeto natural qualquer. Mas, em decorrência da extrema imprecisão de sua linguagem, é muito difícil ao primitivo distinguir entre metáfora e realidade. Então, ele teria rapidamente perdido de vista que essas denominações eram apenas figurações, e, tomando-as literalmente, teria acabado por acreditar que um ancestral chamado *Tigre* ou *Leão* era realmente um tigre ou um leão. Por conseguinte, o culto do qual esse ancestral era até então o objeto seria transferido para o animal, com o qual ele foi desde então confundido. A mesma substituição teria ocorrido também para as plantas, para os astros, para todos os fenômenos naturais, a religião da natureza teria toma-

---

103. H. Spencer, *Principes de Sociologie*, op. cit., I, p. 184.

do o lugar da velha religião dos mortos. Sem dúvida, ao lado dessa confusão fundamental, Spencer aponta para outras que teriam, aqui ou ali, reforçado a ação da primeira. Por exemplo, os animais que frequentam os arredores das tumbas ou das casas das pessoas teriam sido considerados almas reencarnadas e adorados em função disso.[104] O mesmo ocorria com a montanha que a tradição considerava o lugar de origem do povo, que acabou sendo tomada como a fonte mesma desse povo: acreditou-se que os seres humanos eram seus descendentes porque os ancestrais supostamente teriam vindo dela, e ela própria teria sido tratada, por conseguinte, como ancestral.[105] Ainda assim, admite Spencer, essas causas acessórias teriam apenas uma influência secundária. O que teria principalmente determinado a instituição do naturismo é "a interpretação literal de nomes metafóricos"[106].

Precisávamos apresentar essa teoria de modo que nossa exposição do animismo fosse completa. Ela é, porém, por demais inadequada aos fatos e, hoje, por demais universalmente abandonada para que seja necessário despender mais tempo com ela. Para poder explicar por meio de uma ilusão um fato tão geral quanto a religião da natureza, seria ainda preciso que a ilusão invocada remetesse, ela mesma, a causas de uma igual generalidade. Ora, mesmo quando equívocos, dos quais Spencer apresentava alguns poucos exemplos, poderiam explicar, onde constatada, a transformação do culto dos ancestrais em culto da natureza, não se vê por que eles teriam sido produzidos com uma espécie de universalidade. Nenhum mecanismo psíquico necessitava deles. Sem dúvida, a palavra, por sua ambiguidade, podia induzir ao equívoco. De um lado, contudo, todas as lembranças pessoais deixadas pelo ancestral na memória das pessoas deveria se contrapor à confusão. Por que a tradição que representava o ancestral tal como ele fora, ou seja, como alguém que viveu uma vida humana, por toda parte teria cedido ao prestígio da palavra? Além disso, deveria haver alguma dificuldade em admitir que os seres humanos teriam podido nascer de uma montanha ou de um astro, de um animal ou de uma planta. A ideia de tal exceção às condições normais da geração não poderia deixar de suscitar vivas resistências. Desse modo, tal erro não encontra diante de si um caminho livre, mas todos os tipos de razões parecem resguardar os espíritos disso. Portanto, não se compreende bem como, a despeito de tantos obstáculos, ela teria podido triunfar de modo tão geral.

---

104. H. Spencer, *Principes de Sociologie*, op. cit., p. 447 ss.

105. *Ibid.*, p. 504.

106. *Ibid.*, p. 478; cf. p. 528.

## II

Subsiste a teoria de Tylor, cuja autoridade permanece grande. Suas hipóteses sobre o sonho e sobre a gênese das ideias de alma e de espírito continuam a ser clássicas. É importante, assim, testar seu valor.

De início, deve-se reconhecer que os teóricos do animismo prestaram importante serviço à ciência das religiões e mesmo à história geral das ideias ao submeter a noção de alma à análise histórica. Em vez de torná-la, como tantos filósofos, um dado simples e imediato da consciência, eles viram nela muito mais do que isso, ou seja, um todo complexo, um produto da história e da mitologia. Não há dúvidas de que ela seja, com efeito, algo essencialmente religioso em virtude de sua natureza, suas origens e suas funções. Foi da religião que os filósofos a receberam. Do mesmo modo, não se pode compreender a forma com a qual ela se apresenta aos pensadores da antiguidade se não forem considerados os elementos míticos que serviram para formá-la.

Se Tylor teve o mérito de formular o problema, ainda assim a solução que lhe dá não deixa de suscitar graves dificuldades.

Haveria, de início, críticas a serem feitas quanto ao próprio princípio que está na base dessa teoria. Admite-se como uma evidência que a alma é inteiramente distinta do corpo, que ela é seu duplo e que vive normalmente uma vida própria e autônoma, nele e fora dele. Pois bem, veremos[107] que essa concepção não é a do primitivo; ou, ao menos, exprime apenas um aspecto da ideia que ele tem da alma. Para ele, a alma, mesmo sendo, sob certos aspectos, independente do organismo que anima, confunde-se ainda assim, em parte, com este, a ponto de não poder ser radicalmente separada dele: há órgãos que são não somente sua sede, mas sua forma exterior e sua manifestação material. A noção é, portanto, mais complexa do que supõe a doutrina e, por conseguinte, não é certo que as experiências invocadas bastem para lhe explicar. Afinal, mesmo se elas permitissem compreender como o ser humano acreditou-se duplo, não poderiam explicar como essa dualidade não exclui, mas, ao contrário, implica uma unidade profunda e uma penetração íntima de dois seres assim diferenciados.

Admitamos, contudo, que a ideia de alma seja redutível à ideia de duplo e vejamos como esta teria sido formada. Ela teria sido sugerida ao ser humano pela experiência do sonho. Para compreender como, enquanto seu corpo permanecia deitado sobre o solo, ele podia ver durante seu sono lugares mais ou menos distantes, ele foi levado a conceber-se como formado de

---

107. Ver, adiante: Livro II, Capítulo VIII.

dois seres: seu corpo de um lado, e, de outro, um segundo eu, capaz de deixar o organismo no qual habita e de percorrer o espaço. Mas antes, para que essa hipótese de um duplo tenho podido se impor aos seres humanos com uma espécie de necessidade, teria sido preciso que fosse a única possível, ou, ao menos, a mais econômica. Ora, de fato, existem [hipóteses] mais simples, cuja ideia, parece, devia se apresentar de modo igualmente natural aos espíritos. Por que, por exemplo, quem dorme não teria imaginado que, durante seu sono, seria capaz de ver à distância? Para se atribuir tal poder, seria preciso dispender menos imaginação que a necessária para construir essa noção tão complexa de um duplo, feito de uma substância etérea, meio invisível, da qual a experiência direta não ofereceria nenhum exemplo. Em todo caso, mesmo supondo-se que certos sonhos reclamam muito naturalmente a explicação animista, certamente há vários outros que são absolutamente refratários a ela. Com bastante frequência, nossos sonhos remetem a eventos passados. Revemos o que já havíamos visto ou feito, em vigília, ontem, anteontem, durante nossa juventude etc. Esses tipos de sonho são frequentes e ocupam um lugar muito considerável em nossa vida noturna. Ora, a ideia do duplo não pode dar conta disso. Se o duplo pode transportar-se de um ponto a outro do espaço, não se vê como lhe seria possível retroceder no curso do tempo. Como o ser humano, a despeito de quão rudimentar fosse sua inteligência, poderia crer, uma vez desperto, que acabara de assistir realmente ou que acabara de tomar parte em eventos que sabia terem se passado outrora? Como poderia imaginar que tivesse vivido durante seu sono uma vida que sabia há muito transcorrida? Seria muito mais natural que enxergasse nessas imagens renovadas o que realmente são, a saber, lembranças, como as que ele tem durante o dia, mas dotadas de uma intensidade particular.

Por outro lado, nas cenas em que somos os atores e as testemunhas enquanto dormimos, é muito comum que algum de nossos contemporâneos assuma, ao mesmo tempo, algum papel: acreditamos vê-lo e escutá-lo ali onde nós mesmos nos vemos. Segundo o animismo, o primitivo explicará esses fatos imaginando que seu duplo foi visitado ou encontrado pelo duplo deste ou daquele dentre seus companheiros. Ainda assim, uma vez desperto, bastará interrogá-los para constatar que a experiência deles não coincide com a sua. Ao mesmo tempo, também eles tiveram sonhos, mas absolutamente diferentes: não são vistos participando da mesma cena e creem ter visitado outros lugares. Uma vez que, nesse caso, tais contradições devem ser a regra, como não conduziriam os seres humanos a dizer que houve provavelmente erro, que eles imaginaram, que foram enganados por alguma ilusão? Há, afinal, algum simplismo na cega credulidade que se atribui ao primitivo. Ele está longe de objetivar necessariamente todas as suas sensações. Ele não deixa de perceber que, mesmo no estado de vigília, por vezes seus sentidos se equivocam. Por que acreditaria que esses são mais infalíveis de noite que de dia? Muitas razões se opunham, então, tanto a que tomasse com demasiada facilidade seus sonhos por realidades quanto a que os interpretasse como uma duplicação de seu ser.

Além do mais, mesmo que todo sonho fosse perfeitamente explicado pela hipótese do duplo e não pudesse ser explicado de outra forma, seria ainda preciso dizer por que o ser humano procurou dar a ele uma explicação. Sem dúvida, o sonho constitui a matéria de um problema possível. Ainda assim, passamos sem cessar ao lado de problemas que nós não nos colocamos, dos quais nem sequer suspeitamos enquanto alguma circunstância não nos faz sentir a necessidade de os formular. Mesmo quando o gosto da pura especulação é desperto, a reflexão passa longe de levantar todas as questões às quais poderia eventualmente se aplicar. Apenas chamam sua atenção aquelas que apresentam um interesse particular. Sobretudo quando se trata de fatos que se reproduzem sempre da mesma maneira, o hábito adormece facilmente a curiosidade e sequer concebemos nos interrogar. Para sacudir esse torpor, é preciso que exigências práticas ou, ao menos, um interesse teórico muito urgente venha estimular nossa atenção, voltando-a para esse lado. Eis como, a cada momento da história, há tantas coisas que renunciamos a compreender sem ter mesmo consciência de nossa renúncia. Até há pouco tempo atrás, acreditou-se que o sol não tinha senão alguns pés de diâmetro. Havia algo de incompreensível em que um disco luminoso com uma dimensão assim tão pequena pudesse bastar para iluminar a terra: e, contudo, durante séculos, a humanidade não pensou em resolver essa contradição. A hereditariedade é um fato conhecido desde há muito. Foi apenas recentemente que se tentou fazer uma teoria disso. Certas crenças que a tornavam completamente ininteligível eram mesmo admitidas: é desse modo que, para muitas sociedades australianas das quais falaremos, a criança não é fisiologicamente o produto de seus pais.[108] Essa preguiça intelectual encontra-se no primitivo necessariamente em seu mais alto grau. Esse ser frágil, que encontra tamanha dificuldade ao disputar sua vida contra todas as forças que o assolam, não tem o bastante para se dar ao luxo em matéria de especulação. Deve apenas refletir quando é instado a isso. Ora, é difícil perceber o que poderia tê-lo levado a tornar o sonho o tema de suas meditações. O que é o sonho em nossa vida? Quão pequeno é o lugar que ele aí ocupa, sobretudo em função das impressões muito vagas que deixa na memória, da própria rapidez com a qual ele

---

108. Ver B. Spencer e F. Gillen, *The Native Tribes of Central Australia*, op. cit., p. 123-7; e C. Strehlow, *Die Aranda – und Loritja – Stämme in Zentral-Australien*, Frankfurt, Joseph Baer & Co., II, 1908, p. 52 ss.

se apaga da lembrança, e como é surpreendente, por conseguinte, que um homem de uma inteligência tão rudimentar tenha depreendido tantos esforços para encontrar a explicação disso! Das duas existências que administra sucessivamente, a existência diurna e a existência noturna, é a primeira que devia interessá-lo mais. Acaso não seria estranho que a segunda tenha cativado tanto sua atenção para que ele tenha feito dela a base de todo um sistema de ideias complicadas e chamadas a ter sobre seu pensamento e sobre sua conduta uma influência tão profunda?

Tudo tende, então, a provar que a teoria animista da alma, a despeito do crédito que ainda tem, deve ser revisada. Sem dúvida, hoje, o próprio primitivo atribui seus sonhos, ou alguns deles, aos deslocamentos de seu duplo. Mas isso não significa dizer que o sonho tenha fornecido materiais com os quais a ideia de duplo ou de alma foi construída. Afinal, ela pode ter sido aplicada posteriormente aos fenômenos do sonho, do êxtase e da possessão, sem, portanto, ser deles derivada. É frequente que uma ideia, uma vez constituída, seja empregada para coordenar e esclarecer, com uma luz por vezes mais aparente que real, fatos com os quais ela não mantinha primitivamente relação e que não podiam, por si mesmos, sugeri-la. Hoje, atesta-se com frequência Deus e a imortalidade da alma ao mostrar que essas crenças decorrem dos princípios fundamentais da moral. Na realidade, elas têm uma origem totalmente diferente. A história do pensamento religioso poderia fornecer vários exemplos dessas justificativas retrospectivas que não podem nos ensinar nada sobre a maneira com a qual formaram-se as ideias, tampouco sobre os elementos dos quais estas são compostas.

É, aliás, provável que o primitivo distinga seus sonhos, e que ele não os explique todos da mesma maneira. Em nossas sociedades europeias, as pessoas, ainda numerosas, para quem o sonho é uma espécie de estado mágico-religioso, no qual o espírito, liberado, em parte, de seu corpo, tem uma acuidade de visão que não usufrui durante sua vigília, ainda assim não chegam ao ponto de considerar todos os seus sonhos como intuições místicas: ao contrário, enxergam na maior parte de seus sonhos, como todas as demais pessoas, apenas estados profanos, inúteis jogos de imagens, simples alucinações. Pode-se conceber que o primitivo tenha sempre feito distinções análogas. Em relação aos melanésios, Codrington diz formalmente que eles não atribuem todos os seus sonhos indistintamente às migrações das almas, mas apenas aqueles que impressionam muito sua imaginação:[109] deve-se, por certo, entender como tais aqueles nos quais a pessoa que dorme acredita estar em relação com seres religiosos, gênios benéficos

---

109. R. H. Codrington, *The Melanesians*, op. cit., p. 249-50.

ou malignos, almas dos falecidos etc. Do mesmo modo, os dieri distinguem com muita clareza os sonhos ordinários e as visões noturnas nas quais se apresentam a eles algum amigo ou algum parente morto. Eles atribuem nomes diferentes a esses dois tipos de estado. No primeiro, veem uma simples fantasia de sua imaginação; o segundo, atribuem a algum espírito maligno.[110] Todos os fatos que Howitt lista como exemplos para mostrar como o australiano atribui à alma o poder de abandonar o corpo têm igualmente um caráter místico: quem dorme acredita ter sido transportado a um país dos mortos, ou então conversa com um companheiro morto.[111] Esses sonhos são frequentes entre os primitivos.[112] Ao que tudo indica, foi em torno desses fatos que se formou a teoria. Para explicá-los, admite-se que as almas dos mortos vinham reencontrar os vivos durante seu sono. A explicação foi ainda mais facilmente aceita uma vez que nenhum fato de experiência podia invalidá-la. Ainda assim, esses sonhos só eram possíveis ali onde já havia a ideia de espíritos, de almas, de país dos mortos, ou seja, ali onde a evolução religiosa era relativamente avançada. Longe de poderem ter fornecido à religião a noção fundamental sobre a qual repousa, eles supunham um sistema religioso previamente constituído e do qual dependiam.[113]

---

110. A. W. Howitt, *The Native Tribes of South-East Australia, op. cit.*, p. 358 (segundo [Samuel] Gason).

111. *Ibid.*, p. 434-42.

112. Os negros da Guiné meridional, diz E. B. Tylor, têm "durante seu sono, quase tantas relações com os mortos quanto têm com os vivos durante sua vigília" (Ver J. L. Wilson, *Western Africa*, Nova York, Harper and Brothers, 1865, p. 395, citado em E. B. Tylor, *La Civilisation Primitive, op. cit.*, I, p. 515.). O mesmo autor cita, sobre tais povos, esse comentário de um observador: "Todos eles consideram seus sonhos como visitas dos espíritos de seus amigos mortos" (Ver J. L. Wilson, *Western Africa, op. cit.*, p. 514.). A expressão é certamente exagerada. Trata-se, contudo, de uma prova nova da frequência com que ocorrem sonhos místicos entre os primitivos. É o que também tende a confirmar a etimologia que C. Strehlow propõe da palavra arunta *altjirerama*, que significa sonhar. Ela seria composta de *altjira*, que Strehlow traduz por deus, e de *rama*, que significa ver. O sonho seria então o momento em que a pessoa está em relação com as coisas sagradas (*Die Aranda - und Loritja - Stämme in Zentral-Australien, op. cit.*, I, 1907, p. 2).

113. Andrew Lang, que também se recusa a admitir que a ideia de alma tenha sido sugerida ao ser humano pela experiência do sonho, crê poder derivá-la de outros dados experimentais: são os fatos de espiritismo (telepatia, visão à distância etc.). Não acreditamos ser preciso discutir sua teoria, tal como a expõe em seu livro *The Making of Religion, op. cit.* Ela repousa, com efeito, sobre essa hipótese de que o espiritismo é um fato de observação constante, que a visão à distância é uma faculdade real do ser humano, ou, ao menos, de certos seres humanos, e sabe-se que esse postulado é cientificamente contestado. O que é ainda mais discutível é que os fatos do espiritismo sejam tão evidentes e de uma frequência suficiente para terem podido servir de base a todas as crenças e a todas as práticas religiosas que remetam às almas e aos espíritos. O exame dessas questões nos afastaria demais do que é o objetivo de nosso estudo. Aliás, é tanto menos necessário engajarmo-nos nesse exame na medida em que a teoria de Lang permanece exposta a várias objeções que iremos fazer à [teoria] de Tylor nos parágrafos que se seguirão.

## III

Chegamos ao que constitui o próprio coração da doutrina. De onde quer que venha a ideia de um duplo, ela não basta, como admitem os animistas, para explicar como se formou esse culto dos ancestrais do qual se quis fazer o tipo inicial de todas as religiões. Para que o duplo se tornasse o objeto de um culto, seria preciso que deixasse de ser uma simples réplica do indivíduo e adquirisse as características necessárias para ser alçado à ordem dos seres sagrados. Diz-se que é a morte que produz essa transformação. Mas de onde vem a virtude que lhe atribuem? Mesmo que a analogia entre o sono e a morte fosse o bastante para fazer crer que a alma sobrevive ao corpo (e há ressalvas quanto a esse ponto), por que essa alma, pelo simples fato de estar agora desvinculada do organismo, mudaria completamente de natureza? Se, quando viva, ela era apenas algo profano, um princípio vital ambulante, como tornar-se-ia de um momento a outro algo sagrado, objeto de sentimentos religiosos? A morte nada lhe acrescenta de essencial, a não ser uma maior liberdade de movimentos. Não estando mais vinculada a uma residência oficial, ela pode a partir de agora fazer a todo momento o que outrora fazia apenas de noite. A ação que é capaz de exercer, contudo, sempre é da mesma natureza. Por que, então, os seres vivos teriam visto nesse duplo desenraizado e errante de seu companheiro de outrora algo mais que um semelhante? Tratava-se de um semelhante cuja vizinhança podia ser incômoda; não se tratava de uma divindade.[114]

Parece, inclusive, que a morte deveria ter por efeito o enfraquecimento das energias vitais, ao invés de realçá-las. Trata-se, com efeito, de uma crença muito difundida nas sociedades inferiores: a alma participa intimamente da vida do corpo. Se ele é ferido, ela também é ferida, e no lugar correspondente. Ela deveria, então, envelhecer ao mesmo tempo que ele. De fato, existem povos nos quais não se realizam os deveres rituais às pessoas que chegaram à senilidade: elas são tratadas como se sua própria alma tivesse se tornado senil.[115] Ocorre mesmo que sejam regularmente mortas, antes de

---

114. Jevons faz um comentário análogo. Como Tylor, ele admite que a ideia de alma vem do sonho, e que, uma vez essa ideia criada, o ser humano a projeta nas coisas. Mas, acrescenta, o fato de a natureza ter sido concebida como animada à imagem do ser humano não explica que ela tenha se tornado objeto de um culto. "Do fato de o ser humano ver em uma árvore que se curva, ou em uma chama que vai e vem, um ser vivo como ele, de modo algum resulta que uma ou outra sejam consideradas seres sobrenaturais; o que ocorre é justamente o contrário, na medida em que se assemelham a ele, nada têm de sobrenatural a seus olhos" (F. B. Jevons, *Introduction to the History of Religion*, op. cit., p. 55.).

115. Ver B. Spencer e F. Gillen, *The Northern Tribes of Central Australia*, op. cit., p. 506 e Id., *Native Tribes of Central Australia*, op. cit., p. 512.

terem alcançado a velhice, as personagens privilegiadas, reis ou sacerdotes, que são tidos como detentores de algum poderoso espírito cuja proteção a sociedade empenha-se em conservar. Almeja-se evitar assim que esse espírito seja atingido pela decadência física das pessoas que são seus depositários no momento. Para isso, retira-se o espírito do organismo em que reside antes que a idade o tenha enfraquecido, transportando-o, enquanto ainda não perdeu nada de seu vigor, a um corpo mais jovem, no qual poderá guardar intacta sua vitalidade.[116] Desse modo, quando a morte resulta de doença ou velhice, parece que a alma pode apenas conservar forças diminuídas; e, uma vez que o corpo é definitivamente dissolvido, não se concebe como poderia lhe sobreviver, se é apenas seu duplo. A ideia de sobrevivência torna-se, desse ponto de vista, dificilmente inteligível. Há, portanto, uma lacuna, um vazio lógico e psicológico entre a ideia de um duplo em liberdade e a de um espírito ao qual se presta um culto.

Esse intervalo aparece como ainda mais considerável quando se sabe qual abismo separa o mundo sagrado do mundo profano. Afinal, é evidente que uma simples mudança de graus não seria o bastante para passar uma coisa de uma categoria à outra. Os seres sagrados não se distinguem dos profanos somente pelas formas estranhas ou desconcertantes que assumem, ou pelos poderes mais amplos de que desfrutam. Entre ambos, não há uma medida comum. Ora, não há nada na noção de um duplo que possa explicar uma heterogeneidade tão radical. Diz-se que, uma vez liberto do corpo, ele pode fazer aos vivos ou muito bem, ou muito mal, dependendo da maneira com a qual os trata. Ainda assim, não basta que um ser inquiete seu entorno para que pareça diferente daqueles cuja tranquilidade ameaça. Sem dúvida, no sentimento que o fiel nutre pelas coisas que cultua, há sempre alguma reserva ou algum medo. Trata-se, contudo, de um medo *sui generis*, feito de respeito mais que de temor, em relação ao qual domina essa emoção muito particular que *a majestade* inspira no ser humano. A ideia de majestade é essencialmente religiosa. Desse modo, por assim dizer, nada se explicou da religião enquanto não se descobriu de onde vem essa ideia, a que ela corresponde, e o que pode tê-la despertado nas consciências. Simples almas de pessoas não poderiam ser investidas desse caráter pelo simples fato de estarem desencarnadas.

É o que mostra claramente o exemplo da Melanésia. Os melanésios acreditam que o ser humano possui uma alma que deixa o corpo com a morte. Ela muda então de nome e torna-se o que chamam de um *tindalo*, um *natmat* etc. Por outro lado, existe entre eles um culto das almas dos mortos: a elas

---

116. É esse tema ritual e mítico que J. Fazer estuda em seu *The Golden Bough*, op. cit.

são endereçadas rezas, invocações, oferendas e sacrifícios. Mas nem todo *tindalo* é o objeto dessas práticas rituais: apenas têm essa honra aqueles que emanam de pessoas às quais a opinião pública atribuía, durante sua vida, essa virtude muito especial que os melanésios denominam *mana*. Precisaremos mais tarde a ideia que essa palavra exprime; provisoriamente, basta dizer que se trata do caráter distintivo de todo ser sagrado. "O mana", diz Codrington, "é o que permite produzir efeitos que estão além do poder ordinário das pessoas e além dos processos ordinários da natureza".[117] Um sacerdote, um feiticeiro e uma fórmula ritual têm o mana tanto quanto uma pedra sagrada ou um espírito. Assim, os únicos *tindalo* aos quais são prestadas obrigações religiosas são os que, enquanto seu proprietário estava vivo, já eram por si próprios seres sagrados. Quanto às outras almas, aquelas que vêm das pessoas comuns, da multidão dos profanos, elas são, diz o mesmo autor, "nada, tanto depois como antes da morte"[118]. A morte não tem, portanto, por si só, nenhuma virtude divinizadora. Uma vez que consuma, de maneira mais completa e mais definitiva, a separação da alma com as coisas profanas, ela pode reforçar o caráter sagrado da alma, caso esta já o tenha, mas ela não o produz.

Aliás, se realmente, como supõe a hipótese animista, os primeiros seres sagrados haviam sido as almas dos mortos e o primeiro culto, o dos ancestrais, dever-se-ia constatar que, quanto mais as sociedades são de um tipo inferior, mais também esse culto ganha espaço na vida religiosa. Pois bem, é antes o contrário que é a verdade. O culto ancestral apenas se desenvolve e, inclusive, apresenta-se sob uma forma característica em sociedades avançadas como a China, o Egito e as cidades gregas e latinas. Ao contrário, está ausente nas sociedades australianas que representam, como veremos, a forma de organização social mais baixa e mais simples que conhecemos. Sem dúvida, encontram-se nesse caso ritos funerários e ritos de luto. Esses tipos de práticas, contudo, não constituem um culto, embora se tenha atribuído a eles por vezes, e sem razão, esse nome. Um culto, com efeito, não é simplesmente um conjunto de precauções rituais que a pessoa deve tomar em certas circunstâncias. Trata-se de um sistema de ritos, de festas e de cerimoniais diversos que *apresentam, todos, essa característica de retornarem periodicamente*. Elas atendem à necessidade que o fiel sente de consolidar e reafirmar, em intervalos de tempo regulares, o laço que o une aos seres sagrados dos quais depende. Eis por que se fala de ritos nupciais, e não de um culto nupcial, de ritos de nascimento, e não de um culto do recém-nascido:

---

117. R. H. Codrington, *The Melanesians*, op. cit., p. 119.
118. *Ibid.*, p. 125.

é que os eventos em cujas ocasiões esses ritos ocorrem não implicam qualquer periodicidade. Do mesmo modo, apenas há culto dos ancestrais quando sacrifícios são feitos de tempos em tempos sobre os túmulos, quando libações são versadas nesses locais em datas mais ou menos próximas, quando festas são regularmente celebradas em honra aos mortos. Mas o australiano não mantém com seus mortos nenhum comércio desse gênero. Ele deve, sem dúvida, sepultar seus restos mortais em conformidade com o rito, chorá-los durante o tempo prescrito e da maneira prescrita, vingá-los se for o caso.[119] Mas uma vez cumpridos esses piedosos cuidados, uma vez as ossadas secas e o luto tendo chegado ao fim, tudo está dito e os sobreviventes não têm mais deveres em relação aos parentes que cessaram de existir. Existe, é verdade, uma forma sob a qual os mortos continuam a manter algum lugar na vida de seus próximos mesmo após o fim do luto. Por vezes são conservados, com efeito, seus cabelos ou alguns de seus ossos,[120] em função das virtudes especiais que a eles são atreladas. Mas, nesse momento, eles deixam de existir como pessoas, sendo rebaixados ao estatuto de amuletos anônimos e impessoais. Nesse estado, não são objeto de nenhum culto. Eles servem apenas a fins mágicos.

Existem, porém, tribos australianas nas quais são periodicamente celebrados ritos em honra de ancestrais fabulosos que a tradição situa na origem dos tempos. Essas cerimônias consistem geralmente em espécies de representações dramáticas em que são imitados os atos que os mitos atribuem a esses heróis lendários.[121] No entanto, as personagens que são assim colocadas em cena não são pessoas que, após terem vivido uma vida humana, teriam sido transformadas em espécies de deuses em decorrência da morte. Supõe-se que usufruíram, enquanto vivas, de poderes sobre-humanos. Associa-se a elas tudo o que foi feito de grande na história da tribo e, inclusive, na história do mundo. Foram elas que fizeram em grande medida a terra, tal como ela é, e as pessoas, tal como são. A aura que continua a envolvê-los não provém simplesmente do fato de serem ancestrais, ou seja, em suma, do fato de eles estarem mortos, mas do caráter divino que sempre, hoje e ontem, lhes foi atribuído. Para retomar a expressão melanésia, eles são constitutivamente dotados de mana. Não há aqui, por conse-

---

119. Por vezes chegam a existir, ao que parece, oferendas funerárias (Ver W. E. Roth, "Superstition, Magic and Medicine", em *North Queensland Ethnography*, n. 5, 1903, § 69; e *Id.*, "Burial Customs", *North Queensland Ethnography*, n. 10, em *Records of the Australian Museum*, VI, n. 5, 1907, p. 395.). Essas oferendas, contudo, não são periódicas.
120. Ver B. Spencer e F. J. Gillen, *The Native Tribes of Central Australia*, op. cit., p. 538 e 553; e *Id.*, *The Northern Tribes of Central Australia*, op. cit., p. 463, 543 e 547.
121. *Id.*, *The Northern Tribes of Central Australia*, op. cit., cap. VI, VII e IX.

guinte, nada que demostre que a morte tenha o menor poder de divinizar. Não se pode mesmo, sem impropriedade, dizer acerca desses ritos que eles constituem um culto dos ancestrais, uma vez que não se dirigem aos ancestrais como tais. Para que possa existir aí um verdadeiro culto dos mortos, é preciso que os ancestrais reais, os parentes que as pessoas perdem realmente a cada dia, tornem-se, uma vez mortos, o objeto de um culto. Ora, mais uma vez, não há vestígios de um culto desse gênero na Austrália.

Desse modo, o culto que, segundo a hipótese, deveria ser preponderante nas sociedades inferiores, nelas é, em verdade, inexistente. Em definitivo, o australiano só se ocupa de seus mortos no próprio momento do falecimento e durante o tempo que imediatamente se segue. E, ainda assim, esses mesmos povos praticam – em relação aos seres sagrados de uma natureza totalmente diferente, como o veremos – um culto complexo, feito de cerimônias múltiplas que ocupam por vezes semanas e mesmo meses inteiros. É inadmissível que os poucos ritos que o australiano realiza quando chega a perder um de seus parentes tenham estado na origem desses cultos permanentes, que retornam regularmente todos os anos e que preenchem uma notável parte de sua existência. O contraste entre uns e outros é tal, que se pode perguntar se não são os primeiros que são derivados dos segundos, se as almas das pessoas, longe de terem sido o modelo sobre o qual foram imaginados os deuses, não foram concebidas, desde o princípio, como emanações da divindade.

## IV

A partir do momento em que o culto dos mortos não é primitivo, o animismo não tem fundamento. Poderia então parecer inútil discutir a terceira tese do sistema, que diz respeito à transformação do culto dos mortos em culto da natureza. Mas como o postulado sobre a qual ela repousa encontra-se mesmo entre os historiadores da religião que não admitem o animismo propriamente dito – tais como Brinton,[122] Lang,[123] Réville[124] e o próprio Robertson Smith[125] –, seu exame torna-se necessário.

Essa extensão do culto dos mortos ao conjunto da natureza viria do fato de tendermos instintivamente a representar todas as coisas à nossa imagem,

---

122. D. G. Brinton, *Religions of Primitive Peoples*, Nova York, Putnam, 1897, p. 47 ss.
123. A. Lang, *Mythes, Cultes et Religions*, Paris, Alcan, 1896, p. 50.
124. A. Réville, *Les Religions des Peuples non Civilisés*, Paris, Fischbacher, 1883, II, conclusão.
125. W. Robertson Smith, *Lectures on the Religion of the Semites*, 2. ed., *op. cit.*, p. 126 e 132.

ou seja, como seres vivos e pensantes. Vimos anteriormente que Spencer já contestava a realidade desse suposto instinto. Posto que o animal distingue claramente os corpos vivos dos corpos brutos, parece-lhe impossível que o ser humano, herdeiro do animal, não tenha, desde o princípio, a mesma faculdade de discernimento. Não obstante, a despeito de quão certos sejam os fatos citados por Spencer, eles não têm, no presente caso, o valor demonstrativo que ele lhes atribui. Seu raciocínio supõe, com efeito, que todas as faculdades, os instintos, as aptidões do animal sejam transmitidas integralmente ao homem; ora, muitos erros têm por origem esse princípio, que é considerado, sem razão, uma verdade evidente. Por exemplo, do fato do ciúme sexual ser geralmente muito forte entre os animais superiores, conclui-se que ele deveria ser encontrado também no ser humano, desde o início da história, com a mesma intensidade.[126] Pois bem, está constatado hoje em dia que o ser humano pode praticar um comunismo sexual que seria impossível se esse ciúme não fosse suscetível de ser atenuado e, inclusive, de desaparecer quando for necessário.[127] Ocorre que, com efeito, o ser humano não é apenas o animal com algumas qualidades a mais: trata-se de outra coisa. A natureza humana deve-se a uma espécie de remodelamento da natureza animal, e, em decorrência das operações complexas das quais esse remodelamento resultou, perdas e ganhos se deram ao mesmo tempo. Quantos instintos não perdemos! A razão disso é que o ser humano não mantém somente relações com um meio físico, mas também com um meio social infinitamente mais extenso, mas estável e mais ativo que aqueles cuja influência os animais sofrem. Para viver, portanto, é preciso que se adapte. Ora, a sociedade, para poder se manter, tem com frequência necessidade que vejamos as coisas a partir de um certo ângulo, que as sintamos de uma determinada maneira; por conseguinte, ela modifica as ideias que seríamos levados a ter dessas coisas, os sentimentos aos quais seríamos inclinados se obedecêssemos apenas à nossa natureza animal; ela chega mesmo a alterá-los até colocar em seu lugar sentimentos contrários. Não chega mesmo ao cúmulo de nos fazer ver em nossa própria vida uma coisa de pouco valor, enquanto que, para o animal, trata-se do bem por excelência?[128] É, por-

---

126. É, por exemplo, o raciocínio que faz E. A. Westermarck (*Origine du Mariage dans l'Espèce Humaine*, Paris, Guillaumin, 1895, p. 6.).

127. Entendemos por comunismo sexual um estado de promiscuidade em que o ser humano não teria conhecido nenhuma regulamentação matrimonial: acreditamos que tal estado jamais existiu. Ocorre, contudo, com frequência que um grupo de homens tenha sido unido regularmente a uma ou várias mulheres.

128. Ver o nosso É. Durkheim, *Le Suicide, op. cit.*, p. 233 ss. [Ver, em português: É. Durkheim, *O Suicídio*, 2. ed., São Paulo, Edipro, 2013, p. 209, com tradução de Evelyn Tesche. (N.T.)]

tanto, uma vã iniciativa procurar inferir a constituição mental do homem primitivo a partir de seu análogo entre os animais superiores.

Mas, se a objeção de Spencer não tem o escopo decisivo que lhe atribuíra seu autor, em contrapartida, o postulado animista não poderia retirar nenhuma autoridade das confusões que as crianças parecem cometer. Quando escutamos uma criança afrontar com raiva um objeto que a feriu, concluímos disso que ela vê nesse objeto um ser consciente como ela. Interpretamos mal, contudo, suas palavras e seus gestos. Na realidade, isso é estranho ao raciocínio muito complicado que se atribui a ela. Se ataca a mesa que a feriu, não é porque a supõe animada e inteligente, mas porque essa mesa lhe fez mal. A raiva, uma vez provocada pela dor, precisa ser extravasada. Ela procura, portanto, algo sobre o que se descarregar e se volta naturalmente sobre a própria coisa que a provocou, embora esta nada possa fazer. A conduta do adulto, em caso similar, é muitas vezes igualmente pouco razoável. Quando estamos violentamente irritados, sentimos a necessidade de espancar, de destruir, mas sem que emprestemos aos objetos sobre os quais liberamos nossa raiva algum tipo de má vontade consciente. A confusão é tão pequena que, quando a emoção da criança se acalmou, ela sabe muito bem diferenciar uma cadeira de uma pessoa: ela não se comporta com uma tal como se comporta com a outra. É uma razão análoga que explica sua tendência a tratar os brinquedos como se fossem seres vivos. É o desejo de brincar, tão intenso dentro dela, que criou uma matéria apropriada para si, como, no caso precedente, os sentimentos violentos que o sofrimento tinha desencadeado criavam a sua. Para poder jogar conscientemente com seu polichinelo, ela imagina, portanto, ver nela uma pessoa viva. Aliás, a ilusão é tanto mais fácil quando a imaginação, nela, é uma mestra soberana. Ela pensa apenas por meio de imagens, e sabe-se o quanto as imagens são coisas fluidas que se dobram facilmente a todas as exigências do desejo. Ainda assim, a criança é tão pouco refém de sua própria ficção que seria a primeira a se espantar se esta, repentinamente, se tornasse uma realidade e se seu fantoche a mordesse.[129]

Deixemos então de lado essas analogias duvidosas. Para saber se o ser humano foi primitivamente inclinado às confusões a ele imputadas, não é nem o animal, nem a criança de hoje que é preciso considerar: são as próprias crenças primitivas. Se os espíritos e os deuses da natureza são realmente construídos à imagem da alma humana, devem carregar a marca de sua origem e lembrar os traços essenciais de seu modelo. A característica, por excelência, da alma é a de ser concebida como o princípio interior que

---

129. H. Spencer, *Principes de Sociologie, op. cit.*, I, p. 188.

anima o organismo. É ela que o move, que o torna vivo, a ponto de, quando se retira dele, a vida se interromper ou ser suspensa. É no corpo que ela tem sua residência natural, ao menos enquanto ele existe. Ora, o mesmo não ocorre com os espíritos atribuídos às diferentes coisas da natureza. O deus do sol não está necessariamente no sol, nem o espírito de tal pedra, na pedra que lhe serve de *habitat* principal. Um espírito, sem dúvida, mantém relações íntimas com o corpo ao qual está vinculado. Emprega-se, contudo, uma expressão muito inexata quando se diz que ele é sua alma. "Na Melanésia", diz Codrington, "não parece que se acredite na existência de espíritos que animem um objeto natural, tal como uma árvore, uma cachoeira, uma tempestade ou uma rocha, de modo que estejam para esse objeto como a alma, acredita-se, está para o corpo humano. Os europeus, é verdade, falam de espíritos do mar, da tempestade, ou da floresta; mas a ideia dos indígenas que é assim traduzida é totalmente diferente. Estes pensam que o espírito frequenta a floresta ou o mar, e que ele tem o poder de provocar tempestades e de fazer adoecer os viajantes".[130] Enquanto a alma é essencialmente o interior do corpo, o espírito passa a maior parte de sua existência no exterior do objeto que lhe serve de substrato. Eis aí, desde já, uma diferença que não parece testemunhar que a segunda ideia tenha vindo da primeira.

Por outro lado, se realmente o ser humano tivesse tido a necessidade de projetar sua imagem nas coisas, os primeiros seres sagrados teriam sido concebidos à sua semelhança. Ora, o antropomorfismo, bem longe de ser primitivo, é sobretudo a marca de uma civilização relativamente avançada. Na origem, os seres sagrados são concebidos como tendo uma forma animal ou vegetal, das quais as formas humanas se depreenderam apenas lentamente. Ver-se-á mais adiante como, na Austrália, são animais e plantas que estão no primeiro plano das coisas sagradas. Mesmo entre os índios da América do Norte, as grandes divindades cósmicas, que começam a ser aí o objeto de um culto, são muitas vezes representadas como espécies animais.[131] "A diferença entre o animal, o ser humano e o ser divino", diz Réville, que constata o fato não sem surpresa, "não é percebida nesse estado do espírito e, na maior parte dos casos, *dir-se-ia que é a forma animal que é a forma fundamental*".[132] Para encontrar um deus construído por inteiro com elementos humanos, é preciso avançar até quase o cristianismo. Aqui, o Deus é um ser humano, não somente pelo aspecto físico com o qual manifestou-se

---

130. R. H. Codrington, *The Melanesians*, op. cit., p. 123.
131. J. O. Dorsey, "A Study in Siouan Cults", em *XI$^{th}$ Annual Report of the Bureau of American Ethnology*, Washington, Government Printing Office, 1894, p. 431 ss. e *passim*.
132. A. Réville, *Les Religions des Peuples non Civilisés*, op. cit., I, p. 248.

temporariamente, mas ainda em decorrência das ideias e dos sentimentos que exprime. Mas mesmo em Roma e na Grécia, embora os deuses fossem nesses casos geralmente representados com traços humanos, muitos personagens míticos carregavam ainda a marca de uma origem animal: é o caso de Dioniso, que se encontra com frequência sob a forma de um touro ou, ao menos, com chifres de touro; é o de Deméter, que é representada com uma crina de cavalo; é o de Pan, o de Sileno, é o dos Faunos etc.[133] Está-se longe, portanto, de o ser humano ter estado a esse ponto inclinado a impor sua forma às coisas. E há mais: ele próprio começou por se conceber como participando intimamente da natureza animal. É, com efeito, uma crença quase universal na Austrália, ainda muito difundida entre os índios da América do Norte, a de que os ancestrais dos seres humanos foram animais ou plantas, ou, ao menos, a de que os primeiros seres humanos tinham, seja total, seja parcialmente, os elementos distintivos de certas espécies animais ou vegetais. Assim, longe de ver em todo canto seres semelhantes a si mesmo, o ser humano começou por conceber a si mesmo à imagem de seres dos quais especificamente se diferenciava.

## V

A teoria animista implica, aliás, uma consequência que é, talvez, sua melhor refutação.

Se ela fosse verdadeira, seria preciso admitir que as crenças religiosas são também representações alucinatórias, sem qualquer fundamento objetivo. Supõe-se, com efeito, que elas são todas derivadas da noção de alma, uma vez que se vê nos espíritos e nos deuses apenas almas sublimadas. Mas a própria noção de alma, segundo Tylor e seus discípulos, é construída inteiramente com as vagas e inconstantes imagens que ocupam nosso espírito durante o sono. Afinal, a alma é o duplo, e o duplo nada mais é que o ser humano tal como ele aparece a si mesmo enquanto dorme. Os seres sagrados seriam, portanto, desse ponto de vista, somente concepções imaginárias que o ser humano teria engendrado em uma espécie de delírio que dele se apodera todos os dias, sem que lhe seja possível ver a quais fins úteis elas servem, nem a que correspondem na realidade. Se ele reza, faz sacrifícios e oferendas, submete-se às privações múltiplas que lhe prescrevem o rito, é porque uma espécie de aberração

---

133. Ver W. De Visser, *De Graecorum diis non Referentibus Speciem Humanam*, Leiden, G. Los, 1900. Cf. P. Perdrizet, "Terres-cuites de Lycosoura, et mythologie arcadienne", *Bulletin de Correspondance Hellénique*, v. 23, n. 2, 1889, p. 635.

constitucional lhe induziu a tomar seus sonhos por percepções, a morte por um sono prolongado, os corpos brutos por seres vivos e pensantes. Desse modo, não somente, como muitos são levados a admitir, a forma sob a qual as potências religiosas são ou foram representadas aos espíritos não as exprimia exatamente, não apenas os símbolos com a ajuda dos quais foram pensadas mascarariam parcialmente a verdadeira natureza, mas ainda, por trás dessas imagens e dessas figuras, nada mais haveria que pesadelos de espíritos incultos. A religião seria, em definitivo, somente um sonho sistematizado e vivido, mas sem fundamento no real.[134] Eis por que os teóricos do animismo, quando buscam as origens do pensamento religioso, contentam-se, em suma, com pouca coisa. Quando acreditam ter conseguido explicar como o ser humano pôde ser induzido a imaginar seres com formas estranhas, vaporosas, como os que vemos em sonho, o problema lhes parece resolvido.

Na realidade, ele sequer é abordado. É inadmissível, com efeito, que sistemas de ideias como religiões, que tiveram na história lugar tão considerável, ao qual os povos vieram, a todo momento, depositar a energia que lhes era necessária para viver, sejam apenas tecidos de ilusões. Concorda-se, hoje, em reconhecer que o direito, a moral e o próprio pensamento científico nasceram na religião, e que, durante muito tempo, confundiram-se com ela e permaneceram perpassados por seu espírito. Como uma vã fantasmagoria teria podido moldar tão fortemente e de uma maneira tão durável as consciências humanas? Por certo, deve ser para a ciência das religiões um princípio que a religião só exprime o que esteja na natureza. Afinal, existe apenas ciência de fenômenos naturais. Toda a questão consiste em saber de qual reino da natureza provêm essas realidades e o que pôde determinar os seres humanos a representá-las sob essa forma singular que é própria ao pensamento religioso. Para que essa questão possa ser colocada, contudo,

---

134. Segundo H. Spencer, contudo, haveria na crença aos espíritos um germe de verdade: trata-se dessa ideia "de que o poder que se manifesta na consciência é outra forma do poder que se manifesta fora da consciência" (*Ecclesiastical Institutions, op. cit.*, § 659.). Spencer quer dizer com isso que a noção de força em geral é o sentimento da força que estendemos a todo o universo; ora, é isso que o animismo admite implicitamente quando povoa a natureza de espíritos análogos ao nosso. Mas mesmo que essa mesma hipótese sobre a maneira a partir da qual se formou a ideia de força seja verdadeira, e ela reclama graves reservas que faremos (Livro III, Capítulo III, § 3), ela não é, por si mesma, nada religiosa; ela não requer nenhum culto. Disso se depreenderia, portanto, que o sistema dos símbolos religiosos e dos ritos, a classificação das coisas em sagradas e profanas, tudo o que há de propriamente religioso na religião não corresponde a nada na realidade. Aliás, o germe de verdade é também, e sobretudo, um germe de erro. Afinal, se é verdade que as forças da natureza e as da consciência são aparentadas, elas são também profundamente distintas, e identificá-las era se expor a singulares equívocos.

é preciso começar por admitir que são reais as coisas assim representadas. Quando os filósofos do século XVIII faziam da religião um vasto erro imaginado por sacerdotes, podiam, ao menos, explicar a persistência disso a partir do interesse que a casta sacerdotal tinha em enganar as multidões. Mas se os próprios povos foram os artífices desses sistemas de ideias errôneas ao mesmo tempo em que foram suas vítimas, como esse logro extraordinário pôde se perpetuar em toda a sequência da história?

É necessário mesmo se perguntar, nessas condições, se acaso a palavra ciência das religiões pode ser empregada sem impropriedade. Uma ciência é uma disciplina que, a despeito da forma como é concebida, aplica-se sempre a uma realidade específica. A física e a química são ciências, pois os fenômenos físico-químicos são reais e de uma realidade que não depende das verdades que elas demonstram. Há uma ciência psicológica porque há, realmente, consciências que não dependem do psicólogo quanto a seu direito à existência. Ao contrário, a religião não poderia sobreviver à teoria animista, no momento em que esta fosse reconhecida como verdadeira por todas as pessoas. Afinal, elas não poderiam deixar de se libertar dos erros cuja natureza e origem lhes seriam assim reveladas. Que ciência seria essa cuja principal descoberta consistiria em fazer desaparecer o próprio objeto do qual trata?

CAPÍTULO III

# As principais concepções da religião elementar (continuação)

## II – O naturismo

Bem diferente é o espírito do qual se inspira a escola naturista.
Ela recruta, aliás, pessoas de meios diferentes. Os animistas são, em sua maioria, etnógrafos ou antropólogos. As religiões que estudaram estão entre as mais grosseiras que a humanidade praticou. Daí provém a importância primordial que atribuam às almas dos mortos, aos espíritos, aos demônios, ou seja, aos seres espirituais de segunda ordem: isso porque essas religiões não conhecem ainda casos que sejam de uma ordem mais elevada.[135] Ao contrário, as teorias que iremos agora expor são obra de estudiosos que se ocuparam sobretudo das grandes civilizações da Europa ou da Ásia.

Desde que, na esteira dos irmãos Grimm, se percebeu o interesse que havia em comparar entre si as diferentes mitologias dos povos indo-europeus, rapidamente saltaram aos olhos as notáveis semelhanças que apresentavam. Foram identificados personagens míticos, os quais, sob nomes diferentes, simbolizavam as mesmas ideias e preenchiam as mesmas funções; os próprios nomes foram aproximados e se julgou poder estabelecer que, por vezes, eles tinham relações. Tais semelhanças só pareciam poder se explicar por uma comunidade de origem. Foi-se, portanto, conduzido a supor que essas concepções, tão variadas na aparência, na realidade provinham de um fundo comum, do qual eram apenas formas diversificadas e que não era impossível alcançar. A partir do método comparativo seria possível remontar, para além dessas grandes religiões, até um sistema de ideias muito

---

[135] É também, sem dúvida, o que explica a simpatia que parecem ter sentido folcloristas como W. Mannhardt pelas ideias animistas. Nas religiões populares, como nas religiões inferiores, são os seres espirituais de segunda ordem que estão no primeiro plano.

mais antigo, até uma religião verdadeiramente primitiva, da qual as outras seriam derivadas.

O que mais contribuiu para despertar essas ambições foi, contudo, a descoberta dos Vedas. Com os Vedas, de fato, tinha-se um texto escrito cuja antiguidade, sem dúvida, até pode ter sido exagerada no momento em que foi descoberto, mas que não deixa de ser um dos mais antigos de que dispomos em uma língua indo-europeia. Estava-se, assim, em condições de estudar, com os métodos ordinários da filologia, uma literatura tão ou mais antiga que Homero, uma religião que se acreditava mais primitiva que a dos antigos germanos. Um documento de tal valor era evidentemente convocado para lançar uma nova luz sobre os primórdios religiosos da humanidade, e a ciência das religiões não podia deixar de ser por ele renovada.

A concepção que assim foi engendrada correspondia tão bem ao estado da ciência e à marcha geral das ideias que veio à luz quase ao mesmo tempo em dois países diferentes. Em 1856, Max Müller expunha seus princípios em seus *Oxford Essays*.[136] Três anos mais tarde aparecia o livro de Adalbert Kuhn sobre *A Origem do fogo e da bebida divina*,[137] consideravelmente imbuída do mesmo espírito. A ideia, uma vez expressa, difundiu-se muito rapidamente nos meios científicos. Ao nome de Kuhn está intimamente associado o de seu cunhado Schwartz, cujo livro sobre a *Origem da mitologia*[138] foi publicado na sequência do precedente. Steinthal e toda a escola alemã da *Völkerpsychologie* ligam-se ao mesmo movimento. Em 1863, a teoria foi importada na França por Michel Bréal.[139] Ela encontrava tão pouca resistência que, segundo a expressão de Gruppe:[140] "veio um

---

136. No estudo de M. Müller, intitulado "Comparative Mythology", em *Oxford Essays*, Londres, Parker & Son, 1856, p. 47 ss. Uma tradução francesa foi publicada com o título *Essai de Mythologie Comparée*, Paris/Londres, Durant/Norgates, 1859.

137. A. Kuhn, *Die Herabkunft des Feuers und Göttertranks*, Berlim, Dümmler, 1859 (uma nova edição foi publicada por Ernst Kuhn em 1886). Cf. A. Kuhn, "Der Schuss des Wilden Jägers auf den Sonnenhirsch. Ein Beitrag zur Vergleichenden Mythologie der Indogermanen", em *Zeitschrift für Deutsche Philologie*, I, 1869, p. 89-169; *Id.*, "Entwicklungsstufen des Mythus", em *Philosophische und Historische Abhandlungen der Königlichen Akademie der Wissenschaften zu Berlin aus dem Jahre 1873*, Berlim, Buchdruckerei der Königlichen Akademie der Wissenschaften in Commission bei Ferd. Dümmler's Verlags-Buchhandlung, 1874, Gelesen in der Akademie der Wissenschaften am 15 Mai, 1873, p. 123-51.

138. F. L. W. Schwartz, *Der Ursprung der Mythologie*, Berlim, Hertzt, 1860.

139. Em seu livro, M. Bréal, *Hercule et Cacus. Étude de Mythologie Comparée*, Paris, Durant, 1863, o *Essai de Mythologie Comparée* de Max Müller é apontado como uma obra "que marca uma nova era na história da Mitologia" (p. 12).

140. O. Gruppe, *Die Griechischen Kulte und Mythen in ihren Beziehungen zu den Orientalischen Religionen*, Leipzig, Teubner, 1887, I, p. 78.

tempo em que, à exceção de alguns filólogos clássicos, estrangeiros aos estudos védicos, todos os mitólogos tomavam como ponto de partida de suas explicações os princípios de Max Müller ou de Kuhn"[141]. É importante, portanto, examinar em que esses princípios consistem e o que valem.

Como ninguém os apresentou de uma forma mais sistemática que Max Müller, é dele que preferencialmente emprestaremos os elementos da exposição que se seguirá.[142]

I

Vimos que o postulado subentendido do animismo é o de que a religião, ao menos em sua origem, não exprime qualquer realidade experimental. É do princípio oposto que parte Max Müller. Para ele, é um axioma que a religião repousa sobre uma experiência da qual retira toda sua autoridade. "A religião", diz ele, "para ocupar o lugar que lhe cabe como elemento legítimo de nossa consciência, deve, como todos os outros conhecimentos, começar por uma experiência sensível".[143] Retomando por sua conta o velho adágio empírico *Nihil est in intellectu quod non ante [prius] fuerit in sensu**, ele o aplica à religião e declara que nada pode existir na fé que não tenha passado antes pelo sentido. Eis aqui, dessa vez, uma doutrina que parecia dever escapar à grave objeção que endereçávamos ao animismo. Parece, com efeito, que, desse ponto de vista, a religião deve necessariamente aparecer não como uma espécie de vago e confuso devaneio, mas como um sistema de ideias e de práticas bem fundadas na realidade.

---

141. Entre os escritores que adotaram essa posição, é preciso considerar E. Renan. Ver seu *Nouvelles Études d'Histoire Religieuse*, Paris, Calmann-Lévy, 1884, p. 31.

142. Para além de *Comparative Mythology, op. cit.*, os trabalhos de Max Müller nos quais são expostas suas teorias gerais sobre a religião são os seguintes: *The Hibbert Lectures*, Londres, Longmans, Green and Co., 1878, traduzido para o francês com o título *Origine et Développement de la Religion, op. cit.*; *Natural Religion, op. cit.*; *Physical Religion*, Londres, Longmans, Green and Co., 1891; *Anthropological Religion*, Londres, Longmans, Green and Co., 1892; *Theosophy or Psychological Religion*, Londres, Longmans, Green and Co., 1893; *Nouvelles Études de Mythologie*, Paris, F. Alcan, 1898. Em decorrência dos laços que unem as teorias mitológicas de Max Müller à filosofia linguística do autor, as obras precedentes devem ser aproximadas de seus livros que são consagrados à linguagem e à lógica, em especial *Lectures on the Science of Language*, Londres, Longman, Green, Longman, Roberts and Greens, 1864, traduzido para o francês com o título de *Nouvelles Leçons sur la Science du Langage*, Paris, Durant et Pedone-Lauriel, 2 tomos, 1867-1868, e *The Science of Thought*, Londres, Longmans, Green and Co., 1887.

143. M. Müller, *Natural Religion, op. cit.*, p. 114.

*. Nada existe no intelecto que não tenha antes existido no sentido. (N.T.)

Quais são, contudo, as sensações geradoras do pensamento religioso? Essa é a questão que o estudo dos Vedas deveria ajudar a solucionar. Os nomes que nessa obra estão atrelados aos deuses são geralmente ou nomes comuns, ainda empregados como tais, ou antigos nomes comuns cujo sentido original ainda pode ser encontrado. Ora, ambos designam os principais fenômenos da natureza. É assim que *Agni*, nome de uma das principais divindades da Índia, significava de início apenas o fato material do fogo, tal como os sentidos o percebem, desprovido de qualquer adição mitológica. Mesmo nos Vedas, ele ainda é empregado com essa acepção. De todo modo, o que mostra bem que esse significado era primitivo é que ele foi conservado em outras línguas indo-europeias: o latim *ignis*, o lituano *ugnis* e o antigo eslavo *ogny* são evidentemente parentes próximos de Agni. O mesmo se passa com o parentesco entre o sânscrito *Dyaus*, o *Zeus* grego, o *Jovis* latino, o *Zio* do alto alemão, hoje inconteste. Ele prova que essas palavras diferentes designam uma só e a mesma divindade que os diferentes povos indo-europeus reconheciam já como tal antes de sua separação. Ora, Dyaus significa o céu brilhante. Esses fatos e outros semelhantes tendem a demonstrar que, entre esses povos, os corpos e as forças da natureza foram os primeiros objetos aos quais se emprestou o sentimento religioso: eles foram as primeiras coisas divinizadas. Dando um passo a mais na direção da generalização, Max Müller acreditou poder concluir que a evolução religiosa da humanidade em geral tinha tido o mesmo ponto de partida.

É por considerações de ordem quase exclusivamente psicológica que ele justifica essa inferência. Os espetáculos variados que a natureza oferece ao ser humano lhe parecem preencher todas as condições necessárias para despertar imediatamente nos espíritos a ideia religiosa. Com efeito, diz ele, "ao primeiro olhar que os homens lançaram sobre o mundo, nada lhes pareceu menos natural que a natureza. A natureza era para eles a grande surpresa, o grande terror. Tratava-se de uma maravilha e de um milagre permanente. Foi somente mais tarde, quando se descobriu sua constância, sua invariabilidade, seu retorno regular, que certos aspectos desse milagre foram chamados naturais, no sentido de serem previsíveis, ordinários, inteligíveis... Ora, é esse vasto domínio aberto aos sentimentos de surpresa e de medo, é essa maravilha, esse milagre, esse imenso desconhecido em oposição ao que é conhecido... que dá o primeiro impulso ao pensamento religioso e à linguagem religiosa".[144] E, para ilustrar seu pensamento, ele o aplica a uma força natural que ocupa importante lugar na religião védica, o fogo. "Procureis", diz ele, "transportar-vos através do pensamento a esse

---

144. M. Müller, *Physical Religion, op. cit.*, p. 119-20.

estágio da vida primitiva em que é preciso, ao que tudo indica, situar a origem e mesmo as primeiras fases da religião da natureza. Podereis facilmente imaginar qual impressão deve ter causado sobre o espírito humano a primeira aparição do fogo. A despeito da maneira com que tenha se manifestado de início, quer tenha vindo do raio, quer tenha sido obtido via atrito dos ramos de árvore uns contra os outros, ou ainda que tenha brotado das pedras sob forma de faíscas: era algo que funcionava, que avançava, que era preciso preservar, que trazia consigo a destruição, mas que, ao mesmo tempo, tornava a vida possível durante o inverno, que protegia durante a noite, que servia ao mesmo tempo de arma ofensiva e defensiva. Graças a ele, o ser humano deixou de devorar a carne crua e tornou-se consumidor de alimentos cozidos. É ainda mediante o fogo que, mais tarde, trabalhar-se-ão os metais, que fabricar-se-ão os instrumentos e as armas; ele tornou-se assim fator indispensável de todo progresso técnico e artístico. Que seríamos nós, mesmo hoje, sem o fogo?"[145] O ser humano, diz o mesmo autor em outra obra, não pode entrar em relação com a natureza sem dar-se conta da imensidão e da infinitude dela. Ela o excede por todos os lados. Para além dos espaços que consegue perceber, há outros que se estendem indefinidamente; cada um dos momentos da duração é precedido e seguido por um tempo ao qual nenhum limite pode ser designado; o rio que corre manifesta uma força infinita, pois nada o diminui.[146] Não existe aspecto da natureza que não seja apto a despertar em nós essa sensação esmagadora de um infinito que nos envolve e nos domina.[147] Ora, é dessa sensação que as religiões seriam derivadas.[148]

Ainda assim, elas estavam aí apenas em germe.[149] A religião realmente se constituiu apenas quando essas forças da natureza pararam de ser representadas aos espíritos sob forma abstrata. Foi necessário que se transformassem em agentes pessoais, em seres vivos e pensantes, em potências espirituais, em deuses. Afinal, é a seres desse gênero que geralmente é endereçado o culto. Vimos que o próprio animismo foi obrigado a se colocar tal questão, bem como o modo como a resolveu: haveria no ser humano uma espécie de incapacidade nativa a distinguir o animado do inanimado, e

---

145. M. Müller, *Physical Religion*, op. cit., p. 121; cf. *Ibid.*, p. 304.
146. Id., *Natural Religion*, op. cit., p. 149-55.
147. "*The overwhelming pressure of the infinite*" (*Ibid.*, p. 138.).
148. *Ibid.*, p. 195-6.
149. Max Müller chega ao ponto de dizer que, enquanto o pensamento não ultrapassou essa fase, ele tem apenas alguns poucos elementos que atribuímos hoje à religião (*Physical Religion*, op. cit., p. 120.).

uma tendência irresistível a conceber o segundo sob a forma do primeiro. Max Müller rejeita essa solução.[150] Para ele, é a linguagem que, pela ação que exerce sobre o pensamento, teria realizado essa metamorfose.

    Explica-se com facilidade que os seres humanos, intrigados por essas forças maravilhosas das quais sentiam-se dependentes, tenham sido incitados a refletir sobre isso; [explica-se] que tenham se perguntado em que consistiam e que tenham se esforçado por substituir a obscura sensação que dela tinham primitivamente por uma ideia mais clara, um conceito mais bem definido. Mas, afirma com muita propriedade nosso autor,[151] a ideia e o conceito são impossíveis sem a palavra. A linguagem não é apenas o revestimento exterior do pensamento. Trata-se de seu arcabouço interno. Não se limita a traduzi-lo externamente depois que ele se formou: serve para produzi-lo. Ainda assim, tem uma natureza que lhe é própria, e, em decorrência disso, leis que não são as mesmas do pensamento. Uma vez que ajuda a elaborá-lo, ela não pode deixar de violentá-lo de algum modo e de deformá-lo. É uma deformação desse gênero que teria produzido o caráter singular das representações religiosas.

    Pensar, com efeito, é ordenar nossas ideias. É, por conseguinte, classificar. Pensar o fogo, por exemplo, é colocá-lo nesta ou naquela categoria de coisas, de modo a poder dizer que ele é isso ou aquilo, isso e não aquilo. Mas, por outro lado, classificar é nomear. Afinal, uma ideia geral apenas tem existência e realidade na e pela palavra que a exprime e que constitui, sozinha, sua individualidade. Também a língua de um povo exerce sempre uma influência sobre o modo como são classificadas nos espíritos e, por conseguinte, pensadas as coisas novas que ele aprende a conhecer; tais coisas são obrigadas a se adaptar aos quadros preexistentes. Por essa razão, quando os seres humanos buscam construir uma representação elaborada do universo, sua língua falada imprime ao sistema de ideias uma marca indelével.

    Conhecemos alguma coisa dessa língua, ao menos no que diz respeito aos povos indo-europeus. Por mais longínqua que seja, permanecem, em nossas línguas atuais, lembranças que nos permitem imaginar o que ela era: são as raízes. Essas palavras-originárias, das quais derivam os outros vocábulos que empregamos e que se encontram na base de todos os idiomas indo-europeus, são consideradas por Max Müller como ecos da língua que falavam os povos correspondentes antes de sua separação, ou seja, no momento em que se constitui essa religião da natureza que precisamente se trata de explicar. Ora, as raízes apresentam duas características notáveis que, sem dúvida, só foram

---

150. M. Müller, *Physical Religion*, op. cit., p. 128.
151. Ver Id., *The Science of Thought*, op. cit., p. 30.

bem observadas nesse grupo particular de línguas, mas que nosso autor crê igualmente verificáveis nas outras famílias linguísticas.[152]

Em primeiro lugar, as raízes são típicas. Ou seja, não exprimem coisas particulares ou indivíduos, mas tipos, sobretudo tipos de extrema generalidade. Elas representam os temas mais gerais do pensamento. Encontram-se nelas, fixadas e cristalizadas, essas categorias fundamentais do espírito, as quais, a cada momento da história, dominam toda a vida mental e cujo sistema os filósofos tentaram, muitas vezes, reconstituir.[153]

Em segundo lugar, os tipos aos quais correspondem são tipos de ação, e não de objetos. O que traduzem são as maneiras mais gerais de agir que se pode observar nos seres vivos e, mais especialmente, no ser humano: é a ação de bater, de empurrar, de atritar, de conectar, de edificar, de pressionar, de subir, de descer, de caminhar etc. Em outras palavras, o ser humano generalizou e nomeou seus principais modos de ação antes de generalizar e de nomear os fenômenos da natureza.[154]

Graças à sua extrema generalidade, essas palavras podiam facilmente se estender a todos os tipos de objeto que não lhes diziam respeito primitivamente. É, aliás, essa extrema flexibilidade que lhes permitiu dar origem às múltiplas palavras que daí derivam. Quando o ser humano, voltando-se às coisas, busca então nomeá-las, de modo a poder pensá-las, aplicou-lhes esses vocábulos, embora não tenham sido feitos para elas. No entanto, em função de sua origem, só podiam designar as diferentes forças da natureza valendo-se de suas manifestações que mais lembravam as ações humanas: o raio foi chamado *algo* que escava o solo ao cair ou que espalha o incêndio; o sol, *algo* que lança flechas douradas através do espaço; o rio, *algo* que corre etc. Mas, posto que os fenômenos naturais se encontravam assim assimilados aos atos humanos, esse algo a que estavam atrelados foi necessariamente concebido sob a forma de agentes pessoais, mais ou menos similares ao ser humano. Tratava-se apenas de uma metáfora, mas que foi tomada ao pé da letra. O erro era inevitável, pois a ciência, a única capaz de dissipar a ilusão, ainda não existia. Em suma, porque a linguagem era feita de elementos humanos que traduziam estados humanos, ela só pôde ser aplicada à natureza ao preço de uma transfiguração.[155] Mesmo hoje, observa Bréal, ela nos obriga, em certa medida, a conceber as coisas sob esse ângulo. "Não

---

152. M. Müller, *Natural Religion*, op. cit., p. 393 ss.
153. Id., *Physical Religion*, op. cit., p. 133; Id., *The Science of Thought*, op. cit., p. 219; Id., *Nouvelles Leçons sur la Science du Langage*, op. cit., t. II, p. 1 ss.
154. Id., *The Science of Thought*, op. cit., p. 272.
155. Ibid., p. 327; e também M. Müller, *Physical Religion*, op. cit., p. 125 ss.

exprimimos uma ideia, mesmo quando ela designa uma simples qualidade, sem lhe dar um gênero, ou seja, um sexo. Não podemos falar de um objeto, seja ele considerado ou não de um modo geral, sem determiná-lo por meio de um artigo. Todo sujeito da frase é apresentado como um ser que age; toda ideia, como uma ação; e cada ato, seja ele transitório ou permanente, é limitado em sua duração pelo tempo em que colocamos o verbo."[156] Sem dúvida, nossa cultura científica nos permite corrigir facilmente os erros que a linguagem poderia nos sugerir desse modo. Ainda assim, a influência da palavra deve ter sido onipotente quando não existia contrapeso a ela. Ao mundo material, tal como este se revela diante de nossos sentidos, a linguagem acrescenta assim um novo mundo, unicamente composto de seres espirituais que criou por completo e que foram, a partir de então, considerados como as causas determinantes dos fenômenos físicos.

Aliás, sua ação não termina nesse ponto. Uma vez forjadas as palavras para designar essas personalidades que a imaginação popular colocou por trás das coisas, a reflexão aplicou-se às próprias palavras: elas suscitavam todo tipo de enigmas, e é para resolver esses problemas que os mitos foram inventados. Acontecia de um mesmo objeto receber uma pluralidade de nomes, correspondendo à pluralidade de aspectos sob os quais se apresentava na experiência. É por isso que há mais de vinte palavras nos Vedas para designar o céu. Como as palavras eram diferentes, acreditou-se que correspondiam a personalidades distintas. Ao mesmo tempo, porém, era-se compelido a sentir que essas personalidades tinham certo parentesco. Para dar conta disso, imaginou-se que formavam uma mesma família. Inventou-se para elas genealogias, um estado civil, uma história. Em outros casos, coisas diferentes eram designadas por um mesmo termo: para explicar esses homônimos, admitiu-se que as coisas correspondentes eram transformações umas das outras, e forjou-se novas ficções para tornar inteligíveis essas metamorfoses. Ou ainda, uma palavra que havia cessado de ser compreendida foi a origem de fábulas destinadas a lhe dar um sentido. A obra criadora da linguagem teve continuidade, portanto, em construções cada vez mais complexas e, à medida que a mitologia passou a dotar cada deus de uma biografia progressivamente mais extensa e completa, as personalidades divinas, de início confundidas com as coisas, acabaram por distinguir-se delas e determinar-se.

Eis como se teria constituído a noção do divino. A religião dos ancestrais, por sua vez, seria apenas um reflexo da precedente.[157] A noção de alma

---

156. M. Bréal, *Mélanges de Mythologie et de Linguistique*, Paris, Hachette, 1877, p. 8.
157. M. Müller, *Anthropological Religion, op. cit.*, p. 128-30.

teria se formado, de início, por razões bastante análogas às que dera Tylor, exceto que, segundo Max Müller, ela havia sido destinada a explicar a morte, e não o sonho.[158] Em seguida, sob a influência de diversas circunstâncias,[159] em parte acidentais, as almas dos seres humanos, uma vez libertas dos corpos, teriam pouco a pouco sido atraídas ao círculo dos seres divinos, tornando-se elas próprias divinas em decorrência disso. Mas esse novo culto não seria o produto de uma formação secundária. É o que prova, aliás, o fato de os homens divinizados terem sido geralmente deuses imperfeitos, ou semideuses, que os povos sempre souberam distinguir das divindades propriamente ditas.[160]

## II

Essa doutrina repousa, parcialmente, em certo número de postulados linguísticos que foram e ainda permanecem muito discutíveis. Contestou-se a realidade de muitas dessas concordâncias que Max Müller acreditava observar entre os nomes que designam os deuses em diferentes línguas europeias. Em especial, colocou-se em xeque a interpretação que lhes deu: perguntaram se, longe de ser o indício de uma religião muito primitiva, não seriam elas o produto tardio seja de empréstimos diretos, seja de encontros naturais.[161] Por outro lado, não se admite mais hoje que as raízes tenham existido em estado isolado, como realidades autônomas, nem, por conseguinte, que permitam reconstruir, mesmo hipoteticamente, a língua primitiva dos povos indo-europeus.[162] Enfim, pesquisas recentes tenderiam a provar que as divindades védicas não tinham, em sua totalidade, o caráter

---

158. A explicação, aliás, não é tão boa quanto a de Tylor. Segundo Max Müller, o ser humano apenas teria podido admitir que a vida terminava com a morte. Foi disso que teria concluído que existem, nele, dois seres, um dos quais sobrevive ao corpo. Não se vê bem o que poderia induzir à crença de que a vida continua quando o corpo está em plena decomposição.

159. Ver, quanto aos pormenores, M. Müller, *Anthropological Religion*, op. cit., p. 351 ss.

160. *Ibid.*, p. 130. O que não impede Max Müller de ver no cristianismo o apogeu de todo esse desenvolvimento. A religião dos ancestrais, diz, supõe que exista algo de divino no ser humano. Ora, não é esta a ideia que está na base do ensinamento do Cristo? (*Ibid.*, p. 378 ss.). É inútil insistir sobre o que há de estranho em uma concepção que faz do cristianismo o coroamento do culto dos *manes* [Ou seja, o culto aos ancestrais na Roma Antiga. (N.T.)].

161. Ver, sobre esse ponto, a discussão à qual O. Gruppe submete as hipóteses de Max Müller em *Die Griechischen Kulte und Mythen in ihren Beziehungen zu den Orientalischen Religionen*, op. cit., I, p. 79-184.

162. Ver A. Meillet, *Introduction à l'Étude Comparative des Langues Indo-Européennes*, 2. ed., Paris, Hachette, 1908, p. 119.

exclusivamente naturista que lhes atribuía Max Müller e sua escola.[163] Deixaremos de lado essas questões cujo exame supõe uma competência muito especial de linguista, para nos atermos aos princípios gerais do sistema. Além disso, ganha-se ao não se confundir em demasia a ideia naturista com esses postulados controversos. Afinal, ela é admitida por vários estudiosos para os quais a linguagem não tem o papel preponderante que lhe atribui Max Müller.

Que o ser humano tenha interesse em conhecer o mundo que o cerca e que, por conseguinte, sua reflexão tenha rapidamente se voltado a isso, eis aí o que todo mundo admitirá facilmente. O concurso das coisas com as quais ele estava imediatamente em relação lhe era necessário demais para que procurasse investigar a natureza. Mas se, como pretende o naturismo, é dessas reflexões que nasceu o pensamento religioso, torna-se inexplicável que tenha podido sobreviver às primeiras tentativas que foram feitas, bem como ininteligível a persistência com a qual se manteve. Se, com efeito, temos necessidade de conhecer as coisas, é para agir de maneira que lhes seja apropriada. Ora, a representação que a religião nos dá do universo, sobretudo de início, é grosseiramente truncada demais para ter podido suscitar práticas temporalmente úteis. As coisas são nada menos que seres vivos e pensantes, consciências, personalidades como aquelas que a imaginação religiosa tornou agentes dos fenômenos cósmicos. Ou seja, não é concebendo-as sob essa forma e tratando-as segundo essa concepção que o ser humano podia fazê-las concorrer para seus fins. Não é lhes dirigindo preces, celebrando-as por meio de festas e de sacrifícios, impondo-se a si mesmo jejuns e privações que ele podia impedi-las de lhe prejudicar ou obrigá-las a servir a seus desígnios. Tais procedimentos só podiam ter êxito muito excepcionalmente e, por assim dizer, milagrosamente. Se, então, a razão de ser da religião fosse fornecer uma representação do mundo que nos guiasse em nosso comércio com ele, não estaria em condição de realizar tal função e os povos não demorariam a percebê-lo: as falhas, infinitamente mais frequentes que os êxitos, teriam rapidamente os advertido de que haviam se equivocado, e a religião, abalada a todo momento por esses sucessivos desmentidos, não teria podido durar.

Sem dúvida, um erro por vezes se perpetua na história. Ainda assim, salvo no caso de um concurso de circunstâncias completamente excepcionais, a religião só pode manter-se assim se for *praticamente verdadeira*, ou seja, se, sem nos dar uma noção teoricamente exata das coisas às quais diz

---

163. H. Oldenberg, *La Religion du Veda*, Paris, F. Alcan, 1903, p. 59 ss.; A. Meillet, "Le dieu iranien Mithra", *Journal Asiatique*, X, n. 1, jul.-ago. 1907, p. 143 ss.

respeito, lograr exprimir de forma bastante correta a maneira pela qual elas nos afetam, seja de modo positivo, seja de modo negativo. Nessas condições, com efeito, os movimentos que ela determina têm todas as chances de ser, ao menos no geral, aqueles que convêm, e assim se explica que tenha podido resistir à prova dos fatos.[164] Mas um erro, e sobretudo um sistema organizado de erros que apenas provocam mal-entendidos, e que não podem deixar de provocá-los, não é viável. Ora, o que há em comum entre os ritos por meio dos quais o fiel procurava agir sobre a natureza e os procedimentos que as ciências nos ensinaram a utilizar, e que, sabemo-lo agora, são os únicos eficazes? Se é isso que as pessoas requerem da religião, não se pode compreender que ela tenha podido se manter, a menos que hábeis artífices as tenham impedido de reconhecer que ela não lhes dava o que dela esperavam. Seria novamente preciso, portanto, retornar às explicações simplistas do século XVIII.[165]

Desse modo, o naturismo apenas aparenta escapar à objeção que outrora dirigimos ao animismo. Também ele faz da religião um sistema de imagens alucinatórias, pois a reduz a ser apenas uma imensa metáfora sem valor objetivo. Ele lhe atribui, sem dúvida, um ponto de partida no real, qual seja, as sensações que os fenômenos da natureza suscitam em nós. Ainda assim, pela ação prestigiosa da linguagem, essa sensação transforma-se em concepções extravagantes. O pensamento religioso só entra em contato com a realidade para lhe cobrir com um espesso véu que dissimula suas formas verdadeiras: tal véu é o tecido de crenças fabulosas que a mitologia urdiu. O crente vive então, como quem delira, em um meio povoado de seres e de coisas que têm somente uma existência verbal. Eis, aliás, o que reconhece o

---

164. Muitas máximas da sabedoria popular enquadram-se aqui.
165. O argumento, é verdade, não atinge os que veem na religião uma técnica (especialmente uma higiene), cujas regras, mesmo estando sob a sanção de seres imaginários, não deixam de ser bem fundamentadas. Mas não nos deteremos para discutir uma concepção assim tão insustentável, a qual, de fato, não foi jamais sustentada de uma maneira sistemática por espíritos minimamente inteirados da história das religiões. É difícil ver em que as práticas terríveis de iniciação servem à saúde que comprometem; em que as interdições alimentares, atreladas muito geralmente a animais perfeitamente saudáveis, são higiênicas; como os sacrifícios que ocorriam por ocasião da construção de uma casa tornavam-na mais sólida etc. Sem dúvida, existem preceitos religiosos que demostram ter, ao mesmo tempo, uma utilidade técnica; mas eles estão perdidos em meio aos outros e, com muita frequência, os serviços que prestam têm uma compensação. Se há uma profilaxia religiosa, há uma sujeira religiosa que deriva dos mesmos princípios. A regra que ordena que o morto seja afastado do campo porque nele encontra-se o lar de um espírito terrível é praticamente útil. Mas a mesma crença faz com que os parentes se untem com líquidos provenientes do corpo em putrefação, porque acredita-se que estes tenham virtudes excepcionais. – Sob o aspecto técnico, a magia serviu mais que a religião.

próprio Max Müller, uma vez que vê nos mitos o produto de uma doença do pensamento. Primitivamente, ele lhes atribuiu a uma doença da linguagem; mas como, segundo ele, linguagem e pensamento são inseparáveis, o que é verdadeiro em um caso, o é em outro. "Quando", diz ele, "tentei caracterizar rapidamente a mitologia em sua natureza íntima, eu a chamei de doença da linguagem, em vez de doença do pensamento. Ainda assim, depois de tudo o que disse, em meu livro sobre *A ciência do Pensamento*, sobre a inseparabilidade do pensamento e da linguagem, e, por conseguinte, da identidade absoluta de uma doença da linguagem e de uma doença do pensamento, parece que equívoco algum era possível... Representar o Deus supremo como sendo culpado de todos os crimes, enganado por pessoas, brigado com sua mulher e batendo em seus filhos, eis aí certamente um sintoma de condição anormal ou doença do pensamento, ou ainda, melhor dizendo, de loucura bem caracterizada".[166] E há mais: o argumento não é apenas válido contra Max Müller e sua teoria, mas contra o próprio princípio do naturismo, independente da maneira com que é aplicado. A despeito do que se faça, se a religião tem por principal objeto exprimir as forças da natureza, não se pode enxergar nela nada mais que um sistema de ficções decepcionantes cuja sobrevivência é incompreensível.

Max Müller, é verdade, acreditou escapar à objeção, cuja gravidade ele sentia, distinguindo radicalmente a mitologia da religião, bem como situando a primeira no exterior da segunda. Ele reclama o direito de reservar o nome de religião apenas às crenças que estão em conformidade com as prescrições da moral sã e com os ensinamentos de uma teologia racional. Os mitos, ao contrário, seriam desdobramentos parasitários, os quais, sob a influência da linguagem, teriam vindo se introduzir nas representações fundamentais, desnaturalizando-as. Desse modo, a crença em Zeus teria sido religiosa à medida que os gregos viam em Zeus o Deus supremo, pai da humanidade, protetor das leis, vingador dos crimes etc.; mas tudo o que diz respeito à biografia de Zeus, seus casamentos, suas aventuras, seria apenas mitologia.[167]

A distinção, contudo, é arbitrária. Sem dúvida, a mitologia interessa tanto à estética quanto à ciência das religiões, mas ela não deixa de ser um dos elementos essenciais da vida religiosa. Se da religião retira-se o mito, deve-se também dela retirar o rito. Afinal, os ritos são normalmente dirigi-

---

166. M. Müller, *Nouvelles Études de Mythologie, op. cit.*, p. 51-2.
167. Ver *Id., Nouvelles Leçons sur la Science du Language, op. cit.*, II, p. 147 ss., bem como, do mesmo autor, *Physical Religion, op. cit.*, p. 276 ss. – Na mesma direção, M. Bréal, *Mélanges de Mythologie et de Linguistique, op. cit.*, p. 6: "Para levar a essa questão da origem da mitologia a clareza necessária, é preciso distinguir com cuidado os *deuses*, que são um produto imediato da inteligência humana, das *fábulas*, que são apenas um produto indireto e involuntário".

dos a personalidades definidas que têm um nome, um caráter, atribuições determinadas, uma história, variando de acordo com a maneira pela qual essas personalidades são concebidas. O culto que se presta à divindade depende da fisionomia a ela atribuída: e é o mito que fixa essa fisionomia. Com muita frequência, o rito nada mais é que o mito em ação: a comunhão cristã é inseparável do mito pascal, do qual retira todo seu sentido. Logo, se toda mitologia é o produto de uma espécie de delírio verbal, a questão que colocamos persiste em sua integralidade: a existência e, sobretudo, a persistência do culto tornam-se inexplicáveis. Não se compreende como, durante séculos, os seres humanos puderam continuar a fazer gestos sem propósito. Ademais, não são somente os traços particulares das figuras divinas que são assim determinados pelos mitos. A própria ideia de que há deuses, seres espirituais, incumbidos dos diversos departamentos da natureza, a despeito do modo como são representados, é essencialmente mítica.[168] Ora, caso se subtraia das religiões do passado tudo o que está ligado à noção dos deuses concebidos como agentes cósmicos, o que sobra? A ideia da divindade em si, de uma potência transcendente da qual o ser humano depende e sobre a qual se apoia? Trata-se aí, contudo, de uma concepção filosófica e abstrata, que jamais se realiza como tal em nenhuma religião histórica. Ela é desprovida de interesse para a ciência das religiões.[169] Evitemos, portanto, distinguir entre as crenças religiosas, reter algumas porque nos parecem justas e sãs, rejeitar outras como indignas de ser chamadas religiosas porque nos ofendem e desconcertam. Todos os mitos, mesmo os que consideramos os mais insensatos, foram objetos de crença.[170] O ser humano acreditou neles, não menos que em suas próprias sensações, estabelecendo, a partir deles,

---

168. É o que reconhece Max Müller. Cf. *Id.*, *Physical Religion*, *op. cit.*, p. 132, e, do mesmo autor, *Mythologie Comparée*, *op. cit.*, p. 58: "os deuses", diz ele, "são *nomina* e não *numina*, nomes sem ser e não seres sem nome".

169. Max Müller, é verdade, sustenta que, para os Gregos: "Zeus era e permaneceu, a despeito de todos os obscurantismos mitológicos, o nome da Divindade suprema" (*Nouvelles Leçons sur la Science du Language*, *op. cit.*, II, p. 173). Não discutiremos essa afirmação, historicamente bem contestável. Em todo caso, contudo, essa concepção de Zeus não pôde jamais ser mais que um lampejo em meio às outras crenças religiosas dos Gregos. – Aliás, em uma obra posterior, Max Müller chega ao ponto de tomar a noção mesma de deus em geral como o produto de um processo totalmente verbal e, por conseguinte, uma elaboração mitológica (*Physical Religion*, *op. cit.*, p. 138.).

170. Sem dúvida, além dos mitos propriamente ditos, sempre houve fábulas que não eram críveis, ou, ao menos, que não eram críveis da mesma maneira e com a mesma intensidade, e que, por essa razão, não tinham caráter religioso. A linha de demarcação entre contos e mitos é certamente fluida e difícil de ser determinada. Mas isso não é uma razão para tornar todos os mitos contos, assim como não imaginamos tornar todos os contos mitos. Há, ao menos, um elemento que, em vários casos, basta para diferenciar o mito religioso: sua relação com o culto.

sua conduta. É impossível, portanto, a despeito das aparências, que eles existam sem fundamento objetivo.

Ainda assim, dir-se-á, seja qual for o modo pelo qual são explicadas as religiões, é certo que elas se enganaram sobre a verdadeira natureza das coisas: as ciências provaram isso. Os modos de ação que elas aconselhavam ou prescreviam ao ser humano só podiam, portanto, produzir efeitos úteis muito raramente: não é com ritos de purificação que se curam as doenças, nem com sacrifícios ou cantos que se faz crescer a colheita. Desse modo, a objeção que fizemos ao naturismo parece se aplicar a todos os sistemas de explicação possíveis.

Há, contudo, um que escapa a isso. Suponhamos que a religião responda a uma necessidade totalmente diferente daquela que consiste em nos adaptar às coisas sensíveis: ela não correrá o risco de ser enfraquecida pelo único fato de não satisfazer, ou de satisfazer mal, essa necessidade. Se a fé religiosa não nasceu para colocar o ser humano em harmonia com o mundo material, os erros que ela pôde induzi-lo a cometer em sua luta com o mundo não a atingem em sua fonte, pois ela se alimenta de outra fonte. Se não é por essa razão que se foi levado a crer, deve-se continuar a crer mesmo quando essas razões forem contraditas pelos fatos. Concebe-se mesmo que a fé tenha podido ser suficientemente forte, não apenas para suportar essas contradições, mas para negá-las e para impedir o crente de perceber sua dimensão, o que acabou por torná-las inofensivas para a religião. Quando o sentimento religioso é vivo, não admite que a religião possa ser culpada, e sugere facilmente explicações que a inocentam: se o rito não produz os resultados esperados, imputa-se a falha seja a algum erro de execução, seja à intervenção de uma divindade contrária. Mas, para que isso ocorra, é preciso que as ideias religiosas não tenham sua origem em um sentimento que essas decepções da experiência ofenderam; nesse caso, afinal, de onde viria sua força de resistência?

## III

No mais, contudo, mesmo que o ser humano realmente tivesse tido razões para se obstinar, a despeito de todas as decepções, a exprimir os fenômenos cósmicos em símbolos religiosos, ainda seria necessário que estes tivessem uma natureza propensa a sugerir tal interpretação. Ora, de onde lhes viria essa propriedade? Também aqui, encontramo-nos em presença de um desses postulados que são tidos como evidentes apenas porque não foi feita sua crítica. Postula-se como axioma que há no jogo natural das forças físicas tudo o que é necessário para despertar em nós a ideia do sagrado. Mas quando se examina mais de perto as provas, aliás sumárias, que foram dadas dessa proposição, constata-se que ela se reduz a um preconceito. Fala-se do maravilhamento que os seres humanos deviam sentir à medida que descobriam o mundo. Antes de mais nada, contudo, o que caracteriza a vida da natureza é a regularidade que chega a flertar com a monotonia. Todas as manhãs, o sol se mostra no horizonte, todas as noites, ele se deita; todos os meses, a lua realiza o mesmo ciclo; o rio corre de maneira ininterrupta em seu leito; as mesmas estações provocam periodicamente as mesmas sensações. Sem dúvida, vez por outra, algum evento inesperado se produz: é o sol que se eclipsa, a lua que desaparece por trás das nuvens, o rio que transborda etc. Mas essas perturbações passageiras podem apenas dar origem a impressões igualmente passageiras, cuja lembrança se apaga com o tempo. Elas não poderiam, portanto, servir de base a esses sistemas estáveis e permanentes de ideias e de práticas que constituem as religiões. Via de regra, o curso da natureza é uniforme e a uniformidade não poderia produzir fortes emoções. Representar o selvagem todo tomado de admiração diante dessas maravilhas é transpor à origem da história sentimentos muito mais recentes. Ele está acostumado demais para ser fortemente surpreendido por isso. São necessárias a cultura e a reflexão para abalar esse jugo do costume e descobrir tudo o que há de maravilhoso nessa própria regularidade. Aliás, tal como observamos anteriormente,[171] não basta que admiremos um objeto para que este nos surja como sagrado, ou seja, para que seja marcado por esse caráter que torna todo contato direto com ele um sacrilégio e uma profanação. É ignorar o que há de específico no sentimento religioso confundi-lo com toda impressão de surpresa admirativa.

Diz-se, porém, que há, na ausência de admiração, uma impressão que o ser humano não pode deixar de experimentar em presença da natureza. Ele não pode entrar em relações com ela sem perceber que não cabe dentro dele e o ultrapassa. Ela o esmaga em sua imensidão. Essa sensação de um espaço infinito que o engloba, de um tempo infinito que o precedeu e que se seguirá ao instante presente, de forças infinitamente superiores àquelas de que dispõe não pode deixar, ao que parece, de despertar nele a ideia de que existe, fora de si, uma potência infinita da qual depende. Ora, essa ideia entra, como elemento essencial, em nossa concepção do divino.

Lembremo-nos, contudo, o que está em questão. Trata-se de saber como o ser humano pôde chegar a pensar que havia, na realidade, duas categorias de coisas radicalmente heterogêneas e incomparáveis entre elas. Como o espetáculo da natureza poderia fornecer-nos a ideia dessa

---

171. Ver, anteriormente, p. 54.

dualidade? A natureza é sempre e por toda parte idêntica a si mesma. Pouco importa que ela se estende ao infinito: além do limite extremo onde pode chegar meu olhar, ela não difere do que é aquém. O espaço que concebo para além do horizonte é ainda o espaço, idêntico ao que vejo. O tempo que corre sem cessar é feito de momentos idênticos aos que vivi. A extensão, como a duração, repete-se indefinidamente; se as porções que dela experimento não têm, por si próprias, caráter sagrado, como as outras poderiam tê-lo? O fato de que não as percebo diretamente não basta para transformá-las?[172] Um mundo de coisas profanas pode muito bem ser ilimitado; ele permanece sendo um mundo profano. Diz-se que as forças físicas com as quais estamos em relação excedem as nossas? Mas as forças sagradas não se distinguem simplesmente das profanas por sua maior intensidade: elas são outras, têm qualidades especiais que as segundas não têm. Ao contrário, todas as que se manifestam no universo são de natureza similar, tanto as que estão dentro como as que estão fora de nós. Sobretudo, não há razão que tenha permitido atribuir a umas uma espécie de dignidade eminente em relação às outras. Se, portanto, a religião realmente nasceu da necessidade de atribuir causas aos fenômenos físicos, as forças que teriam sido assim imaginadas não seriam mais sagradas que as que concebe o estudioso de hoje para dar conta dos mesmos fatos.[173] Isso equivale a dizer que não teria havido seres sagrados, nem, por conseguinte, religião.

Além do mais, mesmo supondo que essa sensação "de esmagamento" seja realmente sugestiva da ideia religiosa, ela não poderia ter produzido esse efeito sobre o primitivo. Afinal, essa sensação, ele não a tem. Ele não tem, em absoluto, consciência de que as forças cósmicas sejam a esse ponto superiores às suas. Como a ciência ainda não veio lhe ensinar a modéstia,

---

172. Há, aliás, na linguagem de Max Müller, verdadeiros abusos de palavras. A experiência sensível, diz ele, implica, ao menos em certos casos, "que, para além do que é conhecido, exista *alguma coisa de desconhecido, alguma coisa que peço a licença de denominar infinito*" (Max Müller, *Natural Religion, op. cit.*, p. 195. Cf. *Ibid.*, p. 218.). O desconhecido não é necessariamente infinito, não mais que o infinito não é necessariamente o desconhecido se ele é, em todos os pontos, semelhante a si próprio e, por conseguinte, [semelhante] ao que conhecemos dele. Seria preciso provar que o que nós percebemos dele difere quanto à sua essência daquilo que não percebemos.

173. É o que reconhece involuntariamente Max Müller em alguns lugares. Ele confessa ver pouca diferença entre a noção de Agni, o deus do fogo, e a noção de éter por meio da qual a física moderna explica a luz e o calor (*Id., Physical Religion, op. cit.*, p. 126-7.). Em outras ocasiões, acaba promovendo a conversão entre a noção de divindade e a de *agency* [Em português: "Agência". (N.T.)] (*Ibid., op. cit.*, p. 138.), ou causalidade, que nada tem de natural e de profano. O fato de a religião representar as causas assim imaginadas sob a forma de agentes pessoais não basta para explicar que tenham um caráter sagrado. Um agente pessoal pode ser profano e, aliás, muitas das forças religiosas são essencialmente impessoais.

ele se atribui sobre as coisas um domínio que não possui, mas cuja ilusão basta para impedi-lo de sentir-se dominado por elas. Ele crê poder, como já o dissemos, ditar a lei aos elementos, desencadear o vento, forçar a chuva a cair, parar o sol com um gesto etc.[174] A própria religião contribui a lhe dar essa segurança; afinal, espera-se que ela o dote de amplos poderes sobre a natureza. Os ritos são, em parte, os meios destinados a lhe permitir impor suas vontades ao mundo. Longe, portanto, de serem oriundas do sentimento que o ser humano teria de sua pequenez diante do universo, as religiões inspiram-se antes do sentimento contrário. Mesmo as mais elevadas e as mais idealistas têm por efeito encorajar o ser humano em sua luta com as coisas: elas professam que a fé é, por ela mesma, capaz de "mover montanhas", ou seja, de dominar as forças da natureza. Como poderiam lhes fornecer essa confiança se tivessem por origem uma sensação de fraqueza e de impotência?

Aliás, se realmente as coisas da natureza tivessem se tornado seres sagrados em função de suas formas imponentes ou da força que manifestam, dever-se-ia constatar que o sol, a lua, o céu, as montanhas, o mar, os ventos, em uma palavra, as grandes potências cósmicas, foram as primeiras a ser elevadas a essa dignidade. Afinal, não existe nada mais capaz de surpreender os sentidos e a imaginação. Ora, na realidade, elas foram divinizadas apenas tardiamente. Os primeiros seres aos quais se endereçou um culto – a prova disso será dada nos capítulos que se seguirão – são simples vegetais ou animais em relação aos quais o ser humano se encontrava, ao menos, em pé de igualdade: o pato, a lebre, o canguru, a ema, o lagarto, a lagarta, a rã etc. Suas qualidades objetivas não poderiam evidentemente estar na origem dos sentimentos religiosos que eles inspiraram.

---

174. Veremos, ao falar dos ritos e da fé em sua eficácia, como se explicam essas ilusões (Ver Livro II, Capítulo II.).

CAPÍTULO IV

# O totemismo como religião elementar

## Histórico da questão – Método para tratá-la

Por mais opostos que pareçam ser em suas conclusões, os dois sistemas que acabamos de estudar concordam em um ponto essencial: eles formulam o problema em termos idênticos. Ambos, com efeito, procuram construir a noção do divino a partir das sensações que despertam em nós certos fenômenos naturais, sejam físicos, sejam biológicos. Para os animistas, trata-se do sonho, para os naturistas, trata-se de certas manifestações cósmicas que teriam sido o ponto de partida da evolução religiosa. Mas tanto para uns quanto para outros, é na natureza, seja a do ser humano, seja a do universo, que é preciso ir buscar o germe da grande oposição que separa o profano do sagrado.

Tal empreendimento é, contudo, impossível: ele supõe uma verdadeira criação *ex nihilo* [a partir do nada]. Um fato da experiência comum não pode nos dar a ideia de uma coisa que se caracteriza por estar fora do mundo da experiência comum. O ser humano, tal como se apresenta a si mesmo em seus sonhos, nada mais é que um ser humano. As forças naturais, tal como são percebidas por nossos sentidos, nada mais são que forças naturais, a despeito de qual seja sua intensidade. Desse ponto provém a crítica comum que dirigimos às duas doutrinas. Para explicar como esses pretensos dados do pensamento religioso adquiriram um caráter sagrado que nada institui objetivamente, era preciso admitir que todo um mundo de representações alucinatórias veio sobrepor-se a eles, descaracterizá-los a ponto de torná-los irreconhecíveis e substituir a realidade por uma pura fantasmagoria. Em um caso, são as ilusões do sonho que teriam operado essa transfiguração; em outro, é o brilhante e vão cortejo de imagens evocadas pela palavra. Mas, tanto em um caso como em outro, era preciso enxergar na religião o produto de uma interpretação delirante.

Uma conclusão positiva surge, então, desse exame crítico. Uma vez que nem o ser humano, nem a natureza têm, por si só, caráter sagrado, isso ocorre porque o adquirem de outra fonte. Além do indivíduo humano e do mundo físico, deve haver, portanto, alguma outra realidade. É em relação a ela que essa espécie de delírio – que toda religião, de fato, é – assume uma significação e um valor objetivo. Em outras palavras, para além do que denominamos o naturismo e o animismo, deve existir outro culto, mais fundamental e mais primitivo, do qual esses são apenas, ao que tudo leva a crer, formas derivadas ou aspectos particulares.

Esse culto, com efeito, existe: trata-se daquele ao qual os etnógrafos deram o nome de totemismo.

# I

É somente no final do século XVIII que a palavra totem aparece na literatura etnográfica. Encontra-se ela, pela primeira vez, em um livro de um intérprete indígena, J. Long, publicado em Londres em 1791.[175] Durante quase meio século, o totemismo foi reconhecido apenas como instituição exclusivamente americana.[176] É somente em 1841 que Grey, em uma passagem tornada célebre,[177] assinalou a existência de práticas muito similares na Austrália. Desde então começou-se a perceber que se estava diante de um sistema de certa generalidade.

Nele não se via, contudo, nada mais que uma instituição essencialmente arcaica, uma curiosidade etnográfica sem grande interesse para o historiador. Mac Lennan foi o primeiro que buscou vincular o totemismo à história geral da humanidade. Em uma série de artigos, publicados na *Forthnightly Review*,[178] ele se empenhou em mostrar não somente que o totemismo era uma religião, mas que dessa religião derivaram várias crenças e práticas que podem ser encontradas em sistemas religiosos muito mais avançados. Ele chegou ao ponto

---

175. J. Long, *Voyages and Travels of an Indian Interpreter and Trader*, Londres, edição autoral, 1791.
176. A ideia era tão difundida que A. Réville fazia ainda da América a terra clássica do totemismo (Cf. A. Réville, *Les Religions des Peuples non Civilisés, op. cit.*, I, p. 242.).
177. G. Grey, *Journals of Two Expeditions of Discovery in North-West and Western Australia*, Londres, T. & W. Boone, 1941, II, p. 228.
178. J. F. Mac Lennan, "The Worship of Animals and Plants", *The Fornightly Review*, v. 6, 1869; e, na mesma revista, "Totems and Totemism", 1870.

de torná-la a fonte de todos os cultos zoolátricos e fitolátricos que podem ser observados entre os povos antigos. Certamente, essa extensão do totemismo era abusiva. O culto dos animais e das plantas depende de causas múltiplas que não podem ser reduzidas, sem simplismo, a uma única. Mas esse simplismo, em função de seus próprios exageros, tinha, ao menos, a vantagem de destacar a importância histórica do totemismo.

Por outro lado, os americanistas perceberam há muito que o totemismo era solidário de uma organização social determinada: aquela que tem por base a divisão da sociedade em clãs.[179] Em 1877, em sua *Ancient Society*,[180] Lewis H. Morgan empenhou-se em determinar em seu estudo os elementos distintivos e, ao mesmo tempo, em mostrar a generalidade do fenômeno nas tribos indígenas da América setentrional e central. Praticamente no mesmo momento, e, inclusive, por sugestão direta de Morgan, Fison e Howitt[181] constatavam a existência do mesmo sistema social na Austrália, bem como suas relações com o totemismo.

Influenciadas por essas diretrizes, as observações puderam ser desenvolvidas com mais método. As pesquisas viabilizadas pelo Bureau americano de etnologia contribuíram, em grande parte, para o progresso desses estudos.[182] Em 1887, os documentos eram suficientemente numerosos e bastante significativos para que Frazer tenha julgado oportuno reuni-los e apresentá-los em um quadro sistemático. Tal é o objetivo de seu pequeno livro intitulado *Totemism*,[183] no qual o totemismo é estudado ao mesmo tempo como religião e como instituição jurídica. Mas esse estudo era puramente descritivo.

---

179. A ideia encontra-se já expressa com muita clareza em um estudo de A. Gallatin, intitulado "A Synopsis of the Indian Tribes", *Archaeologia Americana*, II, 1836, p. 109 ss., bem como em uma circular de L. H. Morgan reproduzida no *The Cambrian Journal*, 1860, p. 149.

180. L. H. Morgan, *Ancient Society*, Calcultá, Bharati, 1877. Esse trabalho tinha, aliás, sido precedido e preparado por duas outras obras do mesmo autor: *Id.*, *League of the Ho-dé-no-sal-née or Iroquois*, Rochester, Sage, 1851; e *Id.*, *Systems of Consanguinity and Affinity of the Human Family*, Washington, Smithsonian Institution, 1871.

181. L. Fison e A. W. Howitt, *Kamilaroi and Kurnai*, Melbourne, Robertson, 1880.

182. Desde os primeiros tomos do *Annual Report of the Bureau of American Ethnology*, pode-se encontrar contribuições ao estudo do totemismo: J. W. Powell, "Wyandot Government", *1st Annual Report of the Bureau of Ethnology to the Secretary of the Smithsonian Institution*, 1881, p. 59; os de F. H. Cushing, "Zuñi Fetiches", *2nd Annual Report of the Bureau of Ethnology to the Secretary of the Smithsonian Institution*, 1883, p. 9; de E. A. Smith, "Myths of the Iroquois", *2nd Annual Report of the Bureau of Ethnology to the Secretary of the Smithsonian Institution*, 1883, p. 77; e o importante trabalho de J. O. Dorsey, "Omaha Sociology", *3rd Annual Report of the Bureau of Ethnology to the Secretary of the Smithsonian Institution*, 1884, p. 211.

183. J. G. Frazer, *Totemism*, Edimburgo, A. & Ch. Black, 1887. Foi publicado antes, em uma forma resumida, como *Id.*, "Totemism", *Encyclopædia Britannica*, 9. ed., Edimburgo, A. & Ch. Black, t. 23, 1888, p. 467-76.

Nenhum esforço era nele empreendido seja para explicar o totemismo[184], seja para aprofundar suas noções fundamentais. Robertson Smith foi o primeiro a empreender esse trabalho de elaboração. Ele percebia de forma mais intensa que seus antecessores o quanto essa religião grosseira e confusa era rica em germes de futuro. Sem dúvida, Mac Lennan já havia aproximado o totemismo das grandes religiões da antiguidade; isso se dava, contudo, porque ele acreditava reencontrar, aqui e ali, um culto dos animais e das plantas. Ora, reduzir o totemismo a ser nada mais que uma espécie de zoolatria ou de fitolatria era perceber apenas o que ele tinha de mais superficial; era, sobretudo, desconhecer sua natureza verdadeira. Smith, indo além da fachada das crenças totêmicas, esforça-se por atingir os princípios profundos dos quais ela depende. Em seu livro sobre *O Parentesco e o Casamento na Arábia primitiva*,[185] ele já havia mostrado que o totemismo supõe uma consubstancialidade, natural ou adquirida, entre o ser humano e o animal (ou a planta). Em sua *Religião dos Semitas*,[186] ele alçou essa mesma ideia à condição de origem primeira de todo o sistema sacrificial: é ao totemismo que a humanidade deve o princípio e a comunhão alimentar. Sem dúvida, pode-se pensar que a teoria de Smith era unilateral: ela não é mais adequada aos fatos atualmente conhecidos. Mas ela não deixa de apresentar uma visão geral, exercendo sobre a ciência das religiões a mais fecunda influência. É nessas mesmas concepções que se inspira o *Golden Bough*[187] de Frazer, no qual o totemismo, que Mac Lennan havia atrelado às religiões da antiguidade clássica e Smith às das sociedades semíticas, encontra-se associado ao folclore europeu. As escolas de Mac Lennan e de Morgan vinham, assim, unir-se à de Mannhardt.[188]

---

184. E. B. Tylor já havia, em sua *Primitive Culture* (Londres/Nova York, John Murray/Henry Holt, 2 v., 1871.), tentado uma explicação do totemismo, sobre a qual voltaremos mais tarde, mas que não reproduziremos aqui. Isso porque, transformando o totemismo em um simples caso particular do culto dos ancestrais, tal explicação ignora totalmente a importância do fenômeno. Apenas mencionaremos neste capítulo observações ou teorias que permitiram ao estudo do totemismo realizar importantes progressos.

185. W. Robertson Smith, *Kinship and Marriage in Early Arabia*, Cambridge, Cambridge University Press, 1885.

186. *Id.*, *Lectures on the Religion of the Semites*, Londres, A. & Ch. Black, 1889. Trata-se da redação de um curso professado na Universidade de Aberdeen em 1888. Cf. o artigo "Sacrifice" na *Encyclopædia Britannica*, 9. ed., Edimburgo, A. & Ch. Black, t. 21, 1886, p. 132-8.

187. J. G. Frazer, *The Golden Bough*, Londres, 1890. Na sequência, uma segunda edição em três volumes foi publicada (1900) e uma terceira em cinco volumes já está em vias de publicação.

188. Na mesma direção, convém citar a interessante obra de E. Sidney Hartland, *The Legend of Perseus*, Londres, Nutt, 3 v., 1894-1896.

Durante esse tempo, a tradição americana continuava a se desenvolver com uma independência que, aliás, conservou até bem pouco tempo atrás. Três grupos de sociedade foram particularmente o objeto de pesquisas que interessam o totemismo. Trata-se, antes, das tribos do Noroeste, os Tlinkit, os Haida, os Kwaliutl, os Salish, os Tsimshian; em seguida vem a grande nação dos Sioux; por fim, ao centro da América, os índios dos Pueblo. Os primeiros foram principalmente estudados por Dall, Krause, Boas, Swanton e Hill-Tout; os segundos, por Dorsey; os últimos, por Mindeleff, Stevenson e Cushing.[189] Mas, por rica que fosse a colheita dos fatos que se realizava por todos os lugares, os documentos de que se dispunha continuavam fragmentados. Se as religiões americanas contêm numerosos traços de totemismo, elas foram, contudo, além da fase propriamente totêmica. Por outro lado, na Austrália, as observações diziam quase sempre respeito apenas a crenças esparsas e ritos isolados, ritos de iniciação e interditos relativos ao totem. Foi, desse modo, com fatos recolhidos de todos os lados, que Frazer tentou estabelecer um quadro do conjunto do totemismo. Ora, a despeito do incontestável mérito dessa reconstrução, empreendida em tais condições, ela não podia deixar de ser incompleta e hipotética. Em definitivo, não se tinha ainda visto funcionar uma religião totêmica em sua integralidade.

Foi somente nos últimos anos que essa importante lacuna foi preenchida. Dois observadores dotados de notável sagacidade, Baldwin Spencer e F. J. Gillen, descobriram, em parte,[190] no interior do continente australia-

---

189. Limitar-nos-emos a apontar aqui os nomes dos autores. As obras serão indicadas mais tarde, quando as utilizarmos.

190. Se B. Spencer e F. J. Gillen foram os primeiros a estudar essas tribos de maneira aprofundada, contudo, não foram os primeiros a falar delas. A. W. Howitt tinha indicado a organização social dos Wuaramongo (Warramunga de B. Spencer e F. J. Gillen), desde 1889, em A. W. Howitt e L. Fison, "Further Notes on the Australian Class Systems", *The Journal of the Anthropological Institute* (doravante *J. A. I.*), v. XVIII, 1889, p. 44-5. Os Arunta haviam sido já sumariamente estudados por L. Schulze ("The Aborigines of the Upper and Middle Finke River", *Transactions and Proceedings and Report of the Royal Society of South Australia*, v. XIV, 1891, 2º fascículo, p. 210-46); a organização dos Chingalee (os Tjingilli de B. Spencer e F. J. Gillen), dos Wombya etc., por R. H. Mathews ("The Wombya Organisation of the Australian Aborigines", *The American Anthropologist*, nova série, II, 1900, p. 495; *Id.*, "Divisions of Some West Australian Tribes", *The American Anthropologist*, nova série, II, 1900, p. 185; bem como *Id.*, *Proceedings of the American Philosophical Society*, XXXVII, p. 151-2, e *Id.*, *Journal and Proceedings of the Royal Society of New South Wales*, XXXII, 1898, p. 71 e, na mesma revista, XXXIII, 1899, p. 111.). Os primeiros resultados da investigação feita sobre os Arunta haviam sido publicados, aliás, em B. Spencer (dir.), *Report on the Work of the Horn Scientific Expedition to Central Australia*, parte IV, Londres, Dulau, 1896. A primeira parte desse *Report* é de E. C. Stirling, a segunda é de F. J. Gillen. O conjunto da publicação foi colocado sob a direção de Baldwin Spencer.

no, um número bastante significativo de tribos nas quais viram ser praticado um sistema religioso completo, cujas bases e unidade são formadas pelas crenças totêmicas. Os resultados de sua investigação foram registrados em duas obras que renovaram o estudo do totemismo. A primeira, *The Native Tribes of Central Australia*,[191] trata das mais centrais dentre essas tribos, os Arunta*, os Luritcha e, um pouco mais ao sul, ao longo da margem ocidental do lago Eyre, os Urabunna. A segunda, intitulada *The Northern Tribes of Central Australia*,[192] refere-se às sociedades que estão ao norte dos Urabunna; elas ocupam o território que vai da Cordilheira MacDonnell ao golfo de Carpentária. Esses são, para citar apenas os principais, os Unmatjera, os Kaitish, os Warramunga, os Worgaia, os Tjingilli, os Binbinga, os Walpari, os Gnanji e, enfim, nas próprias margens do golfo, os Mara e os Anula.[193]

Mais recentemente, um missionário alemão, Carl Strehlow, o qual passou também longos anos nessas mesmas sociedades do centro australiano,[194] começou a publicar suas próprias observações sobre duas dessas tribos, a dos Aranda e dos Loritja (Arunta e Luritcha, de Spencer e Gillen)[195]. Grande conhecedor da língua falada por esses povos,[196] Strehlow pode nos relatar

---

191. Londres, 1899; doravante citada pela abreviação *Native Tribes* ou *Nat. Tr.*
*. Os Arunta acabaram tornando-se conhecidos no seio da etnografia posterior com outro nome, Aranda, mais usual na etnografia anglo-saxã e alemã. (N.T.)
192. Londres, 1904; doravante *Northern Tribes* ou *North. Tr.*
193. Escrevemos os Arunta, os Anula, os Tjingilli etc., sem acrescentar a esses nomes o "s" característico do plural. Parece-nos pouco lógico incorporar, a nomes que não são franceses, um signo gramatical que apenas tem sentido em nossa língua. Só abriremos exceção a essa regra quando o nome da tribo tiver sido claramente afrancesado (os Hurons, por exemplo). [Dada a proximidade entre o francês e o português, optou-se nesta tradução por agir da mesma forma. (N.T.)]
194. C. Strehlow está na Austrália desde 1892. Ele viveu primeiro entre os Dieri. De lá, passou aos Arunta.
195. C. Strehlow, *Die Aranda – und Loritja – Stämme in Zentral-Australien, op. cit.* Quatro fascículos foram, até hoje, publicados. O último o foi no momento em que o presente livro acabara de ser terminado. Não nos foi possível contar com ele. Os dois primeiros tratam dos mitos e das lendas, o terceiro, do culto. Ao nome de C. Strehlow, é justo acrescentar o de M. F. von Leonhardi, que exerceu um papel importante nessa publicação. Ele não apenas se ocupou de editar os manuscritos de C. Strehlow, mas, em mais de um ponto, graças a suas questões judiciosas, ele o incitou a precisar suas observações. Poder-se-á, aliás, utilmente consultar um artigo que M. F. von Leonhardi forneceu ao *Globus*, no qual se encontrarão vários extratos de sua correspondência com C. Strehlow (M. F. von Leonhardi, "Über einige religiöse und totemistische Vorstellungen der Aranda und Loritja in Zentralaustralien", *Globus*, XCI, 1907, p. 285 ss. Cf., sobre o mesmo tema, um artigo de N.-W. Thomas publicado em *Folk-lore*, XVI, 1905, p. 428 ss.).
196. B. Spencer e F. J. Gillen não a ignoram, mas estão longe de a dominarem como C. Strehlow.

um grande número de mitos totêmicos e de cantos religiosos que nos são dados, em sua maioria, em seu texto original. A despeito das diferenças de detalhe, explicáveis sem maiores dificuldades e cuja importância foi muito exagerada,[197] veremos que as observações feitas por Strehlow, ao mesmo tempo que completam, precisam e, inclusive, às vezes retificam as de Spencer e Gillen, confirmam-nas, em suma, em tudo o que têm de essencial.

Essas descobertas suscitaram uma abundante literatura sobre a qual voltaremos a tratar. Os trabalhos de Spencer e Gillen, em particular, exerceram influência considerável, não somente porque eram os mais antigos, mas porque os fatos eram neles apresentados de uma forma sistemática, que tinha natureza propícia, ao mesmo tempo, a orientar as observações posteriores[198] e a estimular a especulação. Os resultados foram comentados, discutidos e interpretados de todas as maneiras. No mesmo período, Howitt, cujos estudos fragmentários estavam dispersos em uma miríade de publicações diferentes,[199] empenhou-se em fazer, para as tribos do sul, o que Spencer e Gillen haviam feito para as do centro. Em seu *Native Tribes of South-East Australia*,[200] ele nos fornece um quadro do conjunto da organização social dos povos que ocupam a Austrália meridional, a Nova-Gales do Sul e boa parte do Queensland. Os progressos assim realizados sugeriram a Frazer a ideia de completar seu *Totemism* por uma espécie de compêndio,[201] no qual poder-se-ia encontrar reunidos todos os documentos importantes relativos seja à religião totêmica, seja à organização familiar e matrimonial com a qual, com ou sem razão, essa religião é considerada solidária. O objetivo de tal obra não é fornecer uma visão geral e sistemática do totemismo, mas sobretudo colocar à disposição dos estudiosos os materiais

---

197. Em especial, por H. Klaatsch, "Schlussbericht über meine Reise nach Autralien", *Zeitschrift für Ethnologie*, 1907, p. 635 ss.
198. O livro de K. Langloh Parker, *The Euahlayi Tribe*, Londres, Constable, 1905; o de E. Eylmann, *Die Eingeborenen der Kolonie Südaustralien*, Berlim, Reiner, 1908; o de John Mathew, *Two Representative Tribes of Queensland*, Londres, Fisher Unwin, 1910; e certos artigos recentes de R. H. Mathews atestam a influência de B. Spencer e F. J. Gillen.
199. A lista dessas publicações pode ser encontrada no prefácio de A. W. Howitt, *The Native Tribes of South-East Australia*, op. cit., p. 8-9.
200. Londres, 1904. Doravante, citaremos esse livro com a abreviação *Nat. Tr.*, mas fazendo-o sempre preceder pelo nome de Howitt, de modo a distingui-lo do primeiro livro de Spencer e Gillen, cujo título abreviamos da mesma maneira.
201. J. G. Frazer, *Totemism and Exogamy*, Londres, Macmillan, quatro volumes, 1910. A obra começa por uma reedição do opúsculo *Totemism*, op. cit., reproduzido sem modificações substanciais.

necessários para uma construção desse gênero.[202] Os fatos são nela dispostos em ordem estritamente etnográfica e geográfica: cada continente e, no interior de cada continente, cada tribo ou grupo étnico são estudados separadamente. Sem dúvida, um estudo assim tão extenso, no qual tantos povos diversos são sucessivamente passados em revista, não podia ser igualmente aprofundado em todas as suas partes. Ela não deixa de constituir um breviário útil para ser consultado e que pode servir para facilitar as pesquisas.

## II

Decorre desse breve histórico que a Austrália é o terreno mais favorável para o estudo do totemismo. Nós a transformaremos, por esse motivo, no terreno principal de nossa observação.

Em seu *Totemism*, Frazer dedicou-se sobretudo a levantar todos os indícios do totemismo que se pode descobrir na história e na etnografia. Ele foi assim levado a implicar em seu estudo as mais diferentes sociedades, seja por sua natureza, seja por seu grau de cultura: o antigo Egito,[203] a Arábia, a Grécia[204] e os Eslavos do Sul[205] aparecem aí ao lado das tribos da Austrália e da América. Essa maneira de proceder não é nada surpreendente para um discípulo da escola antropológica. Tal escola, com efeito, não busca situar as religiões nos meios sociais dos quais elas fazem parte[206] e diferenciá-las em função dos meios diferentes aos quais estão assim ligadas. Ao contrário, como o indica o próprio nome que ela se atribuiu, seu objetivo é atingir, para além das diferenças nacionais e históricas, as bases

---

202. Em seu final e em seu início, é verdade, encontram-se teorias gerais sobre o totemismo, as quais serão aqui expostas e discutidas mais tarde. Mas essas teorias são relativamente independentes da coletânea de fatos que as acompanha, pois já haviam sido publicadas em diferentes artigos de revistas, muito antes da publicação da obra. Esses artigos foram reproduzidos no primeiro volume da obra supracitada (J. G. Frazer, *Totemism and Exogamy*, op. cit., I, p. 89-172.).

203. *Id.*, *Totemism*, op. cit., p. 12.

204. *Ibid.*, p. 15.

205. *Ibid.*, p. 32.

206. Deve-se notar que, quanto a isso, a obra mais recente, *Totemism and Exogamy*, op. cit., marca um progresso importante no pensamento e no método de J. G. Frazer. Ele se empenha, todas as vezes em que descreve as instituições religiosas ou domésticas de uma tribo, em determinar as condições geográficas e sociais nas quais essa tribo se encontra. Por mais sumárias que sejam essas análises, elas não deixam de atestar uma ruptura com os velhos métodos da escola antropológica.

universais e realmente humanas da vida religiosa. Supõe-se que o ser humano tenha em si mesmo, em virtude de sua constituição própria e independentemente de todas as condições sociais, uma natureza religiosa, e busca-se determinar o que ela é.[207] Todos os povos podem contribuir para uma pesquisa desse gênero. Sem dúvida, interrogar-se-á de preferência os mais primitivos, pois essa natureza inicial tem mais chances de mostrar-se nua. Não obstante, como pode ser igualmente encontrada nos mais civilizados, é natural que estes sejam igualmente convocados a testemunhar sobre ela. Ainda com mais razão, todos os que são tidos por não muito distantes das origens, todos são reunidos confusamente sob a rubrica imprecisa de *selvagens*, serão colocados no mesmo plano e consultados indiferentemente. Por outro lado, como, desse ponto de vista, os fatos apenas têm interesse em função de seu grau de generalidade, é-se compelido a acumulá-los na maior quantidade possível; avalia-se que nunca é demais poder ampliar o círculo das comparações.

Esse não poderia ser nosso método, e por várias razões.

Em primeiro lugar, tanto para o sociólogo quanto para o historiador, os fatos sociais são função do sistema social do qual fazem parte. Não se pode, portanto, compreendê-los quando estão separados desse sistema. Eis por que dois fatos, que dizem respeito a duas sociedades diferentes, não podem ser comparados de maneira frutífera pela única razão de parecerem se assemelhar. É preciso, além disso, que essas sociedades se assemelhem, ou seja, que sejam apenas variedades de uma mesma espécie. O método comparativo seria impossível se não existissem tipos sociais, e ele só pode ser utilmente aplicado no interior de um mesmo tipo. Quantos erros não foram cometidos por se ter desconhecido esse preceito! É assim que, indevidamente, aproximaram-se fatos que, a despeito das aparências exteriores, não tinham nem o mesmo sentido, nem a mesma dimensão: a democracia primitiva e a de hoje, o coletivismo das sociedades inferiores e as tendências socialistas atuais, a monogamia que é frequente nas tribos australianas e a que sancionam nossos códigos etc. No próprio livro de Frazer, confusões desse gênero são encontradas. Ele chegou a assimilar com frequência simples ritos teriolátricos a práticas propriamente totêmicas, enquanto a distância, por vezes enorme, que separa os meios so-

---

207. Sem dúvida, nós também consideramos que o objeto principal da ciência das religiões é chegar ao ponto de determinar em que consiste a natureza religiosa do ser humano. Ocorre apenas que, como vemos nessa natureza não um dado constitucional, mas um produto de causas sociais, não seria possível determiná-la ao se ignorar todo o meio social.

ciais correspondentes, exclui toda ideia de assimilação. Se não queremos incorrer nos mesmos erros, portanto, precisaremos, ao invés de dispersar nossa pesquisa tratando de todas as sociedades possíveis, concentrá-la em um tipo claramente determinado.

É, inclusive, importante que essa concentração seja tão restrita quanto possível. Só se pode comparar utilmente fatos que se conhece bem. Ora, quando se busca abraçar todos os tipos de sociedade e de civilização, não se pode conhecer nenhuma com a necessária competência. Quando se reúne, para aproximá-los, os fatos oriundos de todos os lugares, sentimo-nos compelidos a aceitá-los sob todas as formas, sem que se tenha os meios ou mesmo o tempo para criticá-los. São essas aproximações tumultuosas e sumárias que desacreditaram o método comparativo junto a certo número de bons espíritos. Ele só pode dar resultados sérios se aplicado a um número bastante reduzido de sociedades para que cada uma delas possa ser estudada com precisão suficiente. O essencial é escolher aqueles em que a investigação tem mais chances de ser frutuosa.

Do mesmo modo, o valor dos fatos importa muito mais que sua quantidade. A questão de saber se o totemismo foi mais ou menos difundido é, a nossos olhos, muito secundária.[208] Se ela nos interessa, é, antes de mais nada porque, enquanto estudiosos, esperamos descobrir relações que nos permitam compreender o que é a religião. Ora, para estabelecer relações, não é nem necessário, nem sempre útil, amontoar as experiências umas sobre as outras. É muito mais importante executar bem esse procedimento e garantir que sejam realmente significativas. Um fato único pode esclarecer uma lei, enquanto uma miríade de observações imprecisas e vagas pode apenas produzir confusão. O estudioso, em qualquer ciência, seria engolido por fatos que se apresentam a ele se não fizesse uma escolha. É preciso que ele distinga entre aqueles que prometem ser mais instrutivos, que dirija a eles sua atenção e que afaste-se provisoriamente dos demais.

Eis porque, com uma reserva que será posteriormente indicada, propomo-nos a limitar nossa pesquisa às sociedades australianas. Elas preenchem todas as condições que acabam de ser enumeradas. Elas são perfeitamente homogêneas: embora se possa distinguir variedades entre elas, todas provêm de um mesmo tipo. Sua homogeneidade é tão grande que os quadros da organização social não somente são os mesmos, como são designados por nomes idênticos ou equivalentes em uma multiplicidade de tribos, por ve-

---

208. A importância que atribuímos ao totemismo é, portanto, totalmente independente da questão de saber se ele é universal, como não cansamos de repetir.

zes muito distantes umas das outras.[209] Por outro lado, o totemismo australiano é aquele sobre o qual possuímos os documentos mais completos. Enfim, o que nos propomos a estudar neste trabalho, antes de mais nada, é a mais primitiva e a mais simples religião que é possível alcançar. Assim, é natural que, para descobri-la, dirijamo-nos a sociedades o mais próximo possível das origens da evolução. É aí, por certo, que temos mais chances de encontrá-la e de observá-la bem. Ora, não existem sociedades que apresentem esse caráter em mais alto grau que as tribos australianas. Não apenas sua técnica é muito rudimentar – a casa e mesmo a cabana são ainda hoje ignoradas entre elas –, como sua organização é a mais primitiva e a mais simples dentre as conhecidas. Ela é o que denominamos alhures:[210] *organização baseada em clãs*. A partir do próximo capítulo, teremos a ocasião de evocar seus traços essenciais.

Contudo, mesmo fazendo da Austrália o objeto principal de nossa pesquisa, acreditamos ser útil não ignorar completamente as sociedades em que o totemismo foi descoberto pela primeira vez, ou seja, as tribos indígenas da América do Norte.

Essa ampliação do campo da comparação não tem nada que não seja legítimo. Sem dúvida, esses povos são mais avançados que os da Austrália. A técnica tornou-se aí muito mais sofisticada: as pessoas vivem em casas ou sob tendas. Há mesmo vilarejos fortificados. O volume da sociedade é muito mais considerável, e a centralização, completamente ausente na Austrália, começa a aparecer aqui. Observa-se na América vastas confederações, como a dos Iroqueses, submetidas a uma autoridade central. Por vezes, encontra-se um sistema complicado de classes diferenciadas e hierarquizadas. Ainda assim, as linhas essenciais da estrutura social permanecem aqui as mesmas que existem na Austrália: trata-se sempre da organização baseada em clãs. Estamos, portanto, diante não de dois tipos diferentes, mas de duas variedades de um mesmo tipo, e que são ainda bastante próximas entre si. São dois momentos sucessivos de uma mesma evolução; a homogeneidade é, por conseguinte, bastante grande para permitir as aproximações.

---

209. É o caso das fratrias e das classes matrimoniais. Ver, sobre esse ponto, B. Spencer e F. J. Gillen, *Northern Tribes*, cap. III, *op. cit.*; A. W. Howitt, *Native Tribes of South-East Australia*, *op. cit.*, p. 109 e 137-42; bem como N. W. Thomas, *Kinship Organisations and Group Marriage in Australia*, Cambridge, Cambridge University Press, 1906, cap. VI e VII.

210. É. Durkheim, *De la Division du Travail Social*, 3. ed., Paris, F. Alcan, 1911, p. 150. [Ver, em português: É. Durkheim, *Da Divisão do Trabalho Social*, São Paulo, Edipro, 2016, p. 166, com tradução de Andréa Stahel M. da Silva. (N.T.)]

Além disso, essas aproximações podem ter sua utilidade. Justamente porque a técnica dos indígenas é muito mais avançada que a dos australianos, certos aspectos da organização social que lhes é comum são mais fáceis de estudar nos primeiros que nos segundos. Enquanto os seres humanos ainda estão dando os primeiros passos na arte de exprimir seu pensamento, não é fácil para o observador perceber o que os move. Afinal, nada permite traduzir claramente o que se passa nas consciências obscuras, que têm de si apenas um sentimento confuso e fugaz. Os símbolos religiosos, por exemplo, consistem então apenas em informes combinações de linhas e de cores cujo sentido, nós o veremos, não é fácil de adivinhar. Existem, por certo, gestos e movimentos por meio dos quais se exprimem os estados interiores; mas, essencialmente fugazes, eles logo escapam à observação. Eis por que o totemismo foi constatado antes na América que na Austrália: ele era, no primeiro caso, mais visível, embora ocupasse relativamente menos espaço no conjunto da vida religiosa. Além disso, nos locais em que as crenças e as instituições não assumem uma forma material minimamente definida, elas são mais expostas a se transformar sob a influência das menores circunstâncias ou a se apagar totalmente das memórias. É por isso que os clãs australianos têm algo de flutuante e proteiforme, enquanto a organização correspondente tem com frequência, na América, maior estabilidade e contornos mais claramente definidos. Do mesmo modo, embora o totemismo americano seja mais distante das origens que aquele da Austrália, existem nele particularidades importantes cuja lembrança foi mais bem conservada.

Em segundo lugar, para bem compreender uma instituição, geralmente é melhor acompanhá-la até fases avançadas de sua evolução.[211] Afinal, é por vezes quando ela está plenamente desenvolvida que seu significado aparece com mais clareza. Também quanto a isso, o totemismo americano, posto que tem atrás de si uma história mais longa, poderá ajudar a esclarecer certos aspectos do totemismo australiano.[212] Ao mesmo tempo, ele nos colocará em uma posição melhor para perceber como o totemismo se liga às formas religiosas que se seguiram e para indicar seu lugar no conjunto do desenvolvimento histórico.

---

211. Por certo, nem sempre é assim. Ocorre com frequência, como já o dissemos, que as formas mais simples auxiliem na compreensão das mais complexas. Não há, sobre esse ponto, regra de método que automaticamente se aplique a todos os casos possíveis.

212. É desse modo que o totemismo individual da América nos ajudará a compreender o papel e a importância de seu análogo da Austrália. Como este é muito rudimentar, teria provavelmente passado desapercebido.

Nós não nos privaremos, portanto, de utilizar, nas análises que se seguirão, certos fatos tomados de empréstimo das sociedades indígenas da América do Norte. Não que seja o caso de estudar aqui o totemismo americano.[213] Tal estudo requer que seja feito diretamente, por ele mesmo, e que não seja confundido com o que iremos empreender: ele coloca outros problemas e implica todo um conjunto de investigações especiais. Recorreremos aos fatos americanos apenas como complemento e somente quando nos parecerem adequados para tornar mais compreensíveis os fatos australianos. São estes que constituem o objeto verdadeiro e imediato de nossa pesquisa.[214]

---

213. Não há, na América, um único tipo de totemismo, mas espécies diferentes que seria necessário distinguir.

214. Deixaremos esse círculo de fatos muito excepcionalmente e quando uma aproximação particularmente instrutiva parecer se impor.

# Livro II
# As crenças elementares

CAPÍTULO I

# As crenças propriamente totêmicas

## O totem como nome e como emblema

Nosso estudo compreenderá, naturalmente, duas partes. Uma vez que toda religião é composta de representações e de práticas rituais, devemos tratar sucessivamente das crenças e dos ritos que são característicos da religião totêmica. Sem dúvida, esses dois elementos da vida religiosa são muito intimamente solidários para que seja possível separá-los de forma radical. Ainda que, em princípio, o culto derive das crenças, ele reage sobre elas. A mitologia molda-se com frequência sobre o rito de modo a dar conta dele, sobretudo quando o sentido não é, ou não é mais, claro. Por outro lado, há crenças que apenas se manifestam claramente por meio dos ritos que as exprimem. As duas partes da análise não podem então deixar de se penetrar. Não obstante, essas duas ordens de fatos são por demais diferentes para que não seja indispensável estudá-las separadamente. E como é impossível entender algo de uma religião quando se ignora as ideias sobre as quais ela repousa, são essas últimas que devemos conhecer em primeiro lugar.

Ainda assim, nossa intenção não é narrar aqui todas as especulações às quais se lançou o próprio pensamento religioso dos australianos. O que queremos alcançar são as noções elementares que estão na base da religião; mas não se poderia querer segui-las por meio de todos os desenvolvimentos, por vezes tão intrincados, proporcionados pela imaginação mitológica dessas sociedades. Por certo, utilizaremos mitos quando eles puderem nos ajudar a compreender melhor essas noções fundamentais, mas sem tornar a própria mitologia o objeto de nosso estudo. Aliás, enquanto obra de arte, essa mitologia não diz respeito apenas à ciência das religiões. Além disso, os processos mentais dos quais resulta são de uma complexidade grande demais para que possam ser estudados indiretamente e a partir de um ângulo específico. É um difícil problema que requer ser tratado em si mesmo, por si mesmo e seguindo um método que lhe seja particular.

Entre as crenças sobre as quais repousa a religião totêmica, contudo, as mais importantes são, por certo, as que dizem respeito ao totem. É, portanto, por elas que se deve começar.

# I

Na base da maior parte das tribos australianas, encontramos um grupo que ocupa na vida coletiva um espaço preponderante: trata-se do clã. Dois traços essenciais o caracterizam.

Em primeiro lugar, os indivíduos que o compõem consideram-se unidos por um laço de parentesco, mas que é de uma natureza muito especial. Esse parentesco não tem origem no fato de manterem entre si relações definidas de consanguinidade. Eles são parentes apenas porque carregam o mesmo nome. Eles não são pais, mães, filhos ou filhas, tios ou sobrinhos uns dos outros no sentido que atualmente damos a essas expressões; e, ainda assim, consideram-se como formando uma mesma família, mais ampla ou mais estreita em função das dimensões do clã, e é apenas por esse viés que são coletivamente designados pela mesma palavra. Se dizemos que se veem como sendo de uma mesma família, isso se dá porque reconhecem ter uns em relação aos outros deveres idênticos que, desde sempre, foram incumbidos aos parentes: deveres de auxílio, de vingança, de luto, obrigação de não se casar entre si etc.

Por essa primeira característica, porém, o clã não se distingue da *gens* romana ou do γένος grego. Afinal, também o parentesco dos gentios vinha exclusivamente do fato de todos os membros da *gens* carregarem o mesmo nome,[215] o *nomen gentilicium*. E sem dúvida, em certo sentido, a *gens* é um clã. Trata-se, contudo, de uma variedade do gênero que não deve ser confundida com o clã australiano.[216] O que diferencia esse último é que o nome que ele carrega é também o de uma espécie determinada de coisas materiais com as quais acredita ter relações muito particulares, cuja natureza esclareceremos mais tarde. Trata-se, em especial, de relações de parentesco.

---

215. É a definição que Cícero dá à gentilidade: *Gentiles sunt qui inter se eodem nomine sunt* (*Topica*, 6). [Em português: "os gentios são aqueles que possuem o mesmo nome"; o trecho remete à seção 29 da obra supracitada. (N.T.)]

216. Pode-se dizer, de maneira geral, que o clã é um grupo familiar no qual o parentesco resulta unicamente da comunidade do nome. É nesse sentido que a *gens* é um clã. Mas, no gênero assim constituído, o clã totêmico é de uma espécie particular.

CAPÍTULO I - AS CRENÇAS PROPRIAMENTE TOTÊMICAS | 137

A espécie de coisas que serve para designar coletivamente o clã denomina-se seu *totem*. O totem do clã é também aquele de cada um de seus membros. Cada clã tem seu totem particular. Dois clãs diferentes de uma mesma tribo não poderiam ter o mesmo. Com efeito, faz-se parte de um clã unicamente porque se carrega certo nome. Todos os que carregam esse nome são, portanto, seus membros de igual maneira. A despeito da forma como estão divididos no território tribal, eles mantêm todos, uns com os outros, as mesmas relações de parentesco.[217] Por conseguinte, dois grupos que têm um mesmo totem apenas podem ser duas seções de um mesmo clã. Sem dúvida, ocorre com frequência que um clã não resida integralmente em uma mesma localidade, mas tenha representantes em locais diferentes. Sua unidade, contudo, não deixa de ser sentida mesmo quando não há base geográfica.

Quanto à palavra totem, é a que empregam os Ojibway, tribo algonquina, para designar a espécie de coisas cujo nome é carregado por um clã.[218] Embora a expressão nada tenha de australiana[219] e, além disso, encontre-se em apenas uma única sociedade da América, os etnógrafos definitivamente a adotaram e a utilizam para denominar, de maneira geral, a instituição que estamos descrevendo. Foi Schoolcraft quem, por primeiro, estendeu o sentido da palavra e falou de um "sistema totêmico".[220] Essa extensão, da qual há exemplos muito variados em etnografia, certamente gera inconvenientes. Não é normal que uma instituição dessa importância carregue um nome fortuito, tomado de um idioma estritamente local e que não remeta de modo algum aos traços distintivos da coisa que exprime. Mas hoje, tal

---

217. Em certa medida, esses laços de solidariedade estendem-se mesmo além das fronteiras da tribo. Quando os indivíduos de tribos diferentes têm um mesmo totem, eles têm deveres particulares uns em relação aos outros. O fato nos é afirmado claramente em relação a certas tribos da América do Norte (Ver J. G. Frazer, *Totemism and Exogamy, op. cit.*, III, p. 57, 81, 299 e 356-7.). Os textos relativos à Austrália são menos explícitos. É provável, contudo, que a proibição do casamento entre membros de um mesmo totem seja internacional.

218. L. H. Morgan, *Ancient Society, op. cit.*, p. 165.

219. Na Austrália, as palavras empregadas variam de acordo com as tribos. Nas regiões observadas por G. Grey, diz-se *Kobong*; os Dieri dizem *Murdu* (A. W. Howitt, *The Native Tribes of South-East Australia, op. cit.*, p. 91.); os Narrinyeri, *Ngaitye* (G. Taplin, "The 'Narrinyeri' Tribe", citado em E. M. Curr [ed.], *The Australian Race*, Melbourne, John Ferres, II, 1886, p. 244.); os Warramunga, *Mungái* ou *Mungáii* (B. Spencer e F. J. Gillen, *The Northern Tribes of Central Australia, op. cit.*, p. 754.) etc.

220. H. R. Schoolcraft (ed.), *Historical and Statistical Information respecting the History, Condition and Prospects of the Indian Tribes of the United States*, Philadelphia, Lippincott, Grambo & Co., IV, 1854, p. 86.

maneira de empregar a palavra é tão universalmente aceita que seria um excesso de purismo insurgir-se contra seu uso.[221]

Os objetos que servem de totem pertencem, na grande maioria dos casos, seja ao reino vegetal, seja ao reino animal, mas principalmente a este. Quanto às coisas inanimadas, elas são empregadas muito mais raramente. Dentre mais de 500 nomes totêmicos levantados por Howitt entre as tribos do sudeste australiano, não há mais de quarenta que não sejam nomes de plantas ou de animais: são as nuvens, a chuva, o granizo, a geada, a lua, o sol, o vento, o outono, o verão, o inverno, certas estrelas, o trovão, o fogo, a fumaça, a água, o ocre vermelho, o mar. Notar-se-á o espaço muito reduzido dado aos corpos celestes e mesmo, de modo mais geral, aos grandes fenômenos cósmicos que, porém, estavam destinados a uma fortuna tão grande na sequência do desenvolvimento religioso. Entre todos os clãs dos quais Howitt nos fala, existem apenas dois que têm por totem a lua[222]; dois, o sol[223]; três, uma estrela[224]; três, o trovão[225]; dois, os relâmpagos[226]. A chuva é a única exceção, sendo, ao contrário, muito frequente.[227]

Tais são os totens que poder-se-ia chamar de normais. Mas o totemismo tem suas anomalias. Pode ocorrer, desse modo, que o totem seja não um objeto inteiro, mas uma parte do objeto. O fato parece bastante raro

---

221. E, contudo, essa fortuna da palavra é ainda mais lamentável, uma vez que não sabemos mesmo com exatidão sua ortografia. Alguns escrevem *totam*, outros *toodaim*, ou *dodaim*, ou ainda *ododam* (Ver J. G. Frazer, *Totemism and Exogamy, op. cit.*, p. 1.). O próprio sentido do termo não é determinado com exatidão. Considerando-se os termos utilizados pelo primeiro observador dos Ojibway, J. Long, a palavra *totam* designaria o gênio protetor, o totem individual do qual se falará mais tarde (Livro I, Capítulo IV [Livro II, Capítulo IV, na realidade. (N.T.)] e não o totem do clã. Mas os testemunhos dos outros exploradores vão formalmente em sentido contrário (Ver J. G. Frazer, *Totemism and Exogamy, op. cit.*, III, p. 49-52.).

222. Os Wotjobaluk (A. W. Howitt, *The Native Tribes of South-East Australia, op. cit.*, p. 121.) e os Buandik (*Ibid.*, p. 123.).

223. Os mesmos [Citados na nota anterior. (N.T.)].

224. Os Wolgal (A. W. Howitt, *The Native Tribes of South-East Australia, op. cit.*, p. 102.), os Wotjobaluk e os Buandik.

225. Os Muruburra (*Ibid.*, p. 117.), os Wotjobaluk e os Buandik.

226. Os Buandik e os Kaiabara (*Ibid.*, p. 116.). Notar-se-á que todos esses exemplos são retirados de apenas cinco tribos.

227. Do mesmo modo, dentre os 204 tipos de totens levantados por B. Spencer e F. J. Gillen em um grande número de tribos, 188 são animais ou plantas. Os objetos inanimados são o bumerangue, a água fria, a obscuridade, o fogo, o relâmpago, a lua, o ocre vermelho, a resina, a água salgada, a estrela da noite, a pedra, o sol, a água, o redemoinho, o vento e as pedras de granizo (B. Spencer e F. J. Gillen, *The Northern Tribes of Central Australia, op. cit.*, p. 773. Cf. J. G. Frazer, *Totemism and Exogamy, op. cit.*, I, p. 253-4.).

na Austrália;[228] Howitt cita apenas um único exemplo.[229] Não obstante, é bem possível que ele se encontrasse com certa frequência em tribos nas quais os grupos totêmicos subdividiram-se excessivamente. Dir-se-á que os próprios totens tiveram de se fragmentar para poder fornecer nomes a essas múltiplas divisões. É o que parece ter ocorrido entre os Arunta e os Loritja. Strehlow levantou nessas duas sociedades até 442 totens, dos quais muitos designam não uma espécie animal, mas um órgão particular dos animais dessa espécie, por exemplo, a cauda e o estômago do gambá, a gordura do canguru etc.[230]

Vimos que, normalmente, o totem não é um indivíduo, mas uma espécie ou uma variedade: não é esse canguru, esse corvo, mas o canguru ou a ema em geral. Por vezes, no entanto, é um objeto particular. Em primeiro lugar, isso ocorre necessariamente quando uma coisa única em seu gênero é alçada à condição de totem, como o sol, a lua, tal constelação etc. Mas isso também ocorre quando os clãs retiram seu nome dessa ondulação ou daquela depressão de terreno, geograficamente determinadas, de um formigueiro específico etc. Nós conhecemos a esse respeito, na realidade, apenas um pequeno número de casos na Austrália, embora Strehlow cite alguns deles.[231] Mas as próprias causas que engendraram esses totens anormais mostram que eles têm uma origem relativamente recente. Com efeito, o que permite transformar em totens certos locais é o fato de se supor que um ancestral mítico teria passado por ali para realizar algum ato de sua vida legendária.[232] Ora, esses ancestrais nos são, ao mesmo tempo, apresentados nos mitos como seres que pertenciam a clãs que tinham totens perfeitamente regulares, ou seja, emprestados junto a espécies animais ou vegetais. As denominações totêmicas que comemoram os fatos e os gestos desses heróis não podem, portanto, ter sido primitivas. Elas correspondem

---

228. J. G. Frazer (*Totemism, op. cit.*, p. 10 e 13.) cita casos muito numerosos e chega mesmo a transformá-los em um gênero distinto do que ele denomina *slip-totems*. Mas esses exemplos são tomados de empréstimo junto a tribos nas quais o totemismo está profundamente alterado, como em Samoa ou nas tribos do Bengala.

229. A. W. Howitt, *The Native Tribes of South-East Australia, op. cit.*, p. 107.

230. Ver os quadros levantados por C. Strehlow, *Die Aranda – und Loritja – Stämme, op. cit.*, II, 1908, p. 61-72 (Cf. *Ibid.*, III, 1910, p. XIII-XVII.). É notável que esses totens fragmentários sejam exclusivamente totens animais.

231. C. Strehlow, *Die Aranda – und Loritja – Stämme in Zentral-Australien, op. cit.*, II, 1908, p. 52 e 72.

232. Por exemplo, um desses totens é uma cavidade na qual um ancestral do totem do Gato selvagem parou para descansar; um outro é uma galeria subterrânea na qual um ancestral do clã do Rato escavou etc. (*Ibid.*, p. 72.).

a uma forma de totemismo já derivado e desviado. É lícito que se questione se acaso os totens meteorológicos não tiveram a mesma origem; afinal, o sol, a lua e os astros são identificados com frequência com os ancestrais da época fabulosa.[233]

Por vezes, mas não menos excepcionalmente, é um ancestral ou um grupo de ancestrais que serve diretamente de totem. O clã obtém então seu nome não de uma coisa ou de uma espécie de coisas reais, mas de um ser puramente mítico. Spencer e Gillen já haviam assinalado dois ou três totens desse gênero. Entre os Warramunga e os Tjingilli, existe um clã com o nome de um ancestral, chamado Thaballa, e que parece encarnar a alegria.[234] Outro clã Warramunga tem o nome de uma serpente fabulosa, monstruosa, chamada Wollunqua, da qual o clã se pretende descendente.[235] Devemos a Strehlow alguns fatos similares.[236] Em todos esses casos, é muito fácil entrever o que deve ter ocorrido. Sob a influência de causas diversas, pelo próprio desenvolvimento do pensamento mitológico, o totem coletivo e impessoal apagou-se diante de certos personagens míticos que passaram ao primeiro plano e que se tornaram, por sua vez, totens.

Essas diferentes irregularidades, por mais interessantes que possam ser em relação a outros aspectos, em nada nos obrigam, portanto, a modificar nossa definição do totem. Elas não constituem, como por vezes se acreditou,[237] espécies de totens mais ou menos irredutíveis umas às outras e ao totem normal, tal como nós o definimos. Trata-se somente das formas secundárias e por vezes aberrantes de uma única e mesma noção que é, em larga medida, a mais geral e em relação à qual se tem todos os motivos para considerar também a mais primitiva.

---

233. B. Spencer e F. J. Gillen, *Nat. Tr., op. cit.*, p. 561 ss. C. Strehlow, *Die Aranda – und Loritja – Stämme in Zentral-Australien, op. cit.*, II, 1908, p. 71, n. 2. A. W. Howitt, *Nat. Tr., op. cit.*, p. 426 ss; *Id.*, "On Australian Medicine Men", *J.A.I.*, XVI, 1887, p. 53; A. W. Howitt e L. Fison, "Further Notes on the Australian Class Systems", *op. cit.*, p. 63 ss.

234. Thaballa significa o *rapaz que ri*, de acordo com a tradução de B. Spencer e F. J. Gillen. Os membros do clã que têm seu nome acreditam escutá-lo rindo nos rochedos que lhe servem de residência (*North. Tr., op. cit.*, p. 207, 215 e 227 n.). De acordo com o mito relatado (p. 422), teria havido um grupo inicial de Thaballa míticos (Cf. *Ibid.*, p. 208.). O clã dos Kati, dos homens plenamente desenvolvidos, *full-grown men*, como dizem B. Spencer e F. J. Gillen, parece pertencer ao mesmo gênero (*Ibid.*, p. 207.).

235. *Ibid.*, p. 226 ss.

236. C. Strehlow, *Die Aranda – und Loritja – Stämme in Zentral-Australien, op. cit.*, II, 1908, p. 71-2. Strehlow faz alusão, entre os Loritja e os Arunta, a um totem que lembra muito o da serpente Wollunqua: trata-se do totem da serpente mística da água.

237. É o caso de H. Klaatsch, em seu artigo já citado (Ver, anteriormente, p. 125, n. 197.).

Quanto à maneira pela qual se adquire o nome totêmico, ela diz mais respeito ao recrutamento e à organização do clã do que à religião. Ela remete, portanto, mais à sociologia da família que à sociologia religiosa.[238] Assim, restringir-nos-emos a indicar sumariamente os princípios mais essenciais que norteiam o tema.

De acordo com as tribos, três regras diferentes estão em vigor.

Em um grande número, ou mesmo na maior parte das sociedades, a criança possui o mesmo totem de sua mãe, por direito de nascença: é o que ocorre entre os Dieri, os Urabunna do centro da Austrália meridional; os Wotjobaluk, os Gournditch-Mara de Vitória, os Kamilaroi, os Wiradjori, os Wonghibon, os Euahlayi da Nova Gales do Sul; os Wakelbura, os Pitta-Pitta, os Kurnandaburi do Queensland, apenas para mencionar os nomes mais importantes. Nesse caso, como em função da regra exogâmica a mãe possui obrigatoriamente um totem distinto daquele de seu marido, e como, por outro lado, ela vive na localidade deste último, os membros de um mesmo totem estão necessariamente dispersos em localidades diferentes, em função dos acasos dos casamentos contraídos. Disso decorre que o grupo totêmico carece de base territorial.

Em outros locais, o totem se transmite pela linha paterna. Nesse caso, a criança permanece junto ao pai, e o grupo local é essencialmente formado por pessoas que pertencem ao mesmo totem; apenas as mulheres casadas representam totens estrangeiros. Dito de outro modo, cada localidade tem seu totem particular. Até tempos bastante recentes, na Austrália, esse modo de organização havia sido encontrado apenas em tribos onde o totemismo estava em decadência, como entre os Narrinyeri, nos quais o totem praticamente não tem mais caráter religioso.[239] Foi-se levado a crer, portanto, que havia uma relação íntima entre o sistema totêmico e a filiação pela linha uterina. Mas Spencer e Gillen observaram, na parte setentrional do centro australiano, todo um grupo de tribos em que a religião totêmica ainda é praticada e onde, contudo, a transmissão do totem se faz em linha paterna:

---

238. Tal como o indicamos no capítulo anterior, o totemismo diz respeito ao mesmo tempo à questão da religião e à questão da família, pois o clã é uma família. Os dois problemas, nas sociedades inferiores, são intimamente solidários. Mas eles são, ambos, muito complexos para que não seja indispensável tratá-los separadamente. Não se pode, aliás, compreender a organização familiar primitiva antes de conhecer as ideias religiosas primitivas. Afinal, estas servem de princípio àquelas. Eis por que era necessário estudar o totemismo como religião antes de estudar o clã totêmico como grupo familiar.

239. Ver G. Taplin, "The 'Narrinyeri' Tribe", citado em E. M. Curr (ed.), *The Australian Race, op. cit.*, p. 244-5; A. W. Howitt, *Nat. Tr., op. cit.*, p. 131.

trata-se dos Warramunga, dos Gnanji, dos Umbaia, dos Binbinga, dos Mara e dos Anula.[240]

Por fim, uma terceira combinação é a que se observa entre os Arunta e os Loritja. Aqui, o totem da criança não é necessariamente nem o de sua mãe, nem o de seu pai. Ele é o do ancestral mítico que, a partir de procedimentos que os observadores nos relatam de maneiras diferentes,[241] veio fecundar misticamente a mãe no momento da concepção. Uma técnica específica permite reconhecer qual é esse ancestral e a qual grupo totêmico ele pertence.[242] Mas, como é o acaso que fez com que esse ancestral tenha estado, mais que outro, próximo à mãe, o totem da criança encontra-se finalmente dependente de circunstâncias fortuitas.[243]

Para além e acima dos totens dos clãs, existem os totens das fratrias, que, sem diferirem dos primeiros quanto à sua natureza, devem, contudo, ser distinguidos deles.

Denomina-se fratria um grupo de clãs unidos entre si por laços particulares de fraternidade. Normalmente, uma tribo australiana é dividida em duas fratrias, entre as quais se dividem os diferentes clãs. Há, sem dúvida, sociedades nas quais essa organização desapareceu, mas tudo leva a crer que ela foi geral. De todo modo, não existe, na Austrália, tribo em que o número de fratrias seja superior a dois.

Pois bem, em quase todos os casos em que as fratrias têm um nome cujo sentido pôde ser estabelecido, esse nome é o de um animal. Trata-se, por-

---

240. B. Spencer e F. J. Gillen, *North. Tr.*, *op. cit.*, p. 163, 169-70 e 172. Deve-se notar, contudo, que em todas essas tribos, salvo no caso dos Mara e dos Anula, a transmissão do totem por linha paterna seria apenas o fato mais comum, mas comportaria exceções.

241. De acordo com B. Spencer e F. J. Gillen (*North. Tr.*, *op. cit.*, p. 123 ss.), a alma do ancestral se reencarnaria no corpo da mãe para tornar-se a alma da criança; segundo C. Strehlow (*Die Aranda – und Loritja – Stämme in Zentral-Australien*, *op. cit.*, II, 1908, p. 51 ss.), a concepção, mesmo sendo obra do ancestral, não implicaria uma reencarnação; mas, tanto nesta quanto naquela interpretação, o totem particular da criança não depende necessariamente dos totens de seus pais.

242. B. Spencer e F. J. Gillen, *Nat. Tr.*, *op. cit.*, p. 133; C. Strehlow, *Die Aranda – und Loritja – Stämme in Zentral-Australien*, *op. cit.*, II, 1908, p. 53.

243. O que determina o totem da criança é, em grande parte, a localidade em que a mãe acredita ter concebido. Cada totem, como veremos, tem seu centro, e os ancestrais frequentam preferencialmente localidades que servem de centros para seus respectivos totens. O totem da criança é, portanto, aquele ao qual remete a localidade onde a mãe crê ter concebido. Aliás, como esta deve se encontrar geralmente nas proximidades do local que serve de centro totêmico ao seu marido, a criança deve possuir, em geral, o mesmo totem de seu pai. É isso que explica, sem dúvida, como, em cada localidade, a maior parte dos habitantes pertence ao mesmo totem (B. Spencer e F. J. Gillen, *Nat. Tr.*, *op. cit.*, p. 9.).

tanto, ao que parece, de um totem. É o que demonstrou com propriedade A. Lang em obra recente.[244] Desse modo, entre os Gournditch-Mara (Vitória), as fratrias se chamam Kokitch e Kaputch; a primeira dessas palavras significa cacatua branca; a segunda, cacatua negra.[245] As mesmas expressões encontram-se, total ou parcialmente, entre os Buandik e os Wotjobaluk.[246] Entre os Wurunjerri, os nomes empregados são Bunjil e Waang, que querem dizer águia-falcão e corvo.[247] As palavras Mukwara e Kilpaar são utilizadas para o mesmo fim em um grande número de tribos da Nova Gales do Sul:[248] elas designam os mesmos animais.[249] São igualmente a águia-falcão e o corvo que devam seus nomes às duas fratrias dos Ngarigo e dos Wolgal.[250] Entre os Kuinmurbura, quem o faz é a cacatua branca e o corvo.[251] Outros exemplos poderiam ser citados. Vê-se, assim, nas fratrias, um antigo clã que se teria desmembrado. Os clãs atuais seriam o produto desse desmembramento, e a solidariedade que os une, uma lembrança de sua unidade primitiva.[252] É verdade que, em certas tribos, as fratrias não têm mais, ao que parece, nomes determinados. Em outras, nas quais esses nomes existem, seu sentido não é mais conhecido pelos próprios nativos. Mas não há nisso nada que possa surpreender. As fratrias são certamente uma instituição primitiva, pois estão em regressão em todos os lugares. São os clãs, provenientes das fratrias, que passaram ao primeiro plano. É, portanto, natural que seus nomes tenham se apagado paulatinamente das memórias, ou que se tenha deixado de compreendê-los. Afinal, eles deveriam pertencer a uma língua muito arcaica, que caiu em desuso. O que o atesta é que, em muitos casos em relação aos quais sabemos de qual animal a fratria retira

---

244. A. Lang, *The Secret of the Totem*, Londres, Longmans Green and Co., 1905, p. 159 ss. Cf. L. Fison e A. W. Howitt, *Kamilaroi and Kurnai*, op. cit., p. 40-1; John Mathew, *Eaglehawk and Crow*, Londres, Nutt, 1899; N. W. Thomas, *Kinship Organisation and Marriage Group in Australia*, op. cit., p. 52 ss.
245. A. W. Howitt, *Nat. Tr.*, op. cit., p. 124.
246. Ibid., p. 121 e 123-4; E. M. Curr (ed.), *The Australian Race*, op. cit., III, p. 461.
247. A. W. Howitt, *Nat. Tr.*, op. cit., p. 126.
248. Ibid., p. 98 ss.
249. E. M. Curr (ed.), *The Australian Race*, op. cit., II, p. 165; R. Brough Smyth, *The Aborigines of Victoria*, Melbourne, Ferres, 1878, I, p. 423; bem como A. W. Howitt, *Nat. Tr.*, op. cit., p. 429.
250. *Nat. Tr.*, op. cit., p. 101-2.
251. J. Mathew, *Two Representative Tribes of Queensland*, op. cit., p. 139.
252. Poder-se-ia, em apoio a essa hipótese, fornecer outros argumentos. Mas seria preciso, para tanto, valer-se de considerações relativas à organização familiar, e tendemos a separar esses dois estudos. A questão, aliás, apresenta um interesse apenas secundário em relação a nosso estudo.

seu nome, a palavra que designa esse animal na língua corrente é completamente diferente daquela que serve para designá-lo.[253]

Há, entre o totem da fratria e os totens dos clãs, algo como uma relação de subordinação. Com efeito, cada clã, em princípio, pertence a uma e apenas a uma fratria. Tal caso é apenas encontrado em certas tribos do centro, em especial entre os Arunta.[254] Não obstante, mesmo onde, sob influências perturbadoras, são produzidas sobreposições desse gênero, a grande maioria do clã está toda compreendida em uma das duas metades da tribo. Uma minoria, isolada, encontra-se do outro lado.[255] A regra, portanto, é que as duas fratrias não se penetrem. Por conseguinte, o círculo dos totens que um indivíduo pode possuir é predeterminado pela fratria à qual ele pertence. Dito de outro modo, o totem da fratria é como um gênero do qual os totens dos clãs são espécies. Veremos mais adiante que essa aproximação não é puramente metafórica.

Além das fratrias e dos clãs, encontra-se com frequência nas sociedades australianas um outro grupo secundário que não deixa de ter certa individualidade: trata-se das classes matrimoniais.

Dá-se esse nome às subdivisões da fratria cujo número varia de acordo com a tribo: encontram-se ora duas, ora quatro por fratria.[256] Seu recrutamento e seu funcionamento são regulados pelos dois seguintes princípios. 1º) Em cada fratria, cada geração pertence a uma classe diferente da geração imediatamente precedente. Quando, portanto, existem apenas duas classes por fratria, elas alternam necessariamente uma com a outra a cada

---

253. Por exemplo, Mukwara, que designa uma fratria entre os Barkinji, os Paruinji e os Milpulko, significa, segundo R. Brough Smyth, águia-falcão. Pois bem, entre os clãs compreendidos nessa tribo, há um que tem por totem a águia-falcão. Mas aqui, esse animal é designado pela palavra Bilyara. Podem ser encontrados vários casos do mesmo gênero, citados por A. Lang, *The Secret of the Totem*, op. cit., p. 162.

254. B. Spencer e F. J. Gillen, *The Native Tribes of Central Australia*, op. cit., p. 115. Segundo A. W. Howitt (*The Native Tribes of South-East Australia*, op. cit., p. 121 e 454.), entre os Wotjobaluk, o clã do Pelicano seria igualmente representado nas duas fratrias. O fato nos parece duvidoso. É muito provável que esses dois clãs tenham por totens duas espécies diferentes de pelicanos. É o que parece se depreender das indicações dadas por R. H. Mathews sobre a mesma tribo ("Ethnological Notes on the Aboriginal Tribes of New South Wales and Victoria", *Journal and Proceedings of the Royal Society of New South Wales*, 1904, p. 287-8.).

255. Ver sobre essa questão nosso artigo: É. Durkheim, "Sur le totémisme", *L'Année Sociologique*, V, 1902, p. 82 ss.

256. Ver, sobre essa questão das classes australianas em geral, nosso artigo: Id., "La prohibition de l'inceste et ses origines", *L'Année Sociologique*, I, 1898, p. 9 ss; e, no que diz respeito especificamente às tribos de oito classes, Id., "Sur l'organisation matrimoniale des sociétés australiennes", *L'Année Sociologique*, VIII, 1905, p. 118-47.

geração. As crianças pertencem à classe da qual seus pais não fazem parte. Os netos, contudo, são da mesma classe que seus avós. Desse modo, entre os Kamilaroi, a fratria Kupathin compreende duas classes, Ippai e Kumbo; a fratria Dilbi, duas outras, cujos nomes são Murri e Kubbi. Como a filiação se faz em linha uterina, a criança é da fratria de sua mãe. Se esta é uma Kupathin, aquela será uma Kupathin. Mas se a mãe é da classe Ippai, a criança será uma Kumbo. Seus filhos novamente farão parte, se essa criança for do sexo feminino, da classe Ippai. Do mesmo modo, os filhos das mulheres da classe Murri serão da classe Kubbi, e os filhos das mulheres Kubbi serão novamente parte dos Murri. Quando há quatro classes por fratria em vez de duas, o sistema é mais complexo, mas o princípio é o mesmo. Essas quatro classes, com efeito, formam dois pares de duas classes cada um, e essas duas classes alternam entre si, a cada geração, da maneira que acaba de ser indicada. 2º) Os membros de uma classe somente podem, em princípio,[257] casar em uma única das classes da outra fratria. Os Ippai devem se casar na classe Kubbi; os Murri, na classe Kumbo. É porque essa organização afeta profundamente as relações matrimoniais que damos a esses grupos o nome de classes matrimoniais.

Pois bem, já se levantou a questão acerca da existência eventual de totens nas classes, como ocorre com as fratrias e com os clãs.

O que impôs a questão é que, em algumas tribos de Queensland, cada classe matrimonial está submetida a interdições alimentares que lhe são próprias. Os indivíduos que a compõem devem se abster da carne de certos animais que as demais classes podem consumir livremente.[258] Acaso não seriam, esses animais, totens?

Mas a interdição alimentar não é o signo distintivo do totemismo. O totem é, antes e acima de tudo, um nome e, como veremos, um emblema. Ora, nas sociedades sobre as quais acabou de se falar não existe classe matrimonial que possua um nome de animal ou de planta e que lhe sirva de emblema.[259] É possível, sem dúvida, que essas proibições sejam indiretamente

---

257. Esse princípio não se manteve em todos os locais com igual rigor. Nas tribos do centro com oito classes, em especial, além da classe com a qual o casamento é regularmente permitido, há uma outra com a qual se tem uma espécie de *connubium* secundário (B. Spencer e F. J. Gillen, *North. Tr.*, *op. cit.*, p. 106.). O mesmo ocorre com certas tribos com quatro classes. Cada classe tem a escolha entre duas classes da outra fratria. É o caso dos Kabi (Ver J. Mathew, em E. M. Curr (ed.), *The Australian Race*, *op. cit.*, III, 1887, p. 162.).

258. Ver W. E. Roth, *Ethnological Studies among the North-West-Central Queensland Aborigines*, Brisbane, Gregory, 1897, p. 56 ss; E. Palmer, "Notes on some Australian Tribes", *J.A.I.*, XIII, 1884, p. 302 ss.

259. Menciona-se, ainda assim, algumas tribos nas quais classes matrimoniais possuem nomes de animais ou de plantas: é o caso dos Kabi (J. Mathew, *Two Representative Tribes of Queensland*, *op. cit.*, p. 150.), tribos observadas por D. M. Bates ("The Marriage laws and Some Customs of

derivadas do totemismo. Pode-se supor que os animais que protegem esses interditos serviam primitivamente de totens a clãs que teriam desaparecido, enquanto as classes matrimoniais teriam se mantido. Com efeito, é certo que elas têm, por vezes, uma força de resistência que os clãs não têm. Por conseguinte, as interdições, destituídas de seus suportes primitivos, teriam se generalizado no âmbito de cada classe, uma vez que não existiam mais outros grupos aos quais podiam se vincular. Observa-se, contudo, que, se essa regulamentação nasceu do totemismo, ela representa dele apenas uma forma enfraquecida e desnaturalizada.[260]

Tudo o que acaba de ser dito do totem nas sociedades australianas aplica-se às tribos indígenas da América do Norte. Toda a diferença consiste no seguinte: nestas últimas, a organização totêmica tem uma firmeza de contornos e uma estabilidade que lhes faltam na Austrália. Os clãs australianos não são simplesmente muito numerosos. Eles são, em uma mesma tribo, quase ilimitados. Os observadores mencionam alguns casos como exemplo, mas sem jamais conseguir nos dar uma lista completa. Isso ocorre porque em nenhum momento essa lista foi definitivamente interrompida. O mesmo processo de segmentação que desmembrou primitivamente a fratria e deu origem aos clãs propriamente ditos continua atuando no interior destes úl-

---

the Western Australian Aborigines", *Victorian Geographical Journal*, XIII-XXIV, 1905-1906, p. 47.) e talvez duas tribos observadas por E. Palmer, "Notes on some Australian Tribes", *J.A.I.*, XIII, 1884, p. 302. Mas esses fatos são muito raros, e seu significado, mal estabelecido. Por outro lado, não é surpreendente que as classes, do mesmo modo que os grupos sexuais, tenham por vezes adotado nomes de animais. Essa extensão excepcional das denominações totêmicas não modifica em nada nossa concepção do totemismo.

260. A mesma explicação aplica-se talvez a algumas outras tribos do Sudeste e do Leste, onde, de acordo com os informantes de A. W. Howitt, encontram-se igualmente totens especialmente atrelados a cada classe matrimonial. Esse seria o caso dos Wiradjuri, dos Wakelbura, dos Bunta-Murra do rio Bulloo (A. W. Howitt, *Nat. Tr., op. cit.*, p. 210, 221 e 226.). De todo modo, os depoimentos que ele recolheu são, em sua própria opinião, suspeitos. De fato, das próprias listas que elaborou, depreende-se que vários totens se encontram igualmente nas duas classes da mesma fratria. – A explicação que propomos a partir de J. G. Frazer (*Totemism and Exogamy, op. cit.*, I, p. 530 ss.) levanta, aliás, uma dificuldade. Em princípio, cada clã e, por conseguinte, cada totem encontram-se indiferentemente representados nas duas classes de uma mesma fratria, pois uma dessas classes é a das crianças e a outra é a dos pais, dos quais os primeiros obtêm seus totens. Quando, então, os clãs desaparecem, as interdições totêmicas que sobreviveram teriam de ter permanecido comuns às duas classes matrimoniais, enquanto, nos casos citados, cada tribo tem as suas próprias. Qual a origem dessa diferenciação? O exemplo dos Kaiabara (tribo do sul de Queensland) permite talvez entrever como essa diferenciação se produziu. Nessa tribo, as crianças têm o totem de sua mãe, mas particularizado por um signo distintivo. Se a mãe tem por totem a águia-falcão negra, o da criança será a águia-falcão branca (A. W. Howitt, *Nat. Tr., op. cit.*, p. 229.). Há aí algo como uma primeira tendência dos totens a se diferenciar de acordo com as classes matrimoniais.

timos. Como decorrência dessa fragmentação progressiva, um clã tem apenas um efetivo dos mais reduzidos.[261] Na América, ao contrário, o sistema totêmico apresenta formas mais bem definidas. Embora as tribos sejam aí, em média, sensivelmente mais volumosas que na Austrália, os clãs são menos numerosos. Uma mesma tribo raramente possui mais que uma dezena deles,[262] e, com frequência, menos. Cada clã constitui, então, um agrupamento muito mais importante. Mas, sobretudo, seu número é determinado com maior precisão: sabe-se quantos são e isso nos é dito.[263]

Essa diferença deve-se à superioridade da técnica social. Os grupos sociais, desde o momento em que essas tribos foram observadas pela primeira vez, estavam fortemente enraizados no solo, logo, mais aptos a resistir às forças dispersivas que os assaltavam. Ao mesmo tempo, a sociedade já apresentava um sentimento vivo demais de sua unidade para permanecer inconsciente de si mesma e das partes que a compõem. O exemplo da América nos auxilia, assim, a melhor compreender o que é a organização baseada em clãs. Seríamos levados ao engano se julgássemos essa última apenas levando em conta o aspecto que apresenta atualmente na Austrália. Nesse local, ela está, com efeito, em um estado de incerteza e de dissolução que nada tem de normal. É mais fácil ver aí o produto de uma degenerescência, imputada tanto ao desgaste natural do tempo quanto à ação desorganizadora dos brancos. Sem dúvida, é pouco provável que os clãs australianos tenham tido em algum momento as dimensões e a estrutura dos clãs americanos. Ainda assim, deve ter havido um tempo em que a distância entre estes e aqueles era menos considerável que a atual. Afinal, as sociedades da América jamais teriam conseguido se dotar de uma ossatura tão sólida se o clã sempre tivesse possuído uma matéria tão fluida e inconsistente.

Essa estabilidade maior permitiu, inclusive, que o sistema arcaico das fratrias se mantivesse na América com uma clareza e um relevo que ele não tem mais na Austrália. Acabamos de ver que, nesse continente, a fratria está em decadência em todos os locais. Com muita frequência, nada mais é que

---

261. Uma tribo de algumas centenas de cabeças chega a contabilizar até 50 ou 60 clãs, ou ainda mais. Ver sobre esse ponto, É. Durkheim e M. Mauss, "De quelques formes primitives de classification", *op. cit.*, p. 28, n. 1. [Ver, em português: É. Durkheim e M. Mauss, "Algumas Formas Primitivas de Classificação", em M. Mauss, *Ensaios de Sociologia*, São Paulo, Perspectiva, 1981, p. 421, n. 99, com tradução de Luiz João Gaio e Jacó Guinsburg. (N.T.)]

262. Com exceção dos Índios Pueblo do Sudoeste, onde eles são muito numerosos. Ver F. W. Hodge, "Pueblo Indian Clans", *The American Anthropologist*, 1ª série, v. IX, 1896, p. 345 ss. É possível, ainda assim, perguntar-se se os grupos que têm esses totens são clãs ou subclãs.

263. Ver os quadros preparados por L. H. Morgan em *Ancien Society, op. cit.*, p. 153-85.

um agrupamento anônimo. Quando ela tem um nome, ele não é mais compreendido ou, em todo caso, não pode mais dizer muita coisa ao espírito do nativo, uma vez que é tomado de empréstimo ou de uma língua estrangeira, ou de uma que não se fala mais. Desse modo, apenas conseguimos inferir a existência dos totens da fratria a partir de algumas sobrevivências, sendo estas tão pouco marcadas em sua maioria que escaparam a vários observadores. Em contrapartida, em certos pontos da América, esse mesmo sistema permaneceu no primeiro plano. As tribos da costa do Noroeste, os Tlinkit e os Haida em especial, já atingiram um grau de civilização relativamente avançado; e, no entanto, estão divididos em duas fratrias que se subdividem por seu turno em certo número de clãs: fratrias do Corvo e do Lobo entre os Tlinkit,[264] da Águia e do Corvo entre os Haida[265]. Essa divisão não é simplesmente nominal: corresponde a um estado sempre atual dos costumes e marca profundamente a vida. A distância moral que separa os clãs é insignificante se comparada à que separa as fratrias.[266] O nome que cada uma delas ostenta não é somente uma palavra que foi esquecida ou cujo significado não se sabe muito bem. Trata-se de um totem no mais forte sentido do termo. Ele possui todos os seus atributos essenciais, tal como os descreveremos adiante.[267] Ainda sobre esse ponto, por conseguinte, seria interessante não negligenciar as tribos da América, uma vez que podemos observar nelas diretamente esses totens de fratria dos quais a Austrália só nos oferece vestígios obscuros.

---

264. A. Krause, *Die Tlinkit-Indianer*, Jena, Costenoble, 1885, p. 112; J. R. Swanton, "Social Condition, Beliefs and Linguistic Relationship of the Tlingit Indians", *XXVI[th] Report of the Bureau of American Ethnology to the Secretary of the Smithsonian Institution, 1904-1905*, Washington, Gouvernment Printing Office, 1908, p. 398.

265. J. R. Swanton, "Contributions to the Ethnology of the Haida", em F. Boas (ed.), *Publications of the Jesup North Pacific Expedition, Memoirs of the American Museum of Natural History*, v. 5, parte 1, Leiden, 1905, p. 62.

266. "*The distinction between the two clans is absolute in every respect*" ["A distinção entre os dois clãs é absoluta em todos os aspectos". (N.T.)], diz J. R. Swanton, "Contributions to the Ethnology of the Haida", *op. cit.*, p. 68. Ele chama de clãs o que denominamos fratrias. As duas fratrias, diz ele alhures, estão uma para a outra como dois povos estrangeiros.

267. O totem dos clãs propriamente ditos é, inclusive, ao menos entre os Haida, mais alterado que o totem das fratrias. Do hábito, com efeito, que permite a um clã dar ou vender o direito de possuir seu totem, resulta que cada clã tem uma pluralidade de totens, dos quais alguns são compartilhados com outros clãs (Ver *Ibid.*, p. 107 e 268.). Uma vez que J. R. Swanton chama as fratrias de clãs, ele se vê obrigado a dar o nome de *família* aos clãs propriamente ditos, e de *household* às verdadeiras famílias. Mas o sentido real da terminologia que ele adota não é passível de dúvida.

## II

O totem não é, porém, apenas um nome. Trata-se de um emblema, de um verdadeiro brasão, cujas analogias com o brasão heráldico foram com frequência observadas. "Cada família", diz Grey ao falar dos australianos, "adota um animal ou um vegetal como suas armas e sua marca (*as their crest and sign*)";[268] e o que Grey denomina família é incontestavelmente um clã. "A organização australiana", dizem igualmente Fison e Howitt, "mostra que o totem é, antes de mais nada, o brasão de um grupo (*the badge of a group*)".[269] Schoolcraft se exprime com os mesmos termos sobre os totens dos Índios da América do Norte: "o totem", diz ele, "é, de fato, um desenho que corresponde aos emblemas heráldicos das nações civilizadas, e que cada pessoa é autorizada a ostentar como prova da identidade da família à qual pertence. É o que demonstra a etimologia verdadeira da palavra, a qual é derivada de *dodaim*, que significa vila ou residência de um grupo familiar"[270]. Do mesmo modo, quando os Índios entraram em relações com os europeus e contratos entre uns e outros foram feitos, era com seu totem que cada clã selava os tratados assim concluídos.[271]

Os nobres do período feudal esculpiam, gravavam, desenhavam de todas as maneiras seus brasões sobre os muros de seus castelos, sobre suas armas, sobre os objetos de todo tipo que lhes pertenciam: os negros da Austrália e os Índios da América do Norte fazem o mesmo com seus totens. Os Índios que acompanharam Samuel Hearne pintavam seus totens sobre seus escudos antes de ir ao combate.[272] Segundo Charlevoix, certas tribos indígenas tinham, em tempos de guerra, verdadeiras insígnias, feitas de pedaços

---

268. G. Grey, *Journals of two Expeditions of Discovery in North-West and Western Australia*, op. cit., II, p. 228.
269. L. Fison e W. Howitt, *Kamilaroi and Kurnai*, op. cit., p. 165.
270. H. R. Schoolcraft (ed.), *Historical and Statistical Information respecting the History, Condition and Prospects of the Indian Tribes of the United States*, op. cit., I, 1851, p. 420. Cf. *Ibid.*, I, p. 52. Essa etimologia é, aliás, bastante contestável. Cf. J. N. B. Hewitt, "Totem", em F. W. Hodge (ed.), *Handbook of American Indians North of Mexico* (Smithsonian Institution, Bureau of Ethnology, n. 30, Washington, Government Printing Office, 2ª parte, 1910, p. 787).
271. H. R. Schoolcraft (ed.), *Historical and Statistical Information respecting the History, Condition and Prospects of the Indian Tribes of the United States*, op. cit., III, 1853, p. 184; Garrick Mallery, "Picture-Writing of the American Indians", *Tenth report of the Bureau of Ethnology to the Secretary of the Smithsonian Institution, 1888-1889*, Washington, Government Printing Office, 1893, p. 377.
272. S. Hearne, *A Journey from Prince of Wale's Fort in Hudson's Bay, to the Northern Ocean*, Londres, Strahan and Cadell, 1795, p. 148 (*Apud* J. G. Frazer, *Totemism*, op. cit., p. 30.).

de casca de árvore atrelados à ponta de bastões, sobre os quais estavam representados os totens.[273] Entre os Tlinkit, quando estoura um conflito entre dois clãs, os campeões dos dois grupos inimigos carregam sobre a cabeça um casco sobre o qual se encontram desenhados seus totens respectivos.[274] Entre os Iroqueses, colocava-se sobre cada *wigwam**, como emblema do clã, a pele do animal que servia de totem.[275] De acordo com outro observador, era o animal empalhado que era colocado diante da porta.[276] Entre os Wyadot, cada clã tem seus ornamentos próprios e suas pinturas distintivas.[277] Entre os Omaha, e de modo mais geral entre os Sioux, o totem é pintado sobre a tenda.[278]

Nos casos em que a sociedade se tornou sedentária e a tenda foi substituída pela casa, em que as artes plásticas já são mais desenvolvidas, é sobre a madeira e sobre os muros que o totem é inscrito. É o que acontece, por exemplo, entre os Haida, os Tsimshian, os Salish, os Tlinkit. "Um enfeite muito particular da casa entre os Tlinkit", diz Krause, "são os brasões do totem." Trata-se de formas animais, por vezes combinadas com formas humanas, esculpidas em mastros, que são erguidas ao lado da porta de entrada e chegam a ter até 15 metros de altura. Elas são geralmente pintadas com cores muito vivas.[279] No entanto, em uma vila Tlinkit, essas figurações totêmicas não são muito numerosas: são apenas encontradas diante das casas dos chefes e dos ricos. Elas são muito mais frequentes na tribo vizinha dos Haida: há, nela, sempre várias em cada casa.[280] Com seus múltiplos mastros esculpidos que se erguem por todos os lados e, por vezes, atingindo grande altura, uma vila dos Haida dá a impressão de uma cidade santa, toda repleta de campanários ou de minaretes minúsculos.[281] Entre os Salish, o totem é

---

273. P.-F-X. de Charlevoix, *Histoire et Description Générale de la Nouvelle France*, Paris, Veuve Ganeau, 1744, V, p. 329.
274. A. Krause, *Die Tlinkit-Indianer, op. cit.*, p. 248.
*. Tal palavra de origem algonquina está sem itálico e sem tradução no texto original. Trata-se de uma construção em abóboda ou em cone, utilizada para vários fins, em diferentes tribos norte-americanas. (N.T.)
275. Erminie A. Smith, "Myths of the Iroquois", *op. cit.*, p. 78.
276. R. I. Dodge, *Our Wild Indians*, Connecticut, Worthington, 1883, p. 225.
277. J. W. Powell, "Wyandot Government", *op. cit.*, p. 64.
278. J. O. Dorsey, "Omaha Sociology", *op. cit.*, p. 229, 240 e 248.
279. A. Krause, *Die Tlinkit-Indianer, op. cit.*, p. 130-1.
280. *Ibid.*, p. 308.
281. Ver uma fotografia de uma vila dos Haida em J. R. Swanton, "Contributions to the Ethnology of the Haida", *op. cit.*, prancha IX. Cf. E. B. Tylor, "On the Totem-Post from the Haida Village of Masset", *J.A.I.*, nova série, I, 1899, p. 133.

representado com frequência sobre os muros interiores da casa.²⁸² Eles são encontrados, alhures, sobre as canoas, sobre os mais variados utensílios e sobre os monumentos funerários.²⁸³

Os exemplos que precedem são tomados de empréstimo exclusivamente dos Índios da América do Norte. O fato é que essas esculturas, essas gravuras, essas figurações permanentes somente são possíveis onde a técnica das artes plásticas já alcançou um grau de aperfeiçoamento que as tribos australianas ainda não atingiram. Por conseguinte, as representações totêmicas do gênero dessas que acabam de ser mencionadas são mais raras e menos visíveis na Austrália que na América. Não obstante, cita-se casos. Entre os Warramunga, ao final das cerimônias mortuárias, enterram-se os ossos do morto, previamente dessecados e reduzidos a pó. Ao lado do local em que são assim depositados, uma figura representativa do totem é desenhada sobre o solo.²⁸⁴ Entre os Mara e os Anula, o corpo é colocado em um pedaço de madeira côncava, igualmente decorada com desenhos característicos do totem.²⁸⁵ Na Nova Gales do Sul, Oxley mostrou gravadas sobre árvores, vizinhas da tumba em que um nativo estava enterrado,²⁸⁶ figuras às quais Brough Smyth atribui um caráter totêmico. Os indígenas do Alto Darling gravam imagens totêmicas sobre seus escudos.²⁸⁷ Segundo Collins, quase todos os utensílios estão cobertos de decorações que, aparentemente, têm o mesmo significado; encontra-se figuras do mesmo gênero

---

282. Ch. Hill-Tout, "Report on the Ethnology of the Slatlumh of British Columbia", *The Journal of the Anthropological Institute of Great Britain and Ireland*, nova série, XXXV, 1905, p. 155.

283. A. Krause, *Die Tlinkit-Indianer*, op. cit., p. 230; J. R. Swanton, "Contributions to the Ethnology of the Haida", op. cit., p. 129 e 135 ss.; H. R. Schoolcraft (ed.), *Historical and Statistical Information respecting the History, Condition and Prospects of the Indian Tribes of the United States*, op. cit., I, 1851, p. 52-3, 337 e 356. Nesse último caso, o totem é representado de ponta-cabeça, indicando luto. Encontra-se usos similares entre os Creek (C. Swan, "Position and State of Manners and Arts in the Creek, or Muscogee Nation in 1791", em H. R. Schoolcraft [ed.], *Historical and Statistical Information respecting the History, Condition and Prospects of the Indian Tribes of the United States*, op. cit., V, 1855, p. 265.) e entre os Delaware (J. G. E. Heckewelder, "An account of the History, Manners and Customs, of the Indian Nations who once inhabited Pennsylvania and the Neighbouring States", *Transactions of the Historical and Literary Commitee of the Americal Philosophical Society*, v. 1, Filadélfia, Abraham Small, 1819, p. 246-7.).

284. B. Spencer e F. J. Gillen, *North. Tr.*, op. cit., p. 168, 537 e 540.

285. *Ibid.*, p. 174.

286. Cf. R. Brough Smyth, *The Aborigines of Victoria*, op. cit., I, p. 99 n.

287. *Ibid.*, I, p. 284. C. Strehlow cita um fato do mesmo gênero entre os Arunta (*Die Aranda - und Loritja - Stämme in Zentral-Australien*, op. cit., III, 1910, p. 68.).

sobre rochedos.[288] Esses desenhos totêmicos poderiam, inclusive, ser mais frequentes do que parece. Afinal, por razões que serão expostas adiante, nem sempre é fácil perceber qual é seu verdadeiro sentido.

Essas distinções feitas dão já o sentimento do lugar considerável que o totem ocupa na vida social dos primitivos. Não obstante, até o presente, ele mostrou-se a nós como relativamente exterior ao ser humano. Afinal, é somente sobre as coisas que o vimos representado. Mas as imagens totêmicas não são apenas reproduzidas sobre as paredes das casas e sobre os cascos das canoas, sobre as armas, os instrumentos e os túmulos. Elas são encontradas sobre os corpos das próprias pessoas. Estas não inserem somente seu brasão sobre os objetos que possuem, mas carregam-nos em si mesmas: ele é impresso em sua pele, faz parte deles próprios, sendo inclusive esse modo de representação, de longe, o mais importante.

Com efeito, é uma regra muito difundida que os membros de cada clã busquem se dotar do aspecto exterior de seu totem. Entre os Tlinkit, em certas festas religiosas, o personagem responsável por dirigir a cerimônia usa uma vestimenta que representa, total ou parcialmente, o corpo do animal do qual o clã retira seu nome.[289] Máscaras especiais são empregadas com essa finalidade. Práticas similares são encontradas em todo o Noroeste americano.[290] O mesmo ocorre entre os Minnitaree quando partem ao combate,[291] e entre os Índios dos Pueblos[292]. Em outros locais, quando o totem é um pássaro, os indivíduos carregam sobre a cabeça plumas desse pássaro.[293] Entre os Iowa, cada clã tem uma maneira especial de cortar os cabelos. No clã da Águia, dois grandes tufos são dispostos diante da cabeça, enquanto

---

288. D. Collins, *An Account of the English Colony in New South Wales*, II, Londres, Cadell and Davies, 1804, p. 381.

289. Ver A. Krause, *Die Tlinkit-Indianer*, op. cit., p. 237.

290. J. R. Swanton, "Social Condition, and Linguistic relationship of the Tlingit Indians", op. cit., p. 435 ss; F. Boas, "The Social Organization and the Secret Societies of the Kwakiutl Indians", *Annual Report of the Board of Regents of the Smithsonian Institution showing the Operations, Expediteures and Condition of the Institution for the Year ending June 30, 1895, Report of the United States National Museum*, Washington, Gouvernment Printing Office, 1897, p. 358.

291. Cf. J. G. Frazer, *Totemism*, op. cit., p. 26.

292. J. G. Bourke, *The Snake Dance of the Moquis of Arizona*, Londres, Sampson Low, Martson, Searle and Rivington, 1884, p. 229; J. W. Fewkes, "The Group of Tusayan Ceremonials called Katcinas", *XV[th] Report of the Bureau of Ethnology to the Secretary of the Smithsonian Institution, 1893-1894*, Washington, Government Printing Office, 1897, p. 251-63.

293. J. G. Müller, *Geschichte der Amerikanischen Urreligionnen*, Basileia, Schweighauserische Verlagsbuchhandlung, 2. ed., 1867, p. 327.

outro é pendurado por trás; no clã do Búfalo, eles são dispostos na forma de chifres.[294] Entre os Omaha, dispositivos análogos são encontrados: cada clã tem seu penteado. No clã da Tartaruga, por exemplo, os cabelos são raspados, com exceção de seus cachos, dois de cada lado da cabeça, um diante e outro atrás, de modo a imitar as patas, a cabeça e a cauda do animal.[295]

De modo geral, contudo, é sobre o próprio corpo que é impressa a marca totêmica: eis aí um modo de representação que está ao alcance até das sociedades menos avançadas. Perguntou-se por vezes se o rito tão frequente que consiste em arrancar do jovem os dois dentes superiores na época da puberdade não teria por objetivo reproduzir a forma do totem. O fato não está confirmado, mas é notável que, por vezes, os próprios nativos expliquem assim esse costume. Por exemplo, entre os Arunta, a extração dos dentes é praticada apenas nos clãs da chuva e da água. Ora, de acordo com a tradição, essa operação teria por objetivo tornar as fisionomias semelhantes a certas nuvens negras, com as bordas claras, que, acredita-se, anunciam que logo virá a chuva, e que, por essa razão, são consideradas coisas da mesma família.[296] Eis aí a prova de que o próprio nativo tem consciência de que essas deformações objetivam lhe dar, ao menos convencionalmente, o aspecto de seu totem. Entre os mesmos Arunta, ao longo dos ritos de incisão nas partes inferiores do corpo, certos entalhes são praticados sobre as irmãs e sobre a futura esposa do noviço. Disso resultam cicatrizes cuja forma encontra-se igualmente representada sobre um objeto sagrado, do qual falaremos em breve, e que é chamado *churinga*. Pois bem, veremos que as linhas assim desenhadas sobre os *churinga* são emblemáticas do totem.[297] Entre os Kaitish, o canguru é tido como parente próximo da chuva;[298] as pessoas do clã da chuva utilizam sobre as orelhas pequenos pingentes feitos de dente de canguru.[299] Entre os Yerkla, durante a iniciação, inflige-se no jovem certo número de entalhes que deixam cicatrizes. A quantidade e a forma dessas cicatrizes variam segundo os totens.[300] Um dos informantes de

---

294. H. R. Schoolcraft (ed.), *Historical and Statistical Information respecting the History, Condition and Prospects of the Indian Tribes of the United States*, op. cit., III, 1853, p. 269.
295. J. O. Dorsey, "Omaha Sociology", op. cit., p. 229, 238, 240 e 245.
296. B. Spencer e F. J. Gillen, *Nat. Tr.*, op. cit., p. 451.
297. Ibid., p. 257.
298. Ver-se-á, a seguir (Livro I, Capítulo IV [Livro II, na realidade. (N.T.)]), o que significam essas relações de parentesco.
299. B. Spencer e F. J. Gillen, *North. Tr.*, op. cit., p. 296.
300. A. W. Howitt, *Nat. Tr.*, op. cit., p. 129.

Fison indica o mesmo fato nas tribos que ele observou.[301] Segundo Howitt, uma relação do mesmo gênero existiria, entre os Dieri, entre certas escarificações e o totem da água.[302] Quanto aos nativos do Noroeste, entre eles, o costume de tatuar em si mesmo o totem é muito difundido.[303]

Mas se as tatuagens realizadas por meio de mutilações ou escarificações nem sempre têm um significado totêmico,[304] algo diferente ocorre com os simples desenhos efetuados sobre o corpo: eles são, na maior parte dos casos, representativos do totem. O nativo, é verdade, não os ostenta de maneira cotidiana. Quando se dedica a ocupações puramente econômicas, quando os pequenos grupos familiares se dispersam para caçar e para pescar, ele não adota esse costume, que não deixa de ser complicado. Mas quando os clãs se reúnem para viver uma vida comum e assistir coletivamente às cerimônias religiosas, ele utiliza-se obrigatoriamente desses desenhos. Cada uma dessas cerimônias, como veremos, diz respeito a um totem particular e, em princípio, os ritos que remetem a um totem apenas podem ser realizados por pessoas desse totem. Ora, aqueles que realizam,[305] que exercem o papel de oficiantes, e, por vezes, mesmo os que assistem como espectadores, ostentam sempre em seus corpos desenhos que representam o totem.[306] Um dos ritos principais da iniciação, aquele que introduz o jovem na vida religiosa da tribo, consiste precisamente em pintar sobre

---

301. L. Fison e A. W. Howitt, *Kamilaroi and Kurnai*, op. cit., p. 66 n. O fato, é verdade, é contestado por outros informantes.

302. A. W. Howitt, *Nat. Tr.*, op. cit., p. 744.

303. J. R. Swanton, "Contributions to the Ethnology of the Haida", op. cit., p. 41 ss., pranchas XX e XXI; F. Boas, "The Social Organization and the Secret Societies of the Kwakiutl Indians", op. cit., p. 318; J. R. Swanton, "Social Condition, and Linguistic relationship of the Tlingit Indians", op. cit., pranchas XVI ss. – Em um caso, estranho, aliás, às duas regiões etnográficas que estudamos com mais atenção, essas tatuagens são praticadas sobre animais que pertencem ao clã. Os Bechuana, do sul da África, estão divididos em certo número de clãs: há as pessoas do crocodilo, do búfalo, do macaco etc. Ora, as pessoas do crocodilo, por exemplo, fazem nas orelhas de seus animais uma incisão que lembra, pela forma, a boca do animal (E. Casalis, *Les Bassoutos*, Paris, Meyrueis, 1850, p. 221). Segundo W. Robertson Smith, o mesmo costume teria existido entre os antigos Árabes (*Kinship and Marriage in Early Arabia*, op. cit., p. 212-4.).

304. Existem os que, seguindo B. Spencer e F. J. Gillen, não teriam nenhuma conotação religiosa. (Ver *Nat. Tr.*, op. cit., p. 45 e 54-6.)

305. Entre os Arunta, a regra comporta exceções, que serão explicadas mais adiante.

306. B. Spencer e F. J. Gillen, *Nat. Tr.*, op. cit., p. 162; *Id.*, *North. Tr.*, op. cit., p. 179, 259, 292 e 295-6; L. Schulze, "The Aborigines of the Upper and Middle Finke River", loc. cit., p. 221. O que é assim representado nem sempre é o próprio totem, mas um dos objetos que, associados a esse totem, são considerados como coisas da mesma família.

o corpo o símbolo totêmico.[307] É verdade que, entre os Arunta, o desenho assim traçado não representa sempre e necessariamente o totem do iniciado.[308] Trata-se, contudo, de uma exceção, devida sem dúvida ao estado de perturbação em que se encontra a organização totêmica dessa tribo.[309] Ademais, mesmo entre os Arunta, no momento mais solene da iniciação, posto ser seu coroamento e sua consagração, quando é permitido que o neófito penetre no santuário onde estão guardados todos os objetos sagrados que pertencem ao clã, realiza-se sobre ele uma pintura emblemática: dessa vez, é o totem do jovem que é assim representado.[310] Os laços que

---

307. É o caso, por exemplo, entre os Warramunga, os Walpari, os Wulmala, os Tjingilli, os Umbaia e os Unmatjera (B. Spencer e F. J. Gillen, *North. Tr.*, *op. cit.*, p. 339 e 348.). Entre os Warramunga, no instante em que o desenho é executado, os operadores dirigem ao iniciado as seguintes palavras: "Esta marca pertence à vossa localidade (*your place*): não dirija os olhos a outra localidade". "Essa linguagem significa", dizem B. Spencer e F. J. Gillen, "que o jovem deve se imiscuir apenas em cerimônias que digam respeito ao seu totem; elas testemunham igualmente a íntima associação que se supõe existir entre um ser humano, seu totem e o local especialmente consagrado a esse totem" (*Ibid.*, p. 584.). Entre os Warramunga, o totem se transmite do pai aos filhos; por conseguinte, cada localidade tem o seu.

308. B. Spencer e F. J. Gillen, *Nat. Tr.*, *op. cit.*, p. 215, 241 e 376.

309. Importa lembrar (ver, anteriormente, p. 142) que, nessa tribo, a criança pode ter um totem diferente do de seu pai ou de sua mãe e, em geral, do de seus parentes próximos. Ora, os parentes próximos, de um lado ou de outro, são os operadores designados para as cerimônias de iniciação. Por conseguinte, como uma pessoa, em princípio, apenas tem a qualidade de operador ou de oficiante para as cerimônias de seu totem, disso decorre que, em certos casos, os ritos aos quais a criança é iniciada dizem necessariamente respeito a um totem diferente do seu. Eis como as pinturas executadas sobre o corpo do noviço não representam necessariamente o totem deste: encontrar-se-ão casos desse gênero em B. Spencer e F. J. Gillen, *Nat. Tr.*, *op. cit.*, p. 229. Isso mostra bem, aliás, que há aí uma anomalia, qual seja: ao menos as cerimônias de circuncisão remetem essencialmente ao totem que predomina no grupo local do iniciado, ou seja, ao totem que seria o do próprio iniciado se a organização totêmica não estivesse perturbada, se ela fosse entre os Arunta o que é entre os Warramunga (Ver *Ibid.*, p. 219.). – A mesma perturbação tem outra consequência. De maneira geral, ela tem por efeito afrouxar um pouco os laços que unem cada totem a um grupo determinado, pois um mesmo totem pode ter membros em todos os grupos locais possíveis, e mesmo em duas fratrias distintas. A ideia segundo a qual as cerimônias de um totem podem ser celebradas por um indivíduo de um totem diferente – ideia contrária aos próprios princípios do totemismo, como veremos ainda melhor na sequência – pode ser estabelecida sem suscitar resistências demais. Admite-se que uma pessoa a quem o espírito revelava a fórmula de uma cerimônia tinha qualidade para presidi-la, mesmo que não seja do totem concernido (*Ibid.*, p. 519.). Mas o que prova que isso é uma exceção à regra e o produto de uma espécie de tolerância é que o beneficiário da fórmula assim revelada não pode dispor dela livremente: se ele a transmite – e essas transmissões são frequentes –, talvez apenas o faça a um membro do totem ao qual se relaciona o rito (*Ibid.*).

310. *Ibid.*, p. 140. Nesse caso, o noviço conserva a decoração com que foi enfeitado até que, pelo efeito do tempo, ela se apague sozinha.

unem o indivíduo a seu totem são mesmo tão íntimos que, nas tribos da costa noroeste da América do Norte, o emblema do clã é pintado não apenas sobre os vivos, mas também sobre os mortos: antes de enterrar o cadáver, coloca-se sobre ele a marca totêmica.[311]

## III

Essas decorações totêmicas permitem pressentir desde já que o totem não é somente um nome e um emblema. Elas são utilizadas ao longo de cerimônias religiosas e fazem parte da liturgia. Isso significa que o totem, ao mesmo tempo que é uma etiqueta coletiva, tem um caráter religioso. Com efeito, é em relação a ele que as coisas são classificadas como sagradas ou como profanas. Ele é o próprio modelo das coisas sagradas.

As tribos da Austrália central, principalmente os Arunta, os Loritja, os Kaitish, os Unmatjera, os Ilpirra, constantemente utilizam em seus ritos certos instrumentos que,[312] entre os Arunta, denominam-se, segundo Spencer e Gillen, *churinga*, e, segundo Strehlow, *tjurunga*.[313] Trata-se de peças de madeira ou pedaços de pedra polida, de formas muito variadas, mas geralmente ovais ou alongadas.[314] Cada grupo totêmico possui uma coleção mais ou menos importante desses objetos. Ora, *sobre cada um deles, encontra-se inscrito um desenho que representa o totem desse mesmo grupo*.[315] Certo número desses *churinga* apresenta, em uma de suas extremidades, um buraco pelo qual passa um fio, que é feito de cabelos humanos ou de pelos de gambá. Dentre esses objetos, aqueles feitos em madeira e perfurados dessa maneira servem exatamente aos mesmos propósitos que esses instrumentos de culto aos quais os etnógrafos ingleses deram o nome de *bull-roarers* [rombos]. Por meio do fio pelo qual são suspensos, faz-se

---

311. F. Boas, "First General Report on the Indians of British Columbia", *British Association for the Advancement of Science. Fifth Report of the Committee of the North-Western Tribes of the Dominion of Canada*, Londres, Offices of the Association, 1889, p. 41.

312. Eles existem também entre os Warramunga, mas em quantidade menor que entre os Arunta. Não são, contudo, utilizados nas cerimônias totêmicas, embora ocupem espaço considerável nos mitos (B. Spencer e F. J. Gillen, *North. Tr., op. cit.*, p. 163.).

313. Nomes diferentes são empregados em outras tribos. Atribuímos um sentido genérico ao termo Arunta porque é nesta tribo que os *churinga* têm maior destaque e foram mais bem estudados.

314. C. Strehlow, *Die Aranda – und Loritja – Stämme in Zentral-Australien, op. cit.*, II, 1908, p. 81.

315. Existem alguns, mas em número muito reduzido, que não possuem desenho aparente (Ver B. Spencer e F. J. Gillen, *Nat. Tr., op. cit.*, p. 144.).

CAPÍTULO I – AS CRENÇAS PROPRIAMENTE TOTÊMICAS | 157

com que girem rapidamente no ar, de modo a produzir uma espécie de ronco idêntico ao que dão a ouvir os *diabolôs* que servem ainda hoje de brinquedos a nossas crianças. Esse barulho ensurdecedor tem um significado ritual e acompanha todas as cerimônias dotadas de alguma importância. Essas espécies de *churinga* são, portanto, verdadeiros *bull-roarers*. Existem alguns, contudo, que não são feitos de madeira e que não são perfurados. Por conseguinte, não podem ser empregados dessa maneira. Não obstante, inspiram os mesmos sentimentos de respeito religioso.

Todo *churinga*, com efeito, a despeito da finalidade com que é utilizado, figura entre as coisas mais eminentemente sagradas: não há, inclusive, algo que o ultrapasse em termos de dignidade religiosa. É o que indica desde já a palavra que serve para designá-lo. Sendo um substantivo, ela é também um adjetivo que significa sagrado. Desse modo, entre os nomes que possui cada Arunta, há um tão sagrado que lhe é proibido revelá-lo a um estrangeiro. Ele é pronunciado apenas raramente, em voz baixa, em uma espécie de murmúrio misterioso. Ora, denomina-se esse nome de *aritna churinga* ("aritna" quer dizer "nome"[316]). De modo mais geral, a palavra "churinga" designa todos os atos rituais; por exemplo, *ilia churinga* significa o culto da Ema.[317] O *churinga*, no sentido estrito da palavra, empregado substancialmente, é, portanto, a coisa que tem por característica essencial ser sagrada. Também os profanos, ou seja, as mulheres e os jovens ainda não iniciados na vida religiosa, não podem nem tocar nem ver os *churinga*. Apenas lhes é permitido vê-lo de longe, e, ainda assim, em raras circunstâncias.[318]

---

316. B. Spencer e F. J. Gillen, *Nat. Tr.*, *op. cit.*, p. 139 e 648; C. Strehlow, *Die Aranda – und Loritja – Stämme in Zentral-Australien*, *op. cit.*, II, 1908, p. 75.

317. C. Strehlow, que escreve *tjurunga*, apresenta uma tradução um pouco diferente da palavra. "Essa palavra", diz ele, "significa o que é secreto e pessoal (*der eigene geheime*). Tju é uma velha palavra que significa escondido, secreto, e *runga* quer dizer aquilo que me é próprio." Mas Kempe, o qual tem, a esse respeito, mais autoridade que Strehlow, traduz *tju* por grande, poderoso, sagrado (H. Kempe, "A Grammar and Vocabulary of the Language spoken by the Aborigines of the MacDonnell Ranges, South Australia", s.v. -tju, em *Transactions and Proceedings and Report of the Royal Society of South Australia*, v. XIV, parte 1, jul. 1891, p. 51.). Ademais, no fundo, a tradução de Strehlow não se afasta da precedente tanto quanto se poderia crer à primeira vista. Afinal, secreto é aquilo que se subtrai ao conhecimento dos profanos, ou seja, o que é sagrado. Quanto ao significado atribuído à palavra *runga*, ele nos parece muito duvidoso. As cerimônias da Ema pertencem a todos os membros do clã da Ema. Todos podem participar. Elas não são, portanto, a coisa pessoal de nenhum deles.

318. B. Spencer e F. J. Gillen, *Nat. Tr.*, *op. cit.*, p. 130-2; C. Strehlow, *Die Aranda – und Loritja – Stämme in Zentral-Australien*, *op. cit.*, II, 1908, p. 78. Uma mulher que viu um *churinga* e o homem que lhe mostrou são igualmente mortos.

Os *churinga* são conservados piedosamente em um lugar especial que é chamado entre os Arunta de *ertnatulunga*.[319] Trata-se de uma cavidade, uma espécie de pequeno subterrâneo dissimulado em um local deserto. A entrada é cuidadosamente fechada com pedras tão habilmente dispostas que o estrangeiro que passar ao lado não suspeitará que, perto de si, encontra-se o tesouro religioso do clã. O caráter sagrado dos *churinga* é tal que ele é transmitido ao lugar onde encontram-se assim depositados: as mulheres e os não iniciados não podem se aproximar dele. É somente quando a iniciação está completamente terminada que os jovens têm acesso a esse local: e ainda há os que apenas são julgados dignos desse favor após alguns anos de provações.[320] A religiosidade do lugar reflete-se, inclusive, para além, transmitindo-se aos arredores: tudo o que aí se encontra participa do mesmo caráter e, por essa razão, é subtraído às expectativas profanas. Uma pessoa está sendo perseguida por outra? Se ela chegar ao *ertnatulunga*, está salva: ela não pode ser capturada nesse local.[321] Mesmo um animal ferido, que aí encontra refúgio, está a salvo.[322] As brigas são proibidas. Trata-se de um lugar de paz, como se diz nas sociedades germânicas, trata-se do santuário do grupo totêmico, um verdadeiro lugar de asilo.

As virtudes do *churinga* não se manifestam, contudo, apenas na maneira como mantém o profano à distância. Se está assim isolado, é porque se trata de uma coisa dotada de alto valor religioso, cuja perda lesaria gravemente a coletividade e os indivíduos. Ele possui todo tipo de propriedades maravilhosas: com o toque, cura os ferimentos, sobretudo os que resultam da circuncisão;[323] tem a mesma eficácia contra a doença;[324]

---

319. C. Strehlow chama esse local, definido exatamente nos mesmos termos que empregam B. Spencer e F. J. Gillen, *arknanaua*, em vez de *ertnatulunga* (C. Strehlow, *Die Aranda – und Loritja – Stämme in Zentral-Australien*, op. cit., II, 1908, p. 78.).

320. B. Spencer e F. J. Gillen, *North. Tr.*, op. cit., p. 270; *Nat. Tr.*, op. cit., p. 140.

321. *Id.*, *Nat. Tr.*, op. cit., p. 135.

322. C. Strehlow, *Die Aranda – und Loritja – Stämme in Zentral-Australien*, op. cit., II, 1908, p. 78. Strehlow diz, porém, que um assassino que se refugia perto de um *ertnatulunga* é implacavelmente perseguido e morto. Sentimos alguma dificuldade em conciliar esse fato com o privilégio do qual os animais gozam, e perguntamo-nos se o maior rigor com o qual o criminoso é tratado não é recente e se ele não deve ser atribuído a um enfraquecimento do tabu que protegia primitivamente o *ertnatulunga*.

323. B. Spencer e F. J. Gillen, *Nat. Tr.*, op. cit., p. 248.

324. *Ibid.*, p. 545-6. C. Strehlow, *Die Aranda – und Loritja – Stämme in Zentral-Australien*, op. cit., II, 1908, p. 79. Por exemplo, o pó que se depreende por atrito de um *churinga* de pedra, dissolvido na água, constitui uma poção que dá saúde aos doentes.

serve para fazer crescer a barba;[325] confere importantes poderes sobre a espécie totêmica cuja reprodução normal ele garante;[326] dá às pessoas força, coragem, perseverança, e, ao contrário, deprime e enfraquece os inimigos. Essa última crença está, inclusive, tão enraizada que, quando dois combatentes estão em luta, se um deles percebe que seu adversário carrega alguns *churinga* consigo, ele perde de imediato sua confiança, e sua derrota é certa.[327] Não há, igualmente, instrumento ritual que ocupe um lugar mais importante nas cerimônias religiosas.[328] A partir de espécies de unções, seus poderes são comunicados seja aos oficiantes, seja aos assistentes. Para tanto, após tê-los untados de graxa, são friccionados contra os membros, contra o estômago dos fiéis.[329] Ou são, ainda, recobertos de uma penugem que se solta e dispersa-se em todas as direções quando são girados em pleno ar. Trata-se de uma maneira de disseminar as virtudes neles contidas.[330]

Eles não são, contudo, úteis apenas aos indivíduos: o destino de todo o clã é coletivamente ligado ao seu. Sua perda é um desastre, o maior mal que pode acontecer ao grupo.[331] Eles deixam por vezes o *ertnatulunga*, por exemplo, quando são emprestados a algum grupo estrangeiro.[332] Assiste-se, então, a um verdadeiro luto público. Durante duas semanas, as pessoas do totem choram, lamentam-se, com o corpo revestido de argila branca, tal como fazem quando perdem algum de seus próximos.[333] Também os *churinga* não são deixados ao livre dispor dos particulares. O *ertnatulunga* no qual estão conservados está sob o controle do chefe do grupo. Sem dúvida, cada in-

---

325. B. Spencer e F. J. Gillen, *Nat. Tr., op. cit.*, p. 545-6. C. Strehlow (*Die Aranda – und Loritja – Stämme in Zentral-Australien, op. cit.*, II, 1908, p. 79.) contesta o fato.

326. Por exemplo, um *churinga* do totem do Inhame, deixado no solo, faz crescer inhames (B. Spencer e F. J. Gillen, *North. Tr., op. cit.*, p. 275.). Ele tem o mesmo poder sobre os animais (C. Strehlow, *Die Aranda – und Loritja – Stämme in Zentral-Australien, op. cit.*, II, 1908, p. 76 e 78); *Ibid.*, III, 1910, p. 3 e 7.).

327. B. Spencer e F. J. Gillen, *Nat. Tr., op. cit.*, p. 135; C. Strehlow, *Die Aranda – und Loritja – Stämme in Zentral-Australien, op. cit.*, II, 1908, p. 79.

328. B. Spencer e F. J. Gillen, *North. Tr., op. cit.*, p. 278.

329. *Ibid.*, p. 180.

330. *Ibid.*, p. 272-3.

331. *Id., Nat. Tr., op. cit.*, p. 135.

332. Um grupo toma emprestado de outro seus *churinga* esperando que estes lhe comunicarão algo das virtudes que estão neles, que sua presença aumentará a vitalidade dos indivíduos e da coletividade (*Ibid.*, p. 158 ss.).

333. *Ibid.*, p. 136.

divíduo tem, sobre alguns deles, direitos especiais.[334] Ainda assim, mesmo sendo, em alguma medida, seu proprietário, ele somente pode utilizá-lo com o consentimento e sob a orientação do chefe. Trata-se de um tesouro coletivo, a santa arca do clã.[335] A devoção da qual são objeto mostra, aliás, o alto valor que lhes é atrelado. Somente podem ser manipulados com um respeito que traduz a solenidade dos gestos.[336] Eles são tratados com cuidado, untados, friccionados, polidos, e, quando são transportados de uma localidade a outra, isso se dá em meio a cerimônias que testemunham que se vê nesse deslocamento um ato da maior importância.[337]

Ora, em si mesmos, os *churinga* são objetos feitos de madeira e de pedra, como tantos outros. Eles se distinguem das coisas profanas do mesmo gênero apenas por uma particularidade: sobre eles está gravada ou desenhada a marca totêmica. É, portanto, essa marca, e apenas ela, que lhe confere o caráter sagrado. É verdade que, segundo Spencer e Gillen, o *churinga* serviria de morada à alma de um ancestral, e seria a presença dessa alma que lhe conferiria suas propriedades.[338] Strehlow, por sua vez, ao mesmo tempo em que declara essa interpretação inexata, propõe outra que não difere muito da precedente: o *churinga* seria considerado como uma imagem do corpo do ancestral, ou mesmo esse corpo.[339] Seriam ainda, portanto, os sentimentos inspirados pelo ancestral que incidiriam sobre o objeto material e que torná-lo-iam uma espécie de fetiche. Mas, de início, tanto uma concepção como a outra – as quais, aliás, diferem apenas no que diz respeito à literalidade do mito – foram manifestamente forjadas mais tarde para tornar inteligível o caráter sagrado atribuído ao *churinga*. Na constituição dessas peças de madeira e desses pedaços de pedra, em seu aspecto exterior, não existe nada que os predestine a ser considerados como sede de uma alma

---

334. Cada indivíduo é unido por um vínculo particular, em primeiro lugar, a um *churinga* especial que lhe serve de garantia de vida, e, em seguida, àqueles que herda de seus parentes.

335. B. Spencer e F. J. Gillen, *Nat. Tr.*, *op. cit.*, p. 154; B. Spencer e F. J. Gillen, *North. Tr.*, p. 193. Os *churinga* possuem tão manifesta uma marca coletiva que substituem os *bastões de mensageiros* do qual se valem, em outras tribos, os indivíduos enviados a grupos estrangeiros para convocá-los a alguma cerimônia (*Id.*, *Nat. Tr.*, *op. cit.*, p. 141-2.).

336. *Ibid.*, p. 326. Note-se que os *bull-roarers* são empregados da mesma forma (R. H. Mathews, "Ethnological Notes on the Aboriginal Tribes of New South Wales and Victoria", *op. cit.*, p. 307-8.).

337. B. Spencer e F. J. Gillen, *Nat. Tr.*, p. 161 e 259 ss.

338. *Ibid.*, p. 138.

339. M. F. von Leonhardi, *Vorwort*, *in fine*, em C. Strehlow, *Die Aranda – und Loritja – Stämme in Zentral-Australien*, *op. cit.*, I, 1907; *Ibid.*, II, 1908, p. 76-7 e 82. Para os Arunta, trata-se do próprio corpo do ancestral; para os Loritja, trata-se somente de uma imagem.

de ancestral ou como a imagem de seu corpo. Se, então, as pessoas imaginaram esse mito, isso foi feito para poder explicar a si mesmos o respeito religioso que essas coisas lhes inspiravam, sem que esse respeito religioso tenha sido determinado pelo mito. Essa explicação, como tantas outras explicações míticas, apenas resolve a questão pela própria questão, repetida em termos ligeiramente diferentes. Afinal, dizer que o *churinga* é sagrado e dizer que contém esta ou aquela relação com um ser sagrado é enunciar de duas maneiras diferentes o mesmo fato, sem que se possa explicá-lo. Aliás, como admitem Spencer e Gillen, mesmo entre os Arunta, há os *churinga* que são fabricados, com o conhecimento e diante de todos, por anciãos do grupo.[340] Esses não provêm, por certo, dos grandes ancestrais. Eles possuem, contudo, com variações de grau, a mesma eficácia que os outros, e são conservados da mesma maneira. Enfim, existem tribos inteiras em que o *churinga* não é, de forma alguma, concebido atrelado a um espírito.[341] Sua natureza religiosa lhe vem, então, de uma outra fonte, e que fonte seria essa se não a marca totêmica que ele carrega? Desse modo, é a essa imagem que se dirigem, na realidade, as demonstrações do rito. É ela que santifica o objeto em que está gravada.

Existem, contudo, entre os Arunta e nas tribos vizinhas, dois outros instrumentos litúrgicos claramente atrelados ao totem e ao próprio *churinga*, que entra normalmente em sua composição: trata-se do *nurtunja* e do *waninga*.

O *nurtunja*,[342] encontrado entre os Arunta do Norte e em seus vizinhos imediatos,[343] é feito essencialmente de um suporte vertical que consiste seja em uma lança, seja em várias lanças reunidas em feixes, seja ainda em uma

---

340. Quando uma criança nasce, a mãe indica ao pai onde ela crê que a alma do ancestral penetrou nela. O pai, acompanhado de alguns parentes, vai a esse local para buscar o que o ancestral, acredita-se, deixou cair no momento em que reencarnou. Se ele for encontrado, isso ocorre, sem dúvidas, porque algum ancião do grupo totêmico o colocou aí (a hipótese é de B. Spencer e F. J. Gillen). Se não for encontrado, produz-se um novo *churinga* obedecendo-se a uma técnica determinada (B. Spencer e F. J. Gillen, *Nat. Tr., op. cit.*, p. 132. Cf. C. Strehlow, *Die Aranda – und Loritja – Stämme in Zentral-Australien, op. cit.*, II, 1908, p. 80.).

341. É o caso dos Warramunga, dos Urabunna, dos Worgaia, dos Umbaia, dos Tjingilli e dos Gnanji (B. Spencer e F. J. Gillen, *North. Tr., op. cit.*, p. 258 e 275-6.). Então, dizem Spencer e Gillen, "*they were regarded as of special value because of their association with a totem*" ["eles eram considerados como objetos de valor especial em decorrência de sua associação com o totem" (N.T.)] (*Ibid.*, p. 276.). Há exemplos do mesmo fato entre os Arunta (*Id., Nat. Tr., op. cit.*, p. 156.).

342. C. Strehlow escreve *tnatantja* (*Die Aranda – und Loritja – Stämme in Zentral-Australien, op. cit.*, I, 1907, p. 4-5.).

343. Os Kaitish, os Ilpirra e os Unmatjera, mas é bastante raro entre os últimos.

simples vara[344]. Tufos de erva são atreladas ao seu entorno, por meio de bandagens ou de pequenas tiras, feitas de cabelo. Acrescenta-se por cima desses uma penugem disposta seja em círculos, seja em linhas paralelas que atravessam o suporte de cima a baixo. O topo é decorado com plumas de águia-falcão. Eis aí, aliás, a forma mais difundida e mais típica: ela comporta espécies de variantes de acordo com os casos particulares.[345]

O *waninga*, encontrado unicamente entre os Arunta do Sul, os Urabunna e os Loritja, tampouco segue um único modelo. Reduzido a seus mais essenciais elementos, ele consiste, igualmente, em um suporte vertical formado por um bastão com comprimento superior a um pé*, ou por uma lança de vários metros de altura, cortado ora por uma, ora por duas peças transversais[346]. No primeiro caso, ele tem o aspecto de uma cruz. Cordões feitos seja de cabelos humanos, seja da pele do gambá ou do *bandicoot*** atravessam em diagonal o espaço compreendido entre os braços da cruz e as extremidades do eixo central. Eles são apertados uns contra os outros, constituindo assim uma rede com a forma de losango. Quando há duas barras transversais, esses cordões vão de uma a outra, e, daí, ao topo e à base do suporte. Eles são, por vezes, cobertos por uma camada de penugem que os esconde da vista alheia. O *waninga* tem assim o aspecto de um verdadeiro estandarte.[347]

Ora, o *nurtunja* e o *waninga*, que estão presentes em vários ritos importantes, são o objeto de um respeito religioso, sendo ele totalmente comparável ao que inspira os *churinga*. Realiza-se sua confecção e são erigidos com a maior solenidade. Fixados na terra ou carregados por um oficiante, eles marcam o ponto central da cerimônia: é em torno deles que ocorrem as

---

344. A vara é, em alguns casos, substituída por *churinga* muito longos, unidos pelas pontas.
345. Por vezes, no topo do *nurtunja*, uma outra menor encontra-se suspensa. Em outros casos, o *nurtunja* tem a forma de uma cruz ou de um T. Mais raramente, não apresenta suporte central (B. Spencer e F. J. Gillen, *Nat. Tr.*, *op. cit.*, p. 298-300, 360-4 e 627.).
*. Ou seja, superior a 30,48 centímetros. (N.T.)
346. Algumas vezes, são três essas barras transversais.
**. Trata-se de um pequeno marsupial australiano, da ordem *Peramelemorphia*, de hábitos noturnos. (N.T.)
347. B. Spencer e F. J. Gillen, *Nat. Tr.*, *op. cit.*, p. 231-4, 306-10 e 627. Além do *nurtunja* e do *waninga*, os autores distinguem um terceiro tipo de poste ou de estandarte sagrado: trata-se do *kauaua* (*Ibid.*, p. 364, 370 e 629.), do qual admitem, aliás, não ter podido determinar exatamente as funções. Eles notam apenas que o *kauaua* "é visto como algo comum aos membros de todos os totens". Ainda assim, de acordo com C. Strehlow (*Die Aranda – und Loritja – Stämme in Zentral-Australien*, *op. cit.*, III, 1910, p. 23, n. 2.), o *kauaua* de que falam Spencer e Gillen seria simplesmente o *nurtunja* do totem do Gato selvagem. Como esse animal é objeto de um culto tribal, isso explica porque a veneração que recai sobre seu *nurtunja* seja comum a todos os clãs.

danças e que se desenvolvem os ritos. Ao longo da iniciação, leva-se o noviço aos pés de um *nurtunja* que foi erguido para a ocasião. "Eis aí", lhe é dito, "o *nurtunja* de teu pai; ele já serviu para fazer muitos jovens." Em seguida, o iniciado deve beijar o *nurtunja*.[348] Por meio desse beijo, ele entra em relações com o princípio religioso que supostamente aí reside. Trata-se de uma verdadeira comunhão, que deve dar ao jovem a força necessária para aguentar a terrível operação da incisão nas partes inferiores do corpo.[349] O *nurtunja*, aliás, exerce um papel considerável na mitologia dessas sociedades. Os mitos relatam que, no tempo fabuloso dos grandes ancestrais, o território da tribo estava atravessado em todos os sentidos por grupos compostos exclusivamente de indivíduos de um mesmo totem.[350] Cada um desses bandos tinha consigo um *nurtunja*. Quando ele levantava acampamento, as pessoas, antes de se dispersarem para caçar, fixavam na terra seu *nurtunja*, no topo do qual estavam suspensos os *churinga*.[351] Ou seja, eles lhe confiavam tudo o que tinham de mais precioso. Ao mesmo tempo, trata-se de uma espécie de estandarte que servia de ponto de reencontro para o grupo. É impossível não se surpreender com as analogias entre o *nurtunja* e o mastro sagrado dos Omaha.[352]

Ora, esse caráter sagrado só pode ter uma causa: ele representa materialmente o totem. Com efeito, as linhas verticais ou os anéis de penugens que o recobrem, ou então os cordões de cores igualmente diferentes que reúnem os braços do *waninga* ao eixo central, não estão dispostos arbitrariamente, segundo a vontade dos operadores. Ao contrário, devem obrigatoriamente ostentar uma forma estritamente determinada pela tradição, e que, no pensamento dos nativos, representa o totem.[353] Não há mais porque questionar se, aqui como no caso dos *churinga*, a veneração a esse instrumento cultual seria apenas reflexo daquela que os antepassados inspiram. Afinal, trata-se de uma regra que cada *nurtunja* ou cada *waninga* só exista enquanto durar a cerimônia em que é utilizado. Cada vez que é necessário, ele é totalmente confeccionado de novo, e, uma vez findo o rito,

---

348. B. Spencer e F. J. Gillen, *North. Tr.*, *op. cit.*, p. 342; *Id.*, *Nat. Tr.*, *op. cit.*, p. 309.
349. *Id.*, *Nat. Tr.*, *op. cit.*, p. 255.
350. *Ibid.*, cap. X e XI.
351. *Ibid.*, p. 138 e 144.
352. Ver J. O. Dorsey, "A Study of Siouan Cults", *op. cit.*, p. 413; e, do mesmo autor, "Omaha Sociology", *op. cit.*, p. 234. É verdade que não há apenas um mastro sagrado em cada tribo, enquanto há um *nurtunja* por clã. O princípio, contudo, é o mesmo.
353. B. Spencer e F. J. Gillen, *Nat. Tr.*, *op. cit.*, p. 232, 308, 313, 334 etc.; *North. Tr.*, *op. cit.*, p. 182, 186 etc.

ele é despojado de seus ornamentos, e os elementos do qual é composto são dispersados.[354] Ele nada mais é, portanto, que uma imagem – uma imagem, inclusive, temporária – do totem e, por conseguinte, é a esse respeito, e apenas a esse respeito, que exerce um papel religioso.

Desse modo, o *churinga*, o *nurtunja* e o *waninga* devem unicamente sua natureza religiosa ao fato de carregarem consigo o emblema totêmico. É esse emblema que é sagrado. Ele conserva igualmente esse caráter em qualquer objeto sobre o qual seja representado. Ele é, por vezes, pintado sobre as rochas: ora, essas pinturas são denominadas *churinga ilkinia*, desenhos sagrados.[355] Os enfeites utilizados por oficiantes e assistentes nas cerimônias religiosas têm o mesmo nome, e é proibido às crianças e às mulheres vê-los.[356] O totem é, durante certos ritos, por vezes desenhado sobre o solo. Já nesse ponto, a técnica da operação atesta sentimentos que esse desenho inspira, bem como o alto valor que lhe é atribuído. Ele é, com efeito, desenhado sobre um terreno que foi previamente molhado, saturado de sangue humano,[357] e veremos mais tarde que o sangue já é, por si só, um líquido sagrado, que serve apenas para ofícios piedosos. Em seguida, uma vez executada a imagem, os fiéis permanecem sentados no chão diante dela com uma atitude da mais pura devoção.[358] À condição de dar à palavra um sentido apropriado à mentalidade do primitivo, poder-se-ia dizer que eles a adoram. Eis o que torna possível compreender como o brasão totêmico permaneceu, para os Índios da América do Norte, algo muito precioso: ele é sempre envolto por uma aura religiosa.

Para compreender por que as representações totêmicas são também sagradas, contudo, não deixa de ser interessante saber em que consistem.

Entre os Índios da América do Norte, trata-se de imagens, pintadas, gravadas ou esculpidas, que se esforçam para reproduzir, o mais fielmente possível, o aspecto exterior do animal totêmico. Os procedimentos empregados são aqueles que utilizamos ainda hoje em casos similares, exceto por serem, de modo geral, mais grosseiros. O mesmo não ocorre, porém, na

---

354. B. Spencer e F. J. Gillen, *Nat. Tr.*, *op. cit.*, p. 346. Diz-se, é verdade, que o *nurtunja* representa a lança do ancestral, a qual, no tempo do Alcheringa, representava cada clã. Não se trata, contudo, apenas de uma representação simbólica, tampouco é uma espécie de relíquia, tal como o *churinga*, que supostamente vem do próprio ancestral. Nesse caso, o caráter secundário da interpretação é particularmente aparente.

355. *Ibid.*, p. 614 ss, em especial, p. 617; bem como B. Spencer e F. J. Gillen, *North. Tr.*, *op. cit.*, p. 749.

356. B. Spencer e F. J. Gillen, *Nat. Tr.*, *op. cit.*, p. 624.

357. *Ibid.*, p. 179.

358. *Ibid.*, p. 181.

Austrália, e naturalmente é nas sociedades australianas que é preciso buscar a origem dessas representações. Embora o australiano possa se mostrar bastante capaz de imitar, ao menos de maneira rudimentar, as formas das coisas,[359] os enfeites sagrados parecem, em geral, estranhos a toda preocupação dessa natureza: eles consistem essencialmente em desenhos geométricos executados seja sobre os *churinga*, seja sobre os *nurtunja*, seja sobre os rochedos, seja sobre o solo, seja sobre o corpo das pessoas. Trata-se de linhas, retas ou curvas, pintadas de maneiras diferentes,[360] cuja composição pode ter somente um sentido convencional. A relação entre a figura e a coisa figurada é tão indireta e distante que não pode ser percebida quando não se é alertado. Apenas os membros do clã podem dizer qual é o sentido atrelado por eles a esta ou àquela combinação de linhas.[361] Geralmente, homens e mulheres são representados por semicírculos; os animais, por círculos completos ou por espirais;[362] as pegadas de um ser humano ou de um animal, por linhas de pontos etc. O significado das figuras que se obtêm por esses procedimentos é mesmo tão arbitrário que um desenho idêntico pode ter dois sentidos diferentes para as pessoas de dois totens e representar aqui, este animal e, ali, outro animal ou planta. Isso é, talvez, ainda mais aparente no caso dos *nurtunja* e dos *waninga*. Cada um deles representa um totem diferente. Mas os elementos pouco numerosos e muito simples que entram em sua composição não poderiam dar ensejo a combinações muito variadas. Disso resulta que dois *nurtunja* podem ter exatamente o mesmo aspecto e exprimir, ainda assim, duas coisas tão diferentes quanto uma seringueira e uma ema.[363] No momento em que se confecciona o *nurtunja*, é-lhe concedido um sentido que ele conserva durante toda a cerimônia, mas que, em suma, é estabelecido por convenção.

Esses fatos provam que, se o australiano é tão fortemente inclinado a representar seu totem, ele não o faz para ter diante de seus olhos um retrato que renova perpetuamente a sensação de tê-lo diante de si. Isso ocorre simplesmente porque ele sente a necessidade de representar a ideia

---

359. Ver exemplos em B. Spencer e F. J. Gillen, *Nat. Tr., op. cit.*, p. 181, fig. 131. Poderão ser aí observados desenhos, muitos dos quais evidentemente têm por finalidade representar animais, plantas, cabeças de pessoas etc., por certo, de forma bem esquemática.

360. *Ibid.*, p. 617; *Id., North. Tr., op. cit.*, p. 716 ss.

361. *Id., Nat. Tr., op. cit.*, p. 145; C. Strehlow, *Die Aranda – und Loritja – Stämme in Zentral--Australien, op. cit.*, II, 1908, p. 80.

362. B. Spencer e F. J. Gillen, *Nat. Tr., op. cit.*, p. 151.

363. *Ibid.*, p. 346.

que tem por meio de um signo material, exterior, a despeito de qual possa ser, aliás, esse signo. Ainda não podemos procurar compreender por que o primitivo sente necessidade de escrever sobre sua pessoa e sobre diferentes objetos a noção que possui de seu totem. É importante, contudo, desde já, constatar que foi a natureza da necessidade que deu origem a essas múltiplas figurações.[364]

---

364. Não se pode duvidar, aliás, que esses desenhos e essas pinturas tenham, ao mesmo tempo, um caráter estético: trata-se de uma primeira forma de arte. Uma vez que é também, e mesmo sobretudo, uma linguagem escrita, disso decorre que as origens do desenho e aquelas da escrita se confundem. Ao que tudo indica, o ser humano deve ter começado a desenhar nem tanto para fixar sobre a maneira ou sobre a pedra belas formas que encantariam os sentidos, mas para traduzir materialmente seu pensamento. (Cf. H. R. Schoolcraft [ed.], *Historical and Statistical Information respecting the History, Condition and Prospects of the Indian Tribes of the United States, op. cit.*, I, 1851, p. 405; e J. O. Dorsey, "A Study of Siouan Cults", *op. cit.*, p. 394 ss.).

CAPÍTULO II

# As crenças propriamente totêmicas (*continuação*)

## O animal totêmico e o ser humano

As imagens totêmicas, contudo, não são as únicas coisas sagradas. Existem seres reais que são igualmente objeto de ritos em decorrência das relações que detêm com o totem: trata-se, antes de quaisquer outros, dos seres da espécie totêmica e dos membros do clã.

### I

De início, dado que os desenhos que representam o totem despertam sentimentos religiosos, é natural que as coisas cujo aspecto esses desenhos reproduzem tenham, em alguma medida, a mesma propriedade.

Trata-se, na maioria das vezes, de animais e de plantas. O papel profano dos vegetais e, inclusive, dos animais é, em geral, servir para a alimentação. Assim, reconhece-se o caráter sagrado do animal ou da planta totêmica pelo fato de ser proibido comê-los. Sem dúvida, uma vez que são coisas santas, eles podem entrar na composição de certas refeições místicas, e veremos, com efeito, que são por vezes utilizados em verdadeiros sacramentos. Normalmente, contudo, não podem ser utilizados para o consumo comum. Quem quer que ignore essa interdição expõe-se aos maiores perigos. Isso não significa que o grupo intervenha sempre para reprimir artificialmente a infração cometida; acredita-se, contudo, que o sacrilégio produz automaticamente a morte. Na planta ou no animal totêmico supostamente reside um terrível princípio, o qual não pode penetrar em um organismo profano sem o desorganizar e o destruir.[365] Apenas

---

365. Ver casos em G. Taplin, "The Narrinyeri", em J. D. Woods (ed.), *The Native Tribes of South Australia*, Adelaide, Wigg & Son, 1879, p. 63; A. W. Howitt, *Nat. Tr.*, *op. cit.*, p. 146 e 769;

os idosos são, ao menos em algumas tribos, liberados dessa interdição,[366] por razões que discutiremos mais tarde.

Ainda assim, se a proibição é formal em um número elevado de tribos[367] – com exceções que serão indicadas mais tarde –, é incontestável que ela tende a se atenuar à medida que a velha organização totêmica vai se enfraquecendo. Mas as próprias restrições que se mantêm então demonstram que essas atenuações não foram admitidas sem resistências. Por exemplo, nos locais em que é permitido alimentar-se da planta ou do animal que serve de totem, não se pode fazê-lo de forma totalmente livre: só se pode consumi-lo, a cada refeição, em pequenas porções. Ir além dessa quantidade constitui uma falta ritual que tem graves consequências.[368] Aliás, a interdição subsiste integralmente para as partes que são consideradas mais preciosas, ou seja, para as mais sagradas: por exemplo, os ovos ou a gordura.[369] Em outras localidades, o consumo só é aceito sem ressalvas quando se trata de um animal que ainda não alcançou a plena maturidade.[370] Sem dúvida, considera-se nesse caso que sua natureza sagrada ainda não está completa. A barreira que isola e protege o ser totêmico cede, portanto, apenas lentamente, e não sem fortes resistências que testemunham o que ela devia ser primitivamente.

É verdade que, segundo Spencer e Gillen, essas restrições seriam não os resquícios de uma proibição rigorosa que estaria se atenuando, mas, ao contrário, o prelúdio de uma interdição que apenas começava a se estabelecer. Segundo esses escritores,[371] a liberdade de consumo teria sido, de início, total, e as limitações que se lhe apresentam hoje seriam relativamente recentes. Eles acreditam encontrar a prova de sua tese nos dois fatos seguintes. Em primeiro lugar, como acabamos de dizer, há ocasiões solenes

---

L. Fison e A. W. Howitt, *Kamilaroi and Kurnai*, op. cit., p. 169; W. E. Roth, "Superstition, Magic and Medicine", op. cit., § 150; W. Wyatt, "Some Account of the Manners and Superstitions of the Adelaide and Encounter Bay Aboriginal Tribes", em J. D. Woods (ed.), *The Native Tribes of South Australia*, op. cit., p. 168; bem como H. E. A. Meyer, Ibid., p. 186.

366. É o caso dos Warramunga (B. Spencer e F. J. Gillen, *North. Tr.*, op. cit., p. 168).

367. Por exemplo, entre os Warramunga, os Urabunna, os Wonghibon, os Yuin, os Wotjobaluk, os Buandik, os Ngeumba etc.

368. Entre os Kaitish, se uma pessoa do clã se alimenta demais de seu próprio totem, os membros da outra fratria recorrem a uma operação mágica que deve matá-la (B. Spencer e F. J. Gillen, *North. Tr.*, op. cit., p. 204; bem como K. Langloh Parker, *The Euahlayi Tribe*, op. cit., p. 20.).

369. B. Spencer e F. J. Gillen, *Nat. Tr.*, op. cit., p. 202 n.; bem como C. Strehlow, *Die Aranda – und Loritja – Stämme in Zentral-Australien*, op. cit., II, 1908, p. 58.

370. B. Spencer e F. J. Gillen, *North. Tr.*, op. cit., p. 173.

371. *Id.*, *Nat. Tr.*, op. cit., p. 207 ss.

em que as pessoas do clã ou seu chefe não somente podem, mas devem, se alimentar do animal ou da planta totêmica. Além disso, os mitos dizem que os grandes ancestrais, fundadores dos clãs, alimentavam-se regularmente de seu totem: ora, afirma-se, esses relatos são apenas compreensíveis como eco de um tempo em que as proibições atuais não teriam existido.

Ainda assim, o fato de ser ritualmente obrigatório, no decorrer de certas solenidades religiosas, um consumo, aliás moderado, do totem não implica em absoluto que ele tenha servido algum dia para a alimentação cotidiana. Bem ao contrário, o alimento que se come em uma refeição mística é essencialmente sagrado e, por conseguinte, proibido aos profanos. Quanto aos mitos, atribuir-lhes com tamanha facilidade um valor de documentos históricos é proceder a partir de um método crítico um pouco sumário. Em geral, eles têm por finalidade interpretar ritos existentes mais que comemorar eventos passados. Eles são uma explicação do presente, muito mais do que uma história. No caso, essas tradições segundo as quais os ancestrais da época fabulosa teriam se alimentado de seu totem estão em perfeito acordo com as crenças e ritos ainda hoje em vigor. Os idosos e as pessoas que atingiram uma alta dignidade religiosa estão libertos das interdições às quais está submetido o homem comum:[372] podem se alimentar da coisa sagrada porque são, em si mesmos, santos. Trata-se, aliás, de uma regra que não é particular apenas ao totemismo, mas que se encontra nas mais diferentes religiões. Ora, os heróis ancestrais eram quase deuses. Devia soar, portanto, ainda mais natural que tenham podido se alimentar do alimento sagrado;[373] mas isso não é razão para que a mesma faculdade tenha sido concedida aos simples profanos.[374]

Entretanto, não é nem certo, nem mesmo provável que a proibição tenha sido absoluta um dia. Ela parece ter sido sempre suspensa em caso de necessidade, quando, por exemplo, o nativo está passando fome e não tem

---

372. Ver, anteriormente, p. 169.

373. É preciso ainda considerar que, nos mitos, jamais os ancestrais nos são representados alimentando-se *regularmente* de seu totem. Esse gênero de consumo é, ao contrário, a exceção. Sua alimentação normal, segundo C. Strehlow, era idêntica à do animal correspondente (Ver C. Strehlow, *Die Aranda – und Loritja – Stämme in Zentral-Australien*, op. cit., I, 1907, p. 4.).

374. Toda essa teoria, aliás, repousa sobre uma hipótese totalmente arbitrária: B. Spencer e F. J. Gillen, do mesmo modo que J. G. Frazer, admitem que as tribos do centro australiano, especialmente os Arunta, representam a forma mais arcaica e, por conseguinte, a mais pura do totemismo. Diremos mais adiante porque essa suposição nos parece contrária a todas as verossimilhanças. É mesmo provável que esses autores não teriam aceito tão facilmente a tese que defendem se não se recusassem a ver uma religião no totemismo e se, por conseguinte, não tivessem ignorado o caráter sagrado do totem.

nada mais para se alimentar.[375] Isso acontece por razões ainda mais fortes quando o totem é um alimento indispensável ao ser humano. Quanto a isso, há um grande número de tribos nas quais existe um totem da água: uma proibição estrita é, nesse caso, evidentemente impossível. Não obstante, mesmo nesse caso, a faculdade concedida é submetida a condições que restringem o uso e que mostram bem que ela infringe um princípio reconhecido. Entre os Kaitish e os Warramunga, uma pessoa desse totem não pode beber água livremente: ela está proibida de extraí-la do poço, e pode apenas recebê-la das mãos de um terceiro que pertence obrigatoriamente à fratria da qual ela não é membro.[376] A complexidade desse procedimento e o incômodo que resulta disso são ainda uma maneira de reconhecer que o acesso à coisa sagrada não é livre. A mesma regra aplica-se, em certas tribos do centro, todas as vezes que alguém se alimenta do totem seja por necessidade, seja por um motivo diferente. É preciso ainda acrescentar que, quando essa formalidade é, em si mesma, inexequível, ou seja, quando um indivíduo está sozinho ou apenas acompanhado de membros de sua fratria, ele pode, em caso de urgência, dispensar todo intermediário. Constata-se que a interdição é suscetível de atenuações variadas.

Ainda assim, ela repousa sobre ideias tão fortemente arraigadas nas consciências que sobrevive com muita frequência às suas primeiras razões de ser. Vimos que, como tudo leva a crer, os diversos clãs de uma fratria são apenas subdivisões de um clã inicial que teria sido desmembrado. Houve, portanto, um momento em que todos os clãs, fusionados, possuíam o mesmo totem. Por conseguinte, onde a lembrança dessa origem comum não se apagou completamente, cada clã continua a sentir-se solidário dos demais e a considerar que seus totens não lhe são estranhos. Por essa razão, um indivíduo não pode comer livremente os totens atribuídos aos diferentes clãs da fratria da qual não é membro. Ele só pode tocá-los se a planta ou o animal proibidos tiverem sido dados a ele por um membro da outra fratria.[377]

---

375. G. Taplin, "The Narrinyeri", em J. D. Woods (ed.), *The Native Tribes of South Australia*, op. cit., p. 64; A. W. Howitt, *Nat. Tr.*, op. cit., p. 145 e 147; B. Spencer e F. J. Gillen, *Nat. Tr.*, op. cit., p. 202; G. Grey, *Journal of two Expeditions of Discovery in North-West and Western Australia*, loc. cit.; E. M. Curr (ed.), *The Australian Race*, op. cit., III, 1887, p. 462.

376. B. Spencer e F. J. Gillen, *North. Tr.*, op. cit., p. 160 e 167. Não basta que o intermediário possua outro totem: ocorre que, como veremos, um totem qualquer de uma fratria é mesmo, em certa medida, proibido aos outros membros dessa fratria que possuam um totem diferente.

377. *Ibid.*, p. 167. Pode-se explicar melhor agora a razão que faz com que, quando uma proibição não é observada, seja outra fratria que cumpre a repressão do sacrilégio (Ver, anteriormente, p. 168, n. 368.). Ocorre que ela é a mais interessada no cumprimento da regra. Com efeito, acredita-se que, quando essa regra é violada, a espécie totêmica corre o risco de não se repro-

Outra sobrevivência do mesmo gênero é aquela que diz respeito ao totem materno. Há fortes razões para acreditar que, no início, o totem se transmitia em linha uterina. Nos casos, portanto, em que a filiação em linha paterna tornou-se usual, isso ocorreu muito provavelmente apenas após um longo período em que o princípio posto havia sido aplicado. Em decorrência disso, a criança tinha então o totem de sua mãe e estava submetida a todos os interditos atrelados a ele. Ora, atualmente em certas tribos em que a criança herda o totem paterno, ainda sobrevive, contudo, algo das proibições que primitivamente protegiam o totem da mãe: não é possível alimentar-se dele livremente.[378] No estado atual das coisas, porém, não há nada que corresponda a essa proibição.

À interdição de se alimentar acrescenta-se com frequência a de matar ou, se o totem é uma planta, de colher.[379] Não obstante, também aqui, existem exceções e tolerâncias. Há, em especial, o caso de necessidade, quando, por exemplo, o totem é um animal perigoso,[380] ou quando não se tem o que comer. Há mesmo tribos em que é proibido caçar para si o animal cujo nome se carrega e, no entanto, em que é permitido matá-lo para outra

---

duzir em abundância. Ora, são os membros da outra fratria que se alimentam dela regularmente. Eles, portanto, é que são atingidos. Eis porque eles se vingam.

378. É o caso dos Loritja (C. Strehlow, *Die Aranda – und Loritja – Stämme in Zentral-Australien*, *op. cit.*, II, 1908, p. 60-1.), dos Worgaia, dos Warramunga, dos Walpari, dos Mara, dos Anula e dos Binbinga (B. Spencer e F. J. Gillen, *North. Tr.*, *op. cit.*, p. 166-7, 171 e 173.). Pode-se comê-lo entre os Warramunga e os Walpari, mas somente se a oferta for feita por um membro da outra fratria. B. Spencer e F. J. Gillen observam (*Ibid.*, p. 167 n.) que, sob esse aspecto, o totem paterno e o totem materno estão submetidos a uma regulamentação que parece diferente. Sem dúvida, nos dois casos, a oferta deve vir da outra fratria. Mas, quando se trata do totem do pai, do totem propriamente dito, essa fratria é aquela à qual o totem não diz respeito. Isso ocorre, em contrapartida, quando envolve o totem da mãe. O que se passa, sem dúvida, é que o princípio foi, de início, estabelecido para o primeiro, e depois estendido mecanicamente para o segundo, embora a situação fosse distinta. Uma vez estabelecida a regra em virtude da qual não se podia desrespeitar a proibição que protege o totem a não ser quando a proposta partisse de alguém da outra fratria, ela foi aplicada sem modificações ao caso do totem materno.

379. Por exemplo, entre os Warramunga (B. Spencer e F. J. Gillen, *North. Tr.*, *op. cit.*, p. 166.), os Wotjobaluk, os Buandik, os Kurnai (A. W. Howitt, *Nat. Tr.*, *op. cit.*, p. 146-7.) e os Narrinyeri (G. Taplin, "The Narrinyeri", em J. D. Woods [ed.], *The Native Tribes of South Australia*, *op. cit.*, p. 63.).

380. E, ainda assim, isso não ocorre em todos os casos. O Arunta do totem dos Mosquitos não deve matar esse inseto, mesmo quando se sente incomodado. Ele deve se limitar a afugentá-lo (C. Strehlow, *Die Aranda – und Loritja – Stämme in Zentral-Australien*, *op. cit.*, II, 1908, p. 58. Cf. G. Taplin, "The Narrinyeri", em J. D. Woods [ed.], *The Native Tribes of South Australia*, *op. cit.*, p. 63.).

pessoa.³⁸¹ Em geral, contudo, a maneira com a qual o ato é realizado indica bem que ele tem algo de ilícito. Pede-se desculpas por isso, como se faz diante de uma falta. Expressa-se a tristeza que se sente, a repugnância que se experimenta,³⁸² e tomam-se as precauções necessárias para que o animal sofra o menos possível.³⁸³

Além das interdições fundamentais, cita-se, por vezes, casos de proibição de contato entre o ser humano e seu totem. Desse modo, entre os Omaha, no clã do Alce, ninguém pode tocar qualquer parte do corpo do alce macho; no subclã do Búfalo, não é permitido tocar na cabeça desse animal.³⁸⁴ Entre os Bechuana, ninguém ousaria se vestir com a pele do animal que lhe serve de totem.³⁸⁵ Mas esses casos são raros; e é natural que sejam excepcionais, uma vez que, normalmente, o ser humano deve carregar consigo a imagem de seu totem ou algo que remeta a ele. A tatuagem e as roupas totêmicas seriam impraticáveis se todo contato fosse proibido. Observar-se-á, aliás, que essa interdição não é constatada na Austrália, mas somente em sociedades nas quais o totemismo já está bem distante de sua forma original. Ela é, portanto, ao que tudo leva a crer, de origem tardia, e deve-se talvez à influência de ideias que nada têm de propriamente totêmicas.³⁸⁶

---

381. Entre os Kaitish e os Unmatjera (B. Spencer e F. J. Gillen, *North. Tr., op. cit.*, p. 160.), chega mesmo a ocorrer que, em certos casos, um ancião dá a um jovem de um totem diferente um de seus *churinga* para permitir ao jovem caçador matar mais facilmente o animal que serve de totem ao doador (*Ibid.*, p. 272.).

382. A. W. Howitt, *Nat. Tr., op. cit.*, p. 146; G. Grey, *Journal of Two Expeditions of Discovery in North-West and Western Australia*, op. cit., II, p. 228; E. Casalis, *Les Bassoutos*, op. cit., p. 221. Entre esses últimos, "é preciso se purificar após ter cometido tal sacrilégio".

383. C. Strehlow, *Die Aranda - und Loritja - Stämme in Zentral-Australien*, op. cit., II, 1908, p. 58-9 e 61.

384. J. O. Dorsey, "Omaha Sociology", *op. cit.*, p. 225 e 231.

385. E. Casalis, *Les Bassoutos*, op. cit., p. 221.

386. Mesmo entre os Omaha, nada garante que as proibições de contato, das quais acabamos de listar alguns exemplos, sejam de natureza propriamente totêmica. Afinal, várias delas não têm relações diretas com o animal que serve de totem ao clã. Assim, em um subclã da Águia, a interdição característica consiste em não tocar na cabeça do búfalo (J. O. Dorsey, "Omaha Sociology", *op. cit.*, p. 239.). Em outro subclã que tem o mesmo totem, não se pode tocar o zinabre, o carvão de madeira etc. (*Ibid.*, p. 245.). – Não tratamos de outras proibições que J. G. Frazer menciona, como aquelas de nomear ou de olhar um animal ou uma planta, pois é ainda menos certo que sejam de origem totêmica, salvo talvez no que diz respeito a certos fatos observados entre os Bechuana (J. G. Frazer, *Totemism*, op. cit., p. 12-3.). Frazer admitia então muito facilmente – e ele teve, quanto a isso, imitadores – que toda interdição de ingerir ou de tocar um animal depende necessariamente de crenças totêmicas. Há, contudo, um caso na Austrália em que ver o totem parece proibido. Segundo C. Strehlow (*Die Aranda - und Loritja - Stämme in Zentral-Australien*, op. cit., II, 1908, p. 59.), entre os Arunta e os Loritja, uma pessoa que tem a lua por totem não deve observá-la por muito

Se, agora, aproximamos essas diversas interdições daquelas cujo emblema totêmico é objeto, vemos que, ao contrário do que se podia prever, estas últimas são mais numerosas, mais estritas, mais severamente imperativas que aquelas. Todos os tipos de figura que representam o totem são envoltas por um respeito significativamente superior àquele que inspira o próprio ser cuja forma essas figurações representam. Os *churinga*, os *nurtunja* e os *waninga* não devem jamais ser manejados pelas mulheres e pelos não iniciados, que apenas estão autorizados a entrevê-los de forma muito excepcional e a uma respeitosa distância. Ao contrário, a planta ou o animal cujo nome é ostentado pelo clã podem ser vistos e tocados por todos. Os *churinga* são conservados em uma espécie de templo, em cuja entrada cessam todos os barulhos da vida profana: trata-se do domínio das coisas santas. Ao contrário, animais e plantas totêmicos vivem sobre o terreno profano e confundem-se com a vida comum. E dado que o número e a importância das interdições que isolam uma coisa sagrada e a retiram de circulação correspondem ao grau de santidade com o qual ela encontra-se revestida, chega-se a esse notável resultado segundo o qual *as imagens do ser totêmico são mais sagradas que o próprio ser totêmico*. Ademais, nas cerimônias do culto, são o *churinga* e o *nurtunja* que ocupam o primeiro plano. O animal aparece nesse contexto apenas excepcionalmente. Em um rito, do qual falaremos,[387] ele fornece a matéria-prima para uma refeição religiosa, mas não desempenha nenhum papel ativo. Os Arunta dançam em torno do *nurtunja*, reúnem-se diante da imagem de seu totem e a adoram. Jamais uma demonstração similar seria dedicada ao próprio ser totêmico. Se este último fosse a coisa santa por excelência, seria com ele, seria com a planta ou com o animal sagrados, que o jovem iniciado deveria comungar quando introduzido no círculo da vida religiosa. Vimos, ao contrário, que o momento mais solene da iniciação é aquele em que o noviço penetra no santuário dos *churinga*. É com eles, é com o *nurtunja* que ele comunga. As representações do totem têm, portanto, uma eficácia mais ativa que o próprio totem.

---

tempo, pois, se o fizer, corre o risco de morrer pela mão de um inimigo. Mas se trata, acreditamos, de um caso único. É preciso não perder de vista, aliás, que os totens astronômicos provavelmente não são primitivos na Austrália. Essa proibição poderia, portanto, ser o produto de uma elaboração complexa. O que confirma essa hipótese é que, entre os Euahlayi, a interdição de observar a lua se aplica a todas as mães e a todas as crianças, a despeito de seus totens (K. L. Parker, *The Euahlayi Tribe, op. cit.*, p. 53.).

387. Ver Livro III, Capítulo II, § 2.

## II

Precisamos agora determinar o lugar do ser humano no sistema das coisas religiosas. Estamos inclinados, por todo um conjunto de hábitos adquiridos e pela própria força da linguagem, a conceber o ser humano comum, o simples fiel, como ser essencialmente profano. É bem possível que essa concepção não seja verdadeira, a rigor, para nenhuma religião.[388] Em todo caso, ela não se aplica ao totemismo. Cada membro do clã é investido de um caráter sagrado que não é significativamente inferior ao que acabamos de constatar no caso do animal. A razão para essa santidade pessoal é que o ser humano acredita ser, ao mesmo tempo, um ser humano no sentido usual do termo, e um animal ou uma planta da espécie totêmica.

Com efeito, ele carrega seu nome. Ora, a identidade do nome é considerada, nesse contexto, identidade de natureza. A primeira não é considerada simplesmente o índice exterior da segunda: supõe-na logicamente. Para o primitivo, afinal, o nome não é apenas um nome, uma combinação de sons: trata-se de parte do ser, uma parte, aliás, essencial. Um membro do clã do Canguru chama-se, ele mesmo, canguru. Ele é, nesse sentido, um animal dessa espécie. "Um ser humano", dizem Spencer e Gillen, "vê o ser que lhe serve de totem como sendo a mesma coisa que ele. Um nativo com quem discutimos a questão nos respondeu ao nos mostrar uma fotografia que tínhamos acabado de tirar dele: 'eis aí algo que é exatamente a mesma coisa que eu. Pois bem, o mesmo ocorre com o canguru!'. O canguru era seu totem."[389] Cada indivíduo, portanto, tem uma dupla natureza: nele coexistem dois seres, um humano e um animal.

Para dar um semblante de inteligibilidade a essa dualidade, tão estranha para nós, o primitivo concebeu mitos que, sem dúvida, nada explicam e apenas deslocam a dificuldade, mas que, ao deslocá-la, parecem ao menos atenuar o escândalo lógico. Com variantes quanto aos detalhes, eles são todos construídos a partir do mesmo fundamento: têm por função estabelecer entre o ser humano e o animal totêmico relações genealógicas que tornem o primeiro parente do segundo. Acredita-se que, a partir dessa co-

---

388. Talvez não exista religião que faça do ser humano um ser exclusivamente profano. Para o cristão, a alma que cada um de nós carrega em si mesmo, e que constitui a própria essência de nossa personalidade, tem algo de sagrado. Veremos que essa concepção da alma é tão velha quanto o pensamento religioso. Mas o lugar do ser humano na hierarquia das coisas sagradas pode ser mais ou menos elevado.

389. B. Spencer e F. J. Gillen, *Nat. Tr.*, *op. cit.*, p. 202.

munhão de origem, representada, aliás, de maneiras diferentes, explica-se sua comunhão de natureza. Os Narrinyeri, por exemplo, imaginaram que, entre os primeiros seres humanos, alguns tinham o poder de se transformar em animais.[390] Outras sociedades australianas situam no início da humanidade seja animais estranhos, dos quais os seres humanos teriam descendido não se sabe muito bem como,[391] seja seres mistos, intermediários entre os dois reinos,[392] seja ainda criaturas sem forma, dificilmente representáveis, desprovidas de órgãos determinados e de membros definidos, para as quais as diferentes partes do corpo mal estavam esboçadas[393]. Potências míticas, às vezes concebidas sob forma de animais, teriam intervindo e transformado em seres humanos esses animais ambíguos e inomináveis que representam, dizem Spencer e Gillen, "uma fase de transição entre o estado de ser humano e o de animal"[394]. Essas transformações nos são apresentadas como o produto de operações violentas e quase cirúrgicas. É a golpes de machado ou, quando o operador é um pássaro, a golpes de bico que o indivíduo humano teria sido esculpido nessa massa amorfa, tendo seus membros separados uns dos outros, a boca aberta e as narinas perfuradas.[395] Na América, lendas análogas são encontradas, exceto que, em função da mentalidade mais desenvolvida desses povos, as representações que eles acionam não apresentam uma confusão assim tão perturbadora para o pensamento. Por vezes, é algum personagem lendário que, por um ato de seu poder, teria

---

390. G. Taplin, "The Narrinyeri", em J. D. Woods (ed.), *The Native Tribes of South Australia, op. cit.*, p. 59-61.

391. Entre certos clãs Warramunga, por exemplo (B. Spencer e F. J. Gillen, *North. Tr., op. cit.*, p. 162.).

392. Entre os Urabunna (*Ibid.*, p. 147.), mesmo quando nos é dito desses primeiros seres que eles são seres humanos, em verdade, são apenas semi-humanos, e participam, ao mesmo tempo, da natureza animal. É o caso de certos Unmatjera (*Ibid.*, p. 153-4.). Eis aí maneiras de pensar cuja confusão nos desconcerta, mas que é preciso aceitar como tais. Introduzir nesse ponto uma clareza que lhes é estranha, seria desnaturalizá-las (Cf. *Id., Nat. Tr., op. cit.*, p. 119.).

393. Entre certos Arunta (*Id., Nat. Tr., op. cit.*, p. 388 ss.); entre certos Unmatjera (*Id., North. Tr., op. cit.*, p. 153.).

394. Cf. C. Strehlow, *Die Aranda - und Loritja - Stämme in Zentral-Australien, op. cit.*, I, 1907, p. 2-7.

395. B. Spencer e F. J. Gillen, *Nat. Tr., op. cit.*, p. 389; C. Strehlow, *Die Aranda - und Loritja - Stämme in Zentral-Australien, op. cit.*, I, 1907, p. 2 ss. Há, sem dúvida, nesse tema mítico, um eco dos ritos de iniciação. A iniciação igualmente tem por objetivo tornar o jovem um ser humano completo e, por outro lado, implica igualmente verdadeiras operações cirúrgicas (circuncisão, subincisão, extração de dentes etc.). Os procedimentos que serviram para formar os primeiros seres humanos devem naturalmente ser concebidos a partir do mesmo modelo.

metamorfoseado em homem o animal epônimo do clã.[396] Por vezes o mito tenta explicar como, na sequência de eventos praticamente naturais e uma espécie de evolução espontânea, o animal, por si só, teria paulatinamente se transformado e assumido uma forma humana.[397]

Existem, é verdade, sociedades (Haida, Tlinkit, Tsimshian) nas quais não se admite mais que o ser humano tenha nascido de um animal ou de uma planta: a ideia de uma afinidade entre os animais da espécie totêmica e os membros do clã tem, porém, sobrevivido e ela se exprime em mitos que, mesmo diferindo dos precedentes, não deixam de lembrá-los no que eles têm de essencial. Eis aqui, com efeito, um dos temas fundamentais. O ancestral epônimo é então apresentado como um ser humano, mas que, na sequência de uma série de peripécias, foi levado a viver durante um tempo maior ou menor em meio a animais fabulosos da própria espécie que deu seu nome ao clã. Em decorrência desse comércio íntimo e prolongado, ele se torna tão parecido com seus novos companheiros que, quando retorna aos seres humanos, estes não mais o reconhecem. Dá-se a ele, então, o nome do animal ao qual se assemelhava. É de sua estada nesse país mítico que ele teria trazido o emblema totêmico com os poderes e as virtudes que lhe são imputados.[398] Assim, tanto nesse caso como nos precedentes,

---

[396]. É o caso dos nove clãs dos Moqui (H. R. Schoolcraft (ed.), *Historical and Statistical Information respecting the History, Condition and Prospects of the Indian Tribes of the United States*, op. cit., IV, 1854, p. 86.), do clã do Grou, entre os Ojibway (L. H. Morgan, *Ancient Society*, op. cit., p. 180), dos clãs dos Nootka (F. Boas, *VI*th *Report of the North-Western Tribes of Canada*, Londres, Offices of the Association, 1890, p. 43.) etc.

[397]. É desse modo que teria se formado o clã da Tartaruga entre os Iroqueses. Um grupo de tartarugas teria sido obrigado a deixar o lago onde vivia e procurar outro *habitat*. Uma delas, a maior de todas, suportava com dificuldade esse exercício em função do calor. Ela fez esforços tão violentos que saiu de sua carapaça. O processo de transformação, uma vez começado, continuou por si só, e a tartaruga tornou-se o ser humano que foi o ancestral do clã (E. A. Smith, "The Myths of the Iroquois", op. cit., p. 77.). O clã do Lagostim, entre os Choctaw, teria se formado de maneira análoga. Pessoas teriam capturado certo número de lagostins que viviam nas proximidades, os teriam chamado para viver entre eles, os teriam ensinado a falar, a andar e, finalmente, os teriam adotado em sua sociedade (G. Catlin, *Letters and Notes on the Manners, Customs and Condition of the North American Indians*, Londres, publicado pelo autor, 1841, II, p. 128.).

[398]. Eis, por exemplo, uma lenda Tsimshian: "ao longo de uma caçada, um Índio encontrou um urso negro que o levou para sua casa, ensinou-lhe a apanhar o salmão e a construir canoas. Durante dois anos, o homem permaneceu com o urso. Depois disso, ele retornou a sua aldeia natal. Mas as pessoas tiveram medo dele, pois parecia-se com um urso. Ele não podia nem falar, nem comer algo diferente dos alimentos crus. Ele foi então esfregado com ervas mágicas e retomou gradualmente sua forma original. Posteriormente, quando ele se encontrava em apuros, chamava para junto de si seus amigos ursos, que vinham ajudá-lo. Ele construiu uma casa e pintou na entrada um urso. Sua irmã confeccionou, para a dança,

acredita-se que o ser humano participe da natureza do animal, embora essa participação seja concebida sob uma forma ligeiramente diferente.[399]

O ser humano também possui, portanto, algo de sagrado. Difuso por todo o organismo, esse caráter é mais particularmente visível em certos pontos privilegiados. Há órgãos e tecidos especialmente marcados por ele, em especial, o sangue e os cabelos.

O sangue humano, em primeiro lugar, é algo tão sagrado que, nas tribos da Austrália central, serve com muita frequência para consagrar os instrumentos mais respeitados do culto. O *nurtunja*, por exemplo, é, em certos casos, religiosamente untado, de cima a baixo, com o sangue do ser humano.[400] É sobre um terreno todo embebido em sangue que as pessoas [do clã] da Ema, entre os Arunta, desenham o emblema sagrado.[401] Veremos mais adiante como porções de sangue são derramadas sobre os rochedos que representam as plantas ou os animais totêmicos.[402] Não existe cerimônia religiosa em que o sangue não exerça algum papel.[403] Durante a iniciação, os adultos chegam a abrir as veias e banham com seu sangue o noviço; esse sangue é algo tão sagrado que as mulheres são proibidas de estar presentes enquanto ele corre; vê-lo lhes é interdito, tal como acontece com o *churinga*.[404] O sangue que o jovem iniciado perde durante as operações violentas às quais é submetido tem virtudes muito particulares: ele serve a diversas co-

---

um manto no qual um urso estava desenhado. Eis porque os descendentes dessa irmã tinham o urso por emblema". (F. Boas, "The Social Organization and the Secret Societies of the Kwakiutl Indians", *op. cit.*, p. 323. Cf. *Id.*, "First General Report on the Indians of British Columbia", *op. cit.*, p. 23 e 29 ss; Ch. Hill-Tout, "Report on the Ethnology of the Stlatumh of British Columbia", *op. cit.*, p. 150.). – Percebe-se, a partir disso, o inconveniente que existe em tornar esse parentesco mítico entre o ser humano e o animal o caráter distintivo do totemismo, como propôs A. Van Gennep ("Totemisme et méthode comparative", *Revue de l'Histoire des Religions*, t. LVIII, jul.-ago. 1908, p. 55.). Esse parentesco é uma expressão mítica de fatos que são profundos em outros sentidos; ele pode faltar sem que os traços essenciais do totemismo desapareçam. Sem dúvida, sempre existem vínculos estreitos entre as pessoas do clã e o animal totêmico, mas esses não são necessariamente de consanguinidade, embora sejam geralmente concebidos sob esta forma.

399. Existem, aliás, mitos Tlinkit nos quais a relação de descendência entre o ser humano e o animal é afirmada com maior ênfase. Costuma-se dizer que o clã provém de uma união mista, caso seja possível falar nesses termos, ou seja, em que o homem, ou a mulher, era uma fera da espécie cujo nome o clã carrega (Ver J. R. Swanton, "Social Condition, Beliefs and Linguistic Relationship of the Tlingit Indians", *op. cit.*, p. 415-8.).

400. B. Spencer e F. J. Gillen, *Nat. Tr.*, *op. cit.*, p. 284.

401. *Ibid.*, p. 179.

402. Ver, aqui, Livro III, Capítulo II. Cf. B. Spencer e F. J. Gillen, *Nat. Tr.*, *op. cit.*, p. 184 e 201.

403. *Ibid.*, p. 204, 262 e 284.

404. Entre os Dieri e os Parnkalla. Ver A. W. Howitt, *Nat. Tr.*, *op. cit.*, p. 658, 661 e 668-71.

munhões.[405] Aquele que corre durante a incisão nas partes inferiores do corpo é, entre os Arunta, cuidadosamente recolhido e enterrado em um lugar sobre o qual se coloca um pedaço de madeira que indica aos transeuntes a santidade do local; nenhuma mulher pode se aproximar dele[406]. É, aliás, em função da natureza religiosa do sangue que se explica o papel, igualmente religioso, do ocre vermelho que é igualmente utilizado com muita frequência nas cerimônias. O *churinga* é nele esfregado; ele é utilizado nas ornamentações rituais[407]. Isso ocorre porque, dada a sua cor, ele é considerado uma substância aparentada ao sangue. Vários depósitos de ocre vermelho que podem ser encontrados em diferentes pontos do território dos Arunta são considerados, inclusive, o sangue coagulado que certas heroínas da época mítica teriam deixado escorrer sobre o chão.[408]

A cabeleira tem propriedades análogas. Os nativos do centro utilizam cintos, feitos de cabelos humanos, cuja função religiosa já indicamos: são utilizados como faixas para envolver certos objetos de culto.[409] Alguém emprestou a outra pessoa um de seus *churinga*? Para atestar seu reconhecimento, o segundo confecciona ao primeiro um presente feito de cabelos: esses dois tipos de coisa são, portanto, considerados como da mesma ordem e dotados de valor equivalente.[410] Do mesmo modo, a operação do corte de cabelos é um ato ritual que se acompanha de cerimônias determinadas: o indivíduo submetido a ela deve estar agachado sobre o chão, com o rosto voltado à direção ao lugar onde supostamente acamparam os ancestrais fabulosos dos quais o clã de sua mãe é considerado descendente.[411] Pelo mesmo motivo, tão logo um homem é morto, seus cabelos são cortados e depositados em um lugar isolado, pois nem as mulheres, nem os não iniciados têm o direito de vê-los; e é nesse local, longe dos olhos profanos, que se realiza a confecção dos cintos.[412]

---

405. Entre os Warramunga, o sangue da circuncisão é ingerido pela mãe (B. Spencer e F. J. Gillen, *North. Tr., op. cit.*, p. 352.). Entre os Binbinga, o sangue que manchou a faca utilizada na incisão nas partes inferiores do corpo deve ser sugado pelo iniciado (*Ibid.*, p. 368.). De uma maneira geral, o sangue que provém das genitálias é considerado excepcionalmente sagrado (*Id.*, *Nat. Tr., op. cit.*, p. 464; e, dos mesmos autores, *North. Tr., op. cit.*, p. 598.).

406. *Id., Nat. Tr., op. cit.*, p. 268.

407. *Ibid.*, p. 144 e 568.

408. *Ibid.*, p. 442 e 464. O mito encontra-se, aliás, em toda a Austrália.

409. *Ibid.*, p. 627.

410. *Ibid.*, p. 466.

411. *Ibid.* Se todas as formalidades não forem rigorosamente cumpridas, acredita-se que isso provocará graves calamidades ao indivíduo.

412. *Ibid.*, p. 538; *Id., North. Tr., op. cit.*, p. 604.

CAPÍTULO II – AS CRENÇAS PROPRIAMENTE TOTÊMICAS (cont.) | 179

Poder-se-ia indicar outros tecidos orgânicos que, com graus diversos, manifestam propriedades análogas, quais sejam, as costeletas, o prepúcio, a gordura do fígado etc.[413] Mas é inútil multiplicar os exemplos. Os que precedem bastam para provar que existe no ser humano alguma coisa que mantém o profano à distância e que apresenta uma eficácia religiosa. Em outros termos, o organismo humano esconde em suas profundezas um princípio sagrado, o qual, em determinadas circunstâncias, vem ostensivamente aflorar no exterior. Esse princípio não difere especificamente daquele que constitui o caráter religioso do totem. Acabamos de ver, com efeito, que as substâncias diversas nas quais ele se encarna de forma mais eminente entram na composição ritual dos instrumentos do culto (*nurtunja*, desenhos totêmicos) ou servem como unções cujo objetivo é revificar as virtudes seja dos *churinga*, seja das pedras sagradas. Trata-se, portanto, de coisas da mesma espécie.

Todavia, a dignidade religiosa que, sob esse aspecto, é inerente a cada membro do clã, não é igual para todos. Os homens a possuem em grau mais elevado que as mulheres. Estas são profanas em relação àqueles.[414] Do mesmo modo, todas as vezes que se realiza uma assembleia seja do grupo, seja da tribo, os homens formam um acampamento à parte, distinto do das mulheres e fechado para estas: eles são separados.[415] Mas há também diferenças na maneira pela qual os homens são marcados pelo caráter religioso. Os jovens não iniciados são totalmente desprovidos dessas marcas, pois não são admitidos nas cerimônias. É junto aos anciãos que eles atingem seu máximo de intensidade. Eles são tão sagrados que certas coisas proibidas ao homem vulgar lhes são permitidas: eles podem se alimentar do animal totêmico

---

413. O prepúcio, uma vez retirado via circuncisão, é por vezes dissimulado aos olhares, tal como o sangue. Ele tem virtudes especiais. Por exemplo, ele garante a fecundidade de certas espécies vegetais e animais (B. Spencer e F. J. Gillen, *North. Tr.*, *op. cit.*, p. 353-4.). As favoritas são assimiladas aos cabelos e tratadas como tais (*Ibid*, p. 544 e 604.). Elas exercem, aliás, um papel nos mitos (*Ibid.*, p. 158.). Quanto à gordura, seu caráter sagrado deriva do uso que lhe é dado em certos ritos funerários.

414. O que não significa dizer que a mulher seja absolutamente profana. Nos mitos, ela exerce, ao menos entre os Arunta, um papel religioso muito mais importante do que aquele que tem na realidade (B. Spencer e F. J. Gillen, *Nat. Tr.*, *op. cit.*, p. 195-6.). Ainda hoje, ela participa de certos ritos da iniciação. Enfim, seu sangue tem virtudes religiosas (*Ibid*, p. 464.); cf. É. Durkheim, "La prohibition de l'inceste et ses origines", *op. cit.*, p. 41 ss. – É dessa situação complexa da mulher que dependem as proibições exogâmicas. Não trataremos dessas proibições aqui porque elas remetem mais diretamente ao problema da organização doméstica e matrimonial.

415. B. Spencer e F. J. Gillen, *Nat. Tr.*, *op. cit.*, p. 460.

com maior liberdade e, inclusive, como já vimos, existem tribos em que são liberados de toda proibição alimentar.

É preciso evitar, portanto, que o totemismo seja visto como uma espécie de zoolatria. O ser humano não tem, de forma alguma, diante dos animais e das plantas cujos nomes ele ostenta, a atitude do fiel diante de seu deus, pois também ele pertence ao mundo sagrado. Suas relações são, antes, aquelas de dois seres que estão sensivelmente no mesmo nível e possuem igual valor. Quando muito, é possível dizer que, ao menos em alguns casos, o animal parece ocupar um lugar ligeiramente mais elevado na hierarquia das coisas sagradas. É assim que ele é, por vezes, denominado o pai ou o avô dos homens do clã; o que parece indicar que esses sentem-se, em relação àquele, em certo estado de dependência moral.[416] Ocorre com frequência, ou mesmo com maior frequência, que as expressões empregadas denotem sobretudo um sentimento de igualdade. O animal totêmico é denominado o amigo, o irmão mais velho de seus congêneres humanos.[417] Em resumo, os vínculos que existem entre esses e aquele assemelham-se muito mais aos que unem os membros de uma mesma família; animais e homens são feitos da mesma carne, como dizem os Buandik[418]. Em função desse parentesco, o ser humano vê nos animais da espécie totêmica parceiros benfeitores, com cuja ajuda acreditam poder contar. Convoca-os em sua ajuda,[419] e eles vêm guiar seus golpes na caça, bem como advertem-no dos perigos que pode correr.[420] Em troca, ele os trata com respeito, sem os brutalizar;[421] mas os cuidados que lhes dispensa em nada se assemelham a um culto.

O ser humano, inclusive, parece por vezes exercer sobre seu totem uma espécie de direito místico de propriedade. A proibição de matar seu totem ou de alimentar-se dele aplica-se, naturalmente, apenas aos membros do

---

416. Entre os Walekbura, segundo A. W. Howitt, *The Native Tribes os South-East Australia*, op. cit., p. 146; entre os Bechuana, segundo E. Casalis, *Les Bassoutos*, op. cit., p. 221.

417. Entre os Buandik e os Kurnai (A. W. Howitt, *Ibid.*); bem como entre os Arunta (C. Strehlow, *Die Aranda – und Loritja – Stämme in Zentral-Australien*, op. cit., II, 1908, p. 58.).

418. A. W. Howitt, *Ibid.*

419. Nos arredores do rio Tully, diz W. E. Roth ("Superstition, Magic and Medicine", op. cit., § 74.), quando um nativo vai dormir ou se levanta pela manhã, ele pronuncia, em voz baixa ou menos baixa, o nome do animal segundo o qual ele próprio foi nomeado. O objetivo dessa prática é tornar a pessoa hábil ou bem-sucedida na caça, ou prevenir os perigos aos quais ela pode ser exposta por esse animal. Por exemplo, um homem que tem por totem uma espécie de serpente, encontra-se protegido das picadas se essa invocação tiver sido regularmente feita.

420. G. Taplin, "The Narrinyeri", op. cit., p. 64; A. W. Howitt, *Nat. Tr.*, op. cit., p. 147; W. E. Roth, "Superstition, Magic and Medicine", loc. cit.

421. C. Strehlow, *Die Aranda – und Loritja – Stämme in Zentral-Australien*, op. cit., II, 1908, p. 58.

clã; ela não poderia estender-se às demais pessoas sem tornar a vida materialmente impossível. Se, em uma tribo como aquela dos Arunta, na qual há uma multidão de totens diferentes, fosse proibido alimentar-se não apenas do animal ou da planta cujo nome se possui, mas também de todos os animais e de todas as plantas que servem de totens aos outros clãs, os recursos alimentares seriam reduzidos a zero. Existem, contudo, tribos nas quais o consumo da planta ou do animal totêmico não é permitido de forma irrestrita, mesmo para o estrangeiro. Entre os Walekbura, ele não deve ocorrer na presença das pessoas do totem.[422] Em outros locais, sua permissão é necessária. Por exemplo, entre os Kaitish e os Unmatjera, quando uma pessoa do totem da Ema, encontrando-se em uma localidade ocupada por um clã da Semente do Capim (*grass seed*), colhe alguns de seus grãos, ela deve, antes de comê-los, ir ao encontro do chefe e dizer-lhe: "Colhi esses grãos em vosso país". Ao que o chefe responde: "Está bem; podeis comê-los". Ainda assim, caso a pessoa [do clã] da Ema os devorasse antes de pedir a autorização, acredita-se que adoeceria e correria o risco de morrer.[423] Há, inclusive, casos em que o chefe do grupo deve permanecer com uma pequena cota do alimento e comê-la ele próprio: trata-se de uma espécie de tributo que se deve pagar.[424] Pela mesma razão, o *churinga* transmite ao caçador certo poder sobre o animal correspondente: esfregar o corpo com um *churinga* do Canguru, por exemplo, aumenta as chances de capturar cangurus.[425] Eis aí a prova de que participar da natureza de um ser totêmico confere sobre este uma espécie de direito eminente. Enfim, há, na parte norte de Queensland, uma tribo, a dos Karingbool, em que as pessoas do totem são as únicas a ter direito de matar o animal totêmico, ou, caso o totem seja uma árvore, de retirar-lhe a casca. Sua ajuda é indispensável a todo estrangeiro que quer utilizar, por motivos pessoais, a pele desse animal ou a madeira dessa árvore.[426] Eles exercem, portanto, o papel de proprietários, ainda que, por certo, trate-se de uma propriedade muito especial, que temos alguma dificuldade de conceber.

---

422. A. W. Howitt, *The Native Tribes of South-East Australia*, op. cit., p. 148.
423. B. Spencer e F. J. Gillen, *North. Tr.*, op. cit., p. 159-60.
424. *Ibid.*
425. *Ibid.*, p. 255; *Id.*, *Nat. Tr.*, op. cit., p. 202-3.
426. A. L. P. Cameron, "On Two Queensland Tribes", *Science of Man, and Australasian Anthropological Journal*, VII, 1904, p. 28, coluna 1.

CAPÍTULO III

# As crenças propriamente totêmicas (*continuação*)

## O sistema cosmológico do totemismo e a noção de gênero

Começa-se a entrever que o totemismo é uma religião muito mais complexa do que podia parecer à primeira vista. Distinguimos já três categorias de coisas que ele reconhece, em diversos níveis, como sagradas: o emblema totêmico, a planta ou o animal cujo aspecto esse emblema reproduz e os membros do clã. Não obstante, esse quadro ainda não está completo. Uma religião, com efeito, não é simplesmente uma coleção de crenças fragmentárias, relativas a objetos muito particulares como aqueles que acabam de ser referidos. Todas as religiões concebidas foram mais ou menos sistemas de ideias que tendiam a abarcar a universalidade das coisas e dar-nos uma representação total do mundo. Para que o totemismo possa ser considerado uma religião comparável às outras, ele precisa também, portanto, oferecer-nos uma concepção do universo. Ora, ele satisfaz essa condição.

### I

Esse aspecto do totemismo foi geralmente negligenciado em decorrência da noção muito limitada que se tem do clã. Vê-se nele, em geral, nada mais que um grupo de seres humanos. Simples subdivisão da tribo, parece que, como esta, ele pode apenas ser composto de seres humanos. Mas, raciocinando dessa forma, substituímos as ideias que o primitivo tem do mundo e da sociedade pelas nossas, europeias. Para o australiano, as próprias coisas, todas as coisas que povoam o universo, fazem parte da tribo. Elas são seus elementos constitutivos e, por assim dizer, seus membros regulares. Elas ocupam, portanto, tanto quanto os seres humanos, um lugar determinado nos quadros da sociedade: "o selvagem da Austrália do Sul", diz Fison, "considera o universo como a grande tribo, sendo que ele pertence a uma de suas divisões, e todas as coisas, animadas ou inanimadas, que pertencem ao mesmo grupo que ele, são partes do corpo do qual ele mesmo é membro"[427]. Em decorrência desse princípio, quando a tribo é dividida em duas fratrias, todos os seres conhecidos são repartidos entre elas. "Toda a natureza", diz Palmer acerca das tribos do rio Bellinger, "é dividida de acordo com os nomes das fratrias... O sol, a lua e as estrelas... pertencem a esta ou àquela fratria assim como os próprios Negros."[428] A tribo de Port-Mackay, em Queensland, contém duas fratrias que têm os nomes de Yungaroo e de Wootaroo, e o mesmo ocorre com as tribos vizinhas. Ora, diz Bridgman, "todas as coisas animadas e inanimadas são divididas por essas tribos em duas classes chamadas Yungaroo e Wootaroo"[429]. Mas a classificação não para por aí. As pessoas de cada fratria são repartidas entre um certo número de clãs; do mesmo modo, as coisas atreladas a cada fratria são repartidas, por sua vez, entre os clãs que a compõem. Esta árvore, por exemplo, será atribuída ao clã do Canguru, e apenas a ele, e, por conseguinte, assim como os membros humanos desse clã, terá por totem o Canguru; já aquela [árvore] caberá ao clã da Serpente; as nuvens serão atribuídas a esse totem, o sol, àquele etc. Todos os seres conhecidos encontram-se assim dispostos em uma espécie de tabela, de classificação sistemática, que abarca a natureza como um todo.

Reproduzimos alhures certo número dessas classificações;[430] limitamo-nos a recordar algumas delas como exemplos. Uma das mais conhecidas é aquela que se observa na tribo do Monte Gambier. Essa tribo compreende duas fratrias que têm o nome, uma, de Kumite, e a outra, de Kroki; cada uma delas, por sua vez, encontra-se dividida em cinco clãs. Ora, "todas as coisas da natureza pertencem a um ou a outro desses dez clãs"[431]. Fison e Howitt dizem que elas estão "incluídas" neles. Elas são, com efeito, classificadas nesses dez totens como espécies atreladas a seus respectivos gêneros.

---

427. L. Fison e A. W. Howitt, *Kamilaroi and Kurnai, op. cit.*, p. 170.
428. E. Palmer, "Notes on some Australian Tribes", *op. cit.*, p. 300.
429. E. M. Curr (ed.), *The Australian Race*, Melbourne, John Ferres, III, 1887, p. 45; Brough Smyth, *The Aborigines of Victoria, op. cit.*, v. I, p. 91; L. Fison e A. W. Howitt, *Kamilaroi and Kurnai, op. cit.*, p. 168.
430. Ver É. Durkheim e M. Mauss, "De quelques formes primitives de classification", *op. cit.*, p. 1 ss. [Ver, em português: É. Durkheim e M. Mauss, "Algumas Formas Primitivas de Classificação", em M. Mauss, *Ensaios de Sociologia*, São Paulo, Perspectiva, 1981, p. 399 ss., com tradução de Luiz João Gaio e Jacó Guinsburg. (N.T.)]
431. E. M. Curr (ed.), *The Australian Race*, Melbourne, John Ferres, III, 1887, p. 461.

É o que mostra o esquema a seguir, construído a partir das informações recolhidas tanto por Curr quanto por Fison e Howitt[432].

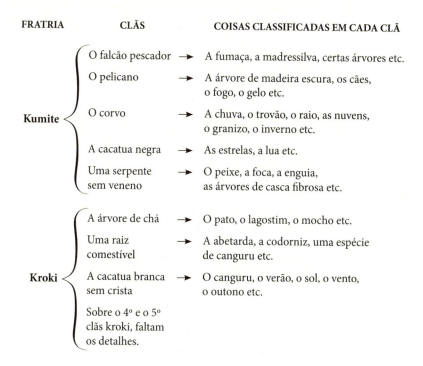

A lista de coisas assim atreladas a cada clã é, aliás, bastante incompleta. Curr nos adverte que ele se limitou a enumerar algumas delas. Graças aos trabalhos de Mathews e de Howitt,[433] contudo, temos hoje, sobre a classificação adotada pela tribo dos Wotjobaluk, informações mais amplas que permitem compreender como um sistema desse gênero pode abarcar todo o universo conhecido dos nativos. Os Wotjobaluk são também divididos em duas fratrias, uma chamada Gurogity, e a outra, Gumaty (Krokitch e Gamutch segundo Howitt).[434] Para não prolongar essa enume-

---

432. E. M. Curr e L. Fison foram informados pela mesma pessoa, Duncan Stewart.
433. R. H. Mathews, "Ethnological Notes on the Aboriginal Tribes of New South Wales and Victoria", *op. cit.*, p. 287-8; A. W. Howitt, *Nat. Tr.*, *op. cit.*, p. 121.
434. A forma feminina dos nomes dados por R. H. Mathews é: Gurogitygurk e Gamatygurk. Essas são as formas que A. W. Howitt reproduziu com uma ortografia diferente. Esses dois nomes são, aliás, os equivalentes daqueles que estão em uso na tribo do Monte Gambier (Kumite e Kroki).

ração, contentemo-nos em indicar, segundo Mathews, as coisas classificadas em alguns dos clãs da fratria Gurogity.

No clã do Inhame são classificados o peru das planícies, o gato nativo, o *mopoke*, o mocho *dyim-dyim*, a galinha *mallee*, o papagaio rosela, o *peewee*.

No clã do Mexilhão,[435] a ema cinzenta, o porco-espinho, o maçarico-real, a cacatua branca, o pato dos bosques, o lagarto *mallee*, a tartaruga fétida, o esquilo voador, o gambá com a cauda em forma de anel, o pombo com asas cor de bronze (*bronze-wings*), o *wijuggla*.

No clã do Sol, o *bandicoot*, a Lua, o rato-canguru, a pega preta e a pega branca, o gambá, o falcão *ngùrt*, a lagarta da seringueira, a lagarta da árvore de curtos galhos (*wattle-tree*), o planeta Vênus.

No clã do Vento quente,[436] a águia-falcão de cabeça grisalha, a cobra tapete, o papagaio fumador, o papagaio com escamas (*shell*), o falcão *murrakan*, a serpente *dikkomur*, o papagaio de coleira, a serpente *mirndai*, o lagarto com o dorso colorido.

Se acaso se considera que há muitos outros clãs (Howitt designa doze deles, Mathews, quatorze, e este previne que sua lista está muito incompleta)[437], compreender-se-á como todas as coisas às quais o nativo se interessa encontram naturalmente espaço nessas classificações.

Arranjos similares foram observados em pontos muito diferentes do continente australiano: na Austrália do Sul, no Estado de Victoria e na Nova Gales do Sul (entre os Euahlayi)[438]; encontram-se traços muito claros disso nas tribos do centro[439]. Em Queensland, onde os clãs parecem ter desaparecido e onde as classes matrimoniais são as únicas subdivisões da fratria, as coisas são divididas entre as classes. Desse modo, os Wakelbura são divididos em duas fratrias, Mallera e Wutaru. As classes da primeira são denominadas Kurgilla e Banbe, enquanto as classes da segunda são Wungo e Obu. Ora, aos Banbe pertencem o gambá, o canguru, o cão, o mel da abelha

---

435. O nome nativo desse clã é Dyàlup, que R. H. Mathews não traduz. Mas essa palavra parece bastante similar a Jallup, por meio da qual A. W. Howitt designa um subclã dessa mesma tribo e que ele traduz por *mussel*, conchas, mexilhão. Eis porque pensamos ser possível arriscar essa tradução.

436. É a tradução de A. W. Howitt; R. H. Mathews traduz a palavra (Wartwurt) por calor do sol do meio-dia.

437. Os quadros de R. H. Mathews e de A. W. Howitt estão em desacordo em mais de um ponto importante. Parece mesmo que os clãs atribuídos por A. W. Howitt à fratria Kroki foram contabilizados por R. H. Mathews na fratria Gamutch, e vice-versa. Eis aí a prova das dificuldades muito grandes que apresentam essas observações. Essas discordâncias, aliás, são pouco importantes para a questão que tratamos.

438. K. Langloh Parker, *The Euahlayi Tribe, op. cit.*, p. 12 ss.

439. Os fatos serão dispostos mais adiante.

pequena etc. Aos Wungo são atribuídos a ema, o *bandicoot*, o pato negro, a serpente negra, a serpente castanha; aos Obu, a serpente tapete, o mel das abelhas que ferroam etc.; aos Kurgilla, o porco-espinho, o peru das planícies, a água, a chuva, o fogo, o trovão etc.[440]

A mesma organização é encontrada entre os Índios da América do Norte. Os Zuni possuem um sistema de classificação que, em suas linhas essenciais, é comparável em todos os aspectos ao que acabamos de descrever. O dos Omaha repousa sobre os mesmos princípios que aquele dos Wotjobaluk.[441] Um eco dessas ideias persiste até em sociedades mais avançadas. Entre os Haida, todos os deuses, todos os seres míticos responsáveis pelos diferentes fenômenos da natureza são também classificados, assim como os seres humanos, em uma ou em outra das duas fratrias da tribo: uns são Águias, enquanto os outros, Corvos.[442] Ora, os deuses das coisas nada mais são que outro aspecto das próprias coisas que governam.[443] Essa classificação mitológica é, portanto, apenas outra forma das precedentes. Estamos assim seguros de que essa maneira de conceber o mundo é independente de toda particularidade étnica ou geográfica. Ao mesmo tempo, contudo, é evidente que ela está intimamente associada ao conjunto das crenças totêmicas.

## II

No trabalho ao qual já fizemos várias alusões*, indicamos que luz esses fatos projetam sobre a maneira pela qual se formou, na humanidade, a noção de gênero ou de classe. Com efeito, essas classificações sistemáticas são

---

440. E. M. Curr (ed.), *The Australian Race*, Melbourne, John Ferres, III, 1887, p. 27. Cf. A. W. Howitt, *Nat. Tr.*, *op. cit.*, p. 112. Nós nos limitamos a citar os fatos mais característicos. Para os detalhes, pode-se recorrer ao texto já citado sobre as *Classificações Primitivas* [Ver, para a última ocorrência, a nota 430. (N.T.)].

441. Ver É. Durkheim e M. Mauss, "De quelques formes primitives de classification", *op. cit.*, p. 34 ss. [Ver, em português: É. Durkheim e M. Mauss, "Algumas Formas Primitivas de Classificação", em M. Mauss, *Ensaios de Sociologia*, São Paulo, Perspectiva, 1981, p. 425 ss., com tradução de Luiz João Gaio e Jacó Guinsburg. (N.T.)]

442. J. R. Swanton, "Contributions to the Ethnology of the Haida", *op. cit.*, p. 13-4, 17 e 22.

443. Isso é particularmente manifesto entre os Haida. Entre eles, diz J. R. Swanton, todo animal tem dois aspectos. Por um lado, trata-se de um ser comum, que pode ser caçado e devorado; mas, ao mesmo tempo, trata-se de um ser sobrenatural, que tem a forma exterior de um animal, do qual o ser humano depende. Os seres míticos, correspondentes aos diversos fenômenos cósmicos, têm a mesma ambiguidade (*Ibid.*, p. 14, 16 e 25.).

*. Durkheim refere-se, bem entendido, ao texto que ele e Mauss publicaram originalmente em 1903: É. Durkheim e M. Mauss, "De quelques formes primitives de classification", *op. cit.*, p. 1 ss. Ver, em português: É. Durkheim e M. Mauss, "Algumas Formas Primitivas de Classificação", em M. Mauss, *Ensaios de Sociologia*, *op. cit.* (N.T.)

as primeiras que encontramos na história. Ora, acaba-se de constatar que elas foram modeladas sobre a organização social, ou, ainda, que tomaram como quadros os próprios quadros da sociedade. As fratrias serviram de gênero, enquanto os clãs, de espécies. Era porque os seres humanos estavam agrupados que puderam agrupar as coisas: afinal, para classificá-las, limitaram-se a encaixá-las nos grupos que eles próprios formavam. E se essas diversas classes de coisas não foram simplesmente justapostas umas às outras, mas ordenadas de acordo com um plano unitário, isso ocorre porque os grupos sociais com os quais elas se confundem também são solidários e formam por sua união um todo orgânico, a tribo. A unidade desses primeiros sistemas lógicos apenas reproduz a unidade da sociedade. Assim nos é oferecida uma primeira ocasião de verificar a proposição que enunciamos no início desta obra e de nos assegurar de que as noções fundamentais do espírito, as categorias essenciais do pensamento, podem ser o produto de fatores sociais. O que precede demonstra, com efeito, que esse é o caso da própria noção de categoria.

Isso não significa, porém, que pretendamos negar à consciência individual, mesmo reduzida a suas forças isoladas, o poder de perceber semelhanças entre as coisas particulares que ela representa a si mesma. É claro, ao contrário, que as classificações, inclusive as mais primitivas e simples, já supõem tal faculdade. Não é por acaso que o australiano ordena as coisas em um mesmo clã ou em clãs diferentes. Nele, como em nós, as imagens semelhantes se atraem, as imagens opostas se repelem, e é seguindo o sentimento dessas afinidades e dessas repulsões que ele classifica, aqui ou ali, as coisas correspondentes.

Há, aliás, casos em que vislumbramos as razões que os inspiraram. As duas fratrias muito provavelmente constituíram os quadros iniciais e fundamentais dessas classificações que, por conseguinte, começaram por ser dicotômicas. Ora, quando uma classificação se reduz a dois gêneros, esses são quase que necessariamente concebidos sob forma antitética: ela é utilizada, antes de tudo, como um meio para separar claramente as coisas entre as quais o contraste é o mais significativo. Colocam-se umas à direita, e as outras, à esquerda. Tal é, com efeito, o caráter das classificações australianas. Se a cacatua branca é classificada em uma fratria, a cacatua negra está na outra; se o sol está de um lado, a lua e os astros da noite estão do lado oposto. [444] Com muita frequência, os seres que servem de totem às duas fra-

---

444. Ver, anteriormente, p. 185. Ocorre dessa maneira entre os Gournditch-mara (A. W. Howitt, *Nat. Tr., op. cit.*, p. 124.), nas tribos observadas por Cameron perto de Mortlake (*Ibid.*, p. 125.) e entre os Wotjobaluk (*Ibid.*, p. 250.).

trias têm cores opostas.[445] Essas oposições são encontradas mesmo fora da Austrália. Lá, onde uma das fratrias é encarregada da paz, a outra é encarregada da guerra;[446] se uma possui a água como totem, a outra possui como totem a terra.[447] Eis o que explica, sem dúvida, que as duas fratrias tenham sido frequentemente concebidas como naturalmente antagonistas entre si. Admite-se que exista entre elas uma espécie de rivalidade e mesmo de hostilidade constitucional.[448] A oposição das coisas estendeu-se às pessoas: o contraste lógico duplicou-se em uma espécie de conflito social.[449]

Por outro lado, no interior de cada fratria, dispuseram-se em um mesmo clã as coisas que pareciam ter maior afinidade com aquelas que serviam de totem. Por exemplo, colocou-se a lua junto da cacatua negra; o sol, ao contrário, do mesmo modo que a atmosfera e o vento, junto da cacatua branca. Ou ainda, agregou-se ao animal totêmico tudo o que serve à sua alimentação,[450] do mesmo modo que os animais com os quais ele tem con-

---

445. J. Mathew, *Two Representative Tribes of Queensland, op. cit.*, p. 139; N. W. Thomas, *Kinship Organisations and Group Marriage in Australia, op. cit.*, p. 53-4.

446. Por exemplo, entre os Osage (Ver J. O. Dorsey, "Siouan Sociology", *XV*[th] *Annual Report of the Bureau of Ethnology to the Secretary of the Smithsonian Institution, 1893-1894*, Washington, Government Printing Office, 1897, p. 233 ss.).

447. Em Mabuiag, ilha do estreito de Torres (A. C. Haddon, *Head-Hunters, Black, White and Brown*, Londres, Methuen, 1901, p. 132.). A mesma oposição é, aliás, encontrada entre as duas fratrias dos Arunta: uma compreende as pessoas da água, a outra, as pessoas da terra (C. Strehlow, *Die Aranda – und Loritja – Stämme in Zentral-Australien, op. cit.*, I, 1907, p. 6.).

448. Entre os Iroqueses, existem espécies de torneios entre as duas fratrias (L. H. Morgan, *Ancient Society, op. cit.*, p. 94.). Entre os Haida, diz J. R. Swanton, os membros das duas fratrias da Águia e do Corvo "são frequentemente considerados inimigos declarados. Maridos e esposas (que são obrigatoriamente de fratrias diferentes) não hesitam em trair-se mutuamente ("Contributions to the Ethnology of the Haida", *op. cit.*, p. 62.). Na Austrália, essa hostilidade se traduz nos mitos. Os dois animais que servem de totem às duas fratrias são geralmente apresentados perpetuamente em guerra um contra o outro (Ver J. Mathew, *Eaglehawk and Crow, a Study of the Australian Aborigines, op. cit.*, p. 14 ss.). Nos jogos, cada fratria é o adversário natural da outra (A. W. Howitt, *Nat. Tr., op. cit.*, p. 770.).

449. Foi, portanto, equivocadamente que N. W. Thomas criticou nossa teoria sobre a gênese das fratrias, afirmando que ela não poderia explicar a oposição entre elas (N. W. Thomas, *Kinship Organisation and Groupe Marriage in Australia, op. cit.*, p. 69.). Não acreditamos, contudo, que seja preciso reduzir essa oposição àquela do sagrado e do profano (Ver R. Hertz, "La prééminence de la main droite", *op. cit.*, p. 559 [Ver, em português: R. Hertz, "A preeminência da mão direita: um estudo sobre a polaridade religiosa", em *Religião e Sociedade*, n. 6, 1980, p. 105-6, com tradução de Alba Zaluar. (N.T.)].). As coisas de uma fratria não são profanas para a outra. Ambas fazem parte de um mesmo sistema religioso (Ver, a seguir, p. 198-199.).

450. Por exemplo, o clã da árvore de chá compreende as pastagens e, por conseguinte, os herbívoros (Ver L. Fison e A. W. Howitt, *Kamilaroi and Kurnai, op. cit.*, p. 169.). Eis aí, sem dúvida, o que explica uma particularidade que F. Boas assinala nos emblemas totêmicos da América do Norte. "Entre os Tlinkit", diz ele, "e em todas as outras tribos da costa, o emblema de um

tato mais intimamente.[451] Sem dúvida, não podemos sempre compreender a obscura psicologia que preside muitas dessas aproximações ou dessas distinções. Mas os exemplos precedentes bastam para mostrar que uma certa intuição das semelhanças ou das diferenças que as coisas apresentam exerceu um papel na gênese dessas classificações.

Uma coisa, contudo, é o sentimento das semelhanças, outra coisa, a noção de gênero. O gênero é o quadro exterior cujo conteúdo é formado, em parte, por objetos percebidos como semelhantes. Ora, o conteúdo não pode, por si só, fornecer o quadro no qual ele se dispõe. Ele é feito de imagens *vagas e flutuantes*, devidas à superposição e à fusão parcial de um *número determinado de imagens individuais*, que por ventura têm elementos comuns. O quadro, ao contrário, é uma *forma definida*, com contornos fixos, mas suscetível de se aplicar a um *número indeterminado de coisas*, percebidas ou não, atuais ou possíveis. Todo gênero, com efeito, tem um campo de extensão que ultrapassa infinitamente o círculo dos objetos cuja semelhança, por experiência direta, experimentamos. Eis porque toda uma escola de pensadores se recusa, não sem razão, a identificar a ideia de gênero e aquela de imagem genérica. A imagem genérica é apenas a representação residual, de fronteiras indecisas, que deixam em nós representações semelhantes, quando elas estão simultaneamente presentes na consciência. O gênero é um símbolo lógico graças ao qual pensamos distintamente essas similitudes e outras análogas. Ademais, a melhor prova do espaço que separa essas duas noções é que o animal é capaz de formar imagens genéricas, enquanto ignora a arte de pensar por gêneros e por espécies.

A ideia de gênero é um instrumento do pensamento que foi manifestamente construída pelos seres humanos. Mas para construí-la, ao menos um modelo nos foi necessário. Afinal, como essa ideia poderia ter nascido se não houvesse nem em nós, nem fora de nós, nada que fosse capaz de sugeri-la? Responder que ela nos é dada *a priori* não é responder. Essa solução preguiçosa é, como se diz, a morte da análise. Ora, não se vê onde mais poderíamos ter encontrado esse modelo indispensável senão no espetáculo da vida coletiva. Um gênero, com efeito, é um agrupamento ideal, mas claramente definido, de coisas entre as quais existem laços internos, análogos aos laços de parentesco. Pois bem, os únicos agrupamentos dessa espécie que a

---

grupo compreende os animais que servem de alimento àquele cujo nome o grupo ostenta" (F. Boas, "First General Report on the Indians of British Columbia", *op. cit.*, p. 25).

451. Assim, entre os Arunta, as rãs são associadas ao totem da seringueira, pois são encontradas com frequência nas cavidades dessa árvore; a água está atrelada à galinha d'água; ao canguru, vincula-se uma espécie de papagaio que se vê com frequência voar em torno desse animal (B. Spencer e F. J. Gillen, *Nat. Tr.*, *op. cit.*, p. 146-7 e 448).

experiência nos dá a conhecer são aqueles que formam os seres humanos ao se associar. As coisas materiais podem formar totalidades de coleção, aglomerados, composições mecânicas sem unidade interna, mas não grupos no sentido que acabamos de dar à palavra. Um monte de areia ou uma pilha de pedras nada têm de comparável a essa espécie de sociedade definida e organizada que é um gênero. Ao que tudo indica, jamais teríamos pensado em reunir os seres do universo em grupos homogêneos, chamados gêneros, se não tivéssemos sob nossos olhos o exemplo das sociedades humanas, e, inclusive, se não tivéssemos começado por fazer das próprias coisas membros da sociedade humana, embora agrupamentos humanos e agrupamentos lógicos tenham sido, de início, confundidos.[452]

Por outro lado, uma classificação é um sistema cujas partes estão dispostas seguindo uma ordem hierárquica. Há caracteres dominantes e outros que são subordinados aos primeiros. As espécies e suas propriedades distintivas dependem dos gêneros e dos atributos que as definem; ou ainda, as diferentes espécies de um mesmo gênero são concebidas como situadas, ambas, em um mesmo nível. E se acaso acionarmos, preferencialmente, o ponto de vista da compreensão? Concebe-se, então, as coisas a partir de uma ordem inversa: coloca-se acima as espécies mais particulares e mais ricas em realidade, e, abaixo, os tipos mais gerais e mais pobres em qualidades. De todo modo, não se deixa de representar as coisas sob uma forma hierárquica. E não se deve pensar que a expressão tem aqui apenas um sentido metafórico: trata-se realmente de relações de subordinação e de coordenação que uma classificação tem por finalidade estabelecer, e o ser humano sequer teria pensado em ordenar seus conhecimentos dessa forma se não tivesse sabido, de início, o que é uma hierarquia. Ora, nem o espetáculo da natureza física nem o mecanismo das associações mentais poderiam nos fornecer uma ideia disso. A hierarquia é exclusivamente uma coisa social. É somente na sociedade que existem superiores, inferiores e iguais. Por conseguinte, embora os fatos não fossem a tal ponto demonstrativos, a simples análise dessas noções bastaria para revelar sua origem. É da

---

452. Uma das marcas dessa indistinção primitiva é que, por vezes, atribui-se aos gêneros uma base territorial, assim como às divisões sociais com as quais eles estavam, de início, confundidos. Desse modo, entre os Wotjobaluk na Austrália e entre os Zuni na América, as coisas são repartidas idealmente entre as diferentes regiões do espaço, assim como os clãs. Ora, a repartição regional das coisas e aquela dos clãs coincidem (Ver É. Durkheim e M. Mauss, "De quelques formes primitives de classification", *op. cit.*, p. 34 ss. [Ver, em português: É. Durkheim e M. Mauss, "Algumas Formas Primitivas de Classificação", em M. Mauss, *Ensaios de Sociologia, op. cit.*, p. 425 ss. (N.T.)].). As classificações guardam algo desse caráter especial até mesmo em povos relativamente avançados, na China, por exemplo (*Ibid.*, p. 55 ss. [Ver, em português: *Ibid.*, p. 442 ss. (N.T.)].).

sociedade que as tomamos de empréstimo para projetá-las, em seguida, em nossa representação do mundo. É a sociedade que fornece o suporte sobre o qual trabalhou o pensamento lógico.

## III

Mas essas classificações primitivas dizem respeito, não menos diretamente, à gênese do pensamento religioso.

Elas implicam, com efeito, que todas as coisas assim classificadas em um mesmo clã ou em uma mesma fratria são parentes próximos, tanto umas das outras quanto daquilo que serve de totem a essa fratria ou a esse clã. Quando o australiano da tribo de Pot-Mackay diz que o sol e as serpentes, entre outros, são da fratria Yungaroo, ele não intenta simplesmente aplicar a todos esses seres distintos uma etiqueta comum, mas puramente convencional. A palavra possui para ele um significado objetivo. Ele crê, realmente, que "os jacarés *são* Yungaroo, e que os cangurus *são* Wootaroo. O sol é Yungaroo; a lua, Wootaroo; e assim por diante, para as constelações, as árvores, as plantas etc."[453]. Um vínculo interno os liga ao grupo no qual são colocados. Eles são seus membros regulares. Diz-se que pertencem a esse grupo,[454] da mesma forma que os indivíduos. Por conseguinte, uma relação do mesmo gênero os une a esses. O ser humano vê nas coisas de seu clã parentes ou associados: ele as denomina seus amigos, e considera que ambos são feitos da mesma carne.[455] Também há entre elas e ele afinidades eletivas e relações de conveniência muito particulares. Coisas e pessoas se interpelam, em alguma medida se compreendem e harmonizam-se naturalmente. Por exemplo, quando se enterra um Wakelbura da fratria Mallera, o cadafalso sobre o qual o corpo é exposto "deve ser feito da madeira de alguma árvore pertencente à fratria Mallera"[456]. O mesmo ocorre com os ramos que cobrem o cadáver. Se o defunto é da classe Banbe, dever-se-á utilizar uma árvore Banbe. Na mesma tribo, um mago pode apenas se servir,

---

453. G. F. Bridgman, em R. Brough Smyth, *The Aborigines of Victoria, op. cit.*, I, p. 91.

454. L. Fison e A. W. Howitt, *Kamilaroi and Kurnai, op. cit.*, p. 168; A. W. Howitt, "Further Notes on the Australian Class Systems", *op. cit.*, p. 60.

455. E. M. Curr (ed.), *The Australian Race, op. cit.*, III, 1887, p. 461. Trata-se da tribo do Monte Gambier.

456. A. W. Howitt, "On some Australian Beliefs", *J.A.I.*, XIII, 1884, p. 191, n. 1.

para sua arte, de coisas que provêm da sua fratria,[457] pois as demais lhe são estranhas e ele não saberia se fazer obedecer por elas. Um laço de simpatia mística une desse modo cada indivíduo aos seres, vivos ou não, que lhe são associados. Disso resulta que se acredita poder induzir o que ele fará ou o que ele faz a partir do que esses seres fazem. Entre esses mesmos Walkelbura, quando um indivíduo matou um animal que pertence a determinada divisão social, ele espera se encontrar no dia seguinte com uma pessoa da mesma divisão.[458] Inversamente, as coisas atreladas a um clã ou a uma fratria não podem ser utilizadas contra os membros dessa fratria ou desse clã. Entre os Wotjobaluk, cada fratria tem árvores que lhe são próprias. Ora, para caçar um animal da fratria Gurogity, só se pode empregar armas cuja madeira foi tomada das árvores da outra fratria, e vice-versa; do contrário, é certo que o caçador falhará.[459] O nativo está convencido de que a flecha se desviará por si só do alvo e se recusará, por assim dizer, a atingir um animal parente e amigo.

Desse modo, as pessoas do clã e as coisas que nele são classificados formam, por sua união, um sistema solidário, em que todas as partes estão ligadas e vibram simpaticamente. Essa organização que, de início, podia nos parecer puramente lógica é, ao mesmo tempo, moral. Um mesmo princípio a anima e realiza sua unidade: trata-se do totem. Do mesmo modo que uma pessoa que pertence ao clã do Corvo tem em si algo desse animal, a chuva, dado que ela é do mesmo clã que deve pertencer ao mesmo totem, é necessariamente considerada, também, como "sendo a mesma coisa que um corvo". Pela mesma razão, a lua é uma cacatua negra; o sol, uma cacatua branca; toda árvore de madeira negra, um pelicano etc. Todos os seres acomodados em um mesmo clã, pessoas, animais, plantas, objetos inanimados, são, portanto, simples modalidades do ser totêmico. Eis aí o que significa a fórmula que mencionávamos há pouco e que produz verdadeiros congêneres: todos são realmente da mesma carne, no sentido de participarem todos da natureza do animal totêmico. Aliás, as qualificações que lhes são dadas são também aquelas que se dá ao totem.[460] Os Wotjobaluk chamam

---

457. A. W. Howitt, "On some Australian Beliefs", *The Journal of the Anthropological Institute of Great Britain and Ireland*, XVIII, 1889, p. 326; bem como W. Howitt, "Further Notes on the Australian Class Systems", *op. cit.*, p. 61, n. 3.
458. E. M. Curr (ed.), *The Australian Race, op. cit.*, III, 1887, p. 28.
459. R. H. Mathews, "Ethnological Notes on the Aboriginal Tribes os New South Wales and Victoria", *op. cit.*, p. 294.
460. E. M. Curr (ed.), *The Australian Race*, Melbourne, John Ferres, III, 1887, p. 461; e A. W. Howitt, *Nat. Tr., op. cit.*, p. 146. As expressões de *Tooman* e de *Wingo* aplicam-se tanto a uns quanto aos outros.

pelo mesmo nome, *Mir*, tanto o totem quanto as coisas por ele abrangidas.[461] Entre os Arunta, onde, como veremos, ainda existem traços visíveis de classificação, palavras diferentes, é verdade, designam o totem e os seres associados a ele. Ainda assim, o nome que se dá a estes atesta as relações íntimas que os unem ao animal totêmico. Diz-se que eles são seus íntimos, seus *associados*, seus *amigos*; acredita-se que sejam inseparáveis.[462] Tem-se, portanto, o sentimento de um parentesco muito próximo.

Por outro lado, contudo, sabemos que o animal totêmico é um ser sagrado. Todas as coisas que estão atreladas ao clã do qual ele é o emblema têm, portanto, o mesmo caráter, pois são, em um sentido, animais da mesma espécie, assim como o ser humano. Elas também são sagradas, e as classificações que as situam em relação às outras coisas do universo lhes garantem, ao mesmo tempo, um lugar no conjunto do sistema religioso. Eis porque aqueles que, dentre elas, são animais ou plantas não podem ser livremente consumidos por membros humanos do clã. Desse modo, na tribo do Monte Gambier, as pessoas que têm por totem uma *serpente sem veneno* não devem apenas se abster da carne dessa serpente; a carne das focas, das enguias etc., é igualmente proibida para elas.[463] Se, pressionadas pela necessidade, elas são levadas a alimentar-se desses animais, devem ao menos atenuar o sacrilégio por meio de ritos expiatórios, como se isso envolvesse os totens propriamente ditos.[464] Entre os Euahlayi,[465] onde é permitido utilizar o totem, mas não abusar dele, a mesma regra aplica-se às outras coisas do clã. Entre os Arunta, a interdição que protege o animal totêmico estende-se até aos animais associados;[466] e, em todo caso, devem-se a estes últimos considerações muito particulares[467]. Os sentimentos que uns e outros inspiram são idênticos.[468]

---

461. A. W. Howitt, *Nat. Tr.*, *op. cit.*, p. 123.
462. B. Spencer e F. J. Gillen, *Nat. Tr.*, *op. cit.*, p. 447 ss; C. Strehlow, *Die Aranda – und Loritja – Stämme in Zentral-Australien*, *op. cit.*, III, 1910, p. XII ss.
463. L. Fison e A. W. Howitt, *Kamilaroi and Kurnai*, *op. cit.*, p. 169.
464. E. M. Curr (ed.), *The Australian Race*, Melbourne, John Ferres, III, 1887, p. 462.
465. K. L. Parker, *The Euahlayi Tribe*, *op. cit.*, p. 20.
466. B. Spencer e F. J. Gillen, *North. Tr.*, *op. cit.*, p. 151; *Id. Nat. Tr.*, *op. cit.*, p. 447; C. Strehlow, *Die Aranda – und Loritja – Stämme in Zentral-Australien*, *op. cit.*, III, 1910, p. XII.
467. B. Spencer e F. J. Gillen, *Nat. Tr.*, *op. cit.*, p. 449.
468. Existem, contudo, certas tribos de Queensland nas quais as coisas assim atreladas a um grupo social não são proibidas aos membros desse grupo: esse é, em especial, o caso dos Wakelbura. É preciso lembrar que, nessas sociedades, são as classes matrimoniais que servem de quadros à classificação (Ver, anteriormente, p. 186). Ora, não somente as pessoas de uma classe podem se alimentar dos animais atribuídos a essa classe, mas *elas não podem se*

Ainda assim, o que mostra ainda melhor que todas as coisas assim atreladas a um totem não são de outra natureza e, por conseguinte, têm um caráter religioso, é que, nessa ocasião, elas exercem o mesmo papel. Trata-se de totens acessórios, secundários, ou, seguindo uma expressão hoje consagrada pelo uso, subtotens.[469] A todo momento, em um clã, formam-se, sob a influência de simpatias, de afinidades particulares, grupos mais restritos, associações mais limitadas que tendem a viver uma vida relativamente autônoma, e a formar uma espécie de subdivisão nova, como um subclã no interior do primeiro. Esse subclã, para se distinguir e se individualizar, requer um totem particular, ou seja, um subtotem.[470] Pois bem, é entre as diversas coisas classificadas sob o totem principal que são escolhidos os totens desses grupos secundários. Elas são, portanto, ao pé da letra, totens virtuais, e a menor circunstância basta para lhes colocar em ação. Há nelas uma natureza totêmica latente que se manifesta desde que as condições o permitam ou o exijam. Ocorre assim que um mesmo indivíduo tenha dois totens: um totem principal, que é comum a todo o clã, e um subtotem, que é próprio do subclã do qual faz parte. É algo análogo ao *nomem* e ao *cognomen* dos romanos.[471]

Por vezes, inclusive, vemos um subclã liberar-se totalmente e tornar-se um grupo autônomo, um clã independente: o subtotem, por sua vez, torna-se, então, um totem propriamente dito. Uma tribo em que esse *processo* de segmentação foi, por assim dizer, levado a seu limite extremo é a

---

*alimentar de outros*. Toda alimentação diferente lhes é proibida (A. W. Howitt, *Nat. Tr.*, *op. cit.*, p. 113; E. M. Curr (ed.), *The Australian Race*, Melbourne, John Ferres, III, 1887, p. 27.). – É preciso, contudo, não concluir disso que tais animais sejam considerados como profanos. Observar-se-á, com efeito, que o indivíduo não possui apenas a faculdade de devorar os animais, mas que é compelido a isso, uma vez que é impedido de se alimentar de outra maneira. Ora, esse caráter imperativo da prescrição é o signo seguro de que estamos em presença de coisas que têm uma natureza religiosa. Ocorre apenas que a religiosidade com a qual são marcadas deu origem a uma obrigação positiva, e não a essa obrigação negativa que é uma proibição. Talvez não seja impossível vislumbrar como pôde se constituir essa espécie de direito de propriedade sobre seu totem e, por conseguinte, sobre as coisas que dele dependem. Que, sob a influência de circunstâncias especiais, esse aspecto da relação totêmica tenha se desenvolvido, isso é o bastante para naturalmente se chegar a crer que os membros de um clã poderiam ser os únicos a dispor de seus totens e de tudo o que lhe é assimilado; que os outros, ao contrário, não tinham o direito de tocá-lo. Nessas condições, um clã podia apenas se alimentar das coisas que lhe eram atribuídas.

469. K. L. Parker utiliza a expressão *multiplex totems*.
470. Ver como exemplos a tribo dos Euahlayi, no livro de K. L. Parker (*The Euahlayi Tribe*, *op. cit.*, p. 15 ss.), e a dos Wotjobaluk (A. W. Howitt, *Nat. Tr.*, *op. cit.*, p. 121 ss.; cf. o artigo de R. H. Mathews já citado.).
471. Ver exemplos em A. W. Howitt, *Nat. Tr.*, *op. cit.*, p. 122.

dos Arunta. As indicações contidas no primeiro livro de Spencer e Gillen demonstravam que existia entre os Arunta cerca de sessenta totens;[472] mas as recentes pesquisas de Strehlow estabeleceram que seu número era ainda maior. Ele contabiliza não menos de 442 totens.[473] Spencer e Gillen não cometiam nenhum exagero quando diziam que: "no país ocupado pelos nativos, não existe um objeto, animado ou inanimado, que não empreste seu nome a algum grupo totêmico de indivíduos"[474]. Ora, essa enorme quantidade de totens, que é prodigiosa quando comparada ao tamanho da população, deve-se ao fato de, sob a influência de circunstâncias particulares, os clãs primitivos terem se dividido e subdividido ao infinito. Em decorrência disso, quase todos os subtotens passaram ao estado de totens.

É o que as observações de Strehlow mostraram em definitivo. Spencer e Gillen haviam citado apenas alguns casos isolados de totens associados.[475] Strehlow estabeleceu que se tratava, na realidade, de uma organização absolutamente geral. Ele pôde elaborar um quadro em que quase todos os totens dos Arunta são classificados segundo esse princípio: todos estão atrelados, na qualidade de associados ou de auxiliares, a cerca de sessenta totens principais.[476] Os primeiros são considerados como estando a serviço dos segundos.[477] Esse estado de dependência relativa é, muito provavelmente, o eco de um tempo no qual os "aliados" de hoje eram apenas subtotens; no

---

472. Ver É. Durkheim e M. Mauss, "De quelques formes primitives de classification", *op. cit.*, p. 28, n. 2. [Ver, em português: É. Durkheim e M. Mauss, "De Algumas Formas Primitivas de Classificação", em M. Mauss, *Ensaios de Sociologia, op. cit.*, p. 421, n. 99. (N.T.)]

473. C. Strehlow, *Die Aranda – und Loritja – Stämme in Zentral-Australien, op. cit.*, II, 1908, p. 62-72.

474. B. Spencer e F. J. Gillen, *Nat. Tr., op. cit.*, p. 112.

475. Ver, especialmente, *Ibid.*, p. 447, e, dos mesmos autores, *North. Tr., op. cit.*, p. 151.

476. C. Strehlow, *Die Aranda – und Loritja – Stämme in Zentral-Australien, op. cit.*, III, 1910, p. XIII-XVII. Pode acontecer que os mesmos totens secundários estejam simultaneamente atrelados a dois ou três totens principais. Sem dúvida, C. Strehlow não pôde estabelecer com certeza qual desses totens era, realmente, o principal. – Dois fatos interessantes, decorrentes desse quadro, confirmam certas proposições que enunciamos anteriormente. De início, os totens principais são quase todos animais, com pouquíssimas exceções. Além disso, os astros nunca são algo mais que totens secundários ou associados. Trata-se de uma prova nova de que estes últimos foram promovidos apenas tardiamente à dignidade de totens e que, de início, os totens principais foram, de preferência, emprestados do reino animal.

477. Segundo o mito, os totens associados teriam, durante os tempos fabulosos, servido de alimento às pessoas do totem principal, ou, quando são árvores, emprestado a elas sua sombra (C. Strehlow, *Die Aranda – und Loritja – Stämme in Zentral-Australien, op. cit.*, III, 1910, p. XII; B. Spencer e F. J. Gillen, *Nat. Tr., op. cit.*, p. 403.). O fato do totem associado ter sido supostamente consumido não implica, aliás, que seja considerado profano; afinal, nessa época mítica, o próprio totem principal era, acredita-se, consumido pelos ancestrais, fundadores do clã.

qual, por conseguinte, a tribo tinha apenas um pequeno número de clãs, subdivididos em subclãs. Várias sobrevivências confirmam essa hipótese. Ocorre frequentemente que dois grupos assim associados tenham o mesmo emblema totêmico: pois bem, a unidade do emblema é apenas explicável caso, primitivamente, os dois grupos tenham sido apenas um.[478] Além disso, o parentesco entre os dois clãs se manifesta pela participação e pelo interesse de cada um deles nos ritos do outro. Os dois cultos estão ainda apenas imperfeitamente separados; é que, muito provavelmente, de início, eles confundiam-se completamente.[479] A tradição explica o laço que os une, ao imaginar que outrora os dois clãs ocupavam *habitats* vizinhos.[480] Em outros casos, o mito diz mesmo expressamente que um dos dois é derivado do outro. Diz-se que o animal associado começou por pertencer à espécie que serve ainda de totem principal. Ele só teria se distinguido em uma época posterior. Desse modo, os pássaros *chantunga*, hoje associados à lagarta *witchetty*, teriam sido, nos tempos fabulosos, lagartas *witchetty* que teriam se transformado na sequência em pássaros. Duas espécies que estão atreladas atualmente ao totem da formiga pote-de-mel teriam sido primitivamente formigas pote-de-mel etc.[481] Essa transformação de um subtotem em totem faz-se, aliás, por gradações insignificantes, de maneira que, em certos casos, a situação é dúbia, sendo muito difícil dizer se acaso trata-se de um totem principal ou de um totem secundário.[482] Há, como diz Howitt acerca dos Wotjobaluk, subtotens que são totens em processo de formação.[483] Desse modo, as diferentes coisas que são classificadas em um clã constituem inúmeros centros em torno dos quais podem se formar novos cultos totêmicos. Trata-se da melhor prova dos sentimentos religiosos que elas inspiram. Se elas não tivessem um caráter sagrado, não poderiam ser promovidas assim tão facilmente à mesma dignidade das coisas sagradas por excelência, os totens propriamente ditos.

O círculo de coisas religiosas estende-se, portanto, muito além dos limites aos quais parecia circunscrito inicialmente. Ele não compreende somente os

---

478. Desse modo, no clã do Gato selvagem, os desenhos gravados sobre o *churinga* representam a árvore de flores Hakea, que é hoje um totem distinto (B. Spencer e F. J. Gillen, *Nat. Tr.*, *op. cit.*, p. 147-8). C. Strehlow (*Die Aranda – und Loritja – Stämme in Zentral-Australien, op. cit.*, III, 1910, p. XII, n. 4.) diz que o fato é frequente.

479. B. Spencer e F. J. Gillen, *North. Tr.*, *op. cit.*, p. 151 e 182; *Id.*, *Nat. Tr.*, *op. cit.*, p. 297.

480. *Id.*, *North. Tr.*, *op. cit.*, p. 151-8.

481. *Id.*, *Nat. Tr.*, p. 448-9.

482. É desse modo que B. Spencer e F. J. Gillen nos falam do pombo chamado Inturrita ora como totem principal (*Ibid.*, p. 410.), ora como totem associado (*Ibid.*, p. 448.).

483. A. W. Howitt e L. Fison, "Further Notes on the Australian Class Systems", *op. cit.*, p. 63-4.

animais totêmicos e os membros humanos do clã; mas, como não existe nada de conhecido que não esteja classificado em um clã ou subclã de um totem, não existe igualmente nada que não receba, em graus diversos, algum reflexo de religiosidade. Quando, nas religiões que se formarão posteriormente, os deuses propriamente ditos aparecerão, cada um deles será encarregado de uma categoria especial de fenômenos naturais, este do mar, aquele da atmosfera, um outro da colheita ou dos frutos etc., e cada uma dessas províncias da natureza será considerada como se retirasse a vida que há nela do deus do qual depende. É precisamente essa repartição da natureza entre as diferentes divindades que constitui a representação que essas religiões nos dão do universo. Ora, enquanto a humanidade não foi além da fase do totemismo, os diferentes totens da tribo exercem exatamente o papel que caberá mais tarde às personalidades divinas. Na tribo do Monte Gambier, que tomamos como principal exemplo, há dez clãs; por conseguinte, o mundo inteiro é repartido em dez classes ou, ainda, em dez famílias, cada qual com um totem especial por origem. É dessa origem que todas as coisas classificadas em um clã obtêm sua realidade, pois são concebidas como variações do ser totêmico. Para retomar nosso exemplo, a chuva, o trovão, o relâmpago, as nuvens, a geada e o inverno são vistos como tipos diferentes de corvos. Essas dez famílias de coisas, reunidas, constituem uma representação completa e sistemática do mundo; e essa representação é religiosa, pois trata-se de noções religiosas que fornecem seus princípios. Longe de se limitar a uma ou duas categorias de seres, o domínio da religião totêmica estende-se, então, até os últimos limites do universo conhecido. Assim como a religião grega, ele coloca o divino em todo canto; a célebre fórmula παντὰ πλὴρη θεῶν* pode igualmente lhe servir de divisa.

Entretanto, para poder conceber desse modo o totemismo, é necessário modificar, em um ponto essencial, a definição que, por muito tempo, lhe foi dada. Até as descobertas dos últimos anos, faziam-no consistir por inteiro no culto de um totem particular e definiam-no como a religião do clã. Desse ponto de vista, parecia haver, na mesma tribo, tantas religiões totêmicas, independentes umas das outras, quanto clãs diferentes. Essa concepção estava, aliás, em harmonia com a ideia que frequentemente se tinha do clã. Vê-se nele, com efeito, uma sociedade autônoma,[484] mais ou

---

\*. "Tudo está repleto de deuses", expressão atribuída por Aristóteles – em *Da Alma*, livro I, 411a – a Tales de Mileto. (N.T.)

484. É desse modo que, com muita frequência, o clã foi confundido com a tribo. Essa confusão, que com frequência provoca problemas nas descrições dos etnógrafos, foi especialmente cometida por E. M. Curr (ed.), *The Australian Race, op. cit.*, I, 1886, p. 61 ss.

menos fechada às sociedades similares, ou mantendo com estas últimas apenas relações exteriores e superficiais. A realidade é, contudo, mais complexa. Sem dúvida, o culto de cada totem tem seu centro no clã correspondente. É aí, e somente aí, que ele é celebrado. São os membros do clã que possuem essa incumbência. É por meio deles que ele se transmite de uma geração a outra, do mesmo modo que as crenças que estão em sua base. Por outro lado, porém, os diferentes cultos totêmicos que são assim praticados no interior de uma mesma tribo não se desenvolvem paralelamente, ignorando-se uns aos outros, como se cada um deles fosse uma religião completa e autossuficiente. Ao contrário, eles se implicam mutuamente: são apenas as partes de um mesmo todo, os elementos de uma mesma religião. As pessoas de um clã não consideram de forma alguma as crenças dos clãs vizinhos com a indiferença, o ceticismo ou a hostilidade que inspira ordinariamente uma religião em relação à qual se é estrangeiro. Eles mesmos comungam dessas crenças. Os membros do Corvo também estão convencidos de que as pessoas da Serpente têm uma serpente mística por ancestral e devem a essa origem virtudes especiais e poderes maravilhosos. Acaso não vimos que, ao menos em certas condições, alguém só pode se alimentar de um totem ao qual não está ligado após ter cumprido certas formalidades rituais? Em especial, ele pede autorização aos indivíduos desse totem, caso estejam presentes. Ou seja, também para ele, esse alimento não é puramente profano. Ele também admite que existem afinidades íntimas entre os membros de um clã ao qual ele não pertence e o animal cujo nome eles carregam. Aliás, essa comunidade de crenças manifesta-se por vezes no culto. Se, em princípio, os ritos que dizem respeito a um totem podem apenas ser realizados por pessoas desse totem, é, contudo, muito frequente que representantes de outros clãs os ajudem nisso. Por vezes, seu papel não é o de simples espectadores. Sem dúvida, não são eles que oficiam, mas ornamentam os oficiantes e preparam o serviço. Também eles estão interessados na celebração do rito. Eis porque, em certas tribos, são eles que convidam o clã qualificado a realizar a essa celebração.[485] Há mesmo todo um ciclo de ritos que se desenvolve obrigatoriamente em presença da tribo reunida: trata-se das cerimônias totêmicas de iniciação.[486]

Ademais, a organização totêmica, tal como acabamos de descrevê-la, deve manifestamente resultar de uma espécie de acordo entre todos os membros da tribo indistintamente. É possível que cada clã tenha constituí-

---

485. É o que ocorre, em especial, entre os Warramunga (B. Spencer e F. J. Gillen, *North. Tr.*, *op. cit.*, p. 298.).
486. Ver, por exemplo, *Id.*, *Nat. Tr.*, *op. cit.*, p. 380 e *passim*.

do suas crenças de maneira absolutamente independente; mas é preciso, de todo modo, que os cultos dos diferentes totens tenham sido, de algum modo, ajustados uns aos outros, pois eles se completam com exatidão. Vimos, com efeito, que, normalmente, um mesmo totem não se repete duas vezes na mesma tribo, e que todo o universo era dividido entre totens assim constituídos, de modo que o mesmo objeto não se encontra em dois clãs diferentes. Uma repartição tão metódica não poderia ter sido feita sem um acordo tácito ou refletido, do qual toda a tribo deve ter participado. O conjunto de crenças que nasce desse modo é, portanto, em parte (mas apenas em parte), algo tribal.[487]

Em resumo, para se ter uma ideia adequada do totemismo, não é preciso se fechar nos limites do clã, mas considerar a tribo em sua totalidade. Certamente, o culto particular de cada clã usufrui de uma autonomia muito grande. É possível prever desde já que é no clã que se encontra o fermento ativo da vida religiosa. Por outro lado, porém, todos esses cultos são solidários uns aos outros, e a religião totêmica é um sistema complexo formado pela reunião, assim como o politeísmo grego era constituído pela reunião de todos os cultos particulares que se dirigiam às diferentes divindades. Acabamos de mostrar que, assim entendido, o totemismo possui também sua cosmologia.

---

[487]. Poder-se-ia mesmo se questionar se não existem, por vezes, totens tribais. É desse modo que, entre os Arunta, há um animal, um gato selvagem, que serve de totem a um clã particular e que, no entanto, é interdito a toda a tribo. Mesmo as pessoas dos outros clãs só podem comê-lo com muita moderação (B. Spencer e F. Gillen, *Nat. Tr., op. cit.*, p. 168.). Acreditamos, contudo, que seria abuso falar, nesse caso, de totem tribal, pois da proibição de alimentar-se livremente de um animal não decorre necessariamente que este seja um totem. Outras causas podem engendrar a proibição. Sem dúvida, a unidade religiosa da tribo é real, mas é por meio da ajuda de outros símbolos que ela se afirma. Mostraremos a seguir quais são esses símbolos (Livro I, Capítulo IX [Livro II, Capítulo IX, na realidade. (N.T.)]).

CAPÍTULO IV

# As crenças propriamente totêmicas (*fim*)

## O totem individual e o totem sexual

No que precede, estudamos o totemismo apenas como uma instituição pública: os únicos totens tratados até agora foram a coisa comum a um clã, a uma fratria, ou, em certo sentido, à tribo.[488] O indivíduo apenas tinha seu lugar como membro do grupo. Mas sabemos que não existe religião que não possua um aspecto individual. Essa observação geral aplica-se ao totemismo. Ao lado dos totens impessoais e coletivos, que estão no primeiro plano, existem outros que são próprios a cada indivíduo, que exprimem sua personalidade e cujo culto ele celebra em sua intimidade.

### I

Em algumas tribos australianas, e na maior parte das sociedades indígenas da América do Norte,[489] cada indivíduo mantém pessoalmente com algo específico uma relação comparada àquela que cada clã mantém com seu totem. Esse algo é, por vezes, um ser inanimado ou um objeto artificial: mas, com muita frequência, trata-se de um animal. Em alguns casos, uma parte restrita do organismo, como a cabeça, os pés e o fígado, exerce a mesma função.[490]

---

488. Os totens são coisa da tribo, no sentido em que ela está inteiramente interessada no culto que cada clã deve a seu totem.

489. J. G. Frazer fez um levantamento muito completo dos textos relativos ao totemismo individual na América do Norte (*Totemism and Exogamy, op. cit.*, III, p. 370-456).

490. Por exemplo, entre os Hurons, os Iroqueses e os Algonquinos (P.-F. X. de Charlevoix, *Histoire et Description Générale de la Nouvelle France, op. cit.*, VI, p. 67-70; G. Sagard, *Le Grand*

O nome da coisa serve também de nome ao indivíduo. É seu nome pessoal, seu prenome, que se acrescenta ao totem coletivo, como o *praenomen* dos romanos ao *nomen gentilicium*. O fato, é verdade, só nos é afirmado em certo número de sociedades,[491] embora seja provavelmente geral. Com efeito, em breve mostraremos que há identidade de natureza entre a coisa e o indivíduo. Ora, a identidade de natureza implica a do nome. Conferido ao longo de cerimônias religiosas particularmente importantes, esse prenome tem um caráter sagrado. Ele não pode ser pronunciado em circunstâncias ordinárias da vida profana. Ocorre mesmo que a palavra da língua usual que serve para designar a coisa é mais ou menos modificada para poder servir a esse exemplo particular.[492] Isso porque os termos da língua usual são excluídos da vida religiosa.

Ao menos nas tribos americanas, esse nome é reiterado por um emblema que pertence a cada indivíduo e que, sob formas diversas, representa a coisa que esse nome designa. Cada Mandan, por exemplo, carrega a pele do animal do qual é o homônimo.[493] Se é um pássaro, utilizam-se suas plumas.[494] Os Hurons e os Algonquinos tatuam sobre o corpo sua imagem.[495] Ele se encontra representado nas armas.[496] Nas tribos do Noroeste, o emblema individual está gravado ou esculpido, assim como o emblema coletivo

---

*Voyage du Pays des Hurons*, Paris, Tross, 1865, t. 1, p. 160.), e entre os Índios Thompson (J. A. Teit, "The Thompson Indians of British Columbia", em F. Boas (ed.), *Publications of the Jesup North Pacific Expedition. Memoirs of the American Museum of Natural History*, v. 2, parte 4, Nova York, Order of the Trustees, abr. 1900, p. 355.).

491. É o caso dos Yuin (A. W. Howitt, *Nat. Tr.*, *op. cit.*, p. 133.); dos Kurnai (*Ibid.*, p. 135.); de muitas tribos do Queensland (W. E. Roth, "Superstition, Magic and Medicine", *op. cit.*, p. 19; A. C. Haddon, *Head-Hunters, Back, White and Brown*, *op. cit.*, p. 193.); entre os Delaware (J. G. E. Heckewelder, "An Account of the History, Manners and Customs of the Indian Nations who once inhabited Pennsylvania and the Neighbouring States", *op. cit.*, p. 238.); entre os Índios Thompson (J. A. Teit, "The Thompson Indians of British Columbia", *op. cit.*, p. 355.); e entre os Salish Stlatlumh (Ch. Hill-Tout, "Report on the Ethnology of the Stlatlumh of British Columbia", *op. cit.*, p. 147 ss.).

492. Ch. Hill-Tout, "Report on the Ethnology of the Slatlumh of British Columbia", *loc. cit.*, p. 154.

493. G. Catlin, *Illustrations of the Manners and Customs of the North American Indians*, Londres, Chatto and Windus, 1876, I, p. 36.

494. S. Rasles, "Lettre du Père Sébastien Rasles, Missionnaire de la compagnie de Jésus dans la Nouvelle France, à Monsieur son frère, 12 Octobre 1723", *Lettres Édifiantes et Curieuses, Écrites des Missions Étrangères*, Nouvelle édition, Mémoires d'Amérique, Paris, Merigot le jeune, 1781, VI, p. 172 ss.

495. P.-F.-X. de Charlevoix, *Histoire et Description Générale de la Nouvelle France*, *op. cit.*, VI, p. 69.

496. J. O. Dorsey, "A study of Siouan Cults", *op. cit.*, p. 443.

do clã, sobre os utensílios, sobre as casas[497] etc.; o primeiro serve de marca de propriedade pessoal[498]. Com frequência, os dois brasões encontram-se combinados; isso explica, em parte, a grande diversidade de aspectos que os estandartes totêmicos apresentam entre esses povos.[499]

Entre o indivíduo e seu animal epônimo existem os mais estreitos laços. A pessoa participa da natureza do animal: possui suas qualidades, bem como seus defeitos. Por exemplo, quem tem por brasão individual a águia é considerado alguém que pode ver o futuro; se possui o nome do urso, diz-se que está exposto a ser ferido nos combates, pois o urso é lento e pesado, e deixa-se facilmente capturar[500]; se o animal é desprezado, a pessoa é alvo do mesmo desprezo[501]. O parentesco dos dois seres é, inclusive, tal que, em certas circunstâncias, sobretudo em caso de perigo, a pessoa, acredita-se, pode assumir a forma do animal.[502] Inversamente, o animal é considerado um duplo do ser humano, algo como seu *alter ego*.[503] A associação entre eles é tão íntima que seus destinos são, com frequência, considerados solidários: nada pode atingir um sem que o outro não acuse o golpe.[504] Se o animal morre, a vida do ser humano encontra-se ameaçada. Também é uma regra muito difundida que não se deve matar o animal,

---

497. F. Boas, "The Social Organization of the Secret Societies of the Kwakiutl Indians", *op. cit.*, p. 323.
498. Ch. Hill-Tout, "Report on the Ethnology of the Slatlumh of British Columbia", *loc. cit.*, p. 154.
499. F. Boas, "The Social Organization of the Secret Societies of the Kwakiutl Indians", *op. cit.*, p. 323.
500. A. C. Fletcher, "A study from the Omaha Tribe: the Import of the Totem" (*Annual Report of the Board of the Regents of the Smithsonian Institution showing the Operations, Expenditures and Condition of the Institution to Joly 1897*, Washington, Government Printing Office, 1898, p. 583.). – Fatos similares são encontrados em J. A. Teit, "The Thompson Indians of British Columbia", *op. cit.*, p. 354 e 356; Peter Jones, *History of the Ojebway Indians*, *op. cit.*, p. 87.
501. É o caso, por exemplo, do cão entre os Salish Stlatlumh, em função do estado de servidão no qual ele vive (Ch. Hill-Tout, "Report on the Ethnology of the Slatlumh of British Columbia", *loc. cit.*, p. 153.).
502. K. Langloh Parker, *The Euahlayi Tribe*, *op. cit.*, p. 21.
503. "O espírito de uma pessoa", diz K. L. Parker (*Ibid.*), "está em seu Yunbeai (totem individual) e seu Yunbeai está nele."
504. *Ibid.*, p. 20. Ocorre o mesmo entre certos Salish (Ch. Hill-Tout, "Ethnological Report on the Stseélis and Skaùlits Tribes of the Halōkmélem Divison of the Salish of British Columbia", *J.A.I.*, XXXIV, jul. 1904, p. 324.). O fato é amplamente difundido entre os Índios da América Central (D. G. Brinton, "Nagualism. A Study in Native American Folklore and History", *Proceedings of the American Philosophical Society*, XXXIII, jan. 1894, p. 32.).

nem, sobretudo, alimentar-se de sua carne. A interdição que, quando relativa ao totem do clã, comporta todo tipo de atenuações e de gradações, aqui é muito mais formal e absoluta.[505]

O animal, por sua vez, protege a pessoa e lhe serve, de certo modo, de padroeiro. Ele a alerta acerca dos possíveis perigos e dos meios de evitá-los;[506] diz-se que ele é seu amigo.[507] Inclusive, como geralmente é considerado possuidor de poderes maravilhosos, ele os comunica a seu associado humano. Este julga-se à prova de balas, de flechas e de todo tipo de golpes.[508] A confiança que o indivíduo tem na eficácia de seu protetor é, aliás, tamanha, que ele enfrenta os maiores perigos e realiza proezas desconcertantes com uma serenidade intrépida: a fé lhe dá a coragem e a força necessárias.[509] Ainda assim, as relações entre a pessoa e seu padroeiro não são de pura e simples dependência. O indivíduo, por sua vez, pode agir sobre o animal. Ele lhe dá ordens; tem influência sobre ele. Um Kurnai que tem o tubarão como amigo e aliado imagina poder, por meio de um encanto, dispersar os tubarões que ameaçam o barco.[510] Em outros casos, o vínculo assim contraído supostamente confere à pessoa uma aptidão particular para caçar o animal com sucesso.[511]

---

505. K. L. Parker, *The Euahlayi Tribe, op. cit.*, p. 147; A. W. Howitt, *Nat. Tr., op. cit.*, p. 147; J. O. Dorsey, "A Study of Siouan Cults", *op. cit.*, p. 443. J. G. Frazer fez, aliás, o levantamento dos casos americanos, e estabeleceu a generalidade da interdição (*Totemism and Exogamy, op. cit.*, III, p. 450.). Vimos, é verdade, que, na América, o indivíduo devia começar matando o animal cuja pele servia para fazer o que os etnógrafos chamam de uma sacola de medicina. Mas esse uso foi observado apenas em cinco tribos. Trata-se, provavelmente, de uma forma alterada e tardia da instituição.

506. A. W. Howitt, *Nat. Tr., op. cit.*, p. 135, 147 e 387; *Id.*, "On Australian Medicine Men", *op. cit.*, p. 34; J. A. Teit, "The Shuswap", em F. Boas (ed.), *Publications of the Jesup North Pacific Expedition. Memoirs of the American Museum of Natural History*, v. 2, parte 7, Leiden, Brill, 1909, p. 607.

507. H. E. A. Meyer, "Manners and Customs of the Aborigines of the Encounter Bay Tribe", em J. D. Woods (ed.), *Native Tribes of South Australia, op. cit.*, p. 197.

508. F. Boas, "Second General Report on the Indians of British Columbia", *op. cit.*, p. 93; J. A. Teit, "The Thompson Indians of British Columbia", *op. cit.*, p. 336; F. Boas, "The Social Organization and Secrets Societies of the Kwakiutl Indians", *op. cit.*, p. 394.

509. Alguns fatos podem ser encontrados em Ch. Hill-Tout, "Report on the Ethnology of the Slatlumh of British Columbia", *op. cit.*, p. 144-5. Cf. K. Langloh Parker, *The Euahlayi Tribe, op. cit.*, p. 29.

510. Segundo uma informação dada por A. W. Howitt em uma carta pessoal a J. G. Frazer (*Totemism and Exogamy, op. cit.*, I, p. 495, n. 2.).

511. Ch. Hill-Tout, "Ethnological Report on the Stseélis and Skaùlits Tribes of the Halōkmélem Divison of the Salish of British Columbia", *op. cit.*, p. 135.

A própria natureza dessas relações parece implicar que o ser ao qual cada indivíduo se encontra assim associado só pode ser, ele próprio, um indivíduo, e não uma classe. Não se tem uma espécie por *alter ego*. De fato, existem casos em que é com certeza tal árvore, tal rochedo, tal pedra determinada que exerce esse papel.[512] Isso ocorre necessariamente todas as vezes em que se trata de um animal, ou quando a existência desse animal e a do ser humano são consideradas solidárias. Não se poderia estar unido por uma solidariedade dessa natureza a uma espécie como um todo, pois não há dia, nem, por assim dizer, instante em que essa espécie não perca algum de seus membros. Ainda assim, há no primitivo certa incapacidade de pensar o indivíduo separado da espécie; o laço que o une a um estende-se naturalmente à outra. Ele os confunde no mesmo sentimento. Por isso, toda a espécie é sagrada para ele.[513]

Esse ser protetor é naturalmente chamado por nomes diferentes segundo as sociedades: *nagual*, entre os Índios do México;[514] *manitou*, entre os Algonquinos; *okki*, entre os Hurons;[515] *snam*, entre alguns Salish;[516] *sulia*, entre outros [Salish];[517] *budjan*, entre os Yuin;[518] *yunbeai*, entre os Euahlayi[519] etc. Dada a importância que essas crenças e essas práticas têm entre os Índios da América do Norte, foi proposta a criação da palavra *nagualismo* ou *manituísmo* para o designar.[520] Ao dar a ele um nome especial e distinto,

---

512. A. W. Howitt, "On Australian Medicine Men", *op. cit.*, p. 34; J.-F. Lafitau, *Mœurs de Sauvages Ameriquais*, Paris, Saugrain et Hochereau, 1724, I, p. 370; P.-F.-X. de Charlevoix, *Histoire et Description Générale de la Nouvelle France, op. cit.*, VI, p. 68. O mesmo ocorre com o *atai* e o *tamaniu* na Ilha de Mota (R. H. Codrington, *The Melanesians, op. cit.*, p. 250-1.).

513. Não há, também, entre esses animais protetores e os fetiches, a linha de demarcação que J. G. Frazer julgou poder estabelecer. Segundo ele, o fetichismo começaria quando o ser protetor fosse um objeto individual, e não uma classe (*Totemism, op. cit.*, p. 56.). Ora, verifica-se já na Austrália que um determinado animal pode exercer esse papel (Ver A. W. Howitt, "On Australian Medicine Men", *op. cit.*, p. 34.). A verdade é que as noções de fetiche e de fetichismo não correspondem a nada de definido.

514. D. G. Brinton, "Nagualism", *op. cit.*, p. 32.

515. P.-F.-X. de Charlevoix, *Histoire et Description Générale de la Nouvelle France, op. cit.*, VI, p. 68.

516. Ch. Hill-Tout, "Report of the Ethnology of the Stlatlumh of British Columbia", *op. cit.*, p. 142.

517. *Id.*, "Ethnological Report on the Stseélis and Skaùlits Tribes of the Halōkmélem Divison of the Salish of British Columbia", *op. cit.*, p. 311 ss.

518. A. W. Howitt, *Nat. Tr., op. cit.*, p. 133.

519. K. Langloh Parker, *The Euahalyi Tribe, op. cit.*, p. 20.

520. J. W. Powell, "An American View of Totemism", *Man*, n. 84, 1902; E. B. Tylor, "Note on the Haida Totem-Post lately erected in the Pitt Rivers Museum at Oxford", *Man*, n. 1, 1902. Andrew Lang exprimiu ideias análogas em A. Lang, *Social Origins*, Londres, Longmans, Green and Co., 1903, p. 133-5. Enfim, o próprio J. G. Frazer, revendo sua posição original, estima

contudo, corre-se o risco de ignorar sua relação com o totemismo. Com efeito, os mesmos princípios são aplicados aqui ao clã e lá, ao indivíduo. Em ambos os casos, trata-se da mesma crença, segundo a qual entre as coisas e as pessoas há laços vitais, e que aquelas são dotadas de poderes especiais, dos quais tiram proveito seus aliados humanos. Trata-se também do mesmo costume de dar ao ser humano o nome da coisa à qual ele está associado e de acrescentar a esse nome um emblema. O totem é o padroeiro do clã, como o padroeiro do indivíduo serve a esse indivíduo como totem pessoal. Há, portanto, interesse em que a terminologia torne tangível o parentesco entre esses dois sistemas. Eis por que, com Frazer, denominaremos *totemismo individual* o culto que cada indivíduo oferece a seu padroeiro. Essa expressão é tanto mais justificada que, em certos casos, o próprio primitivo se vale da mesma palavra para designar o totem do clã e o animal protetor do indivíduo.[521] Se Tylor e Powell recusaram essa denominação e reclamaram termos diferentes para esses dois tipos de instituições religiosas é porque, segundo eles, o totem coletivo é apenas um nome, uma etiqueta comum, sem caráter religioso.[522] Mas sabemos, ao contrário, que ele é algo sagrado, inclusive em um grau mais elevado que o animal protetor. A sequência deste estudo mostrará, aliás, o quanto esses dois tipos de totemismo são inseparáveis um do outro.[523]

Ainda assim, por maior que seja o parentesco entre essas duas instituições, há entre elas diferenças importantes. Enquanto o clã se considera proveniente do animal ou da planta que lhe serve de totem, o indivíduo não acredita ter qualquer relação de descendência com seu totem pessoal. Trata-se de um amigo, um associado, um protetor, mas não de um parente. Tira-se proveito das virtudes que ele supostamente detém, mas sem ter o mesmo sangue. Em segundo lugar, os membros de um clã permitem aos clãs vizinhos que se alimentem do animal cujo nome eles,

---

hoje que, até o dia em que conhecermos melhor a relação existente entre os totens coletivos e os *guardian spirits*, seria melhor designá-los por nomes diferentes (*Totemism and Exogamy*, op. cit., III, p. 456.).

521. É o caso, na Austrália, dos Yuin (A. W. Howitt, *Nat. Tr.*, op. cit., p. 81.) e dos Narrinyeri (J. D. Woods [ed.], *The Native Tribes of South Australia*, op. cit., p. 197 ss.).

522. "O totem apenas se assemelha mais ao padroeiro do indivíduo", diz E. B. Tylor, "quanto um brasão à imagem de um santo" ("Note on the Haida Totem-Post lately erected in the Pitt Rivers Museum at Oxford", op. cit., p. 2.). Do mesmo modo, se J. G. Frazer adere hoje à opinião de E. B. Tylor, é porque ele nega agora qualquer caráter religioso ao totem do clã (J. G. Frazer, *Totemism and Exogamy*, op. cit., III, p. 452.).

523. Ver a seguir, neste mesmo Livro, o Capítulo IX.

coletivamente, ostentam, impondo como única condição que as formalidades necessárias sejam observadas. Ao contrário, não somente o indivíduo respeita a espécie à qual pertence seu totem individual, como se esforça para que seja protegida contra estranhos, ao menos sempre que o destino da pessoa e o do animal estiverem supostamente conectados.

Esses dois tipos de totens diferentes distinguem-se, porém, sobretudo pela maneira por meio da qual são adquiridos.

O totem coletivo faz parte do estatuto legal de cada indivíduo: ele é geralmente hereditário. Em todo caso, é o nascimento que o designa, sem que a vontade das pessoas tenha qualquer peso. Ora a criança possui o totem de sua mãe (Kamilaroi, Diari, Urabunna etc.), ora o de seu pai (Narrinyeri, Warramunga etc.), ora, enfim, o que predomina no local em que sua mãe dá à luz (Arunta, Loritja). O totem individual, ao contrário, é adquirido por um ato deliberado:[524] toda uma série de operações rituais é necessária para determiná-lo. O método geralmente mais empregado entre os Índios da América é o seguinte: por volta do período da puberdade, quando se aproxima o momento da iniciação, o jovem se retira a um lugar afastado, por exemplo, uma floresta. Nesse local, durante um lapso de tempo, que varia de alguns dias a vários anos, ele se submete a todo tipo de exercícios desgastantes e contrários à natureza. Ele jejua, mortifica-se, inflige-se diversas mutilações. Ora ele vagueia proferindo violentos gritos, verdadeiros berros; ora permanece estirado sobre o solo, imóvel e se lamentando. Por vezes, ele dança, reza, invoca suas divindades ordinárias. Ele acaba, assim, colocando-se em um estado de intensa excitação, algo muito próximo do delírio. Quando atinge esse paroxismo, suas representações assumem facilmente um caráter alucinatório. "Quando", diz Heckewelder, "um jovem encontra-se na iminência de ser iniciado, ele é submetido a um regime alternativo de jejum e de tratamento médico; ele se abstém de todo alimento, ingerindo as mais energéticas e repugnantes drogas. Ele bebe, eventualmente, líquidos intoxicantes, até que seu espírito esteja em um verdadeiro

---

524. Não obstante, segundo uma passagem de R. H. Mathews, entre os Wotjobaluk, o totem individual seria hereditário. "Cada indivíduo", diz ele, "requer um animal, uma planta ou um objeto inanimado como seu totem especial e pessoal, que ele herda de sua mãe" ("Ethnological Notes on the Aboriginal Tribes of New South Wales and Victoria", *op. cit.*, p. 291.). É evidente, contudo, que, se todas as crianças de uma mesma família tiverem por totem pessoal aquele de sua mãe, nem eles, nem sua mãe teriam, em verdade, totens pessoais. R. H. Mathews quer provavelmente dizer que cada indivíduo escolhe seu totem individual em um conjunto de coisas atreladas ao totem materno. Veremos, com efeito, que cada clã tem seus totens individuais, que são sua propriedade exclusiva; os membros dos outros clãs não podem dispor deles. Nesse sentido, o nascimento determina em alguma medida, mas apenas em alguma medida, o totem pessoal.

estado de desvario. Nesse momento, tem ou acredita ter visões, sonhos extraordinários aos quais esse treino naturalmente o predispôs. Ele imagina estar voando através dos ares, caminhando sob o solo, saltando de um cume a outro por sobre os vales, combatendo e domando gigantes e monstros".[525] Nessas condições, quando vê, ou, o que dá no mesmo, acredita ver, em sonho ou em estado de vigília, um animal se apresentar a ele em uma atitude que lhe pareça demostrar intenções amigáveis, julga ter encontrado o padroeiro que esperava.[526]

Esse procedimento é, contudo, raramente utilizado na Austrália.[527] Nesse continente, o totem pessoal parece, antes, ser imposto por um terceiro, seja no nascimento[528], seja no momento da iniciação[529]. Geralmente é um parente que cumpre essa função, ou um personagem investido de poderes especiais, como um ancião ou um mago. Por vezes são utilizados, para esse fim, procedimentos divinatórios. Por exemplo, "na Baia de Charlotte, no Cabo Bedford, ao longo do rio Proserpine, a avó e outras anciãs apanham uma pequena parte do cordão umbilical ao qual a placenta está ligada e giram isso tudo de modo extremamente violento. Enquanto isso, outras anciãs, sentadas em círculo, propõem sucessivamente diferentes nomes. Adota-se aquele que é pronunciado no exato momento em que o cordão se rompe"[530]. Entre os Yarraikanna do Cabo York, após a extração do dente do jovem iniciado, dão-lhe um pouco de água para bochechar e convidam-no

---

525. J. G. E. Heckewelder, "An Account of the History, Manners, and Customs, of the Indian Nations who once inhabited Pennsylvania", *op. cit.*, p. 238.

526. Ver J. O. Dorsey, "A Study of Siouan Cults", *op. cit.*, p. 507; G. Catlin, *Letters and Notes on the Manners, Customs and Condition of the North American Indians*, 1841, *op. cit.*, I, p. 37; A. C. Fletcher, "A study from the Omaha Tribe: the import of the Totem", *op. cit.*, p. 580; J. A. Teit, "The Thompson Indians of British Columbia", *op. cit.*, p. 317-20; Ch. Hill-Tout, "Report of the Ethnology of the Stlatlumh of British Columbia", *op. cit.*, p. 144.

527. Encontram-se, contudo, alguns exemplos. É em sonho que os magos Kurnai veem seus totens pessoais serem revelados a eles (A. W. Howitt, *Nat. Tr.*, *op. cit.*, p. 387; *Id.*, "On Australian Medicine Men", *op. cit.*, p. 34.). Os habitantes do Cabo Bedfort acreditam que, quando um ancião sonha com algo durante a noite, esse algo é o totem pessoal da primeira pessoa que ele encontrará no dia seguinte (W. E. Roth, "Superstition, Magic and Medicine", *op. cit.*, p. 19.). Mas é provável que apenas totens pessoais complementares e acessórios sejam obtidos por esse método: afinal, em uma mesma tribo, outro procedimento é empregado no momento da iniciação, como afirmamos no texto.

528. Em algumas tribos das quais fala W. E. Roth (*Ibid.*); em certas tribos vizinhas de Maryborough (A. W. Howitt, *Nat. Tr.*, *op. cit.*, p. 147.).

529. Entre os Wiradjuri (A. W. Howitt, *Nat. Tr.*, *op. cit.*, p. 406; *Id.*, "On Australian Medicine Men", *op. cit.*, p. 50.).

530. W. E. Roth, "Superstition, Magic and Medicine", *loc. cit.*

a cuspir em um balde repleto de água. Os anciãos examinam com esmero a espécie de coágulo formado de sangue e de saliva que é assim expelido: o objeto natural cuja forma ele lembra torna-se o totem pessoal do jovem.[531] Em outros casos, o totem é diretamente transmitido de um indivíduo a outro, por exemplo, do pai ao filho, do tio ao sobrinho.[532] Esse procedimento é igualmente empregado na América. Em um exemplo trazido por Hill-Tout, o operador era um xamã[533] que queria transmitir seu totem ao sobrinho. "O tio tomou o emblema simbólico de seu *snam* (totem pessoal); tratava-se, nesse caso, da pele seca de um pássaro. Ele convidou seu sobrinho a soprar nela, ele mesmo repetindo o gesto na sequência e pronunciando palavras misteriosas. Pareceu então a Paulo (era o nome do sobrinho) que a pele tornava-se um pássaro vivo que começou a voar em torno deles durante alguns momentos para, então, desaparecer. Paulo recebeu a instrução de buscar para si, já nesse dia, a pele de um pássaro da mesma espécie e de carregá-la consigo, o que ele fez. Na noite seguinte, ele teve um sonho em que o *snam* lhe apareceu sob a forma de um ser humano que lhe revelou o nome misterioso que deve ser pronunciado quando se quer invocá-lo e que lhe prometeu sua proteção".[534]

Não apenas o totem individual é adquirido, e não dado, mas sua aquisição não é, em geral, obrigatória. De início, há, na Austrália, uma miríade de tribos em que esse costume parece ser inteiramente desconhecido.[535] Além disso, mesmo onde ele existe, é, com frequência, facultativo. Assim, entre os Euahlayi, se todos os magos têm um totem individual do qual retiram seus poderes, há um grande número de leigos que são desprovidos dele. Trata-se de um favor que o mago distribui, mas que reserva sobretudo a seus amigos, a seus preferidos, àqueles que aspiram se tornar seus confrades.[536]

---

531. A. C. Haddon, *Head-Hunters, Black, White and Brown*, op. cit., p. 193 ss.
532. Entre os Wiradjuri (mesmas referências citadas anteriormente, na nota 529).
533. Em geral, ao que parece, essas transmissões de pai a filho só se produzem quando o pai é um xamã ou um mago. Esse é igualmente o caso entre os Índios Thompson (J. A. Teit, "The Thompson Indians of British Columbia", op. cit., p. 320.) e entre os Wiradjuri, há pouco mencionados.
534. Ch. Hill-Tout, "Report of the Ethnology of the Stlatlumh of British Columbia", op. cit., p. 146-7. O rito essencial é o que consiste em soprar sobre a pele: se não era corretamente executado, a transmissão não acontecia. Ocorre que, como veremos mais tarde, o sopro é a alma. Soprando, ambos, sobre a pele do animal, o mago e o beneficiário exalam algo de suas almas que se penetram, ao mesmo tempo em que comungam com a natureza do animal, o qual, também, participa da cerimônia por meio de seu símbolo.
535. N. W. Thomas, "Further Remarks on Mr. Hill-Tout's Views on Totemism", *Man*, 1904, p. 85.
536. K. Langloh Parker, *The Euahlayi Tribe*, op. cit., p. 20 e 29.

Do mesmo modo, entre alguns Salish, os indivíduos que almejam se destacar em algo, seja na guerra, seja na caça, ou os aspirantes à função de xamã, são os únicos a dotar-se de um protetor dessa natureza.[537] O totem individual parece, então, ser considerado, ao menos por certos povos, como uma vantagem e uma comodidade, mais do que uma necessidade. É bom procurá-lo, mas não se é obrigado a fazê-lo. Inversamente, ninguém é obrigado a se contentar com um único totem. Caso se queira estar mais protegido, nada impede que se busque adquirir vários deles,[538] e, inversamente, se aquele que se adquire cumpre mal seu papel, é possível substituí-lo[539].

Ainda assim, o totemismo individual, ao mesmo tempo em que tem algo de mais facultativo e de mais livre, possui uma força de resistência que está longe de ser atingida pelo totemismo de clã. Um dos principais informantes de Hill-Tout era um Salish batizado; e, não obstante, embora tenha abandonado sinceramente todas as crenças de seus ancestrais, embora tenha se tornado um catequista exemplar, sua fé na eficácia dos totens pessoais permanecia inabalável.[540] Do mesmo modo, apesar de não subsistirem mais traços visíveis do totemismo coletivo nos países civilizados, a ideia de que existe uma solidariedade entre cada indivíduo e um animal, uma planta ou um objeto exterior qualquer está na base de costumes que são ainda observáveis em vários países da Europa.[541]

## II

Há, entre o totemismo coletivo e o totemismo individual, uma forma intermediária que provém tanto deste quanto daquele: trata-se do totemismo sexual. Tal fenômeno é encontrado apenas na Austrália e em um pequeno número de tribos. Relatos a seu respeito são oriundos sobretudo de Victoria

---

537. Ch. Hill-Tout, "Report on the Ethnology of the Slatlumh of British Columbia", *op. cit.*, p. 143 e 146; *Ibid.*, "Ethnological Report on the Stseélis and Skaùlits Tribes of the Halōkmélem Division of the Salish of British Columbia", *op. cit.*, p. 324.
538. K. Langloh Parker, *The Euahlayi Tribe*, *op. cit.*, p. 30; J. A. Teit, "The Thompson Indians of British Columbia", *op. cit.*, p. 320; Ch. Hill-Tout, "Report on the Ethnology of the Slatlumh of British Columbia", *op. cit.*, p. 144.
539. P.-F. X. de Charlevoix, *Histoire et Description Générale de la Nouvelle France, op. cit.*, VI, p. 69.
540. Ch. Hill-Tout, "Report on the Ethnology of the Slatlumh of British Columbia", *op. cit.*, p. 145.
541. Desse modo, por ocasião do nascimento de um filho, planta-se uma árvore da qual se cuida piedosamente, pois acredita-se que seu destino e o do filho são solidários. J. G. Frazer, em seu *The Golden Bough*, *op. cit.*, relatou numerosos costumes ou crenças que traduzem de formas diferentes a mesma ideia (Cf. E. S. Hartland, *The Legend of Perseus, op. cit.*, II, p. 1-55.).

e da Nova Gales do Sul.[542] Mathews, é verdade, declara tê-lo observado em todas as partes da Austrália que visitou, mas sem apresentar fatos precisos em defesa de sua afirmação.[543]

Entre esses diferentes povos, todos os homens da tribo, por um lado, e todas as mulheres, de outro, formam algo similar a duas sociedades distintas e, inclusive, antagonistas. Ora, cada uma dessas duas corporações sexuais se julga unida por laços místicos a um animal determinado. Entre os Kurnai, todos os homens se consideram irmãos da ema-garriça (Yeerŭng), e todas as mulheres, irmãs da toutinegra (Djeetgŭn); todos os homens são Yeerŭng, e todas as mulheres, Djeetgŭn. Entre os Wotjobaluk e os Wurunjerri, são o morcego e o *nighjar* (espécie de coruja) que exercem respectivamente esse papel. Em outras tribos, o pica-pau substitui o *nighjar*. Cada sexo vê no animal ao qual está aparentado um protetor que convém tratar com o maior respeito: é igualmente proibido matá-lo ou comê-lo.[544]

Desse modo, esse animal protetor exerce, em relação a cada sociedade sexual, o mesmo papel que o totem do clã em relação ao último grupo. A expressão do totemismo sexual, que tomamos de Frazer,[545] é, portanto, justificada. Esse novo gênero de totem parece mesmo, particularmente, com o do clã, no sentido de ser, também, coletivo. Ele pertence indistintamente a todos os indivíduos de um mesmo sexo. Ele igualmente se assemelha ao implicar entre o animal-padroeiro e o sexo correspondente uma relação de descendência e de consanguinidade: entre os Kurnai, todos os homens se pretendem descendentes de Yeerŭng e todas as mulheres, de Djeetgŭn.[546] O primeiro observador que, desde 1834, indicou essa curiosa instituição a descrevia nos seguintes termos: "Tilmun, um pequeno pássaro com o tamanho de um tordo (é uma espécie de picanço), é tido pelas mulheres como o primeiro a ter feito mulheres. Esses pássaros são

---

542. A. W. Howitt, *Nat. Tr.*, *op. cit.*, p. 148 ss. L. Fison e A. W. Howitt, *Kamilaroi and Kurnai*, *op. cit.*, p. 194 e 201 ss. James Dawson, *Australian Aborigines*, Melbourne, G. Robertson, 1881, p. 52. Petrie também indica sua existência no Queensland (*Tom Petrie's Reminiscences of Early Queensland, dating from 1837*, Brisbane, Ferguson, 1904, p. 62 e 118.).

543. R. H. Mathews, "Ethnological Notes on the Aboriginal Tribes of New South Wales and Victoria", *op. cit.*, p. 339. Seria possível ver um traço do totemismo sexual no seguinte costume dos Warramunga? Antes de sepultar o morto, retira-se um osso de seu braço. Se for o de uma mulher, acrescenta-se penas de ema ao invólucro no qual está guardado. Se for um homem, penas de mocho (B. Spencer e F. J. Gillen, *North. Tr.*, *op. cit.*, p. 169.).

544. Menciona-se, inclusive, um caso em que cada grupo sexual teria dois totens sexuais; desse modo, os Wurunjerri acumulariam os totens sexuais dos Kurnai (ema-garriça e toutinegra) e aqueles dos Wotjobaluk (morcego e coruja *nighjar*). Ver A. Howitt, *Nat. Tr.*, *op. cit.*, p. 150.

545. J. G. Frazer, *Totemism*, *op. cit.*, p. 51.

546. L. Fison e A. W. Howitt, *Kamilaroi and Kurnai*, *op. cit.*, p. 215.

objeto de veneração apenas por parte das mulheres".[547] Tratava-se, pois, de um grande ancestral. Por outro lado, contudo, esse mesmo totem aproxima-se do totem individual. Com efeito, acredita-se que cada membro do grupo sexual está ligado pessoalmente a um indivíduo determinado da espécie animal correspondente. As duas vidas estão de tal modo intimamente associadas que a morte do animal leva à do ser humano. "A vida de um morcego", dizem os Wotjobaluk, "é a vida de um homem".[548] Eis porque não apenas cada sexo respeita seu totem, mas obriga os membros do outro sexo a respeitá-lo igualmente. Toda violação dessa proibição dá espaço, entre homens e mulheres,[549] a verdadeiras e sangrentas batalhas.

Em suma, o que esses totens têm de realmente original é que eles são, em um sentido, espécies de totens tribais. Com efeito, eles se originam do fato de se representar a tribo como inteiramente oriunda de um casal de seres místicos. Tal crença parece implicar que o sentimento tribal adquiriu bastante força para prevalecer, em alguma medida, contra o particularismo dos clãs. Quanto ao fato de uma origem distinta ser atribuída aos homens e às mulheres, é necessário, sem dúvida, procurar sua razão no estado de separação em que vivem os sexos.[550]

Seria interessante saber como, no pensamento do australiano, os totens sexuais associam-se aos totens dos clãs, quais relações existem entre os dois ancestrais que são assim situados na origem da tribo e aqueles do qual cada clã, em particular, se pretende descendente. Mas os dados etnográficos dos quais dispomos atualmente não permitem resolver a questão. Aliás, por mais natural, e, inclusive, necessária, que ela nos pareça, é muito provável que jamais tenha sido formulada pelos nativos. Eles não sentem, com efeito, com a mesma intensidade que nós, a necessidade de coordenar e de sistematizar suas crenças.[551]

---

547. L. E. Threlkeld, *An Australian Grammar*, Sidney, Stephens and Stokes, 1834, p. 92, *apud* R. H. Mathews, "Ethnological Notes on the Aboriginal Tribes of New South Wales and Victoria", *loc. cit.*, p. 339.

548. A. W. Howitt, *Nat. Tr.*, *op. cit.*, p. 148 e 151.

549. L. Fison e A. W. Howitt, *Kamilaroi and Kurnai, op. cit.*, p. 200-3; A. W. Howitt, *Nat. Tr.*, *op. cit.*, p. 149; C. C. Petrie, *Tom Petrie's Reminiscences of Early Queensland, dating from 1897, op. cit.*, p. 62. Entre os Kurnai, essas lutas sangrentas findam normalmente em casamentos, dos quais são algo como o preâmbulo ritual. Também, por vezes, essas batalhas transformam-se em simples jogos (*Ibid.*, p. 62.).

550. Ver, sobre este ponto, nosso estudo "La prohibition de l'inceste et ses origines", *op. cit.*, p. 44 ss.

551. Veremos, contudo, mais adiante (Capítulo IX), que existe uma relação entre os totens sexuais e os grandes deuses.

CAPÍTULO V

# Origem dessas crenças

**Exame crítico das teorias**

As crenças que acabamos de passar em revista são de natureza manifestamente religiosa, pois implicam uma classificação das coisas em sagradas e profanas. Não se trata, sem dúvida, de seres espirituais, e, ao longo de nossa exposição, sequer pronunciamos palavras como espíritos, gênios ou personalidades divinas. Mas se, por essa razão, alguns escritores, dos quais aliás precisaremos falar novamente, recusaram-se a ver no totemismo uma religião, isso se deve ao fato de terem uma noção inexata do fenômeno religioso.

Por outro lado, temos a certeza de que essa religião é a mais primitiva que pode ser observada atualmente, e até mesmo, ao que tudo indica, de todas que existiram. Ela é, com efeito, inseparável da organização social baseada em clãs. Como indicamos, não apenas só se pode defini-la em função dessa base, como não parece que o clã, sob a forma que possui em um grande número de sociedades australianas, tenha podido existir sem o totem. Afinal, os membros de um mesmo clã não estão unidos reciprocamente nem pela comunidade de *habitat*, nem pela de sangue, pois não são necessariamente consanguíneos, e estão dispersos em diferentes pontos do território tribal. Sua unidade vem, portanto, unicamente do fato de terem um mesmo nome e um mesmo emblema, de acreditarem possuir as mesmas relações com as mesmas categorias de coisas, de praticarem os mesmos ritos, ou seja, em suma, de comungarem no mesmo culto totêmico. Desse modo, o totemismo e o clã, ao menos enquanto este não se confundir com o grupo local, implicam-se mutuamente. Ora, a organização baseada em clãs é a mais simples que conhecemos. Ela existe, com efeito, com todos os seus elementos essenciais, a partir do momento em que a sociedade comporta dois clãs primários; por conseguinte, não se poderia ter alguma mais rudimentar, ao menos enquanto não se descobrir sociedades reduzidas a um único clã, e, até hoje, não acreditamos ter descoberto indícios disso.

Uma religião assim tão intimamente solidária do sistema social, que supera todas as outras em simplicidade, pode ser vista como a mais elementar que nos é dado conhecer. Se, portanto, conseguirmos encontrar as origens das crenças que acabam de ser analisadas, é possível descobrir, ao mesmo tempo, as causas que provocaram a eclosão do sentimento religioso na humanidade. Antes de tratarmos do problema, porém, convém examinar as soluções mais autorizadas que lhe foram propostas.

# I

Encontramos, de início, um grupo de estudiosos que julgaram poder explicar o totemismo derivando-o diretamente de uma religião anterior.

Para Tylor[552] e Wilken[553], o totemismo seria uma forma particular do culto dos ancestrais. A doutrina da transmigração das almas, certamente muito difundida, teria servido de transição entre esses dois sistemas religiosos. Vários povos acreditam que a alma, após a morte, não permanece eternamente desencarnada, mas volta para animar novamente algum corpo vivo. Por outro lado, "como a psicologia das raças inferiores não estabelece nenhuma linha de demarcação bem definida entre a alma dos seres humanos e a alma das feras, admite sem maiores problemas a transmigração da alma humana para o corpo dos animais"[554]. Tylor menciona vários casos nessa direção.[555] Nessas condições, o respeito religioso que o ancestral inspira se faz sentir naturalmente no que tange à fera ou à planta com a qual este se confunde a partir de então. O animal que serve, desse modo, de receptáculo a um ser venerado torna-se, para todos os descendentes do ancestral, ou seja, para o clã proveniente dele, algo santo, um objeto de culto, ou, em suma, um totem.

Fatos apontados por Wilken quanto às sociedades do arquipélago malaio tenderiam a provar que foi exatamente desse modo que as crenças totêmicas nasceram. Em Java e em Sumatra, os crocodilos são particularmente cultuados: são vistos como benévolos protetores que não se pode

---

552. E. B. Tylor, *La Civilisation Primitive, op. cit.*, I, 1876, p. 465; *Ibid.*, II, 1878, p. 305; *Id.*, "Remarks on Totemism, with especial reference to some Modern Theories Respecting it", *J.A.I.*, XXVIII, 1899, n. 1-2 e n. 1 da nova série, p. 138.
553. G. A. Wilken, "Het Animisme bij den volken van den Indischen Archipel", *De Indische Gids*, Jaargang 6, Deel 2, jun. 1884, p. 69-75.
554. E. B. Tylor, *La Civilisation Primitive, op. cit.*, II, 1878, p. 8.
555. *Ibid.*, p. 8-21.

matar; oferendas lhes são feitas. Ora, o culto que lhes é assim oferecido provém do fato de se acreditar que neles encarnam as almas dos ancestrais. Os Malaios das Filipinas consideram o crocodilo como seu avô; o tigre é tratado da mesma forma e em decorrência das mesmas razões. Crenças análogas foram observadas entre os Bantos.[556] Na Melanésia, ocorre por vezes que uma pessoa influente, no momento de sua morte, anuncia sua vontade de reencarnar neste animal ou naquela planta. Explica-se assim como o referido objeto, que ela escolhe para sua residência póstuma, torna-se na sequência sagrado para toda a sua família.[557] Longe de constituir um fato primitivo, o totemismo seria apenas o produto de uma religião mais complexa que o teria precedido.[558]

As sociedades das quais tais exemplos foram tomados já atingiram, contudo, um grau de cultura bastante elevado. Em todo caso, elas superaram a fase do puro totemismo. Existem nelas famílias, não clãs totêmicos.[559] A maioria dos animais aos quais se oferece honrarias religiosas é venerada, inclusive, não por grupos familiares determinados, mas pela totalidade das tribos. Se, portanto, essas crenças e essas práticas não deixam de ter relações com antigos cultos totêmicos, hoje elas apenas representam suas formas alteradas[560] e, por conseguinte, não são adequadas para revelar suas origens. Não é considerando uma instituição no momento em que está em plena decadência que se pode chegar a compreender como ela se formou. Se quisermos saber como o totemismo nasceu, não é nem Java, nem Sumatra, nem a Melanésia que é preciso observar: é a Austrália. Ora, aqui, não existe nem culto dos mortos[561], nem doutrina da transmigração. Sem dúvida, acredita-se que os heróis míticos, fundadores do clã, reencarnam-se

---

556. G. McCall Theal, *Records of South-Eastern Africa*, VII, 1901, p. 404-5. Conhecemos esse trabalho por intermédio de um artigo de J. G. Frazer, "South African Totemism", publicado em *Man*, v. 1, 1901, n. 111, p. 135-6.

557. R. H. Codrington, *The Melanesias, op. cit.*, p. 32-3, e a carta pessoal do mesmo autor citada por E. B. Tylor em "Remarks on Totemism, with especial reference to some Modern Theories Respecting it", *op. cit.*, p. 147.

558. Essa é também, com algumas nuances, a solução adotada por W. Wundt (*Völkerpsychologie. Eine Untersuchung der Entwicklungsgesetze von Sprache, Mythus und Sitte*, Leipzig, Engelmann, 2. ed., II, 1906, p. 269.).

559. É verdade que, para E. B. Tylor, o clã é apenas uma família ampliada; por conseguinte, o que se pode dizer de um desses grupos se aplica, em seu pensamento, ao outro (E. B. Tylor, "Remarks on Totemism, with especial reference to some Modern Theories Respecting it", *op. cit.*, p. 147.). Essa concepção é, contudo, das mais contestáveis. Apenas o clã supõe o totem, o qual tem todo seu sentido apenas no, e para o, clã.

560. No mesmo sentido, A. Lang, *Social Origins, op. cit.*, p. 150.

561. Ver, anteriormente, p. 93-4.

periodicamente; *mas eles o fazem exclusivamente em corpos humanos.* Cada nascimento, como veremos, é o produto de uma dessas reencarnações. Se os animais da espécie totêmica são, portanto, o objeto de ritos, isso não se deve ao fato de as almas ancestrais supostamente residirem neles. É verdade que esses primeiros ancestrais são frequentemente representados sob forma animal, e essa representação, que é muito corriqueira, é um fato importante que teremos de explicar. Não é, contudo, a crença na metempsicose que pode tê-la originado, pois é desconhecida das sociedades australianas.

Aliás, longe de poder explicar o totemismo, essa crença supõe um dos princípios fundamentais sobre os quais ele repousa; vale dizer, ela toma por dado precisamente aquilo que é preciso explicar. Assim como o totemismo, com efeito, ela implica que o ser humano seja concebido como parente próximo do animal. Afinal, se esses dois reinos estivessem claramente distinguidos nos espíritos, não se poderia acreditar que a alma humana é capaz de passar de um ao outro com essa facilidade. É preciso, inclusive, que o corpo do animal seja considerado como sua verdadeira pátria, uma vez que se supõe que ela retorna a esse local tão logo reconquiste sua liberdade. Ora, se a doutrina da transmigração postula essa singular afinidade, não a explica de maneira nenhuma. A única razão dada por Tylor é que o ser humano, por vezes, lembra certos traços da anatomia e da psicologia do animal. "O selvagem", diz ele, "observa com uma admiração simpática os traço semi-humanos, as ações e o caráter dos animais. O animal não é a própria encarnação, se assim podemos nos exprimir, de qualidades familiares ao ser humano; e quando aplicamos a certas pessoas, como epíteto, o nome de leão, de urso, de raposa, de mocho, de papagaio, de víbora e de verme, não resumimos, em uma palavra, alguns traços característicos de uma vida humana?"[562] Mas se, com efeito, essas semelhanças são encontradas, elas são imprecisas e excepcionais. O ser humano se assemelha, antes de mais nada, a seus parentes, a seus companheiros, e não a plantas ou a animais. Analogias tão raras e tão duvidosas não poderiam triunfar sobre evidências tão concordantes, nem induzir o ser humano a pensar a si mesmo e a pensar seus antecessores mediante chaves que contradigam todos os dados da experiência cotidiana. A questão permanece, portanto, de pé, e, enquanto não for resolvida, não se pode dizer que o totemismo esteja explicado.[563]

---

562. E. B. Tylor, *La Civilisation Primitive, op. cit.*, II, 1878, p. 23.
563. W. Wundt – que retomou, em suas linhas mestras, a teoria de E. B. Tylor – procurou explicar de outro modo essa relação misteriosa entre o ser humano e o animal: é o espetáculo proporcionado pelo cadáver em decomposição que lhe teria sugerido a ideia. Ao vislumbrar os vermes saindo do corpo, acreditou-se que a alma estava ali e se evadia com eles. Os vermes e, por extensão, os répteis (serpentes, lagartos etc.) seriam, então, os primeiros animais que te-

Enfim, toda essa teoria repousa sobre um equívoco fundamental. Tanto para Tylor como para Wundt, o totemismo seria apenas um caso particular do culto aos animais.[564] Sabemos, ao contrário, que é preciso ver nele algo distinto de uma espécie de zoolatria.[565] O animal não é, de forma alguma, adorado; o ser humano é praticamente seu igual e, por vezes, chega a dispor dele como se fosse uma posse sua, longe de lhe estar subordinado como um fiel a seu deus. Se os animais da espécie totêmica fossem considerados encarnações dos ancestrais, não deixariam que os membros dos clãs estrangeiros consumissem livremente sua carne. Na realidade, não é ao animal enquanto tal que o culto se dirige, é ao emblema, à imagem do totem. Ora, não há, entre essa religião do emblema e o culto dos ancestrais, nenhuma relação.

Enquanto Tylor remete o totemismo ao culto dos ancestrais, Jevons o vincula ao culto da natureza,[566] e eis como o deriva dele.

Uma vez que o ser humano, sob o impacto da surpresa que lhe causavam as irregularidades constatadas no curso dos fenômenos, povoou o mundo com seres sobrenaturais,[567] sentiu a necessidade de entrar em acordo com as forças terríveis com as quais ele próprio se envolveu. Para não ser esmagado por elas, compreendeu que o melhor meio era se aliar a algumas delas e, assim, garantir seu suporte. Ora, nessa fase da história, não se conhece outra forma de aliança e de associação senão aquela que resulta do parentesco. Todos os membros de um mesmo clã se auxiliam mutuamente

---

riam servido de receptáculos às almas dos mortos e, por conseguinte, teriam sido igualmente os primeiros a ser venerados e a exercer o papel de totens. É somente na sequência que outros animais, ou mesmo plantas e objetos inanimados, teriam sido alçados à mesma dignidade. Mas essa hipótese não repousa sequer sobre um princípio de prova. W. Wundt afirma ("Mythus und Religion", *op. cit.*, II, p. 269.) que os répteis são totens muito mais difundidos que os outros animais. É a partir disso que conclui que eles são os mais primitivos. Mas não nos é possível perceber o que pode justificar essa asserção, em apoio da qual o autor não apresenta nenhum fato. Das listas de totens identificados, seja na Austrália, seja na América, não se depreende de forma alguma que uma espécie animal qualquer tenha exercido em algum lugar papel preponderante. Os totens variam de uma região a outra de acordo com o estado da fauna e da flora. Se, aliás, o círculo original dos totens tivesse sido tão limitado assim, não se entende como o totemismo teria podido satisfazer ao princípio fundamental em virtude do qual dois clãs ou subclãs de uma mesma tribo devem ter dois totens diferentes.

564. "Adoram-se, por vezes, certos animais," diz E. B. Tylor, "pois eles são vistos como a encarnação da alma divina dos ancestrais; essa crença constitui uma espécie de traço de união entre o culto prestado aos *manes* e o culto aos animais" (*La Civilisation Primitive, op. cit.*, II, 1878, p. 305; cf. *Ibid.*, p. 308 *in fine*.). Do mesmo modo, W. Wundt apresenta o totemismo como uma seção do animalismo ("Mythus und Religion", *op. cit.*, II, p. 234).

565. Ver, anteriormente, p. 180.

566. F. B. Jevons, *An Introduction to the History of Religion, op. cit.*, p. 96 ss.

567. Ver, anteriormente, p. 54.

porque são parentes, ou, o que dá no mesmo, porque se veem como tais. Ao contrário, clãs diferentes se tratam como inimigos porque possuem sangue diferente. A única maneira de arranjar o apoio dos seres sobrenaturais era, então, adotá-los como parentes e se fazer adotar por eles com a mesma qualidade: os procedimentos bem conhecidos do *blood-covenant* [pacto de sangue] permitiam alcançar facilmente esse resultado. Mas como, nesse momento, o indivíduo não tinha ainda personalidade própria, como via-se nele apenas uma parte de seu grupo, ou seja, de seu clã, foi o clã em seu conjunto, e não o indivíduo, que contraiu coletivamente esse parentesco. Por essa mesma razão, ele o contraiu não com um objeto em particular, mas com o grupo natural, ou seja, com a espécie, da qual esse objeto fazia parte. Afinal, o ser humano pensa o mundo como pensa a si mesmo, e, do mesmo modo que não se concebe apartado de seu clã, não poderia conceber uma coisa apartada da espécie da qual provém. Ora, uma espécie de coisas que se encontra unida a um clã por laços de parentesco é, diz Jevons, um totem.

É certo, com efeito, que o totemismo implica uma estreita associação entre um clã e uma categoria determinada de objetos. Mas que, como quer Jevons, essa associação tenha sido contraída deliberadamente, com plena consciência do objetivo perseguido, é isso que não parece estar muito de acordo com o que nos ensina a história. As religiões são coisas muito complexas, respondem a necessidades múltiplas e obscuras demais para que possam ter sua origem em um ato refletido de vontade. Aliás, ao mesmo tempo que essa hipótese peca por excesso de simplismo, ela é repleta de inverossimilhanças. Diz-se que o ser humano teria procurado garantir o apoio dos seres sobrenaturais dos quais as coisas dependem. Mas então ele deveria ter se dirigido, de preferência, aos mais poderosos entre eles, àqueles cuja proteção prometia ser a mais eficaz.[568] Ora, muito pelo contrário, os seres com os quais se contraiu esse parentesco mítico encontram-se na maior parte dos casos entre os mais humildes que existem. Por outro lado, se realmente o objetivo fosse somente arranjar aliados e defensores, teria sido melhor procurá-los na maior quantidade possível. Afinal, sempre se pode estar mais bem protegido. No entanto, na realidade, cada clã se contenta sistematicamente com um único totem, ou seja, com um único protetor, deixando os outros clãs inteiramente livres para tirar proveito dos seus. Cada grupo se fecha rigorosamente no domínio religioso que lhe é próprio, sem jamais procurar avançar sobre aquele de seus vizinhos. Essa reserva e essa moderação são ininteligíveis na hipótese que examinamos.

---

568. É o que o próprio F. B. Jevons reconhece: "Há espaço para presumir", diz ele, "que, na escolha de um aliado, o ser humano deve preferir (...) a espécie que possui o maior poder" (*An Introduction to the History of Religion, op. cit.*, p. 101.).

## II

Todas essas teorias incorrem, aliás, no erro de omitir uma questão que domina toda a matéria. Vimos que existem duas espécies de totemismo: o do indivíduo e o do clã. Há, entre ambos, um parentesco evidente demais para que não exista nenhuma relação entre eles. Cabe, assim, questionar se um não é derivado do outro, e, em caso de resposta afirmativa, qual é o mais primitivo. De acordo com a solução que será adotada, o problema das origens do totemismo se colocará em termos diferentes. A questão se impõe ainda mais por apresentar um interesse muito geral. O totemismo individual é o aspecto individual do culto totêmico. Se, portanto, ele for o fato primitivo, é preciso dizer que a religião nasce na consciência do indivíduo, que, antes de mais nada, ela responde a aspirações individuais, e que ela assumiu apenas secundariamente uma forma coletiva.

O espírito simplista, do qual etnógrafos e sociólogos ainda se inspiram com muita frequência, devia naturalmente inclinar vários estudiosos a explicar, aqui como alhures, o complexo pelo simples, o totem do grupo a partir daquele do indivíduo. Essa é, com efeito, a teoria sustentada por Frazer, em seu *Golden Bough*[569], por Hill-Tout[570], por Fletcher[571], por Boas[572] e por Swanton[573]. Ela tem, aliás, a vantagem de estar de acordo com a concepção que usualmente se tem da religião: ela é vista, em geral, como algo totalmente íntimo e pessoal. Desse ponto de vista, o totem do clã pode ser apenas um totem individual que se teria generalizado. Uma pessoa notável, após ter experimentado o valor de um totem que escolheu para si livremente, o teria transmitido a seus descendentes; esses, multiplicando-se com o tempo,

---

569. J. G. Frazer, *The Golden Bough*, 2. ed., *op. cit.*, III, p. 416 ss; ver, em especial, *Ibid.*, p. 419, n. 5. Em uma série de artigos mais recentes, que serão analisados mais adiante, Frazer expôs uma teoria diferente que, no entanto, segundo acredita, não exclui completamente a do *The Golden Bough*.

570. Ch. Hill-Tout, "The Origin of the Totemism of the Aborigines of British Columbia", *Proceedings and Transactions of the Royal Society of Canada*, 2ª série, VII, encontro de maio de 1901, 2ª seção, p. 3 ss. Do mesmo autor, "Report on the Ethnology of the Slatlumh of British Columbia", *op. cit.*, p. 144. Hill-Tout respondeu a diferentes críticas que haviam sido dirigidas à sua teoria em *Proceedings and Transactions of the Royal Society of Canada*, 2ª série, IX, encontro de maio de 1903, 2ª seção, p. 61-99.

571. Alice C. Fletcher, "A Study From the Omaha Tribe: the Import of the Totem", *op. cit.*, p. 577-86.

572. F. Boas, "The Social Organization and the Secret Societies of the Kwakiutl Indians", *op. cit.*, p. 323 ss, 336-8 e 393.

573. J. R. Swanton, "The Development of the Clan System and of Secret Societies among the North-Western Tribes", *The American Anthropologist*, s. n., I, 1904, p. 477-86.

teriam terminado por formar essa família estendida que é o clã, e é desse modo que o totem teria se tornado coletivo.

Hill-Tout acreditou encontrar uma prova em apoio a essa teoria na maneira pela qual o totemismo é compreendido por certas sociedades do Noroeste americano, sobretudo entre os Salish e os Índios do rio Thompson. Entre esses povos, com efeito, encontra-se tanto o totemismo individual quanto o totemismo de clã; ainda assim, ou bem eles não coexistem em uma mesma tribo, ou bem, quando o fazem, encontram-se desenvolvidos de formas desiguais. Eles variam na razão inversa um do outro: no local em que o totem do clã tende a ser a regra geral, o totem individual tende a desaparecer, e vice-versa. Isso não significa que o primeiro é uma forma mais recente do segundo, o qual ele exclui ao substituí-lo?[574] A mitologia parece confirmar essa interpretação. Nessas mesmas sociedades, com efeito, o ancestral do clã não é um animal totêmico; ao contrário, representa-se geralmente o fundador do grupo com os traços de um ser humano que, em um momento determinado, teria entrado em relação e em comércio íntimo com um animal fabuloso, do qual teria recebido seu emblema totêmico. Esse emblema, com os poderes especiais que estão atrelados a ele, teria em seguida passado aos descendentes desse herói mítico por direito de herança. Assim, esses próprios povos parecem ver, no totem coletivo, um totem individual que se teria perpetuado no seio de uma mesma família.[575] De fato, aliás, acontece ainda hoje que um pai transmita seu próprio totem a seus filhos. Imaginando que, de maneira geral, o totem coletivo teve essa mesma origem, apenas afirma-se em relação ao passado algo que é observável ainda hoje.[576]

Falta explicar a origem do totem individual. A resposta dada a essa questão varia de acordo com os autores.

Hill-Tout vê nele um caso particular do fetichismo. Sentindo-se cercado por todos os lados de espíritos temíveis, o indivíduo teria experimentado o sentimento que, há pouco, Jevons atribuía ao clã: para poder se manter, teria procurado garantir nesse mundo misterioso alguma potência protetora. É desse modo que o costume do totem pessoal teria sido estabelecido.[577] Para Frazer, essa mesma instituição seria, sobretudo, um subterfúgio, uma astúcia de guerra inventada pelas pessoas para escapar de determinados

---

574. Ch. Hill-Tout, "Report on the Ethnology of the Stlatlumh of British Columbia", *op. cit.*, p. 142.
575. *Ibid.*, p. 150. Cf. F. Boas, "First General Report on the Indians of British Columbia", *op. cit.*, p. 24. Mencionamos anteriormente um mito desse tipo [Ver nota 398. (N.T.)].
576. Ch. Hill-Tout, "Report on the Ethnology of the Stlatlumh of British Columbia", *op. cit.*, p. 147.
577. *Id.*, "The Origin of the Totemism of the Aborigines of British Columbia", *op. cit.*, p. 12.

perigos. Sabe-se que, de acordo com uma crença muito difundida em um grande número de sociedades inferiores, a alma humana pode, sem inconvenientes, deixar temporariamente o corpo em que habita. Por maior que possa ser a distância entre ambos, ela continua a animá-lo por uma espécie de ação à distância. Mas então, em certos momentos críticos nos quais a vida é considerada particularmente ameaçada, pode haver interesse em retirar a alma do corpo e colocá-la em um lugar ou em um objeto no qual estaria em maior segurança. E, com efeito, há um grande número de práticas que têm por finalidade exteriorizar a alma de modo a subtraí-la de algum perigo, real ou imaginário. Por exemplo, no momento em que pessoas vão adentrar em uma casa recém-construída, um mágico extrai suas almas e as coloca em um saco, restituindo-as a seus proprietários uma vez que a soleira da porta for atravessada. Isso porque o momento em que se entra em uma casa nova é excepcionalmente crítico. Corre-se o risco de incomodar e, por conseguinte, de ofender os espíritos que residem no solo e, sobretudo, sob a soleira, e, sem as precauções corretas, eles poderiam fazer com que a pessoa pague caro sua audácia. Uma vez passado o perigo, contudo, uma vez que se logrou evitar sua cólera e, inclusive, garantir seu apoio graças à realização de certos ritos, as almas podem, com toda segurança, retomar seu lugar costumeiro.[578] Uma crença similar a essa teria originado o totem individual. Para se colocar ao abrigo dos malefícios mágicos, os seres humanos teriam considerado sábio esconder suas almas na multidão anônima de uma espécie animal ou vegetal. Uma vez estabelecido esse comércio, porém, cada indivíduo se encontra intimamente unido ao animal ou à planta em que, presume-se, deve residir seu princípio vital. Dois seres tão solidários acabam mesmo por ser considerados quase como indistintos: acredita-se que eles participam da natureza um do outro. Essa crença, uma vez admitida, facilita e ativa a transformação do totem pessoal em totem hereditário e, por conseguinte, coletivo; afinal, pareceu muito evidente que esse parentesco de natureza devia se transmitir hereditariamente do pai aos filhos.

Não nos deteremos a discutir longamente essas duas explicações do totem individual: trata-se de ideias engenhosas do espírito, mas que carecem totalmente de provas positivas. Para poder reduzir o totemismo ao fetichismo, teria sido necessário estabelecer que este é anterior àquele. Ora, não somente nenhum fato que possa demonstrar tal hipótese é apresentado,

---

578. Ver J. G. Frazer, *The Golden Bough*, 2. ed., *op. cit.*, III, p. 351 ss. G. A. Wilken já havia apontado fatos análogos em "De Simsonsage", *De Gids*, 1890; "De betrekking tusschen menschen – dieren – en plantenleven", *De Indische Gids*, 1884 e 1888; "Ueber das Haaropfer und einige andere Trauergebräuche bei den Völkern Indonesien's", *Revue Coloniale Internationale*, 1886, v. 2, p. 225-69, e 1887, v. 1, p. 345-419.

como ela está em contradição com tudo o que sabemos. O conjunto, mal determinado, de ritos que se denomina fetichismo parece surgir apenas em povos que atingiram certo grau de civilização. Trata-se de uma modalidade de culto desconhecida na Austrália. Qualificou-se, é bem verdade, o *churinga* de fetiche;[579] mas, mesmo presumindo que tal qualificação seja justa, ela não poderia provar a anterioridade que se postula. Ao contrário, o *churinga* supõe o totemismo, pois é essencialmente um instrumento do culto totêmico, o qual deve as virtudes que lhe são atribuídas apenas às crenças totêmicas.

Quanto à teoria de Frazer, ela supõe no primitivo uma espécie de absurdo intrínseco que os fatos conhecidos não permitem lhe atribuir. Ele possui uma lógica, por mais estranha que esta possa, por vezes, nos parecer. Ora, a menos que ele seja totalmente desprovido de lógica, não poderia realizar os raciocínios que lhe são imputados. Que ele julgue assegurar a sobrevivência de sua alma ao escondê-la em algum lugar secreto e inacessível, como acredita-se que fizeram tantos heróis dos mitos e dos contos, nada mais natural. Mas como poderia ele acreditar que essa alma estaria mais protegida no corpo de um animal do que no seu próprio? Sem dúvida, passando assim desapercebida no seio de uma espécie, ela podia ter algumas chances de escapar com maior facilidade aos sortilégios do mago, mas, ao mesmo tempo, encontrava-se à mercê dos golpes dos caçadores. Envolvê-la com uma forma material que a expunha a riscos a todo momento era uma maneira singular de livrá-la do perigo.[580] Sobretudo, é inconcebível que povos inteiros tenham podido se deixar levar por uma semelhante aberração.[581]

---

579. Por exemplo, E. Eylmann, em *Die Eingeborenen der Kolonie Südaustralien, op. cit.*, p. 199.

580. "Se o Yunbeai", diz K. L. Parker acerca dos Euahlayi, "confere uma força excepcional, ele expõe também a perigos excepcionais, pois tudo o que fere o animal, machuca o ser humano" (*The Euahlayi Tribe, op. cit.*, p. 29.).

581. Em um trabalho posterior ("The Origin of Totemism", *The Fortnightly Review*, v. 65, maio 1899, p. 844-5.), o próprio J. G. Frazer formula a seguinte objeção: "Se", diz ele, "depositei minha alma no corpo de uma lebre, e se meu irmão John (membro de um clã estrangeiro) mata essa lebre, assa-a e come-a, o que acontece com minha alma? Para se precaver contra esse perigo, necessário é que meu irmão John conheça essa situação da minha alma, e que, em decorrência disso, quando matar uma lebre, tenha o cuidado de extrair dela essa alma e de restituí-la a mim, antes de cozer o animal e de jantá-lo." Ora, Frazer julga encontrar essa prática em uso nas tribos da Austrália Central. Todos os anos, ao longo de um rito que descreveremos mais adiante, quando os animais da nova geração chegam à maturidade, a primeira caça abatida é apresentada às pessoas do totem para que se alimentem um pouco dela; e é somente na sequência que as pessoas dos outros clãs podem consumi-la livremente. Trata-se, diz Frazer, de um meio de dar aos primeiros as almas que podem ter confiado a esses animais. Ainda assim, além do fato de essa interpretação do rito ser totalmente arbitrária, é difícil não achar singular esse modo de evitar o perigo. Essa cerimônia é anual; longos dias podem ter transcorrido após o momento em que o animal foi assassinado. Durante esse

Enfim, em um grande número de casos, a função do totem individual é claramente muito diferente daquela que lhe atribui Frazer: trata-se, antes de tudo, de um meio de conferir poderes extraordinários a magos, a caçadores e a guerreiros.[582] Quanto à solidariedade entre o ser humano e a coisa, com todos os inconvenientes que implica, ela é aceita como uma decorrência obrigatória do rito; mas ela não é desejada em si mesma e por ela mesma.

Há ainda menos motivos para nos demorarmos nessa controvérsia, uma vez que nela não reside o verdadeiro problema. O que importa saber, antes de mais nada, é se o totem individual é realmente o fato primitivo do qual o totem coletivo seria derivado; afinal, de acordo com a resposta que faremos a essa questão, seremos compelidos a buscar o âmago da vida religiosa em duas direções opostas.

Ora, contra a hipótese de Hill-Tout, de Fletcher, de Boas e de Frazer, há uma tal quantidade de fatos decisivos que é surpreendente que tenha sido aceita de maneira assim tão fácil e tão geral.

Em primeiro lugar, sabemos que o ser humano possui, com frequência, um forte interesse em respeitar os animais da espécie que lhe serve de totem pessoal, bem como em impor esse respeito a seus companheiros. Isso decorre de sua própria vida. Se, portanto, o totemismo coletivo fosse apenas a forma generalizada do totemismo individual, ele deveria repousar sobre o mesmo princípio. Não somente as pessoas de um clã deveriam se abster de matar e de comer seu animal-totem, como deveriam ainda fazer todo o possível para exigir dos estrangeiros a mesma abstenção. Ora, de fato, muito longe de impor essa renúncia ao conjunto da tribo, cada clã, por meio de ritos que descreveremos mais adiante, cuida para que a planta ou o animal cujo nome carrega cresça e prospere, de modo a assegurar aos outros clãs uma alimentação abundante. Seria então preciso, ao menos, admitir que o totem individual, ao se tornar coletivo, transformou-se profundamente, bem como seria necessário explicar essa transformação.

Em segundo lugar, como explicar desse ponto de vista que, salvo nos locais em que o totemismo está em processo de decadência, dois clãs de uma mesma tribo tenham sempre totens diferentes? Nada impedia, ao que parece, dois ou mais membros de uma mesma tribo, sobretudo quando não havia parentesco entre eles, de escolher seu totem pessoal na mesma es-

---

tempo, o que aconteceu com a alma de cuja guarda ele se ocupava e com o indivíduo do qual essa alma é o princípio de vida? Mas é inútil insistir acerca de tudo o que há de inconcebível nessa explicação.

582. K. L. Parker, *The Euahlayi Tribe*, op. cit., p. 20; A. W. Howitt, "On Australian Medicine Men", op. cit., p. 34 e 49-50; bem como Ch. Hill-Tout, "Report on the Ethnology of the Stlatlumh of the British Columbia", op. cit., p. 146.

pécie animal e de transmiti-la, em seguida, a seus descendentes. Acaso não ocorre, hoje, que duas famílias distintas tenham o mesmo nome? O modo, estritamente regulamentado, por meio do qual totens e subtotens estão divididos primeiro entre duas fratrias e, em seguida, entre os diversos clãs de cada fratria, supõe claramente uma entente social, uma organização coletiva. Isso quer dizer que o totemismo é algo diferente de uma prática individual que teria se generalizado de maneira espontânea.

Aliás, só se pode reduzir o totemismo coletivo ao totemismo individual ignorando-se as diferenças que os separam. O primeiro é designado à criança por seu nascimento: trata-se de um elemento de seu estado civil. O outro é adquirido ao longo da vida: ele supõe a realização de um rito determinado e uma mudança de estado. Acredita-se que a distância entre eles é diminuída ao se inserir, como uma espécie de termo intermediário, o direito que todo detentor de um totem teria de transmiti-lo a quem desejar. Mas essas transferências, onde quer que sejam observadas, são atos raros, relativamente excepcionais. Eles apenas podem ser operados por magos ou personagens investidos de poderes especiais;[583] em todo caso, só podem ocorrer em meio a cerimônias rituais que realizam a mutação. Seria preciso então explicar como o que era a prerrogativa de alguns tornou-se o direito de todos; como o que implicava de início uma transformação profunda na constituição religiosa e moral do indivíduo tornou-se um elemento dessa constituição; como, enfim, uma transmissão que, primitivamente, era a consequência de um rito, foi depois considerada como se ela se produzisse espontaneamente, pela força das coisas e sem a intervenção de qualquer vontade humana.

Para reforçar sua interpretação, Hill-Tout alega que certos mitos atribuem ao totem do clã uma origem individual: conta-se nesses casos que o emblema totêmico foi adquirido por um indivíduo determinado, o qual teria, em seguida, transmitido-o a seus descendentes. Em primeiro lugar, contudo, esses mitos são tomados das tribos indígenas da América do Norte, ou seja, de sociedades que atingiram um grau de cultura bastante elevado. Como uma mitologia assim distante das origens permitiria a reconstituição, com alguma segurança, da forma primitiva de uma instituição? Existe uma grande probabilidade de que causas intercorrentes tenham desfigurado gravemente a lembrança que os indivíduos poderiam ter conservado dela. Aliás, é muito fácil opor a esses mitos outros que parecem ser

---

583. Segundo o próprio Ch. Hill-Tout: "O dom ou a transmissão (de um totem pessoal) só pode ser realizado por certas pessoas, tais como xamãs ou pessoas que possuem um grande poder misterioso" ("Report on the Ethnology of the Stlatlumh of British Columbia", *op. cit.*, p. 146.). Cf. K. Langloh Parker, *The Euahlayi Tribe*, *op. cit.*, p. 29-30.

mais primitivos e cujo sentido é totalmente diferente. O totem é representado nesses casos como o próprio ser do qual o clã descende. Isso significa, portanto, que ele constitui a substância do clã; os indivíduos carregam-no em si mesmos desde seu nascimento; ele é parte de sua carne e de seu sangue, afastando a ideia de que eles teriam-no recebido do exterior.[584] E há mais: os próprios mitos sobre os quais se apoia Hill-Tout contêm um eco dessa antiga concepção. O fundador epônimo do clã tem aí um semblante de ser humano; trata-se, contudo, de alguém que, após ter vivido em meio aos animais de uma espécie determinada, terminou por se assemelhar a eles. Isso certamente ocorre porque chegou um momento em que os espíritos haviam se tornado cultivados demais para continuar a admitir, como no passado, que seres humanos possam nascer de um animal. Eles então substituíram o animal ancestral, que se tornou irrepresentável, por um ser humano; mas imaginaram que essa pessoa tinha adquirido, por imitação ou por outros procedimentos, certas características da animalidade. Desse modo, mesmo essa mitologia tardia carrega a marca de uma época mais remota, na qual o totem do clã não era concebido de forma alguma como uma espécie de criação individual.

Essa hipótese, contudo, não suscita apenas grandes dificuldades lógicas: ela é diretamente contradita pelos fatos apresentados a seguir.

Se o totemismo individual fosse o fato inicial, ele deveria ser tanto mais desenvolvido e tanto mais evidente quanto mais primitivas fossem as próprias sociedades; inversamente, deveríamos vê-lo perder terreno e ofuscar-se diante da outra modalidade [de totemismo] entre os povos mais avançados. Pois bem, é o contrário que ocorre. As tribos australianas são muito mais atrasadas que aquelas da América do Norte; e, ainda assim, a Austrália é o terreno de predileção do totemismo coletivo. *Na grande maioria das tribos, ele reina sozinho, ao passo que não existe, até onde vai nosso conhecimento, tribo em que o totemismo individual seja o único praticado.*[585] Só encontramos este último, sob uma forma caracterizada, em um número ínfimo de tribos.[586] E mesmo onde se encontra, seu estado é, na maioria das vezes, rudimentar. Ele consiste então em práticas individuais e facultativas, mas que não têm qualquer traço de generalidade. Os magos são os únicos

---

584. Cf. E. S. Hartland, "Totemism and some Recent Discoveries", *Folk-lore*, XI, mar. 1900, p. 59 ss.
585. Exceto, talvez, entre os Kurnai; e ainda, nessa tribo, além dos totens pessoais, existem os totens sexuais.
586. Entre os Wotjobaluk, os Buandik, os Wiradjuri, os Yuin e as tribos vizinhas de Maryborough (Queensland). Ver A. W. Howitt, *Nat. Tr.*, *op. cit.*, p. 114-47; R. H. Mathews, "Ethnological Notes on the Aboriginal Tribes of New South Wales and Victoria", *op. cit.*, p. 291. Cf. N. W. Thomas, "Further Remarks on Mr. Hill-Tout's Views on Totemism", *op. cit.*, p. 85.

que conhecem a arte de tecer relações misteriosas com espécies animais com as quais não são naturalmente aparentados. As pessoas ordinárias não usufruem desse privilégio.[587] Ao contrário, na América, o totem coletivo está em plena decadência. Nas sociedades do Noroeste, em particular, ele apresenta apenas um caráter religioso bastante apagado. Por outro lado, entre esses mesmos povos, o totem individual exerce um papel considerável. Uma grande eficácia lhe é atribuída, tendo se tornado uma verdadeira instituição pública. Trata-se, afinal, de algo característico de uma civilização mais avançada. Eis aí, sem dúvida, como se explica a inversão entre essas duas formas de totemismo que Hill-Tout crê observar nos Salish. Se, onde o totemismo coletivo está plenamente desenvolvido o outro quase inexiste, isso não ocorre porque este recuou diante daquele; ao contrário, é porque as condições necessárias para sua existência não estão plenamente realizadas.

O que é ainda mais demonstrativo, contudo, é o fato de o totemismo individual, longe de ter dado origem ao totemismo de clã, supor este último. É nos quadros do totemismo coletivo que ele nasceu e se movimenta: trata-se de uma parte integrante dele. Com efeito, nas próprias sociedades em que é predominante, os noviços não têm direito de tomar por totem pessoal um animal qualquer: a cada clã é designado certo número de espécies determinadas, para além das quais não lhe é permitido escolher. Em contrapartida, as que lhe pertencem são sua propriedade exclusiva; os membros de um clã estrangeiro não podem usurpá-las.[588] Elas são concebidas como se sustentassem relação de íntima dependência com aquilo que serve de totem a todo o clã. Há mesmo casos em que é possível perceber essas relações: o totem individual representa parte ou um aspecto particular do totem coletivo.[589] Entre os Wotjobaluk, cada membro do clã considera

---

587. É o caso dos Euahlayi e dos fatos de totemismo pessoal apontados por A. W. Howitt em "On Australian Medicine Men", *op. cit.*, p. 34, 45 e 49-50.

588. A. C. Fletcher, "A study from the Omaha Tribe", *op. cit.*, p. 586; F. Boas, "The Social Organization and Secret Societies of the Kwakiutl Indians", *op. cit.*, p. 322. Do mesmo autor, "First General Report on the Indians of British Columbia", *op. cit.*, p. 25; e Ch. Hill-Tout, "Report on the Ethnology of the Stlatlumh of the British Columbia", *op. cit.*, p. 148.

589. "Os nomes próprios das diferentes *gentes*", diz F. Boas acerca dos Tlinkit, "são derivados de seus respetivos totens, cada *gens* tendo seus nomes especiais. A conexão entre o nome e o totem (coletivo) não é, por vezes, muito aparente, mas existe sempre" (F. Boas, "First General Report on the Indians of British Columbia", *op. cit.*, p. 25.). O fato de os prenomes individuais serem a propriedade do clã e o caracterizarem tão seguramente quanto o totem é também observável entre os Iroqueses (L. H. Morgan, *Ancient Society, op. cit.*, p. 78.); entre os Wyandot (J. W. Powell, "Wyandot Government", *op. cit.*, p. 59.); entre os Shawnee, os Sauk e os Fox (L. H. Morgan, *Ancient Society, op. cit.*, p. 72 e 76-7.); bem como entre os Omaha (J. O. Dorsey, "Omaha Sociology", *op. cit.*, p. 227 ss.). Ora, sabe-se a relação que existe entre os prenomes e os totens pessoais (Ver, anteriormente, p. 202.).

os totens pessoais de seus companheiros como sendo um pouco seus.[590] Trata-se, portanto, ao que tudo indica, de subtotens. Ora, o subtotem supõe o totem como a espécie supõe o gênero. Desse modo, a primeira forma de religião individual que se observa na história nos surge não como o princípio ativo da religião pública, mas, ao contrário, como um simples aspecto dela. O culto que o indivíduo organiza para si mesmo e, em alguma medida, no seu foro íntimo, longe de ser o germe do culto coletivo, nada mais é que uma adequação deste às necessidades do indivíduo.

## III

Em um trabalho mais recente,[591] que lhe foi sugerido pelas obras de Spencer e Gillen, Frazer tentou apresentar uma explicação nova do totemismo, em substituição àquela que havia proposto e que acaba de ser discutida. Ela repousa sobre o seguinte postulado: o totemismo dos Arunta é o mais primitivo que conhecemos. Frazer chegará ao ponto de dizer que esse totemismo mal difere do tipo real e absolutamente original.[592]

O que ele tem de singular é o seguinte: os totens não estão atrelados, nesse caso, nem a pessoas, nem a grupos de pessoas determinadas, mas a localidades. Cada totem tem, com efeito, seu centro em um local definido. É aí que, presume-se, preferencialmente residem as almas dos primeiros ancestrais que, na origem dos tempos, constituíam o grupo totêmico. Encontra-se aí o santuário no qual estão conservados os *churinga*, e é no

---

590. "Por exemplo," diz R. H. Mathews, "se perguntardes a um indivíduo Warwurt qual é o seu totem, ele vos dirá, em primeiro lugar, seu totem pessoal, mas, muito provavelmente, ele enumerará em seguida os outros totens pessoais de seu clã" ("Ethnological Notes on the Aboriginal Tribes of New South Wales and Victoria", *op. cit.*, p. 291.).

591. J. G. Frazer, "The Beginnings of Religion and Totemism among the Australian Aborigines", *The Fortnightly Review*, jul. 1905, p. 162 ss, set. 1905, p. 452 ss. Cf., do mesmo autor, "The Origin of Totemism", *The Fortnightly Review*, abr. 1899, p. 647 ss, maio 1899, p. 835 ss. Estes últimos artigos, um pouco mais antigos, diferem em um ponto dos primeiros, mas a base da teoria não é essencialmente diferente. Ambos encontram-se reproduzidos em *Id., Totemism and Exogamy, op. cit.*, v. I, p. 89-172. Ver, no mesmo sentido, B. Spencer e F. J. Gillen, "Some Remarks on Totemism Applied to Australian Tribes", *J.A.I.*, 1899, p. 275-80, assim como as observações de Frazer sobre o mesmo tema em J. G. Frazer, "Observations on Central Australian Totemism", *J.A.I.*, 1899, p. 281-6.

592. "Perhaps we may... say that it is but one remove from the original pattern, the absolutely primitive type of totemism" [Em português: "Talvez possamos... dizer que se trata apenas de um pequeno deslocamento do padrão original, do tipo absolutamente primitivo do totemismo". (N.T.)] (J. G. Frazer, "The Beginnings of Religion and Totemism among the Australian Aborigines, II. The Beginnings of Totemism", *op. cit.*, p. 455.).

mesmo local que se celebra o culto. Essa distribuição geográfica dos totens determinou também a maneira pela qual os clãs fazem seu recrutamento. A criança, com efeito, tem por totem não o de seu pai ou de sua mãe, mas aquele que tem seu centro no local em que sua mãe acredita ter sentido os primeiros sintomas da sua maternidade próxima. Afinal, o Arunta ignora, diz-se, a relação precisa que atrela a criação da vida ao ato sexual;[593] ele acredita que toda concepção deve-se a uma espécie de fecundação mística. Essa implica, segundo ele, que uma alma de ancestral penetrou no corpo de uma mulher e nele se tornou o princípio de uma nova vida. No momento, portanto, em que a mulher percebe os primeiros movimentos do bebê, ela imagina que uma das almas que têm por residência principal o local em que se encontra acaba de penetrar nela. Como a criança que nasce na sequência nada mais é que esse ancestral reencarnado, ela possui o mesmo totem. Ou seja, seu clã é determinado pela localidade na qual acredita-se que ele foi misticamente concebido.

Ora, é esse totemismo local que representaria a forma original do totemismo; ou, quando muito, estaria separado dela por uma brevíssima etapa. Eis aqui como Frazer explica sua gênese.

No instante preciso em que a mulher sente-se grávida, ela deve pensar que o espírito que acredita possuir proveio dos objetos ao seu redor, e sobretudo de um dos que, nesse momento, atraíam sua atenção. Se, portanto, ela estava atarefada com a coleta de uma planta qualquer, ou se vigiava um animal, julgará que a alma desse animal ou dessa planta transferiu-se para ela. Entre as coisas às quais estará particularmente inclinada a atribuir sua gravidez, encontra-se, em primeiro lugar, os alimentos que acaba de comer. Se ingeriu recentemente carne de ema ou inhame, não colocará em dúvida que uma ema ou um inhame nasceu dentro dela e aí se desenvolve. Nessas condições, explica-se, por sua vez, que a criança seja considerada uma espécie de inhame ou de ema; que ela veja a si mesma como um congênere dos animais ou das plantas da mesma espécie, testemunhando-lhes simpatia e cercando-os de cuidados, proibindo a si mesma devorá-los etc.[594] A partir

---

593. Sobre esse ponto, o testemunho de C. Strehlow confirma o de B. Spencer e F. J. Gillen (C. Strehlow, *Die Aranda – und Loritja – Stämme in Zentral-Australien*, op. cit., II, 1908, p. 52.). Ver, no sentido contrário, A. Lang, *The Secret of the Totem*, op. cit., p. 190.

594. Uma ideia similar já havia sido exprimida por A. C. Haddon em seu "Presidential Address to the Anthropological Section", *Report of the Seventy-second Meeting of the British Association for the Advancement of Science Held at Belfast in September 1902*, Londres, Spottiswoode, s. d., p. 8 ss. Ele supõe que cada grupo local tinha primitivamente um alimento que lhe era especialmente particular. A planta ou o animal que servia, assim, como matéria principal ao seu consumo teria se tornado o totem do grupo. – Todas essas explicações implicam

desse momento, o totemismo existe em seus traços essenciais: a ideia que o nativo tem de sua própria gênese é que teria dado origem a esse fenômeno; eis por que Frazer chama o totemismo primitivo de *concepcional*.

Todas as outras formas de totemismo seriam derivadas desse tipo original. "Se várias mulheres, uma após a outra, perceberem os signos premonitórios da maternidade em um mesmo lugar e nas mesmas circunstâncias, esse local será visto como frequentado por espíritos de um tipo particular; e assim, com o tempo, a região será dotada de centros totêmicos e será dividida em distritos totêmicos".[595] Eis aí como o totemismo local dos Arunta teria nascido. Para que, na sequência, os totens desprendam-se de sua base territorial, bastará imaginar que as almas ancestrais, ao invés de permanecerem eternamente fixadas em um local determinado, possam se mover livremente sobre toda a superfície do território e sigam, em suas viagens, os homens ou as mulheres que compartilham com elas o mesmo totem. Dessa maneira, uma mulher poderá ser fecundada por um espírito de seu próprio totem ou do totem do seu marido, mesmo quando residir em um distrito totêmico diferente. Conforme se imaginar que são os ancestrais do marido ou os ancestrais da mulher que seguem o jovem casal espreitando as ocasiões de reencarnar-se, o totem da criança será ou o do pai, ou o da mãe. De fato, é assim que os Gnanji e os Umbaia, por um lado, e os Urabunna, de outro, explicam seus sistemas de filiação.

Mas essa teoria, como a de Tylor, repousa sobre uma petição de princípio. Para poder imaginar que as almas humanas são almas de animais ou de plantas, seria necessário acreditar de antemão que o ser humano empresta seja do mundo animal, seja do mundo vegetal, o que tem de mais essencial em si mesmo. Ora, essa crença é precisamente uma das que estão na base do totemismo. Colocá-la como uma evidência equivale, portanto, a apoiar-se naquilo que seria preciso explicar.

Além do mais, desse ponto de vista, o caráter religioso do totem é inteiramente inexplicável. Afinal, a vaga crença em um obscuro parentesco entre o ser humano e o animal não basta para instituir um culto. Essa confusão de reinos distintos não poderia ter por efeito desdobrar o mundo em profano e em sagrado. É verdade que, coerente consigo mesmo, Frazer recusa-se a ver no totemismo uma religião, sob o pretexto de que nela não se encontram nem seres espirituais, nem orações, nem invocações, nem

---

naturalmente que a interdição de devorar o animal totêmico não era primitiva, e foi mesmo precedida de uma prescrição contrária.

595. J. G. Frazer, "The Beginnings of Religion and Totemism among the Australian Aborigines. II. The Beginnings of Totemism", *op. cit.*, p. 458.

oferendas etc. Segundo ele, tratar-se-ia de um sistema mágico; ele entende por isso uma espécie de ciência grosseira e equivocada, um primeiro esforço para descobrir as leis das coisas.[596] Sabemos, contudo, o que há de inexato nessa concepção tanto da religião quanto da magia. Existe religião a partir do momento em que o sagrado é distinguido do profano, e vimos que o totemismo é um vasto sistema de coisas sagradas. Explicá-lo, portanto, significa mostrar por que as coisas foram marcadas com esse caráter.[597] Ora, tal problema sequer é levantado.

O que termina por arruinar esse sistema, porém, é que hoje o postulado sobre o qual repousa não é mais sustentável. Toda a argumentação de Frazer supõe, com efeito, que o totemismo local dos Arunta é o mais primitivo que conhecemos, e sobretudo que ele é sensivelmente anterior ao totemismo hereditário, seja em linha paterna, seja em linha materna. Pois bem, partindo unicamente dos fatos que a primeira obra de Spencer e Gillen já colocavam à nossa disposição, foi-nos possível conjecturar que deve ter havido um momento na história do povo Arunta em que os totens, em vez de estarem atrelados às localidades, transmitiam-se hereditariamente da mãe aos filhos.[598] Tal conjectura é definitivamente demonstrada por fatos novos que Strehlow descobriu,[599] e que, aliás, apenas confirmam as observações anteriores de Schulze[600]. Com efeito, esses dois autores nos ensinam que, mesmo hoje, cada Arunta, além de seu totem local, possui outro que é independente de toda condição geográfica, mas que lhe pertence por direito de nascença: é o de sua mãe. Esse segundo totem, assim como o primeiro, é considerado pelos nativos como uma potência amiga e prote-

---

596. J. G. Frazer, "The origin of Totemism", maio 1899, *op. cit.*, p. 835 ss, bem como, do mesmo autor, "The Beginnings of Religion and Totemism among the Australian Aborigines. I. The Beginnings of Religion", *op. cit.*, p. 162 ss.

597. Ao mesmo tempo em que vê no totemismo apenas um sistema mágico, J. G. Frazer reconhece que nele se encontram, por vezes, os primeiros germes de uma religião propriamente dita (*Id.*, "The Beginnings of Religion and Totemism among the Australian Aborigines. I. The Beginnings of Religion", *op. cit.*, p. 163.). Sobre a maneira pela qual, segundo esse autor, a religião teria se originado da magia, ver *Id.*, *The Golden Bough*, 2. ed., *op. cit.*, I, p. 75-8.

598. É. Durkheim, "Sur le totémisme", *op. cit.*, p. 82-121. Cf., sobre o mesmo tema, E. S. Hartland, "Presidential Address: Totemism and some Recent Discoveries", *op. cit.*, p. 75 ss; A. Lang, "A theory of Arunta Totemism", *Man*, v. 4, 1904, n. 44, p. 67-9; *Id.*, "Conceptional Totemism and Exogamy", *Man*, v. 7, 1907, n. 55, p. 88-90; *Id.*, *The Secret of the Totem*, *op. cit.*, cap. IV, p. 59-90; N. W. Thomas, "Arunta Totemism", *Man*, v. 4, 1904, n. 68, p. 99-101; Padre W. Schmidt, "Die Stellung der Aranda unter den australischen Stämmen", *Zeitschrift für Ethnologie*, dez. 1908, p. 866 ss.

599. C. Strehlow, *Die Aranda – und Loritja – Stämme in Zentral-Australien, op. cit.*, II, 1908, p. 57-8.

600. L. Schulze, "The Aborigines of the Upper and Middle Finke River", *loc. cit.*, p. 238-9.

tora que provê seu alimento, alerta-os quanto a possíveis perigos etc. Eles têm o direito de participar em seu culto. Quando são enterrados, o cadáver é disposto de modo que seu rosto esteja voltado à região em que se encontra o centro totêmico de sua mãe. Isso significa que esse centro é também, de alguma forma, o do defunto. E, de fato, o nome de *tmara altjira* lhe é atribuído, expressão que significa: terreno do totem ao qual estou associado. É, portanto, certo que, entre os Arunta, o totem hereditário em linha uterina não é posterior ao totemismo local, mas, ao contrário, deve tê-lo precedido. Afinal, o totem materno não tem mais hoje senão uma função acessória e complementar. Trata-se de um totem secundário, o que explica que tenha podido escapar a observadores tão sensíveis e experientes como Spencer e Gillen. Mas, para que tenha podido se manter assim em um plano secundário, repetindo o totem local, é necessário que tenha havido um tempo em que ele ocupava o primeiro plano na vida religiosa. Ele é, em parte, um totem decaído, mas que lembra uma época na qual a organização totêmica dos Arunta era muito diferente da que é hoje. Toda a construção de Frazer encontra-se, desse modo, minada em sua base.[601]

## IV

Embora Andrew Lang tenha combatido vivamente essa teoria de Frazer, aquela que propõe em suas últimas obras[602] aproxima-se dela em mais de um ponto. Com efeito, assim como Frazer, ele faz com que todo o totemismo consista na crença em uma espécie de consubstancialidade entre o ser humano e o animal. Ele a explica, contudo, de outra forma.

Ele a deriva inteiramente do seguinte fato: o totem é um nome. Desde que existiram grupos humanos constituídos[603], cada um deles teria sentido

---

601. Na conclusão de *Totemism and Exogamy* (IV, *op. cit.*, p. 58-9), J. G. Frazer diz, é verdade, que existe um totemismo ainda mais antigo que o dos Arunta: trata-se daquele observado por W. H. Rivers nas Ilhas Banks ("Totemism in Polynesia and Melanesia", *J.A.I.*, XXXIX, jan. 1909, p. 172.). Entre os Arunta, é o espírito de um ancestral que fecundaria a mãe. Nas ilhas Banks, por sua vez, quem o faz é o espírito de um animal ou de um vegetal, como o supõe a teoria. Mas como os espíritos ancestrais dos Arunta têm uma forma animal ou vegetal, a diferença é tênue. Desse modo, não levamos em conta esse fato em nossa exposição.

602. A. Lang, *Social Origins*, Londres, 1903, em especial o capítulo VIII, intitulado "The Origin of Totem Names and Beliefs", bem como *Id.*, *The Secret of the Totem*, *op. cit.*

603. Sobretudo em seu *Social Origins*, A. Lang tenta reconstituir pela via da conjectura a forma que deviam ter esses grupos primitivos; parece-nos inútil reproduzir essas hipóteses, as quais não têm nenhum impacto em sua teoria do totemismo.

a necessidade de distinguir os grupos vizinhos com os quais tinha relação e, com essa finalidade, atribui-lhes nomes diferentes. Esses nomes foram tomados de empréstimo, preferencialmente, da fauna e da flora ambientes, uma vez que animais e plantas podem facilmente ser designados por meio de gestos ou representados por desenhos.[604] As semelhanças mais ou menos precisas que os seres humanos podiam ter com este ou aquele desses objetos determinaram o modo pelo qual essas denominações coletivas foram distribuídas entre os grupos.[605]

Pois bem, é um fato conhecido que, "para os espíritos primitivos, os nomes e as coisas designados por esses nomes estão unidos por uma relação mística e transcendental"[606]. Por exemplo, o nome de um indivíduo não é considerado como uma simples palavra, como um signo convencional, mas como parte essencial do próprio indivíduo. Assim, quando se tratava de um nome animal, a pessoa que o ostentava devia necessariamente acreditar que ela própria possuía os atributos mais característicos do animal em questão. Essa crença tornou-se ainda mais forte quanto mais longínquas e mais apagadas da memória estiverem as origens históricas dessas denominações. Mitos foram constituídos para tornar mais facilmente representável aos espíritos essa estranha ambiguidade da natureza humana. Para explicá-la, imagina-se que o animal era o ancestral da pessoa ou que ambos descendiam de um ancestral comum. É desse modo que teriam sido concebidos os laços de parentesco que supostamente unem cada clã à espécie de coisas cujo nome ele carrega. Ora, uma vez explicadas as origens desse parentesco fabuloso, o totemismo não parece mais ter mistério para nosso autor.

Assim, porém, de onde vem o caráter religioso das crenças e das práticas totêmicas? Afinal, o fato de o ser humano acreditar ser um animal de uma espécie particular não explica por que ele atribui a essa espécie virtudes maravilhosas, muito menos por que ele oferece às imagens que o simbolizam um verdadeiro culto. – Diante dessa questão, Lang oferece a mesma resposta de Frazer: ele nega que o totemismo seja uma religião. "Não encontro na Austrália", diz ele, "nenhum exemplo de práticas religiosas, tais como aquelas que consistem em orar, alimentar ou sepultar o totem."[607] Apenas em uma época posterior, quando já estava constituído, o totemismo teria

---

604. Sobre esse ponto, A. Lang aproxima-se da teoria de Julius Pikler (Ver J. Pikler e F. Szomlò, *Der Ursprung des Totemismus. Ein Beitrag zur Materialistischen Gesichtstheorie*, Berlim, Hoffmann, 1900, 36 p., in-8º.). A diferença entre as duas hipóteses é que J. Pikler atribui mais importância à representação pictográfica do nome que ao próprio nome.
605. A. Lang, *Social Origins, op. cit.*, p. 166.
606. Id., *The Secret of the Totem, op. cit.*, p. 121; cf. p. 116-7.
607. *Ibid.*, p. 136.

sido de alguma forma atraído e envolvido por um sistema de concepções propriamente religiosas. Segundo uma observação de Howitt,[608] quando os nativos procuram explicar as instituições totêmicas, eles não as atribuem nem aos próprios totens, nem a uma pessoa, mas a algum ser sobrenatural, tal como Bunjil ou Baiame. "Se", diz Lang, "aceitamos esse testemunho, uma fonte do caráter religioso do totemismo nos é revelada. O totemismo obedece aos decretos de Bunjil, como os Cretenses obedeciam aos decretos divinos dados por Zeus a Minos." Ora, a noção dessas grandes divindades formou-se, segundo Lang, fora do sistema totêmico; este não seria, portanto, uma religião por si só. Ele nada mais teria feito que se colorir de religiosidade a partir do contato com uma religião propriamente dita.

Esses próprios mitos, contudo, vão contra a concepção que Lang oferece do totemismo. Se os australianos tivessem visto no totem apenas uma coisa humana e profana, não lhes teria vindo a ideia de torná-la uma instituição divina. Se, ao contrário, sentiram a necessidade de se remeter a uma divindade, isso se deu porque reconheciam nela um caráter sagrado. Essas interpretações mitológicas demostram, assim, a natureza religiosa do totemismo, embora não a expliquem.

Aliás, o próprio Lang percebe que essa solução não bastaria. Ele reconhece que as coisas totêmicas são tratadas com um respeito religioso[609]; que, em especial, o sangue do animal, como, aliás, o sangue do ser humano, é o objeto de múltiplas interdições, ou, como diz, de tabus que essa mitologia mais ou menos tardia não pode explicar[610]. Mas, em sendo assim, de onde eles provêm? Eis aqui os termos com os quais Lang responde a essa questão: "Assim que os grupos com nomes de animais lograram desenvolver crenças universalmente difundidas sobre o *wakan* ou o *mana*, ou a qualidade mística e sagrada do sangue, as diferentes tribos totêmicas igualmente tiveram de surgir"[611]. As palavras *wakan* e *mana*, como veremos no capítulo seguinte, implicam a própria noção de *sagrado*; uma é tomada de empréstimo junto à língua dos Sioux, a outra, à dos povos melanésios. Explicar o caráter sagrado das coisas totêmicas postulando esse caráter é responder a questão pela questão. O que seria necessário explicar é a proveniência dessa noção de *wakan*, bem como a maneira pela qual ela foi aplicada

---

608. A. W. Howitt e L. Fison, "Further Notes on the Australian Class System", *op. cit.*, p. 53-4. Cf. A. W. Howitt, *Nat. Tr.*, *op. cit.*, p. 89, 488 e 498.

609. "*With reverence* [com reverência]", como diz A. Lang (*The Secret of the Totem*, *op. cit.*, p. 111.).

610. A esses tabus, A. Lang acrescenta aqueles que estão na base das práticas exogâmicas.

611. A. Lang, *The Secret of the Totem*, *op. cit.*, p. 136-7.

ao totem e a tudo aquilo que deriva dele. Enquanto essas duas questões não forem respondidas, nada pode ser explicado.

## V

Passamos em revista as principais explicações que foram dadas acerca das crenças totêmicas,[612] esforçando-nos por preservar a individualidade de cada uma delas. Mas, agora que esse exame terminou, podemos constatar que uma crítica comum dirige-se indistintamente a todos esses sistemas.

Caso nos atenhamos à literalidade de suas fórmulas, eles parecem se dividir em duas categorias. Alguns (Frazer e Lang) negam o caráter religioso do totemismo, o que implica, aliás, negar os fatos. Outros o reconhecem, mas julgam poder explicá-lo derivando-o de uma religião anterior, da qual o totemismo teria se originado. Na realidade, essa distinção é apenas aparente: a primeira categoria entra na segunda. Nem Frazer nem Lang puderam manter seu princípio até o final e explicar o totemismo como se ele não fosse uma religião. Pela força das coisas, foram obrigados a inserir em suas explicações noções de natureza religiosa. Acabamos de ver como Lang teve de apelar para a ideia do sagrado, ou seja, a ideia norteadora de toda religião. Frazer, por sua vez, nas duas teorias que sucessivamente propôs, clama abertamente por uma ideia de alma ou espírito; afinal, segundo ele, o totemismo viria ou do fato de os seres humanos julgarem poder abrigar sua alma em segurança em um objeto exterior, ou do fato de atribuírem a concepção a uma espécie de fecundação espiritual da qual o espírito seria o agente. Ora, a alma e, ainda mais, o espírito são coisas sagradas, objetos de ritos; as noções que os exprimem são, portanto, essencialmente religiosas, e, por conseguinte, por mais que Frazer faça do totemismo um sistema puramente mágico, também ele apenas consegue explicá-lo em função de uma outra religião.

Mostramos, contudo, as insuficiências tanto do naturismo quanto do animismo. Assim, não se pode recorrer a eles, como fizeram Tylor e Jevons, sem expor-se às mesmas objeções. E, não obstante, nem Frazer nem Lang parecem entrever a possibilidade de outra hipótese.[613] Por outro lado, sa-

---

612. Não falamos, contudo, da teoria de H. Spencer. Isso se deu porque ela é tão somente um caso particular da teoria geral a partir da qual ele explica a transformação do culto dos mortos em culto da natureza. Como já a expusemos, nada mais faríamos senão nos repetir [Ver, a esse respeito, Livro I, Capítulo II, Item I. (N.T.)].

613. Salvo que A. Lang deriva de outra fonte a ideia dos grandes deuses: essa se deveria, como dissemos, a uma espécie de revelação primitiva. Lang, contudo, não faz com que essa ideia intervenha em sua explicação do totemismo.

bemos que o totemismo está intimamente ligado à organização social mais primitiva que conhecemos e, inclusive, ao que tudo indica, que se possa conceber. Supor que ele foi precedido por outra religião, diferente não apenas em grau, implica então deixar de lado os dados da observação para entrar no domínio das conjecturas arbitrárias e impossíveis de serem verificadas. Se quisermos nos manter fiéis aos resultados obtidos anteriormente, é necessário, ao mesmo tempo em que afirmamos a natureza religiosa do totemismo, impedir-nos de derivá-lo de uma religião diferente. Não se trata de negar a possibilidade de atribuir-lhe como causas ideias que não seriam religiosas. Em meio às representações que integram a gênese da qual ele resulta, contudo, podem existir aquelas que reclamam, por si sós e diretamente, o caráter religioso. São essas que devemos buscar.

CAPÍTULO VI

# Origem dessas crenças
(*continuação*)

**A noção de princípio, ou *mana* totêmico, e a ideia de força**

Considerando que o totemismo individual é posterior ao totemismo de clã e, inclusive, parece derivar dele, é a este que, de início, devemos nos ater. Mas, como a análise que fizemos o decompôs em uma multiplicidade de crenças que podem parecer heterogêneas, é preciso, antes de seguir adiante, que procuremos perceber o que garante sua unidade.

## I

Vimos que o totemismo coloca as representações figuradas do totem no primeiro plano das coisas que reconhece como sagradas; em seguida, vêm os animais ou os vegetais cujo nome é ostentado pelo clã, e, por fim, os membros do clã. Uma vez que todas essas coisas são igualmente sagradas, embora de maneira desigual, seu caráter religioso não pode depender de nenhum dos atributos particulares que as distinguem entre si. Se determinada espécie animal ou vegetal é o objeto de um temor reverencial, isso não se deve a suas propriedades específicas, posto que os membros humanos do clã gozam, ainda que em um grau ligeiramente inferior, do mesmo privilégio, e que a simples imagem dessa mesma planta ou desse mesmo animal inspira um respeito ainda mais pronunciado. Os sentimentos similares que esses diferentes tipos de coisas despertam na consciência do fiel e que tornam sua natureza sagrada podem apenas ser provenientes de um princípio que é indistintamente comum a tudo: aos emblemas totêmicos, às pessoas do clã e aos indivíduos da espécie que serve de totem. O culto dirige-se, na realidade, a esse princípio comum. Em outros termos, o totemismo é a religião não de determinados animais, ou de certos seres humanos, ou ainda de imagens particulares, mas de uma espécie de força anônima e impessoal, que se encontra em cada um desses seres, sem, contudo, confundir-se com algum deles. Ninguém a possui em sua integralidade, e todos participam dela. Ela é tão independente dos sujeitos particulares nos quais se encontra encarnada, pois precede-os e a eles sobrevive. Os indivíduos morrem; as gerações passam e são substituídas por outras; mas essa força permanece sempre atual, viva e similar a si mesma. Ela anima as gerações de hoje, assim como animava as de ontem e animará as de amanhã. Tomando a palavra em um sentido bastante amplo, poderíamos dizer que ela é o deus que cada culto totêmico adora. Trata-se, porém, de um deus impessoal, sem nome, sem história, imanente ao mundo, difuso na multiplicidade incalculável de coisas.

Ainda assim, temos apenas uma ideia imperfeita da ubiquidade real dessa entidade quase divina. Ela não se encontra apenas difundida em toda a espécie totêmica, em todo o clã e em todos os objetos que simbolizam o totem: o círculo de sua ação vai além. Com efeito, vimos que, além das coisas eminentemente santas, todas as que são atribuídas ao clã como dependências do totem principal têm, em alguma medida, o mesmo caráter. Também elas têm algo de religioso, pois algumas são protegidas por interditos e outras exercem funções particulares nas cerimônias do culto. Essa religiosidade não difere, quanto à natureza, daquela à qual o totem pertence, sob a qual essas coisas são classificadas. Ela deriva necessariamente do mesmo princípio. Isso ocorre porque o deus totêmico – para retomar a expressão metafórica da qual acabamos de nos servir – está nelas, assim como está na espécie que serve de totem e nas pessoas do clã. Vê-se o quanto ele difere dos seres nos quais reside, pois é a alma de vários seres diferentes.

O australiano não concebe essa força impessoal, contudo, sob sua forma abstrata. Influenciado por causas que iremos investigar, é levado a concebê-la por intermédio das espécies de um animal ou de um vegetal: em suma, por intermédio de uma coisa sensível. Eis no que consiste realmente o totem: ele é apenas a forma material mediante a qual é representada nas imaginações essa substância imaterial, essa energia espalhada em todos os tipos de seres heterogêneos, que é o único objeto verdadeiro do culto. Estamos, desse modo, em melhor posição para compreender o que o nativo quer dizer quando afirma que as pessoas da fratria do Corvo são, por exemplo, corvos. Ele não entende exatamente que são corvos, no sentido vulgar e empírico do termo, mas que se encontra em todos eles um mesmo princípio, o qual constitui o que têm de mais essencial. Trata-se de algo compartilhado com os animais do mesmo nome, e que é concebido sob a forma exterior do corvo. É assim que o universo, tal como o concebe o totemismo, é atravessado e animado por certo número de forças que a imaginação representa a si mesma por intermédio das figuras tomadas de empréstimo, com algumas poucas exceções, seja do reino animal, seja do reino vegetal: há tantas dessas forças quanto há clãs em uma tribo, e cada uma delas circula por certas categorias de coisas, das quais constitui a essência e o princípio vital.

Quando dizemos que esses princípios são forças, não tomamos a palavra em um sentido metafórico: eles agem como verdadeiras forças. Eles são, inclusive, em certo sentido, forças materiais que engendram mecanicamente efeitos físicos. Um indivíduo entra em contato com elas sem tomar as devidas precauções? Ele recebe então um choque comparável ao efeito de uma descarga elétrica. Por vezes, eles parecem ser comparáveis a fluidos que escapam pelas extremidades.[614] Quando penetram em um organismo que não foi feito para recebê-las, produzem nele a doença e a morte, em uma reação inteiramente automática.[615] Mesmo fora do ser humano, exercem o mesmo princípio vital. Agindo sobre elas, como veremos,[616] é que se garante a reprodução das espécies. É sobre elas que repousa a vida universal.

Em paralelo ao aspecto físico, contudo, elas possuem também um caráter moral. Quando se pergunta ao nativo por que ele cumpre seus ritos, ele responde que os ancestrais sempre o cumpriram, e que ele deve seguir seu exemplo.[617] Afinal, se ele se comporta desta ou daquela maneira com os seres totêmicos, não é apenas porque as forças que nele residem são fisicamente terríveis, mas porque sente-se moralmente compelido a se comportar assim. Ele tem o sentimento de obedecer a uma espécie de imperativo, de cumprir um dever. Ele não tem apenas temor diante dos seres sagrados, mas também respeito. Aliás, o totem é a fonte da vida moral do clã. Todos os seres que comungam do mesmo princípio totêmico consideram-se, em função disso, moralmente ligados entre si. Eles têm, uns em relação aos outros, deveres definidos de assistência, de vingança etc., e são esses deveres que constituem o parentesco. O princípio totêmico é, portanto, ao mesmo tempo que uma força material, uma potência moral. Veremos também que ele se transforma com facilidade em uma divindade propriamente dita.

---

614. Em um mito kwakiutl, por exemplo, um herói ancestral perfura a cabeça de um inimigo apontando o dedo para ele (F. Boas, "First General Report on the Indians of British Columbia", *op. cit.*, p. 30.).
615. Referências que reforçam essa afirmação podem ser encontradas na p. 167, nota 365, e na p. 385, nota 1094.
616. Ver Livro II, Capítulo II [Livro III, Capítulo II, na realidade. (N.T.)].
617. Ver, por exemplo, A. W. Howitt, *Nat. Tr.*, *op. cit.*, p. 482; C. W. Schürmann, "The Aboriginal Tribes of Port Lincoln in South Australia", *op. cit.*, p. 231.

Não há nada aí, aliás, que seja particular ao totemismo. Mesmo nas mais avançadas religiões, talvez não exista divindade que não tenha preservado algo dessa ambiguidade e que não exerça funções ao mesmo tempo cósmicas e morais. Toda religião é, ao mesmo tempo que uma disciplina espiritual, uma espécie de técnica que permite ao ser humano encarar o mundo com mais confiança. Mesmo para o cristão, Deus pai não seria tanto o guardião da ordem física quanto o legislador e o juiz da conduta humana?

## II

Perguntar-se-á, talvez, se, ao interpretar dessa maneira o totemismo, não atribuímos ao primitivo ideias que vão além do alcance de seu espírito. Sem dúvida, não temos condições de afirmar que eles concebem essas forças com a relativa clareza que tivemos de aplicar em nossa análise. Podemos igualmente mostrar que essa noção está implicada no conjunto de suas crenças e que ela as domina; mas não saberíamos dizer em que medida é expressamente consciente e em que medida, ao contrário, é apenas implícita e confusamente sentida. Faltam, de todo, os meios para precisar o grau de clareza que uma ideia como essa pode ter nessas obscuras consciências. Mas isso atesta bem, de todo modo, que ela não excede em nada a mentalidade primitiva: o que confirma, ao contrário, o resultado que acabamos de atingir, é que, seja em sociedades aparentadas às tribos australianas, seja, inclusive, nessas últimas, encontramos, e de forma explícita, concepções que diferem da precedente apenas em nuances e graus.

As religiões nativas de Samoa certamente superaram a fase totêmica. Nela encontram-se verdadeiros deuses, com nomes próprios e, em certa medida, uma fisionomia pessoal. Ainda assim, com efeito, vestígios do totemismo dificilmente podem ser contestáveis. Cada deus, com efeito, encontra-se atrelado a um grupo, seja local, seja doméstico, do mesmo modo que o totem, a seu clã.[618] Ora, cada um desses deuses é concebido como imanente a uma determinada espécie animal. Isso não significa que ele resida em um sujeito particular, pois está em todos ao mesmo tempo, difunde-se na espécie inteira. Quando um animal morre, as pessoas do grupo que o venera o choram e lhe prestam as obrigações fúnebres, pois um

---

618. J. G. Frazer chega, inclusive, a tomar de empréstimo de Samoa muitos fatos que ele apresenta como propriamente totêmicos (Ver *Totemism, op. cit.*, p. 6, 12-5, 24 etc.). Dissemos, é verdade, que Frazer nem sempre fazia uma crítica suficiente à escolha de seus exemplos. Mas um número assim tão grande de empréstimos não teria sido evidentemente possível se não existissem realmente, em Samoa, importantes sobrevivências do totemismo.

deus habita nele. Ocorre apenas que o deus não está morto. Ele é eterno como a espécie. Ele não se confunde, inclusive, com a geração presente, tendo já sido a alma da que precedeu, bem como será a alma da que a seguirá.[619] Ele tem, portanto, todos os elementos do princípio totêmico. Trata-se de um princípio totêmico que a imaginação revestiu de formas ligeiramente pessoais. Ainda assim, seria preciso não exagerar nessa personalidade, que não é muito conciliável com essa difusão e essa ubiquidade. Caso seus contornos estivessem claramente definidos, ela não poderia se dissipar assim e se espalhar por uma multidão de coisas.

Ainda assim, nesses casos, é incontestável que a noção de força religiosa impessoal começa a se alterar. Existem, contudo, outros em que ela é afirmada em sua pureza abstrata, e chega mesmo a atingir um grau de generalidade muito mais elevado que na Austrália. Se os diferentes princípios totêmicos aos quais se dirigem os diversos clãs de uma mesma tribo são distintos entre si, não deixam de ser, no fundo, comparáveis entre eles. Afinal, todos exercem o mesmo papel em sua respectiva esfera. Ora, há sociedades que possuíram o sentimento dessa comunidade de natureza e que ascenderam, por conseguinte, à noção de uma força religiosa única, da qual todos os outros princípios sagrados nada mais seriam que modalidades, e que constituiria a unidade do universo. E há mais: como essas sociedades são ainda totalmente impregnadas de totemismo, e como permanecem engajadas em uma organização social idêntica à dos povos australianos, pode-se dizer que o totemismo carregava essa ideia em seu âmago.

É o que se pode observar em um grande número de tribos americanas, em especial naquelas que pertencem à grande família dos Sioux: Omaha, Ponka, Kansas, Osage, Assiniboin, Dakota, Iowa, Winnebago, Mandan, Hidatsa etc. Muitas dessas sociedades estão ainda hoje organizadas em clãs, como os Omaha[620], os Iowa[621]; outras o eram até há pouco e, diz Dorsey, podem ser encontradas nelas "todas as fundações do sistema totêmico como em outras sociedades dos Sioux"[622]. Ora, entre esses povos, acima de todos os deuses particulares aos quais as pessoas prestam um culto, existe uma potência eminente da qual todas as outras são algo como formas derivadas e que eles chamam *wakan*.[623] Em função da situação preponderante que é

---

619. Ver. G. Turner, *Samoa, op. cit.*, p. 21, e caps. IV e V.
620. Alice C. Fletcher, "A study from the Omaha Tribe", *op. cit.*, p. 582-3.
621. J. O. Dorsey, "Siouan Sociology", *op. cit.*, p. 238.
622. *Ibid.*, p. 221.
623. S. R. Riggs, "A Dakota-English Dictionary", em J. O. Dorsay (ed.), *Contributions to North American Ethnology*, VII, Washington, Government Printing Office, 1890, p. 508. Muitos

assim atribuída a esse princípio no panteão sioux, enxergou-se nele, por vezes, uma espécie de deus soberano, de Júpiter ou de Jeová, e os viajantes com frequência traduziram *wakan* por "grande espírito". Era se equivocar gravemente acerca de sua verdadeira natureza. O *wakan* não é, em grau algum, um ser pessoal: os indígenas não o representam mediante formas determinadas. "Eles dizem", relata um observador citado por Dorsey, "que jamais viram o *wakanda*; e que, desse modo, não podem pretender personificá-lo."[624] É, inclusive, impossível defini-lo por atributos e características determinadas. "Nenhum termo", diz Riggs, "pode exprimir o significado da palavra entre os Dakota. Ele compreende todo mistério, todo poder secreto, toda divindade".[625] Todos os seres que o Dakota reverencia, "a terra, os quatro ventos, o sol, a lua, as estrelas, são manifestações dessa vida misteriosa e desse poder" que circula através de todas as coisas. Por vezes ele é representado sob a forma do vento, como um sopro que tem sua origem nos quatro pontos cardeais e que move tudo;[626] outras vezes ele é a voz que se escuta quando soa o trovão;[627] o sol, a lua e as estrelas são *wakan*[628]. Mas não há uma listagem capaz de esgotar essa noção infinitamente complexa. Não se trata de um poder definido e definível, o poder de fazer isso ou aquilo; ele é o Poder, de uma espécie absoluta, sem epíteto ou determinação de algum tipo. As diversas potências divinas são apenas suas manifestações particulares e suas personificações. Cada uma delas é esse poder visto a partir de um de seus múltiplos aspectos.[629] Foi isso que fez um observador afirmar o seguinte: "trata-se de um deus essencialmente proteiforme, que muda de atributos e de função ao sabor das circunstâncias"[630]. Ademais, os deuses não são os

---

dos observadores citados por Dorsey aproximam a palavra *wakan* das palavras *wakanda* e *wakanta*, suas derivadas, mas que têm, em realidade, um significado mais preciso.

624. J. O. Dorsey, "A Study of Siouan Cults", *op. cit.*, p. 372, § 21. A. C. Fletcher, ao mesmo tempo que reconhece de modo não menos claro o caráter impessoal do *wakanda*, ainda assim acrescenta que, acerca dessa concepção, veio se imiscuir certo antropomorfismo. Mas esse antropomorfismo diz respeito às manifestações diversas do *wakanda*. Dirige-se ao rochedo ou à árvore nas quais se julga sentir o *wakanda*, como se eles fossem seres pessoais. O próprio *wakanda*, contudo, não é personificado (A. C. Fletcher, "A study from the Omaha Tribe", *op. cit.*, p. 579.).

625. S. R. Riggs, *Tah-Koo Wah-kan*, Boston, Congregational Sabbath-School, 1869, p. 56-7, *apud* J. O. Dorsey, "A Study of Siouan Cults", *op. cit.*, p. 433, § 95.

626. J. O. Dorsey, "A Study of Siouan Cults", *op. cit.*, p. 380, § 33.

627. *Ibid.*, p. 381, § 35.

628. *Ibid.*, p. 376, § 28; p. 378, § 30; e p. 449, § 138.

629. *Ibid.*, p. 432, § 95.

630. *Ibid.*, p. 431, § 92.

únicos seres que anima: ele é o princípio de tudo o que vive, de tudo o que age e de tudo o que se move. "Toda vida é *wakan*. O mesmo ocorre com tudo o que manifesta algum poder, seja sob a forma de ação positiva, como os ventos ou as nuvens que se acumulam, seja sob a forma de resistência passiva, como o rochedo à beira do caminho."[631]

Entre os Iroqueses, cuja organização social tem um caráter totêmico ainda mais pronunciado, encontra-se a mesma noção: a palavra *orenda*, que serve para exprimi-lo, é o exato equivalente do *wakan* dos Sioux. "Trata-se de uma potência mística", diz Hewitt, "que o selvagem concebe como inerente a todos os corpos que compõem o meio onde vive..., às rochas, aos cursos d'água, às plantas e às árvores, aos animais e ao ser humano, aos ventos e às tempestades, às nuvens, ao trovão, aos relâmpagos etc."[632] Essa potência é "percebida pelo espírito rudimentar da pessoa como a causa eficiente de todos os fenômenos, de todas as atividades que se manifestam em torno dela"[633]. Um feiticeiro, um xamã, tem o *orenda*, embora o mesmo possa ser dito de alguém bem-sucedido em suas iniciativas. No fundo, nada existe no mundo que não tenha sua parte de *orenda*; o que se passa, apenas, é que as partes são desiguais. Há seres, pessoas ou coisas que são privilegiados; há outros que são relativamente carentes, e a vida universal consiste nas lutas desses *orenda* de intensidade desigual. Os mais intensos subordinam os mais fracos. Uma pessoa é superior aos outros na caça ou na guerra? Isso se explica porque ela tem mais *orenda*. Se um animal escapa ao caçador que o persegue é porque o *orenda* do primeiro supera o do segundo.

A mesma ideia é encontrada entre os Shoshone com o nome de *pokunt*, entre os Algoquinos com o nome de *manitou*[634], de *nauala* entre os Kwakiutl[635], de *yek* entre os Tlinkit[636] e de *sgâna* entre os Haida[637]. Ela não é, contudo, particular aos Índios da América. Foi na Melanésia que se estudou isso pela primeira vez. É verdade que, em algumas ilhas melanésias, a organização social não tem mais atualmente base totêmica. Em todas, contudo, o tote-

---

631. J. O. Dorsey, "A Study of Siouan Cults", p. 433, § 95.
632. J. N. B. Hewitt, "Orenda and a Definition of Religion", *The American Anthropologist*, 1902, p. 33.
633. *Ibid.*, p. 36.
634. [J. B. Thavenet, *Ébauche d'un dictionnaire algonquin-français*, Roma, Biblioteca Vittorio Emanuele, n. 179. *Manito*, être, *apud*] E. Teza, *Intorno agli Studi del Thavenet sulla Lingua Algonchina*. Pisa, Nistri, 1880, p. 17.
635. F. Boas, "The Social Organization and the Secret Societies of the Kwakiutl Indians", *op. cit.*, p. 695.
636. J. R. Swanton, "Social Condition, Beliefs and Linguistic Relationship of the Tlingit Indians", *op. cit.*, p. 451, n. 3.
637. *Id.*, "Contributions to the Ethnology of the Haida", *op. cit.*, p. 14. Cf., do mesmo autor, "Social Condition, Beliefs and Linguistic Relationship of the Tlingit Indians", *op. cit.*, p. 479.

mismo ainda é visível,[638] a despeito do que afirme sobre isso Codrington. Ora, encontra-se nesses povos, com o nome de *mana*, uma noção que é o equivalente exato do *wakan* dos Sioux e do *orenda* iroquês. Eis aqui a definição que Codrington fornece dela: "Os melanésios acreditam na existência de uma força absoluta distinta de toda força material, que age de todos os tipos de maneira, seja para o bem, seja para o mal, e que o ser humano tem o maior interesse em possuir e em dominar. Trata-se do *mana*. Creio compreender o sentido dessa palavra para os nativos... Trata-se de uma força, uma influência de ordem imaterial e, em certo sentido, sobrenatural; ela se revela, contudo, pela força física, ou ainda por todo tipo de poder e de superioridade que a pessoa possui. O *mana* não está, de forma alguma, fixado em um objeto determinado; ele pode ser levado a todo tipo de coisas... Toda a religião do melanésio consiste em buscar *mana*, seja para que ele próprio tire proveito disso, seja para que outras pessoas sejam beneficiadas"[639]. Acaso não seria a própria noção de força anônima e difusa cujo germe descobríamos agora há pouco no totemismo australiano? Trata-se da mesma impessoalidade. Afinal, como diz Codrington, é preciso evitar ver nisso uma espécie de ser supremo. Tal ideia "é absolutamente estranha" ao pensamento melanésio. Trata-se da mesma ubiquidade: o *mana* não está situado de maneira definida em lugar algum, estando em todos os cantos. Todas as formas de vida, todas as eficácias da ação – seja a dos seres humanos, seja a dos seres vivos, seja a dos simples minerais – são atribuídas à sua influência.[640]

Portanto, não se deve temer emprestar às sociedades australianas uma ideia como a que acabamos de depreender da análise das crenças totêmicas, até porque a encontramos, levada a um grau mais alto de abstração e de generalidade, na base de religiões que mergulham suas raízes no sistema australiano e que, visivelmente, carregam sua marca. As duas concepções são evidentemente aparentadas, diferindo apenas em grau. Enquanto *mana*

---

638. Em algumas sociedades melanésias (Ilhas Banks, Novas Hébridas do Norte) encontram-se as duas fratrias exogâmicas que caracterizam a organização australiana (R. H. Codrington, *The Melanesians, op. cit.*, p. 23 ss.). Na Flórida, existem, com o nome de *butos*, verdadeiros totens (*Ibid.*, p. 31.). Uma interessante discussão sobre esse ponto pode ser encontrada em A. Lang, *Social Origins, op. cit.*, p. 176 ss. Cf., sobre o mesmo tema, e no mesmo sentido, R. H. Rivers, "Totemism in Polynesia and Melanesia", *op. cit.*, p. 156 ss.

639. R. H. Codrington, *The Melanesians, op. cit.*, p. 118, n. 1. R. H. R. Parkinson, *Dreissig Jahre in der Südsee*, Stuttgart, Strecker und Schröder, 1907, p. 178, 392 e 394 etc.

640. Uma análise dessa noção pode ser encontrada em H. Hubert e M. Mauss, "Esquisse d'une théorie générale de la magie", *op. cit.*, p. 108 ss. [Ver, em português: H. Hubert e M. Mauss, "Esboço de uma teoria geral da magia", em M. Mauss, *Sociologia e Antropologia*, São Paulo, Cosac Naify, 2003, p. 142-55, com tradução de Paulo Neves. (N.T.)]

é difuso por todo o universo, o que outrora chamamos de deus ou, para ser mais preciso, o princípio totêmico, está localizado em um círculo, muito extenso, sem dúvida, e, ainda assim, mais limitado, de seres e de coisas de espécies diferentes. Trata-se do *mana*, mas um pouco mais especializado, embora essa especialização seja, em suma, apenas muito relativa.

Aliás, há casos em que essa relação de parentesco torna-se particularmente aparente. Entre os Omaha, existem todos os tipos de totens, individuais e coletivos;[641] ora, ambos são apenas formas particulares do *wakan*. "A fé do Indígena na eficácia do totem", diz Fletcher, "repousa sobre sua concepção da natureza e da vida. Essa concepção era complexa e abarcava duas ideias essenciais. A primeira é que todas as coisas, animadas ou inanimadas, são penetradas por um comum princípio de vida; a segunda, que essa vida é contínua."[642] Pois bem, o *wakan* é justamente esse princípio de vida comum. O totem é o meio pelo o qual o indivíduo é atrelado a essa fonte de energia; se o totem tem poderes, é porque incorpora *wakan*. Se a pessoa que transgrediu as interdições que protegem seu totem é assolada pela doença ou pela morte, isso se deve ao fato de a força misteriosa com a qual se depara, o *wakan*, reagir contra ela com intensidade proporcional ao choque sofrido.[643] Inversamente, mesmo que o totem seja *wakan*, o *wakan*, por sua vez, lembra em alguns casos, pela maneira por meio da qual foi concebido, suas origens totêmicas. Com efeito, Say diz que, entre os Dakota, o *"wahconda"* se manifesta ora como um urso grisalho, ora como um bisão, ora como um castor, ou ainda outro animal qualquer.[644] Sem dúvida, não se deve aceitar essa fórmula sem reserva. O *wakan* é avesso a toda personificação e, por conseguinte, é pouco provável que tenha sido alguma vez pensado em sua generalidade abstrata com a ajuda de símbolos assim tão definidos. A observação de Say aplica-se com grande verossimilhança, contudo, às formas particulares que ele assume ao se especializar na realidade concreta da vida. Ora, se realmente houve um tempo em que essas especializações do *wakan* atestavam uma afinidade assim tão marcada pela forma animal, isso cons-

---

641. Existem não apenas totens de clãs, mas também de confrarias (A. C. Fletcher, "A study from the Omaha Tribe: the import of the totem", *op. cit.*, p. 581 ss.).

642. *Ibid.*, p. 578-9.

643. *Ibid.*, p. 583. Entre os Dakota, o totem é chamado *wakan*. Ver S. R. Riggs, "Dakota Grammar, Texts, and Ethnography", em J. O. Dorsey (ed.), *Contributions to North American Ethnology*, v. IX, Washington, Government Printing Office, 1893, p. 219.

644. *Apud* E. James, *Account of an Expedition from Pittsburgh to the Rocky Mountains, op. cit.*, I, p. 268 (*Apud* J. O. Dorsey, "A Study of Siouan Cults", *op. cit.*, p. 431, § 92.).

tituiria uma prova suplementar dos laços íntimos que unem essa noção às crenças totêmicas.[645]

Pode-se, aliás, explicar por que, na Austrália, a ideia de *mana* não podia atingir um grau de abstração e de generalidade que alcançou em sociedades mais avançadas. Isso não se deve apenas à insuficiente aptidão que o australiano pode ter quanto à abstração ou à generalização: a natureza do meio social, antes de mais nada, é que impunha esse particularismo. Com efeito, enquanto o totemismo permanece na base da organização do culto, o clã preserva, na sociedade religiosa, uma autonomia bastante pronunciada, embora não absoluta. Sem dúvida, em certo sentido, pode-se dizer que cada grupo totêmico é somente uma capela da Igreja tribal. Trata-se, contudo, de uma capela que goza de uma ampla independência. O culto celebrado nesse local, sem formar um todo autossuficiente, ainda assim mantém com os outros apenas relações exteriores. Eles se justapõem sem se interpenetrar. O totem de um clã somente é plenamente sagrado para esse clã. Em decorrência disso, o grupo das coisas que são atreladas a cada clã, e que dele fazem parte no mesmo plano que os seres humanos, possui a mesma individualidade e a mesma autonomia. Cada um deles é representado como irredutível aos grupos similares, como separado deles por uma solução de continuidade, como constituindo uma espécie de reino distinto. Nessas condições, não foi possível conceber esses mundos heterogêneos como manifestações variadas de uma única e mesma força fundamental; devia-se, ao contrário, supor que a cada uma delas correspondia um *mana* especificamente diferente e cuja ação não podia se estender para além do clã e do círculo de coisas que lhe eram atribuídas. A noção de um *mana* único e universal só podia nascer a partir do momento em que uma religião da tribo desenvolveu-se acima dos cultos dos clãs, absorvendo-os de forma mais ou menos completa. É com o sentimento da unidade tribal que se desperta o sentimento da unidade substancial do mundo. Sem dúvida, mostraremos mais adiante[646] que as sociedades da Austrália já conhecem um culto comum a toda a tribo. Mas se esse culto representa a forma mais elevada das religiões australianas, não logrou minimizar e modificar os princípios sobre os quais elas repousam: o totemismo é essencialmente uma religião federativa, que não pode ultrapassar certo grau de centralização sem deixar de ser o que é.

---

645. Não almejamos defender que, em princípio, toda representação teriomórfica das forças religiosas seja o indício de um totemismo preexistente. Mas quando se trata, como é o caso dos Dakota, de sociedades em que o totemismo ainda está aparente, é natural pensar que ele não seja estranho a essas concepções.

646. Ver adiante, neste mesmo Livro, Capítulo IX, [§ 4], p. 344 ss.

Um fato característico mostra bem que essa é a razão profunda que, na Austrália, manteve a noção de *mana* nesse estado de especialização. As forças propriamente religiosas, as que são pensadas sob a forma dos totens, não são as únicas com as quais o australiano se crê obrigado a contar. Há também aquelas das quais dispõem, em particular, os magos. Enquanto as primeiras são, em princípio, consideradas como salutares e benévolas, as segundas têm, antes de mais nada, por finalidade causar a morte e a doença. Ao mesmo tempo em que diferem pela natureza de seus efeitos, elas também o fazem em função das relações que cada uma delas mantém com a organização da sociedade. Um totem é sempre o que é próprio a um clã; ao contrário, a magia é uma instituição tribal, ou mesmo intertribal. As forças mágicas não pertencem exclusivamente a nenhum segmento determinado da tribo. Para utilizá-la, basta possuir as receitas eficazes. Do mesmo modo, todos estão expostos a sentir seus efeitos e devem, por conseguinte, procurar se prevenir. Trata-se de forças vagas que não estão especialmente atreladas a nenhuma divisão social específica, e que podem, inclusive, se fazer sentir muito além da tribo. Ora, é notável que, entre os Arunta e os Loritja, elas sejam concebidas como simples aspectos e formas particulares de uma única e mesma força, chamada *arungquiltha* ou *arùnkulta* em Arunta.[647] Nas palavras de Spencer e Gillen: "esse é um termo com um significado um pouco vago; ainda assim, em sua base, encontra-se sempre a ideia de *um poder sobrenatural de natureza malévola*... A palavra aplica-se indiferentemente à influência nociva que emana de um objeto ou ao próprio objeto em que ela reside de modo temporário ou permanente"[648]. "Por *arùnkulta*", diz Strehlow, "o nativo entende uma força que suspende bruscamente a vida e provoca a morte da pessoa em que ela penetrou."[649] Esse nome é dado aos ossos, aos pedaços de madeira do qual se desprendem feitiços maléficos, aos venenos animais ou vegetais. Trata-se, portanto, muito precisamente, de um *mana* nocivo. Grey indica nas tribos que foram por ele observadas uma noção idêntica.[650] Desse modo, entre esses diferentes povos, enquanto as forças religiosas não conseguem se desfazer de certa heterogeneidade, as

---

647. A primeira ortografia é de B. Spencer e F. J. Gillen; a segunda, é de C. Strehlow.
648. B. Spencer e F. J. Gillen, *Nat. Tr.*, *op. cit.*, p. 548, n. 1. É verdade que Spencer e Gillen acrescentam: "A melhor maneira de expressar a ideia seria dizer que o objeto *arungquiltha* está possuído por um mau espírito". Mas essa tradução livre é uma interpretação de Spencer e Gillen, que nada justifica. A noção de *arungquiltha* não implica de forma alguma a existência de seres espirituais. É o que se deduz do contexto e da definição de C. Strehlow.
649. C. Strehlow, *Die Aranda – und Loritja – Stämme in Zentral-Australien*, *op. cit.*, II, 1908, p. 76 n.
650. Com o nome de *boyl-ya* (Ver G. Grey, *Journals of Two Expeditions of Discovery in North-West and Western Australia*, *op. cit.*, II, p. 337-8.).

forças mágicas são concebidas como sendo todas da mesma natureza. Elas são concebidas em sua unidade genérica. Isso ocorre porque, como pairam acima da organização social, acima de suas divisões e de suas subdivisões, elas transitam em um espaço homogêneo e contínuo, no qual não encontram nada que as diferencie. As outras, ao contrário, estando localizadas nos quadros sociais definidos e distintos, diversificam-se e particularizam-se à imagem dos meios nos quais estão situadas.

Observa-se, assim, o quanto a noção de força religiosa impessoal está presente no sentido e no espírito do totemismo australiano, uma vez que ela se constitui com clareza desde que não haja causa contrária que se lhe oponha. É verdade que o *arungquiltha* é uma força puramente mágica. Ainda assim, não existe, entre as forças mágicas e as forças religiosas, diferença de natureza:[651] elas são, por vezes, designadas por um mesmo nome. Na Melanésia, o mago e seus sortilégios têm *mana*, assim como os agentes e os ritos do culto regular.[652] A palavra *orenda*, entre os Iroqueses,[653] é empregada da mesma maneira. Portanto, é legítimo inferir a partir dessas a natureza daquelas.[654]

## III

O resultado ao qual a análise precedente nos conduziu não interessa apenas à história do totemismo, mas à gênese do pensamento religioso em geral.

---

651. Ver, anteriormente, p. 69. B. Spencer e F. J. Gillen implicitamente o reconhecem, aliás, quando dizem que o *arungquiltha* é "uma força sobrenatural". Cf. H. Hubert e M. Mauss, "Esquisse d'une théorie générale de la magie", *op. cit.*, p. 119. [Ver, em português: H. Hubert e M. Mauss, "Esboço de uma teoria geral da magia", em M. Mauss, *Sociologia e Antropologia*, São Paulo, Cosac Naify, 2003, p. 77, com tradução de Paulo Neves. (N.T.)]
652. R. H. Codrington, *The Melanesians*, *op. cit.*, p. 191 ss.
653. J. N. B. Hewitt, "Orenda and a Definition of Religion", *loc. cit.*, p. 38.
654. É possível, inclusive, perguntar se todo conceito análogo a *wakan* ou a *mana* inexiste na Austrália. A palavra *churinga*, ou *tjurunga*, tal como escreve C. Strehlow, tem, com efeito, entre os Arunta, um sentido muito próximo. Esse termo, dizem B. Spencer e F. J. Gillen, designa "tudo o que é secreto ou sagrado. Ele é aplicável tanto a um objeto quanto à qualidade que este possui" (*Nat. Tr.*, *op. cit.*, p. 648, *s.v. churinga*.). É quase a definição do *mana*. Spencer e Gillen chegam mesmo a empregar essa expressão para designar o poder, a força religiosa de uma maneira geral. Descrevendo uma cerimônia entre os Kaitish, dizem que o oficiante está "cheio de churinga (*full of churinga*)", ou seja, prosseguem, "do poder mágico que emana dos objetos chamados *churinga*". Ainda assim, não parece que a noção de *churinga* tenha se constituído na Austrália com a clareza e a precisão que a noção de *mana* na Melanésia, ou a de *wakan* entre os Sioux.

Sob o pretexto de que o ser humano, na origem, é dominado pelos sentidos e pelas representações sensíveis, sustentou-se com frequência que ele havia começado a conceber o divino sob a forma concreta de seres definidos e pessoais. Os fatos não confirmam essa pressuposição. Acabamos de descrever um conjunto, sistematicamente ligado, de crenças religiosas que somos levados a considerar como muito primitivo, e, ainda assim, não encontramos nele personalidades desse tipo. O culto propriamente totêmico não se dirige nem a animais nem a plantas determinadas, nem mesmo a uma espécie vegetal ou animal, mas a uma espécie de potência vaga, dispersa através das coisas.[655] Mesmo nas religiões mais elevadas que derivaram do totemismo, como as que vão surgir entre os Índios da América do Norte, essa ideia, longe de se apagar, torna-se mais consciente de si mesma. Ela se anuncia com uma clareza que não tinha antes, ao mesmo tempo em que atinge um grau mais elevado de generalidade. É ela quem domina todo o sistema religioso.

Essa é a matéria-prima com a qual foram construídos os seres de todos os tipos que a religiões de todos os tempos consagraram e adoraram. Os espíritos, os demônios, os gênios, os deuses de todo grau são apenas formas concretas que essa energia assumiu, essa "potencialidade", como a chama Hewitt,[656] ao se individualizar, ao se fixar sobre um determinado objeto ou sobre um ponto específico do espaço, ao se concentrar em torno de um ser ideal ou lendário, mas concebido como real pela imaginação popular. Um Dakota, interrogado por Fletcher, exprimia em uma linguagem muito clara essa consubstancialidade essencial de todas as coisas sagradas: "tudo o que se move detém-se aqui ou ali, em um momento ou em outro. O pássaro que voa se detém em um lugar para fazer seu ninho, em outro para descansar de seu voo. A pessoa que caminha se detém quando bem lhe convém. O mesmo ocorre com a divindade. O sol, tão espantoso e tão magnífico, é um lugar em que ela se deteve. As árvores, os animais são outros. O Nativo pensa nesses locais e para eles dirige suas preces para que atinjam o espaço em que o deus se detém e para que obtenham ajuda e benção"[657]. Em outras

---

655. Sem dúvida, veremos mais adiante (neste mesmo Livro, Capítulos VIII e IX) que o totemismo não é estranho a toda ideia de personalidade mítica. Mostraremos que essas concepções são o produto de formações secundárias: elas derivam das crenças que acabam de ser analisadas, longe de serem sua base.
656. J. N. B. Hewitt, "Orenda and a Definition of Religion", *loc. cit.*, p. 38.
657. A. C. Fletcher, "The Elk Mystery or Festival. Ogallala Sioux", Sixteenth Report, 1882, em *Reports of the Peabody Museum of American Archaeology and Ethnology in Connection with Harvard University*, III, 1880-1886, Cambridge, Board of Trustees, 1887, p. 276 n. (*Apud* J. O. Dorsey, "A Study of Siouan Cults", *op. cit.*, p. 435.).

palavras, o *wakan* (afinal, é dele que se trata) vai e vem através do mundo, e as coisas sagradas são os pontos nos quais ele descansa. Ei-nos aqui, neste instante, bem distantes tanto do naturalismo quanto do animismo. Se o sol, a lua e as estrelas foram adorados, eles não devem essa honra à sua natureza intrínseca, às suas propriedades distintivas, mas ao fato de terem sido concebidos como coisas que participam dessa força que, por si só, confere a elas seu caráter sagrado, e que se encontra em uma multiplicidade de outros seres, até mesmo nos mais ínfimos. Se a alma dos mortos foram o objeto de ritos, isso não ocorreu porque considera-se que elas são feitas de uma espécie de substância fluida e impalpável; tampouco deve-se ao fato de se assemelharem à sombra projetada por um corpo ou a seu reflexo na superfície da água. A leveza e a fluidez não bastam para conferir a santidade. Essas almas só foram investidas com essa dignidade na medida em que havia nelas algo dessa mesma força, fonte de toda religiosidade.

Pode-se compreender melhor agora por que foi-nos impossível definir a religião a partir da ideia de personalidades míticas, deuses ou espíritos: essa maneira de representar as coisas religiosas não é, de forma alguma, inerente à sua natureza. O que encontramos na origem e na base do pensamento religioso não são objetos ou seres sagrados determinados e distintos, que possuem por si sós um caráter sagrado; mas, sim, poderes indefinidos, forças anônimas, mais ou menos numerosas segundo as sociedades, às vezes até reduzidas à unidade, e cuja impessoalidade é estritamente comparável à das forças físicas cujas manifestações as ciências da natureza estudam. Quanto às coisas sagradas particulares, elas são apenas formas individualizadas desse princípio essencial. Assim, não chega a ser surpreendente que, mesmo nas religiões nas quais existem autênticas divindades, existam ritos que possuem uma virtude eficaz intrínseca, independentemente de toda intervenção divina. Isso deve-se ao fato de essa força poder se atrelar às palavras pronunciadas, aos gestos efetuados, bem como às substâncias corporais; a voz, os movimentos podem lhe servir de veículo, e, por seu intermédio, podem produzir os efeitos que nela residem, sem que algum deus ou algum espírito lhe auxilie. Inclusive, caso essa força venha a se concentrar eminentemente em um rito, este tornar-se-á, graças a ela, um criador de divindades.[658] Eis também por que talvez não exista personalidade divina que não guarde algo de impessoal. Mesmo aqueles indivíduos que a concebem claramente sob uma forma concreta e sensível, pensam-na, ao mesmo tempo, como um poder abstrato, que pode apenas se definir pela natureza de sua eficácia, como uma força que se espalha no espaço e que

---

658. Ver, anteriormente, p. 62.

está, ao menos em parte, em cada um de seus efeitos. É o poder de produzir a chuva ou o vento, a colheita ou a luz do dia: Zeus reside em cada uma das gotas de chuva que caem, assim como Ceres está em cada um dos ramos da colheita.[659] Com frequência, inclusive, essa eficácia está tão imperfeitamente determinada que o crente só pode ter uma noção muito imprecisa dela. Aliás, foi essa indecisão que tornou possíveis esses sincretismos e esses desdobramentos ao longo dos quais os deuses fragmentaram-se, desmembraram-se e confundiram-se de todas as maneiras. Talvez não exista uma religião em que o *mana* original, seja ele único ou plural, tenha sido resolvido inteiramente em um número bem definido de seres discretos e incomunicáveis entre si. Cada um deles sempre preserva uma aura de impessoalidade que o torna apto a entrar em novas combinações, o que se dá não como decorrência de uma simples sobrevivência, mas porque está na natureza das forças religiosas não se individualizar completamente.

Essa concepção, que nos foi sugerida apenas pelo estudo do totemismo, tem, além disso, a seu favor, o seguinte fato: muitos estudiosos têm sido recentemente conduzidos a ela ao cabo de pesquisas muito diferentes, e de forma independente uns dos outros. Há uma tendência a se produzir sobre esse ponto uma concordância espontânea que merece ser apontada, pois é uma presunção de objetividade.

Desde 1899, mostrávamos a necessidade de não introduzir na definição do fato religioso nenhuma noção de personalidade mítica.[660] Em 1900, Marett apontava para a existência de uma fase religiosa que denominava *pré-animista*, na qual os ritos seriam endereçados a forças impessoais, tais como o *mana* melanésio ou o *wakan* dos Omaha e dos Dakota.[661] Ainda assim, Marett não chega a sustentar que, sempre e em todos os casos, a noção de espírito é lógica e cronologicamente posterior à de *mana*, sendo derivada desta. Ele parece, inclusive, disposto a admitir que ela se constituiu, por vezes, de uma maneira independente e que, por conseguinte, o pensamento religioso advém de uma dupla origem.[662] Por outro lado, concebia o *mana* como uma propriedade inerente às coisas, como um ele-

---

659. Expressões como Ζεὺς ὕει [Em português: "Zeus faz chover". (N.T.)], ou como *Ceres succiditur* [Em português: "Ceres recai" (sobre a colheita). (N.T.)] mostram que essa concepção sobrevivia na Grécia e em Roma. Aliás, H. Usener, em seus *Götternamen, op. cit.*, mostrou com clareza que os deuses, tanto da Grécia quanto em Roma, eram primitivamente forças impessoais pensadas exclusivamente a partir de suas atribuições.
660. É. Durkheim, "De la définition des phénomènes religieux", *op. cit.*, p. 14-6.
661. R. R. Marett, "Pré-animistic Religion", *Folk-lore*, 1900, p. 162-82.
662. *Ibid.*, p. 179. Em um trabalho mais recente, "The Conception of Mana" (em *Transactions of the Third International Congress for the History of Religions*, II, Oxford, Clarendon Press, 1908,

mento de sua fisionomia. Afinal, segundo ele, isso seria tão simplesmente o caráter que atribuímos a tudo o que vai além do cotidiano, a tudo o que nos inspira um sentimento de medo ou de admiração.[663] Eis que quase se retorna à teoria naturista[664].*

Pouco tempo depois [(1904)], Hubert e Mauss, procurando produzir uma teoria geral da magia, estabeleciam que toda magia repousa sobre a noção de *mana*.[665] Dado o íntimo parentesco do rito mágico e do rito religioso, poder-se-ia prever que a mesma teoria devia ser aplicável à religião. É o que defendeu Preuss em uma série de artigos publicados no *Globus* no mesmo ano.[666] Apoiando-se em fatos provenientes das civilizações americanas, Preuss buscou demonstrar que as ideias de alma e de espírito apenas se constituem após aquelas de poder e de força impessoal; que as primeiras nada mais são que transformações das segundas, e que guardam, até um período relativamente tardio, a marca de sua impessoalidade original. Esse autor demonstrou, com efeito, que, mesmo nas religiões avançadas, elas são representadas sob a forma de vagas emanações que se desprendem automaticamente das coisas nas quais residem, e que tendem, inclusive, a escapar delas por todas as vias que lhe são acessíveis: a boca, o nariz, todos os orifícios do corpo, a respiração, o olhar, a fala etc. Ao mesmo tempo, Preuss mostrava tudo o que possuem de proteiforme, a extrema plasticidade que lhes permite sucessiva e quase conjuntamente os mais variados empregos.[667] É verdade que, caso se atenha à literalidade da terminologia

---

p. 54 ss.), Marett tende a subordinar ainda mais a concepção animista à noção de *mana*. Ainda assim, seu pensamento permanece, sobre esse ponto, hesitante e muito reservado.

663. R. R. Marett, "Pre-animistic Religion", *op. cit.*, p. 168.

664. Esse retorno do pré-animismo ao naturismo é ainda mais pronunciado em uma comunicação de E. Clodd no terceiro Congresso de História das Religiões ("Preanimistic Stages in Religion", *Transactions of the Third International Congress for the History of Religions, op. cit.*, I, p. 33.).

*. Alguns anos mais tarde, contudo, Max Weber generalizará a tese original pré-animista em uma direção muito similar àquela defendida por Durkheim, atrelando-a à dimensão simbólica da atividade humana e tornando-a anterior ao estágio das forças religiosas dotadas de personalidade. Ver, quanto a isso, Max Weber, *Economia e Sociedade*, Brasília, Unb, 2000, v. I, 4. ed., p. 279-95, com tradução de Regis Barbosa e Karen Elsabe Barbosa. (N.T.)

665. H. Hubert e M. Mauss, "Esquisse d'une théorie générale de la magie", *op. cit.*, p. 108 ss. [Ver, em português: H. Hubert e M. Mauss, "Esboço de uma teoria geral da magia", em M. Mauss, *Sociologia e Antropologia*, São Paulo, Cosac Naify, 2003, p. 142-55, com tradução de Paulo Neves. (N.T.)]

666. K. T. Preuss, "Der Ursprung der Religion und Kunst", *Globus*, LXXXVI, 1904, p. 321 ss., 355 ss., 376 ss. e 389 ss.; LXXXVII, 1905, p. 394 ss. e 413 ss.

667. *Ibid.*, LXXXVII, 1905, p. 381.

empregada por esse autor, poder-se-ia crer que essas forças são, para ele, de natureza mágica, e não religiosa: ele as denomina encantamentos (*Zauber*, *Zauberkräfte*)\*. É claro, contudo, que, ao se expressar assim, ele não pretende colocá-las fora da religião. Afinal, é nos ritos essencialmente religiosos que ele as mostra atuantes, por exemplo, nas grandes cerimônias mexicanas.[668] Se Preuss utiliza essas expressões, ele o faz, sem dúvida, na ausência de outras que marcam melhor a impessoalidade dessas forças, e a espécie de mecanismo segundo o qual operam.

Dessa forma, de todos os lados, a mesma ideia tende a alvorecer.[669] Cada vez mais, tem-se a impressão de que as construções mitológicas, inclusive as mais elementares, são produtos secundários[670] e recobrem um fundo de crenças, ao mesmo tempo mais simples e mais obscuras, mais vagas e mais essenciais, que constituem as bases sólidas sobre as quais os sistemas religiosos são construídos. É esse fundo primitivo que a análise do totemismo nos permitiu atingir. Os diversos escritores cujas pesquisas acabamos de evocar somente chegaram a essa concepção por meio dos fatos tomados de empréstimo junto a religiões muito diversas, algumas das quais correspondem, inclusive, a uma civilização já muito avançada: essas são, por exemplo, as religiões do México, muito utilizadas por Preuss. Era possível, então, questionar se acaso a teoria também se aplicava às religiões mais simples. Contudo, como não se pode descer além do totemismo, não estamos expostos a esse risco de erro e, ao mesmo tempo, temos chances de ter encontrado a noção inicial da qual as ideias de *wakan* e de *mana* são derivadas: trata-se da noção do princípio totêmico.[671]

---

\*. Magia, poderes mágicos. (N.T.)

668. Ele as opõe claramente a todas as influências de natureza profana (K. T. Preuss, "Der Ursprung der Religion und Kunst", *Globus*, LXXXVI, 1904, p. 379).

669. Ela é encontrada, inclusive, nas recentes teorias de J. G. Frazer. Afinal, se esse estudioso nega ao totemismo todo caráter religioso para torná-lo uma espécie de magia, isso ocorre justamente porque as forças que o culto totêmico coloca em ação são impessoais como as que maneja o mago. J. G. Frazer reconhece, então, o fato fundamental que todos nós acabamos de estabelecer. Ele somente tira disso uma conclusão diferente da nossa, pois, segundo ele, há apenas religião onde houver personalidades míticas.

670. Não obstante, não tomamos essa palavra no mesmo sentido que K. T. Preuss e R. R. Marret. Segundo eles, teria havido um momento determinado na evolução religiosa, no qual os seres humanos não teriam conhecido nem almas, nem espírito, uma fase *pré-animista*. A hipótese é das mais contestáveis: explicamo-nos mais adiante sobre esse ponto (Livro I, Capítulos VIII e IX [Livro II, Capítulos VIII e IX, na realidade. (N.T.)]).

671. Ver, sobre a mesma questão, um artigo de Alessandro Bruno, "Sui fenomeni magico-religiosi delle comunità primitive", *Rivista Italiana di Sociologia*, ano XII, 1908, fascículo IV-V, p. 568 ss., e uma comunicação, inédita, feita por W. Bogoras no XIV Congresso dos America-

## IV

Essa noção, porém, não tem apenas uma importância primordial devido ao papel que desempenha no desenvolvimento das ideias religiosas. Ela apresenta igualmente um aspecto laico que a torna interessante para a história do pensamento científico. Trata-se da primeira forma da noção de força. O *wakan*, com efeito, exerce no mundo, tal como o representam os Sioux, o mesmo papel que as forças pelas quais a ciência explica os diversos fenômenos da natureza. Isso não significa que ele seja pensado sob a forma de uma energia exclusivamente física. Ao contrário, tal como veremos no capítulo seguinte, os elementos que servem para formar sua ideia provêm dos mais diferentes reinos. Mas essa natureza compósita precisamente lhe permite ser utilizado como um princípio de explicação universal. É dele que tem origem toda vida[672] – "toda vida é *wakan*" –, e por essa palavra, vida, é preciso entender tudo o que age e reage, tudo o que move e é movido, tanto no reino mineral quanto no reino biológico. O *wakan* é a causa de todos os movimentos que se produzem no universo. Vimos, inclusive, que o *orenda* dos Iroqueses é "a causa eficiente de todos os fenômenos, de todas as atividades que se manifestam em torno do ser humano". Trata-se de um poder "inerente a todos os corpos, a todas as coisas"[673]. É o *orenda* que faz com que o vento sopre, com que o sol ilumine e esquente a terra, com que as plantas cresçam, com que os animais se reproduzam, com que o ser humano seja forte, hábil e inteligente. Quando o iroquês diz que a vida de toda a natureza é o produto dos conflitos que se estabelecem entre os *orenda*, desigualmente intensos, dos diferentes seres, ele nada mais faz que exprimir em sua língua essa ideia moderna segundo a qual o mundo é um sistema de forças que se limitam, se contêm e se equilibram.

O melanésio atribui ao *mana* o mesmo tipo de eficácia. É graças a seu *mana* que uma pessoa obtém sucesso na caça ou na guerra, que seus jardins têm um bom rendimento, que seus rebanhos prosperam. Se a flecha atinge seu alvo é porque está repleta de *mana*. É a mesma razão que faz com que uma rede capture bem o peixe, que uma canoa resista bem ao mar etc.[674] É verdade que, se tomarmos ao pé da letra certas expressões

---

nistas, ocorrido em Stuttgart, no ano de 1904. Essa comunicação é analisada por K. T. Preuss em *Globus*, LXXXVI, 1904, p. 201.

672. "Todas as coisas", diz A. C. Fletcher, "são atravessadas por um princípio comum de vida." Cf. "A Study of the Omaha Tribe: The Import of the Totem", *op. cit.*, p. 579.
673. J. N. B. Hewitt, "Orenda and a Definition of Religion", *op. cit.*, p. 36.
674. R. H. Codrington, *The Melanesians*, *op. cit.*, p. 118-20.

de Codrington, o *mana* seria a causa à qual atrela-se especialmente "tudo o que ultrapassa o poder do ser humano, tudo o que está além do curso ordinário da natureza"[675]. Dos próprios exemplos que cita, contudo, decorre que a esfera do *mana* é muito mais ampla. Em realidade, ele pode ser utilizado para explicar fenômenos usuais e corriqueiros; não há nada de sobre-humano ou de sobrenatural no fato de um barco navegar, de um caçador apanhar a caça etc. Ocorre apenas que, entre os eventos do dia a dia, há tantos insignificantes e tão familiares que passam desapercebidos: eles não são percebidos e, por conseguinte, não se sente a necessidade de explicá-los. O conceito de *mana* aplica-se apenas àqueles que têm uma importância suficientemente grande para atrair a reflexão, para despertar um mínimo de interesse e de curiosidade; mas isso não os torna maravilhosos. E aquilo que é verdadeiro em relação ao *mana*, assim como ao *orenda* e ao *wakan*, pode ser igualmente dito do princípio totêmico. É por meio dele que se mantém a vida das pessoas do clã, dos animais ou das plantas da espécie totêmica, bem como a de todas as coisas que são classificadas sob o totem e que participam da sua natureza.

A noção de força tem, portanto, origem religiosa. É da religião que a filosofia, em primeiro lugar, e as ciências, em seguida, tomaram-na de empréstimo. Comte já o havia pressentido, e é por isso que fazia da metafísica a herdeira da "teologia". Ele concluía, porém, que a ideia de força está destinada a desaparecer da ciência; afinal, em função de suas origens místicas, recusava-lhe todo valor objetivo. Mostraremos, ao contrário, que as forças religiosas são reais, a despeito da imperfeição que podem ter os símbolos com a ajuda dos quais foram pensadas. Disso decorrerá que o mesmo ocorre com o conceito de força no geral.

---

675. R. H. Codrington, *The Melanesians, op. cit.*, p. 119.

# CAPÍTULO VII

# Origem dessas crenças
(*fim*)

## Gênese da noção de princípio ou *mana* totêmico

A proposição estabelecida no capítulo precedente determina os termos com os quais se deve colocar o problema das origens do totemismo. Uma vez que o totemismo é dominado por completo pela noção de um princípio quase divino, imanente a certas categorias de pessoas e de coisas e pensado sob uma forma animal ou vegetal, explicar tal religião é essencialmente explicar tal crença. Trata-se de buscar como os seres humanos puderam ser compelidos a construir essa ideia, e com quais materiais o fizeram.

### I

Por certo, não é com as sensações que podiam despertar nas consciências as coisas que serviam como totens: mostramos que elas são, com frequência, insignificantes. O lagarto, a lagarta, o rato, a formiga, a rã, o peru, a brema, a ameixa, a cacatua etc., para apenas citar nomes que surgem com frequência nas listas de totens australianos, não são propensos a produzir no ser humano essas grandes e fortes impressões que podem, em algum aspecto, ser similares às emoções religiosas e imprimir aos objetos que as suscitam um caráter sagrado. Sem dúvida, o mesmo não ocorre com astros e grandes fenômenos atmosféricos, que têm, ao contrário, tudo o que é necessário para atiçar intensamente as imaginações. Contudo, justamente ocorre que apenas muito excepcionalmente eles são alçados à condição de totens. É provável, inclusive, que tenham sido chamados a ocupar essa função apenas tardiamente.[676] Ou seja, não é a natureza intrínseca da coisa cujo

---

676. Ver, anteriormente, p. 138.

nome o clã ostentava que a designava para tornar-se o objeto de um culto. Aliás, se os sentimentos que inspira fossem realmente a causa determinante dos ritos e das crenças totêmicas, seria ela também o ser sagrado por excelência: os animais ou as plantas empregadas como totens exerceriam o papel de maior destaque na vida religiosa. Pois bem, sabemos que o centro do culto reside em outro local: são representações figurativas dessa planta ou desse animal, os emblemas e os símbolos totêmicos de todo tipo que possuem o máximo de santidade. É, portanto, neles que se encontra a fonte da religiosidade, da qual os objetos reais que esses emblemas representam recebem apenas um reflexo.

Desse modo, o totem é, antes de tudo, um símbolo, uma expressão material de alguma outra coisa.[677] Mas do quê?

Da própria análise que realizamos depreende-se que ele exprime e simboliza dois tipos de coisas diferentes. Por um lado, é a forma exterior e sensível do que outrora designamos como princípio ou deus totêmico. Por outro lado, contudo, é também o símbolo dessa sociedade específica que se chama clã. Trata-se de sua bandeira, do signo a partir do qual cada clã se distingue dos outros, a marca visível de sua personalidade, marca que implica tudo o que faz parte do clã, seres humanos, animais e coisas. Se, portanto, ele é, ao mesmo tempo, o símbolo do deus e da sociedade, acaso isso não se dá porque o deus e a sociedade são uma única coisa? Como o emblema do grupo teria podido se tornar a figura dessa quase divindade se o grupo e a divindade fossem duas realidades distintas? O deus do clã, o princípio totêmico, nada mais é que o próprio clã, mas hipostasiado e concebido sob as espécies sensíveis do vegetal ou do animal que serve de totem.

Como essa apoteose foi, no entanto, possível, e por que ela ocorreu dessa maneira?

## II

De modo geral, não se pode duvidar que uma sociedade tenha todo o necessário para despertar nos espíritos, unicamente a partir da ação que exerce sobre eles, a sensação do divino. Afinal, está para seus membros como um deus está para seus fiéis. Um deus, com efeito, é antes de mais nada um ser que o ser humano imagina, em certos sentidos, como superior a si mesmo e do qual acredita depender. Quer se trate de uma personalida-

---

677. J. Pikler, no opúsculo citado anteriormente, já havia exprimido, de uma maneira um pouco dialética, esse sentimento que constitui essencialmente o totem. [O referido opúsculo foi citado na nota 604. (N.T.)]

de consciente, como Zeus ou Jeová, ou ainda de forças abstratas como as que estão implicadas no totemismo, o fiel, tanto neste como naquele caso, pensa estar atrelado a certas maneiras de agir que lhe são impostas pela natureza do princípio sagrado com o qual sente estar em relação. Ora, a sociedade, igualmente, entretém em nós a sensação de uma perpétua dependência. Uma vez que é dotada de uma natureza que lhe é própria, diferente de nossa natureza de indivíduo, ela persegue objetivos que lhe são igualmente particulares; mas, como não pode atingi-los, senão por nosso intermédio, reivindica imperiosamente nossa colaboração. Exige que, deixando de lado nossos interesses, façamo-nos seus servidores, e submete-nos a todo tipo aborrecimentos, de privações e de sacrifícios sem os quais a vida social seria impossível. É assim que, a todo instante, somos obrigados a nos submeter a regras de conduta e de pensamento que não foram nem feitas, nem desejadas por nós, e que às vezes são, inclusive, contrárias a nossas inclinações e a nossos instintos mais fundamentais.

Ainda assim, se a sociedade apenas obtivesse de nós essas concessões e esses sacrifícios a partir de um constrangimento material, só poderia despertar a ideia de uma força física à qual é preciso ceder por necessidade, e não a de uma potência moral como aquelas que as religiões adoram. Em realidade, contudo, o império que exerce sobre as consciências deve-se muito menos à supremacia física da qual tem o privilégio que à autoridade moral da qual está investida. Se acatamos suas ordens, isso não se deve simplesmente ao fato de ela estar armada para superar nossas resistências: é, antes de mais nada, porque é o objeto de um verdadeiro respeito.

Diz-se de um sujeito, individual ou coletivo, que ele inspira o respeito quando a representação que o exprime nas consciências é dotada de tal força que, automaticamente, suscita ou inibe ações, *sem levar em conta qualquer consideração relativa aos efeitos úteis ou nocivos das mesmas*. Quando obedecemos a uma pessoa em função da autoridade moral que nela reconhecemos, seguimos suas opiniões, não porque nos parecem sábias, mas porque certo tipo de energia física é imanente à ideia que fazemos dessa pessoa, e é isso que subjuga nossa vontade e a inclina no sentido indicado. O respeito é a emoção que experimentamos quando sentimos essa pressão interior e totalmente espiritual produzir-se em nós. O que nos determina nesse caso não são as vantagens ou os inconvenientes da atitude que nos é prescrita ou recomendada: é o modo com o qual representamos aquele que a recomenda ou que a prescreve a nós. Eis por que o mandamento exprime-se geralmente a partir de formas breves, agudas, que não cedem à hesitação. Na medida em que realiza a si próprio e age por suas próprias forças, esse mandamento exclui toda ideia de deliberação e de cálculo. Ele retira sua eficácia da intensidade do estado mental no qual é dado. É essa intensidade que constitui o que se denomina ascendente moral.

Ora, as maneiras de agir às quais a sociedade está fortemente atrelada, a ponto de impô-las a seus membros, encontram-se, justamente por isso, marcadas com o signo distintivo que provoca o respeito. Dado que são elaboradas coletivamente, a vivacidade com a qual são pensadas por cada espírito particular reverbera em todos os demais, e vice-versa. As representações que as exprimem em cada um de nós têm, portanto, uma intensidade à qual estados de consciência puramente privados não poderiam atingir. Afinal, são imbuídas da força das incalculáveis representações individuais mobilizadas para formar cada uma delas. É a sociedade que fala pela boca daqueles que as afirmam em nossa presença. É ela que escutamos ao escutá-los, e a voz de todos tem uma entonação que não poderia ser a de uma única pessoa.[678] A própria violência com a qual a sociedade reage, seja por meio da culpabilização, seja por via pecuniária, contra as tentativas de dissidência, manifestando com vivacidade o ardor da convicção comum, contribui para reforçar seu domínio.[679] Em uma palavra, quando uma coisa é o objeto de um estado da opinião, a representação que cada indivíduo faz dela extrai de suas origens, das condições nas quais nasceu, uma potência de ação que é sentida mesmo por aqueles que não se submetem a ela. Essa opinião tende a rechaçar as representações que a contradizem, mantendo-as à distância. Ao contrário, ela ordena atos que a realizam, fazendo-o não por meio de uma coerção material ou pela perspectiva de uma coerção dessa natureza, mas pela simples emanação da energia mental que nela reside. Ela possui uma eficácia que provém unicamente de suas propriedades psíquicas, e é precisamente em relação a esse signo que se reconhece a autoridade moral. A opinião, coisa social por excelência, é então uma fonte de autoridade, e pode-se, inclusive, questionar se toda autoridade não é filha da opinião.[680] Dir-se-á, em contraposição a isso, que a ciência é, com frequência, a antagonista da opinião, que ela combate e cujos erros retifica. Ainda assim, a ciência não pode obter sucesso nessa tarefa se não tiver uma autoridade suficiente, e só pode obter essa autoridade da própria opinião. Basta que um povo não tenha fé na ciência para que todas as demonstrações científicas sejam desprovidas de influência sobre os espíritos. Mesmo hoje, caso a

---

678. Ver nosso É. Durkheim, *De la Division du Travail Social*, 3. ed., *op. cit.*, p. 64 ss. [Ver, em português: É. Durkheim, *Da Divisão do Trabalho Social*, São Paulo, Edipro, 2016, p. 88, com tradução de Andréa Stahel M. da Silva. (N.T.)]

679. *Ibid.*, p. 76.

680. É o caso, ao menos, de toda autoridade moral reconhecida como tal por uma coletividade.

ciência tenha de resistir a uma corrente muito forte da opinião pública, ela corre o risco de perder seu prestígio.[681]

Uma vez que é por expedientes mentais que a pressão social se exerce, ela não podia deixar de fornecer ao ser humano a ideia de que existe fora dele uma ou várias forças, morais e ao mesmo tempo eficazes, das quais ele depende. Ele deveria representar essas potências, ao menos em parte, como exteriores, pois se dirigem a ele com tom de comando, inclusive às vezes ordenando-lhe a praticar violência contra suas inclinações mais naturais. Sem dúvida, caso pudesse ver imediatamente que essas influências que ele sofre emanam da sociedade, o sistema das interpretações mitológicas não teria nascido. A ação social, contudo, segue vias tortas e obscuras demais, empregando mecanismos psíquicos complexos demais para que seja possível ao observador comum perceber de onde ela vem. Enquanto a análise científica não lhe mostra isso, ele sente que alguém atua sobre ele, mas não percebe quem. Ele teve, portanto, de construir peça por peça a noção dessas potências com as quais percebia estar em relação, e, isso estabelecido, pode-se já entrever como foi levado a representá-las sob formas que lhe são estranhas e a transfigurá-las pelo pensamento.

Um deus, contudo, não é apenas uma autoridade da qual dependemos. Trata-se também de uma força sobre a qual nossa própria força se apoia. A pessoa que obedeceu a seu deus e que, por tal razão, acredita tê-lo consigo, lança-se no mundo com confiança e com o sentimento de um ganho de energia. – Do mesmo modo, a ação social não se limita a exigir de nós sacrifícios, privações e esforços. Afinal, a força coletiva não nos é totalmente exterior. Ela tampouco nos impulsiona totalmente do exterior. Uma vez

---

681. Esperamos que a presente análise e aquelas que se seguirão coloquem termo a uma interpretação inexata de nosso pensamento, da qual resultam mais de um mal-entendido. Uma vez que tornamos a coerção o *signo externo* a partir do qual os fatos sociais podem ser mais facilmente reconhecidos e diferenciados dos fatos da psicologia individual, acreditou-se que, para nós, a coerção física era o essencial da vida social. Em verdade, apenas enxergamos nela a expressão material e aparente de um fato interior e profundo que é completamente ideal; trata-se da *autoridade moral*. O problema sociológico – se é que é possível afirmar a existência de *um* problema sociológico – consiste em buscar, a partir das diferentes formas de coerção exteriores, os diferentes tipos de autoridade moral que a elas correspondem e a descobrir as causas que determinaram estas últimas. Em particular, a questão que tratamos na presente obra tem por objeto principal descobrir as formas sob as quais nasceu essa espécie particular de autoridade moral inerente a tudo o que é religioso, bem como o material que a constitui. Ver-se-á mais adiante, aliás, que, se tornamos a pressão social um dos elementos distintivos dos fenômenos sociológicos, não queremos dizer que esse seja o único. Mostraremos outro aspecto da vida coletiva, quase oposto ao precedente, mas não menos real.

que a sociedade pode apenas existir nas e pelas consciências individuais,[682] é absolutamente necessário que ela penetre e se organize em nós. Ela se torna, assim, parte integrante de nosso ser e, por isso mesmo, eleva-o e faz com que cresça.

Há circunstâncias em que essa ação reconfortante e vivificante da sociedade está particularmente manifesta. No seio de uma assembleia animada por uma paixão comum, tornamo-nos suscetíveis a sentimentos e atos dos quais somos incapazes quando reduzidos apenas às nossas forças; e quando a assembleia é dissolvida, quando, voltando a estar sozinhos, recaímos em nosso nível normal, podemos então mensurar o tamanho da altura à qual fomos alçados para além de nós mesmos. A história está repleta desse tipo de exemplos. Basta pensar na noite do 4 agosto*, em que uma assembleia foi de repente levada a um ato de sacrifício e de abnegação ao qual cada um de seus membros se recusava no dia anterior e com o qual todos foram surpreendidos no dia seguinte.[683] É por tal razão que todos os partidos, políticos, econômicos e confessionais, tomam o cuidado de promover periodicamente reuniões nas quais seus adeptos possam revitalizar sua fé comum manifestando-a coletivamente. Para consolidar sentimentos que, abandonados a si mesmos, perdem vitalidade, basta aproximar e colocar em relações mais estreitas e mais ativas aqueles que os experimentam. Eis também o que explica a atitude tão particular da pessoa que se dirige a uma multidão, se, ao menos, logrou entrar em comunhão com ela. Sua linguagem possui uma espécie de grandiloquência que seria ridícula em circunstâncias ordinárias; seus gestos têm algo de dominador; seu próprio pensamento é impaciente com a moderação e cede facilmente a toda modalidade de ofensas. O que ele sente em si mesmo é como um excesso anormal de forças que transbordam seu ser e que tendem a escoar para fora dele. Ele chega mesmo a ter a impressão de que é dominado por uma potência moral que o ultrapassa e da qual é apenas o intérprete. É nessa característica que se

---

682. O que não quer dizer, bem entendido, que a consciência coletiva não tenha elementos específicos (Ver, sobre esse ponto, É. Durkheim, "Représentations individuelles et représentations collectives", *Revue de Métaphysique et de Morale*, 1898, p. 273 ss. [Ver, em português: É. Durkheim, "Representações individuais e representações coletivas", em *Id., Sociologia e Filosofia*, São Paulo, Edipro, 2015, p. 25-50, com tradução de Evelyn Tesche. (N.T.)].).

*. Durkheim refere-se aqui à aprovação da lei que, em 4 de agosto de 1789, declarou extintos os direitos feudais e outros privilégios da nobreza e do clero. (N.T.)

683. É o que provam a duração e o caráter apaixonado dos debates nos quais se deu uma forma jurídica às resoluções de princípio tomadas em um momento de entusiasmo coletivo. Tanto no clero quanto na nobreza, mais de uma pessoa chamava essa noite célebre a noite dos enganados, ou, como A. de Rivarol, a São Bartolomeu dos proprietários (Ver O. Stoll, *Suggestion und Hypnotismus in der Völkerpsychologie*, 2. ed., Leipzig, Von Veit & Comp., 1904, p. 618, n. 2.).

reconhece o que frequentemente foi chamado de o demônio da inspiração oratória. Ora, esse acréscimo excepcional de forças é muito real, e advém do próprio grupo ao qual a pessoa se dirige. Os sentimentos que provoca por a sua palavra retornam a ele, mas engrandecidos, amplificados, e reforçam na mesma medida seu sentimento particular. As energias passionais que desencadeia repercutem nele e aumentam seu tom vital. Não é mais um simples indivíduo que fala: trata-se de um grupo encarnado e personificado.

Para além desses estágios passageiros ou intermitentes, há aqueles mais duráveis e nos quais essa influência revigorante da sociedade se faz sentir de forma mais sequenciada e, inclusive, por vezes, com maior vivacidade. Há períodos históricos nos quais, sob a influência de alguma grande comoção coletiva, as interações sociais tornam-se muito mais frequentes e mais ativas. Os indivíduos buscam uns aos outros, reunindo-se mais. Resulta disso uma efervescência geral, característica de épocas revolucionárias ou criadoras. Ora, essa superatividade tem por efeito uma estimulação geral das forças individuais. Vive-se mais e de maneira diferente quando em comparação ao tempo normal. As transformações não são apenas de nuances e de graus; o indivíduo torna-se outra coisa. As paixões que o agitam são de tal intensidade que só podem se satisfazer por atos violentos, desmedidos: atos de heroísmo sobre-humano ou de barbárie sanguinária. É isso o que explica, por exemplo, as cruzadas[684] e tantas cenas, sublimes ou selvagens, da Revolução Francesa[685]. Sob a influência da exaltação geral, vê-se o mais medíocre ou o mais inofensivo burguês transformar-se seja em herói, seja em carrasco[686]. E todos esses processos mentais são tão similares aos que estão na raiz da religião que os próprios indivíduos representam, sob uma forma expressamente religiosa, a pressão à qual eles assim cederam. Os cruzados acreditavam sentir Deus presente no meio deles, compelindo-os a partir para a conquista da Terra Santa; Joana D'Arc acreditava obedecer a vozes celestes.[687]

Não é apenas em circunstâncias excepcionais, contudo, que essa ação estimulante da sociedade se faz sentir: não há, por assim dizer, um único instante de nossa vida em que algum afluxo de energia não nos venha de fora. A pessoa que cumpre com seu dever encontra, nas manifestações de todo

---

684. O. Stoll, *Suggestion und Hypnotismus in der Völkerpsychologie*, op. cit., p. 353 ss.

685. *Ibid.*, p. 619 e 635.

686. *Ibid.*, p. 622 ss.

687. Os sentimentos de medo e de tristeza podem se desenvolver igualmente e se intensificar sob as mesmas influências. Eles correspondem, como veremos, a todo um aspecto da vida religiosa (Ver Livro II, Capítulo V [Livro III, Capítulo V, na realidade. (N.T.)].).

o tipo pelas quais se expressam a simpatia, a estima e o afeto de seus semelhantes por ela, uma impressão de reconforto, da qual ela nem sempre se dá conta, mas que a sustenta. O sentimento que a sociedade tem a seu respeito eleva o sentimento que tem de si mesma. Dado que está em harmonia moral com seus contemporâneos, ela tem mais confiança, coragem e ousadia na ação, assim como o fiel que pensa sentir os olhares de seu deus voltados benevolamente para si. Produz-se, desse modo, algo como uma sustentação perpétua de nosso ser moral. Como ela varia de acordo com uma multiplicidade de circunstâncias exteriores, em função do caráter mais ou menos ativo de nossas relações com os grupos sociais que nos envolvem, em função do que são esses grupos, não podemos deixar de sentir que esse *tônus* moral depende de uma causa externa; ocorre apenas que não vislumbramos onde está essa causa, tampouco em que ela consiste. Também a concebemos com frequência sob a forma de uma potência moral que, sendo imanente, representa em nós algo diferente de nós mesmos: trata-se da consciência moral, da qual, aliás, o ser humano ordinário jamais elaborou uma representação minimamente precisa, a não ser com a ajuda de símbolos religiosos.

Além dessas forças em estado livre que vêm, sem cessar, renovar as nossas, existem aquelas fixadas por técnicas e tradições de toda ordem e que nós utilizamos. Falamos uma língua que não criamos; servimo-nos de instrumentos que não inventamos; invocamos direitos que não instituímos; a cada geração um tesouro de conhecimentos é transmitido, que ela não acumulou por si só etc. É à sociedade que devemos esses bens variados da civilização e, se geralmente não vemos a partir de qual fonte os obtemos, sabemos, ao menos, que não são obra nossa. Ora, são esses bens que dão ao ser humano sua fisionomia pessoal entre todos os seres. Afinal, o ser humano apenas é humano porque é civilizado. Ele não podia então escapar a esse sentimento de que existem fora dele causas atuantes das quais procedem os atributos característicos de sua natureza, bem como potências benevolentes que o auxiliam, que o protegem e que lhe garantem um destino privilegiado. Ele devia necessariamente conceder a essas potências uma dignidade compatível com o alto valor dos bens que ele lhe atribuía.[688]

---

688. Esse é outro aspecto da sociedade que, ao mesmo tempo que imperativo, surge-nos como bom e benévolo. Ela nos domina e ela nos auxilia. Se definimos o fato social a partir do primeiro desses elementos ao invés do segundo, isso se deve ao fato de aquele ser mais facilmente observável, pois se traduz por signos exteriores e visíveis; disso decorre que jamais imaginamos negar a realidade do segundo elemento (Ver É. Durkheim, *Les Règles de la Méthode Sociologique*, prefácio da segunda edição, Paris, F. Alcan, 1901, p. XX, n. 1 [Ver, em português: É. Durkheim, *As Regras do Método Sociológico*, São Paulo, Edipro, 2012, p. 25, n. 6, com tradução de Walter Solon. (N.T.)].).

Desse modo, o meio no qual vivemos aparece diante de nós como povoado de forças ao mesmo tempo imperiosas e auxiliadoras, augustas e benévolas, com as quais mantemos relações. Uma vez que exercem sobre nós uma pressão da qual temos consciência, necessitamos localizá-las fora de nós, como fazemos em relação às causas objetivas de nossas sensações. Mas, por outro lado, os sentimentos que nos inspiram diferem em natureza daqueles que temos perante simples coisas sensíveis. Enquanto essas reduzem-se a seus caracteres empíricos tais como eles se manifestam na experiência comum, enquanto a imaginação religiosa não veio transformá-los, não temos por elas nada que se assemelhe ao respeito, e elas não têm nada do que é preciso para nos elevar acima de nós mesmos. As representações que as exprimem nos surgem, então, como muito distintas daquelas que as influências coletivas despertam em nós. Tanto umas quanto outras formam em nossa consciência dois conjuntos de estados mentais, distintos e separados, como as duas formas de vida às quais correspondem. Por conseguinte, temos a impressão de que estamos em relação com duas espécies de realidades, elas mesmas distintas, e que uma linha de demarcação nitidamente traçada as separa: trata-se, de um lado, do mundo das coisas profanas e, de outro, daquele das coisas sagradas.

Ademais, tanto hoje quanto ao longo da história, vemos sem cessar a sociedade criar, a partir do zero, coisas sagradas. Se ela vier a se entusiasmar por um indivíduo, no qual crê encontrar as principais aspirações que a movem, bem como os meios para satisfazê-las, então esse indivíduo será tornado ímpar e, em alguma medida, divinizado. Ele será investido pela opinião de uma majestade inteiramente análoga à que protege os deuses. Eis o que aconteceu a inúmeros soberanos, nos quais a sua época teve fé: se não eram tornados deuses, via-se neles, ao menos, representantes diretos da divindade. O que mostra claramente que a autora desses tipos de apoteose é tão somente a sociedade é o fato de que, por vezes, foram assim consagradas pessoas que, por mérito próprio, não possuíam nenhum direito a isso. Aliás, a simples deferência que inspiram as pessoas investidas de altas funções sociais não tem uma natureza diferente do respeito religioso. Ela se traduz pelos mesmos movimentos: mantêm-se à distância de um alto personagem; para abordá-lo, é preciso precaver-se; para encontrar-se com ele, emprega-se uma linguagem e gestos diferentes daqueles adequados aos simples mortais. O sentimento que se experimenta nessas circunstâncias é parente tão próximo do sentimento religioso que muitos povos os confundiram. Para explicar a consideração de que gozam os príncipes, os nobres e os chefes políticos, atribuiu-se a eles um caráter sagrado. Na Melanésia e na Polinésia, por exemplo, diz-se de alguém influente que ele tem *mana*, e é a esse *mana* que se imputa sua influência.[689] É claro, contudo, que sua situação provém unicamente da importância que a opinião atribui a ele. No fundo, portanto, o poder moral que confere a opinião e aquele do qual as coisas sagradas são investidas têm uma mesma origem e são feitos dos mesmos elementos. É isso o que explica que uma mesma palavra possa servir para designar ambos.

Da mesma forma que os seres humanos, a sociedade consagra coisas, sobretudo ideias. Se uma crença for partilhada de forma unânime por um povo, por razões que expusemos anteriormente, ele estará proibido de tocá-la, ou seja, de negá-la ou de contestá-la. Ora, a interdição da crítica é uma interdição como as outras, e prova que se está diante de algo sagrado. Mesmo hoje em dia, por maior que seja a liberdade que concedemos uns aos outros, uma pessoa que negue totalmente o progresso, que achincalhe o ideal humano ao qual as modernas sociedades estão atreladas, cometeria algo com o efeito de um sacrilégio. Há, ao menos, um princípio que os povos mais afeitos ao livre pensamento tendem a colocar acima da discussão e que veem como intangível, ou seja, como sagrado: trata-se do próprio princípio do livre pensamento.

Essa aptidão da sociedade a se erigir em deus ou a criar deuses em nenhum instante foi mais visível que durante os primeiros anos da Revolução. Nesse momento, com efeito, sob a influência do entusiasmo geral, coisas puramente laicas por natureza foram transformadas pela opinião pública em coisas sagradas: trata-se da Pátria, da Liberdade e da Razão.[690] Uma religião, com seus dogmas[691], seus símbolos[692], seus altares[693] e suas festas[694], tendeu a se estabelecer naturalmente. Foi a essas aspirações espontâneas que o culto da Razão e do Ser supremo procurou oferecer uma espécie de satisfação oficial. Essa renovação religiosa teve apenas, é bem verdade, duração efêmera. Isso se deveu ao fato de que o entusiasmo patriótico, que, de início, carregava as massas, foi, ele mesmo, se enfraque-

---

689. R. H. Codrington, *The Melanesians*, *op. cit.*, p. 50, 103 e 120. Aliás, considera-se geralmente que, nas línguas polinésias, a palavra *mana* tenha primitivamente o sentido de autoridade (Ver E. Tregear, *The Maori-Polynesian Comparative Dictionary*, Wellington, Lyon and Blair, 1891, *s.v. mana*, p. 203.).

690. Ver Albert Mathiez, *Les Origines des Cultes Révolutionnaires (1789-1792)*, Paris, G. Bellais, 1904, p. 46.

691. *Ibid.*, p. 24.

692. *Ibid.*, p. 29 e 32.

693. *Ibid.*, p. 30.

694. *Ibid.*, p. 46.

cendo.[695] Desaparecendo a causa, o efeito não podia se manter. A experiência, contudo, por ter sido breve, guarda todo seu interesse sociológico. O fato é que vimos, em um caso específico, a sociedade e suas ideias essenciais tornarem-se, diretamente e sem transfiguração de qualquer tipo, o objeto de um verdadeiro culto.

Todos esses fatos já permitem entrever como o clã pode despertar em seus membros a ideia que de existe além deles forças que os dominam e, ao mesmo tempo, dão-lhes suporte, ou seja, em suma, forças religiosas: não há sociedade em que o primitivo seja mais direta e mais intimamente solidário. Os vínculos que o atrelam à tribo são mais frouxos e menos intensos. Embora essa não seja, por certo, uma estranha para ele, é com as pessoas de seu clã que ele tem mais coisas em comum. É a ação desse grupo que sente de maneira mais imediata. É, portanto, essa ação também que, preferencialmente, devia se expressar em símbolos religiosos.

Essa primeira explicação é muito geral, pois se aplica indistintamente a todo tipo de sociedade e, por conseguinte, a todo tipo de religião. Procuremos, pois, precisar a forma particular que essa ação coletiva assume no clã e como ela suscita nele a sensação do sagrado. Afinal, em nenhuma outra circunstância ela é mais facilmente observável, nem mais evidente em seus resultados.

## III

A vida das sociedades australianas passa alternadamente por duas fases distintas.[696] Ora a população está dispersa em pequenos grupos que se dedicam, sem considerar os demais, a suas ocupações; cada família vive então em seu próprio canto, caçando, pescando, buscando, em suma, dispor da alimentação indispensável por todos os meios disponíveis. Ora, ao contrário, a população concentra-se e condensa-se, por um intervalo que varia de alguns dias a muitos meses, em locais determinados. Essa concentração ocorre quando um clã ou parte da tribo[697] é convocado em suas assem-

---

695. Albert Mathiez, *La Théophilanthropie et le Culte Décadaire*, Paris, F. Alcan, 1903, p. 36.
696. Ver B. Spencer e F. J. Gillen, *North. Tr.*, op. cit., p. 33.
697. Há, inclusive, cerimônias, em especial as que implicam a iniciação, para as quais membros das tribos estrangeiras são convocados. Todo um sistema de mensagens e de mensageiros é organizado tendo em vista essas convocações, sem as quais não existem grandes solenidades (Ver A. W. Howitt, "Notes on Australian Message Sticks and Messengers", op. cit.; *Id., Nat. Tr.*, op. cit., p. 83 e 678-91; B. Spencer e F. J. Gillen, *Nat. Tr.*, op. cit., p. 159; bem como, *Id., North. Tr.*, op. cit., p. 551.).

bleias, comemorando-se então uma cerimônia religiosa ou realizando-se o que se denomina, na linguagem usual da etnografia, um *corrobbori*[698]. Essas duas fases contrastam uma com a outra da maneira mais evidente. Na primeira, a atividade econômica é preponderante, sendo geralmente de uma intensidade muito pouco significativa. A coleta de grãos e de ervas necessárias à alimentação, a caça ou a pesca não são ocupações que podem despertar paixões muito vivas.[699] O estado de dispersão no qual se encontra, então, a sociedade acaba tornando a vida uniforme, lânguida e insípida.[700] Basta que haja um *corrobbori*, porém, e tudo muda. Dado que as faculdades emotivas e passionais do primitivo são apenas imperfeitamente submetidas ao controle de sua razão e de sua vontade, ele facilmente perde o autocontrole. Um acontecimento de qualquer importância deixa-o inteiramente fora de si. Acaso recebe ele uma boa nova? Trata-se de transportes de entusiasmo. Do contrário, ele é visto correr como um louco para lá e para cá, abandona-se a todo tipo de movimentos desordenados, grita, urra, junta o pó e o lança em todas as direções, morde-se, brande suas armas com um ar furioso etc.[701] Ora, o mero fato da aglomeração já atua como um excitante excepcionalmente poderoso. Uma vez os indivíduos reunidos, depreende-se de sua aproximação uma espécie de eletricidade que os transporta rapidamente a um grau extraordinário de exaltação. Cada sentimento expresso vem repercutir, sem resistência, em todas essas consciências amplamente abertas às impressões exteriores; cada uma delas faz eco às outras, e vice-versa. Desse modo, o impulso inicial ganha intensidade à medida que repercute, tal como uma avalanche aumenta à medida que avança. E como paixões tão vivas e tão libertas de todo controle não podem deixar

---

698. O *corrobbori* distingue-se da cerimônia propriamente religiosa por ser acessível às mulheres e aos não iniciados. Mas, se essas duas formas de manifestações coletivas devem ser distinguidas, não deixam de ser parentes próximas. Teremos, aliás, a chance de voltar mais adiante a esse parentesco e de explicá-lo. [Ver, a esse respeito, o Livro III, Capítulo IV, Item II. (N.T.)]

699. Salvo nos casos das grandes caçadas coletivas. [No original, "chasses à battue", nas quais os caçadores avançam coletivamente fazendo barulho com as armas de modo a espantar e a encurralar a caça; o tradutor da primeira edição inglesa traduziu essa expressão por "bush-beating hunt" (1915, p. 215, n. 3); desconhecemos uma expressão satisfatória em português. (N.T.)]

700. "*The peaceful monotony of this part of his life*" [Em português: "a monotonia pacífica dessa parte de sua vida". (N.T.)], dizem B. Spencer e F. J. Gillen (*North. Tr.*, *op. cit.*, p. 33.).

701. A. W. Howitt, *Nat. Tr.*, *op. cit.*, p. 683. Trata-se, no caso, das demonstrações que ocorrem quando uma embaixada, enviada a um grupo de estrangeiros, regressa ao acampamento trazendo a notícia de um resultado favorável. Cf. R. Brough Smyth, *The Aborigines of Victoria*, *op. cit.*, I, p. 138; bem como L. Schulze, "The Aborigines of the Upper and Middle Finke River", *loc. cit.*, p. 222.

de extravasar tudo o que se vê, por todo canto, são gestos violentos, gritos, verdadeiros urros, barulhos ensurdecedores de todo tipo, os quais contribuem ainda mais para intensificar o estado que manifestam. Sem dúvida, dado que um sentimento coletivo pode apenas se expressar coletivamente à condição de observar certa ordem que permite o concerto e os movimentos de conjunto, esses gestos e gritos tendem espontaneamente a se ritmar e a se regularizar: decorrem disso os cantos e as danças. Mas, ao assumir uma forma mais regular, eles nada perdem de sua violência natural; o tumulto regrado continua sendo tumulto. A voz humana não é o bastante para a tarefa; a ação é reforçada por procedimentos artificiais: batem-se os bumerangues uns contra os outros; giram-se os *bull-roarers*. É provável que esses instrumentos, cujo emprego é tão generalizado nas cerimônias religiosas da Austrália, tenham, antes de mais nada, sido utilizados para traduzir de uma maneira mais adequada a agitação sentida. Ao mesmo tempo que a traduzem, contudo, eles a reforçam. A efervescência com frequência chega a um ponto em que suscita atos inusitados. As paixões liberadas são de tal impetuosidade que não se deixam conter por nada. As pessoas sentem-se absolutamente fora das condições ordinárias da vida e têm clara consciência de que experimentam algo como a necessidade de se deslocar para fora e acima da moral ordinária. Os sexos unem-se contrariando as regras que regem o comércio sexual. Os homens trocam suas esposas. Às vezes até mesmo uniões incestuosas, julgadas abomináveis e severamente condenadas em tempos normais, são contraídas ostensiva e impunemente.[702] Se acrescentarmos que essas cerimônias geralmente ocorrem durante a noite, em meio às trevas que são interrompidas aqui e ali pela luminosidade das fogueiras e das tochas, imagina-se com facilidade qual o efeito que semelhantes cenas devem produzir no espírito daqueles que participam das festividades. Elas determinam uma superexcitação tão violenta de toda a vida física e mental que esta não pode ser suportada por muito tempo: o ator que tem o papel principal acaba por cair, exausto, no chão.[703]

---

702. Ver B. Spencer e F. J. Gillen, *Nat. Tr., op. cit.*, p. 96-7; *Id., North. Tr., op. cit.*, p. 137; R. Brough Smyth, *The Aborigines of Victoria, op. cit.*, II, p. 319. – Essa promiscuidade ritual se observa especialmente nas cerimônias de iniciação (B. Spencer e F. J. Gillen, *Nat. Tr., op. cit.*, p. 267 e 381; A. W. Howitt, *Nat. Tr., op. cit.*, p. 657.) e nas cerimônias totêmicas (B. Spencer e F. J. Gillen, *North. Tr., op. cit.*, p. 214, 237 e 298.). Nestas últimas, as regras exogâmicas ordinárias são violadas. Ainda assim, entre os Arunta, as uniões entre pai e filha, filho e mãe, irmãs e irmãos (caso se trate, em todos os casos precedentes, de um parentesco de sangue) permanecem proibidas (*Id., Nat. Tr., op. cit.*, p. 96-7.).

703. A. W. Howitt, *Nat. Tr., op. cit.*, p. 535 e 545. Tal fato é extremamente difundido.

Segue-se aqui, em acréscimo, para ilustrar e precisar o quadro necessariamente esquemático, o relato de algumas cenas que tomamos de empréstimo junto a Spencer e Gillen.

Uma das solenidades religiosas mais importantes para os Warramunga é aquela que diz respeito à serpente Wollunqua. Trata-se de uma série de cerimônias realizadas ao longo de vários dias. No quarto dia, ocorre o que vamos descrever.

De acordo com o cerimonial praticado entre os Warramunga, representantes das duas fratrias participam dele, uns na qualidade de oficiantes, outros enquanto preparadores e assistentes. As pessoas da fratria Uluuru são as únicas a ter a qualidade necessária para celebrar o rito. Os membros da fratria Kingilli devem, contudo, arrumar os atores, preparar o local e os instrumentos, bem como desempenhar a função de assistência. Tendo isso em vista, eles são encarregados de confeccionar de antemão, valendo-se da areia molhada, uma espécie de montículo sobre o qual é produzido, a partir de uma plumagem vermelha, um desenho que representa a serpente Wollunqua. A cerimônia propriamente dita, à qual assistiram Spencer e Gillen, começa apenas ao anoitecer. Por volta das dez ou onze horas da noite, Uluuru e Kingilli chegaram no local; sentaram-se sobre o montículo e começaram a cantar. Todos estavam em um claro estado de hiperexcitação (*every one was evidently very excited*)\*. Um pouco mais tarde na noite, os Uluuru trouxeram suas mulheres e as entregaram aos Kingilli,[704] que mantiveram relações com elas. Foram então introduzidos os jovens recentemente iniciados, aos quais toda a cerimônia foi explicada em detalhes, e, até as três horas da manhã, os cantos continuaram sem interrupção. Ocorreu então a cena de um frenesi realmente selvagem (*a scene of the wildest excitement*)\*\*. Enquanto as fogueiras e as tochas, acesas em todos os lugares, ressaltavam violentamente a brancura das seringueiras no fundo das trevas ao redor, os Uluuru ajoelharam-se uns atrás dos outros ao lado do monte, para, na sequência, darem a volta em torno dele levantando-se, em um movimento conjunto, com as duas mãos apoiadas sobre as coxas, para novamente se ajoelharem um pouco mais à frente, e assim sucessivamente. Ao mesmo tempo, pendiam seus corpos tanto para a esquerda, quanto para a direita, lançando conjuntamente, a cada um desses movimentos, um grito retumbante, verdadeiro urro: *Yrrsh! Yrrsh! Yrrsh!* Enquanto isso, os Kingilli, em um grande estado de exaltação, faziam com que seus bumerangues ressoas-

---

\*.   Todos estavam evidentemente muito excitados. (N.T.)

704.   Essas mulheres eram Kingilli e, por conseguinte, tais uniões violavam a regra da exogamia.

\*\*.   Uma cena da mais selvagem excitação. (N.T.)

sem, e seu chefe estava ainda mais agitado que seus companheiros. Tão logo a procissão dos Uluuru deu duas voltas em torno do monte, eles deixaram a posição de joelhos, sentaram-se e voltaram a cantar. Em certos momentos, o canto cessava, para ser retomado bruscamente. Quando o dia começava a nascer, todos saltavam sobre seus pés; as chamas que haviam se extinguido foram novamente acesas, os Uluuru, pressionados pelos Kingilli, atacaram furiosamente o monte com bumerangues, lanças e bastões; em poucos minutos ele foi despedaçado. As chamas apagaram-se e se fez um profundo silêncio.[705]

Uma cena ainda mais violenta é aquela à qual os mesmos observadores assistiram durante as cerimônias do fogo, entre os Warramunga.

Após o anoitecer, já havia ocorrido todo tipo de procissões, de danças e de cantos à luz das tochas; desse modo, a efervescência geral aumentava cada vez mais. Em certo momento, cada um dos doze assistentes apanhou uma espécie de grande tocha acesa, e um dentre eles, empunhando a sua como uma baioneta, avançou contra um grupo de nativos. Os golpes eram interceptados por meio de bastões e de lanças. Fez-se uma confusão generalizada. As pessoas saltavam, enfureciam-se e lançavam gritos selvagens. As tochas brilhavam e crepitavam ao atingir as cabeças e os corpos, lançando faíscas em todas as direções. "A fumaça, as tochas flamejantes, essa chuva de faíscas, essa massa de pessoas cantando e gritando, tudo isso", dizem Spencer e Gillen, "constituía uma cena de uma selvageria impossível de descrever com palavras."[706]

Não é difícil imaginar que, tendo chegado a esse estágio de exaltação, a pessoa não se reconheça mais. Sentindo-se dominada, arrastada por uma espécie de poder exterior que a faz pensar e agir de maneira distinta do tempo normal, ela tem naturalmente a impressão de não ser mais ela mesma. Parece-lhe que se tornou um ser novo: os ornamentos dos quais se vale, os tipos de máscara com as quais cobre seu rosto, tudo isso representa materialmente essa transformação interior, ainda mais do que contribuem para determiná-la. E como, no mesmo instante, todos os seus companheiros sentem-se transformados da mesma maneira e traduzem seu sentimento por seus gritos, gestos, atitudes, tudo se passa como se ela estivesse realmente transportada para um mundo especial, inteiramente diferente daquele no qual se passa sua vida normal, em um meio repleto de forças

---

705. B. Spencer e F. J. Gillen, *North. Tr.*, op. cit., p. 237.
706. *Ibid.*, p. 391. Outros exemplos de efervescência coletiva em meio às cerimônias religiosas podem ser encontrados em *Id.*, *Nat. Tr.*, op. cit., p. 244-6, 365-6, 374 e 509-10. (Essa última é decorrência de um rito funerário). Cf. *Id.*, *North. Tr.*, op. cit., p. 213 e 351.

excepcionalmente intensas que a invadem e a metamorfoseiam. Como seria possível que experiências como essas, sobretudo quando se repetem diariamente durante semanas, não deixassem a convicção de que existem, efetivamente, dois mundos heterogêneos e incompatíveis entre eles? Um é aquele em que leva languidamente sua vida cotidiana; ao contrário, ela não pode penetrar no outro sem entrar de imediato em relação com potências extraordinárias que a galvanizam até provocar o frenesi. O primeiro é o mundo profano, o segundo, o das coisas sagradas.

Ou seja, a ideia religiosa parece ter nascido nesses meios sociais efervescentes e dessa própria efervescência. O que tende a confirmar que essa é, de fato, a origem, é que, na Austrália, a atividade propriamente religiosa é quase integralmente concentrada em momentos nos quais ocorrem essas reuniões. Por certo, não existe povo em que as grandes solenidades do culto não sejam mais ou menos periódicas; mas, nas sociedades mais avançadas, não há um dia sequer, por assim dizer, em que não se dirija aos deuses alguma oração, alguma oferenda, no qual não se tenha de cumprir alguma prescrição ritual. Na Austrália, ao contrário, fora das festas do clã e da tribo, o tempo é quase todo preenchido por funções laicas e profanas. Sem dúvida, existem proibições que devem ser e que são respeitadas durante esses períodos de atividade temporal. Jamais é permitido matar ou alimentar-se livremente do animal totêmico, ao menos onde essa proibição conservou seu rigor original; mas não se celebra então nenhum rito positivo, nenhuma cerimônia com certa importância. Essas ocorrem apenas por ocasião das grandes reuniões. A vida piedosa do australiano passa, assim, por fases sucessivas de completa atonia e, ao contrário, de hiperexcitação, e a vida social oscila segundo o mesmo ritmo. Isso serve para evidenciar o laço que as une reciprocamente, enquanto nos povos ditos civilizados, a continuidade relativa desta e daquela ofusca, em parte, suas relações. É possível mesmo questionar se a violência desse contraste não era necessária para fazer sobressair a sensação do sagrado em sua forma original. Ao concentrar-se quase que inteiramente em momentos determinados do tempo, a vida coletiva podia atingir, com efeito, seu máximo de intensidade e de eficácia, e, por conseguinte, dar ao ser humano um sentimento mais vivo de sua dupla existência e da dupla natureza da qual participa.

A explicação ainda está, contudo, incompleta. Mostramos claramente como o clã, na forma como age sobre seus membros, desperta neles a ideia de forças exteriores que o dominam e o exaltam. Falta-nos explicar, porém, como essas forças foram pensadas por intermédio das espécies do totem, ou seja, sob a forma de um animal ou de uma planta.

Isso ocorre porque esse animal ou essa planta deu seu nome ao clã e lhe serve de emblema. Trata-se, com efeito, de uma lei conhecida: os sentimentos despertados em nós por uma coisa comunicam-se espontaneamente ao símbolo que a representa. A cor preta é, para nós, o sinal do luto; dessa maneira, sugere-nos impressões e ideias tristes. Essa transferência de sentimentos vem simplesmente do seguinte fato: a ideia da coisa e a ideia de seu símbolo estão intimamente unidas em nossos espíritos. Disso resulta que as emoções provocadas por uma estendem-se contagiosamente à outra. Mas esse contágio, que invariavelmente se produz em algum grau, é muito mais complexo e marcante todas as vezes que o símbolo é algo simples, definido, facilmente representável, enquanto a coisa é, por suas dimensões, pela quantidade de suas partes e pela complexidade de sua organização, difícil de abarcar pelo pensamento. Afinal, não poderíamos ver em uma entidade abstrata, que apenas imaginamos laboriosamente e de forma confusa, o lugar de origem dos sentimentos fortes que experimentamos. Podemos apenas explicá-los a nós mesmos remetendo-os a um objeto concreto cuja realidade sentimos intensamente. Se, portanto, a própria coisa não preenche essas condições, não pode servir de ponto nodal para as impressões sentidas, embora tenha sido ela quem as despertou. O signo então toma seu lugar. É sobre ele que se remetem as emoções provocadas. É ele que é amado, temido, respeitado. É a ele que se é grato e que se sacrifica. O soldado que morre por sua bandeira morre por sua pátria; mas, de fato, em sua consciência, é a ideia da bandeira que está em primeiro plano. Por vezes, ela pode mesmo, inclusive, determinar diretamente a ação. A pátria não estará perdida se um estandarte isolado permanecer ou não nas mãos do inimigo, e, no entanto, o soldado se faz matar para retomá-lo. Perde-se de vista que a bandeira é apenas um signo, que ele não tem valor intrínseco, mas isso apenas relembra a realidade que representa: trata-se o signo como se ele mesmo fosse essa realidade.

Pois bem, o totem é a bandeira do clã. É natural, portanto, que as impressões que o clã desperta nas consciências individuais – impressões de dependência e de acréscimo de vitalidade – atrelem-se muito mais à ideia do totem que à do clã: o clã é, afinal, uma realidade complexa demais para que inteligências assim tão rudimentares possam concebê-lo claramente em sua unidade concreta. Aliás, o primitivo sequer nota que essas impressões lhe vêm da coletividade. Ele não sabe que a aproximação de certo número de indivíduos associados em uma mesma vida tem por consequência a liberação de energias novas que transformam cada um deles. Tudo o que sente é que ele é lançado acima de si mesmo e que vive uma vida diferente da que leva normalmente. Ainda assim, é preciso que essas sensações sejam atreladas por ele a algum objeto exterior como se esse fosse sua causa. Ora, que vê ele ao seu redor? Por todos os lados, o que se apresenta aos seus sentidos, o que chama sua atenção, são as múltiplas imagens do totem. Trata-se do *waninga*, do *nurtunja*, que são igualmente símbolos do ser sagrado. Trata-se dos *bull-roarers*, dos *churinga* sobre os quais estão geralmente gravadas combinações de linhas que têm o mesmo significado. Trata-se dos ornamentos que cobrem as diferentes partes de seu corpo e que são, também, marcas totêmicas. Como essa imagem, replicada em todos os lugares e sob todas as formas, não teria nos espíritos um relevo excepcional? Assim colocada no centro da cena, torna-se representativa dele. É sobre ela que se fixam os sentimentos experimentados, pois é o único objeto concreto ao qual podem se atrelar. Ela continua a lembrá-los e a evocá-los mesmo quando se dissolve a reunião; afinal, ela lhe sobrevive, gravada nos instrumentos do culto, nas paredes das rochas, sobre os escudos etc. Por ela, as emoções sentidas são constantemente alimentadas e reavivadas. Tudo se passa, então, como se ela as inspirasse diretamente. É ainda mais natural atribuí-las a ela porque, como essas emoções são comuns ao grupo, só podem ser relacionadas a uma coisa que lhe seja igualmente comum. Ora, o emblema totêmico é o único a satisfazer essa condição. Por definição, ele é comum a todos. Durante a cerimônia, é o ponto de convergência de todos os olhares. Enquanto as gerações mudam, ele permanece idêntico a si próprio: trata-se do elemento permanente da vida social. É dele, portanto, que parecem emanar as forças misteriosas com as quais os seres humanos sentem-se em contato, e assim se explica que sejam levados a conceber essas forças sob os traços do ser, animado ou inanimado, cujo nome é ostentado pelo clã.

Isso posto, estamos em condição de compreender tudo o que há de essencial nas crenças totêmicas.

Dado que a força religiosa nada mais é que a força coletiva e anônima do clã, e dado que essa é apenas representável aos espíritos sob a forma do totem, o emblema totêmico é como o corpo visível do deus. É dele, portanto, que parecem emanar as ações, tanto as benéficas quanto as temíveis, que o culto objetiva provocar ou prevenir. Em decorrência disso, é a ele, especialmente, que os ritos são endereçados. Assim se explica que, em uma série de coisas sagradas, o emblema totêmico ocupe o primeiro lugar.

O clã, contudo, como toda espécie de sociedade, pode apenas viver nas e pelas consciências individuais que a compõem. Se, portanto, enquanto for concebida como incorporada ao emblema totêmico, a força religiosa aparece como externa aos indivíduos e como que dotada, em relação a eles, de um tipo de transcendência, por outro lado, do mesmo modo que o clã do qual é o símbolo, ela só pode se realizar neles e por eles. Nesse sentido, então, ela lhes é imanente e eles representam-na necessariamente como tal. Sentem-na presente e agindo neles, dado que é ela que os eleva a uma vida superior. Eis como o ser humano acreditou possuir em si um princípio comparável ao que reside no totem; como, em decorrência disso, ele atribui a si mesmo um caráter sagrado, embora menos marcado que aquele do emblema. Isso porque o emblema é a fonte eminente da vida religiosa: o ser humano só participa dele indiretamente e tem consciência disso. Ele percebe que a força que o transporta para o círculo das coisas sagradas não lhe é inerente, mas vem do exterior.

Por um motivo diferente, os animais ou os vegetais da espécie totêmica deviam possuir o mesmo caráter, e, inclusive, em um grau mais elevado. Afinal, se o princípio totêmico nada mais é senão o clã, o emblema figura o clã pensado sob uma forma material. Ora, essa forma é também aquela desses seres concretos cujo nome o clã ostenta. Em função dessa semelhança, eles não poderiam deixar de despertar sentimentos análogos aos que suscita o próprio emblema. Dado que esse é o objeto de um respeito religioso, eles deviam inspirar um respeito do mesmo gênero e aparecer como sagrados. Sob formas exteriores tão perfeitamente idênticas, era impossível que o fiel não situasse forças da mesma natureza. Eis por que ele é proibido de matar, de comer o animal totêmico, porque sua carne é supostamente dotada de virtudes positivas que os ritos utilizam: ele lembra o emblema do clã, ou seja, sua própria imagem. E como ele se parece mais com ela que o ser humano, encontra-se igualmente em uma posição superior na hierarquia das coisas sagradas. Sem dúvida, há entre esses dois seres um íntimo parentesco, uma vez que eles comungam da mesma essência: ambos encarnam algo do princípio totêmico. Entretanto, uma vez que o próprio princípio é concebido sob uma forma animal, o animal parece encarná-lo de forma mais eminente que o ser humano. Eis por que, se alguém o considera e o trata como um irmão, ele é, ao menos, um irmão mais velho.[707]

Ainda assim, se o princípio totêmico tem sua sede de eleição em uma espécie animal ou vegetal determinada, não podia permanecer confinado a ela. O caráter sagrado é, no mais alto grau, contagioso:[708] ele estende-se, portanto, do ser totêmico a tudo o que está perto ou longe dele. Os senti-

---

707. Vê-se que essa fraternidade é uma consequência lógica do totemismo, longe de ser seu princípio. Os seres humanos não imaginaram ter deveres em relação aos animais da espécie totêmica porque acreditavam ser seus parentes; antes, imaginaram esse parentesco para explicar a eles mesmos a natureza das crenças e dos ritos que tinham esses animais como objeto. O animal foi considerado como um congênere do ser humano porque era um ser sagrado como o ser humano; mas não foi tratado como um ser sagrado porque se via nele um congênere.

708. Ver, a seguir, Livro III, Capítulo I, § 3.

mentos religiosos que o animal inspirava comunicaram-se às substâncias das quais ele se alimenta e que servem para fazer ou refazer sua carne e seu sangue, às coisas que se lhe assemelham, aos diversos seres com os quais ele está constantemente em relação. É desse modo que, paulatinamente, atrelaram-se subtotens aos totens e que se constituíram esses sistemas cosmológicos que traduzem as classificações primitivas. Ao fim e ao cabo, todo o mundo encontra-se dividido entre os princípios totêmicos da mesma tribo.

Explica-se, assim, de onde vem a ambiguidade que as forças religiosas apresentam quando surgem na história; como são, ao mesmo tempo, físicas e humanas, morais e materiais. Trata-se de potências morais, pois são construídas inteiramente com as impressões que este ser moral que é a coletividade desperta nos outros seres morais que são os indivíduos. Elas traduzem não a maneira pela qual as coisas físicas afetam nossos sentidos, mas o modo pelo qual a consciência coletiva age sobre as consciências individuais. Sua autoridade é apenas uma forma de ascendência moral que a sociedade exerce sobre seus membros. Por um lado, contudo, porque são concebidas sob formas materiais, não podem deixar de ser vistas como parentes próximos das coisas materiais.[709] Elas dominam, portanto, dois mundos: residem nos seres humanos, mas são, ao mesmo tempo, os princípios vitais das coisas. Elas vivificam as consciências e as disciplinam; mas são também elas que fazem com que as plantas cresçam e os animais se reproduzam. É graças a essa dupla natureza que a religião pôde ser algo como a matriz na qual foram elaborados todos os principais embriões da civilização humana. Dado que ela abarcava a realidade inteira, tanto o universo físico quanto o universo moral, tanto as forças que movem os corpos como aquelas que conduzem os espíritos foram concebidas sob forma religiosa. Eis como as mais diversas técnicas e práticas, tanto aquelas que servem para garantir o funcionamento da vida moral (direito, moral, belas artes) quanto as que servem à vida material (ciências da natureza, técnicas industriais) são, direta ou indiretamente, derivadas da religião.[710]

---

709. Há, aliás, na base dessa concepção, um sentimento bem fundamentado e que persiste. A própria ciência moderna tende, cada vez mais, a admitir que a dualidade do ser humano e da natureza não exclui sua unidade; que as forças físicas e as forças morais, embora distintas, são parentes próximas. Temos, dessa unidade e desse parentesco, uma ideia diferente daquela alimentada pelo primitivo; ainda assim, sob símbolos diferentes, o fato afirmado é o mesmo de uma parte à outra.

710. Dizemos acerca dessa derivação que ela é, por vezes, indireta, em função das técnicas industriais que, na maior parte dos casos, bem parecem derivar da religião apenas pelo intermédio da magia afinal, acreditamos que as crenças mágicas são apenas uma forma particular das forças religiosas. Voltaremos várias vezes a esse ponto (Ver H. Hubert e M. Mauss, "Esquisse d'une théorie générale de la magie", *op. cit.*, p. 144 ss. [Ver, em português: H. Hubert e M. Mauss,

## IV

Atribui-se com frequência as primeiras concepções religiosas a um sentimento de fraqueza e de dependência, de medo e de angústia, que teria se apossado do ser humano quando este entrou em contato com o mundo. Vítima de uma espécie de pesadelo, do qual teria sido o próprio artesão, ele teria se visto cercado de potências hostis e terríveis, que os ritos teriam por objetivo apaziguar. Acabamos de demostrar que as primeiras religiões tiveram uma origem completamente diferente. A famosa fórmula *Primus in orbe deos fecit timor*\* não é justificada pelos fatos. O primitivo não via seus deuses como estrangeiros, como inimigos, como seres essencial e necessariamente maléficos, dos quais era obrigado a obter as graças a qualquer preço. Bem ao contrário, os deuses são para ele amigos, parentes, protetores naturais. Não são esses os nomes que dá aos seres da espécie totêmica? A potência à qual se dirige o culto, ele não a concebe como se planasse muito além dele, esmagando-o com sua superioridade. Ela está, ao contrário, muito próxima, e lhe confere poderes úteis que o primitivo não obtém de sua própria natureza. Jamais, talvez, a divindade esteve tão próxima do ser humano quanto neste momento da história, pois ela está presente nas coisas que povoam seu meio imediato e é, em parte, imanente a ele mesmo. O que está na origem do totemismo são, em definitivo, os sentimentos de alegre confiança, mais que aqueles de terror e de opressão. Se excluímos os ritos funerários – lado sombrio de toda religião – o culto totêmico celebra-se por meio de cantos, de danças, de representações dramáticas. As expiações cruéis são, nele, como veremos, relativamente raras; mesmo as mutilações obrigatórias e dolorosas da iniciação não têm esse caráter. Os deuses invejosos e terríveis surgem apenas mais tarde na evolução religiosa. Isso porque as sociedades primitivas não são espécies de Leviatã, que esmagam o ser humano com a grandiosidade de seu poder e o submetem a uma dura disciplina.[711] Ele se oferece a elas espontaneamente e sem resistência. Como a alma social é feita então apenas de um pequeno número de ideias e de sentimentos, encarna-se facilmente por inteiro em cada consciência individual. O indi-

---

"Esboço de uma teoria geral da magia", em M. Mauss, *Sociologia e Antropologia*, São Paulo, Cosac Naify, 2003, p. 174 ss., com tradução de Paulo Neves. (N.T.)].).

\*. "O medo foi o primeiro que produziu, no mundo, os deuses". Verso atribuído a Petrônio. Ver a edição de Franz Buecheler, *Petronii Saturae et Liber Priapeorum*, Berlim, Weidmannos, 4. ed., p. 114 (fragmento 27, verso 1). (N.T.)

711. Tão logo, ao menos, ele é adulto e plenamente iniciado. Afinal, os ritos da iniciação, que introduzem o jovem na vida social, constituem, por si mesmos, uma severa disciplina.

víduo a carrega integralmente em si mesmo. Ela faz parte dele e, por conseguinte, quando ele cede aos impulsos por ela inculcados, não crê ceder a uma imposição, mas ir aonde sua natureza o chama.[712]

Pois bem, essa maneira de explicar a gênese do pensamento religioso escapa às objeções levantadas contra as mais renomadas teorias clássicas. Vimos como naturistas e animistas pretendiam construir a noção de seres sagrados com as sensações suscitadas em nós por diversos fenômenos de ordem física ou biológica, e mostramos o que essa iniciativa tinha de impossível e, inclusive, de contraditório. Nada provém de nada. As impressões que o mundo físico desperta em nós não poderiam, por definição, conter alguma coisa que vá além deste mundo. Com o sensível, só se pode produzir o sensível. Com o extenso, não se pode fazer o inextenso. Do mesmo modo, para poder explicar como a noção do sagrado pôde se formar nessas condições, a maioria dos seus teóricos foram obrigados a admitir que o ser humano sobrepôs à realidade, tal como ela é passível de observação, um mundo irreal, inteiramente construído seja com imagens fantasmagóricas que agitam seu espírito durante o sonho, seja com as aberrações, frequentemente monstruosas, que a imaginação mitológica teria engendrado sob a influência prestigiosa, mas enganosa, da linguagem. Mas então tornava-se incompreensível que a humanidade tenha se obstinado, durante séculos, em erros que a experiência logo lhe teria feito perceber.

Partindo de nossa perspectiva, essas diferenças desaparecem. A religião deixa de ser não se sabe qual inexplicável alucinação, para ajustar-se à realidade. Podemos dizer que o fiel não se equivoca quando crê na existência de uma potência moral da qual depende e da qual retira o melhor de si mesmo: essa potência existe, é a sociedade. Quando o australiano é transportado acima de si mesmo, quando sente jorrar nele uma vida cuja intensidade o surpreende, não está sendo enganado por uma ilusão: essa exaltação é real, e é realmente o produto de forças exteriores e superiores ao indivíduo. Sem dúvida, ele se engana quando crê que esse incremento de vitalidade é obra de um poder cuja forma é a de um animal ou de uma planta. O erro, contudo, recai unicamente sobre a letra do símbolo mediante o qual esse ser é representado às consciências, sobre o aspecto exterior com o qual a imaginação o revestiu, e não sobre o próprio fato de sua existência. Por trás dessas figuras e dessas metáforas, ora mais grosseiras, ora mais refinadas, há uma realidade concreta e viva. A religião assume, assim,

---

712. Ver sobre essa natureza particular das sociedades primitivas, nosso É. Durkheim, *De la Division du Travail Social*, 3. ed., *op. cit.*, p. 123, 149 e 173 ss. [Ver, em português: É. Durkheim, *Da Divisão do Trabalho Social*, São Paulo, Edipro, 2016, p. 144-5, 165-6 e 183-4, com tradução de Andréa Stahel M. da Silva. (N.T.)]

um sentido e uma razão que o mais intransigente racionalista não pode ignorar. Seu objetivo principal não é dar ao homem uma representação do universo físico, pois se fosse essa sua tarefa essencial, não se compreenderia como pôde se manter, uma vez que, quanto a esse ponto, não é senão um emaranhado de erros. Mas ela é, antes de mais nada, um sistema de noções por meio das quais os indivíduos representam a si mesmos a sociedade da qual são membros, bem como as relações – obscuras, mas íntimas – que mantêm com ela. Eis aí seu papel primordial. E há mais: por ser metafórica e simbólica, essa representação não é, porém, infiel. Ela traduz, ao contrário, tudo o que há de essencial nas relações que se trata de exprimir. Afinal, é eternamente verdadeiro o fato de existir além de nós algo que nos supera em grandeza e com o qual nos comunicamos.

Eis por que podemos estar certos de antemão que as práticas do culto, a despeito de quais sejam, são algo diferente de movimentos sem sentido e de gestos desprovidos de eficácia. Pelo simples fato de terem por função aparente reforçar os laços que vinculam o fiel a seu deus, elas também reforçam realmente os laços que unem o indivíduo à sociedade da qual é membro, pois o deus nada mais é que a expressão figurada da sociedade. Concebe-se, inclusive, que a verdade fundamental que continha assim a religião pôde bastar para compensar os erros secundários que ela implicava quase necessariamente, e que, por conseguinte, os fiéis estiveram impedidos de se desprender dela, a despeito das desilusões que deviam resultar de seus erros. Sem dúvida, deve ter ocorrido na maioria dos casos que as receitas para agir sobre as coisas, cujo emprego ela recomendava ao ser humano, revelaram-se ineficazes. Mas esses fracassos não podiam ter influência profunda, pois não afetavam a religião em seus princípios.[713]

Objetar-se-á, porém, que, mesmo nessa hipótese, a religião continua sendo o produto de certo delírio. Com efeito, que outro nome se pode dar ao estado no qual se encontram as pessoas quando, em decorrência de uma efervescência coletiva, acreditam terem sido transportados a um mundo inteiramente diferente daquele que têm sob os olhos?

É bem verdade que a vida religiosa não pode atingir certo grau de intensidade sem implicar uma exaltação psicológica que não deixa de ter alguma relação com o delírio. É por essa razão que os profetas, os fundadores de religiões, os grandes santos, em suma, as pessoas cuja consciência religiosa é excepcionalmente sensível, apresentam com muita frequência sinais de um nervosismo excessivo e, inclusive, propriamente patológico: essas taras

---

713. Limitamo-nos provisoriamente a essa indicação geral; voltaremos a essa ideia e forneceremos mais explicitamente a prova disso quando tratarmos dos ritos (Livro III).

psicológicas os predestinavam aos grandes papéis religiosos. O uso ritual dos licores intoxicantes explica-se da mesma maneira.⁷¹⁴ Isso certamente não significa que a fé ardente seja necessariamente um fruto da embriaguez e dos problemas mentais que a acompanham; mas, como a experiência rapidamente alertou os povos das analogias que existiam entre a mentalidade do delirante e a do vidente, buscou-se chegar à segunda suscitando artificialmente a primeira. Se, contudo, por essa razão, pode-se dizer que a religião não é possível sem algum delírio, é necessário acrescentar que esse delírio, caso tenha as causas que atribuímos a ele, é bem fundamentado. As imagens das quais é feito não são puras ilusões como aquelas que os naturistas e animistas colocam na base da religião. Elas correspondem a algo no real. Sem dúvida, está na natureza das forças morais que as religiões exprimem não poder afetar com alguma energia o espírito humano sem colocá-lo além de si mesmo, sem mergulhá-lo em um estado que se pode qualificar de *extático*, contanto que a palavra seja tomada em seu sentido etimológico (ἔκστασις); disso não decorre, contudo, que sejam imaginárias. Muito pelo contrário, a agitação mental que suscitam atesta sua realidade. Trata-se simplesmente de uma nova prova de que uma vida social muito intensa sempre produz no organismo, como na consciência do indivíduo, uma espécie de violência que perturba seu funcionamento ordinário. Desse modo, ela pode durar apenas um tempo muito limitado.⁷¹⁵

Ademais, se chamarmos delírio todo estado no qual o espírito acrescenta aos dados imediatos da intuição sensível e projeta seus sentimentos e suas impressões nas coisas, talvez não exista representação coletiva que, em um sentido, não seja delirante: as crenças religiosas são apenas um caso particular de uma lei muito geral. O meio social, por inteiro, surge-nos como povoado de forças que, na realidade, existem somente em nosso espírito. Sabe-se o que é a bandeira para o soldado; em si mesma, nada mais é que um pedaço de pano. O sangue humano nada mais é que um líquido orgânico; ainda assim, mesmo hoje, não podemos vê-lo jorrar sem experimentar uma violenta emoção que suas propriedades físico-químicas não poderiam explicar. O ser humano nada mais é, do ponto de vista físico,

---

714. Ver, sobre essa questão, T. Achelis, *Die Ekstase in ihrer Kulturellen Bedeutung*, Berlim, Räde, 1902, em especial o capítulo I.

715. Cf. M. Mauss, "Essai sur les variations saisonnières des sociétés eskimos. Étude de morphologie sociale", *L'Année Sociologique*, IX, 1906, p. 127. [O referido texto foi escrito com a colaboração de Henri Beuchat, o que não é indicado no original. Para uma versão traduzida, ver M. Mauss, "Ensaio sobre as variações sazonais das sociedades esquimós. Estudo de morfologia social", em *Id.*, *Sociologia e Antropologia*, São Paulo, Cosac Naify, 2003, p. 501-2, com tradução de Paulo Neves. (N.T.)]

que um sistema de células, e, do ponto de vista mental, que um sistema de representações: sob uma ou outra relação, difere apenas em grau do animal. E, ainda assim, a sociedade o concebe e nos obriga a concebê-lo como se estivesse investido de um caráter *sui generis* que o isola, que rechaça os abusos temerários e que, em suma, impõe o respeito. Essa dignidade que o torna ímpar aparece-nos como um de seus atributos distintivos, ainda que seja impossível encontrar na natureza empírica do ser humano algo que a fundamente. Um selo postal carimbado pode valer uma fortuna: é evidente que esse valor não está, de modo algum, implicado em suas propriedades naturais. Sem dúvida, em um sentido, nossa representação do mundo exterior é, também, apenas um emaranhado de alucinações: afinal, os cheiros, os sabores e as cores que colocamos nos corpos não estão neles, ou, ao menos, não estão lá tal como os percebemos. Não obstante, nossas sensações olfativas, gustativas e visuais não deixam de corresponder a certos estados objetivos das coisas representadas. Elas exprimem, a seu modo, as propriedades ou de partículas materiais ou de movimentos do éter que têm sua origem nos corpos que percebemos como odoríferos, saborosos ou coloridos. Com muita frequência, contudo, as representações coletivas atribuem às coisas às quais estão ligadas propriedades que não existem nelas sob nenhuma forma e nenhum grau. Do mais vulgar objeto, elas podem fazer um ser sagrado e muito poderoso.

Ainda que puramente ideais, os poderes que lhe são assim conferidos agem como se fossem reais. Eles determinam a conduta do ser humano com a mesma necessidade que as forças físicas. O Arunta que se esfregou corretamente em seu *churinga* sente-se mais forte; ele está mais forte. Se devorou a carne de um animal que, embora estivesse perfeitamente são, lhe fosse proibido, ele se sentirá mal e poderá vir a falecer. O soldado que falece defendendo sua bandeira certamente não crê ter se sacrificado por um pedaço de tecido. Isso se dá porque o pensamento social, em função da autoridade imperativa que nele reside, tem uma eficácia que o pensamento individual não poderia ter. Pela ação que exerce sobre nossos espíritos, ela pode nos fazer ver coisas sob a perspectiva que lhe convém; ela acrescenta ou subtrai algo do real, segundo as circunstâncias. Há, assim, uma região da natureza na qual a fórmula do idealismo aplica-se quase ao pé da letra: trata-se do reino social. A ideia é, nele, muito mais que fora dele, a realidade. Por certo, mesmo nesse caso, o idealismo não é verdadeiro sem uma composição equilibrada. Não podemos jamais escapar à dualidade de nossa natureza e liberarmo-nos completamente das necessidades físicas: para exprimir a nós mesmos nossas próprias ideias, temos coisas materiais que as simbolizam. Aqui, contudo, o quinhão da matéria é reduzido ao mínimo. O objeto que serve de suporte para a ideia é muito pouca coisa, comparado à superestrutura ideal sob a qual ele desaparece e, além disso, em nada interfere nessa superestrutura. Eis em que consiste o pseudodelírio que é encontrado no fundamento de tantas representações coletivas: nada mais é que a forma desse idealismo essencial.[716] Não se trata, portanto, de um delírio propriamente dito, pois as ideias que se objetivam assim são fundamentadas, certamente não na natureza das coisas materiais sobre as quais elas se enxertam, mas na natureza da sociedade.

Pode-se agora compreender como o princípio totêmico e, de modo mais geral, como toda força religiosa é exterior às coisas nas quais ela reside.[717] Sua noção não é, de forma alguma, construída com as impressões que essa coisa produz diretamente sobre nossos sentidos e sobre nosso espírito. A força religiosa é apenas o sentimento que a coletividade inspira em seus membros, mas projetado fora das consciências que o experimentam, e objetivado. Para se objetivar, ele se fixa sobre um objeto que se torna, desse modo, sagrado; mas todo objeto pode exercer esse papel. Em princípio, não existe nenhum que, em detrimento de outros, seja predestinado por sua natureza. Tampouco existem aqueles que sejam necessariamente refratários a isso.[718] Tudo depende das circunstâncias que fazem com que o sentimento gerador das ideias religiosas coloque-se aqui ou lá, sobre esse ponto mais do que sobre aquele outro. O caráter sagrado que reveste uma coisa não está, portanto, implicado em suas propriedades intrínsecas: é acrescentado a ela. O mundo do religioso não é um aspecto particular da natureza empírica: *é superposto a ela.*

Essa concepção do religioso permite enfim explicar um importante princípio que encontramos na base de uma miríade de mitos e de ritos e

---

716. Vê-se tudo o que há de equivocado nas teorias que, como o materialismo geográfico de F. Ratzer (ver, em especial, sua *Politische Geographie, op. cit.*), almejam derivar toda a vida social de seu substrato material (seja ele econômico, seja territorial). Elas cometem um erro que pode ser perfeitamente comparado ao que cometeu H. Maudsley no campo da psicologia individual. Assim como este reduzia a vida psíquica do indivíduo a ser apenas um epifenômeno de sua base fisiológica, aquelas querem reduzir toda a vida psíquica da coletividade à sua base física. Isso implica esquecer que as ideias são realidades, forças, e que as representações coletivas são forças ainda mais atuantes e mais eficazes que as representações individuais. Ver, sobre esse ponto, nosso artigo: É. Durkheim, "Représentations individuelles et représentations collectives", *op. cit.* [Ver, em português: É. Durkheim, "Representações individuais e representações coletivas", em *Id.*, *Sociologia e Filosofia*, São Paulo, Edipro, 2015, p. 25-50, com tradução de Evelyn Tesche. (N.T.)].

717. Ver, anteriormente, p. 237 e 242.

718. Até mesmo os *excreta* [Em português: os "excrementos", aquilo que o corpo descarta. (N.T.)] possuem um caráter religioso. Ver K. T. Preuss, "Der Ursprung der Religion und Kunst", em particular o capítulo II, intitulado "Der Zauber der Defäkation" (*Globus*, LXXXVI, 1904, p. 325 ss.).

que pode se enunciar assim: quando um ser sagrado subdivide-se, ele permanece inteiramente igual a si mesmo em cada uma de suas partes. Em outros termos, aos olhos do pensamento religioso, a parte equivale ao todo, tem os mesmos poderes, a mesma eficácia. Um pedaço de uma relíquia tem as mesmas virtudes que a relíquia como um todo. A menor gota de sangue contém o mesmo princípio ativo que o sangue como um todo. A alma, como veremos, pode se fragmentar em quase tantas partes quanto há órgãos ou tecidos no organismo: cada uma dessas almas parciais equivale à alma total. Essa concepção seria inexplicável se o caráter sagrado estivesse atrelado às propriedades constitutivas da coisa que lhe serve de substrato. Afinal, ele deveria variar como essa coisa, crescer e diminuir com ela. Mas, se as virtudes que supostamente possui não lhe são intrínsecas, se são provenientes de certos sentimentos que evoca e que simboliza, embora tenham origem em seu exterior, e como ela não tem necessidade de ter dimensões determinadas para exercer esse papel evocador, então terá o mesmo valor, esteja completa ou não. Como a parte remete ao todo, ela evoca também os sentimentos que o todo evoca. Um simples fragmento da bandeira representa a pátria como a própria bandeira, sendo assim sagrado, no mesmo plano e com a mesma intensidade.[719]

## V

Se, contudo, essa teoria do totemismo permitiu-nos explicar as crenças mais características dessa religião, ela mesma repousa sobre um fato ainda não explicado. Dada a noção do totem, emblema do clã, todo o restante é uma decorrência; ainda assim, falta investigar como essa noção se constituiu. A questão é dupla, e pode ser subdividida da seguinte forma: 1º) O que determinou que o clã escolhesse um emblema para si? 2º) Por que esses emblemas foram tomados junto ao mundo animal e vegetal, mas sobretudo do primeiro?

Que um emblema seja, para todo tipo de agrupamento, um útil centro de congraçamento, eis o que é inútil demonstrar. Ao exprimir a unidade social sob uma forma material, ele a torna mais sensível a todos e, já por essa razão, o emprego dos símbolos emblemáticos deve ter se generalizado rapidamente tão logo a ideia nasceu. Além disso, contudo, essa ideia deve ter brotado espontaneamente das condições da vida em comum. Afinal, o emblema não é somente um procedimento cômodo que torna mais claro

---

[719]. Tal princípio passou da religião para a magia: trata-se do *totum ex parte* dos alquimistas [Em português: "da parte, (deduz-se) o todo". (N.T.)].

o sentimento que a sociedade tem de si mesma: ele serve para criar esse sentimento; ele é, inclusive, um de seus elementos constitutivos.

Com efeito, por si sós, as consciências individuais estão fechadas umas às outras. Elas podem apenas interagir por meio de signos nos quais vêm se traduzir seus estados interiores. Para que o comércio que se estabelece entre elas possa levar a uma comunhão, ou seja, a uma fusão de todos os sentimentos particulares em um sentimento comum, é preciso então que os signos que os manifestam venham a se fundir em uma única resultante. É o aparecimento dessa resultante que adverte os indivíduos para o fato de eles estarem em uníssono e que lhes faz tomar consciência de sua unidade moral. Ao soltar o mesmo grito, pronunciar uma mesma palavra, executar um mesmo gesto relativo ao mesmo objeto é que eles se colocam e se sentem de acordo. Sem dúvida, também as representações individuais determinam no organismo reações que não são desprezíveis: elas podem, contudo, ser concebidas, com exceção dessas repercussões físicas que as acompanham ou que as seguem, mas não as constituem. O mesmo não ocorre com as representações coletivas. Elas supõem que as consciências ajam e reajam umas sobre as outras. Elas resultam dessas ações e dessas reações que só são possíveis graças a intermediários materiais. Esses não se limitam, portanto, a revelar o estado mental ao qual estão associados; eles contribuem para sua produção. Os espíritos particulares podem apenas se encontrar e comungar com a condição de sair deles mesmos; eles só podem se exteriorizar, contudo, sob a forma de movimentos. É a homogeneidade desses movimentos que dá ao grupo o sentimento de si e que, por conseguinte, permite que ele exista. Uma vez essa homogeneidade estabelecida, uma vez que esses movimentos assumiram uma forma una e estereotipada, eles servem para simbolizar as representações correspondentes. Mas eles só as simbolizam porque contribuíram para formá-las.

Aliás, sem símbolos, os sentimentos sociais só poderiam ter uma existência precária. Muito fortes enquanto as pessoas estão associadas e se influenciam reciprocamente, eles apenas subsistem, uma vez finda a reunião, sob a forma de lembranças que, abandonadas a si mesmas, vão se tornando cada vez mais pálidas. Afinal, como o grupo, neste momento, não está mais presente e não atua mais, os temperamentos individuais retomam facilmente a predominância. As paixões violentas que puderam se desencadear no seio de uma multidão diminuem e se extinguem uma vez que ela foi dissolvida, e os indivíduos se perguntam com espanto como deixaram-se levar a tal ponto fora de seu caráter. Se, contudo, os movimentos mediante os quais esses sentimentos se exprimem veem se inscrever em coisas que duram, eles mesmos tornam-se duráveis. Essas coisas recordam seus espíritos sem cessar e os mantêm perpetuamente em alerta. Tudo se passa como se a causa inicial que as suscitou continuasse a agir. O uso do emblema, necessário por permitir que a sociedade tome consciência de si, não é, portanto, menos indispensável para assegurar a continuidade dessa consciência.

É preciso evitar, portanto, ver nesses símbolos simples artifícios, espécies de etiquetas que viriam se sobrepor a representações inteiramente acabadas para torná-las mais maleáveis: eles são parte integrante delas. Mesmo o fato de os sentimentos coletivos encontrarem-se assim atrelados a coisas que lhes são estranhas não é puramente convencional: ele nada mais faz que mostrar sob uma forma sensível um caráter real dos fatos sociais, qual seja, sua transcendência em relação às consciências individuais. Sabe-se, com efeito, que os fenômenos sociais nascem não no indivíduo, mas no grupo. A despeito do quinhão que nos cabe em sua gênese, cada um de nós o recebeu do exterior.[720] Portanto, quando os representamos como se emanassem de um objeto material, não estamos completamente equivocados sobre sua natureza. Sem dúvida, eles não provêm da coisa material à qual os remetemos; mas permanece verdadeiro que têm sua origem fora de nós. Se a força moral que dá suporte ao fiel não provém do ídolo que ele adora, do emblema que venera, não deixa de ser proveniente, contudo, de seu exterior, e ele tem essa sensação. A objetividade do símbolo apenas traduz essa exterioridade.

Desse modo, a vida social, sob todos os seus aspectos e em todos os momentos de sua história, só é possível graças a um vasto simbolismo. Os emblemas materiais, as representações figuradas, de que nos ocupamos mais especialmente no presente estudo, são uma de suas formas particulares; existem, contudo, outras. Os sentimentos coletivos podem igualmente se encarnar em pessoas ou em fórmulas: existem fórmulas que são bandeiras; existem personagens, reais ou míticos, que são símbolos. Há, contudo, uma espécie de emblema que deve ter aparecido muito rápido, fora de todo cálculo e de toda reflexão: trata-se daquele que, como vimos, exerce no totemismo um papel considerável: trata-se da tatuagem. Com efeito, fatos conhecidos demostram que se produz uma espécie de automatismo em certas condições. Quando pessoas de cultura inferior encontram-se associadas em uma vida comum, elas são levadas, como por uma tendência instintiva, a se pintar e a gravar em seus corpos imagens que remetem a essa comunidade de existência. Segundo um texto de Procópio, os primeiros cristais faziam com que se imprimisse sobre a pele o nome do Cristo ou o signo da

---

720. Ver, sobre esse ponto, É. Durkheim, *Les Règles de la Méthode Sociologique*, op. cit., p. 5 ss. [Ver, em português: É. Durkheim, *As Regras do Método Sociológico*, São Paulo, Edipro, 2012, p. 31 ss., com tradução de Walter Solon. (N.T.)]

cruz.[721] Durante muito tempo, os grupos de peregrinos que iam à Palestina faziam-se igualmente tatuar, sobre os braços ou sobre os punhos, desenhos que representavam a cruz ou o monograma do Cristo.[722] Aponta-se para o mesmo costume nas peregrinações feitas em certos lugares santos da Itália.[723] Um curioso caso de tatuagem espontânea é relatado por Lombroso: vinte jovens de um colégio italiano, a ponto de se separarem, fizeram-se decorar com tatuagens que, de diversas maneiras, lembravam os anos que haviam passado juntos.[724] A mesma prática foi frequentemente observada entre os soldados de uma mesma caserna, entre os marinheiros de uma mesma embarcação, entre os prisioneiros enclausurados em uma mesma casa de detenção.[725] Compreende-se que, com efeito, nos locais em que a técnica é ainda rudimentar, a tatuagem seja o meio mais direto e mais expressivo mediante o qual a comunhão das consciências pode se afirmar. A melhor maneira de provar a si mesmo e de provar aos outros que se faz parte de um mesmo grupo é imprimir no corpo uma mesma marca distintiva. E o que prova que essa é a razão de ser da imagem totêmica, como já mostramos, é que ela não procura reproduzir o aspecto da coisa que supostamente representa. Ela é feita de linhas e de pontos aos quais é atribuída uma significação totalmente convencional.[726] Sua finalidade não é figurar e lembrar um objeto determinado, mas atestar que certo número de indivíduos participa de uma mesma vida moral.

Em relação às demais sociedades, aliás, o clã é menos autônomo quanto ao emblema e ao símbolo, pois poucas carecem tanto de consistência. O clã não pode se definir por seu chefe, pois, se não há uma completa ausência de toda autoridade central, ela é, ao menos, incerta e instável.[727] Ele não pode tampouco se definir pelo território que ocupa, uma vez que a população, sendo nômade,[728] não está intimamente atrelada a uma determinada localida-

---

721. Procópio de Gaza, *Commentarii in Isaiam*, § 496.
722. Ver J. de Thévenot, *Voyages tant en Europe qu'en Asie et Afrique. Divisez en Trois Parties, qui Comprennent Cinq Volumes. Première Partie qui Comprend le Voyage de Levant*, Paris, Angot, 1689, p. 638. Tal fato foi ainda observado em 1862; cf. E. Berchon, "Histoire médicale du tatouage", *Archives de Medicine Navale*, XI, 1869, p. 377, n. 2.
723. A. Lacassagne, *Les Tatouages*, Paris, Baillère, 1881, p. 10.
724. C. Lombroso, *L'Homme Criminel*, Paris, F. Alcan, 1887, I, p. 292.
725. *Ibid.*, I, p. 268, 285 e 291-2; A. Lacassagne, *Les Tatouages*, op. cit., p. 97.
726. Ver, anteriormente, p. 164-5.
727. Ver, sobre a autoridade dos chefes, B. Spencer e F. J. Gillen, *Nat. Tr.*, op. cit., p. 10; e, dos mesmos autores, *North. Tr.*, op. cit., p. 25; bem como A. W. Howitt, *Nat. Tr.*, op. cit., p. 295 ss.
728. Ao menos na Austrália. Na América, na grande maioria dos casos, a população é sedentária; o clã americano representa, contudo, uma forma de organização relativamente avançada.

de. Além disso, em virtude da lei da exogamia, o marido e a esposa provêm obrigatoriamente de totens diferentes; ou seja, nos locais em que o totem se transmite em linha materna – e esse sistema de filiação permanece ainda hoje o mais difundido –[729] as crianças pertencem a um clã diferente daquele de seu pai, embora vivam junto a este. Por todas essas razões, encontra-se no interior de uma mesma família e, ainda mais, no interior de uma mesma localidade, representantes de todo tipo de clãs diferentes. A unidade do grupo é, portanto, apenas perceptível graças ao nome coletivo que todos os seus membros ostentam e ao emblema, igualmente coletivo, que reproduz a coisa designada por esse nome. Um clã é essencialmente uma reunião de indivíduos que ostentam um mesmo nome e que se agrupam em torno de um mesmo signo. Retirais o nome e o signo que o materializa e o clã sequer é representável. Posto que ele só era possível nessa condição, explica-se assim tanto a instituição do emblema quanto o lugar assumido por esse emblema na vida do grupo.

Falta ainda buscar o motivo que levou esses nomes e esses emblemas a serem tomados de empréstimo, de uma maneira quase exclusiva, junto ao reino animal e ao reino vegetal, mas sobretudo junto ao primeiro.

Parece-nos verossímil que o emblema exerceu um papel mais importante que o nome. Em todo caso, o signo escrito ocupa ainda hoje na vida do clã um lugar mais central que o signo falado. Ora, a matéria da imagem emblemática apenas podia ser requisitada a uma coisa suscetível de ser figurada por um desenho. Por outro lado, era preciso que essas coisas fossem daquelas com as quais as pessoas do clã estavam o mais imediatamente e o mais habitualmente relacionadas. Os animais preenchiam no mais alto grau essa condição. Para esses povoados de caçadores e de pescadores, o animal constituía, com efeito, o elemento essencial do meio econômico. Nessa perspectiva, as plantas viriam apenas depois, pois, enquanto não são cultivadas, apenas podem ocupar um lugar secundário na alimentação. Aliás, o animal está mais intimamente associado à vida humana que a planta, quando não por causa do parentesco de natureza que une entre si esses dois seres. Ao contrário, o sol, a lua e os astros estavam demasiadamente distantes;

---

729. Basta, para ter certeza disso, observar o mapa confeccionado por N. W. Thomas em *Kinship Organization and Group Marriage in Australia*, op. cit., p. 40. Para apreciar como se deve esse mapa, é preciso levar em conta o fato de o autor ter estendido, sem que saibamos o porquê, o sistema de filiação totêmico em linha paternal até a costa ocidental da Austrália, embora não tenhamos, por assim dizer, informações sobre as tribos dessa região, que é, aliás, em grande parte, desértica.

eles davam a impressão de ser provenientes de um outro mundo.[730] Além disso, enquanto as constelações não eram distinguidas e classificadas, o firmamento não oferecia uma diversidade suficiente de coisas tão claramente diferenciadas para poder se prestar à designação de todos os clãs e de todos os subclãs de uma tribo. Ao contrário, a variedade da flora e, em particular, da fauna era quase inesgotável. Por essas razões, os corpos celestes, a despeito de seu esplendor, da viva impressão que causam nos sentidos, eram inadequados ao papel de totens, ao qual, em contrapartida, animais e vegetais eram perfeitamente qualificados.

Uma observação de Strehlow permite ainda precisar o modo pelo qual esses emblemas foram provavelmente escolhidos. Strehlow diz ter observado que os centros totêmicos são, na maioria das vezes, situados na proximidade de uma montanha, de uma fonte, de um desfiladeiro no qual os animais que servem de totem ao grupo encontram-se em abundância, e cita um número considerável de exemplos desse fato.[731] Ora, esses centros totêmicos são, certamente, locais consagrados nos quais o clã realizava suas assembleias. Ao que parece, portanto, cada grupo tomou por insígnia o animal ou o vegetal mais difundido nos arredores do local em que tinha o hábito de se reunir.[732]

## VI

Essa teoria do totemismo nos fornecerá a chave de um traço curioso da mentalidade humana, o qual, se era mais marcado outrora do que hoje, nem por isso desapareceu, e que, em todo caso, exerceu um papel considerável na história do pensamento. Esta será uma nova ocasião para constatar que a evolução lógica é intimamente solidária da evolução religiosa, dependendo, como esta, de condições sociais.[733]

---

730. Os astros são frequentemente considerados, mesmo pelos australianos, como o país das almas ou dos personagens míticos, tal como o estabeleceremos no capítulo seguinte: ou seja, são considerados como se constituíssem um mundo muito diferente daquele habitado pelos vivos.

731. C. Strehlow, *Die Aranda – und Loritja – Stämme in Zentral-Australien, op. cit.*, I, 1907, p. 4. Cf., no mesmo sentido, L. Schulze, "The Aborigines of the upper and Middle Finke River", *loc. cit.*, p. 243.

732. Por certo, como já tivemos a oportunidade de mostrar (ver, anteriormente, p. 199), essa escolha não se fez sem um entendimento mais ou menos acordado entre os diferentes grupos, pois cada um deles teve de adotar um emblema diferente daqueles utilizados por seus vizinhos.

733. O estado mental estudado nesse parágrafo é idêntico ao que L. Lévy-Bruhl denomina lei de participação (*Les Fonctions Mentales dans les Sociétés Inférieures*, Paris, F. Alcan, 1910, col. Travaux de l'Année Sociologique, p. 76 ss.). As páginas que se seguem já estavam escritas

## CAPÍTULO VII – ORIGEM DESSAS CRENÇAS (fim)

Se há uma verdade que hoje surge diante de nós como plenamente evidente é que seres que diferem, não apenas em função de sua aparência exterior, mas por suas propriedades mais essenciais – tal como os minerais, as plantas, os animais e os seres humanos – não poderiam ser considerados equivalentes e diretamente substituíveis entre si. Uma antiga prática, que a cultura científica enraizou ainda mais fortemente em nossos espíritos, ensinou-nos a estabelecer entre os reinos da natureza barreiras cuja existência não é negada pelo próprio transformismo. Afinal, se esse admite que a vida pôde nascer da matéria inerte e o ser humano, do animal, não ignora que os seres vivos, uma vez constituídos, diferem dos minerais, tal como o ser humano é algo diferente de um animal. No interior de cada reino, as mesmas barreiras separam as diferentes classes: não concebemos como um mineral poderia ter as características distintas de um outro mineral, ou uma espécie animal, as de uma outra espécie. Essas distinções que nos parecem tão naturais, contudo, nada têm de primitivo. De início, todos os reinos são confundidos entre si. As rochas têm um sexo, têm o poder de gerar a vida; o sol, a lua e as estrelas são masculinas ou femininas, experimentam e exprimem sentimentos humanos, enquanto os seres humanos, ao contrário, são concebidos como animais ou plantas. Tal estado de indistinção encontra-se na base de todas as mitologias. Disso provém o caráter ambíguo dos seres que os mitos colocam em cena; não se pode classificá-los em algum gênero definido, pois participam ao mesmo tempo dos gêneros mais opostos. Admite-se também, sem problema, que eles podem se transformar uns nos outros; e é por meio das transformações desse gênero que os seres humanos, durante muito tempo, pensaram poder explicar a origem das coisas.

Que o instinto antropomórfico que os animistas atribuíram ao primitivo não possa explicar essa mentalidade, é o que demonstra a natureza das confusões que a caracterizam. Elas provêm, com efeito, não de o ser humano ter estendido desmedidamente o reino humano a ponto de nele introduzir todos os demais, mas do fato de ter combinado os mais díspares. Ele não concebeu o mundo à sua imagem mais do que se concebeu à imagem do mundo: procedeu, ao mesmo tempo, das duas maneiras. Na ideia que tinha das coisas, introduziu, sem dúvida, elementos humanos; mas, na ideia que tinha de si mesmo, introduziu elementos que lhe vinham das coisas.

Ainda assim, não havia nada na experiência que pudesse lhe sugerir essas aproximações e essas combinações. Do ponto de vista da observa-

---

quando a referida obra apareceu; nós as publicamos em seu formato original, sem mudar nada; limitamo-nos a acrescentar algumas explicações nas quais apontamos como divergimos de L. Lévy-Bruhl na apreciação dos fatos.

ção sensível, tudo é diverso e descontínuo. Em nenhum lugar, na realidade, vemos os seres combinarem sua natureza e metamorfosearem-se uns nos outros. É necessário, portanto, que uma causa excepcionalmente poderosa tenha intervindo, algo que tenha transfigurado o real de modo a fazê-lo aparecer sob um aspecto que não é o seu.

A religião foi o agente dessa transformação: foram as crenças religiosas que substituíram o mundo, tal como os sentidos o percebem, por um mundo diferente. Eis o que mostra o caso do totemismo. O que há de fundamental nessa religião é que os membros do clã e os seres diversos cuja forma é reproduzida pelo emblema totêmico são vistos como se fossem feitos da mesma essência. Ora, tão logo essa crença foi admitida, estava erguida a ponte entre os diferentes reinos. O ser humano era representado como um tipo de animal ou de planta; as plantas e os animais, como parentes do ser humano, ou ainda, todos os seres foram concebidos como se participassem de uma mesma natureza. Desse modo, essa notável aptidão em confundir o que nos parece tão manifestamente distinto provém do fato de que as primeiras forças com as quais a inteligência humana povoou o universo foram elaboradas pela religião. Posto que foram feitas de elementos tomados de empréstimo junto aos diferentes reinos, fez-se disso o princípio comum das mais heterogêneas coisas, que se encontraram assim dotadas de uma única e mesma essência.

Por outro lado, contudo, sabemos que essas concepções religiosas são o produto de causas sociais determinadas. Uma vez que o clã não pode existir sem um nome e sem um emblema, uma vez que esse emblema está sempre presente aos olhares dos indivíduos, é sobre ele e sobre os objetos dos quais é a imagem que recaem os sentimentos que a sociedade desperta em seus membros. As pessoas foram assim obrigadas a representar a força coletiva cuja ação sentiam mediante as espécies da coisa que servia de bandeira ao grupo. Na noção dessa força encontravam-se confundidos, então, os mais diferentes reinos: em um sentido, ela era essencialmente humana, uma vez que feita de ideias e de sentimentos; ao mesmo tempo, contudo, não podia deixar de parecer intimamente aparentada ao ser animado ou inanimado que lhe emprestava suas formas exteriores. A causa cuja ação percebemos aqui não é, aliás, restrita ao totemismo: não há sociedade em que não atue. De maneira geral, um sentimento coletivo só pode tomar consciência de si ao se fixar em um objeto material;[734] por isso mesmo, contudo, ele participa da natureza desse objeto, e vice-versa. São, portanto, necessidades sociais que fundiram juntas noções que, à primeira vista, pa-

---

734. Ver, anteriormente, p. 267-8.

reciam distintas, e a vida social facilitou essa fusão pela grande efervescência mental que determina.[735] Trata-se de uma nova prova de que o entendimento lógico é função da sociedade, pois assume as formas e as atitudes que esta lhe imprime.

Tal lógica, é verdade, desconcerta-nos. Deve-se, porém, evitar sua depreciação: por mais grosseira que possa parecer, ela constituiu, para a evolução intelectual da humanidade, uma contribuição da mais alta importância. É por intermédio dela, com efeito, que foi possível uma primeira explicação do mundo. Sem dúvida, os hábitos mentais que implica impediam o ser humano de ver a realidade tal como seus sentidos a mostram; mas, dessa maneira, ela possui o grande inconveniente de ser refratária a toda explicação. Explicar, afinal, é atrelar as coisas umas às outras, é estabelecer entre elas relações que as façam aparecer como funções umas das outras, vibrando simpaticamente na esteira de uma lei interior, fundada em sua natureza. Ora, a sensação, que apenas vê aquilo que vem de fora, não poderia permitir que descobríssemos essas relações e esses vínculos internos. Apenas o espírito pode criar a noção disso tudo. Quando aprendo que A precede regularmente B, meu conhecimento foi enriquecido com um novo saber; minha inteligência não é, de forma alguma, satisfeita por uma constatação que não carrega em si mesma sua razão. Eu começo a *compreender* apenas se me for possível conceber B por um viés que o mostre a mim como se ele não fosse estrangeiro em relação a A, como se estivesse unido a A por alguma relação de parentesco. O grande préstimo que as religiões concederam ao pensamento é ter construído uma primeira representação do que poderiam ser essas relações de parentesco entre as coisas. Nas condições com as quais foi realizada, tal iniciativa poderia apenas gerar resultados precários. Ainda assim, antes de mais nada, alguma vez ela produziu resultados definitivos? Também não é necessário retomá-la continuamente? Além disso, mais importava ousar que conseguir. O essencial era não deixar o espírito subjugado às aparências sensíveis, mas, ao contrário, ensiná-lo a dominá-las e a aproximar o que os sentidos separam. Afinal, a partir do momento em que o ser humano teve o sentimento de que existem conexões internas entre as coisas, a ciência e a filosofia tornavam-se possíveis. A religião lhes abriu o

---

735. Outra causa contribuiu, em grande medida, para essa confusão: trata-se do caráter extremamente contagioso das forças religiosas. Elas invadem todo objeto ao seu alcance, a despeito de qual seja ele. É assim que uma mesma força religiosa pode animar as mais diferentes coisas, as quais, justamente por isso, encontram-se estreitamente aproximadas e classificadas em um mesmo gênero. Voltaremos mais tarde a esse caráter contagioso, ao mesmo tempo em que mostraremos que ele se deve às origens sociais da noção de sagrado (Ver o Livro III, Capítulo I, *in fine*.).

caminho. Mas se ela pôde exercer esse papel, é porque é coisa social. Para impor a lei às impressões dos sentidos e substituí-los por uma maneira nova de se representar o real, era preciso que um pensamento de um gênero novo se constituísse: trata-se do pensamento coletivo. Se apenas este podia ter tal eficácia, é porque, para criar todo um mundo de ideais por meio do qual o mundo das realidades sentidas apareceu transfigurado, era preciso uma superexcitação das forças intelectuais que somente é possível na sociedade e pela sociedade.

É, portanto, equivocado pensar que essa mentalidade não tem relações com a nossa. Nossa lógica nasceu dessa lógica. As explicações da ciência contemporânea são seguramente mais objetivas, pois são mais metódicas e são baseadas em observações controladas com mais severidade, mas não diferem quanto à natureza daquelas que satisfazem o pensamento primitivo. Hoje, como outrora, explicar é mostrar como uma coisa participa de uma ou de várias outras. Foi dito que as participações cuja existência as mitologias postulam violentam o princípio de contradição, e que, em decorrência disso, opõem-se àquelas que as explicações científicas implicam.[736] Estabelecer que um ser humano é um canguru ou que o sol é um pássaro não é identificar o mesmo e o outro? Ainda assim, não pensamos de forma diferente quando afirmamos que o calor é um movimento, que a luz é uma vibração no éter* etc. Todas as vezes em que unimos por um vínculo interno termos heterogêneos, necessariamente identificamos contrários. Sem dúvida, os termos que unimos desse modo não são os que o australiano aproxima: nós os escolhemos segundo outros critérios e por outras razões. O próprio procedimento a partir do qual o espírito os coloca em relações, no entanto, não difere essencialmente.

É verdade que, se o pensamento primitivo tivesse pela contradição a espécie de indiferença geral e sistemática que se lhe atribuiu,[737] ele contrastaria de maneira acentuada, em relação a esse ponto, com o pensamento moderno, sempre preocupado em permanecer de acordo consigo mesmo. Não acreditamos que seja possível, porém, caracterizar a mentalidade das sociedades inferiores por uma espécie de inclinação unilateral e exclusiva para a indistinção. Se o primitivo confunde coisas que distinguimos, por

---

736. L. Lévy-Bruhl, *Les Fonctions Mentales dans les Sociétés Inférieures*, op. cit., p. 77 ss.

*. Com efeito, para a física contemporânea de Durkheim, a luz ainda era considerada uma onda que se propagava em um meio particular, o éter (cuja existência, jamais comprovada, era presumida). Albert Einstein estava, nesses mesmos anos, colocando isso em questão. Ver, a esse respeito, Albert Einstein, *A Teoria da Relatividade Especial e Geral*, São Paulo, Contraponto, 2005, com tradução de Carlos Almeida Pereira. (N.T.)

737. L. Lévy-Bruhl, *Les Fonctions Mentales dans les Sociétés Inférieures*, op. cit., p. 79.

outro lado, distingue outras que aproximamos e, inclusive, concebe essas distinções sob a forma de oposições violentas e evidentes. Entre dois seres que são classificados em duas fratrias diferentes, não há somente separação, mas antagonismo.[738] Por tal razão, o mesmo australiano que confunde o sol e a cacatua branca, opõe esta à cacatua negra, como se fosse seu contrário. Ambos lhe parecem remeter a dois gêneros separados, entre os quais nada existe de comum. Uma oposição ainda mais marcada é a que existe entre coisas sagradas e coisas profanas. Elas se afastam e se contradizem com uma tal força que o espírito se recusa a pensá-las ao mesmo tempo. Elas se expulsam mutuamente da consciência.

Desse modo, não há um abismo entre a lógica do pensamento religioso e a lógica do pensamento científico. Ambos são feitos dos mesmos elementos essenciais, mas desenvolvidos de formas desiguais e diferentes. O que parece caracterizar o primeiro é, sobretudo, o gosto natural tanto pelas confusões imoderadas quanto pelos contrastes violentos. Ele é voluntariamente excessivo nos dois sentidos. Quando aproxima, confunde; quando distingue, opõe. Ele não conhece a medida e as nuanças, buscando os extremos. Ele emprega, por conseguinte, os mecanismos lógicos de forma um tanto desengonçada, sem, contudo, ignorar nenhum deles.

---

738. Ver, anteriormente, p. 188-9.

CAPÍTULO VIII

# A noção de alma

Estudamos, nos capítulos anteriores, os princípios fundamentais da religião totêmica. Pode-se constatar que toda ideia de alma, de espírito e de personalidade mítica está ausente dela. Não obstante, se a noção de seres espirituais não está na base do totemismo, nem, por conseguinte, do pensamento religioso em geral, não há religião em que essa noção não se encontre. É importante, assim, buscar compreender como ela se constituiu. Para garantir que ela é o produto de uma formação secundária, devemos estabelecer de que maneira derivou das concepções mais essenciais que anteriormente expusemos e explicamos.

Entre os seres espirituais, há de início um que deve reter nossa atenção, pois é o protótipo segundo o qual os outros foram construídos: trata-se da alma.

## I

Assim como não há sociedade conhecida sem religião, não existe nenhuma, por mais rudimentar que seja sua organização, em que não se encontre todo um sistema de representações coletivas que remetem à alma, à sua origem e ao seu destino. Tanto quanto se pode julgar a partir dos dados da etnografia, a ideia de alma parece ter sido contemporânea da humanidade, e parece bem ter tido, desde o início, todas as suas características essenciais, a ponto de a obra das religiões mais avançadas e da filosofia terem se limitado a depurá-la, sem acrescentarem-lhe nada de realmente fundamental. Com efeito, todas as sociedades australianas admitem que cada corpo humano abriga um ser interior, princípio da vida que o anima: trata-se da alma. Por vezes ocorre, é verdade, que as mulheres sejam exceção à regra geral: existem tribos em que são concebidas como totalmente desprovidas de alma.[739] Se acreditarmos em Dawson, o mesmo ocorre com as crianças pequenas nas tribos que observou.[740] Esses casos são, contudo, excepcionais, tardios ao que tudo indica;[741] o derradeiro caso parece, inclusive, suspeito, e pode muito bem remeter a uma interpretação errônea dos fatos.[742]

É difícil determinar a ideia que o australiano tem da alma, uma vez que ela é obscura e vaga, o que não é surpreendente. Caso perguntássemos a nossos contemporâneos, àqueles que creem mais firmemente na ideia da alma, de qual maneira a concebem, as respostas obtidas não teriam muito mais coerência e precisão. Trata-se, pois, de uma noção muito complexa, para a qual concorre uma miríade de impressões mal analisadas, cuja elaboração se deu ao longo dos séculos, sem que as pessoas tivessem a esse respeito uma consciência clara. Eis aqui, contudo, os elementos mais essenciais, aliás frequentemente contraditórios, por meio dos quais ela se define.

Em certo número de casos, afirma-se que a alma possui o aspecto exterior do corpo.[743] Por vezes, porém, ela é também representada como tendo o tamanho de um grão de areia: suas dimensões seriam tão reduzidas que poderia atravessar os menores orifícios e fissuras.[744] Veremos que ela é, ao mesmo tempo, concebida por meio de espécies animais. Isso significa que

---

739. É o caso dos Gnanji; ver B. Spencer e F. J. Gillen, *North. Tr.*, *op. cit.*, p. 170 e 546. Cf. um caso similar em R. Brough Smyth, *The Aborigines of Victoria*, *op. cit.*, II, p. 269.
740. J. Dawson, *Australian Aborigines*, *op. cit.*, p. 51.
741. Entre os Gnanji, certamente houve um tempo em que as mulheres possuíam uma alma, pois existe ainda hoje um grande número de almas de mulheres. Ocorre apenas que elas jamais se reencarnavam. Como, nesse povo, a alma que anima um recém-nascido é uma alma antiga que se reencarna, decorre, do fato das almas das mulheres não se reencarnarem, que as mulheres não podem ter alma. Aliás, pode-se explicar a origem dessa ausência de reencarnação. Entre os Gnanji, a filiação, após ter sido uterina, faz-se hoje em linha paterna: a mãe não transmite seu totem à criança. A mulher, assim, jamais tem descendentes que a perpetuam. Ela é *finis familiæ suæ* [Em português: "o término de sua família". (N.T.)]. Para explicar essa situação, havia duas hipóteses possíveis: ou as mulheres não têm alma, ou as almas das mulheres são destruídas após a morte. Os Gnanji adotaram a primeira das duas explicações. Certos povos de Queensland preferiram a segunda (Ver W. E. Roth, "Superstition, Magic and Medicine", *op. cit.*, § 68.).
742. "As crianças abaixo de quatro ou cinco anos não possuem nem alma, nem vida futura", diz J. Dawson. Mas o fato que Dawson traduz assim é simplesmente a ausência de ritos funerários para as crianças pequenas. Veremos mais tarde seu verdadeiro significado.
743. *Ibid.*; K. L. Parker, *The Euahlayi Tribe*, *op. cit.*, p. 35; E. Eylmann, *Die Eingeborenen der Kolonie Südaustralien*, *op. cit.*, p. 188.
744. B. Spencer e F. J. Gillen, *North. Tr.*, *op. cit.*, p. 542; C. W. Schürmann, "The Aboriginal Tribes of Port Lincoln", *op. cit.*, p. 235.

sua forma é essencialmente inconsistente e indeterminada;[745] ela se modifica de um instante ao outro, ao sabor das circunstâncias, em função das exigências do mito e do rito. A substância que a constitui não é menos indefinível. Ela não deixa de ter uma matéria, pois possui uma forma, por mais vaga que seja. E, com efeito, mesmo durante essa vida, a alma possui necessidades físicas: ela devora e, em contrapartida, pode ser devorada. Ela pode eventualmente deixar o corpo e, ao longo de suas viagens, alimentar-se de almas estrangeiras.[746] Uma vez liberta por completo do organismo, supostamente tem uma existência análoga à que vivia sobre esta terra: a alma bebe, come, caça etc.[747] Ao esvoaçar nos ramos das árvores, produz barulhos e estalos que podem ser percebidos até mesmo por ouvidos profanos.[748] Ao mesmo tempo, contudo, considera-se que é invisível ao vulgo.[749] Os magos, é verdade, ou os velhos têm a faculdade de ver as almas; mas é apenas em função de poderes especiais, devidos seja à idade, seja a uma cultura especial, que eles percebem coisas que escapam a nossos sentidos. Quanto aos indivíduos comuns, segundo Dawson, eles apenas gozariam do mesmo privilégio em um único momento de sua existência: quando estão à beira de uma morte prematura. Assim, essa visão quase miraculosa é considerada como um sinistro presságio. Ora, a invisibilidade é geralmente vista como um dos signos da espiritualidade. A alma é, portanto, em certa medida, concebida como imaterial, pois não afeta os sentidos do mesmo modo que os corpos: ela não tem osso, dizem as tribos do rio Tully.[750] Para conciliar todas essas características opostas, ela é concebida como se fosse feita de

---

745. É a expressão empregada por J. Dawson, *Australian Aborigines, op. cit.*, p. 50.

746. C. Strehlow, *Die Aranda – und Loritja – Stämme in Zentral-Australien, op. cit.*, I, 1907, p. 15, n. 1; L. Schulze, "The Aborigines of the Upper and Middle Finke River", *loc. cit.*, p. 246. Eis aí o tema do mito do vampiro.

747. C. Strehlow, *Die Aranda – und Loritja – Stämme in Zentral-Australien, op. cit.*, I, 1907, p. 15, n. 1; L. Schulze, "The Aborigines of the Upper and Middle Finke River", *loc. cit.*, p. 244; J. Dawson, *Australian Aborigines, op. cit.*, p. 51. É verdade que, por vezes, afirma-se acerca das almas que elas nada têm de corpóreo: de acordo com certos testemunhos recolhidos por E. Eylmann (*Die Eingeborenen der Kolonie Südaustralien, op. cit.*, p. 188.), elas seriam *ohne Fleisch und Blut* [Em português: "sem carne e sangue". (N.T.)]. Essas negativas radicais nos deixam, contudo, céticos. O fato de não se fazer oferenda às almas dos mortos não implica, de forma alguma, como crê W. E. Roth ("Superstition, Magic and Medicine", *op. cit.*, § 65.), que elas não se alimentem.

748. W. E. Roth, *op. cit.*, § 65; B. Spencer e F. J. Gillen, *North. Tr., op. cit.*, p. 530. Por vezes também ocorre que uma alma libere cheiros (W. E. Roth, *op. cit.*, § 68).

749. W. E. Roth, *op. cit.*, § 67; J. Dawson, *Australian Aborigines, op. cit.*, p. 51.

750. W. E. Roth, *op. cit.*, § 65.

uma matéria infinitamente rara e sutil, como algo de etéreo,[751] comparável à sombra ou à respiração.[752]
Ela é distinta e independente do corpo, pois, já nesta vida, pode deixá-lo momentaneamente. Ela o deixa durante o sono, durante o desmaio etc.,[753] podendo, inclusive, ausentar-se por algum tempo, sem levar à morte. Ainda assim, durante essas ausências, a vida é enfraquecida e pode mesmo findar se a alma não voltar à sua morada.[754] É sobretudo na morte, contudo, que essa distinção e essa independência se mostram com a maior clareza. Quando o corpo não mais existe, não restando dele nenhum traço visível, a alma continua a viver, em um mundo à parte, uma existência autônoma.

Por mais real que seja essa dualidade, contudo, ela nada tem de absoluto. Seria um equívoco conceber o corpo como uma espécie de *habitat* no qual a alma reside, mas com o qual tem apenas relações exteriores. Muito pelo contrário, está unida a ele mediante os mais estreitos laços: só pode ser separada dele, inclusive, de maneira difícil e imperfeita. Já vimos que ela tem, ou, ao menos, pode assumir, sua forma exterior. Por conseguinte, tudo o que afeta um, afeta o outro: todo ferimento do corpo propaga-se à alma.[755] Ela está tão intimamente associada à vida do organismo que cresce com ele e padece com ele. Eis por que a pessoa que chegou a uma certa idade usufrui de privilégios que são recusados aos jovens: o princípio religioso que nele reside adquiriu mais força e eficácia à medida que atravessava a vida. Quando chega à senilidade propriamente dita, contudo, quando o ancião torna-se incapaz de exercer um papel útil nas grandes cerimônias religiosas em que os interesses vitais da tribo estão em jogo, não mais lhe prestam honrarias. Considera-se que a debilidade do corpo foi transmitida à alma. Não tendo os mesmos poderes, o sujeito não tem mais direito ao mesmo prestígio.[756]

Não há somente uma estreita solidariedade entre a alma e o corpo, mas confusão parcial. Assim como há algo do corpo na alma, uma vez que

---

751. C. W. Schürmann, "The Aboriginal Tribes of Port Lincoln", *op. cit.*, p. 235.
752. K. L. Parker, *The Euahlayi Tribe*, *op. cit.*, p. 29 e 35; W. E. Roth, "Superstition, Magic and Medicine", *op. cit.*, §§ 65 e 67-8.
753. W. E. Roth, "Superstition, Magic and Medicine", *op. cit.*, § 65; C. Strehlow, *Die Aranda – und Loritja – Stämme in Zentral-Australien*, *op. cit.*, I, 1907, p. 15.
754. C. Strehlow, *Die Aranda – und Loritja – Stämme in Zentral-Australien*, *op. cit.*, I, 1907, p. 14, n. 1.
755. J. G. Frazer, "On certain Burial Customs, as illustrative of the Primitive Theory of the Soul", *J.A.I.*, XV, 1886, p. 66.
756. É o caso dos Kaitish e dos Unmatjera. Ver B. Spencer e F. J. Gillen, *North. Tr.*, *op. cit.*, p. 506 e 512.

esta eventualmente reproduz a forma daquele, há algo da alma no corpo. Considera-se que certas regiões e certos produtos do organismo têm com ela uma afinidade particularmente especial: é o caso do coração, da respiração, da placenta,[757] do sangue,[758] da sombra,[759] do fígado, da gordura do fígado, dos rins[760] etc. Esses diversos substratos materiais não são, para a alma, simples *habitats*; eles são a própria alma, vista do exterior. Quando o sangue jorra, a alma escapa com ele. A alma não está na respiração, ela é a respiração. Ela é uma única coisa com a parte do corpo em que reside. Disso decorre a concepção segundo a qual o ser humano tem uma pluralidade de almas. Dispersa ao longo do organismo, a alma foi diferenciada e fragmentada. Cada órgão possui, como que individualizada, a porção da alma que contém e que se tornou assim uma entidade distinta. Aquela que reside no coração não poderia ser idêntica à da respiração, ou à da sombra, ou à da placenta. Embora todas sejam aparentadas, reclamam para que sejam distinguidas e ostentam, inclusive, nomes diferentes.[761]

Aliás, se a alma está mais particularmente localizada em certos pontos do organismo, isso não quer dizer que está ausente dos outros. Em graus diversos, ela está difusa em todo o corpo. É o que bem mostram os ritos funerários. Uma vez findo o último suspiro, quando se considera que a alma deixou o corpo, parece que ela deveria de imediato usufruir da liberdade assim reconquistada para se mover à vontade e retornar o mais rapidamente possível à sua verdadeira pátria, que é alhures. Ainda assim, ela permanece junto ao cadáver: o vínculo que o atrela a ela mantém-se, ele não é quebrado. É necessário todo um conjunto de ritos especiais para convencê-la a afastar-se definitivamente. Por meio de gestos e de movimentos significati-

---

757. W. E. Roth, "Superstition, Magic and Medicine", *op. cit.*, §§ 65-68.
758. *Ibid.*, § 68; diz-se neste trecho que, quando ocorre um desmaio após a perda de sangue, é que a alma partiu. Cf. K. L. Parker, *The Euahlayi Tribe*, *op. cit.*, p. 38.
759. K. L. Parker, *The Euahlayi Tribe*, *op. cit.*, p. 29 e 35; W. E. Roth, "Superstition, Magic and Medicine", *op. cit.*, § 65.
760. C. Strehlow, *Die Aranda – und Loritja – Stämme in Zentral-Australien*, *op. cit.*, I, 1907, p. 12 e 14. Fala-se, neste trecho, de espíritos maus que matam pequenas crianças, cuja alma, fígado e gordura eles devoram, ou ainda a alma, o fígado e os rins. O fato de se colocar assim a alma no mesmo plano das diferentes vísceras ou tecidos, constituindo um alimento do mesmo gênero, mostra claramente a relação íntima que mantém com eles. Cf. L. Schulze, "The Aborigines of the Upper and Middle Finke River", *op. cit.*, p. 246.
761. Por exemplo, entre as populações do rio Pennefather (W. E. Roth, "Superstition, Magic and Medicine", *op. cit.*, § 68.) há um nome para a alma que reside no coração (*Ngai*), outro para aquela que reside na placenta (*Cho-i*), e um terceiro para aquela que se confunde com a respiração (*Wanji*). Entre os Euahlayi, existem entre três e quatro almas (K. L. Parker, *The Euahlayi Tribe*, *op. cit.*, p. 35.).

vos, ela é convidada a partir.[762] Os caminhos lhe são abertos, preparam-se saídas para que ela possa voar com mais facilidade.[763] Afinal, ela não deixou totalmente o corpo: ela o impregnava profundamente demais para poder se liberar de imediato. Decorre disso o rito tão frequente da antropofagia funerária: as carnes do falecido são consumidas porque se considera que um princípio sagrado aí reside, e esse princípio nada mais é que a alma.[764] Para extirpá-la definitivamente, misturam-se as carnes, submetendo-as seja ao calor do sol,[765] seja à ação do fogo artificial[766]. A alma o deixa com os líquidos que escoam. Os ossos dessecados conservam, contudo, algo dela. Desse modo, são empregados como objetos sagrados ou como instrumentos mágicos[767]; ou, ainda, quando se quer liberar completamente o princípio que eles encerram, são quebrados[768].

Chega um momento, porém, em que se consuma a separação definitiva: a alma liberada alça seu voo. Mas, por natureza, ela está tão intimamente associada ao corpo que esse desprendimento não ocorre sem uma profunda transformação de estado. Ela também assume então outro nome.[769] Embora conserve todos os traços distintivos do indivíduo que animava, seu humor, suas qualidades boas e más,[770] ela tornou-se um ser novo. A partir desse momento, começa para ela uma nova existência.

Ela encaminha-se ao país das almas. Esse país é concebido de formas diferentes segundo as tribos; por vezes, observam-se concepções diferentes que coexistem lado a lado em uma mesma sociedade. Em alguns casos, está situado sob a terra, e cada grupo totêmico dispõe do seu. Trata-se do local em que os primeiros ancestrais, fundadores do clã, em dado momento, adentraram o solo e onde foram viver após suas mortes. Desse modo, há,

---

762. Ver a descrição do rito do *Urpmilchima* entre os Arunta (B. Spencer e F. J. Gillen, *Nat. Tr.*, op. cit., p. 503 ss.).
763. *Ibid.*, p. 497 e 508.
764. *Id.*, *North. Tr.*, op. cit., p. 547-8.
765. *Ibid.*, p. 506 e 527 ss.
766. H. E. A. Meyer, "Manners and Customs of the Aborigines of the Encounter Bay Tribe", em J. D. Woods (ed.), *The Native Tribes of South Australia*, op. cit., p. 198.
767. B. Spencer e F. J. Gillen, *North. Tr.*, op. cit., p. 463 e 551; *Id.*, *Nat. Tr.*, op. cit., p. 553.
768. *Id.*, *North. Tr.*, op. cit., p. 540.
769. Por exemplo, entre os Arunta e os Loritja (C. Strehlow, *Die Aranda – und Loritja – Stämme in Zentral-Australien*, op. cit., I, 1907, p. 15, n. 2; II, 1908, p. 77.). A alma, durante a vida, chama-se *guruna*, e, após a morte, *Itana*. O *Itana* de C. Strehlow é idêntico ao *ulthana* de B. Spencer e F. J. Gillen (*Nat. Tr.*, op. cit., p. 514 ss.). O mesmo ocorre entre os habitantes do rio Bloomfield (W. E. Roth, "Superstition, Magic and Medicine", op. cit., § 66.).
770. E. Eylmann, *Die Eingeborenen der Kolonie Südaustralien*, op. cit., p. 188.

no mundo subterrâneo, uma distribuição geográfica dos mortos que corresponde à dos vivos. Em tal lugar, brilha um sol perpétuo; em tal lugar, correm rios que jamais secam. Essa é a concepção que Spencer e Gillen atribuem às tribos do centro, Arunta,[771] Warramunga[772] etc. Ela é também encontrada entre os Wotjobaluk[773]. Em outros locais, todos os mortos, a despeito de seus totens, passam a viver juntos em um mesmo local, localizado de forma mais ou menos vaga, além do mar, em uma ilha,[774] ou nas margens de um lago.[775] Por vezes, enfim, é ao céu, além das nuvens, que as almas supostamente se encaminham. "Neste local", diz Dawson, "encontra-se uma terra magnífica, onde abundam cangurus e todo o tipo de caça, e onde se vive alegremente. As almas aí se reencontram e se reconhecem."[776] É possível que certos elementos que compõem esse quadro tenham sido tomados de empréstimo junto ao paraíso dos missionários cristãos;[777] mas a ideia de que as almas, ou, ao menos, que certas almas vão ao céu após a morte parece ser autóctone. Afinal, ela também é encontrada em outros pontos do continente.[778]

Em geral, todas as almas têm o mesmo destino e vivem a mesma vida. Ainda assim, ocorre que um tratamento diferente seja dispensado em função do modo como elas se comportaram sobre a terra: vê-se então surgir um primeiro esboço desses compartimentos distintos, ou até mesmo opostos, entre os quais se dividirá mais tarde o mundo do além. As almas daqueles que, durante suas vidas, destacaram-se como caçadores, como guerreiros, como dançarinos etc. não se confundem com a multidão das

---

771. B. Spencer e F. J. Gillen, *Nat. Tr.*, *op. cit.*, p. 524; *Id.*, *North. Tr.*, *op. cit.*, p. 491 e 496.

772. *Id.*, *North. Tr.*, *op. cit.*, p. 508 e 542.

773. R. H. Mathews, "Ethnological Notes on the Aboriginal Tribes of New South Wales and Victoria", *op. cit.*, p. 287.

774. C. Strehlow, *Die Aranda – und Loritja – Stämme in Zentral-Australien*, *op. cit.*, I, 1907, p. 15 ss. Desse modo, segundo C. Strehlow, entre os Arunta, os mortos vivem em uma ilha; segundo B. Spencer e F. J. Gillen, em um lugar subterrâneo. É provável que os dois mitos coexistam, e eles não são os únicos. Veremos que se pode encontrar, inclusive, um terceiro. Sobre essa concepção da ilha dos mortos, cf. A. W. Howitt, *Nat. Tr.*, *op. cit.*, p. 498; bem como C. W. Schürmann, "The Aboriginal Tribes of Port Lincoln in South Australia", *op. cit.*, p. 235; e E. Eylmann, *Die Eingeborenen der Kolonie Südaustralien*, *op. cit.*, p. 189.

775. L. Schulze, "The Aborigines of the Upper and Middle Finke River", *op. cit.*, p. 244.

776. J. Dawson, *Australian Aborigines*, *op. cit.*, p. 51.

777. Observam-se nestas tribos traços evidentes de um mito mais antigo, segundo o qual as almas viviam em um lugar subterrâneo (*Ibid.*).

778. G. Taplin, "The Narrinyeri", em J. D. Woods (ed.), *The Native Tribes of South Australia*, *op. cit.*, p. 18-9; A. W. Howitt, *Nat. Tr.*, *op. cit.*, p. 473; C. Strehlow, *Die Aranda – und Loritja – Stämme in Zentral-Australien*, *op. cit.*, I, 1907, p. 16.

demais: um lugar especial lhes é designado.[779] Por vezes, é o céu.[780] Strehlow relata, inclusive, que, segundo um mito, as almas dos maus são devoradas por espíritos terríveis e aniquiladas.[781] Não obstante, essas concepções permanecem invariavelmente muito imprecisas na Austrália;[782] elas só começam a adquirir um pouco de determinação e de clareza em sociedades mais avançadas, como aquelas da América.[783]

## II

Essas são – em suas mais primitivas formas, e reduzidas a seus traços mais essenciais – as crenças relativas à natureza da alma e ao seu destino. Precisamos agora tentar explicar tal fenômeno. O que, portanto, pôde levar o ser humano a pensar que ele possuía dentro de si dois seres, sendo que um deles possuía as características tão especiais que acabam de ser enumeradas? Para responder a essa questão, comecemos por procurar qual origem o próprio primitivo atribui ao princípio espiritual que ele acredita sentir dentro de si: bem analisada, sua própria concepção nos colocará na direção da solução.

Segundo o método que nos esforçamos para praticar, estudaremos as ideias em questão em um grupo específico de sociedades, no qual elas foram observadas com uma particular precisão: referimo-nos às tribos do centro australiano. A área de nossa observação, portanto, embora extensa, será limitada. Mas há razões para crer que essas mesmas ideias, sob formas diferentes, são ou foram bastante generalizadas, inclusive fora da Austrália. Além do mais, e sobretudo, a noção de alma não é, nas tribos centrais, especificamente diferente do que nas outras sociedades australianas: ela tem em todo o canto os mesmos elementos essenciais. Como um efeito particular

---

779. A. W. Howitt, *Nat. Tr.*, *op. cit.*, p. 498.

780. C. Strehlow, *Die Aranda – und Loritja – Stämme in Zentral-Australien*, *op. cit.*, I, 1907, p. 16; E. Eylmann, *Die Eingeborenen der Kolonie Südaustralien*, *op. cit.*, p. 189; A. W. Howitt, *Nat. Tr.*, *op. cit.*, p. 473.

781. Trata-se dos espíritos dos ancestrais de um clã especial, o clã da glândula venenosa (*Giftdrüsenmänner*).

782. Por vezes, a ação dos missionários se manifesta. J. Dawson fala-nos de um verdadeiro inferno, oposto ao paraíso; o próprio autor tende a ver essa concepção como uma importação europeia.

783. Ver J. O. Dorsey, "A Study of Siouan Cults", *op. cit.*, p. 419-20, 422 e 485; cf. L. Marillier, "La survivance de l'âme et l'idée de justice chez les peuples non civilisés", *Annuaire de l'École Pratique des Hautes Études. Section des Sciences Religieuses. Rapport Sommaire sur les Conférences de l'Exercice 1893-1894*, 1893, p. 1-46.

tem sempre uma causa particular, cabe pensar que essa concepção, sempre idêntica a ela mesma, não provém, aqui e ali, de elementos diferentes. A origem que seremos levados a atribuir-lhe a partir do estudo das tribos que abordaremos mais especificamente deverá, portanto, ser considerada igualmente verdadeira para as demais. Aquelas nos fornecerão o ensejo, em alguma medida, de uma experiência, cujos resultados, como acontece com toda experiência bem conduzida, serão suscetíveis de ser generalizados. A homogeneidade da civilização australiana bastaria, por si só, para justificar essa generalização; teremos, contudo, o cuidado de confirmá-la na sequência, por meio de fatos tomados de empréstimo de outros povos tanto da Austrália quanto da América.

Como as concepções que nos fornecerão a base de nossa demonstração foram expostas em termos diferentes por Spencer e Gillen, de um lado, bem como por Strehlow, de outro, devemos apresentar sucessivamente essas duas versões. Será possível constatar que, bem interpretadas, elas distinguem-se uma da outra mais na forma que na essência, e possuem, em definitivo, a mesma significação sociológica.

Segundo Spencer e Gillen, as almas que, a cada geração, vêm animar o corpo dos recém-nascidos não são o produto de criações especiais e originais. Todas essas tribos admitiriam que existe um estoque limitado de almas, cuja quantidade não pode superar certo número[784] e que se reencarnam periodicamente. Quando um indivíduo morre, sua alma deixa o corpo onde residia e, findo o luto, dirige-se ao país dos mortos. Após certo tempo, contudo, ela volta a se reencarnar novamente, e são essas reencarnações que dão lugar às concepções e aos nascimentos. São essas almas fundamentais que, no próprio princípio das coisas, animavam os ancestrais, fundadores do clã. Em uma época, além da qual a imaginação não consegue avançar e que é considerada o primeiro início dos tempos, existiam seres que não derivavam de nenhum outro. O Arunta os denomina, por essa razão, os *Aljirangamitjina*,[785] os incriados, aqueles que são eternos, e, segundo Spencer e Gillen, ele daria o nome de *Alcheringa*[786] ao período em que esses seres fabulosos supostamente teriam vivido. Organizados em clãs totêmicos, assim como as pessoas de hoje, eles passavam seu tempo em viagens, ao longo das quais realizaram todo tipo de ações prodigiosas cuja lembran-

---

784. Elas podem se desdobrar provisoriamente, como veremos no capítulo seguinte. Ainda assim, esses desdobramentos não acrescentam uma unidade ao número de almas suscetíveis de se reencarnar.

785. C. Strehlow, *Die Aranda – und Loritja – Stämme in Zentral-Australien, op. cit.*, I, 1907, p. 2.

786. B. Spencer e F. J. Gillen, *Nat. Tr., op. cit.*, p. 73, n. 1.

ça é perpetuada pelos mitos. Chegou um momento, porém, que essa vida terrestre terminou: isolados ou em grupos, eles se enterraram no solo. Seus corpos transformaram-se em árvores ou em rochedos que ainda podem ser vistos nos locais em que supostamente desapareceram embaixo da terra. Suas almas, porém, duram até hoje: elas são imortais. Elas continuam, inclusive, a frequentar os lugares em que findou a existência de seus primeiros hospedeiros. Esses lugares têm, aliás, em função das lembranças atreladas a eles, um caráter sagrado. É aí que se encontram os *oknanikilla*, espécies de santuários onde são conservados os *churinga* do clã, e que são algo próximo a centros dos diferentes cultos totêmicos. Quando uma das almas que vagueia nos arredores de um desses santuários introduz-se no corpo de uma mulher, ocorre uma concepção e, mais tarde, um nascimento.[787] Cada indivíduo é considerado, portanto, como um novo avatar de um ancestral determinado: ele é o próprio ancestral, o qual reapareceu em um novo corpo e com novos traços. O que eram, contudo, esses ancestrais?

Em primeiro lugar, eles eram dotados de poderes infinitamente superiores aos que possuem as pessoas de hoje, até mesmo os anciãos mais respeitados e os magos mais reputados. A eles são atribuídas virtudes que poderíamos qualificar de milagrosas: "eles podiam viajar sobre o sol, sob o sol, nos ares: ao abrir uma veia, cada um deles poderia inundar regiões inteiras, ou, ao contrário, fazer emergir terras novas; em uma muralha de rochas, produziam um lago ou abriam uma garganta que lhes servia de passagem; no local em que plantavam seus *nurtunja*, pedras ou árvores brotavam da terra"[788]. Foram eles que dotaram o solo de sua forma atual. Eles criaram todo tipo de seres, humanos ou animais. São praticamente deuses. Suas almas possuem, portanto, igualmente um caráter divino. E dado que as almas dos seres humanos são essas almas ancestrais reencarnadas nos corpos humanos, elas mesmas são seres sagrados.

Em segundo lugar, esses ancestrais não eram humanos, no sentido próprio do termo, mas animais ou vegetais, ou ainda seres mistos, nos quais o elemento animal ou vegetal predominava: "os ancestrais que viviam nesses tempos fabulosos", dizem Spencer e Gillen, "eram, de acordo com a opinião dos nativos, tão intimamente associados com os animais e as plantas cujo

---

787. Acerca desse conjunto de concepções, B. Spencer e F. J. Gillen, *Nat. Tr.*, *op. cit.*, p. 119, 123-7 e 387 ss; *Id.*, *North. Tr.*, *op. cit.*, p. 145-74. Entre os Gnanji, não é necessariamente junto ao *oknanikilla* que ocorre a concepção. Acredita-se, contudo, que cada casal é acompanhado, em suas peregrinações no continente, de um grupo de almas do totem do marido. Quando a ocasião se apresenta, uma dessas almas penetra no corpo da mulher e a fecunda, onde quer que esta se encontre (*Id.*, *North. Tr.*, *op. cit.*, p. 169.).

788. *Id. Nat. Tr.*, *op. cit.*, p. 512-3. Cf. *Ibid.*, cap. X e XI.

nome ostentavam, que um personagem do *Alcheringa* que pertence ao totem do canguru, por exemplo, é frequentemente representado nos mitos como um homem-canguru ou um canguru-homem. Sua personalidade humana é, com frequência, absorvida por aquela da planta ou do animal do qual pretende ter descendido"[789]. Suas almas, eternas, têm necessariamente a mesma natureza; nelas também se desposam o elemento humano e o elemento animal, com uma certa tendência ao predomínio deste sobre aquele. Elas são, portanto, feitas da mesma substância que o princípio totêmico; afinal, sabemos que este último tem precisamente como característica apresentar esse duplo aspecto, sintetizar e confundir em si mesmo esses dois reinos.

Como não existem almas diferentes dessas, chegamos à conclusão de que a alma, de maneira geral, nada mais é que o princípio totêmico, encarnado em cada indivíduo. E não há nada nessa derivação que possa nos surpreender. Já sabemos que esse princípio é imanente a cada um dos membros do clã. Ao penetrar nos indivíduos, porém, é inevitável que ele mesmo se individualize. Dado que as consciências, das quais ele se torna assim parte integrante, diferem umas das outras, ele se diferencia à imagem delas. Dado que cada consciência tem sua fisionomia própria, ele assume, em cada uma delas, uma fisionomia distinta. Sem dúvida, em si mesmo, ele permanece uma força exterior e estranha ao ser humano; mas a parcela que cada um supostamente possui dele não pode deixar de contrair estreitas afinidades com o sujeito particular em que reside: ela participa de sua natureza; ela torna-se, em alguma medida, sua. Desse modo, ela possui duas características contraditórias, mas cuja coexistência é um dos traços distintivos da noção de alma. Tanto hoje como outrora, a alma é, por um lado, o que há de melhor e de mais profundo em nós mesmos, a parte eminente de nosso ser; e, ainda assim, ela é também um hóspede passageiro que nos veio de fora, que vive em nós uma existência distinta daquela do corpo, e que deve retomar um dia sua completa independência. Em uma palavra, tal como a sociedade existe apenas nos, e para os, indivíduos, o princípio totêmico vive apenas nas, e para as, consciências individuais cuja associação forma o clã. Se elas não o sentissem em si mesmas, ele não existiria; não são elas que os colocam nas coisas. É preciso, portanto, que ele se divida e se fragmente entre elas. Cada um desses fragmentos é uma alma.

Um mito que encontramos em um número bastante grande de sociedades do centro, e que, aliás, é apenas uma forma particular dos precedentes, mostra ainda melhor que essa é, de fato, a matéria a partir da qual a ideia

---

789. B. Spencer e F. J. Gillen, *Nat. Tr.*, op. cit., p. 119.

de alma é engendrada. Nessas tribos, a tradição situa na origem de cada clã não uma pluralidade de ancestrais, mas somente dois[790], ou então apenas um[791]. Esse ser único, enquanto permanece assim solitário, continha em si a integralidade do princípio totêmico, pois, nesse momento, não existia nada a que esse princípio pudesse ter se comunicado. Ora, de acordo com a mesma tradição, todas as almas humanas que existem, tanto aquelas que animam atualmente os corpos dos seres humanos quanto aquelas que, não empregadas atualmente, estão reservadas para o futuro, seriam provenientes desse personagem único; seriam feitas de sua substância. Ao se deslocar sobre a superfície do solo, agitando-se, sacudindo-se, ele as teria feito sair de seu corpo e as teria semeado em diversos locais que supostamente atravessou. Acaso isso não significa dizer, sob uma forma simbólica, que essas são parcelas da divindade totêmica?

Essa conclusão supõe que as tribos que acabam de ser referidas admitem a doutrina da reencarnação. Ora, segundo Strehlow, ela seria ignorada pelos Arunta, ou seja, pela sociedade que Spencer e Gillen melhor e por mais tempo estudaram. Se, em relação a essas questões particulares, esses dois observadores equivocaram-se a tal ponto, todo o conjunto de seu testemunho deveria ser considerado suspeito. Importa, pois, determinar a real dimensão dessa divergência.

Segundo Strehlow, a alma, uma vez definitivamente liberada do corpo pelos ritos de luto, não se reencarnava novamente. Ela partiria à ilha dos mortos, onde passaria a dormir durante os dias e a dançar durante as noites, até que chovesse sobre a terra. Nesse momento, ela retornaria para junto dos vivos e exerceria o papel de gênio protetor junto aos filhos jovens, ou, na ausência deles, junto aos netos que o morto deixou para trás. Ela se introduziria em seus corpos e tornaria seu crescimento mais fácil. Ela permaneceria, assim, no seio de sua antiga família, durante um ano ou dois; depois disso, retornaria uma segunda vez ao país das almas. Após certo tempo, contudo, ela o deixaria uma segunda vez para voltar a fazer uma nova estada que, aliás, seria a última. Chegaria então um momento em que seria obrigada a retomar, e, dessa vez, sem chance de retorno, o caminho da ilha dos mortos; e ali, após diversos incidentes cujos detalhes não vêm ao

---

790. Entre os Kaitish (B. Spencer e F. J. Gillen, *North Tr.*, op. cit., p. 154.), e entre os Urabunna (*Ibid.*, p. 146.).

791. É o caso dos Warramunga e das tribos aparentadas, Walpari, Wulmala, Worgaia, Tjingilli (*Ibid.*, p. 161.), bem como entre os Umbaia e os Gnanji (*Ibid.*, p. 170.).

caso, sobreviria uma tempestade em que ela seria desintegrada por um raio. Sua carreira estaria, então, definitivamente encerrada.[792]

Ela não poderia, portanto, reencarnar; por conseguinte, as concepções e os nascimentos não seriam devidos à reencarnação das almas que, periodicamente, recomeçariam novas existências em corpos novos. Sem dúvida, Strehlow, assim como Spencer e Gillen, declara que, para os Arunta, o comércio entre os sexos não é, de forma alguma, a condição determinante da geração;[793] esta seria, sim, o produto de operações místicas, mas diferentes daquelas que as observações precedentes nos mostraram. Ela ocorreria por um ou por outro dos dois seguintes caminhos.

Onde quer que um ancestral do *Alcheringa*[794] supostamente esteja enterrado no solo, encontra-se seja um rochedo, seja uma árvore que representa seu corpo. Chama-se *nanja*, segundo Spencer e Gillen,[795] *ngarra*, segundo Strehlow,[796] a árvore ou o rochedo que mantém essa relação mística com o herói desaparecido. Por vezes, é um redemoinho que teria se formado dessa maneira. Ora, sobre cada uma dessas árvores, desses rochedos, em cada um desses redemoinhos vivem embriões de crianças, denominados *ratapa*[797], que pertencem exatamente ao mesmo totem que o ancestral correspondente. Por exemplo, sobre uma seringueira que representa um ancestral do clã

---

792. C. Strehlow, *Die Aranda – und Loritja – Stämme in Zentral-Australien, op. cit.*, I, 1907, p. 15-6. Em relação aos Loritja, ver *Ibid.*, II, 1908, p. 7.

793. C. Strehlow chega ao ponto de dizer que as relações sexuais sequer são consideradas como uma condição necessária, uma espécie de preparação à concepção (*Ibid.*, II, 1908, p. 52, n. 7.). Ele acrescenta, é bem verdade, algumas linhas depois, que os anciãos sabem perfeitamente qual relação une o comércio carnal e a geração, e que, no que diz respeito aos animais, as próprias crianças estão a par. Isso não deixa de enfraquecer um pouco o alcance de sua primeira afirmação.

794. Empregamos, em geral, a terminologia de B. Spencer e F. J. Gillen em vez daquela de C. Strehlow, pois a primeira é, atualmente, consagrada por um longo uso.

795. B. Spencer e F. J. Gillen, *Nat. Tr., op. cit.*, p. 124 e 513.

796. C. Strehlow, *Die Aranda – und Loritja – Stämme in Zentral-Australien, op. cit.*, I, 1907, p. 5. *Ngarra*, de acordo com Strehlow, significa eterno. Entre os Loritja, apenas rochas exercem esse papel.

797. C. Strehlow traduz por *Kinderkeinte* (sementes de crianças). Aliás, B. Spencer e F. J. Gillen estão longe de ter ignorado o mito dos *ratapa* e os costumes atrelados a eles. Eles não falam explicitamente disso em *Nat. Tr., op. cit.*, p. 336 ss. e 552. Os autores indicam, sobre diferentes pontos do território Arunta, a existência de rochedos chamados *Erathipa*, dos quais se depreendem as *spirit children*, almas de crianças, as quais se introduzem nos corpos das mulheres e as fecundam. Segundo B. Spencer e F. J. Gillen, *Erathipa* significaria criança, embora, acrescentam eles, esse nome seja apenas raramente empregado com esse sentido na conversação corrente (*Ibid.*, p. 338.).

do Canguru, encontram-se *ratapa* que possuem, todos, o Canguru como totem. Se uma mulher passar por ali, e se ela pertencer à classe matrimonial da qual provêm regularmente as mães desses *ratapa*,[798] um deles poderá se introduzir nela através de seu quadril. A mulher é alertada sobre essa tomada de posse por dores características, que são os primeiros sintomas da gravidez. A criança assim concebida será naturalmente do mesmo totem que o ancestral em cujo corpo místico ela residia antes de se encarnar.[799]

Em outros casos, o procedimento empregado é ligeiramente diferente: é o próprio ancestral, em pessoa, que intervém. Em um momento determinado, ele deixa seu abrigo subterrâneo e lança em uma mulher que passar por ali um pequeno *churinga*, contendo uma forma especial, chamado *namatuna*[800]. O *churinga* penetra no corpo da mulher e assume, dentro dele, uma forma humana, enquanto o ancestral desaparece novamente no solo.[801]

Essas duas formas de concepção são consideradas igualmente frequentes. É a forma do rosto da criança que revelaria a maneira pela qual foi concebida: caso tenha a face larga ou alongada, diz-se que provém da encarnação de um *ratapa* ou de um *namatuna*. Não obstante, além desses dois processos de fecundação, Strehlow indica um terceiro tipo, mas que é considerado muito mais raro. O próprio ancestral, depois de ter seu *namatuna* introduzido no corpo da mulher, penetraria esse corpo e se submeteria voluntariamente a um novo nascimento. Nesse caso, portanto, a concepção seria o efeito de uma verdadeira reencarnação do ancestral. Entretanto, o caso seria muito excepcional e, além disso, quando o indivíduo assim concebido morre, a alma ancestral que o animava partiria, como as almas comuns, à ilha dos mortos, na qual, após as habituais demoras, seria definitivamente aniquilada. Ela não sofreria, portanto, novas reencarnações.[802]

---

798. Os Arunta estão divididos ora em quatro, ora em oito classes matrimoniais. A classe de uma criança é determinada pela de seu pai; inversamente, da primeira pode-se deduzir a segunda (Ver B. Spencer e F. J. Gillen, *Nat. Tr., op. cit.*, p. 70 ss; e C. Strehlow, *Die Aranda – und Loritja – Stämme in Zentral-Australien, op. cit.*, I, 1907, p. 6 ss.). Ainda falta saber como o *ratapa* tem uma classe determinada; voltaremos a isso mais tarde.

799. C. Strehlow, *Die Aranda – und Loritja – Stämme in Zentral-Australien, op. cit.*, II, 1908, p. 52. Por vezes, embora isso seja raro, levantam-se contestações sobre a natureza do totem da criança. C. Strehlow cita um caso nessa direção (*Ibid.*, II, 1908, p. 53.).

800. A mesma palavra, *namatwinna*, encontra-se em B. Spencer e F. J. Gillen (*Nat. Tr., op. cit.*, p. 541.).

801. C. Strehlow, *Die Aranda – und Loritja – Stämme in Zentral-Australien, op. cit.*, II, 1908, p. 53.

802. *Ibid.*, II, 1908, p. 56.

Essa é a versão de Strehlow.[803] No pensamento desse autor, ela se oporia radicalmente à de Spencer e Gillen. Na realidade, apenas difere pela letra das fórmulas e dos símbolos, mas, sob variações de forma, trata-se, em ambos os casos, do mesmo tema mítico. Em primeiro lugar, todos esses observadores estão de acordo quanto a ver em toda concepção o produto de uma encarnação. A única diferença é a seguinte: para Strehlow, o que se encarna não é uma alma, mas um *ratapa* ou um *namatuna*. O que é, então, um *ratapa*? É, diz Strehlow, um embrião completo, constituído ao mesmo tempo de uma alma e de um corpo. A alma é, contudo, sempre representada sob formas materiais: ela dorme, dança, caça, alimenta-se etc. Ela então compreende, também, um elemento corporal. Inversamente, o *ratapa* não é visível pelo vulgo. Ninguém o vê, quando ele se introduz no corpo da mulher,[804] o que significa que é feito de uma matéria muito similar à da alma. Desse modo, quanto a isso, não parece possível distingui-los claramente. Trata-se, em definitivo, de seres míticos que são sensivelmente concebidos segundo o mesmo modelo. Schulze denomina-os almas de crianças.[805] Além disso, como toda alma, o *ratapa* mantém, com o ancestral que tem na árvore ou no rochedo sagrados suas formas materializadas, as mais estreitas relações. Possui o mesmo totem do ancestral, a mesma fratria e a mesma classe matrimonial.[806] Seu lugar nos quadros sociais da tribo é exatamente o que o ancestral supostamente ocupava outrora. Ele ostenta o mesmo nome.[807] Eis a prova de que essas duas personalidades são, ao menos, parentes muito próximos uma da outra.

E há mais: esse parentesco chega mesmo a uma completa identidade. Com efeito, é sobre o corpo místico do ancestral que o *ratapa* se formou. Este deriva daquele: trata-se de uma parcela que se desprendeu desse corpo. Em suma, é algo do ancestral que penetra no seio da mãe e que se torna a

---

803. R. H. Mathews atribui aos Tjingilli (*alias* Chingalee) uma teoria análoga da concepção ("Notes on the Aborigines of the Northern Territory, Western Australia and Queensland", *Queensland Geographical Journal*, XXII, 1907, p. 75-6.).

804. Por vezes ocorre que o ancestral que supostamente lançou o *namatuna* mostra-se à mulher sob a forma das espécies de um animal ou de um homem; trata-se de uma prova suplementar da afinidade entre a alma ancestral e uma forma material.

805. L. Schulze, "The Aborigines of the Upper and Middle Finke River", *loc. cit.*, p. 237.

806. Resulta desse fato que o *ratapa* apenas pode se encarnar no corpo de uma mulher que pertence à mesma classe matrimonial que a mãe do ancestral mítico. Não compreendemos assim como C. Strehlow pôde dizer (*Die Aranda – und Loritja – Stämme in Zentral-Australien, op. cit.*, I, 1907, p. 42, *Anmerkung*) que, com apenas uma exceção, os mitos não atrelam os ancestrais do Alcheringa a classes matrimoniais determinadas. Sua própria teoria da concepção supõe, justamente, o contrário (Cf. *Ibid.*, II, 1908, p. 53 ss.).

807. *Ibid.*, II, 1908, p. 58.

criança. Voltamos, desse modo, à concepção de Spencer e Gillen: o nascimento é devido à encarnação de um personagem ancestral. Sem dúvida, não é a totalidade desse personagem que se encarna, mas apenas uma emanação dele. A diferença tem, contudo, um interesse evidentemente secundário, uma vez que, quando um ser sagrado se divide e se desdobra, encontra-se, com todas as suas características essenciais, em cada um dos fragmentos em que se dividiu. Portanto, no fundo, o ancestral está integralmente nesse elemento de si mesmo que se torna um *ratapa*.[808]

O segundo modo de concepção, distinguido por Strehlow, tem a mesma significação. O *churinga*, com efeito, e, em especial, esse *churinga* particular chamado *namatuna*, é considerado um avatar do ancestral: trata-se, segundo Strehlow,[809] de seu corpo, assim como a árvore *nanja*. Em outras palavras, a personalidade do ancestral, seu *churinga*, sua árvore *nanja* são seres sagrados, que inspiram os mesmos sentimentos e aos quais se atribui o mesmo valor religioso. Eles igualmente se transformam uns nos outros: no local em que o ancestral perdeu um *churinga*, uma árvore ou um rochedo sagrado brotam da terra, ocorrendo o mesmo nos locais em que ele mesmo se enterrou.[810] Há assim uma equivalência mítica entre um personagem do Alcheringa e seu *churinga*; por conseguinte, quando o primeiro lança um *namatuna* no corpo de uma mulher, tudo se passa como se ele pessoalmente o penetrasse. De fato, vimos que, por vezes, ele mesmo introduzia-se na sequência do *namatuna*; de acordo com outros relatos, ele o precede; dir-se-ia que ele lhe abre o caminho.[811] O fato de esses temas coexistirem em um mesmo mito é uma prova decisiva de que um nada mais é que o par do outro.

---

808. A diferença entre as duas versões atenua-se ainda mais e reduz-se a praticamente nada ao constatar-se que, quando B. Spencer e F. J. Gillen nos dizem que a alma ancestral se encarna no corpo da mulher, as expressões das quais se valem não devem ser tomadas ao pé da letra. Isso não significa que a totalidade da alma venha fecundar a mãe, mas somente uma emanação dessa alma. Com efeito, em sua opinião, uma alma, similar em poderes e mesmo, em geral, superior à que se encarnou, continua a residir na árvore ou no rochedo *nanja* (Ver B. Spencer e F. J. Gillen, *Nat. Tr.*, *op. cit.*, p. 514.); teremos a oportunidade de voltar a esse ponto (Cf., adiante, p. 332.).

809. C. Strehlow, *Die Aranda – und Loritja – Stämme in Zentral-Australien*, *op. cit.*, II, 1908, p. 76 e 81. De acordo com B. Spencer e F. J. Gillen, o *churinga* seria não o corpo do ancestral, mas o objeto no qual reside sua alma. Essas duas interpretações míticas são, no fundo, idênticas, sendo fácil ver como se pôde passar de uma a outra: o corpo é o lugar em que a alma reside.

810. *Ibid.*, I, 1907, p. 4.

811. *Ibid.*, I, 1907, p. 53-4. Nesses relatos, o próprio ancestral começa introduzindo-se no seio da mulher, e produz nela as perturbações características da gravidez. Na sequência, ele sai da mulher, deixando apenas o *namatuna*.

Aliás, a despeito da maneira pela qual a concepção ocorreu, não há dúvidas quanto ao fato de cada indivíduo estar unido a um ancestral determinado do Alcheringa, por laços excepcionalmente íntimos. Em primeiro lugar, cada ser humano tem seu ancestral titular; duas pessoas não podem ter simultaneamente o mesmo. Dito de outro modo, um ser do Alcheringa tem apenas um único representante entre os vivos.[812] E há mais: um é apenas um aspecto do outro. Com efeito, o *churinga* deixado pelo ancestral exprime, como sabemos, sua personalidade; se admitimos a interpretação avançada por Strehlow, e que é talvez a mais satisfatória, diremos que é seu corpo. Mas esse mesmo *churinga* está aparentado da mesma maneira ao indivíduo que foi supostamente concebido sob a influência do ancestral, ou seja, que é o fruto de suas realizações místicas. Quando o jovem iniciado é introduzido no santuário do clã, mostra-se a ele o *churinga* de seu ancestral dizendo-lhe: "Você é esse corpo; você é o mesmo que isso"[813]. O *churinga* é, portanto, segundo a própria expressão de Strehlow, "o corpo comum do indivíduo e de seu ancestral"[814]. Para que possam ter o mesmo corpo, é necessário que, ao menos por um lado, suas duas personalidades se confundam. Eis aí, aliás, o que reconhece explicitamente Strehlow: "por intermédio do *tjutunga (churinga)*", diz ele, "o indivíduo está unido a seu ancestral pessoal"[815].

Desse modo, tanto para Strehlow quanto para Spencer e Gillen, há em cada recém-nascido um princípio religioso, místico, que emana de um ancestral do Alcheringa. É esse princípio que constitui a essência de cada indivíduo; ele é, portanto, a alma, ou, em todo caso, a alma é feita da mesma matéria e da mesma substância. Ora, é unicamente sobre esse fato fundamental que nos apoiamos para determinar a natureza e a origem da ideia de alma. As metáforas diferentes por meio das quais ele pôde ser expresso têm, para nós, apenas um interesse bastante secundário.[816]

---

812. C. Strehlow, *Die Aranda – und Loritja – Stämme in Zentral-Australien, op. cit.*, II, 1908, p. 76.

813. *Ibid.*, p. 81. Eis aqui a tradução, palavra por palavra, dos termos empregados, tal como a fornece Strehlow: *Dies du Körper bist; dies du der nämliche*. Em um mito, um herói civilizador, Mangarkunjerkunja, ao apresentar a cada pessoa o *churinga* de seu ancestral, diz-lhe: "Você nasceu deste *churinga*" (*Ibid.*, p. 76.).

814. *Ibid.*

815. *Ibid.*

816. No fundo, a única divergência real que há entre C. Strehlow, de um lado, B. Spencer e F. J. Gillen, de outro, é a seguinte. Para estes, a alma do indivíduo, após a morte, volta à árvore *nanja*, onde se confunde novamente com a alma do ancestral (*Nat. Tr., op. cit.*, p. 513.); para C. Strehlow, ela segue para a ilha dos mortos, onde finda por ser aniquilada. Tanto em um mito como em outro, ela não sobrevive individualmente. Quanto à causa dessa divergência, desobrigamo-nos de determiná-la. É possível que tenha havido um erro de observação cometido por B. Spencer e F. J. Gillen, que não nos falam da ilha dos mortos.

Longe de contradizer os dados sobre os quais se baseia nossa tese, as recentes observações de Strehlow nos trazem novas provas que a confirmam. Nosso raciocínio consistia em inferir a natureza totêmica da alma humana da natureza totêmica da alma ancestral, da qual aquela é uma emanação e uma espécie de réplica. Ora, alguns dos novos fatos que devemos a Strehlow demostram, ainda mais categoricamente que aqueles que dispúnhamos até então, esse caráter que ambas possuem. Em primeiro lugar, tal como Spencer e Gillen, Strehlow insiste sobre "as estreitas relações que unem cada ancestral a um animal, a uma planta, ou a um outro objeto natural". Alguns desses *Altjirangamitjina* (trata-se do que Spencer e Gillen denominam as pessoas do Alcheringa), "devem", diz ele, "ter se manifestado diretamente na qualidade de animais; enquanto outros assumiam a forma animal de uma maneira passageira"[817]. Ainda hoje, acontece-lhes a todo instante transformarem-se em animais.[818] Em todo caso, e a despeito de seu aspecto exterior, "em cada um deles, as qualidades próprias e distintivas do animal reaparecem com evidência". Por exemplo, os ancestrais do clã do Canguru alimentam-se da erva como os verdadeiros cangurus, e fogem diante do caçador. Os do clã da Ema correm e se alimentam como as emas[819] etc. E há mais: os ancestrais que tinham por totem um vegetal tornaram-se, em suas mortes, o próprio vegetal.[820] Aliás, esse íntimo parentesco entre o ancestral e o ser totêmico é tão fortemente sentido pelo nativo que afeta a terminologia. Entre os Arunta, a criança chama *altjira* o totem de sua mãe, que lhe serve de totem secundário.[821] Como, primitivamente, a filiação fazia-se em linha uterina, houve um tempo em que cada indivíduo tinha apenas o totem de sua mãe. É, portanto, muito provável que esse termo, *altjira*, designava o totem propriamente dito. Ora, ele entra evidentemente na composição da palavra que significa grande ancestral, *altjirangamitjina*.[822]

A ideia do totem e a do ancestral são, inclusive, tão vizinhas uma da outra que, por vezes, parecem ser confundidas. Desse modo, após nos ter falado do totem da mãe ou *altjira*, Strehlow acrescenta: "esse *altjira* aparece

---

É também possível que o mito não seja o mesmo entre os Arunta do leste, os quais B. Spencer e F. J. Gillen observaram em particular, e em outras partes da tribo.

817. C. Strehlow, *Die Aranda – und Loritja – Stämme in Zentral-Australien, op. cit.*, II, 1908, p. 51.
818. *Ibid.*, II, 1908, p. 56.
819. *Ibid.*, I, 1907, p. 3-4.
820. *Ibid.*, II, 1908, p. 61.
821. Ver, anteriormente, p. 230.
822. *Ibid.*, II, 1908, p. 57; e *Ibid.*, I, 1907, p. 2.

aos negros em sonho e lhes endereça advertências, do mesmo modo que traz informações sobre eles a seus amigos adormecidos"[823]. Esse *altjira* que fala, que está pessoalmente atrelado a cada indivíduo, é evidentemente um ancestral; e, contudo, é também uma encarnação do totem. Um texto de Roth em que se trata de invocações endereçadas ao totem deve, sem dúvida, ser interpretado nesse sentido.[824] Ao que parece, portanto, o totem é por vezes representado nos espíritos sob a forma de uma coleção de seres ideais, de personagens míticos que são mais ou menos distintos dos ancestrais. Em suma, os ancestrais são o totem fragmentado.[825]

Se, porém, o ancestral confunde-se a esse ponto com o ser totêmico, nada diferente poderia ocorrer com a alma individual, que se mantém tão próxima da alma ancestral. É isso, aliás, o que decorre igualmente dos laços estreitos que unem cada pessoa a seu *churinga*. Sabemos, com efeito, que o *churinga* exprime a personalidade do indivíduo que dele teria nascido;[826] mas ele exprime igualmente o animal totêmico. Quando o herói civilizador, Mangarkunjerkunja, apresenta a cada um dos membros do clã do Canguru seu *churinga* pessoal, ele se exprime nos seguintes termos: "eis aqui o corpo de um canguru"[827]. Desse modo, o *churinga* é ao mesmo tempo o corpo do ancestral, do indivíduo atual e do animal totêmico; esses três seres formam, então, de acordo com uma forte e justa expressão de Strehlow, "uma unidade solidária"[828]. Trata-se de termos em parte equivalentes e substituíveis uns pelos outros. Isso quer dizer que foram concebidos como aspectos diferentes de uma mesma e única realidade, que se define igualmente pelos atributos distintivos do totem. É o princípio totêmico que constitui sua essência comum. A própria linguagem exprime essa identidade. As palavras *ratapa* e, na língua dos Loritja, *aratapi*, designam o embrião mítico que se desprende do ancestral e que se torna a criança; pois bem, as mesmas palavras designam igualmente o totem dessa mesma criança, tal como ele é determinado pelo local em que a mãe crê ter concebido.[829]

---

823. C. Strehlow, *Die Aranda – und Loritja – Stämme in Zentral-Australien*, op. cit., II, 1908, p. 57.
824. W. E. Roth, "Superstition, Magic and Medicine", op. cit., § 74.
825. Em outros termos, a espécie totêmica é muito mais constituída por grupos de ancestrais, pela espécie mítica, que pela espécie animal ou vegetal propriamente dita.
826. Ver, anteriormente, p. 311.
827. C. Strehlow, *Die Aranda – und Loritja – Stämme in Zentral-Australien*, op. cit., II, 1908, p. 76.
828. *Ibid.*
829. *Ibid.*, II, 1908, p. 57 e 60-1. C. Strehlow chama a lista dos totens de lista dos *ratapa*.

## III

Do que precede, é verdade, a doutrina da reencarnação foi apenas estudada nas tribos da Austrália central; as bases sobre as quais repousa nossa inferência poderiam, portanto, ser consideradas muito limitadas. Em primeiro lugar, contudo, por motivos que já expusemos, a experiência tem um alcance que vai além das sociedades que observamos diretamente. Além disso, abundam os fatos que mostram que as mesmas concepções, ou concepções análogas, encontram-se sobre os mais diversos pontos da Austrália, ou deixaram neles, ao menos, marcas bem aparentes. Encontramo-los, inclusive, na América.

Na Austrália meridional, Howitt os indica entre os Dieri.[830] A palavra *Mura-mura*, que Gason traduzia por Bom-Espírito, e na qual acreditava ver expressa a crença em um deus criador,[831] é, na realidade, um nome coletivo que designa a multidão dos ancestrais que o mito situa na origem da tribo. Eles continuam a existir hoje como outrora. "Acredita-se que eles habitam nas árvores que, por essa razão, são sagradas. Certas disposições do solo, das rochas, dos redemoinhos d'água são identificadas com esses *Mura-mura*"[832] que, por conseguinte, assemelham-se muito aos *Altjirangamitjina* dos Arunta. Os Kurnai do Gippsland, embora existam entre eles apenas vestígios do totemismo, acreditam igualmente na existência de ancestrais chamados *Muk-Kunai*, que concebem como seres intermediários entre o ser humano e o animal.[833] Entre os Nimbaldi, Taplin observou uma teoria da concepção que lembra aquela que Strehlow atribui aos Arunta.[834] No estado de Victoria, entre os Wotjobaluk, encontramos integralmente a crença na reencarnação. "Os espíritos dos mortos", diz Mathews, "reúnem-se nos *miyur*[835] de seus respectivos clãs; eles deixam esse local para nascer novamente sob forma humana quando uma ocasião favorável se apresenta".[836] Mathews

---

830. A. W. Howitt, *Nat. Tr., op. cit.*, p. 475 ss.
831. S. Gason, "The Manners and Customs of the Dieyrie tribe of Australian Aborigines", em E. M. Curr (ed.), *The Australian Race, op. cit.*, II, 1886, p. 47.
832. A. W. Howitt, *Nat. Tr., op. cit.*, p. 482.
833. *Ibid.*, p. 487.
834. H. Q. Smith, "The 'Nimbalda' Tribe (Far North)", em G. Taplin, *The Folklore, Manners, Customs, and Languages of South Australian Aborigines, op. cit.*, p. 88.
835. Cada clã de ancestral tem, sob a terra, seu terreno especial; o *miyur* é esse terreno.
836. R. H. Mathews, "Ethnological Notes on the Aboriginal Tribes of New South Wales and Victoria", *op. cit.*, p. 293.

afirma, inclusive, que "a crença na reencarnação ou na transmigração das almas está fortemente enraizada em todas as tribos australianas"[837].

Se circulamos nas regiões setentrionais, encontramos no noroeste, entre os Niol-Niol, a pura doutrina dos Arunta: todo nascimento é atribuído à encarnação de uma alma preexistente que se introduz no corpo da mulher.[838] No Queensland do Norte, mitos, que diferem dos precedentes apenas quanto à forma, traduzem exatamente as mesmas ideias. Nas tribos do rio Pennefather, acredita-se que toda pessoa tem duas almas: uma delas, chamada *ngai*, reside no coração, a outra, *choi*, permanece na placenta. Tão logo ocorre o nascimento, a placenta é enterrada em um lugar consagrado. Um gênio particular, chamado Anjea, encarregado do fenômeno da procriação, vai recolher esse *choi* e o conserva até que a criança, tornando-se adulta, case-se. Quando chega o momento de lhe dar um filho, Anjea retira uma parcela do *choi* desse homem, insere-o no embrião que ele fabrica e que introduz no seio da mãe. É com a alma do pai, portanto, que é feita a da criança. É verdade que essa não recebe, de início, a integralidade da alma paterna, pois o *ngai* permanece junto ao coração do pai enquanto este último permanecer vivo. Quando ele morre, contudo, o *ngai*, liberado, vai também se encarnar no corpo das crianças; ele é igualmente dividido entre elas se existirem muitas. Há, desse modo, uma perfeita continuidade espiritual entre as gerações: é a mesma alma que se transmite do pai aos filhos, e desses a seus filhos, e essa alma única, sempre idêntica a si mesma a despeito das divisões e subdivisões sucessivas, é aquela que animava o primeiro ancestral na origem dos tempos.[839] Entre essa teoria e aquela das tribos do centro há apenas uma única diferença de relativa importância: aqui, a reencarnação é obra não dos próprios ancestrais, mas de um gênio especial, profissionalmente incumbido dessa função. Ao que tudo indica, contudo, esse gênio é o produto de um sincretismo que fundiu em uma única e mesma figura as figuras múltiplas dos primeiros ancestrais. O que torna essa hipótese ao menos plausível é que as palavras *Anje-a* e *Anjir* são, evidentemente,

---

837. R. H. Mathews, "Ethnological Notes on the Aboriginal Tribes of New South Wales and Victoria", *op. cit.*, p. 349.
838. J. Bischofs, "Die Niol-Niol", *Anthropos*, III, 1908, p. 35.
839. W. E. Roth, "Superstition, Magic and Medicine", *op. cit.*, § 68. Cf. *Ibid.*, § 69a, o caso semelhante dos nativos do Rio Prosepine. Para simplificar a exposição, deixamos de lado a complicação relativa à diferença dos sexos. A alma das mulheres é feita com o *choi* de sua mãe, enquanto elas dividem com seus irmãos o *ngai* de seu pai. Essa particularidade, que talvez venha do fato de os dois sistemas de filiação terem estado sucessivamente em uso, não afeta, aliás, o princípio da perpetuidade da alma.

parentes muito próximas. Ora, a segunda designa o primeiro homem, o ancestral inicial de quem todas as pessoas teriam se originado.[840] As mesmas ideias encontram-se nas tribos indígenas da América. Entre os Tlinkit, diz Krause, supõe-se que as almas dos mortos voltem à terra para penetrar no corpo das mulheres grávidas de suas famílias. "Quando, então, uma mulher, durante sua gravidez, sonha com algum parente falecido, crê que a alma deste último introduziu-se nela. Se o recém-nascido apresenta algum traço característico do defunto, considera-se que ele é o próprio defunto, retornado à terra, e lhe é dado o nome deste último."[841] Tal crença é igualmente difundida entre os Haida. É o xamã que revela qual é o parente que se reencarnou na criança e, por conseguinte, qual nome esta última deve ter.[842] Entre os Kwakiutl, acredita-se que "o último morto volta à vida na pessoa da primeira criança que nasce na família"[843]. O mesmo ocorre entre os Hurons, os Iroqueses, os Tinneh e em muitas outras tribos dos Estados Unidos.[844]

A universalidade dessas concepções estende-se naturalmente à conclusão que dela deduzimos, ou seja, à explicação que propusemos da ideia de alma. O alcance geral dessa conclusão é, aliás, confirmado pelos fatos.

Sabemos que cada indivíduo encerra em si algo da força anônima que está difusa na espécie sagrada:[845] ele mesmo é membro dessa espécie. Isso não se deve, contudo, a seu caráter empírico e sensível. Afinal, a despeito dos desenhos e dos signos simbólicos com os quais decora seu corpo, ele nada possui, quanto a isso, que lembre a forma de um animal ou de uma planta. Existe nele, portanto, outro ser no qual não deixa de se reconhecer, mas que concebe à imagem das espécies de um animal ou de um vegetal. Acaso não é evidente que esse duplo só pode ser a alma, pois a alma já é, por si mesma, um duplo do sujeito que anima? O que justifica em definitivo essa identificação é que os órgãos nos quais se encarna o fragmento do princípio totêmico que cada indivíduo contém são também aqueles onde a alma reside. É o caso do sangue. Há no sangue algo da natureza do totem,

---

840. W. E. Roth, "Superstition, Magic and Medicine", *op. cit.*, p. 16.
841. A. Krause, *Die Tlinkit-Indianer, op. cit.*, p. 282.
842. J. R. Swanton, "Contributions to the Ethnology of the Haida", *op. cit.*, p. 117 ss.
843. F. Boas, "Sixth General Report on the Indians of British Columbia", *op. cit.*, p. 59.
844. J.-F. Lafitau, *Mœurs de Sauvages Ameriquains, op. cit.*, II, p. 434; É. F. S. J. Petitot, *Monographie des Dènè-Dindjié, op. cit.*, 1876, p. 59.
845. Ver, anteriormente, p. 174 ss.

como o atesta o papel que ele exerce nas cerimônias totêmicas.[846] Ao mesmo tempo, contudo, o sangue é uma das moradas da alma; ou, ainda, é a própria alma vista do exterior. Quando o sangue escapa, a vida vai embora aos poucos e, no mesmo movimento, a alma escapa. A alma confunde-se, então, com o princípio sagrado que é imanente ao sangue.

Por outro lado, se nossa explicação tem fundamento, o princípio totêmico, ao penetrar, como o supomos, no indivíduo, deve obter aí certa autonomia, pois é especificamente distinto do sujeito em que se encarna. Ora, é precisamente isso que Howitt diz ter observado entre os Yuin: "Que, nessas tribos", diz ele, "o totem seja concebido como constituindo, de alguma forma, uma parte do ser humano, isso é provado claramente pelo caso do dito Umbara, sobre o qual já falei. Esse me dizia que, há alguns anos, um indivíduo do clã das goannas (*lace-lizards*) enviou-lhe seu totem enquanto dormia. O totem penetrou na garganta do adormecido e quase comeu seu totem, que residia em seu peito, quase causando sua morte"[847]. Ou seja, é verdade que o totem fragmenta-se, individualizando-se, e que cada uma das partes que se desprendem desse modo exerce o papel de um espírito, de uma alma que reside no corpo.[848]

Eis aqui, contudo, fatos mais diretamente demonstrativos. Se a alma é somente o princípio totêmico individualizado, ela deve, ao menos em certos casos, manter relações mais ou menos estreitas com a espécie animal ou vegetal cuja forma o totem reproduz. E, com efeito, "os Geawe-Gal (tribo da Nova-Gales do Sul) acreditam que cada indivíduo tem em si uma afinidade com o espírito de algum pássaro, fera ou réptil. Não que o indivíduo supostamente descenda desse animal: estima-se, porém, que há um parentesco entre o espírito que anima a pessoa e o espírito do animal"[849].

Há, inclusive, casos em que a alma é tida por emanar imediatamente do vegetal ou do animal que lhe serve de totem. Entre os Arunta, segundo Strehlow, quando uma mulher se alimentou de um fruto em abundância, acredita-se que ela dará à luz uma criança que terá esse fruto por totem. Caso observasse um canguru no momento em que sentiu as primeiras manifestações da criança, acredita-se que um *ratapa* de canguru penetrou seu

---

846. Ver, anteriormente, p. 177.
847. A. W. Howitt, *Nat. Tr.*, *op. cit.*, p. 147. Cf. *Ibid.*, p. 769.
848. C. Strehlow (*Die Aranda – und Loritja – Stämme in Zentral-Australien*, *op. cit.*, I, 1907, p. 15, n. 2.) e L. Schulze ("The Aborigines of the Upper and Middle Finke River", *loc. cit.*, p. 246.) nos apresentam a alma, como A. W. Howitt nos apresenta aqui o totem, saindo do corpo para ir se alimentar de uma outra alma. Do mesmo modo, vimos anteriormente o *altjira* ou totem maternal manifestar-se em sonho da mesma maneira que uma alma ou um espírito.
849. L. Fison e A. W. Howitt, *Kamilaroi and Kurnai*, *op. cit.*, p. 280.

corpo e a fecundou.[850] H. Basedow relatou o mesmo fato em relação aos Wogait.[851] Sabemos, por outro lado, que o *ratapa* e a alma são coisas praticamente indistintas. Ora, não se teria atribuído à alma uma tal origem caso não se acreditasse que ela é feita da mesma substância que os animais ou os vegetais da espécie totêmica.

Do mesmo modo, a própria alma com frequência é representada sob forma animal. Sabe-se que, em sociedades inferiores, a morte jamais é considerada um evento natural, provocado por causas puramente físicas. Ela é geralmente atribuída aos malefícios de algum feiticeiro. Em um grande número de tribos australianas, para determinar qual é o autor responsável por esse assassinato, parte-se do princípio que, cedendo a uma espécie de necessidade, a alma do assassino vem inevitavelmente visitar sua vítima. Eis por que o corpo é disposto sobre um andaime. Na sequência, sob o cadáver e ao seu redor, aplaina-se cuidadosamente a terra, de modo que a menor marca torne-se facilmente perceptível. Volta-se ao local no dia seguinte. Caso um animal tenha passado por aí nesse ínterim, pode-se facilmente reconhecer suas pegadas. Sua forma revela a espécie à qual ele pertence e, a partir disso, infere-se o grupo social de que o culpado faz parte. Diz-se que alguém pertence a essa classe ou àquele clã[852] conforme o animal seja desse clã ou daquela classe. Ou seja, a alma teria vindo sob a forma do animal totêmico.

---

850. M. F. von Leonhardi, "Über einige religiöse und totemistische Vorstellungen der Aranda und Loritja in Zentralaustralien", *op. cit.*, p. 289. A despeito das objeções de Leonhardi, C. Strehlow manteve suas afirmações sobre esse ponto (Ver C. Strehlow, *Die Aranda – und Loritja – Stämme in Zentral-Australien*, *op. cit.*, III, 1910, p. XI.). Leonhardi acha que há certa contradição entre essa asserção e a teoria segundo a qual os *ratapa* emanam de árvores, de rochas e de *churinga*. Ainda assim, o animal totêmico encarna o totem assim como a árvore ou a pedra *nanja*; ele pode exercer, portanto, o mesmo papel. Essas diferentes coisas são mitologicamente equivalentes.

851. H. Basedow, "Anthropological Notes on the Western Coastal Tribes of the Northern Territory of South Australia", *Transactions and Proceedings and Report of the Royal Society of South Australia*, XXXI (1907), p. 4. Cf., em relação às tribos do distrito de Cairns (Queensland setentrional), *Man*, 1909, n. 86.

852. Entre os Wakelbura, onde, segundo E. M. Curr e A. W. Howitt, cada classe matrimonial tem seus próprios totens, o animal determina a classe (Ver E. M. Curr [ed.], *The Australian Race*, III, 1887, *op. cit.*, p. 28.); entre os Buandik, ele revela o clã (Sra. James S. Smith, *The Booandik Tribe of South Australian Aborigines*, Adelaide, E. Spiller, Government Printer, 1880, p. 128.). Cf. A. W. Howitt, "On Some Australian Beliefs", *op. cit.*, p. 191; A. L. P. Cameron, "Notes on some Tribes of New South Wales", *op. cit.*, p. 362; N. W. Thomas, "An American View of Totemism", *Man*, v. 2, 1902, n. 85; R. H. Mathews, "Ethnological Notes on the Aboriginal Tribes of New South Wales and Victoria", *op. cit.*, p. 347-8; R. Brough Smyth, *The Aborigines of Victoria*, *op. cit.*, I, p. 110; e B. Spencer e F. J. Gillen, *North. Tr.*, *op. cit.*, p. 513.

Em outras sociedades, nas quais o totemismo está enfraquecido ou desapareceu, a alma continua, ainda assim, a ser concebida sob forma animal. Os nativos do Cabo Bedford (Queensland do Norte) acreditam que a criança, no momento em que entra no corpo da mãe, é ou um maçarico-real, caso seja uma menina, ou uma serpente, caso seja um menino. É só na sequência que adquire forma humana.[853] Muitos índios da América do Norte, diz o príncipe de Wied, afirmam que possuem um animal no corpo.[854] Os Bororo do Brasil representam sua alma sob a forma de um pássaro e, por essa razão, acreditam ser pássaros dessa mesma variedade.[855] Em outros casos, ela é concebida como uma serpente, um lagarto, uma mosca, uma abelha etc.[856]

É, porém, sobretudo após a morte que essa natureza animal da alma se manifesta. Durante a vida, esse caráter é parcialmente oculto pela própria forma do corpo humano. Uma vez que a morte a libertou, contudo, volta a ser ela mesma. Entre os Omaha, em ao menos dois dos clãs do búfalo, acredita-se que as almas dos mortos partem para ir se juntar aos búfalos, seus ancestrais.[857] Os Hopi estão divididos em um certo número de clãs, cujos ancestrais eram animais ou seres com forma animal. Ora, relata Schoolcraft, eles afirmam que, com a morte, retomam sua forma original: cada um deles volta a ser um urso ou um cervo, segundo o clã ao qual pertencem.[858] Com muita frequência, considera-se que a alma reencarna em um corpo de animal.[859]

---

853. W. E. Roth, "Superstition, Magic and Medicine", *op. cit.*, § 83. Trata-se, provavelmente, de uma forma de totemismo sexual.

854. Alexander Philipp Maximilian de Wied, *Reise in das Innere Nord-America in den Jahren 1832 bis 1834*, *op. cit.*, II, p. 190.

855. K. von den Steinen, *Unter den Naturvölkern Zentral-Brasiliens*, Berlim, Reimer, 1894, p. 511-2.

856. Ver J. G. Frazer, *The Golgen Bough*, 2. ed., *op. cit.*, I, p. 250, 253 e 256-8.

857. J. O. Dorsey, "The Omaha Sociology", *op. cit.*, p. 229 e 233.

858. H. R. Schoolcraft (ed.), *Historical and Statistical Information respecting the History, Conditions and Prospects of the Indian Tribes of the United States*, *op. cit.*, IV, 1854, p. 86.

859. Por exemplo, entre os Batta de Sumatra (ver J. G. Frazer, *The Golden Bough*, *op. cit.*, 2. ed., III, p. 420), na Melanésia (R. H. Codrington, *The Melanesians*, *op. cit.*, p. 178.), no arquipélago malaio (E. B. Tylor, "Remarks on Totemism", *op. cit.*, p. 147.). Observar-se-á que os casos em que a alma, após a morte, apresenta-se claramente sob forma animal são tomados de empréstimo de sociedades em que o totemismo encontra-se mais ou menos enfraquecido. Isso ocorre porque, nos locais em que as crenças totêmicas são relativamente puras, a ideia de alma é necessariamente ambígua. Afinal, o totemismo implica que ela participe ao mesmo tempo de dois reinos. Ela não pode ser determinada de uma maneira exclusiva em um ou em outro sentido, mas assume, em função das circunstâncias, tanto um aspecto quanto o outro. Quanto mais o totemismo recua, menos essa ambiguidade torna-se necessária, ao mesmo tempo que os espíritos sentem uma intensa necessidade de distinção. Nesse momento, as

É disso, muito provavelmente, que se originou a doutrina, tão difundida, da metempsicose. Vimos como Tylor tem dificuldades para explicá-la.[860] Se a alma é um princípio essencialmente humano, o que pode haver de mais singular, com efeito, que essa clara predileção que ela manifesta, em um grande número de sociedades, pela forma animal? Tudo se explica, ao contrário, se, por sua própria constituição, a alma é parente próximo do animal, pois, então, ao voltar, após a vida, ao mundo da animalidade, ela apenas retorna à sua verdadeira natureza. Desse modo, a generalidade da crença na metempsicose é uma nova prova de que os elementos constitutivos da ideia de alma foram principalmente tomados de empréstimo do reino animal, como o supõe a teoria que acabamos de expor.

## IV

A noção de alma é assim uma aplicação particular das crenças relativas aos seres sagrados. A alma, com efeito, sempre foi considerada uma coisa sagrada; nessa condição, ela se opõe ao corpo, o qual, por si só, é profano. Ela não se distingue apenas de seu invólucro, tal como o dentro do fora; ela não é simplesmente representada como se fosse feita de uma matéria mais sutil, mais fluida; mas, além disso, ela inspira alguma coisa desses elementos que invariavelmente são reservados ao que é divino. Se não é tornada um deus, vê-se nela ao menos uma centelha da divindade. Esse caráter essencial seria inexplicável se a ideia de alma fosse apenas uma solução pré-científica ao problema do sonho: afinal, como não há nada no sonho que possa despertar a emoção religiosa, a causa pela qual essa é explicada não poderia ser de outra natureza. Ainda assim, se a alma é uma parte da substância divina, ela representa em nós algo diferente de nós mesmos; se é feita da mesma matéria mental que os seres sagrados, é natural que seja o objeto dos mesmos sentimentos.

E o caráter que o ser humano se atribui desse modo não é o produto de uma pura ilusão. Tal como a noção de força religiosa e de divindade, a noção de alma não é desprovida de realidade. É bem verdade que somos formados de duas partes distintas que se opõem uma à outra, tal como o profano ao sagrado, e pode-se dizer, em certo sentido, que há algo de divino em nós. Afinal, a sociedade, essa fonte única de tudo o que é sagrado, não se limita a nos mover a partir do exterior e a nos afetar de forma passageira.

---

afinidades tão caracterizadas da alma pelo reino animal se fazem sentir, sobretudo após sua liberação do corpo humano.

860. Ver, anteriormente, p. 216. Sobre a generalidade da crença em relação à metempsicose, ver E. B. Tylor, *La Civilisation Primitive, op. cit.*, II, 1878, p. 8 ss.

Ela se organiza em nós de maneira durável. Ela suscita todo um mundo de ideias e de sentimentos que a exprimem, mas que, ao mesmo tempo, são parte integrante e permanente de nós mesmos. Quando o australiano deixa uma cerimônia religiosa, as representações que a vida em comum originou ou despertou nele não são abolidas de uma só vez. As figuras dos grandes ancestrais, os feitos heroicos cuja lembrança os ritos comemoram, as grandes coisas de todo tipo às quais o rito o fez participar, em suma, os ideais diversos que ele elaborou coletivamente continuam a viver em sua consciência e, em função das emoções que são atreladas a isso, da influência muito especial que exercem, distinguem-se claramente das impressões vulgares nele mantidas por seu comércio cotidiano com as coisas exteriores. As ideias morais têm o mesmo caráter. Foi a sociedade que as imprimiu em nós, e, como o respeito que inspira, comunica-se naturalmente a tudo o que provém dela, as normas imperativas da conduta encontram-se, em razão de sua origem, investidas de uma autoridade e de uma dignidade que nossos outros estados interiores não têm: atribuímos assim um lugar especial a elas no conjunto de nossa vida psíquica. Embora nossa consciência moral faça parte de nossa consciência, não nos sentimos em pé de igualdade com ela. Nessa voz que se faz ouvir apenas por nos dar ordens e fornecer decretos, não podemos reconhecer nossa voz: seu próprio tom alerta-nos que ela exprime em nós algo diferente de nós. Eis aí o que há de objetivo na ideia de alma: as representações cuja trama constitui nossa vida interior são de duas espécies diferentes e irredutíveis uma à outra. Umas remetem-se ao mundo exterior e material; as outras, a um mundo ideal ao qual atribuímos uma superioridade moral sobre o primeiro. Somos então realmente feitos de dois seres orientados em sentidos divergentes e quase contrários, sendo que um exerce sobre o outro uma verdadeira preeminência. Tal é o sentido profundo da antítese que todos os povos conceberam de forma mais ou menos clara entre o corpo e a alma, entre o ser sensível e o ser espiritual que coexistem em nós. Moralistas e predicadores com frequência sustentaram que não se pode negar a realidade do dever e seu caráter sagrado sem cair no materialismo. Com efeito, se não tivéssemos a noção dos imperativos morais e religiosos,[861] nossa vida psíquica seria nivelada, todos nossos estados

---

861. Se as representações religiosas e morais constituem, como acreditamos, os elementos essenciais da ideia de alma, não queremos dizer, no entanto, que sejam os únicos. Ao redor desse núcleo central vêm se agrupar outras ideias que têm, embora em um grau menor, o mesmo caráter. É o caso de todas as formas superiores da vida intelectual, em função do valor todo particular e da dignidade que a sociedade lhes atribui. Quando vivemos a vida da ciência ou da arte, temos a impressão de nos mover em um círculo de coisas superiores à sensação: é, aliás, o que teremos a ocasião de mostrar de maneira mais precisa em nossa Conclusão. Eis por que as altas funções da inteligência têm sido sempre consideradas como manifestações

de consciência estariam em um mesmo plano e todo sentimento de dualidade deixaria de existir. Sem dúvida, para tornar essa dualidade inteligível, de forma alguma é necessário imaginar, com o nome de alma, uma substância misteriosa e irrepresentável que se oporia ao corpo. Ainda assim, tanto aqui como quando se tratou da noção do sagrado, o erro está na letra do símbolo empregado, não na realidade do fato simbolizado. Permanece verdadeiro que nossa natureza é dupla; há verdadeiramente em nós uma parcela de divindade, pois há em nós uma parcela desses grandes ideais que são a alma da coletividade.

A alma individual, portanto, é apenas uma porção da alma coletiva do grupo. É a força anônima que está na base do culto, mas encarnada no indivíduo cuja personalidade ela desposa. Trata-se do *mana* individualizado. O sonho pode muito bem ter contribuído para determinar certos elementos secundários dessa ideia. A inconsistência e a instabilidade das imagens que ocupam nosso espírito durante o sono, sua notável aptidão para se transformarem umas nas outras talvez tenham fornecido o modelo dessa matéria sutil, diáfana e proteiforme da qual a alma seria feita. Por outro lado, os fatos de síncope, de catalepsia etc. podem ter sugerido a ideia de que a alma era móvel e, já nessa vida, deixava temporariamente o corpo; o que, em contrapartida, serviu para explicar certos sonhos. Mas todas essas experiências e essas observações tiveram apenas uma influência acessória e complementar, cuja existência é mesmo difícil de estabelecer. O que há de realmente essencial na noção provém de outra parte.

Acaso essa gênese da ideia de alma não desconhece, porém, seu caráter essencial? Se a alma é apenas uma forma particular do princípio impessoal que está difuso no grupo, na espécie totêmica e em todos os tipos de coisas que lhe são atreladas, ela mesma é impessoal no seu fundamento. Ela deve possuir, portanto, com alguns poucos graus de diferença, as mesmas propriedades que a força da qual não é senão um modo especial, e sobretudo a mesma difusão, a mesma aptidão a espalhar-se contagiosamente, a mesma ubiquidade. Ora, ao contrário, a alma é representada de bom grado como um ser concreto, definido, inteiramente concentrado em si mesmo e incomunicável aos outros; faz-se dela a base de nossa personalidade.

Essa maneira de conceber a alma é, contudo, o produto de uma elaboração tardia e filosófica. A representação popular, tal como espontaneamente se depreendeu da experiência comum, é muito diferente, sobretudo na origem.

---

específicas da atividade da alma. Ainda assim, provavelmente, elas não teriam bastado para constituir essa noção.

Para o australiano, a alma é uma entidade muito vaga, com formas indecisas e flutuantes, espalhada por todo o organismo. Embora manifeste-se com maior intensidade em certos pontos, talvez não exista parte dele em que esteja completamente ausente. Ela tem, portanto, uma difusão, uma contagiosidade, uma onipresença comparável àquela do *mana*. Como o *mana*, ela pode se dividir e se desdobrar ao infinito, ainda assim permanecendo integralmente em cada uma de suas partes. É dessas divisões e desses desdobramentos que resulta a pluralidade das almas. Por outro lado, a doutrina da reencarnação, cuja generalidade estabelecemos, mostra tudo o que há de elementos impessoais na ideia de alma e o quanto eles são essenciais. Afinal, para que uma mesma alma possa assumir uma personalidade nova a cada geração, é preciso que as formas individuais nas quais envolve-se sucessivamente lhe sejam todas igualmente exteriores e não remetam à sua natureza verdadeira. Trata-se de uma espécie de substância genérica que apenas se individualiza de forma secundária e superficial. Essa concepção da alma, aliás, está longe de ter desaparecido totalmente. O culto das relíquias demonstra que, ainda hoje, para a multidão dos crentes, a alma de um santo permanece atrelada a seus restos mortais, com todos os seus poderes essenciais. Isso implica que ela seja representada como algo capaz de difundir-se, de subdividir-se, de incorporar-se simultaneamente em todo tipo de coisas diferentes.

Assim como encontram-se na alma atributos característicos do *mana*, mudanças secundárias e superficiais bastam para que o *mana* se individualize sob a forma de alma. Passa-se da primeira à segunda ideia sem solução de continuidade. Toda força religiosa que está atrelada, reconhecidamente, a um ser determinado, participa das características desse ser, assume sua fisionomia, torna-se seu duplo espiritual. Treager, em seu dicionário Maori-polinésio, julgou poder aproximar da palavra *mana* todo um grupo de outras palavras, como *manawa*, *manamana* etc., que parecem pertencer à mesma família e que significam coração, vida e consciência. Acaso isso não implicaria dizer que deve igualmente existir alguma relação de parentesco entre as ideias correspondentes, ou seja, entre as noções de poder impessoal e as de vida interior, de força mental, em suma, de alma?[862] Eis por qual motivo a questão de saber se o *churinga* é sagrado porque serve de morada a uma alma, como acreditam Spencer e Gillen, ou porque possui virtudes impessoais, como pensa Strehlow, parece-nos pouco interessante e desprovida de um valor sociológico. Que a eficácia de um objeto sagrado seja representada nos espíritos sob forma abstrata ou atribuída a algum agente pessoal, isso pouco importa no fundo. As raízes psicológicas de uma e de outra crença

---

862. E. Treager, *The Maori-Polynesian Comparative Dictionary*, op. cit., p. 203-5.

são exatamente as mesmas: uma coisa é sagrada porque inspira, por uma razão qualquer, um sentimento coletivo de respeito que a subtrai aos ataques profanos. Para explicar esse sentimento, as pessoas o remetem tanto a uma causa vaga e imprecisa quanto a um ser espiritual determinado, dotado de um nome e de uma história; mas essas interpretações diferentes somam-se a um processo fundamental, que é o mesmo nos dois casos.

É o que explica, aliás, as singulares confusões cujos exemplos encontramos pelo caminho. O indivíduo, a alma do ancestral que ele reencarna ou da qual a sua é uma emanação, seu *churinga* e os animais da espécie totêmica são, dizíamos, coisas parcialmente equivalentes e intercambiáveis. O fato é que afetam, sob certos aspectos, toda a consciência coletiva da mesma maneira. Se o *churinga* é sagrado, isso se deve aos sentimentos coletivos de respeito que inspira o emblema totêmico, inscrito em sua superfície. Ora, o mesmo sentimento atrela-se aos animais e às plantas cujo totem reproduz a forma exterior, à alma do indivíduo, uma vez que é pensada sob a forma das espécies do ser totêmico, bem como, por fim, à alma ancestral, cuja precedência é apenas um aspecto particular. Desse modo, todos esses objetos diversos, reais ou ideais, têm um lado comum a partir do qual suscitam nas consciências um mesmo estado afetivo, e, assim, confundem-se. Na medida em que são expressos por uma única e mesma representação, tornam-se indistintos. Eis como o Arunta pôde ter sido conduzido a ver no *churinga* o corpo comum do indivíduo, do ancestral e, inclusive, do ser totêmico. É uma maneira de expressar para si mesmo a identidade dos sentimentos vinculados a essas diferentes coisas.

Todavia, de que a ideia de alma deriva da ideia de *mana* não se segue, de forma alguma, que a primeira tenha uma origem relativamente tardia, nem que tenha havido uma época da história em que os seres humanos teriam apenas conhecido as forças religiosas sob suas formas impessoais. Quando, por meio da palavra pré-animismo, pretende-se designar um período histórico durante o qual o animismo teria sido totalmente ignorado, elabora-se uma hipótese arbitrária.[863] Afinal, não há povo em que a ideia de alma e a ideia de *mana* não coexistam. Não estamos autorizados a supor, portanto, que essas ideias tenham se formado em tempos distintos; pois tudo prova que são sensivelmente contemporâneas. Do mesmo modo que não existem sociedades sem indivíduos, as forças impessoais que se depreendem da coletividade não podem se constituir sem se encarnar nas consciências individuais, nas quais elas mesmas se individualizam. Na realidade, não há aí dois processos diferentes, mas dois aspectos diferentes de um único e mesmo processo. É ver-

---

863. É a tese de K. T. Preuss nos artigos do *Globus* que já citamos várias vezes. Ao que parece, L. Lévy-Bruhl tende também para a mesma concepção (Ver *Les Fonctions Mentales dans les Sociétés Inférieures*, op. cit., p. 92-3.).

dade que eles não possuem uma igual importância: um deles é mais essencial que o outro. A ideia de *mana* não supõe a ideia de alma; afinal, para que o *mana* possa se individualizar e se fragmentar em almas particulares, é necessário, antes, que ele exista, e o que existe por si só não depende das formas que assume ao se individualizar. Ao contrário, a ideia de alma pode apenas ser compreendida em relação à ideia de *mana*. A esse respeito, é possível dizer que ela se deve a uma formação secundária. Trata-se, contudo, de uma formação secundária no sentido lógico, e não no sentido cronológico da palavra.

## V

Por que, no entanto, as pessoas acreditaram que a alma sobrevivia ao corpo e podia mesmo sobreviver-lhe por um tempo indefinido?

Decorre, da análise que procedemos, que a crença na imortalidade não se constituiu de forma alguma sob a influência de ideias morais. O ser humano não imaginou prolongar sua existência para além do túmulo de modo que uma justa retribuição dos atos morais possa ser garantida em outra vida, a despeito da atual. Afinal, vimos que toda consideração desse gênero era estranha à primitiva concepção do além.

Do mesmo modo, não se pode considerar a hipótese segundo a qual a outra vida teria sido concebida como um meio de escapar à perspectiva angustiante do aniquilamento. Em primeiro lugar, a necessidade de sobrevivência pessoal está longe de ser tão forte nos primórdios. O primitivo geralmente aceita a ideia da morte com uma espécie de indiferença. Acostumado a ter em baixa conta sua individualidade, habituado a arriscar sem cessar sua vida, renuncia a ela com bastante facilidade.[864] Além disso, a imortalidade que lhe é prometida por parte das religiões que pratica nada tem de pessoal. Em um grande número de casos, a alma não continua ou não continua por muito tempo na personalidade do defunto, pois, indiferente à sua existência anterior, ela vai embora, depois de algum tempo, para animar outros corpos e torna-se, assim, o princípio vivificador de personalidades novas. Mesmo entre os povos mais avançados, não era a pálida e triste existência que as sombras levavam na Scheol ou no Érebo que podia atenuar os queixumes que a lembrança da vida perdida impunha*.

---

864. Ver, sobre este ponto, nosso É. Durkheim, *Le Suicide, op. cit.*, p. 233 ss. [Ver, em português: É. Durkheim, *O Suicídio*, São Paulo, Edipro, 2013, 2. ed., p. 209 ss., com tradução de Evelyn Tesche. (N.T.)]

*. Os termos empregados remetem aos hebreus (Scheol) e aos gregos (Érebos) antigos. Ambos remetem, com nuances diferentes, ao lugar para onde se dirigem os mortos. (N.T.)

Uma explicação mais satisfatória é aquela que atrela a concepção de uma vida póstuma às experiências do sonho. Nossos parentes e amigos mortos reaparecem diante de nós em sonho: nós os vemos agir; nós os ouvimos falar. Era natural concluir disso que eles continuavam a existir. Não obstante, se essas observações puderam servir para confirmar a ideia, uma vez que essa surgiu, elas não parecem ter os elementos necessários para tê-la suscitado por completo. Os sonhos em que revemos pessoas mortas são raros e curtos demais, deixando apenas lembranças muito vagas para, por si mesmos, terem sugerido aos seres humanos um sistema de crenças tão importante. Há uma clara desproporção entre o efeito e a causa que lhe é atribuída.

O que torna a questão embaraçosa é que, por si só, a noção de alma não implicava a ideia de sobrevivência, mas parecia, antes, excluí-la. Vimos, com efeito, que a alma, mesmo distinguindo-se do corpo, é considerada como sendo intimamente solidária dele: ela envelhece quando ele envelhece; ela acusa o golpe de todas as doenças que o acometem; deveria, portanto, parecer natural que ela morresse com ele. Ao menos, deveria se acreditar que ela deixasse de existir a partir do momento em que ele perdesse definitivamente sua forma original, quando nada mais restasse do que ele havia sido. Ainda assim, é justamente aqui que se abre para ela uma nova vida.

Os mitos que relatamos anteriormente nos fornecem a única explicação que pode ser dada dessa crença. Vimos que as almas dos recém-nascidos eram ou emanações de almas ancestrais ou essas mesmas almas reencarnadas. Mas para que possam seja reencarnar, seja depreender periodicamente emanações novas, seria preciso que sobrevivessem a seus primeiros detentores. Ao que parece, portanto, admitiu-se a sobrevivência dos mortos para poder explicar o nascimento dos vivos. O primitivo não tem a ideia de um deus onipotente que cria, do nada, as almas. Para ele, só se pode fazer almas a partir de almas. Aquelas que nascem só podem, portanto, ser formas novas daquelas que foram; por conseguinte, é preciso que essas permaneçam existindo para que outras possam se formar. Em última instância, a crença na imortalidade das almas é a única maneira que o ser humano tem de explicar a si mesmo um fato que não pode deixar de chamar sua atenção: a perpetuidade da vida do grupo. Os indivíduos morrem, mas o clã sobrevive. As forças que fazem sua vida devem, assim, ter a mesma perpetuidade. Ora, essas forças são as almas que animam os corpos individuais; afinal, é nelas e por meio delas que o grupo se realiza. Por essa razão, é necessário que durem. É mesmo necessário que, durando, permaneçam idênticas a si mesmas; afinal, como o clã guarda sempre sua fisionomia característica, a substância espiritual da qual é feito deve ser concebida como qualitativamente invariável. Dado que o mesmo clã está sempre atrelado ao mesmo princípio totêmico, é necessário que aí estejam implicadas as mesmas almas; essas nada mais sendo que o princípio totêmico fragmentado e particularizado. Há, desse modo, algo similar a um plasma germinativo, de ordem mística, que se transmite de geração em geração e que promove, ou, ao menos, que deve promover a unidade espiritual do clã no decorrer do tempo. E essa crença, a despeito de seu caráter simbólico, não deixa de expressar uma verdade objetiva. Afinal, se o grupo não é imortal no sentido absoluto do termo, é bem verdade, contudo, que ele dura mais que os indivíduos e que renasce e se reencarna em cada nova geração.

Um fato confirma essa interpretação. Vimos que, segundo o testemunho de Strehlow, os Arunta distinguem dois tipos de almas: há, por um lado, aquelas dos ancestrais do Alcheringa, e, de outro, aquelas dos indivíduos que, a cada momento da história, compõem realmente o efetivo da tribo. Essas sobrevivem ao corpo apenas por um tempo bastante curto. Elas não tardam a ser totalmente aniquiladas. Somente as primeiras são imortais: assim como não foram criadas, não podem morrer. Ora, é notável que sejam também as únicas cuja imortalidade é necessária para explicar a permanência do grupo; afinal, é a elas, e unicamente a elas, que se atribui a função de garantir a perpetuidade do clã, uma vez que toda concepção é obra sua. As outras não têm, quanto a isso, nenhum papel. As almas são, portanto, chamadas de imortais apenas na medida em que essa imortalidade é útil para tornar inteligível a continuidade da vida coletiva.

Desse modo, as causas que suscitaram as primeiras crenças relativas a uma outra vida não estiveram relacionadas às funções que as instituições d'além-túmulo haveriam de cumprir mais tarde. Uma vez nascidas, contudo, foram rapidamente utilizadas para finalidades diferentes daqueles que haviam sido suas primeiras razões de ser. Já nas sociedades australianas, vemos algumas começando a se organizar nessa direção. Aliás, para isso, elas não tiveram de sofrer transformações fundamentais. Isso tanto é verdade que uma mesma instituição social pode, sem mudar de natureza, ocupar-se sucessivamente de funções diferentes!

## VI

A ideia de alma foi durante muito tempo, e ainda permanece em parte, a forma popular da ideia de personalidade.[865] A gênese da primeira dessas ideias deve, portanto, ajudar-nos a compreender como a segunda se constituiu.

---

865. Talvez se conteste que a unidade é a característica da personalidade, pois a alma foi sempre concebida como múltipla, como suscetível de se dividir e de se subdividir quase infinitamente.

Depreende-se do que precede que a noção de pessoa é o produto de dois tipos de fatores. Um deles é essencialmente impessoal: trata-se do princípio espiritual que serve de alma à coletividade. É ele, com efeito, que constitui a própria substância das almas individuais. Ora, ele não é propriedade particular de ninguém: ele pertence ao patrimônio coletivo; nele e por ele, todas as consciências comungam. Por outro lado, contudo, para que existam personalidades separadas, é necessário que outro fator intervenha, algo que fragmente esse princípio e que o diferencie: em outros termos, é necessário um fator de individualização. É o corpo que exerce esse papel. Como os corpos são distintos uns dos outros, como ocupam pontos diferentes do tempo e do espaço, cada um deles constitui um meio especial em que as representações coletivas veem se refratar e se colorir diferentemente. Disso resulta que, se todas as consciências engajadas nesses corpos viveram sobre o mesmo mundo, a saber, o mundo das ideias e dos sentimentos que realizam a unidade moral do grupo, nem todas o enxergam a partir do mesmo ângulo. Cada uma o exprime a seu modo.

Desses dois fatores, igualmente indispensáveis, o primeiro certamente não é o menos importante: ele fornece, afinal, a matéria primeira da ideia de alma. Talvez cause espanto que se atribua um papel assim tão importante na gênese da noção de personalidade ao elemento impessoal. A análise filosófica da ideia de pessoa, porém, a qual se antecipou, e muito, à análise sociológica, obteve resultados análogos sobre esse ponto. Entre todos os filósofos, Leibniz é um dos que tiveram o mais vivo sentimento do que é a personalidade. Afinal, a mônada é, antes de mais nada, um ser pessoal e autônomo. E, não obstante, para Leibniz, o conteúdo de todas as mônadas é idêntico. Todas, com efeito, são consciências que exprimem um único e mesmo objetivo, o mundo; e como o próprio mundo é apenas um sistema de representações, cada consciência particular é, em suma, somente um reflexo da consciência universal. Ocorre apenas que cada uma o exprime de seu ponto de vista e à sua maneira. Sabe-se como essa diferença de perspectiva provém do fato de as mônadas estarem diversamente situadas tanto umas em relação às outras quanto em relação ao sistema total que constituem.

---

Sabemos hoje, contudo, que a unidade da personalidade é igualmente feita de partes, que ela é, também, suscetível de se dividir e de se decompor. Ainda assim, a noção de personalidade não desaparece pelo simples fato de deixarmos de percebê-la sob a forma de um átomo metafísico e indivisível. O mesmo ocorre com essas concepções populares da personalidade que encontraram sua expressão na ideia de alma. Elas mostram que os povos sempre tiveram o sentimento de que a pessoa humana não possuía essa unidade absoluta que lhe atribuíram certos metafísicos.

De outra maneira, Kant exprime o mesmo sentimento. Para ele, a pedra angular da personalidade é a vontade. Ora, a vontade é a faculdade de agir em conformidade com a razão, e a razão é o que há de mais impessoal em nós. Afinal, a razão não é a minha razão: é a razão humana em geral. Ela é o poder que o espírito tem de se elevar para além do particular, do contingente e do individual para pensar sob a forma do universal. Pode-se dizer, então, desse ponto de vista, que o que faz do ser humano uma pessoa é aquilo em função do que ele se confunde com os outros seres humanos, o que o torna humano, e não um ser humano particular. O sentido, o corpo, em uma palavra, tudo o que individualiza é, ao contrário, considerado por Kant como o antagonista da personalidade.

Isso ocorre porque a individuação não é a característica essencial da pessoa. Uma pessoa não é apenas um sujeito singular, distinto dos demais. Ele é, ao contrário e sobretudo, um ser a que se atribui uma autonomia relativa em relação ao meio com o qual está em contato mais imediato. Representa-se ele como sendo capaz, em alguma medida, de se movimentar por si só: eis o que Leibniz exprimia, de maneira ultrajante, ao dizer que a mônada é completamente fechada ao exterior. Pois bem, nossa análise permite conceber como se formou essa concepção e a que ela responde.

A alma, com efeito, expressão simbólica da personalidade, possui essa mesma característica. Embora intimamente unida ao corpo, ela é considerada profundamente distinta dele e desfruta, em relação a ele, de uma ampla independência. Ao longo da vida, pode deixá-lo temporariamente, e retira-se dele definitivamente com a morte. Longe de depender dele, domina-o a partir da mais elevada dignidade que existe nela. Pode muito bem tomar-lhe a forma exterior sob a qual se individualiza, mas não lhe deve nada de essencial. Ora, essa autonomia que todos os povos atribuíram à alma não é puramente ilusória, e sabemos agora qual é seu fundamento objetivo. É bem verdade que os elementos que servem para formar a ideia de alma e aqueles que entram na representação do corpo provêm de duas fontes diferentes e independentes uma da outra. Enquanto os primeiros são constituídos de impressões e de imagens que se depreendem de todos os pontos do organismo, os outros consistem em ideias e em sentimentos que provêm da sociedade e que a exprimem. Aqueles não derivam, portanto, destes. Desse modo, há realmente uma parte de nós mesmos que não está colocada sob a dependência imediata do fator orgânico: trata-se de tudo o que, em nós, representa a sociedade. As ideias gerais que a religião ou a ciência imprimem em nossos espíritos, as operações mentais que essas ideias supõem, as crenças e os sentimentos que estão na base de nossa vida moral, todas essas formas superiores da atividade psíquica que a sociedade desperta e desenvolve em nós não estão a reboque do corpo, como nossas sensações e nossos estados cenestésicos. É que, como mostramos, o mundo das representações no qual se desenrola a vida social sobrepõe-se a seu substrato material, ao invés de provir dele: o determinismo que reina nele é, portanto, muito mais flexível que aquele cujas raízes estão na constituição de nossos tecidos, e deixa ao agente uma impressão justificada da maior liberdade possível. O meio no qual movemo-nos, desse modo, tem algo de menos opaco e menos resistente: sentimo-nos e estamos aí mais à vontade. Em suma, o único meio que temos de nos liberar das forças físicas é opor-lhes as forças coletivas.

O que obtemos da sociedade é, contudo, comum entre nós e nossos companheiros. Estamos, portanto, longe de ser tanto mais pessoas quanto mais individualizados. Os dois termos não são, de forma alguma, sinônimos: em certo sentido, opõem-se mais do que se implicam. A paixão individualiza e, portanto, subjuga. Nossas sensações são essencialmente individuais; somos, contudo, tanto mais pessoas quanto mais libertos dos sentidos, quanto mais capazes de pensar e de agir por meio de conceitos. Logo, aqueles que insistem sobre tudo o que há de social no indivíduo não pretendem, com isso, negar ou rebaixar a personalidade. Eles apenas recusam-se a confundi-la com o fato da individuação.[866]

---

[866]. Nem por isso negamos a importância do fator individual: ele se explica, de nosso ponto de vista, tão facilmente quanto seu contrário. Se o elemento essencial da personalidade é o que há de social em nós, por outro lado, só pode haver vida social se indivíduos distintos estão associados, e ela é tanto mais rica quanto mais forem numerosos e diferentes entre si. O fator individual é, então, condição do fator impessoal. A recíproca não é menos verdadeira, pois a própria sociedade é uma fonte importante de diferenciações individuais (Ver É. Durkheim, *De la Division du Travail Social*, 3. ed., *op. cit.*, p. 267 ss. [Ver, em português: É. Durkheim, *Da Divisão do Trabalho Social*, São Paulo, Edipro, 2016, p. 259 ss., com tradução de Andréa Stahel M. da Silva. (N.T.)].).

CAPÍTULO IX

# A noção de espíritos e de deuses

Com a noção de alma, deixamos o círculo de forças impessoais. Mesmo as religiões australianas já reconhecem, contudo, acima da alma, personalidades míticas de uma ordem superior: espíritos, heróis civilizadores e mesmo deuses propriamente ditos. Sem entrar no detalhe das mitologias, precisamos, ao menos, procurar sob qual forma essas três categorias de seres espirituais se apresentam na Austrália, bem como de que maneira elas se atrelam ao conjunto do sistema religioso.

## I

Uma alma não é um espírito. Com efeito, ela está internalizada em um organismo determinado; e mesmo que possa deixá-lo em certos momentos, ela normalmente é sua prisioneira. Ela escapa disso, definitivamente, apenas com a morte, e, ainda assim, vimos com que dificuldade essa separação se consuma. O espírito, ao contrário, embora com frequência unido por laços estreitos a um objeto particular, a um redemoinho d'água, a uma rocha, a uma árvore, a um astro etc., embora resida preferencialmente nesses locais, pode se afastar deles à vontade para levar, no espaço, uma existência independente. Ele também tem uma esfera de ação mais extensa. Pode agir sobre todos os indivíduos que se aproximam dele ou dos quais ele se aproxima. A alma, ao contrário, possui apenas influência sobre o corpo que anima: é muito raro que, ao longo de sua vida terrena, ela chegue a afetar outros sujeitos.

Se a alma não tem, contudo, as características distintivas do espírito, ela as adquire, ao menos em parte, a partir da morte. Com efeito, uma vez desencarnada, e enquanto não tiver entrado novamente em um corpo, ela tem a mesma liberdade de movimentos que um espírito. Sem dúvida, uma vez realizados os ritos de luto, ela supostamente parte aos países das almas; antes, porém, ela permanece durante um tempo bastante longo em torno do túmulo. Além disso, mesmo quando afasta-se definitivamente dele, acredita-se que ela continue a vagar pela aldeia, na mata.[867] Em geral, ela é representada como um ser que tende a ser benéfico, sobretudo para os membros de sua família que continuam a viver: vimos, inclusive, que a alma do pai vem ajudar no crescimento de seus filhos ou de seus netos. Por vezes ocorre, contudo, que ela expresse uma verdadeira crueldade. Tudo depende de seu humor e do modo como é tratada por quem está vivo.[868] Também é recomendado, sobretudo às mulheres e às crianças, que não se aventurem além da aldeia durante a noite, de maneira a não se expor a encontros perigosos.[869]

Ainda assim, um fantasma não é um verdadeiro espírito. Em primeiro lugar, ele geralmente possui apenas uma capacidade de ação restrita; além disso, não tem atribuições definidas. Trata-se de um ser errante, ao qual não cabe nenhuma tarefa determinada, uma vez que a morte teve justamente por efeito colocá-lo fora de todos os quadros regulares. Ele é, em relação aos vivos, uma espécie de desclassificado. Um espírito, ao contrário, sempre tem algum tipo de eficácia, definindo-se mesmo por isso. Ele é responsável por certa ordem de fenômenos, cósmicos ou sociais, tendo uma função mais ou menos precisa a exercer no sistema do mundo.

Há, contudo, almas que satisfazem essa dupla condição e são, por conseguinte, no sentido próprio do termo, espíritos. Trata-se das almas desses personagens míticos que a imaginação popular situou na origem dos tempos, as pessoas do *Alcheringa* ou *Altjirangamitjina* dos Arunta, os *Mura-mura* das tribos do lago Eyre, os *Muk-Kurnai* dos Kurnai etc. Em certo sentido, são ainda almas, pois supostamente já animaram corpos dos quais se separaram em dado momento. Não obstante, inclusive enquanto viviam uma vida terrestre, já possuíam, como vimos, poderes excepcionais. Elas tinham um *mana* superior ao dos seres humanos comuns e conservaram-no. Além disso, são incumbidas de funções determinadas.

Em primeiro lugar, aceitando-se tanto a versão de Spencer e Gillen quanto a de Strehlow, cabe a elas a tarefa do recrutamento periódico do clã. Elas são responsáveis pelo fenômeno da concepção.

---

867. W. E. Roth, "Superstition, Magic and Medicine", *op. cit.*, §§ 65 e 68; B. Spencer e F. J. Gillen, *Nat. Tr.*, *op. cit.*, p. 514 e 516.

868. B. Spencer e F. J. Gillen, *Nat. Tr.*, *op. cit.*, p. 515 e 521; J. Dawson, *Australian Aborigines*, *op. cit.*, p. 58; e W. E. Roth, "Superstition, Magic and Medicine", *op. cit.*, § 67.

869. B. Spencer e F. J. Gillen, *Nat. Tr.*, *op. cit.*, p. 517.

Uma vez operada a concepção, não finda a tarefa do ancestral. É a ele que cabe velar pelo recém-nascido. Mais tarde, quando a criança tiver se tornado um adulto, ele a acompanha na caça, dirige para ele a presa, alerta-o, mediante o expediente dos sonhos, dos perigos que pode correr, protege-o contra seus inimigos etc. Sobre esse ponto, Strehlow está inteiramente de acordo com Spencer e Gillen.[870] Perguntar-se-á, é verdade, como, na versão desses, é possível ao ancestral adquirir tal função. Afinal, dado que ele se reencarna no momento da concepção, deveria, ao que parece, confundir-se com a alma da criança e, por conseguinte, não teria como protegê-la do exterior. Na realidade, contudo, ele não se reencarna por inteiro, apenas se desdobra. Uma parte dele penetra no corpo da mulher e a fecunda; outra continua a existir fora dela e, com o nome especial de *Arumburinga*, exerce o ofício de gênio tutelar.[871]

Observa-se quão grande é o parentesco desse espírito ancestral com o *genius* dos latinos e com o δαίμων dos gregos.[872] A identidade funcional é completa. O *genius*, em primeiro lugar, é aquele que engendra, *qui gignit*; ele exprime e personifica a potência geradora.[873] Ao mesmo tempo, porém, é o protetor, o diretor do indivíduo particular a cuja pessoa está ligado.[874] Enfim, confunde-se com a própria personalidade desse indivíduo. Ele representa o conjunto das inclinações e das tendências que o caracterizam e lhe dotam de uma fisionomia distintiva em meio a outras pessoas.[875] É daí que provêm as expressões conhecidas *indulgere genio* e *defraudare genium*, com o sentido de *seguir seu temperamento natural*. No fundo, o *genius* é uma outra forma, um duplo da própria alma do indivíduo. A sinonímia parcial entre *genius* e *manes* o prova.[876] Os *manes* são o *genius* após a morte, mas

---

870. C. Strehlow, *Die Aranda – und Loritja – Stämme in Zentral-Australien*, op. cit., II, 1908, p. 76, n. 1; e B. Spencer e F. J. Gillen, *Nat. Tr.*, op. cit., p. 514 e 516.

871. B. Spencer e F. J. Gillen, *Nat. Tr.*, op. cit., p. 513.

872. Ver sobre essa questão, A. Negrioli, *Dei Genii presso i Romani*, op. cit.; bem como os verbetes de J. A. Hild, "Daemon" e "Genius", no *Dictionnaire des Antiquités Grecques et Romaines d'après les Textes et les Monuments*, op. cit., t. 3 (D-E, 1892, p. 9-19) e t. 4 (F-G, 1896, p. 1488-94); L. Preller, *Römische Mythologie*, 3. ed., Berlim, Weidmannsche Buchhandlung, 1883, II, p. 195 ss. [Durkheim, além de não identificar o autor e a paginação dos verbetes do *Dictionnaire des Antiquités Grecques et Romaines*, escreve equivocadamente "Daimon" na primeira entrada. Corrigimos aqui esses dois problemas. (N.T.)]

873. A. Negrioli, *Dei Genii presso i Romani*, op. cit., p. 4.

874. *Ibid.*, p. 8.

875. *Ibid.*, p. 7.

876. *Ibid.*, p. 11. Cf. E. Samter, "Der Ursprung des Larenkultus", *Archiv für Religionswissenschaft*, 10, 1907, p. 368-93.

também aquilo que sobrevive ao cadáver, ou seja, sua alma. Do mesmo modo, a alma do Arunta e o espírito ancestral que lhe serve de *genius* são apenas aspectos diferentes de um único e mesmo ser.

Mas não é apenas em relação às pessoas que o ancestral está situado de maneira definitiva: o mesmo ocorre em relação às coisas. Embora ele supostamente encontre no subterrâneo seu verdadeiro *habitat*, acredita-se que assombra sem cessar o local em que se encontra a árvore ou a rocha *nanja*, o redemoinho que se formou espontaneamente no ponto preciso em que desapareceu sob o solo, após ter terminado sua primeira existência. Como essa árvore ou essa pedra representariam o corpo do herói, imagina-se que sua própria alma retorna ao local sem cessar, e aí habita em caráter mais ou menos definitivo: é em decorrência da presença dessa alma que se explica o respeito religioso inspirado por esses locais. Ninguém pode quebrar um galho da árvore *nanja* sem se expor a ficar doente.[877] "Outrora, o fato de abatê-la ou de danificá-la era punido com a morte. Um animal ou um pássaro que encontram aí abrigo não devem ser mortos. Mesmo os bosques ao redor devem ser respeitados: a relva não deve ser queimada. As rochas também devem ser tratadas com respeito. É proibido deslocá-las ou quebrá-las."[878] Como esse caráter sagrado é atribuído ao ancestral, este surge como o espírito da árvore, da rocha, desse redemoinho, dessa fonte.[879] Caso considere-se que a fonte tenha relações com a chuva,[880] isso fará com que ela se torne um espírito da chuva. Assim, essas mesmas almas que, por um lado, servem de gênios protetores às pessoas, exercem ao mesmo tempo funções cósmicas. É, sem dúvida, nesse sentido que é preciso ler um texto de Roth, segundo o qual, no Queensland setentrional, os espíritos da natureza seriam almas dos mortos, que teriam fixado domicílio nas florestas ou nas cavernas.[881]

---

877. L. Schulze, "The Aborigines of the Upper and Middle Finke River", *loc. cit.*, p. 237.
878. C. Strehlow, *Die Aranda – und Loritja – Stämme in Zentral-Australien, op. cit.*, I, 1907, p. 5. Cf. B. Spencer e F. J. Gillen, *Nat. Tr., op. cit.*, p. 133; e S. Gazon, "The Dieyrie Tribe of Australian Aborigines", em E. M. Curr (ed.), *The Australian Race, op. cit.*, II, 1886, p. 69.
879. Ver em A. W. Howitt (*Nat. Tr., op. cit.*, p. 482.), o caso de um *Mura-mura* que é considerado o espírito de certas fontes termais.
880. B. Spencer e F. J. Gillen, *North. Tr., op. cit.*, p. 313-4; R. H. Mathews, "Ethnological Notes on the Aboriginal Tribes of New South Wales and Victoria", *op. cit.*, p. 351. Do mesmo modo, entre os Dieri, há um *Mura-mura* cuja função é produzir a chuva (A. W. Howitt, *Nat. Tr., op. cit.*, p. 798-9.)
881. W. E. Roth, "Superstition, Magic and Medicine", *op. cit.*, § 67. Cf. J. Dawson, *Australian Aborigines, op. cit.*, p. 58.

Eis aqui, portanto, seres espirituais que são algo distinto das almas errantes e sem eficácia definida. Strehlow lhes dá o nome de deuses.[882] Essa expressão, contudo, é imprópria, ao menos na grande maioria dos casos. Com efeito, em uma sociedade como a dos Arunta, na qual cada um tem seu ancestral protetor, existiriam tantos ou mais deuses que indivíduos. Atribuir o nome de deus a um ser sagrado que tem apenas um fiel seria introduzir uma confusão na terminologia. Pode acontecer, é bem verdade, de a figura do ancestral crescer a ponto de recordar aquela de uma divindade propriamente dita. Entre os Warramunga, como já dissemos,[883] todo o clã descenderia de um único ancestral. Explica-se facilmente que, em certas condições, esse ancestral coletivo tenha podido se tornar o objeto de uma devoção coletiva. É o que aconteceu, em especial, com a serpente Wollunqua.[884] Essa fera mítica, da qual supostamente provém o clã de mesmo nome, continua, acredita-se, a viver em um redemoinho d'água, cercado de um respeito religioso. Do mesmo modo, ela é também o objeto de um culto que o clã celebra coletivamente: a partir de ritos específicos, faz-se um esforço para agradá-la, atrair seus favores, dirige-se a ela espécies de rezas etc. Pode-se, então, dizer que ela é como o deus do clã. Trata-se, contudo, de um caso muito excepcional, ou mesmo único segundo Spencer e Gillen. Normalmente, "espíritos" é a única expressão que convém para designar esses personagens ancestrais.

Quanto ao modo por meio do qual essa concepção se formou, ele pode ser deduzido de tudo o que precede.

Como mostramos, uma vez aceita a existência de almas individuais, não se podia compreendê-las caso não se imaginasse, no princípio das coisas, um fundo original de almas fundamentais das quais todas as demais seriam derivadas. Ora, essas almas arquetípicas deviam necessariamente ser concebidas como contendo a fonte de toda eficácia religiosa. Afinal, como a imaginação não vai além disso, é delas, e somente delas, que viriam todas as coisas sagradas, os instrumentos do culto, os membros do clã, os animais da espécie totêmica. Elas encarnam toda religiosidade difusa na tribo e no mundo, e eis por que são atribuídos a elas poderes significativamente superiores àqueles que simples almas humanas possuem. Aliás, o tempo, sozinho, aumenta e reforça o caráter sagrado das coisas. Um *churinga* muito antigo inspira mais respeito que um *churinga* recente, e acredita-se que ele possua mais virtudes.[885] Os sentimentos de veneração dos quais ele foi o objeto

---

882. C. Strehlow, *Die Aranda – und Loritja – Stämme in Zentral-Australien, op. cit.*, I, 1907, p. 2 ss.
883. Ver, anteriormente, p. 305-6.
884. B. Spencer e F. J. Gillen, *North. Tr., op. cit.*, cap. VII.
885. *Ibid.*, p. 277.

durante a série de gerações sucessivas que o manejaram acumularam-se nele. Pela mesma razão, personagens que, após séculos, são o objeto de mitos que se transmitem respeitosamente de boca em boca, e que os ritos colocam periodicamente em ação, não podiam deixar de assumir, na imaginação popular, um lugar totalmente à parte.

Como explicar, porém, que, ao invés de permanecer fora dos quadros da sociedade, eles tenham se tornado seus membros regulares?

Isso ocorre porque cada indivíduo é o duplo de um ancestral. Ora, quando dois seres são aparentados a esse ponto, eles naturalmente são concebidos como solidários. Como participam de uma mesma natureza, o que afeta um deve, ao que parece, afetar necessariamente o outro. O grupo dos ancestrais míticos encontra-se assim vinculado à sociedade dos vivos por um laço moral. Atribuíram-se a estes e àqueles os mesmos interesses e as mesmas paixões. Foram concebidos como associados. Ocorre apenas que, como os primeiros tinham uma dignidade maior que os segundos, essa associação assumiu, no espaço público, a forma de uma relação entre superiores e inferiores, entre patrões e clientes, entre benfeitores e assistidos. Foi assim que nasceu essa curiosa noção de gênio tutelar, atrelado a cada indivíduo.

A questão de saber como o ancestral foi colocado em relações não somente com os seres humanos, mas com as coisas, pode parecer mais desconcertante. Afinal, não se vê, em um primeiro momento, qual relação pode haver entre um personagem desse gênero e uma árvore ou uma rocha. Uma informação que devemos a Strehlow nos fornece, contudo, uma solução ao menos verossímil acerca desse problema.

Essas árvores e esses rochedos não são situados aleatoriamente dentro do território tribal, mas estão reunidos ao redor desses santuários, chamados *ertnatulunga* segundo Spencer e Gillen, ou *arknanaua* de acordo com Strehlow, nos quais estão depositados os *churinga* do clã.[886] Sabe-se com que respeito esses locais estão envoltos pelo simples fato de serem aí conservados os mais preciosos instrumentos de culto. Desse modo, cada um deles emana santidade ao seu entorno. É por essa razão que as árvores e os rochedos vizinhos surgem como sagrados, que é proibido destruí-los ou danificá-los, que toda violência exercida contra eles é sacrílega. Esse caráter sagrado se deve, na realidade, a um simples fenômeno de contágio físico; mas o nativo, para explicá-lo, é obrigado a admitir que esses diferentes objetos estão relacionados com os seres nos quais ele vê a fonte de todo poder religioso, ou seja, com os ancestrais do *Alcheringa*. Disso decorre o sistema de mitos que apresentamos. Imagina-se que cada *ertnatulunga* marcava o lugar em

---

886. C. Strehlow, *Die Aranda - und Loritja - Stämme in Zentral-Australien*, op. cit., I, 1907, p. 5.

que um grupo de ancestrais havia desaparecido sob a terra. Os túmulos, as árvores que recobriam o solo representariam seus corpos. Como a alma, porém, de maneira geral, guarda uma espécie de afinidade com o corpo em que habitou, foi-se naturalmente levado a crer que essas almas ancestrais continuavam a frequentar, de preferência, essas localidades nas quais subsistiam seus invólucros materiais. Esses eram situados, portanto, nas árvores, nos rochedos e nos redemoinhos d'água. Foi assim que cada uma delas, mesmo permanecendo atrelada à guarda de um indivíduo determinado, viu-se transformada em uma espécie de *genius loci* [espírito do lugar] e passou a ocupar essa função.[887]

Essas concepções, assim elucidadas, colocam-nos em condição de compreender uma modalidade de totemismo que deixamos, até agora, sem explicação: trata-se do totemismo individual.

Define-se essencialmente um totem individual a partir das duas seguintes características: 1º) trata-se de um ser dotado de forma animal ou vegetal, cuja função é proteger um indivíduo; 2º) o destino desse indivíduo e aquele de seu padroeiro estão intimamente ligados: tudo o que afeta o segundo comunica-se simpaticamente ao primeiro. Pois bem, os espíritos ancestrais dos quais tratamos correspondem à mesma definição. Também eles pertencem, ao menos em parte, ao reino animal ou vegetal. Também eles são gênios tutelares. Enfim, um vínculo simpático une cada indivíduo a seu ancestral protetor. A árvore *nanja*, corpo místico desse ancestral, não pode, com efeito, ser destruída sem que a pessoa se sinta ameaçada. A crença, é verdade, perde hoje sua força. Ainda assim, Spencer e Gillen ainda a observaram e, de todo modo, estimam que outrora ela era geral.[888]

A identidade encontra-se até mesmo no detalhe das duas concepções.

As almas ancestrais residem em árvores ou em rochas consideradas como sagradas. Do mesmo modo, entre os Euahlayi, o espírito do animal

---

887. Há, é bem verdade, árvores e rochas *nanja* que não estão situadas ao redor do *ertnatulunga*; elas estão espalhadas em diferentes pontos do território. Diz-se que correspondem aos locais em que um ancestral isolado desapareceu sob o solo, perdeu um membro, deixou correr seu sangue ou esqueceu um *churinga*, o qual se transformou seja em árvore, seja em rocha. Mas esses locais totêmicos têm apenas uma importância secundária; C. Strehlow os chama *kleinere Totemplätze* [lugares menores de totem] (*Die Aranda – und Loritja – Stämme in Zentral-Australien, op. cit.*, I, 1907, p. 4-5.). É possível então pensar que elas assumiram esse caráter apenas por analogia com os centros totêmicos principais. As árvores, as rochas que, por alguma razão, lembravam as que eram encontradas nos arredores de alguns *ertnatulunga*, inspiraram sentimentos análogos e, por conseguinte, o mito que se formou a partir desses locais estenderam-se àqueles.

888. B. Spencer e F. J. Gillen, *Nat. Tr., op. cit.*, p. 139.

que serve de totem individual supostamente habita em uma árvore ou em uma pedra.[889] Essa árvore ou essa pedra são sagradas: ninguém pode tocá--las, à exceção do proprietário do totem; e mesmo assim, quando se trata de uma pedra ou de uma rocha, a interdição é absoluta.[890] Disso decorre que são verdadeiros locais de refúgio.

Enfim, vimos que a alma individual é apenas um outro aspecto do espírito ancestral. Esse, de acordo com a expressão de Strehlow, serve, em alguma medida, como um segundo eu.[891] Do mesmo modo, segundo uma expressão de Parker, o totem individual dos Euhalayi, chamado Yunbeai, é um *alter ego* do indivíduo: "A alma da pessoa está em seu Yunbeai e a alma de seu Yunbeai está nela"[892]. No fundo, trata-se da mesma alma em dois corpos. O parentesco entre essas duas noções é tão grande que elas são, por vezes, expressas por uma única e mesma palavra. É o caso tanto na Melanésia quanto na Polinésia: *atai* na ilha Mota, *tamaniu* na ilha Aurora, *talegia* em Motlaw designam ao mesmo tempo a alma de um indivíduo e seu totem pessoal.[893] O mesmo ocorre com *aitu* em Samoa.[894] O totem individual é apenas a forma exterior e visível do eu, da personalidade cuja alma é a forma invisível e interior.[895]

Desse modo, o totem individual tem todas as características essenciais do ancestral protetor e desempenha o mesmo papel: isso significa, portanto, que ele tem a mesma origem e procede da mesma ideia.

Ambos, com efeito, consistem em um desdobramento da alma. O totem, como o ancestral, é a alma do indivíduo, mas exteriorizada e investida de poderes superiores aos que possuiria no interior do organismo. Pois bem, esse desdobramento é o produto de uma necessidade psicológica: afinal, apenas exprime a natureza da alma que, como vimos, é dupla. Em certo sentido, ela é nossa: ela exprime nossa personalidade. Ao mesmo tempo, contudo, está fora de nós, pois é apenas o prolongamento em nós de uma força religiosa que nos é exterior. Não podemos nos confundir completa-

---

889. K. L. Parker, *The Euahlayi Tribe*, op. cit., p. 21. Geralmente, a árvore que serve para essa finalidade é uma das que figuram entre os subtotens do indivíduo. Explica-se essa escolha da seguinte maneira: pertencendo à mesma família que esse indivíduo, eles devem estar mais dispostos a prestar-lhe auxílio (*Ibid.*, p. 29.).

890. *Ibid.*, p. 36.

891. C. Strehlow, *Die Aranda – und Loritja – Stämme in Zentral-Australien*, op. cit., II, 1908, p. 81.

892. K. L. Parker, *The Euahlayi Tribe*, op. cit., p. 21.

893. R. H. Codrington, *The Melanesians*, op. cit., p. 249-53.

894. G. Turner, *Samoa*, op. cit., p. 17.

895. São as mesmas expressões empregadas por R. H. Codrington (*The Melanesians*, op. cit., p. 251.).

mente com ela, pois lhe atribuímos uma excelência e uma dignidade a partir das quais ela se eleva acima de nós e de nossa individualidade empírica. Há, assim, toda uma parte de nós mesmos que tendemos a projetar para nosso exterior. Essa maneira de nos conceber é tão bem fundada em nossa natureza que não podemos escapar a ela, mesmo quando tentamos pensar em nós mesmos sem recorrer a algum símbolo religioso. Nossa consciência moral é como o núcleo em torno do qual se formou a noção de alma; e, portanto, quando ela nos fala, dá-nos a sensação de ser uma potência exterior e superior a nós, que nos impõe a lei e nos julga, mas que também nos ajuda e nos dá suporte. Quando a temos ao nosso lado, sentimo-nos mais fortes contra as vicissitudes da vida, mais seguros de triunfar sobre elas, assim como o australiano, confiante em seu ancestral e em seu totem pessoal, sente-se mais corajoso contra seus inimigos.[896] Há, portanto, algo de objetivo na base dessas diferentes concepções, quer se trate do *genius* romano, do totem individual ou do ancestral do *Alcheringa*; e é por essa razão, sob formas diversas, que elas sobreviveram até nossos dias. Tudo se passa como se tivéssemos realmente duas almas; uma, que está em nós, ou melhor, que somos nós; outra, que está acima de nós, e cuja função é a de controlar e de auxiliar a primeira. Frazer tinha claramente a impressão de que, no totem individual, havia uma alma exterior; mas ele acreditava que essa exterioridade era o produto de um artifício ou de uma artimanha mágica. Na realidade, ela está implicada na própria constituição da ideia de alma.[897]

896. Essa relação íntima entre a alma, o gênio protetor e a consciência moral do indivíduo é particularmente visível em certas populações da Indonésia. "Uma das sete almas de Tobabatak é enterrada com a placenta; mesmo residindo preferencialmente nesse local, pode deixá-lo para dar advertências ao indivíduo ou manifestar sua aprovação quando ele se conduz bem. Ela exerce, portanto, em certo sentido, o papel de consciência moral. Ainda assim, essas advertências não se limitam somente ao domínio dos fatos morais. Ela é chamada de o irmão mais jovem da alma, tal como denomina-se placenta o irmão caçula da criança... Na guerra, ela inspira à pessoa a coragem de marchar contra o inimigo" (G. Warneck, "Der bataksche Ahnen und Geisterkult", *Allgemeine Missions-Zeitschrift*, Berlim, 1904, p. 10. Cf. A. C. Kruijt, *Het Animisme in den Indischen Archipel*, 'S-Gravenhage, Martinus Nijhoff, 1906, p. 25.).

897. Ainda faltaria saber por que, a partir de determinado momento da evolução, esse desdobramento da alma se fez sob a forma do totem individual, ao invés de assumir aquela do ancestral protetor. Tal questão tem, talvez, mais interesse etnográfico que sociológico. Eis aqui, contudo, como é possível conceber a maneira pela qual, aparentemente, essa substituição foi feita. – O totem individual deve ter exercido, de início, um papel simplesmente complementar. Os indivíduos que almejavam adquirir poderes superiores àqueles do vulgo não se contentavam, e não podiam se contentar, somente com a proteção do ancestral; buscavam, então, arrumar outro auxiliar do mesmo gênero. É assim que, entre os Euahlayi, os magos são os únicos que possuem ou que podem obter totens individuais. Como, além disso, cada um deles possui um totem coletivo, o mago acaba tendo várias almas. Mas essa pluralidade de almas nada tem que possa surpreender: ela é a condição de uma eficácia superior. – Porém, tão logo o totemismo cole-

## II

Os espíritos que acabamos de evocar são, essencialmente, benéficos. Sem dúvida, caso a pessoa não se conduza com eles como convém, eles podem reprimi-la;[898] mas fazer o mal não é sua atribuição. Ainda assim, por si mesmo, o espírito pode servir tanto ao mal quanto ao bem. Eis por que, diante dos espíritos auxiliares e tutelares, constitui-se naturalmente uma classe de gênios perversos que permitiram aos seres humanos explicar as penas permanentes que têm de sofrer, os pesadelos,[899] as doenças,[900] os furacões e as tempestades[901] etc. Não que todas essas misérias humanas, por certo, parecessem coisas demasiado estranhas para só poderem ser explicadas por forças sobrenaturais; mas é que todas as forças são então pensadas sob a forma religiosa. É um princípio religioso que é considerado como a fonte da vida; era lógico, portanto, remeter a um princípio do mesmo gênero todos os acontecimentos que perturbam a vida ou que a destroem.

Esses espíritos nocivos parecem bem ter sido concebidos seguindo o mesmo modelo dos gênios benfazejos dos quais acabamos de falar. São representados sob forma animal, ou em parte animal, em parte humano;[902] mas naturalmente se é inclinado a atribuir-lhes dimensões enormes e um aspecto

---

tivo tenha perdido terreno e, por conseguinte, a concepção do ancestral protetor começa a se apagar dos espíritos, torna-se necessário conceber de outra forma a natureza dupla da alma, que continua a ser sentida. Subsistia a ideia segundo a qual havia fora da alma individual uma outra, encarregada de velar pela primeira. Uma vez que essa potência protetora não era mais designada pelo próprio nascimento, achou-se por bem empregar, para descobri-la, meios análogos aos que os magos utilizavam para entrar em contato com as forças com as quais contavam.

898. Ver, por exemplo, C. Strehlow, *Die Aranda – und Loritja – Stämme in Zentral-Australien*, op. cit., II, 1908, p. 82.
899. W. Wyatt, "Some Account of the Manners and Superstitions of the Adelaide and Encounter Bay Aboriginal Tribes", *op. cit.*, p. 168.
900. G. Taplin, "The Narrienyeri", em J. D. Woods (ed.), *The Native Tribes of South Australia*, op. cit., p. 62-3; W. E. Roth, "Superstition, Magic and Medicine", *op. cit.*, § 116; A. W. Howitt, *Nat. Tr.*, op. cit., p. 356 e 358; bem como C. Strehlow, *Die Aranda – und Loritja – Stämme in Zentral-Australien*, op. cit., I, 1907, p. 11-2.
901. C. Strehlow, *Die Aranda – und Loritja – Stämme in Zentral-Australien*, op. cit., I, 1907, p. 13-4; e J. Dawson, *Australian Aborigines*, op. cit., p. 49.
902. C. Strehlow, *Die Aranda – und Loritja – Stämme in Zentral-Australien*, op. cit., I, 1907, p. 11-4; E. Eylmann, *Die Eingeborenen der Kolonie Südaustralien*, op. cit., p. 182 e 185; B. Spencer e F. J. Gillen, *North. Tr.*, op. cit., p. 211; e C. W. Schürmann, "The Aboriginal Tribes of Port Lincoln in South Australia", *op. cit.*, p. 239.

repulsivo[903]. Tal como as almas dos ancestrais, eles supostamente moram em árvores, em rochas, em redemoinhos d'água, em cavernas subterrâneas.[904] Muitos nos são representados como almas de pessoas que viveram uma vida terrestre.[905] No que diz respeito aos Arunta em particular, Spencer e Gillen dizem expressamente que esses gênios maus, conhecidos com o nome de *Oruncha*, são criaturas do *Alcheringa*.[906] Entre os personagens da época fabulosa, com efeito, existiam temperamentos diferentes: alguns tinham instintos cruéis e maus, que continuam mantendo;[907] outros possuíam naturalmente uma constituição ruim; eram magros e desencarnados. Do mesmo modo, quando desapareciam sob o solo, as rochas *nanja* às quais deram origem foram consideradas centros de perigosas influências.[908]

Eles apenas se distinguem de seus congêneres, os heróis do *Alcheringa*, por características particulares. Eles não se reencarnam. Entre os vivos, não há quem os represente. Eles não possuem posteridade humana.[909] Quando, a partir de certos indícios, acredita-se que uma criança é o produto de suas atividades, ela é abandonada à morte assim que nasce.[910] Além disso, eles não provêm de nenhum centro totêmico específico: eles estão fora dos quadros sociais.[911] Em decorrência de todos esses elementos, reconhece-se que esses seres são potências muito mais mágicas que religiosas. Com efeito, é sobretudo com o mágico que eles mantêm relações; é deles que este retira,

---

903. E. Eylmann, *Die Eingeborenen der Kolonie Südaustralien, op. cit.*, p. 182.
904. R. H. Mathews, "Ethnological Notes on the Aboriginal Tribes of New South Wales and Victoria", *op. cit.*, p. 345; L. Fison e A. W. Howitt, *Kamilaroi and Kurnai, op. cit.*, p. 467; e C. Strehlow, *Die Aranda – und Loritja – Stämme in Zentral-Australien, op. cit.*, I, 1907, p. 11.
905. W. E. Roth, "Superstition, Magic and Medicine", *op. cit.*, § 115; e E. Eylmann, *Die Eingeborenen der Kolonie Südaustralien, op. cit.*, p. 190.
906. B. Spencer e F. J. Gillen, *Nat. Tr., op. cit.*, p. 390-1. C. Strehlow chama os maus espíritos de *Erintja*; mas essa palavra e *Oruncha* são, evidentemente, equivalentes. Ainda assim, há uma diferença no modo pelo qual ambos nos são apresentados. Os *Oruncha*, segundo B. Spencer e F. J. Gillen, seriam mais maliciosos que maldosos; e mesmo, segundo seus observadores, os Aranda desconheceriam espíritos totalmente maldosos. Ao contrário, os *Erintja* de C. Strehlow têm por função regular fazer o mal. Aliás, segundo certos mitos que os próprios B. Spencer e F. J. Gillen relatam (*Ibid.*, p. 390.), parece claro que eles suavizaram a fisionomia dos *Oruncha*: primitivamente, tratavam-se de espécies de ogros (*Ibid.*, p. 331.).
907. *Ibid.*, p. 390-1.
908. *Ibid.*, p. 551.
909. *Ibid.*, p. 326-7.
910. C. Strehlow, *Die Aranda – und Loritja – Stämme in Zentral-Australien, op. cit.*, I, 1907, p. 11-4. Quando há dois gêmeos, considera-se o que nasce primeiro como tendo sido concebido dessa maneira.
911. B. Spencer e F. J. Gillen, *Nat. Tr., op. cit.*, p. 327.

com muita frequência, seus poderes.[912] Chegamos aqui, portanto, ao ponto em que termina o mundo da religião e começa o da magia; e como este está fora de nossa pesquisa, não nos cabe levar tal estudo adiante.[913]

# III

O aparecimento da noção de espírito marca um progresso importante na individualização das formas religiosas.

Ainda assim, os seres espirituais referidos até então são apenas personagens secundários. Ou bem são gênios maléficos que provêm mais da magia que da religião, ou bem, atrelados a um indivíduo e a um local determinados, só podem fazer com que sua influência seja sentida em uma área muito limitada. Ou seja, eles apenas podem ser o objeto de ritos privados e locais. Uma vez que a ideia de espírito foi constituída, contudo, ela se espalhou naturalmente às esferas mais elevadas da vida religiosa, e personalidades míticas de uma ordem superior originaram-se disso.

Se as cerimônias próprias a cada clã são diferentes umas das outras, elas não deixam de ser provenientes de uma mesma religião; desse modo, existe entre elas certo número de similitudes essenciais. Uma vez que todos os clãs são apenas partes de uma única e mesma tribo, a unidade da tribo não pode deixar de se fazer sentir pela diversidade dos cultos particulares. Com efeito, não há grupo totêmico que não tenha *churinga*, *bull-roarers*, e eles são invariavelmente empregados de maneira semelhante. A organização da tribo em fratrias, em classes matrimoniais, em clãs e as interdições exogâmicas que são atreladas a essas instâncias constituem igualmente verdadeiras instituições tribais. Todas as festas de iniciação abarcam certas práticas fundamentais – extração de dente, circuncisão, incisão nas partes inferiores do corpo etc. – que, para uma mesma tribo, não variam em função dos totens. A uniformidade em relação a esse ponto é tanto mais facilmente estabelecida que a iniciação ocorre sempre em presença da tribo, ou, ao menos, diante de uma assembleia para a qual clãs diferentes foram convocados. O motivo para

---

912. A. W. Howitt, *Nat. Tr.*, *op. cit.*, p. 358, 381 e 385; bem como B. Spencer e F. J. Gillen, *North. Tr.*, *op. cit.*, p. 501 e 530.

913. Como o mago pode tanto causar a doença como curá-la, ao lado dos espíritos malignos cuja função é fazer o mal, existem por vezes outros, cujo papel é prevenir ou neutralizar a má influência dos primeiros. Casos desse tipo podem ser encontrados em B. Spencer e F. J. Gillen, *North. Tr.*, *op. cit.*, p. 501-2. O que mostra bem que os segundos são magos como os primeiros é o seguinte fato: entre os Arunta, ambos têm o mesmo nome. Trata-se, portanto, de aspectos diferentes de uma mesma potência mágica.

isso é que a iniciação tem por finalidade introduzir o neófito na vida religiosa, não apenas a do clã em que nasceu, mas a de toda a tribo. É necessário, portanto, que aspectos variados da religião tribal sejam representados diante dele e desfilem, de alguma maneira, diante de seus olhos. É nessa ocasião que se afirma melhor a unidade moral e religiosa da tribo.

Há, desse modo, em cada sociedade, certo número de ritos que se distinguem de todos os outros por sua homogeneidade e sua generalidade. Uma concordância tão notável só poderia ser explicada por uma unidade em sua origem. Imagina-se, portanto, que cada grupo de ritos similares havia sido instituído por um único e mesmo ancestral, que veio revelá-los para toda a tribo. Desse modo, entre os Arunta, é um ancestral do clã do Gato selvagem, chamado *Putiaputia*,[914] que teria ensinado aos seres humanos a maneira de fabricar os *churinga* e de utilizá-los ritualmente; entre os Warramunga, seu nome é *Murtu-murtu*;[915] entre os Urabunna, é conhecido por *Witurna*;[916] chama-se *Atnatu* entre os Kaitish[917] e *Tundun* entre os Kurnai[918]. Do mesmo modo, as práticas da circuncisão são atribuídas pelos Dieri do leste e por muitas outras tribos[919] a dois *Mura-mura* determinados; já os Arunta atribuem-nas a um herói do *Alcheringa*, do totem do Lagarto, chamado *Mangarkunjerkunja*[920]. Remete-se ao mesmo personagem: a instituição das interdições matrimoniais e a organização social que ela implica, a descoberta do fogo, a invenção da lança, do escudo, do bumerangue etc. Muito frequentemente, aliás, o inventor do *bull-roarer* é também considerado o fundador dos ritos de iniciação.[921]

---

914. C. Strehlow, *Die Aranda - und Loritja - Stämme in Zentral-Australien*, op. cit., I, 1907, p. 9. *Putiaputia* não é, aliás, o único personagem desse gênero do qual falam os mitos Arunta: certas frações da tribo conferem um nome diferente ao herói ao qual atribuem a mesma invenção. É preciso não esquecer que a extensão do território ocupado pelos Arunta não permite à mitologia ser perfeitamente homogênea.

915. B. Spencer e F. J. Gillen, *North. Tr.*, op. cit., p. 493.

916. *Ibid.*, p. 498.

917. *Ibid.*, p. 498-9.

918. A. W. Howitt, *Nat. Tr.*, op. cit., p. 135.

919. *Ibid.*, p. 476 ss.

920. C. Strehlow, *Die Aranda - und Loritja - Stämme in Zentral-Australien*, op. cit., I, 1907, p. 6-8. A obra de *Mangarkunjerkunja* teve de ser retomada por outros heróis. Afinal, segundo uma crença que não é exclusiva dos Arunta, chegou um momento em que os seres humanos esqueceram os ensinamentos de seus primeiros iniciadores e se corromperam.

921. É o caso, por exemplo, de *Atnatu* (B. Spencer e F. J. Gillen, *North. Tr.*, op. cit., p. 153.) e de *Witurna* (*Ibid.*, p. 498.). Se *Tundum* não instituiu os ritos, é ele o encarregado de dirigir sua celebração (A. W. Howitt, *Nat. Tr.*, op. cit., p. 670.).

Esses ancestrais especiais não podiam ser colocados no mesmo plano que os outros. Por um lado, os sentimentos de veneração que inspiram não eram limitados a um clã, mas comuns a toda a tribo. Além disso, era a eles que se atribuía o que havia de mais estimado na civilização tribal. Por essa dupla razão, eles tornaram-se o objeto de uma consideração muito particular. Afirma-se sobre *Atnatu*, por exemplo, que ele nasceu no céu, em uma época anterior, inclusive, aos tempos do *Alcheringa*, que ele se autogerou e se autonomeou. As estrelas são ou suas esposas, ou suas filhas. Além do céu, onde vive, há um outro, com um outro sol. Seu nome é sagrado, e jamais deve ser pronunciado diante das mulheres ou dos não iniciados.[922]

Ainda assim, a despeito do prestígio de que gozam esses personagens, não havia por que instituir em sua honra ritos particulares. Eles mesmos são, afinal, ritos personificados. Sua única razão de ser é explicar práticas existentes, das quais são apenas outro aspecto. O *churinga* forma uma só coisa com o ancestral que o inventa; ambos ostentam o mesmo nome.[923] Quando alguém ressoa o *bull-roarer*, diz-se que é a voz do ancestral que se faz escutar.[924] Ainda assim, precisamente porque cada um desses heróis confunde-se com o culto que teria instituído, acredita-se que está atento à maneira com a qual ele é celebrado. O herói apenas se satisfaz se os fiéis cumprem exatamente seus deveres. Ele pune aqueles que são negligentes.[925] Ele é visto, portanto, como o guardião do rito, ao mesmo tempo que é seu fundador, e, por essa razão, encontra-se investido de um verdadeiro papel moral.[926]

## IV

E, ainda assim, essa formação mitológica não é a mais elevada que se encontra entre os australianos. Há pelo menos certo número de tribos que lograram desenvolver a concepção de um deus, senão único, ao menos su-

---

922. B. Spencer e F. J. Gillen, *North. Tr.*, op. cit., p. 499.
923. A. W. Howitt, *Nat. Tr.*, op. cit., p. 493; L. Fison e A. W. Howitt, *Kamilaroi and Kurnai*, op. cit., p. 197 e 267; e B. Spencer e F. J. Gillen, *North. Tr.*, op. cit., p. 492.
924. Ver, por exemplo, B. Spencer e F. J. Gillen, *North. Tr.*, op. cit., p. 499.
925. *Ibid.*, p. 338, 347 e 499.
926. B. Spencer e F. J. Gillen, é verdade, sustentam que esses seres místicos não exercem nenhum papel moral (*Ibid.*, p. 493.), mas dão a essa palavra um sentido por demais estreito. Os deveres religiosos são deveres: o fato de velar a maneira pela qual são realizados diz respeito, portanto, à moral, ainda mais porque, nesse momento, toda a moral tem um caráter religioso.

premo, ao qual é atribuída uma situação preeminente em relação às outras entidades religiosas.

A existência dessa crença foi, desde há muito, indicada por diferentes observadores.[927] Foi Howitt, contudo, quem mais contribuiu para estabelecer sua generalidade relativa. Ele constatou, com efeito, sobre uma área geográfica muito extensa, que compreende o Estado de Victoria, Nova Gales do Sul, e que se estende, inclusive, até Queensland.[928] Em toda essa região, um número considerável de tribos acredita na existência de uma verdadeira divindade tribal, a qual, de acordo com as regiões, possui nomes diferentes. Os mais frequentemente empregados são *Bunjul* ou *Punjil*[929], *Daramulun*[930] e *Baiame*[931]. Encontram-se também como nomes, contudo, *Nuralie* ou *Nurelle*[932], *Kohin*[933] e *Mungan-ngaua*[934]. A mesma concepção é atestada mais a oeste, entre os Narrinyeri, para os quais o grande deus denomina-se *Nurunderi* ou *Ngurrunderi*.[935] Entre os Dieri, é bastante verossímil que, além dos *Mura-mura* ou ancestrais comuns, exista um que goza de uma espécie de supremacia.[936] Enfim, contrariamente às afirmações de Spencer e Gillen, que declaram não ter observado entre os Arunta qualquer crença relativa a uma divindade propriamente dita,[937] Strehlow garante que, sob o nome

---

927. Tal fato havia sido observado, desde 1845, por E. J. Eyre, *Journals of Expeditions of Discovery into Central Australia, and Overland from Adelaide to King George's Sound, in the Years 1840-41*, Londres, T. and W. Boone, 1845, II, p. 362, e, antes desse autor, por J. Henderson, em suas *Observations on the Colonies of New South Wales and Van Diemen's Land*, Calcutá, Baptist Mission Press, 1832, p. 147.
928. A. W. Howitt, *Nat. Tr., op. cit.*, p. 488-508.
929. Entre os Kulin, os Wotjobaluk e os Woëworung (Victoria).
930. Entre os Yuin, os Ngarrigo e os Wolgal (Nova Gales do Sul).
931. Entre os Kamilaroi, os Euahlayi (parte setentrional da Nova Gales do Sul); e mais ao centro, na mesma província, entre os Wonghibon e os Wiradjuri.
932. Em relação aos Wiimbaio e às tribos do Baixo Murray, ver W. Ridley, *Kámilarói, and Other Australian Languages, op. cit.*, p. 137; bem como R. Brough Smyth, *The Aborigines of Victoria, op. cit.*, I, p. 423 n e 431.
933. Nas tribos do rio Herbert (A. W. Howitt, *Nat. Tr., op. cit.*, p. 498.).
934. Entre os Kurnai.
935. G. Taplin, "The Narrinyeri", em J. D. Woods (ed.), *The Native Tribes of South Australia, op. cit.*, p. 55; bem como E. Eylmann, *Die Eingeborenen der Kolonie Südaustralien, op. cit.*, p. 182.
936. Sem dúvida, é a esse *Mura-mura* supremo que S. Gason faz alusão na passagem já citada – em E. M. Curr (ed.), *The Australian Race, op. cit.*, II, 1886, p. 55.
937. B. Spencer e F. J. Gillen, *Nat. Tr., op. cit.*, p. 246.

de *Altjira*, esse povo, como aquele dos Loritja, reconhece um verdadeiro "bom deus".[938]

As características essenciais desse personagem são em toda parte as mesmas. Trata-se de um ser imortal, e mesmo eterno, pois não deriva de nenhum outro. Após ter habitado a terra durante algum tempo, eleva-se ao céu, onde foi criado,[939] e continua a viver nesse local ao lado de sua família. Atribui-se a ele geralmente, afinal, uma ou várias mulheres, crianças, irmãos,[940] os quais, por vezes, auxiliam-no em suas funções. Em razão do local em que reside, ele e os seus são identificados com frequência com os astros.[941] Coube a ele determinar o curso do sol e da lua[942]; cabe a ele lhes dar ordens[943]. Ele é que produz, na nuvem, o relâmpago e lança o raio.[944]

---

938. Entre *Baiame, Bunjuil* e *Daramulun*, de um lado, e *Altjira*, de outro, haveria certamente uma diferença: este seria totalmente alheio no que tange à humanidade. Não teria sido ele quem fez os seres humanos e não se ocuparia do que esses fazem. Os Arunta não teriam por ele nem amor, nem temor. Mas, se essa concepção foi observada e analisada com precisão, é difícil admitir que seja primitiva. Afinal, se *Altjira* não exerce nenhum papel, nada explica e não serve para nada, o que teria podido compelir os Arunta a imaginá-lo? Talvez seja necessário vê-lo como uma espécie de *Baiame*, que teria perdido seu antigo prestígio, um antigo deus cuja lembrança estava se apagando. Talvez C. Strehlow tenha ainda mal interpretado os testemunhos que recolheu. De acordo com E. Eylmann, o qual não é, certamente, um observador nem muito competente, nem muito seguro, *Altjira* teria feito os seres humanos (*Die Eingeborenen der Kolonie Südaustralien, op. cit.*, p. 184.). Aliás, entre os Loritja, o personagem que, com o nome de *Tukura*, corresponde ao *Aljira* dos Arunta, celebraria cerimônias de iniciação.

939. Em relação a *Bunjil*, ver R. Brough Smyth, *The Aborigines of Victoria, op. cit.*, I, p. 417; quanto a *Baiame*, cf. W. Ridley, *Kámilarói, and Other Australian Languages, op. cit.*, p. 136; no que diz respeito a *Daramulun*, ver A. W. Howitt, *Nat. Tr., op. cit.*, p. 495.

940. Sobre a composição da família de *Bunjil*, por exemplo, ver A. W. Howitt, *Nat. Tr., op. cit.*, p. 128-9, 489 e 491; além de R. Brough Smyth, *The Aborigines of Victoria, op. cit.*, I, p. 417 e 423; em relação à de *Baiame*, K. L. Parker, *The Euahlayi Tribe, op. cit.*, p. 7, 66 e 103; A. W. Howitt, *Nat. Tr., op. cit.*, p. 407, 502 e 585; em relação à de *Nurunderi*, ver G. Taplin, "The Narrinyeri", em J. D. Woods (ed.), *The Native Tribes of South Australia, op. cit.*, p. 57-8. Por certo, aliás, há todo tipo de variante no modo como são concebidas essas famílias dos grandes deuses. Um personagem que é considerado irmão em um local pode ser chamado de filho em outro. O número de mulheres e seus nomes variam com as regiões.

941. A. W. Howitt, *Nat. Tr., op. cit.*, p. 128.

942. R. Brough Smyth, *The Aborigines of Victoria, op. cit.*, I, p. 430-1.

943. *Ibid.*, I, p. 432 n.

944. A. W. Howitt, *Nat. Tr., op. cit.*, p. 498 e 538; R. H. Mathews, "Ethnological Notes on the Aboriginal Tribes of New South Wales and Victoria", *op. cit.*, p. 343; e W. Ridley, *Kámilarói, and Other Australian Languages, op. cit.*, p. 136.

Porque é o trovão, ele está igualmente relacionado à chuva[945]: é a ele que se deve dirigir quando falta água ou quando choveu demais[946].

Fala-se dele como de uma espécie de criador: ele é denominado o pai dos seres humanos e diz-se que ele os fez. De acordo com uma lenda que circulava em Melbourne, *Bunjil* teria produzido o primeiro ser humano da seguinte maneira. Com argila, teria fabricado uma estatueta. Em seguida, teria dançado em torno dela várias vezes e soprado em suas narinas, fazendo com que a estatueta se tornasse viva e se colocasse em movimento.[947] Segundo outro mito, ele teria acendido o sol, fazendo com que a terra se aquecesse e os seres humanos saíssem dela.[948] Ao mesmo tempo que os seres humanos[949], esse personagem divino teria feito os animais, as árvores[950]; é a ele que se devem todas as artes da vida, as armas, a linguagem e os ritos tribais[951]. Ele é o benfeitor da humanidade. Ainda hoje, exerce sobre ela o papel de uma espécie de Providência. É quem fornece aos seus fiéis tudo o que é necessário à existência.[952] Está em comunicação com eles, seja diretamente, seja por intermediários.[953] Ao mesmo tempo, contudo, enquanto guardião da moral tribal, ele pune quando esta é violada.[954] Caso remetamos a determinados observadores, ele ocuparia, após a morte, a função de juiz: distinguiria entre os bons e os maus, sem dispensar a ambos o mesmo tratamento.[955] Em todo caso, costuma ser apresentado como o responsável

---

945. A. W. Howitt, *Nat. Tr.*, *op. cit.*, p. 538; e G. Taplin, "The Narrinyeri", em J. D. Woods (ed.), *The Native Tribes of South Australia*, *op. cit.*, p. 57-8.

946. K. L. Parker, *The Euahlayi Tribe*, *op. cit.*, p. 8.

947. R. Brough Smyth, *The Aborigines of Victoria*, *op. cit.*, I, p. 424.

948. A. W. Howitt, *Nat. Tr.*, *op. cit.*, p. 492.

949. Segundo certos mitos, ele teria feito os homens e não as mulheres; é o que se diz de *Bunjil*. Atribui-se então a origem das mulheres a seu filho-irmão *Pallyan* (R. Brough Smyth, *The Aborigines of Victoria*, *op. cit.*, I, p. 417 e 423.).

950. A. W. Howitt, *Nat. Tr.*, *op. cit.*, p. 489 e 492; R. H. Mathews, "Ethnological Notes on the Aboriginal Tribes of new South Wales and Victoria", *op. cit.*, p. 340.

951. K. L. Parker, *The Euahlayi Tribe*, *op. cit.*, p. 7; e A. W. Howitt, *Nat. Tr.*, *op. cit.*, p. 630.

952. W. Ridley, *Kámiláróì, and Other Australian Languages*, *op. cit.*, p. 136; K. L. Parker, *The Euahlayi Tribe*, *op. cit.*, p. 114.

953. K. L. Parker, *More Australian Legendary Tales*, *op. cit.*, p. 84-91.

954. A. W. Howitt, *Nat. Tr.*, *op. cit.*, p. 495, 498, 543 e 563-4; R. Brough Smyth, *The Aborigines of Victoria*, *op. cit.*, I, p. 429; e K. L. Parker, *The Euahlayi Tribe*, *op. cit.*, p. 79.

955. W. Ridley, *Kámiláróì, and Other Australian Languages*, *op. cit.*, p. 137.

pelo país dos mortos[956], e como acolhendo as almas quando chegam no além[957].

Como a iniciação é a forma principal do culto tribal, são os ritos de iniciação que lhe são mais especialmente atrelados. Ele é o centro desses ritos. Com muita frequência, é representado por uma imagem talhada em uma casca de árvore ou esculpida na terra. Dança-se em torno dela; entoam-se cantos em sua honra; verdadeiras preces são dirigidas a ela.[958] Explica-se aos jovens qual é o personagem que essa imagem representa, comunicando-lhes seu nome secreto, aquele que as mulheres e os não iniciados devem ignorar. Sua história lhes é contada, bem como o papel que a tradição atribui a ele na vida da tribo. Em outros momentos, elevam-se as mãos ao céu, onde ele supostamente reside, ou então apontam-se na mesma direção sejam as armas, sejam os instrumentos rituais que se maneja:[959] trata-se de uma maneira de se comunicar com ele. Sente-se que ele está presente em todo canto. Ele protege o neófito quando está recluso na floresta.[960] Ele está atento à maneira pela qual os cerimoniais são celebrados. A iniciação é seu culto. Desse modo, ele empenha-se especialmente para que esses ritos, em particular, sejam observados com exatidão: quando erros ou negligências são cometidas, ele os reprime de uma maneira terrível.[961]

Aliás, a autoridade de cada um desses deuses supremos não está restrita a uma única tribo, sendo igualmente reconhecida por uma variedade de tribos vizinhas. *Bunjil* é adorado em quase todo o Estado de Victoria; *Baiame*, em uma porção considerável da Nova Gales do Sul etc. Isso explica por que esses deuses existem em número tão reduzido para uma área geográfica relativamente extensa. Os cultos dos quais são o objeto têm, portanto, um caráter internacional. Por vezes, essas diferentes mitologias combinam-se, fazendo-se mutuamente empréstimos. Desse modo, a maior parte das tribos que acreditam em *Baiame* admitem também a existência de *Daramulun*. Ocorre apenas que elas lhe atribuem uma dignidade menor. Elas o tornam um

---

956. K. L. Parker, *The Euahlayi Tribe, op. cit.*, p. 90-1.

957. A. W. Howitt, *Nat. Tr., op. cit.*, p. 495; e G. Taplin, "The Narrinyeri", em J. D. Woods (ed.), *The Native Tribes of South Australia, op. cit.*, p. 58.

958. A. W. Howitt, *Nat. Tr., op. cit.*, p. 538, 543, 553 e 555-6; R. H. Mathews, "Ethnological Notes on the Aboriginal Tribes of new South Wales and Victoria", *loc. cit.*, p. 318; e K. L. Parker, *The Euahlayi Tribe, op. cit.*, p. 6 e 79-80.

959. A. W. Howitt, *Nat. Tr., op. cit.*, p. 498 e 528.

960. *Ibid.*, p. 493; e K. L. Parker, *The Euahlayi Tribe, op. cit.*, p. 76.

961. K. L. Parker, *The Euahlayi Tribe, op. cit.*, p. 76; e A. W. Howitt, *Nat. Tr., op. cit.*, p. 493 e 612.

filho ou um irmão de *Baiame*, subordinado a este[962]. A fé em *Daramulun* encontra-se assim difundida, sob formas diversas, em toda a Nova Gales do Sul. Disso decorre, portanto, que o internacionalismo religioso está longe de ser uma particularidade das religiões mais recentes e mais avançadas. Desde os primórdios da história, as crenças religiosas manifestam uma tendência a não se fechar em uma sociedade política estreitamente delimitada. Há, nelas, algo como uma aptidão natural a ultrapassar fronteiras, a se difundir, a se internacionalizar. Sem dúvida, houve povos e períodos em que essa aptidão espontânea fracassou diante de necessidades sociais opostas. Ela não deixa de ser, contudo, real, e, como se vê, muito primitiva.

Tylor enxergou nessa concepção uma teologia tão avançada que se recusou a ver nela algo mais que o produto de uma importação europeia: tratar-se-ia de uma ideia cristã mais ou menos desnaturalizada.[963] A. Lang, ao contrário,[964] considera-a autóctone. Ainda assim, admitindo também que ela contrasta com o conjunto das crenças australianas e repousa sobre outros princípios, ele conclui que as religiões da Austrália são feitas de dois sistemas heterogêneos, superpostos um ao outro, e derivam, por conseguinte, de uma dupla origem. Haveria, por um lado, as ideias relativas aos totens e aos espíritos, que teriam sido sugeridas ao ser humano pelo espetáculo de certos fenômenos naturais. Ao mesmo tempo, por uma espécie de intuição, cuja natureza recusa-se a explicar,[965] a inteligência humana teria concebido desde o início um deus único, criador do mundo e legislador da ordem moral. Lang estima inclusive que, na origem, e sobretudo na Austrália, essa ideia era mais purificada de todo elemento estrangeiro quando em comparação com as civilizações que vieram logo na sequência. Com o tempo, ela teria sido pouco a pouco recoberta e obscurecida pela quantidade sempre crescente de superstições animistas e totêmicas. Ela teria sofrido assim de uma espécie de degenerescência progressiva, até o dia em que, pelo efei-

---

962. W. Ridley, *Kámilarói, and Other Australian Languages*, op. cit., p. 153; K. L. Parker, *The Euahlayi Tribe*, op. cit., p. 67; A. W. Howitt, *Nat. Tr.*, op. cit., p. 585; e R. H. Mathews, "Ethnological Notes on the Aboriginal Tribes of new South Wales and Victoria", loc. cit., p. 343. Por oposição a *Baiame*, *Daramulun* é por vezes apresentado como um espírito basicamente malévolo (K. L. Parker, *The Euahlayi Tribe*, op. cit., p. 67; e W. Ridley, "Traditions of the Australian Aborigines on the Namoi, Barwan, and other Tributaries of the Darling", em R. Brough Smyth, *The Aborigines of Victoria*, op. cit., II, p. 285.).

963. E. B. Tylor, "On the Limits of Savage Religion", *J.A.I.*, XXI, 1892, p. 292 ss.

964. A. Lang, *The Making of Religion*, op. cit., p. 187-293.

965. *Ibid.*, p. 331. A. Lang limita-se a dizer que a hipótese de São Paulo lhe parece a menos defeituosa (*the most unsatisfactory*).

to de uma cultura privilegiada, teria conseguido se recompor e se afirmar novamente, com um esplendor e uma clareza que não possuía de início.[966] Os fatos não comportam, contudo, nem a hipótese cética de Tylor, nem a interpretação teológica de Lang.

Em primeiro lugar, atualmente considera-se certo que as ideias relativas ao grande deus tribal são de origem nativa. Elas foram observadas quando a influência dos missionários ainda não era perceptível.[967] Disso não decorre, contudo, que se tenha de atribuí-las a uma misteriosa revelação. Longe de derivarem de uma fonte diferente das crenças propriamente totêmicas, elas são apenas, ao contrário, sua conclusão lógica e sua forma mais elevada.

Vimos, com efeito, que a noção dos ancestrais míticos está implicada nos próprios princípios sobre os quais repousa o totemismo. Afinal, cada um deles é um ser totêmico. Ora, se os grandes deuses lhes são certamente superiores, ainda assim há, entre ambos, somente diferenças de graus: passa-se dos primeiros aos segundos sem quebra de continuidade. Um grande deus, com efeito, é ele mesmo um ancestral de uma importância particular. Fala-se sobre ele, com frequência, como se fosse uma pessoa, sem dúvida dotada de poderes sobre-humanos, mas que viveu sobre a terra uma vida completamente humana.[968] Ele é retratado como um grande caçador[969], um pode-

---

966. O Padre Schmidt retomou a tese de A. Lang em W. Schmidt, "L'Origine de l'idée de Dieu", *op. cit.* Em contraposição a Sidney Hartland, que havia criticado a teoria de A. Lang em um artigo publicado em *Folk-lore* (v. IX, 1898, p. 290 ss.) intitulado "The 'High Gods' of Australia", o Padre Schmidt procura demonstrar que *Baiame, Bunjil* etc. são deuses eternos, criadores, onipotentes, oniscientes e guardiões da ordem moral. Não entraremos nessa discussão, que nos parece desprovida de interesse e sem alcance. Caso se atribua a esses diferentes adjetivos um sentido relativo, em harmonia com a mentalidade australiana, estamos prontos a assumi-los e nós mesmos já os empregamos. Desse ponto de vista, onipotente quer dizer que tem mais poder que os outros seres sagrados; onisciente, que vê coisas que escapam ao vulgo e mesmo aos grandes mágicos; guardião da ordem moral, que impõe o respeito às regras da moral australiana, por mais diferente que esta seja da nossa. Mas caso se queira dar a essas palavras um significado que apenas um espiritualista cristão pode atribuir, parece-nos inútil discutir uma opinião assim tão contrária aos princípios do método histórico.

967. Ver, sobre essa questão, N. W. Thomas, "Baiame and the Bell-bird. A note on Australian Religion", *Man*, 1905, n. 28, p. 49-52. Cf. A. Lang, *Magic and Religion*, Londres, Longmans, Green and Co., 1901, p. 25. Th. Waitz já havia sustentado o caráter original dessa concepção em seu *Anthropologie der Naturvölker*, Leipzig, Fleischer, v. 6, 1872, p. 792-8.

968. J. Dawson, *Australian Aborigines*, op. cit., p. 49; H. E. A. Meyer, "Manner and Customs of the Aborigines of the Encounter Bay Tribe", em J. D. Woods (ed.), *The Native Tribes of South Australia*, op. cit., p. 205-6; A. W. Howitt, *Nat. Tr.*, op. cit., p. 481, 491-2 e 494; bem como W. Ridley, *Kámilarói, and Other Australian Languages*, op. cit., p. 136.

969. G. Taplin, "The Narrinyeri", em J. D. Woods (ed.), *The Native Tribes of South Australia*, op. cit., p. 55-6.

roso mago[970], o fundador da tribo[971]. Ele é o primeiro dos seres humanos.[972] Uma lenda o representa, inclusive, como um velho cansado que se move com muita dificuldade.[973] Se existiu entre os Dieri um deus supremo chamado *Mura-mura*, tal palavra é significativa: ela serve, afinal, para designar a classe dos ancestrais. Do mesmo modo, *Nuralie*, nome do grande deus nas tribos do rio Murray, é por vezes empregado como uma expressão coletiva que se aplica ao conjunto dos seres míticos que a tradição situa na origem das coisas.[974] Trata-se de personagens absolutamente comparáveis àqueles do *Alcheringa*.[975] Encontramos, aliás, em Queensland um deus *Anjea* ou *Anjir*, que fez as pessoas e que, ainda assim, parece ter sido o primeiro dos seres humanos[976].

O que ajudou o pensamento dos australianos a passar da pluralidade dos deuses ancestrais à ideia do deus tribal é que, entre esses dois extremos intercala-se um meio termo que serviu de transição: trata-se dos heróis civilizadores. Os seres fabulosos que chamamos assim são, de fato, simples ancestrais aos quais a mitologia atribuiu um papel eminente na história da tribo e que ela deixou, por essa razão, acima dos outros. Vimos, inclusive, que eles faziam normalmente parte da organização totêmica: *Mangarkunjerkunja* pertence ao totem do Lagarto, e *Putiaputia*, ao totem do Gato selvagem. Por outro lado, as funções que supostamente exercem ou exerceram são muito similares àquelas que são incumbência do grande deus. Também ele é tido por alguém que inicia os seres humanos na arte da civilização, que foi o fundador das principais instituições sociais, o revelador das grandes cerimônias religiosas que continuam sob seu controle. Se ele é o pai dos seres humanos, é mais por tê-los fabricado, do que por tê-los engendrado, embora *Mangarkunjerkunja* também os tenha feito. Antes dele, não havia pessoas, mas apenas massas de carne sem forma, nas

---

970. K. L. Parker, *More Australian Legendary Tales*, op. cit., p. 94.
971. G. Taplin, "The Narrinyeri", em J. D. Woods (ed.), *The Native Tribes of South Australia*, op. cit., p. 61.
972. R. Brough Smyth, *The Aborigines of Victoria*, op. cit., I, p. 425-7.
973. G. Taplin, "The Narrinyeri", em J. D. Woods (ed.), *The Native Tribes of South Australia*, op. cit., p. 60.
974. "O mundo foi criado por seres chamados *Nuralie*. Alguns desses seres, que existiam há muito tempo, possuíam a forma do corvo, enquanto outros, a da águia-falcão" (R. Brough Smyth, *The Aborigines of Victoria*, op. cit., I, p. 423-4).
975. "*Baiame*", diz K. L. Parker, "está para os Euahlayi como o *Alcheringa* está para os Arunta" (*The Euahlayi Tribe*, op. cit., p. 6.).
976. Ver, anteriormente, p. 315-6.

quais os diferentes membros e, inclusive, os diferentes indivíduos não estavam separados uns dos outros. Foi ele quem esculpiu essa matéria-prima e que dela engendrou seres propriamente humanos.[977] Entre esse modo de fabricação e aquele que o mito do qual falamos atribui a *Bunjil* há somente nuances. É o que mostra bem, aliás, o vínculo que une esses dois tipos de figuras entre si: é que, por vezes, uma relação de filiação é estabelecida entre elas. Entre os Kurnai, *Tundum*, o herói do *bull-roarer*, é o filho do grande deus *Mungan-ngaua*.[978] Do mesmo modo, entre os Euahlayi, *Daramulun*, filho ou irmão de *Baiame*, é idêntico a *Gayandi*, que é o equivalente do *Tundun* dos Kurnai.[979] Por certo, não se deve concluir desses fatos que o grande deus nada mais é que um herói civilizador. Existem casos em que esses personagens são claramente distintos. Ainda assim, mesmo quando não se confundem, eles são, ao menos, aparentados. Por vezes ocorre que se tenha alguma dificuldade em distingui-los: há aqueles que podem ser igualmente classificados tanto em uma quanto em outra categoria. Desse modo, falamos de *Atnatu* como de um herói civilizador; ele está, contudo, muito próximo de ser um grande deus.

A noção do deus supremo depende, inclusive, tão intimamente do conjunto das crenças totêmicas que ela ainda carrega sua marca. *Tundun* é um herói divino, bastante próximo, como acabamos de ver, da divindade tribal. Ora, a própria palavra, para os Kurnai, quer dizer totem.[980] Do mesmo modo, entre os Arunta, *Altjira* é o nome do grande deus; trata-se também do nome do totem materno.[981] E há mais: vários grandes deuses possuem um aspecto manifestamente totêmico. *Daramulun* é uma águia-falcão[982]; ele tem por mãe uma ema[983]. É igualmente sob a forma de uma ema que *Baiame* é

---

977. Em outro mito, relatado por Spencer e Gillen, um papel análogo é preenchido por dois personagens que moram no céu e que são chamados *Ungambikula* (B. Spencer e F. J. Gillen, *Nat. Tr.*, *op. cit.*, p. 388 ss.).
978. A. W. Howitt, *Nat. Tr.*, *op. cit.*, p. 493.
979. K. L. Parker, *The Euahlayi Tribe*, *op. cit.*, p. 62-7. É porque o grande deus mantém íntimas relações com o *bull-roarer* que ele está identificado com o trovão. Afinal, o som que esse instrumento ritual produz é assimilado ao ruído do trovão.
980. A. W. Howitt, *Nat. Tr.*, *op. cit.*, p. 135. Howitt escreve como *thundung* a palavra que significa totem.
981. C. Strehlow, *Die Aranda – und Loritja – Stämme in Zentral-Australien*, *op. cit.*, I, 1907, p. 1-2, bem como *Ibid.*, II, 1908, p. 59. Importa lembrar que, muito provavelmente, entre os Arunta, o totem materno era primitivamente o totem propriamente dito.
982. A. W. Howitt, *Nat. Tr.*, *op. cit.*, p. 555.
983. *Ibid.*, p. 546 e 560.

representado.[984] O *Altjira* dos Arunta tem também as pernas de uma ema.[985] *Nuralie*, antes de ser o nome de um grande deus, designava, como vimos, os ancestrais fundadores da tribo. Pois bem, alguns deles eram corvos, enquanto outros, falcões.[986] *Bunjil*, segundo Howitt,[987] serve para designar um totem de fratria, a águia-falcão. Um de seus filhos, ao menos, é um dos totens que compreende a fratria à qual ele deu ou emprestou seu nome.[988] Seu irmão é *Pallyan*, o morcego. Ora, este serve de totem sexual aos homens em várias tribos de Victoria.[989]

Pode-se, inclusive, ir mais longe e precisar ainda mais a relação que mantêm os grandes deuses com o sistema totêmico. Acabamos de ver que *Bunjil* é um totem de fratria. *Daramulun*, como *Bunjil*, é uma águia-falcão, e sabe-se que esse animal é um totem de fratria em várias tribos do sudoeste.[990] *Nuralie*, já o dissemos, parece ter sido, de início, um termo coletivo que designava indistintamente seja águias-falcão, seja corvos; pois bem, nas tribos em que tal mito foi observado, o corvo serve de totem a uma das fratrias e a águia-falcão, a outra.[991] Por outro lado, a história lendária dos grandes deuses lembra muito aquela dos totens da fratria. Os mitos, e por vezes os ritos, comemoram as lutas que cada uma dessas divindades teve de travar contra um pássaro carniceiro, sobre o qual triunfaram com dificuldade. *Bunjil*, ou o primeiro ser humano, após ter fabricado o segundo, *Karween*, entrou em conflito com ele, e, após uma espécie de duelo, feriu-o severamente e transformou-o em corvo.[992] As duas espécies de *Nuralie* são apresentadas como dois grupos inimigos que, primitivamente, estavam constantemente em guerra.[993] *Baiame*, por sua vez, tem de lutar contra *Mullian*, a águia-

---

984. W. Ridley, *Kámilarói, and Other Australian Languages, op. cit.*, p. 136 e 156. Ele é representado sob essa forma nos ritos de iniciação entre os Kamilaroi. Segundo outra lenda, ele seria um cisne negro (K. L. Parker, *More Australian Legendary Tales, op. cit.*, p. 94.).

985. C. Strehlow, *Die Aranda – und Loritja – Stämme in Zentral-Australien, op. cit.*, I, 1907, p. 1.

986. R. Brough Smyth, *The Aborigines of Victoria, op. cit.*, I, p. 423-4.

987. A. W. Howitt, *Nat. Tr., op. cit.*, p. 492.

988. *Ibid.*, p. 128.

989. R. Brough Smyth, *The Aborigines of Victoria, op. cit.*, I, p. 417-23.

990. Ver, anteriormente, p. 142-3.

991. São as tribos em que as fratrias ostentam os nomes de Kilpara (Corvo) e de Mukwara. É o que explica o próprio mito relatado por R. Brough Smyth (*The Aborigines of Victoria, op. cit.*, I, p. 423-4.).

992. *Ibid.*, I, p. 425-7. Cf. A. W. Howitt, *Nat. Tr., op. cit.*, p. 486; neste caso, *Karween* é identificado com o herói azul.

993. R. Brough Smyth, *The Aborigines of Victoria, op. cit.*, I, p. 423.

-falcão canibal, a qual, aliás, é idêntica a *Daramulun*.[994] Ora, vimos que entre os totens da fratria há igualmente uma espécie de hostilidade constitucional. Esse paralelismo acaba provando que a mitologia dos grandes deuses e aquela desses totens são intimamente aparentadas. Esse parentesco aparecerá como ainda mais evidente ao se observar que a emulação do deus é regularmente ou o corvo, ou a águia-falcão, que são, de maneira geral, totens de fratria.[995]

*Baiame, Daramulun, Nuralie* e *Bunjil* parecem então ser totens de fratria que foram divinizados; e eis aqui como se pode conceber o acontecimento dessa apoteose. Tal concepção foi claramente elaborada nas reuniões que ocorrem por ocasião das iniciações. Afinal, os grandes deuses exercem um papel importante apenas nesses ritos, permanecendo alheios às outras cerimônias religiosas. Aliás, como a iniciação é a forma principal do culto tribal, é somente nessa ocasião que uma mitologia tribal poderia nascer. Já vimos como o ritual da circuncisão e aquele da incisão nas partes inferiores do corpo tendiam espontaneamente a se personificar sob a forma de heróis civilizadores. Entretanto, esses heróis não exerciam nenhuma supremacia: eles estavam em pé de igualdade com os outros benfeitores lendários da sociedade. Ainda assim, onde a tribo adquire o mais vivo sentimento de si mesma, esse sentimento naturalmente encarna-se em um personagem, que se torna seu símbolo. Para explicar a eles mesmos os laços que os unem entre si, a despeito do clã ao qual pertençam, as pessoas imaginaram que elas provinham da mesma fonte, que eram os filhos de um mesmo pai, ao qual deviam a existência sem que este a devesse a alguém. O deus da iniciação era totalmente designado para esse papel: afinal, de acordo com uma expressão que aparece frequentemente nas falas dos nativos, a iniciação tem precisamente o objetivo de produzir, de fabricar homens. Atribui-se a esse deus, portanto, um poder criador, e ele se encontra, por todos esses motivos, investido de um prestígio que o coloca acima dos outros heróis da mitologia. Esses tornam-se seus subordinados, seus auxiliares: faz-se deles seus filhos ou irmãos mais novos, tais como *Tundun, Gayandi, Karween, Pallyan* etc. Já existiam, contudo, outros seres sagrados que ocupavam no sistema religioso da tribo um lugar igualmente eminente: são os totens de fratria. Onde continuaram a existir, eles supostamente mantêm sob sua dependência os totens dos clãs. Eles tinham assim tudo o que era necessário

---

994. W. Ridley, *Kámilarói, and Other Australian Languages*, op. cit., p. 136; A. W. Howitt, *Nat. Tr.*, op. cit., p. 585; e T. H. Mathews, "Aboriginal Boral held at Gundabloui in 1894", *Journal and Proceedings of the Royal Society of New South Wales*, XXVIII (1894), p. 111.

995. Ver, anteriormente, p. 189. Cf. Padre W. Schmidt, "L'Origine de l'idée de Dieu", *Anthropos*, v. 4, 1909, p. 207-50.

para tornar-se eles mesmos divindades tribais. Era natural, portanto, que uma confusão parcial fosse estabelecida entre essas duas espécies de figuras míticas; é assim que um dos dois totens fundamentais da tribo empresta seus traços característicos ao grande deus. Ainda assim, como era necessário explicar o motivo que levou, sozinho, a que um deles fosse alçado a essa dignidade da qual o outro estava excluído, supôs-se que este último, ao longo de suas lutas contra o rival, saiu vencido, e que sua exclusão é a consequência dessa derrota. Essa ideia foi ainda mais facilmente aceita por estar de acordo com o conjunto da mitologia, uma vez que os totens de fratria são geralmente considerados como inimigos mútuos.

Um mito que Parker observou entre os Euahlayi[996] pode servir para confirmar essa explicação. Afinal, ele apenas a traduz sob uma forma figurada. Diz-se que, nessa tribo, os totens eram de início apenas os nomes dados às diferentes partes do corpo de *Baiame*. Os clãs seriam, então, em certo sentido, como fragmentos do corpo divino. Acaso isso não seria uma outra maneira de dizer que o grande deus é a síntese de todos os totens e, por conseguinte, a personificação da unidade tribal?

Ele assume, porém, ao mesmo tempo, um caráter internacional. Com efeito, os membros da tribo à qual pertencem os jovens iniciados não são os únicos que assistem às cerimônias de iniciação. Representantes das tribos vizinhas são especialmente convocados a essas festas, que são espécies de feiras internacionais, concomitantemente religiosas e laicas.[997] Crenças elaboradas em meios sociais de tal modo compósitos não podem permanecer o patrimônio exclusivo de uma nacionalidade determinada. O estrangeiro a quem foram reveladas as levam a sua tribo natal, tão logo tenha retornado. E como, cedo ou tarde, ele é compelido a convidar, por sua vez, os anfitriões da véspera, produz-se, de sociedade a sociedade, contínuas trocas de ideias. É desse modo que uma mitologia internacional foi constituída, da qual o grande deus tornou-se naturalmente o elemento essencial, pois tinha sua origem nos ritos de iniciação que tem por função personificar. Seu nome passou, assim, de uma língua a outra, com as representações que lhe foram associadas. O fato de os nomes das fratrias serem geralmente

---

996. K. L. Parker, *The Euahlayi Tribe, op. cit.*, p. 7. Nesse mesmo povo, a esposa principal de *Baiame* é geralmente representada como a mãe de todos os totens, sem ser, ela mesma, atrelada a um deles (*Ibid.*, p. 7 e 78.).

997. Ver A. W. Howitt, *Nat. Tr., op. cit.*, p. 511-3 e 602 ss. R. H. Mathews, "Ethnological Notes on the Aboriginal Tribes of New South Wales and Victoria", *op. cit.*, p. 270. Convida-se para as festas de iniciação não apenas as tribos com as quais um *connubium* regular está estabelecido, mas também aquelas com as quais existem querelas a ser resolvidas; nessas ocasiões ocorrem vendetas, em parte cerimoniais, em parte sérias.

comuns às tribos apenas facilitou essa difusão. O internacionalismo dos totens de fratria abriu o caminho para o grande deus.

## V

Chegamos, desse modo, à mais alta concepção à qual se elevou o totemismo. É o ponto em que ele se une às religiões que se seguirão e as prepara, e ele nos ajuda a compreendê-las. Ao mesmo tempo, contudo, pode-se ver que essa noção culminante liga-se sem interrupção às crenças mais rudimentares que analisamos em primeiro lugar.

O grande deus tribal, com efeito, é tão somente um espírito ancestral que logrou conquistar um lugar proeminente. Os espíritos ancestrais são apenas entidades forjadas à imagem das almas individuais cuja origem eles estão destinados a explicar. As almas, por sua vez, são somente a forma que assumem as forças impessoais que encontramos na base do totemismo, individualizando-se em corpos particulares. A unidade do sistema iguala sua complexidade.

Nesse trabalho de elaboração, a ideia de alma exerceu, sem dúvida, um papel importante: é por meio dela que a ideia de personalidade foi introduzida no domínio religioso. Não é necessário, contudo, como sustentam os teóricos do animismo, que ela contenha toda a religião em germe. Em primeiro lugar, ela supõe a noção de *mana* ou de princípio totêmico, da qual não é senão um modo particular. Além disso, se os espíritos e os deuses não podiam ser concebidos antes da alma, eles são, contudo, de alguma forma diferente de simples almas humanas, liberadas pela morte. Afinal, de onde viriam seus poderes sobre-humanos? A ideia de alma serviu somente para orientar a imaginação mitológica em uma nova direção, para sugerir-lhe construções de um novo tipo. A matéria dessas construções, porém, foi tomada de empréstimo não junto à representação da alma, mas desse reservatório de forças anônimas e difusas que constituem o fundo primitivo das religiões. A criação de personalidades míticas foi apenas uma outra forma de pensar suas forças essenciais.

No que diz respeito à noção de grande deus, ela decorre totalmente de um sentimento cuja ação já observamos na gênese das crenças mais especificamente totêmicas: trata-se do sentimento tribal. Vimos, com efeito, que o totemismo não era obra isolada dos clãs, mas que era elaborado sempre no seio de uma tribo que tinha, em algum grau, consciência de sua unidade. É por essa razão que os diferentes cultos particulares de cada clã vinculam-se reciprocamente e completam-se de maneira a formar um todo solidário.[998] Ora, é esse mesmo sentimento de unidade tribal que se exprime na concepção de um deus supremo, comum a toda a tribo. Assim, são claramente as mesmas causas que agem da base ao cume desse sistema religioso.

Ainda assim, consideramos até aqui as representações religiosas como se elas se bastassem e pudessem ser explicadas por elas mesmas. De fato, elas são inseparáveis dos ritos, não apenas porque manifestam-se neles, mas porque sofrem, em contrapartida, sua influência. Sem dúvida, o culto depende das crenças, mas reage sobre elas. Para melhor compreendê-las, importa então conhecê-lo melhor. Chegou o momento de abordar seu estudo.

---

998. Ver, anteriormente, p. 199-200.

# Livro III
# As principais atitudes rituais

CAPÍTULO I

# O culto negativo e suas funções
# Os ritos ascéticos

Não temos a intenção de tentar, no que segue, uma descrição completa do culto primitivo. Preocupados, antes de mais nada, em atingir o que há de mais elementar e de mais fundamental na vida religiosa, não procuraremos reconstituir em detalhes a multiplicidade, com frequência confusa, de todos os gestos rituais. Gostaríamos, contudo, em meio à extrema diversidade das práticas, de entender as atitudes mais características que o primitivo observa na celebração de seu culto, de classificar as formas mais gerais de seus ritos, de determinar suas origens e seu significado, de modo a controlar e, se possível, a precisar os resultados aos quais a análise das crenças nos conduziu.[999]

Todo culto apresenta um duplo aspecto: um, negativo; o outro, positivo. Sem dúvida, na realidade, os dois tipos de ritos que assim denominamos encontram-se intimamente associados. Veremos que eles se supõem mutuamente. Eles não deixam, porém, de ser diferentes, e mesmo que fosse apenas para compreender suas relações, é necessário distingui-los.

---

999. Há, em especial, uma forma do ritual que deixaremos completamente de lado: trata-se do ritual oral, que deve ser estudado em um volume especial da Coleção *Travaux de l'Année Sociologique*. [Esse volume anunciado jamais foi publicado. É possível, contudo, que Durkheim faça aqui alusão ao projeto de tese de Marcel Mauss, jamais concluído, mas do qual nos chegaram os primeiros resultados. Ver, a esse respeito, Marcel Mauss, "A Prece", em Id., *Marcel Mauss: Antropologia*, Roberto Cardoso de Oliveira (org.), Regina Lúcia de Morais Morel (trad.), Rio de Janeiro, Ática, 1979, p. 103-46. Ver ainda, sobre o tema, João de Pina Cabral, "A Prece Revisitada: comemorando a obra inacabada de Marcel Mauss", *Religião e Sociedade*, v. 29, n. 2, Rio de Janeiro, 2009, p. 13-28. (N.T.)]

# I

Os seres sagrados são, por definição, seres separados. O que os caracteriza é o seguinte: entre eles e os seres profanos, há uma quebra de continuidade. Normalmente, uns são exteriores aos outros. Todo um conjunto de ritos têm por finalidade realizar esse estado de separação que é essencial. Como eles têm por função prevenir as misturas e as aproximações indevidas, impedindo que um desses domínios invada o outro, podem apenas decretar interditos, ou seja, atos negativos. Por essa razão, propomos chamar de culto negativo o sistema formado por esses ritos especiais. Eles não prescrevem ao fiel a realização de prestações efetivas, mas limitam-se a coibir-lhe certas maneiras de agir. Assim assumem todos a forma, portanto, do interdito, ou, como se diz normalmente em etnografia, do *tabu*. Essa última palavra é aquela que é empregada nas línguas polinésias para designar a instituição em virtude da qual certas coisas são retiradas do uso comum.[1000] Trata-se também de um adjetivo que exprime o caráter distintivo dessas espécies de coisas. Já tivemos a ocasião de mostrar o quanto é inconveniente transformar assim, em um termo genérico, uma expressão estritamente local e dialetal. Não há religião em que não existam interdições e nas quais essas não exerçam um papel considerável. É, portanto, lamentável que a terminologia consagrada pareça transformar uma instituição tão universal em uma particularidade própria da Polinésia.[1001] A expressão *interditos* ou *interdições* parece-nos muito mais adequada. Ainda assim, a palavra *tabu*, tal como ocorre com totem, é tão utilizada que seria um excesso de purismo proibi-la sistematicamente. Os inconvenientes que esse uso apresenta são, aliás, atenuados tão logo se precise seu sentido e seu alcance.

Existem, contudo, interditos de espécies diferentes e que é importante distinguir. Afinal, não trataremos, no presente capítulo, de todos os tipos de interditos.

Antes de mais nada, além daqueles provenientes da religião, existem os que são oriundos da magia. Ambos têm em comum o fato de decretarem incompatibilidades entre certas coisas e de prescreverem a separação das coisas assim declaradas incompatíveis. Há entre eles, porém, diferenças muito pro-

---

1000. Ver o artigo de J. G. Frazer, "Taboo", em *Encyclopædia Britannica*, 9. ed., *op. cit.*

1001. Os fatos provam a realidade desse inconveniente. Não faltam escritores que, fiando-se na palavra, acreditaram que a instituição assim designada estava restrita ou às sociedades primitivas em geral, ou mesmo apenas aos povos polinésios (Ver A. Réville, *Les Religions des Peuples Primitifs non Civilisés, op. cit.*, II, p. 55; e G. Richard, *La Femme dans l'Histoire*, Paris, Doin, 1909, p. 435.).

fundas. Para começar, as sanções não são as mesmas nos dois casos. Sem dúvida, como o diremos mais tarde, a violação dos interditos religiosos com frequência determinaria mecanicamente desordens materiais que o culpado teria de padecer, e que são consideradas uma punição por seu ato. Ainda assim, enquanto realmente ocorre, essa sanção espontânea e automática não permanece a única: ela é sempre completada por uma outra, que supõe uma intervenção humana. Ou uma pena propriamente dita soma-se a ela, quando não a antecipa, e essa pena é deliberadamente infligida pelas pessoas; ou, ao menos, há a condenação, a reprovação pública. Embora o sacrilégio tenha sido punido pela doença ou pela morte natural de seu autor, este é, além disso, estigmatizado. Ele ofende a opinião, que reage contra ele; põe aquele que o cometeu em estado de falta. Em contraposição a isso, a interdição mágica é sancionada apenas pelas consequências materiais que o ato proibido, com uma espécie de necessidade física, supostamente produz. A desobediência acarreta riscos, como aqueles aos quais se expõe um doente que não segue os conselhos de seu médico; mas a desobediência, nesse caso, não constitui uma falta. Ela não provoca indignação. Não há pecado mágico. Essa diferença nas sanções remete, aliás, a uma profunda diferença na natureza dos interditos. O interdito religioso implica necessariamente a noção do sagrado: ele decorre do respeito que o objeto sagrado inspira, e tem por finalidade impedir que esse respeito seja transgredido. Ao contrário, os interditos mágicos supõem apenas a noção totalmente laica de propriedade. As coisas cuja separação o mago recomenda são aquelas que, em função de suas propriedades características, não podem ser misturadas ou aproximadas sem perigo. Mesmo se lhe ocorre de convidar seus clientes a manterem-se à distância de certas coisas sagradas, isso não ocorre por respeito a elas e por medo de que sejam profanadas, pois a magia, como sabemos, vive de profanações;[1002] isso ocorre, unicamente, por razões de utilidade temporal. Em suma, os interditos religiosos são imperativos categóricos; os outros são máximas utilitárias, primeira forma dos interditos higiênicos e médicos. Não se pode, sem confusão, estudar simultaneamente e sob um mesmo nome, duas ordens de fatos tão diferentes. Nós nos ocuparemos aqui apenas das interdições religiosas.[1003]

Entre essas, contudo, uma nova distinção é necessária.

---

1002. Ver, anteriormente, p. 70.
1003. Isso não significa dizer que exista entre os interditos religiosos e os interditos mágicos uma quebra radical de continuidade: ocorre, ao contrário, que sua verdadeira natureza é indecisa. Existem interditos do folclore acerca dos quais é difícil dizer se são religiosos ou mágicos. A distinção não é, por isso, menos necessária. Afinal, acreditamos que os interditos mágicos só podem ser compreendidos em função dos interditos religiosos.

Existem interditos religiosos que têm por finalidade separar, umas das outras, as coisas sagradas de espécies diferentes. Lembramos, por exemplo, como entre os Wakelbura, o andaime sobre o qual o morto é exposto deve ser exclusivamente construído com materiais provenientes da fratria do defunto. Ou seja, é proibido todo contato entre o morto, que é sagrado, e as coisas de outra fratria, que também são sagradas, mas em um registro diferente. Aliás, as armas utilizadas na caça de um animal não devem ser feitas de uma madeira que seja classificada no mesmo grupo social ao qual o próprio animal pertence.[1004] As mais importantes dessas interdições serão estudadas, contudo, em um próximo capítulo: elas são destinadas a prevenir toda comunicação entre o sagrado puro e o sagrado impuro, entre o sagrado fasto e o sagrado nefasto. Todos esses interditos têm uma característica comum: eles não decorrem do fato de existirem coisas sagradas e coisas que não o são, mas sim do fato de existir entre as coisas sagradas desacordos e relações de incompatibilidade. Não dizem respeito, portanto, ao que há de essencial na ideia do sagrado. Desse modo, o cumprimento dessas proibições pode apenas dar espaço a ritos isolados, particulares e quase excepcionais. Ela não poderia constituir um culto propriamente dito, pois um culto é feito, antes de mais nada, de relações regulares entre o profano e o sagrado enquanto tais.

Há, porém, outro sistema de interdições religiosas muito mais amplo e importante: trata-se daquele que separa não espécies diferentes de coisas sagradas, mas tudo o que é sagrado de tudo o que é profano. Ele deriva, portanto, imediatamente da própria noção do sagrado que ele se limita a exprimir e a realizar. Desse modo, ele fornece a substância de um verdadeiro culto e, inclusive, de um culto que está na base de todos os outros; afinal, a atitude que prescreve é aquela à qual o fiel jamais deve renunciar em suas relações com os seres sagrados. É o que chamamos de culto negativo. Pode-se, então, afirmar acerca desses interditos que eles são os interditos religiosos por excelência.[1005] É somente deles que se tratará nas páginas seguintes.

---

1004. Ver, anteriormente, p. 192-3.

1005. Muitos dos interditos entre coisas sagradas remetem, acreditamos, à interdição entre o sagrado e o profano. É o caso dos interditos de idade ou de grau. Na Austrália, por exemplo, existem alimentos sagrados que são reservados apenas aos iniciados. Esses alimentos não são todos sagrados em um mesmo plano: há entre eles uma hierarquia. Os iniciados, por sua vez, não são todos iguais. Eles não gozam imediatamente da plenitude de seus direitos religiosos, mas entram apenas paulatinamente no domínio das coisas sagradas. Eles devem passar por toda uma série de graus que lhes são conferidos, uns após os outros, em decorrência de testes e cerimônias especiais. São necessários meses, ou até mesmo anos, para que atinjam o grau mais elevado. Ora, a cada um desses graus estão atrelados alimentos determinados: as pessoas dos graus inferiores não podem tocar nos alimentos que de direito pertencem

Eles assumem, contudo, múltiplas formas. Eis aqui os tipos principais que são observados na Austrália.

Em primeiro lugar, há os interditos de contato: trata-se dos tabus primários, dos quais os demais são apenas variedades particulares. Eles baseiam-se nesse princípio segundo o qual o profano não deve tocar o sagrado. Já vimos que em hipótese alguma os *churinga* ou os *bull-roarers* podem ser manejados por não iniciados. Se os adultos podem usá-los livremente é porque a iniciação lhes conferiu um caráter sagrado. O sangue, especialmente aquele utilizado durante a iniciação, possui uma virtude religiosa;[1006] ele está submetido ao mesmo interdito.[1007] O mesmo ocorre com os cabelos.[1008] O morto é um ser sagrado, pois a alma que animava o corpo adere ao cadáver. Por essa razão, em alguns casos é proibido carregar os restos mortais do morto, senão envoltos em uma casca de árvore.[1009] O próprio local em que ocorreu o falecimento deve ser evitado, pois se acredita que a alma do defunto continua a habitá-lo. É por esse motivo que se levanta acampamento e a aldeia é transportada a uma certa distância.[1010] Em alguns casos, ela é destruída com tudo o que contém, sendo necessário um tempo para que se possa retornar ao mesmo local.[1011] Ocorre, algumas vezes, que o próprio morto já instaure o vazio ao seu redor: ele é abandonado, após ter sido instalado tão confortavelmente quanto possível.[1012]

Um contato excepcionalmente íntimo é aquele que resulta da absorção de um alimento. Disso decorre a interdição de alimentar-se dos animais e dos vegetais sagrados, especialmente aqueles que servem como totens.[1013]

---

      às pessoas dos graus superiores (Ver R. H. Mathews, "Ethnological Notes on the Aboriginal Tribes of New South Wales and Victoria", *loc. cit.*, p. 262 ss.; K. Langloh Parker, *The Euahlayi Tribe*, *op. cit.*, p. 23; e B. Spencer e F. J. Gillen, *North. Tr.*, *op. cit.*, p. 470 ss.). O mais sagrado afasta, então, o menos sagrado; é que o segundo é profano em relação ao primeiro. Em suma, todas as interdições religiosas ordenam-se em duas classes: as interdições entre o sagrado e o profano, e aquelas entre o sagrado puro e o sagrado impuro.

1006. Ver, anteriormente, p. 177.
1007. B. Spencer e F. J. Gillen, *Nat. Tr.*, *op. cit.*, p. 463.
1008. *Ibid.*, p. 538; e *Id.*, *North. Tr.*, *op. cit.*, p. 604.
1009. *Id.*, *North. Tr.*, *op. cit.*, p. 531.
1010. *Ibid.*, p. 518-9; e A. W. Howitt, *Nat. Tr.*, *op. cit.*, p. 449.
1011. L. Schulze, "The Aborigines of the upper and Middle Finke River", *loc. cit.*, p. 231.
1012. A. W. Howitt, *Nat. Tr.*, *op. cit.*, p. 451.
1013. Se as interdições alimentares que se aplicam ao vegetal ou ao animal totêmico são as mais importantes, isso não significa que sejam as únicas. Vimos que há alimentos proibidos aos não iniciados, pois são considerados sagrados; ora, causas muito diversas podem conferir a eles esse caráter. Por exemplo, como veremos mais adiante, os animais que sobem o cume

Um ato dessa espécie surge como tão sacrílego que a proibição se aplica inclusive aos adultos, ou, ao menos, à sua maioria; somente os anciãos atingem uma dignidade religiosa suficiente para não serem sempre submetidos a esse interdito. Por vezes explicou-se essa proibição como consequência do parentesco mítico que une o ser humano aos animais cujo nome ostenta: eles seriam protegidos pelo sentimento de simpatia que inspiram na qualidade de parentes.[1014] Ainda assim, o que mostra claramente que a interdição não tem por origem uma simples revolta do sentimento de solidariedade doméstica é que o consumo de carne proibida supostamente determina de maneira imediata a doença e a morte. Isso significa, portanto, que forças de outro gênero estão atuando, análogas às que, em todas as religiões, reagiriam contra os sacrilégios.

Se, aliás, certos alimentos são interditos ao profano porque são sagrados, outros, ao contrário, são interditos porque são profanos diante de pessoas marcadas por um caráter sagrado. Desse modo, é frequente que animais específicos sejam destinados à alimentação feminina e, por conseguinte, que sejam profanos. O jovem iniciado, ao contrário, é submetido a um conjunto de ritos de uma gravidade particular: para que lhe sejam comunicadas as virtudes que lhe permitirão penetrar no mundo das coisas sagradas, do qual estava excluído até então, faz-se convergir sobre ele um feixe excepcionalmente poderoso de forças religiosas. Ele encontra-se, portanto, em um estado de santidade que afasta para longe tudo o que é profano. Desse modo, é proibido a ele consumir a caça que caberia às mulheres.[1015]

O contato, porém, pode ser estabelecido por meios diferentes do toque. A relação com uma coisa é estabelecida pelo simples fato de ser observada: o olhar estabelece relações. Eis por que a visão das coisas sagradas é, em certos casos, interdita aos profanos. A mulher não deve jamais ver os instrumentos do culto; no máximo, tem a permissão de vislumbrá-los de

---

das árvores altas são considerados sagrados porque são vizinhos do grande deus que vive nos céus. É possível que, por razões diferentes, a carne de certos animais tenha sido especialmente reservada aos anciãos e que, por conseguinte, tenha parecido participar do caráter sagrado que é atribuído a estes últimos.

1014. Ver J. G. Frazer, *Totemism, op. cit.*, p. 7.

1015. A. W. Howitt, *Nat. Tr., op. cit.*, p. 674. – Há uma proibição de contato sobre a qual nada falamos porque sua exata natureza não é facilmente determinável: trata-se do contato sexual. Há períodos religiosos em que o homem não deve ter relações com a mulher (B. Spencer e F. J. Gillen, *North Tr., op. cit.*, p. 293 e 295; e A. W. Howitt, *Nat. Tr., op. cit.*, p. 397.). Isso ocorre porque a mulher é profana ou porque o ato sexual é um ato temido? A questão não pode ser resolvida de passagem. Nós adiamos isso, tal como fizemos com tudo o que diz respeito aos ritos conjugais e sexuais. Eles remetem muito estreitamente ao problema do casamento e da família para poderem ser tratados em separado.

longe.[1016] O mesmo ocorre com as pinturas totêmicas executadas sobre o corpo dos oficiantes por ocasião de cerimônias particularmente importantes.[1017] A excepcional solenidade dos ritos de iniciação faz com que, em certas tribos, as mulheres não possam nem mesmo ver os lugares em que foram celebradas,[1018] nem o próprio neófito.[1019] O caráter sagrado que é imanente ao conjunto da cerimônia encontra-se naturalmente na pessoa daqueles que a conduzem ou que dela participam. Disso resulta que o noviço não pode olhar para eles, e tal proibição persiste mesmo após o término do rito.[1020] O morto, igualmente, é por vezes afastado dos olhares: sua face é coberta de maneira que não possa ser vista.[1021]

A fala é outra maneira de estabelecer relações com as pessoas ou com as coisas. O ar expirado estabelece a comunicação: é algo de nós que se lança ao exterior. Também é proibido aos profanos endereçar a palavra aos seres sagrados ou simplesmente falar em sua presença. Assim como o neófito não deve observar nem os operadores, nem os assistentes, encontra-se proibido de conversar com eles de outra maneira que não por meio de sinais; e essa proibição persiste até que tenha sido abolida por um rito especial.[1022] De uma maneira geral, há, entre os Arunta, ao longo das grandes cerimônias, momentos em que o silêncio deve ser respeitado imperativamente.[1023] A partir do instante que os *churinga* são expostos, cala-se; ou ainda, quando falam, é em voz baixa e com hesitação.[1024]

Além das coisas sagradas, existem palavras e sons que têm o mesmo caráter: eles não devem nem se encontrar sobre os lábios dos profanos, nem chegar a seus ouvidos. Há cantos rituais que as mulheres não devem escutar sob pena de morte.[1025] Elas podem escutar o barulho dos *bull--roarers*, mas somente à distância. Todo nome próprio é considerado um elemento essencial da pessoa que o carrega: intimamente associado nas consciências à ideia dessa pessoa, ele participa dos sentimentos que inspira.

---

1016. B. Spencer e F. J. Gillen, *Nat. Tr.*, *op. cit.*, p. 134; e A. W. Howitt, *Nat. Tr.*, *op. cit.*, p. 354.

1017. B. Spencer e F. J. Gillen, *Nat. Tr.*, *op. cit.*, p. 624.

1018. A. W. Howitt, *Nat. Tr.*, *op. cit.*, p. 572.

1019. *Ibid.*, p. 661.

1020. B. Spencer e F. J. Gillen, *Nat. Tr.*, *op. cit.*, p. 386; e A. W. Howitt, *Nat. Tr.*, *op. cit.*, p. 655 e 665.

1021. Entre os Wiimbaio (A. W. Howitt, *Nat. Tr.*, *op. cit.*, p. 451.).

1022. *Ibid.*, p. 624, 661, 663 e 667; B. Spencer e F. J. Gillen, *Nat. Tr.*, *op. cit.*, p. 221 e 382 ss.; e *Id.*, *North. Tr.*, *op. cit.*, p. 335, 344, 353 e 369.

1023. B. Spencer e F. J. Gillen, *Nat. Tr.*, *op. cit.*, p. 221, 262, 288, 303, 367, 378 e 380.

1024. *Ibid.*, p. 302.

1025. A. W. Howitt, *Nat. Tr.*, *op. cit.*, p. 581.

Portanto, se ela é sagrada, ele também o é. Do mesmo modo, ele não pode ser pronunciado ao longo da vida profana. Há, entre os Warramunga, um totem que é particularmente venerado; trata-se da serpente mítica chamada *Wollunqua*: seu nome é *tabu*.[1026] O mesmo ocorre com *Baiame*, *Daramulum* e *Bunjil*: a forma esotérica de seu nome não pode ser revelada aos não iniciados.[1027] Durante o luto, o nome do morto não deve ser mencionado, ao menos por seus parentes, salvo no caso de absoluta necessidade e, mesmo então, as pessoas limitam-se a sussurrá-lo.[1028] Essa interdição é frequentemente perpétua para a viúva e para algumas [pessoas] próximas.[1029] Em certos povos, ela estende-se, inclusive, para além da família: todos os indivíduos que têm o mesmo nome do defunto são obrigados a mudá-lo temporariamente.[1030] E há mais: os parentes e os íntimos por vezes proíbem-se certas palavras da língua comum, sem dúvida porque eram empregadas pelo morto. Tais lacunas são preenchidas por meio de perífrases ou de empréstimos tomados de algum dialeto estrangeiro.[1031] Além de seu nome público e vulgar, os homens possuem um outro, que é mantido em segredo: as mulheres e as crianças o ignoram, e ele jamais é usado na vida cotidiana. Isso ocorre porque ele tem um caráter religioso.[1032] Há mesmo cerimônias durante as quais se é obrigado a falar uma língua especial, que não pode ser utilizada nas relações profanas. Trata-se de um primeiro passo em direção à língua sagrada.[1033]

Os seres sagrados não somente são separados dos profanos, mas nada do que diga respeito, direta ou indiretamente, à vida profana deve se misturar à vida religiosa. Uma nudez completa é frequentemente exigida do nativo como uma condição prévia para que possa ser admitido a participar do rito.[1034] Ele é obrigado a se despojar de todos os seus ornamentos habituais, mesmo daqueles aos quais está mais ligado e dos quais se separa com menor disposição em função das virtudes protetoras que lhes são atribuí-

---

1026. B. Spencer e F. J. Gillen, *North. Tr.*, op. cit., p. 227.
1027. Ver, anteriormente, p.348.
1028. *Id.*, *Nat. Tr.*, op. cit., p. 498; *Id.*, *North. Tr.*, op. cit., p. 526; bem como G. Taplin, "The Narrinyeri", em J. D. Woods (ed.), *The Native Tribes of South Australia*, op. cit., p. 19.
1029. A. W. Howitt, *Nat. Tr.*, op. cit., p. 466 e 469 ss.
1030. W. J. Wyatt, "Some Account of the Manners and Superstitions of the Adelaide and Encounter Bay Aboriginal Tribes", op. cit., p. 165.
1031. A. W. Howitt, *Nat. Tr.*, op. cit., p. 470.
1032. *Ibid.*, p. 657; B. Spencer e F. J. Gillen, *Nat. Tr.*, op. cit., p. 139; e *Id.*, *North. Tr.*, op. cit., p. 580 ss.
1033. A. W. Howitt, *Nat. Tr.*, op. cit., p. 537.
1034. *Ibid.*, p. 544, 597, 614 e 620.

das.[1035] Se, para exercer seu papel ritual, ele é obrigado a se enfeitar, essa ornamentação deve ser feita especialmente para a circunstância: trata-se de um traje cerimonial, uma vestimenta de festa.[1036] Dado que esses ornamentos são sagrados em função do uso que é feito deles, não se pode utilizá-los nas relações profanas: tão logo a cerimônia é encerrada, eles são enterrados ou queimados.[1037] Os homens devem, inclusive, lavar-se, para que não carreguem consigo nenhum resquício das decorações com as quais estavam revestidos.[1038]

De modo mais amplo, os atos característicos da vida cotidiana são interditos enquanto ocorrem aqueles da vida religiosa. O ato de comer é, por si só, profano. Afinal, ele ocorre todos os dias, satisfaz as necessidades essencialmente utilitárias e materiais, fazendo parte de nossa existência ordinária.[1039] Eis por que ele é proibido em períodos religiosos. Desse modo, quando um grupo totêmico emprestou seus *churinga* a um clã estrangeiro, o momento em que esses são devolvidos e recolocados no *ertnatulunga* é absolutamente solene: todos os que participam da cerimônia devem jejuar enquanto ela dura, e ela dura muito tempo.[1040] A mesma regra é observada durante a celebração dos ritos,[1041] que será tratada no capítulo seguinte, bem como em certos momentos da iniciação.[1042]

Pela mesma razão, todas as ocupações temporais são suspensas quando ocorrem as grandes solenidades religiosas. De acordo com uma observação de Spencer e Gillen[1043] que já tivemos a ocasião de citar, a vida do australiano

---

1035. Por exemplo, a faixa de cabelo que usa normalmente (B. Spencer e F. J. Gillen, *Nat. Tr.*, *op. cit.*, p. 171.).

1036. *Ibid.*, p. 624 ss.

1037. A. W. Howitt, *Nat. Tr.*, *op. cit.*, p. 556.

1038. *Ibid.*, p. 587.

1039. Esse ato assume, é verdade, um caráter religioso quando o alimento consumido é sagrado. Mas o ato em si é tão evidentemente profano que o consumo de um alimento sagrado sempre constitui uma profanação. A profanação pode ser permitida, ou mesmo ordenada, mas, como veremos mais tarde, com a condição de que ritos que a precedam ou a acompanhem possam atenuá-la ou expiá-la. A existência desses ritos mostra claramente que, por si mesma, a coisa sagrada reluta em ser consumida.

1040. B. Spencer e F. J. Gillen, *North. Tr.*, *op. cit.*, p. 263.

1041. *Id.*, *Nat. Tr.*, *op. cit.*, p. 171.

1042. A. W. Howitt, *Nat. Tr.*, *op. cit.*, p. 674. Talvez a proibição de falar durante as grandes solenidades religiosas provenha, em parte, da mesma causa. Fala-se, e fala-se sobretudo alto na vida cotidiana; portanto, na vida religiosa, deve-se ou não falar ou falar baixo. A mesma consideração não é estranha às interdições alimentares (Ver, anteriormente, p. 167.).

1043. B. Spencer e F. J. Gillen, *North. Tr.*, *op. cit.*, p. 33.

é feita de duas partes distintas: uma é empregada na caça, na pesca e na guerra; a outra é consagrada ao culto, e essas duas formas de atividade excluem-se e afastam-se mutuamente. É sobre esse princípio que repousa a instituição universal do descanso religioso. O caráter distintivo dos dias de festa, em todas as religiões conhecidas, é a paralização do trabalho, a suspensão da vida pública e privada, uma vez que ela não tem finalidade religiosa. Esse repouso não é simplesmente uma espécie de relaxamento temporário que as pessoas se dariam para poder se dedicar mais livremente aos sentimentos de alegria que despertam em geral nos feriados. Afinal, existem festas tristes, dedicadas ao luto e à penitência, e durante as quais esse descanso não é menos obrigatório. O que ocorre, contudo, é que o trabalho é a forma eminente da atividade profana: ele não tem outra função aparente senão dar subsídios para as necessidades temporais da vida. Ele nos coloca em relação com as coisas ordinárias. Nos dias de festa, ao contrário, a vida religiosa atinge um grau de excepcional intensidade. O contraste entre esses dois tipos de existência é, portanto, nesse momento, particularmente marcado; por conseguinte, eles não podem ser avizinhados. Uma pessoa não pode se aproximar intimamente de seu deus enquanto carregar consigo as marcas de sua vida profana; do mesmo modo, ela não pode retornar às ocupações usuais depois de um rito ter vindo santificá-la. O descanso ritual nada mais é, portanto, que um caso particular da incompatibilidade geral que separa o sagrado do profano. Trata-se do resultado de um interdito.

Não poderíamos enumerar aqui todas as espécies de interditos que são observados, mesmo se nos restringirmos às religiões australianas. Como a noção de sagrado sobre a qual ela repousa, o sistema dos interditos estende-se às mais diversas relações. Ele é mesmo utilizado deliberadamente para fins utilitários.[1044] Por mais complexo que possa ser, contudo, ele

---

1044. Como há, no interior de cada ser humano, um princípio sagrado, a alma, o indivíduo encontrou-se, desde o princípio, cercado de interditos, primeira forma dos interditos morais que isolam e protegem hoje a pessoa humana. É assim que o corpo de sua vítima é considerado como perigoso para quem mata (B. Spencer e F. J. Gillen, *Nat. Tr.*, op. cit., p. 492.), sendo-lhe proibido. Ora, os interditos que têm essa origem são frequentemente utilizados pelos indivíduos como um meio de retirar certas coisas do uso comunitário e de estabelecer sobre elas um direito de propriedade. "Um homem sai da aldeia aí deixando armas, alimentos etc.?", diz W. E. Roth acerca das tribos do Rio Palmer (Queensland do Norte). "Se ele urina ao lado dos objetos que deixou para trás, esses tornam-se *tami* (equivalente da palavra tabu), e ele pode estar certo de encontrá-los intactos tão logo volte." (W. E. Roth, "Miscellaneous papers, 1. Tabu and other forms of Restriction", *North Queensland Ethnography, Records of the Australian Museum*, v. VII, n. 2, 1908, p. 74.). A urina, tal como o sangue, supostamente contém algo da força sagrada que é própria ao indivíduo. Ela mantém, portanto, os estrangeiros à distância. A fala, pelas mesmas razões, pode igualmente servir de veículo dessas mesmas influências; eis por que é possível proibir o acesso a um objeto com uma simples declaração verbal. Esse poder de criar

CAPÍTULO I - O CULTO NEGATIVO E SUAS FUNÇÕES - OS RITOS ASCÉTICOS | 371

finalmente resulta em duas interdições fundamentais que o resumem e que o dominam.

Em primeiro lugar, a vida religiosa e a vida profana não podem coexistir em um mesmo espaço. Para que a primeira possa se desenvolver, é preciso, portanto, arranjar-lhe uma localização especial da qual a segunda possa ser excluída. Disso decorre a instituição dos templos e dos santuários: trata--se de porções do espaço que são atreladas às coisas e aos seres sagrados e que lhes servem de moradas. Afinal, eles só podem se estabelecer sobre o solo mediante a condição de apropriarem-se totalmente dele em um raio determinado. Essas espécies de arranjos são tão indispensáveis a toda vida religiosa que nem mesmo as religiões mais inferiores podem ignorá-los. O *ertnatulunga*, esse local onde são guardados os *churinga*, é um verdadeiro santuário. Desse modo é proibido aos não iniciados se aproximarem dele. É proibida, inclusive, a realização nesse local de uma atividade profana, qualquer que seja ela. Veremos na sequência que existem outros lugares santos, nos quais celebram-se importantes cerimônias.[1045]

Do mesmo modo, a vida religiosa e a vida profana não podem coexistir durante as mesmas unidades de tempo. É necessário, portanto, atribuir à primeira dias ou períodos determinados em que todas as ocupações profanas estejam ausentes. Foi assim que nasceram as festas. Não há religião, nem, por conseguinte, sociedade que não tenha conhecido e praticado essa divisão do tempo em duas partes separadas, alternando uma com a outra segundo uma lei variável entre os povos e as civilizações. Muito provavelmente, inclusive, foi a necessidade dessa alternância que levou os seres humanos a introduzirem, na continuidade e na homogeneidade da duração, distinções e diferenciações que naturalmente esta não comporta.[1046] Sem dúvida, é quase impossível que a vida religiosa consiga alguma vez concentrar-se hermeticamente nos meios espaciais e temporais que lhe são, assim, atribuídos. É inevitável que algo permaneça fora. Sempre existem coisas sagradas fora dos santuários, assim como existem ritos que podem ser celebrados em dias úteis. Trata-se, contudo, de coisas sagradas de segunda categoria e de ritos de menor importância. A concen-

---

interditos é, aliás, variável segundo os indivíduos: quanto mais sagrados esses forem, maior aquele é. Os homens praticamente detêm seu monopólio, excluindo as mulheres (W. E. Roth cita apenas um caso de tabu imposto por mulheres ["Miscellaneous papers, 1. Tabu and other forms of Restriction", *op. cit.*, p. 76.].). Ele encontra-se em seu grau mais elevado entre os chefes e os anciãos, que se valem disso para monopolizar as coisas que lhes convêm (*Ibid.*, p. 77.). É assim que o interdito religioso torna-se direito de propriedade e regulamento administrativo.

1045. Ver na sequência, neste mesmo Livro, Capítulo II.
1046. Ver, anteriormente, p. 36.

tração permanece o caráter dominante dessa organização. Ela é até mesmo completa para tudo o que diz respeito ao culto público, o qual só pode ser comemorado coletivamente. O culto privado, individual, é o único que chega a se misturar com a vida temporal. Desse modo, o contraste entre essas duas fases sucessivas da vida humana atinge seu máximo de intensidade nas sociedades inferiores, tal como as tribos australianas: nelas, afinal, o culto individual é o mais rudimentar.[1047]

## II

Até agora, o culto negativo apenas se apresentou a nós como um sistema de abstenções. Ele parece, assim, apenas servir à inibição da atividade, e não à estimulação e à tonificação. E, no entanto, por um contragolpe inesperado desse efeito inibitivo, acaba exercendo, sobre a natureza religiosa e moral do indivíduo, uma ação positiva da mais alta importância.

Com efeito, em função da barreira que separa o sagrado do profano, o ser humano só pode entrar em relações íntimas com as coisas sagradas sob a condição de despojar-se do que há de profano em si mesmo. Ele apenas pode experimentar uma vida religiosa um pouco intensa caso comece a se retirar de forma mais ou menos completa da vida temporal. O culto negativo é, portanto, em certo sentido, um meio para se atingir um fim: ele é a condição de acesso ao culto positivo. Ele não se limita a proteger os seres sagrados contra os contatos vulgares: age sobre o próprio fiel, cujo estado modifica positivamente. A pessoa que se submete às interdições prescritas já não é mais o que era antes. Antes, ela era um ser ordinário, que por essa razão, devia manter distância das forças religiosas. Depois, ele está em pé de igualdade com elas. Aproximou-se do sagrado, afinal, pelo simples fato de ter se afastado do profano; purificou-se e santificou-se somente por ter se apartado das coisas baixas e triviais que tornam sua natureza mais pesada. Os ritos negativos conferem, portanto, poderes eficazes, assim como os ritos positivos. Tanto esses como aqueles podem servir para aumentar o *tônus* religioso dos indivíduos. De acordo com uma justa observação que foi feita, ninguém pode se engajar em uma cerimônia religiosa de alguma importância sem se submeter a um tipo de iniciação prévia que o introduza progressivamente no mundo sagrado.[1048] Unções, purificações e bênçãos, todas operações essencialmente positivas, podem ser empregadas para isso.

---

1047. Ver, anteriormente, p. 272.

1048. Ver H. Hubert e M. Mauss, "Essai sur la nature et la fonction du sacrifice", em *Id.*, *Mélanges d'Histoire des Religions, op. cit.*, p. 22 ss. [Ver, em português: H. Hubert e M. Mauss, "Ensaio

O mesmo resultado pode ser atingido, contudo, por meio de jejuns, de vigílias, do retiro e do silêncio; ou seja, por abstinências rituais que nada mais são que a prática de interditos determinados.

Quando se trata apenas de ritos negativos particulares ou isolados, sua ação positiva é geralmente muito insignificante para ser facilmente perceptível. Há, contudo, circunstâncias nas quais um sistema completo de interditos está concentrado sobre uma única pessoa; nesses casos, seus efeitos acumulam-se e tornam-se assim mais aparentes. É o que se produz, na Austrália, durante a iniciação. O neófito é submetido a uma extrema variedade de ritos negativos. Ele deve se retirar da sociedade em que, até o presente, viveu, bem como se afastar de quase todo o convívio humano. Não somente está proibido de ver as mulheres e os não iniciados,[1049] como vai viver na mata, longe de seus semelhantes, sob a direção de alguns anciãos que lhe servem de padrinhos.[1050] A floresta é a tal ponto considerada seu meio natural que a palavra utilizada para designar a iniciação em várias tribos significa *o que remete à floresta*.[1051] Por essa mesma razão, ao longo das cerimônias das quais participa, ele está frequentemente decorado com folhagens.[1052] Ele permanece nessa condição por longos meses[1053] entrecortados, de tempos em tempos, por ritos dos quais deve participar. Esse tempo é, para ele, um período marcado por abstinências de todos os tipos. Vários alimentos lhe são proibidos: somente lhe é permitida a quantidade de comida estritamente indispensável para manter a vida;[1054] ou é submetido, inclusive, a um jejum rigoroso,[1055] ou então obrigado a se alimentar de uma comida imunda[1056]. Quando come, não pode tocar os alimentos com suas mãos: são seus padrinhos que os introduzem em sua boca.[1057] Em alguns

---

sobre a natureza e a função do sacrifício", em M. Mauss, *Ensaios de Sociologia*, São Paulo, Perspectiva, 1981, p. 156 ss., com tradução de Luiz João Gaio e Jacó Guinsburg. (N.T.)]

1049. A. W. Howitt, *Nat. Tr.*, *op. cit.*, p. 560, 657, 659 e 661. A sombra de uma mulher não deve, inclusive, cair sobre ele (*Ibid.*, p. 633.). O que ele toca não pode ser tocado por uma mulher (*Ibid.*, p. 621.).

1050. *Ibid.*, p. 561, 563 e 670-1; B. Spencer e F. J. Gillen, *Nat. Tr.*, *op. cit.*, p. 223; e *Id.*, *North. Tr.*, p. 340 e 342.

1051. A palavra *Jaraeil*, por exemplo, entre os Kurnai; e *Kuringal*, entre os Yuin e os Wolgal (A. W. Howitt, *Nat. Tr.*, *op. cit.*, p. 518 e 617.).

1052. B. Spencer e F. J. Gillen, *Nat. Tr.*, *op. cit.*, p. 348.

1053. A. W. Howitt, *Nat. Tr.*, *op. cit.*, p. 561.

1054. *Ibid.*, p. 538, 560 e 633.

1055. *Ibid.*, p. 674; e K. Langloh Parker, *The Euahlayi Tribe*, *op. cit.*, p. 75.

1056. W. Ridley, *Kámilarói, and Other Australian Languages*, *op. cit.*, p. 154.

1057. A. W. Howitt, *Nat. Tr.*, *op. cit.*, p. 563.

casos, ele deve mendigar sua subsistência.[1058] Do mesmo modo, dorme apenas o estritamente necessário.[1059] Ele deve se abster de falar enquanto não se lhe dirige a palavra: é por meio de sinais que manifesta suas necessidades.[1060] Todo lazer lhe é proibido.[1061] Ele não pode se lavar; por vezes, não pode se mexer. Ele permanece deitado no chão, imóvel,[1062] desprovido de qualquer tipo de vestimenta[1063]. Ora, o resultado desses interditos multiplicados é determinar no iniciado uma mudança radical de estado. Antes da iniciação, ele vivia com as mulheres; ele estava excluído do culto. Agora, ele é admitido na sociedade dos homens; ele participa dos ritos e adquiriu um caráter sagrado. A metamorfose é tão completa que é frequentemente representada como um segundo nascimento. Imagina-se que o personagem profano, que o jovem era até então, está morto, que foi assassinado e levado pelo deus da iniciação, *Bunjil*, *Baiame* ou *Daramulun*, e que um indivíduo completamente diferente assumiu o lugar daquele que não existe mais.[1064] Aqui são atingidos em cheio os efeitos positivos que os ritos negativos são suscetíveis de provocar. Sem dúvida, não pretendemos sustentar que esses produzam, sozinhos, essa grande transformação; ainda assim, eles certamente contribuem para isso, e em larga medida.

À luz desses fatos, pode-se compreender o que é o ascetismo, qual lugar ele ocupa na vida religiosa e de onde vêm as virtudes que lhe são geralmente atribuídas. Com efeito, não há interdito cuja observação não tenha, em alguma medida, um caráter ascético. Abster-se de algo que pode ser útil ou de uma forma de atividade que, sendo usual, deve responder a alguma necessidade humana é, necessariamente, impor-se aborrecimentos, renúncias. Para que haja ascetismo propriamente dito, basta, portanto, que essas práticas desenvolvam-se de maneira a tornarem-se a base de um verdadeiro regime de vida. Em geral, o culto negativo serve apenas como introdução e preparação para o culto positivo. Pode ocorrer, contudo, que ele se liberte dessa subordinação e passe ao primeiro plano, que o sistema dos interditos seja inflacionado e se expanda a ponto de invadir toda a existência. Nasce, desse modo, o ascetismo sistemático, o qual, por conseguinte, não é senão uma hipertrofia do culto negativo. As virtudes especiais que ele suposta-

---

1058. A. W. Howitt, p. 611.

1059. *Ibid.*, p. 549 e 674.

1060. *Ibid.*, p. 580, 596, 604, 668 e 670; e B. Spencer e F. J. Gillen, *Nat. Tr., op. cit.*, p. 223 e 351.

1061. A. W. Howitt, *Nat. Tr., op. cit.*, p. 567.

1062. *Ibid.*, p. 604; e B. Spencer e F. J. Gillen, *Nat. Tr., op. cit.*, p. 351.

1063. A. W. Howitt, *Nat. Tr., op. cit.*, p. 611.

1064. *Ibid.*, p. 589.

mente confere são apenas uma forma amplificada das que a prática de todo interdito, em um grau menor, confere. Elas possuem a mesma origem, pois repousam igualmente sobre o seguinte princípio: santifica-se pelo simples fato de esforçar-se para separar-se do profano. O puro asceta é alguém que se eleva acima das demais pessoas e que adquire uma santidade particular por meio de jejuns, de vigílias, pelo retiro e pelo silêncio, em suma, graças a privações, mais do que por atos de piedade positiva (oferendas, sacrifícios, rezas etc.). A história mostra, além disso, quão elevado prestígio religioso é possível atingir por essa via: o santo budista é essencialmente um asceta, e ele é igual ou superior aos deuses.

Disso decorre que o ascetismo não é, como se poderia acreditar, um fruto raro, excepcional e quase anormal da vida religiosa. Trata-se, ao contrário, de um elemento essencial. Toda religião o contém ao menos em germe, pois não existe uma sequer em que não se encontre um sistema de interditos. A única diferença que existe, quanto a isso, entre os cultos é que o germe desenvolveu-se ora mais, ora menos. Ainda convém acrescentar que provavelmente não há um só culto em que esse desenvolvimento não assuma, ao menos temporariamente, os traços característicos do ascetismo propriamente dito. É isso o que geralmente ocorre em certos períodos críticos, nos quais, durante um tempo relativamente curto, é preciso provocar em um sujeito alguma profunda mudança de estado. Então, para poder introduzi-lo mais rapidamente no círculo de coisas sagradas com as quais se deve entrar em contato, ele é apartado violentamente do mundo profano: o que não ocorre sem a multiplicação de abstinências e sem um recrudescimento excepcional do sistema de interditos. É precisamente isso o que se produz, na Austrália, no momento da iniciação. Para transformar os jovens em homens, impõe-se a eles uma verdadeira vida de ascetas. Parker chama-os, com muita justiça, os monges de *Baiame*.[1065]

---

1065. É possível aproximar dessas práticas ascéticas aquelas vigentes durante a iniciação do mago. Assim como o jovem neófito, o aprendiz de feiticeiro é submetido a vários interditos cujo cumprimento contribui para que adquira seus poderes mágicos (Ver M. Mauss, "L'origine des pouvoirs magiques dans les sociétés australiennes", em H. Hubert e M. Mauss, *Mélanges d'Histoire des Religions, op. cit.*, p. 171, 173 e 176 [Ver, em português: M. Mauss, *A Origem dos Poderes Mágicos nas Sociedades Australianas* (edição bilíngue e crítica), São Paulo, Edusp, 2017, p. 94-105, com tradução de Fernando Marcial Ricci Araújo e Rafael Faraco Benthien. (N.T.)].). O mesmo ocorre com o casal na véspera ou no dia seguinte ao casamento (tabus dos noivos e dos recém-casados): o casamento, afinal, implica igualmente uma profunda mudança de estado. Limitar-nos-emos a mencionar sumariamente esses fatos, sem nos deter neles. Afinal, aqueles dizem respeito à magia, que não é nosso tema, e estes vinculam-se a esse conjunto de regras jurídico-religiosas que remetem ao comércio dos sexos, cujo estudo será possível apenas conjuntamente com os outros preceitos da moral conjugal primitiva.

Abstinências e privações implicam, contudo, sofrimentos. Estamos conectados ao mundo profano por todas as fibras de nosso corpo. Nossa sensibilidade nos atrela a ele. Nossa vida depende dele. Não se trata apenas do teatro natural de nossa atividade: ele nos invade de todos os lados, fazendo parte de nós mesmos. Não podemos, portanto, liberarmo-nos dele sem violentar nossa natureza, sem ferir dolorosamente nossos instintos. Em outros termos, o culto negativo não pode se desenvolver sem provocar sofrimento. A dor é uma de suas condições necessárias. Desse modo, acabou-se por considerá-la como constituindo ela mesma uma espécie de rito: viu-se nela um estado de graça que é necessário buscar e suscitar, mesmo artificialmente, em função dos poderes e dos privilégios que confere do mesmo modo que os sistemas de interdição, dos quais ela é o complemento natural. Preuss foi o primeiro, até onde sabemos, que percebeu o papel religioso[1066] atribuído à dor já nas sociedades inferiores. Ele cita o caso dos Arapaho, que, para tornarem-se imunes contra os perigos das batalhas, infligem-se verdadeiros suplícios; dos índios Barriga-Grande,* os quais, na véspera das expedições militares, submetem-se a verdadeiras torturas; dos Hupa, que, para garantir o sucesso de suas iniciativas, nadam em rios congelados e permanecem, na sequência e pelo maior tempo possível, deitados na margem; dos Karaya, os quais, para fortalecer seus músculos, retiram de tempos em tempos sangue dos braços e das pernas valendo-se de raspadores feitos com dentes de peixes; das pessoas de Dallmannhafen (Terra do Imperador Guilherme, na Nova Guiné), que combatem a esterilidade de suas mulheres fazendo sangrias na parte superior das coxas delas.[1067]

---

1066. K. T. Preuss, é verdade, interpreta esses fatos dizendo que a dor é um meio de aumentar a força mágica do indivíduo (*die menschliche Zauberkraft*); poder-se-ia pensar, na esteira dessa expressão, que o sofrimento é um rito mágico, e não religioso. Como já afirmamos, contudo, Preuss denomina mágicas, sem muita precisão, todas as forças anônimas e impessoais, quer elas venham da magia, quer venham da religião. Sem dúvida, existem torturas que servem para produzir magos. Muitas daquelas que descreve, contudo, fazem parte de cerimônias propriamente religiosas e, por conseguinte, é o estado religioso dos indivíduos que elas têm por finalidade modificar.

*.  No original, "Indiens Gros-Ventre" (p. 446). Trata-se da tribo dos Atsinas, cujo território situa-se nas planícies do norte de Montana, entre os rios Missouri e Saskatchewan. Atrelada ao tronco linguístico algoquino, ela representa um ramo dos Arapahos, ramo este tornado autônomo. (N.T.)

1067. K. T. Preuss, "Der Ursprung der Religion und der Kunst", *Globus*, LXXXVII, 1905, p. 399-400. Preuss classifica sob a mesma rubrica um grande número de ritos disparatados, por exemplo, efusões de sangue que agem em função das qualidades positivas atribuídas ao sangue, e não em decorrência dos sofrimentos que implicam. Reteremos apenas os fatos em que a dor é o elemento essencial do rito e a causa de sua eficácia.

Fatos análogos são encontrados, contudo, sem que se tenha de sair da Austrália, sobretudo ao longo das cerimônias de iniciação. Muitos dos ritos praticados nessa ocasião consistem precisamente em infligir ao neófito, de maneira sistemática, sofrimentos determinados, os quais visam modificar seu estado e fazer com que adquira as qualidades características do homem [adulto]. Assim, entre os Karakia, enquanto os jovens permanecem afastados na floresta, seus padrinhos e vigias lhes aplicam a todo instante golpes violentos, sem aviso prévio e sem motivo algum.[1068] Entre os Urabunna, em um momento específico, o noviço é deitado sobre a terra, o rosto de encontro ao chão. Todos os homens presentes o golpeiam brutalmente; na sequência, sobre suas costas é feita uma série de entalhes, de quatro a oito, dispostos de cada lado da espinha dorsal, e um na linha mediana da nuca.[1069] Entre os Arunta, o primeiro rito de iniciação consiste em abusar da pessoa: os homens o lançam ao ar, pegando-o quando cai para lançá-lo novamente.[1070] Na mesma tribo, no encerramento dessa longa série de cerimônias, o jovem estende-se sobre um leito de folhagens sob o qual foram colocadas brasas ardentes; ele permanece deitado, imóvel em meio a um calor e a uma fumaça sufocantes.[1071] Entre os Urabunna, observa-se um rito similar; mas, além de tudo isso, enquanto o paciente está nessa penosa situação, ele é golpeado nas costas.[1072] De maneira geral, todos os exercícios aos quais ele é submetido possuem de forma tão clara esse caráter que, quando admitido na vida coletiva, ele encontra-se com um aspecto lamentável e parece meio aturdido.[1073] É verdade que todas essas práticas são frequentemente apresentadas como provações destinadas a atestar o valor do neófito e demostrar que ele

---

1068. B. Spencer e F. J. Gillen, *North Tr.*, op. cit., p. 331-2.

1069. *Ibid.*, p. 335. Existe uma prática similar entre os Dieri (A. W. Howitt, *Nat. Tr.*, op. cit., p. 658 ss.).

1070. B. Spencer e F. J. Gillen, *Nat. Tr.*, op. cit., p. 214 ss. – Observa-se, a partir desse exemplo, que os ritos de iniciação têm, por vezes, todos os elementos do trote. Isso se dá porque o trote é uma verdadeira instituição social que nasce espontaneamente todas as vezes em que dois grupos, desiguais por suas situações morais e sociais, encontram-se intimamente em contato. Nesse caso, aquele que se considera como superior ao outro resiste à intrusão dos recém-chegados; ele reage contra esses de maneira a fazê-los perceber a superioridade que acredita possuir. Essa reação, que produz automaticamente e que assume naturalmente a forma de abusos mais ou menos graves, está destinada, ao mesmo tempo, a submeter os indivíduos à sua nova existência, a assimilá-los a seu novo meio. Ela constitui, portanto, uma espécie de iniciação. Explica-se assim por que a iniciação, por sua vez, constitui uma espécie de trote. É que os grupos dos anciãos é superior em dignidade religiosa e moral em relação ao grupo dos jovens e, ainda assim, deve assimilar este. Todas as condições do trote estão, portanto, dadas.

1071. *Ibid.*, p. 372.

1072. *Id.*, *North Tr.*, op. cit., p. 335.

1073. A. W. Howitt, *Nat. Tr.*, op. cit., p. 675.

é digno de ser admitido na sociedade religiosa.[1074] Na realidade, porém, a função probatória do rito é apenas outro aspecto de sua eficácia. Afinal, o que prova a maneira como foi suportado é precisamente que o rito produziu seu efeito, ou seja, que ele conferiu as qualidades que são sua primeira razão de ser.

Em outros casos, esses abusos rituais são exercidos não sobre o organismo como um todo, mas sobre um órgão ou um tecido particular, cuja virtude tem por objetivo estimular. Desse modo, entre os Arunta, os Warramunga e muitas outras tribos,[1075] em certa altura da iniciação, personagens específicos estão encarregados de morder com afinco o couro cabeludo no noviço. A operação é tão dolorosa que o paciente geralmente não pode suportá-la sem gritar. Ora, esta tem por finalidade fazer com que os cabelos cresçam.[1076] Tratamento similar é aplicado para fazer com que a barba cresça. O rito da depilação que Howitt nos indica em outras tribos poderia muito bem ter a mesma razão de ser.[1077] Segundo Eylmann, entre os Arunta e os Kaitish, homens e mulheres infligem-se pequenos ferimentos no braço valendo-se de bastões em brasa: fazem-no para tornar-se habilitados a fazer o fogo ou então para adquirir a força necessária para carregar grandes quantidades de madeira.[1078] De acordo com o mesmo observador, as jovens Warramunga amputam-se, em uma mão, a segunda e a terceira falanges do indicador, acreditando que o dedo torna-se, assim, mais apto para descobrir inhames.[1079]

Não seria de todo impossível que a extração dos dentes tenha sido por vezes destinada a produzir efeitos da mesma natureza. Em todo caso, é certo que os ritos tão cruéis da circuncisão e das incisões nas partes inferiores do corpo têm por finalidade conferir poderes particulares aos órgãos genitais. Com efeito, o jovem não pode se casar sem se submeter a eles: isso significa, portanto, que ele lhes deve virtudes especiais. O que torna indispensável essa iniciação *sui generis*, é que a união entre os sexos é, em todas as sociedades inferiores, marcada por um caráter religioso. Espera-se que ela coloque em cena forças terríveis, que o ser humano não pode abordar sem perigo, a menos que tenha adquirido, mediante procedimentos rituais,

---

1074. A. W. Howitt, *Nat. Tr.*, op. cit., p. 569 e 604.

1075. B. Spencer e F. J. Gillen, *Nat. Tr.*, op. cit., p. 251; e *Id.*, *North. Tr.*, op. cit., p. 341 e 352.

1076. Também entre os Warramunga, tal operação deve ser feita por pessoas agraciadas com uma bela cabeleira.

1077. A. W. Howitt, *Nat. Tr.*, op. cit., p. 675; é o caso das tribos do Darling inferior.

1078. E. Eylmann, *Die Eingeborenen der Kolonie Südaustralien*, op. cit., p. 212.

1079. *Ibid.*

a imunidade necessária:[1080] é para isso que serve toda uma série de práticas, positivas e negativas, das quais a circuncisão e a incisão nas partes inferiores do corpo são o prenúncio. Mutilando dolorosamente um órgão, atribui-se a ele um caráter sagrado, pois assim ele é alçado à condição de resistir a forças igualmente sagradas, às quais ele não poderia fazer frente de outra maneira.

Afirmávamos no início da presente obra que todos os elementos essenciais do pensamento e da vida religiosa devem estar presentes, ao menos em germe, desde as mais primitivas religiões: os fatos que precedem confirmam essa asserção. Se há uma crença cuja existência considera-se restrita às religiões mais recentes e mais idealistas, é essa que atribui à dor um poder santificador. Ora, essa mesma crença está na base dos ritos que acabam de ser observados. Sem dúvida, ela adquire contornos muito diferentes de acordo com os momentos da história em que é considerada. Para o cristão, é sobretudo sobre a alma que ela agiria: ela a purifica, a enobrece e a espiritualiza. Para o australiano, é sobre o corpo que ela é eficaz: ela aumenta as energias vitais, faz crescer a barba e os cabelos, torna os membros mais resistentes. Ainda assim, nos dois casos, o princípio é o mesmo. Em ambos, admite-se que a dor gera forças excepcionais. E essa crença não é descabida. Com efeito, é pela maneira de se enfrentar a dor que melhor se manifesta a grandeza do ser humano. Em nenhuma outra ocasião este se eleva com mais brilho acima de si mesmo do que quando doma sua natureza a ponto de lhe fazer seguir uma via contrária àquela que tomaria espontaneamente. Em função disso, ele se singulariza entre todas as outras criaturas, as quais marcham cegamente para onde o prazer as chama. Em função disso, cria para si mesmo um lugar à parte no mundo. A dor é o sinal de que certos laços que o ligavam ao mundo profano estão rompidos. Ela atesta, portanto, que ele está parcialmente liberado desse meio e, por conseguinte, é justamente considerada como o instrumento de libertação. Também aquele que é liberto desta forma não é vítima de uma pura ilusão quando acredita estar investido de uma espécie de domínio sobre as coisas: ele realmente se elevou acima delas, pois a elas renunciou. Ele é mais forte que a natureza, pois fez com que ela se calasse.

Aliás, tal virtude está longe de ter apenas um valor estático: toda a vida religiosa a supõe. Sacrifícios e oferendas não ocorrem sem privações que cobram do fiel um preço. Mesmo quando os ritos não exigem dele pres-

---

1080. Indicações sobre essa questão podem ser encontradas em nossa memória intitulada É. Durkheim, "La prohibition de l'inceste et ses origines", *op. cit.*, p. 1 ss.; e em E. Crawley, *The Mystic Rose*, Londres/Nova York, Macmillan, 1902, p. 37 ss.

tações materiais, tomam seu tempo e suas forças. Para servir aos deuses, é necessário que ele se esqueça; para outorgar-lhes em sua vida o devido lugar, é preciso que ele sacrifique seus interesses profanos. O culto positivo, portanto, só é possível se a pessoa for levada à renúncia, à abnegação, ao desprendimento de si e, por conseguinte, ao sofrimento. Este não deve ser temido: inclusive, ele apenas pode se dedicar alegremente a seus deveres com a condição de amá-lo em alguma medida. Para isso, contudo, é indispensável que ele seja exercido, e é isso o que buscam as práticas ascéticas. As dores impostas por elas não são, portanto, crueldades arbitrárias e estéreis: trata-se de uma escola necessária, na qual o indivíduo se forma e se fortalece, onde ele adquire as qualidades de desapego e de robustez sem as quais não há religião. Para que esse resultado seja obtido, inclusive, é vantajoso que o ideal ascético venha se encarnar eminentemente em personagens particulares cuja especialidade é, por assim dizer, representar, quase em demasia, esse aspecto da vida ritual. Como tais, afinal, eles são exemplos vivos que incitam ao esforço. Esse é o papel histórico dos grandes ascetas. Ao analisar detalhadamente seus feitos e gestos, pergunta-se qual é sua possível finalidade. Causa espanto o que há de excessivo no desprezo que professam por tudo o que normalmente apaixona os seres humanos. Mas esses excessos são necessários para fomentar entre os fiéis um suficiente desgosto pela vida fácil e pelos prazeres comuns. É preciso que uma elite fixe um objetivo por demais elevado para que a massa não o fixe muito abaixo. É necessário que alguns exagerem para que a média permaneça em um nível aceitável.

Ainda assim, o ascetismo não serve apenas a propósitos religiosos. Aqui como alhures, os interesses religiosos são somente a forma simbólica de interesses sociais e morais. Os seres ideais aos quais se dirigem os cultos não são os únicos a reclamar de seus servidores certo desprezo pela dor: também a própria sociedade só é possível a esse preço. Ao mesmo tempo que exalta as forças do ser humano, é com frequência rude com relação aos indivíduos. Ela exige necessariamente deles perpétuos sacrifícios. Sem cessar, violenta nossos apetites naturais, precisamente porque nos eleva acima de nós mesmos. Para que possamos cumprir nossos deveres em relação a ela, por vezes é necessário que violentemos nossos instintos, contrariando, quando necessário, a inclinação da natureza. Desse modo, há um ascetismo que, inerente a toda vida social, está destinado a sobreviver a todas as mitologias e a todos os dogmas. Ele é parte integrante de toda cultura humana. É ele, no fundo, a razão de ser e a justificação do que ensinaram as religiões de todos os tempos.

## III

Após termos determinado em que consiste o sistema de interditos e quais são suas funções negativas e positivas, precisamos buscar as causas que lhe deram origem.

Em certo sentido, ele está logicamente implicado na própria noção do sagrado. Tudo o que é sagrado é objeto de respeito, e todo sentimento de respeito traduz-se, naquele que o experimenta, por movimentos de inibição. Com efeito, um ser respeitado é sempre expresso na consciência por uma representação que, em função da emoção que inspira, está investida de uma alta energia mental. Por conseguinte, ela está armada de maneira a repelir para longe de si toda outra representação que a negue, seja totalmente, seja em parte. Ora, o mundo sagrado mantém com o mundo profano uma relação de antagonismo. Eles remetem a duas formas de vida que se excluem, que, ao menos, não podem ser vividas concomitantemente com a mesma intensidade. Não podemos pertencer, ao mesmo tempo, integralmente aos seres ideais aos quais o culto se dirige, e integralmente a nós mesmos e a nossos interesses sensíveis: integralmente à coletividade e integralmente a nosso egoísmo. Existem dois sistemas de estados de consciência que são orientados e que orientam nossa conduta rumo a dois polos contrários. Aquele que possuir a maior potência de ação deve, portanto, expulsar o outro da consciência. Quando pensamos nas coisas santas, a ideia de objeto profano não pode se apresentar ao espírito sem enfrentar resistências: algo em nós opõe-se a que ele aí se instale. É a representação do sagrado que não tolera essa proximidade. Esse antagonismo psíquico, essa exclusão mútua das ideias, deve, contudo, resultar na exclusão das coisas correspondentes. Para que as ideias não coexistam, é preciso que as coisas não se toquem, não tenham nenhum tipo de relação. Eis aí o próprio princípio do interdito.

Além disso, o mundo sagrado é, por definição, um mundo à parte. Uma vez que ele se opõe, por todas as características que anunciamos, ao mundo profano, ele deve ser tratado de uma maneira que lhe seja própria: empregar, em nossas relações com as coisas que o compõe, os gestos, a linguagem, as atitudes que nos servem em nossas relações com as coisas profanas seria desconhecer sua natureza e confundi-lo com aquilo que ele não é. Podemos manejar as coisas profanas livremente; falamos livremente com os seres vulgares; não tocaremos, portanto, nos seres sagrados, ou apenas o faremos mediante certas precauções; não falaremos em sua presença ou não utilizaremos a língua do cotidiano. Tudo o que está presente em nosso comércio com as coisas profanas deve ser excluído de nosso comércio com as coisas sagradas.

Ainda assim, se essa explicação não é inexata, ela é, contudo, insuficiente. Com efeito, existem claramente seres que são objeto de respeito sem serem protegidos por sistemas de interdições rigorosos como os que descrevemos. Sem dúvida, há uma espécie de tendência geral da consciência a localizar coisas diferentes em meios diferentes, sobretudo quando elas são incompatíveis entre si. O meio profano e o meio sagrado, porém, não são apenas distintos: são fechados um ao outro. Entre eles, há um abismo. Deve, portanto, existir na natureza dos seres sagrados, uma razão particular, que torna necessário esse estado de isolamento excepcional e de mútua oclusão. E, com efeito, por uma espécie de contradição, o mundo sagrado é como que inclinado, por sua própria natureza, a se propagar nele, bastando para isso que haja uma simples aproximação. Eis por que é necessário mantê-los distantes um do outro e produzir, em alguma medida, o vazio entre eles.

O que torna obrigatórias essas precauções é o caráter extremamente contagioso da sacralidade. Ao invés de permanecer atrelada às coisas que são por ela marcadas, é dotada de uma espécie de fugacidade. O contato, mesmo o mais insignificante ou o mais momentâneo, basta para que o sagrado propague-se de um objeto a outro. As forças religiosas são representadas aos espíritos de tal maneira que parecem sempre dispostas a escapar de pontos onde residem para invadir tudo o que está a seu alcance. A árvore *nanja*, na qual mora o espírito de um ancestral, é sagrada para o indivíduo que se considera como a reencarnação desse ancestral. Todo pássaro que vem pousar sobre essa árvore participa da mesma natureza: é igualmente proibido tocá-lo.[1081] Já tivemos a ocasião de mostrar como o simples contato de um *churinga* basta para santificar pessoas e coisas.[1082] É, aliás, sobre esse caráter contagioso do sagrado que se estabelecem todos os ritos de consagração. A santidade dos *churinga* é mesmo tal que sua ação é sentida à distância. Recorde-se o leitor como ela se estende não somente à cavidade em que eles são conservados, mas a seus arredores, aos animais que aí se refugiam e que não se pode matar, às plantas que aí crescem e que não se pode tocar.[1083] Um totem da serpente tem seu centro em um local em que se encontra um redemoinho d'água. O caráter sagrado do totem é comunicado ao local, ao redemoinho, à própria água, que se

---

1081. B. Spencer e F. J. Gillen, *Nat. Tr., op. cit.*, p. 133.

1082. Ver, anteriormente, p. 158-9.

1083. *Id., Nat. Tr., op. cit.*, p. 134-5; e C. Strehlow, *Die Aranda - und Loritja - Stämme in Zentral--Australien, op. cit.*, II, 1908, p. 78.

torna proibida a todos os membros do grupo totêmico.[1084] O iniciado vive em uma atmosfera carregada de religiosidade, e ele mesmo está impregnado dela.[1085] Por conseguinte, tudo o que ele possui, tudo o que toca é interdito às mulheres e apartado de seu contato, mesmo o pássaro que ele acerta com seu bastão, o canguru atravessado por sua lança, o peixe que mordeu seu anzol.[1086] Por outro lado, contudo, os ritos aos quais é submetido e as coisas que exercem um papel quanto a isso são de uma santidade superior à sua: essa santidade transmite-se contagiosamente a tudo o que evoca a ideia tanto destas como daqueles. O dente que lhe é arrancado é considerado como altamente santo.[1087] Por essa razão, ele não pode se alimentar de animais que têm dentes proeminentes, pois eles remetem, em pensamento, ao dente extraído. As cerimônias do Kuringal findam com uma lavagem ritual:[1088] os pássaros aquáticos são proibidos ao neófito porque lembram esse rito. Os animais que sobem no topo das árvores são igualmente sagrados para eles, pois estão próximos demais de *Daramulum*, o deus da iniciação, que vive nos céus.[1089] A alma do morto é um ser sagrado: vimos anteriormente que a mesma propriedade é transmitida ao corpo em que essa alma residiu, ao local em que é sepultado, ao terreno onde morava quando vivo, que então se destrói ou que se abandona, ao nome que teve, à sua mulher e aos seus parentes.[1090] De certa forma, eles também são investidos de um caráter sagrado. Em decorrência disso, são mantidos à distância; e não são tratados como simples profanos. Nas sociedades observadas por Dawson, seus nomes, assim como aquele do morto, não podem ser

---

1084. B. Spencer e F. J. Gillen, *North. Tr.*, op. cit., p. 167 e 299.
1085. Para além dos ritos ascéticos dos quais falamos, existem ritos positivos que têm por finalidade transformar, ou, como diz A. W. Howitt, saturar o iniciado de religiosidade (*Nat. Tr.*, op. cit., p. 535.). Howitt, é verdade, em vez de religiosidade, fala de poderes mágicos; sabe-se, contudo, que, para a maioria dos etnógrafos, essa palavra significa simplesmente virtudes religiosas de natureza impessoal.
1086. *Ibid.*, p. 674-5.
1087. B. Spencer e F. J. Gillen, *Nat. Tr.*, op. cit., p. 454; cf. A. W. Howitt, *Nat. Tr.*, op. cit., p. 561.
1088. A. W. Howitt, *Nat. Tr.*, op. cit., p. 557.
1089. *Ibid.*, p. 560.
1090. Ver, anteriormente, p. 365-8. Cf. B. Spencer e F. J. Gillen, *Nat. Tr.*, op. cit., p. 498; *Id.*, *North. Tr.*, op. cit., p. 506-7, 518-9 e 526; A. W. Howitt, *Nat. Tr.*, op. cit., p. 449, 461 e 469; R. H. Mathews, "Ethnological Notes on the Aboriginal Tribes of New South Wales and Victoria", op. cit., p. 274; L. Schulze, "The Aborigines of the Upper and Middle Finke River", *loc. cit.*, p. 231; e W. Wyatt, "Some Account of the Manners and Superstitions of the Adelaide and Encounter Bay Aboriginal Tribes", op. cit., p. 165 e 198.

pronunciados durante o período de luto.[1091] Certos animais dos quais se alimentava podem também ser proibidos.[1092]

Esse caráter contagioso do sagrado é um fato por demais conhecido[1093] para que seja necessário demonstrar sua existência por meio dos mais numerosos exemplos. Gostaríamos apenas de estabelecer que ela é verdadeira tanto para o totemismo quanto para as religiões mais avançadas. Uma vez constatada, ela explica facilmente o extremo rigor dos interditos que separam o sagrado do profano. Dado que, em virtude dessa extraordinária potência de expansão, o mais ligeiro contato, a menor proximidade, material ou simplesmente moral, de um ser profano basta para conduzir as forças religiosas para fora de seus domínios, e dado que, por outro lado, elas não podem deixá-los sem contradizer sua natureza, todo um sistema de medidas é indispensável para manter os dois mundos a uma distância respeitosa um do outro. Eis por que é proibido ao vulgo não somente tocar, mas ver e ouvir o que é sagrado: afinal, esses dois gêneros de vida não devem se misturar nas consciências. As precauções são tanto mais necessárias para mantê-los separados uma vez que eles, mesmo opondo-se mutuamente, tendem a se confundir um no outro.

Ao mesmo tempo que a multiplicidade desses interditos, compreende-se a maneira pela qual funcionam e as sanções ligadas a eles. Em decorrência do caráter contagioso inerente a tudo o que é sagrado, um ser profano não pode violar um interdito sem que a força religiosa da qual indevidamente se aproximou não se estenda até ele e não estabeleça sobre ele seu domínio. Como, porém, há antagonismo entre ela e ele, este encontra-se colocado sob a dependência de uma potência hostil e cuja hostilidade não pode deixar de se manifestar sob a forma de reações violentas que tendem a destruí-lo. Eis por que a doença ou a morte são consideradas consequências naturais de toda transgressão desse gênero; e são consequências que se produziriam por si mesmas, com uma espécie de necessidade física. O culpado sente-se invadido por uma força que o domina e contra a qual é impotente. Acaso alimentou-se do animal totêmico? Ele o sente penetrar nele e roer-lhe as en-

---

1091. J. Dawson, *Australian Aborigines*, op. cit., p. 42.

1092. A. W. Howitt, *Nat. Tr.*, op. cit., p. 470-1.

1093. Ver sobre essa questão W. Robertson Smith, *Lectures on the Religion of the Semites*, 2. ed., op. cit., p. 152 ss., 446 e 481; J. G. Frazer, "Taboo", *Encyclopædia Britannica*, 9. ed., op. cit., p. 15-8; F. B. Jevons, *Introduction to the History of Religion*, op. cit., p. 59 ss; E. Crawley, *The Mystic Rose*, cap. II-IX; e A. Van Gennep, *Tabou et Totémisme à Madagascar*, Paris, Leroux, 1904, cap. III.

tranhas: ele deita-se no chão e espera a morte.[1094] Toda profanação implica uma consagração, mas que é terrível para o sujeito consagrado e para os que dele se aproximam. São as sequências dessa consagração que sancionam em parte o interdito.[1095]

Observar-se-á que essa explicação dos interditos não depende dos símbolos variáveis com a ajuda dos quais podem ser concebidas as forças religiosas. Pouco importa que elas sejam representadas sob a forma de energias anônimas e impessoais, ou figuradas por personalidades dotadas de consciência e sentimento. Sem dúvida, no primeiro caso, reagiriam contra as transgressões profanadoras de uma maneira automática e inconsciente, ao passo que, no segundo, obedeceriam a movimentos passionais, determinados pela ofensa ressentida. No fundo, porém, essas duas concepções, que, aliás, têm os mesmos efeitos práticos, apenas exprimem em duas línguas diferentes um único e mesmo mecanismo físico. O que está na base de ambas é o antagonismo do sagrado e do profano, combinado com a notável atitude do primeiro a contagiar o segundo; ora, esse antagonismo e esse caráter contagioso agem da mesma maneira, quer o caráter sagrado seja atribuído a forças cegas ou a consciências. Desse modo, longe de a vida propriamente religiosa começar apenas onde existem personalidades míticas, vê-se que, nesse caso, o rito permanece o mesmo, quer os seres religiosos sejam ou não personificados. É uma constatação que repetiremos em cada um dos capítulos que se seguirão.

## IV

Se a contagiosidade do sagrado contribui para explicar o sistema de interditos, como ela mesma se explica?

Acreditou-se poder explicá-la em função das leis, bem conhecidas, da associação das ideias. Os sentimentos que nos inspiram uma pessoa ou uma coisa estendem-se contagiosamente da ideia dessa coisa ou dessa pessoa às representações que lhe são associadas, e, por conseguinte, aos objetos que essas representações exprimem. O respeito que temos por um ser sagrado transmite-se, portanto, a tudo o que toca a esse ser, a tudo o que se

---

1094. Ver as referências anteriores, p. 167, n. 365. Cf. B. Spencer e F. J. Gillen, *North. Tr.*, *op. cit.*, p. 323-4; *Id.*, *Nat. Tr.*, *op. cit.*, p. 168; G. Taplin, "The Narrienyeri", em J. D. Woods (ed.), *The Native Tribes of South Australia*, *op. cit.*, p. 16; e W. E. Roth, "Miscellaneous papers, 1. Tabu and other forms of Restriction, 1.5 Diets forbidden to all young people", *op. cit.*, p. 76.

1095. Lembramos que, quando o interdito violado é religioso, essas sanções não são as únicas. Há, além disso, ou uma pena propriamente dita, ou um estigma por parte da opinião.

lhe assemelha e o lembra. Sem dúvida, a pessoa cultivada não é enganada por essas associações: ela sabe que essas emoções derivadas decorrem de simples jogos de imagens, das combinações totalmente mentais, e não se deixa levar por superstições que tais ilusões tendem a determinar. Ainda assim, afirma-se, o primitivo objetiva ingenuamente suas impressões sem criticá-las. Algo lhe inspira um temor reverencial? Disso conclui que uma força augusta e terrível reside nesse objeto. Ele mantém-se, portanto, à distância desse objeto, tratando-o como se fosse sagrado, embora não tenha nenhum direito a esse título.[1096]

Isso implicaria esquecer, contudo, que as mais primitivas religiões não são as únicas que atribuíram essa potência de propagação ao caráter sagrado. Mesmo nos cultos mais recentes, existe um conjunto de ritos que repousam sobre esse princípio. Acaso toda consagração pela via de unção ou de purificação não consiste em transferir sobre um objeto profano as virtudes santificantes de um objeto sagrado? Ainda assim, é difícil ver no católico esclarecido dos dias atuais uma espécie de selvagem tardio, que persiste em se enganar a partir de associações de ideias, sem que nada, na natureza das coisas, explique e justifique essas maneiras de pensar. Aliás, é de modo muito arbitrário que se atribui ao primitivo essa tendência a objetivar cegamente todas as suas emoções. Em seu cotidiano, no detalhe de suas operações laicas, ele não imputa a uma coisa as propriedades de sua vizinha e vice-versa. Se é menos apaixonado do que nós pela clareza e pela distinção, isso não significa que exista nele alguma deplorável aptidão a tudo misturar e a tudo confundir. O pensamento religioso, por si só, tem uma tendência manifesta para essas espécies de confusões. É, portanto, na natureza especial das coisas religiosas, e não nas leis gerais da inteligência humana, que é preciso buscar a origem dessas predisposições.

Quando uma força ou uma propriedade nos parece ser parte integrante, um elemento constitutivo do sujeito em que reside, não se pode conceber facilmente que aquela depreenda-se deste para se transportar a outro lugar. Um corpo se define pela massa e por sua composição atômica; assim, não concebemos que ele possa comunicar, por meio de contato, nenhum de seus traços distintivos. Ao contrário, porém, caso se trate de uma força que penetrou o corpo a partir do exterior, como nada a prende a ele, como ela

---

1096. Ver F. B. Jevons, *An Introduction to the History of Religion*, op. cit., p. 67-8. Não diremos nada da teoria, aliás pouco explícita, de E. Crawley (*The Mystic Rose*, op. cit., cap. IV-VII.), segundo a qual o caráter contagioso dos tabus seria devido a uma interpretação equivocada de certos fenômenos de contágio. Ela é arbitrária. Como F. B. Jevons observa com muita propriedade na passagem a que remetemos, o caráter contagioso do sagrado é afirmado *a priori*, não tendo por fundamento experiências mal interpretadas.

encontra-se aí na qualidade de estrangeira, não existe nada de irrepresentável no fato de ela poder se evadir. É assim que o calor ou a eletricidade, recebidos por um objeto qualquer de uma fonte externa, são transmissíveis ao meio ambiente, e o espírito aceita sem resistência a possibilidade dessa transmissão. Dada a extrema facilidade com a qual as forças religiosas se irradiam e se difundem, não há, portanto, nada que deva surpreender no fato de que são geralmente concebidas como exteriores aos seres nos quais residem. Ora, é exatamente o que implica a teoria que propusemos.

Elas são, com efeito, apenas forças coletivas hipostasiadas, ou seja, forças morais. Elas são feitas das ideias e dos sentimentos que despertam em nós o espetáculo da sociedade, não das sensações que nos vêm do mundo físico. Elas são, portanto, heterogêneas às coisas sensíveis dentre as quais nós as situamos. Elas podem claramente tomar emprestado a essas coisas as formas exteriores e materiais sob as quais são representadas; mas nada lhes devem no que diz respeito à sua eficácia. Elas não estão presas por laços internos aos múltiplos suportes sobre os quais vêm se colocar; não têm raízes neles; de acordo com uma expressão que já utilizamos[1097] e que pode servir para melhor caracterizá-las, *elas superpõem-se a eles*. Do mesmo modo, não há objetos que sejam, à exclusão de todos os demais, predestinados a recebê-las; os mais insignificantes, inclusive os mais vulgares, podem cumprir esse papel: são circunstâncias adventícias que decidem quais são os eleitos. Que o leitor se lembre dos termos com os quais Codrington fala do *mana*: "trata-se", diz ele, "de uma força *que não está fixada em um objeto material, mas que pode ser levada a quase toda espécie de objeto*".[1098] Do mesmo modo, a Dakota de Fletcher nos apresentava o *wakan* como uma espécie de força ambulante que vai e vem pelo mundo, pousando aqui ou ali sem se fixar definitivamente em parte alguma.[1099] Inclusive, essa é a característica da religiosidade inerente ao ser humano. Por certo, no mundo da experiência, não existe ser que esteja mais próximo da própria fonte de toda a vida religiosa; nenhum participa mais diretamente dela, pois é nas consciências humanas que ela se elabora. E, ainda assim, sabemos que o princípio religioso que anima o ser humano, a saber, a alma, é parcialmente exterior a ele.

Se as forças religiosas não possuem em parte alguma um lugar próprio, sua mobilidade torna-se, porém, facilmente explicável. Uma vez que nada as atrela às coisas onde as situamos, é natural que, ao menor contato, escapem, a despeito de si mesmas, por assim dizer, e que se propaguem mais

---

1097. Ver, anteriormente, p. 282-3.

1098. Ver, anteriormente, p. 244.

1099. Ver, anteriormente, p. 249-50.

adiante. Sua intensidade as incita a essa propagação, que tudo favorece. Eis por que a própria alma, embora esteja atrelada ao corpo por laços muito pessoais, ameaça abandoná-lo continuamente: todos os orifícios, todos os poros do organismo são vias pelas quais ela tende a se espalhar e a se difundir mundo afora.[1100]

Ainda assim, explicamos melhor o fenômeno que buscamos compreender se, em vez de considerar a noção de forças religiosas totalmente constituída, remontarmos ao processo mental do qual resulta.

Vimos, com efeito, que o caráter sagrado de um ser não estava relacionado a algum de seus atributos intrínsecos. Não é porque o animal totêmico tem este aspecto ou aquela propriedade que ele inspira sentimentos religiosos; esses decorrem de causas totalmente alheias à natureza do objeto sobre o qual vêm se fixar. O que os constitui são as impressões de reconforto e de dependência, que a ação da sociedade provoca nas consciências. Por si mesmas, essas emoções não estão ligadas à ideia de algum objeto determinado; mas, uma vez que são emoções e que são particularmente intensas, elas são também eminentemente contagiosas. Elas espalham-se, assim, lenta e continuamente, estendendo-se a todos os outros estados mentais que ocupam então o espírito. Elas penetram e contaminam especialmente as representações, nas quais vêm se exprimir os diversos objetos que o ser humano, no mesmo instante, tem em suas mãos ou sobre os olhos: desenhos totêmicos que cobrem seu corpo, *bull-roarers* que ele faz ressoar, rochas que o cercam, chão que ele pisa etc. É desse modo que esses objetos assumem um valor religioso que, na realidade, não lhes é inerente, mas lhes é conferido a partir do exterior. O contágio não é, portanto, uma espécie de procedimento secundário mediante o qual o caráter sagrado, uma vez adquirido, propaga-se. Trata-se do próprio procedimento por meio do qual tal caráter é adquirido. É por contágio que ele se fixa, não sendo espantoso que ele seja transmitido contagiosamente. O que produz sua realidade é uma emoção especial: se ele se atrela a um objeto, isso se dá porque essa emoção encontrou esse objeto em seu caminho. É natural, portanto, que, partindo desse objeto, ela se estenda a todos aqueles que encontrar igualmente nas proximidades, ou seja, a todos os que uma razão qualquer, contiguidade material ou pura similitude, aproximou do primeiro no espírito.

Desse modo, a contagiosidade do caráter sagrado encontra sua explicação na teoria que propusemos das formas religiosas, e, justamente por isso,

---

1100. É o que mostrou claramente L. T. Preuss nos artigos do *Globus* que já citamos [Ver, para as referências completas, as notas 668 e 1067 da presente edição. (N.T.)].

serve para confirmá-la.[1101] Ao mesmo tempo, ela nos ajuda a compreender um traço da mentalidade primitiva sobre o qual chamamos anteriormente a atenção.

Vimos[1102] com qual facilidade o primitivo confunde os reinos e identifica as coisas mais heterogêneas, homens, animais, plantas, astros etc. Percebemos agora uma das causas que mais contribuiu para facilitar essas confusões. Como as forças religiosas são eminentemente contagiosas, ocorre sem cessar que um mesmo princípio encontre-se animando igualmente as mais distintas coisas: ele passa de umas às outras em decorrência seja de uma simples aproximação material, seja de similitudes, mesmo quando superficiais. É assim que seres humanos, animais, plantas e rochas devem participar do mesmo totem: os seres humanos, porque ostentam o nome do animal; os animais, porque lembram o emblema totêmico; as plantas, porque servem para alimentar esses animais; os rochedos, porque guardam o local em que se celebram as cerimônias. Ora, as forças religiosas são, então, consideradas como a fonte de toda eficácia. Seres que tinham um mesmo princípio religioso deveriam, portanto, ser considerados como tendo a mesma essência e como diferenciando-se uns dos outros apenas em decorrência de características secundárias. Eis por que pareceu totalmente natural colocá-los em uma mesma categoria e ver neles apenas variedades de um mesmo gênero, transmutáveis umas nas outras.

Essa relação estabelecida faz os fenômenos de contágio aparecerem sob um novo aspecto. Tomados em si mesmos, eles parecem estranhos à vida lógica. Acaso eles não têm por efeito misturar e confundir os seres, a despeito de suas diferenças naturais? Vimos, porém, que essas confusões e essas participações exerceram um papel lógico e de uma alta utilidade; elas serviram para conectar as coisas que a sensação mantém apartadas umas das outras. É preciso, então, que o contágio, fonte dessas aproximações e dessas misturas, seja marcado por essa espécie de irracionalidade fundamental que seríamos de início levados a atribuir-lhe. Ela abriu o caminho às explicações científicas do futuro.

---

1101. É verdade que esse caráter contagioso não se restringe às forças religiosas. Aquelas que remetem à magia possuem a mesma propriedade, e, no entanto, é evidente que elas não correspondem a sentimentos sociais objetivados. Isso porque as forças mágicas foram concebidas sobre o modelo das forças religiosas. Voltaremos mais adiante sobre esse ponto (Ver p. 430-1.).

1102. Ver, anteriormente, p. 288 ss.

# CAPÍTULO II

# O culto positivo

## I – Os elementos do sacrifício

A despeito da importância do culto negativo e de seus efeitos positivos indiretos, ele não encontra sua razão de ser em si mesmo: serve de introdução à vida religiosa, mas a supõe mais do que a constitui. Se prescreve ao fiel escapar ao mundo profano, ele o faz para aproximá-lo do mundo sagrado. Jamais o ser humano concebeu que seus deveres em relação às forças religiosas podiam se reduzir a uma simples abstenção de todo comércio: sempre considerou que ele mantinha com elas relações positivas e bilaterais, que um conjunto de práticas rituais tem por função regular e organizar. Atribuímos a esse sistema especial de ritos o nome de *culto positivo*.

Durante muito tempo, ignoramos quase totalmente em que podia consistir o culto positivo da religião totêmica. Conhecíamos pouco mais do que os ritos de iniciação e, ainda assim, de modo insuficiente. As observações de Spencer e Gillen sobre as tribos do centro australiano, preparadas pelas de Schulze e confirmadas pelas de Strehlow, no entanto, supriram, em parte, essa lacuna de nossas informações. Há, em especial, uma festa que esses exploradores empenharam-se particularmente em nos descrever e que, aliás, parece dominar todo o culto totêmico: trata-se do que os Arunta, segundo Spencer e Gillen, denominariam o *Intichiuma*. Strehlow contesta, é verdade, que esse seja o sentido de tal palavra. Segundo ele, *intichiuma* (ou, como escreve, *intijiuma*) significaria instruir e designaria as cerimônias que se realizam diante do jovem para iniciá-lo nas tradições da tribo. A festa que iremos descrever teria o nome de *mbatjalkatiuma*, que significa fecundar, colocar em boas condições.[1103] Não buscaremos, porém, resolver essa questão de vocabulário, a qual, no fundo, tem pouco impacto, uma vez

---

1103. C. Strehlow, *Die Aranda – und Loritja – Strämme in Zentral-Australien, op. cit.*, I, 1907, p. 4.

que os ritos dos quais trataremos são também celebrados ao longo da iniciação. Por outro lado, como a palavra *Intichiuma* pertence hoje ao jargão da etnografia, como tornou-se quase um nome comum, parece-nos inútil substituí-lo por outro.[1104]

A data na qual ocorre o *Intichiuma* depende, em grande medida, da estação. Existem, na Austrália central, duas estações claramente marcadas: uma, seca, que dura muito tempo; a outra, chuvosa, que é, ao contrário, muito curta e frequentemente irregular. Desde que as chuvas chegam, as plantas brotam magicamente da terra, os animais multiplicam-se, e regiões que, à véspera, eram apenas desertos estéreis recobrem-se rapidamente de uma fauna e de uma flora luxuriantes. O *Intichiuma* é celebrado justamente quando a boa estação parece iminente. Ocorre apenas que, dado ser o período de chuvas muito variável, não se pode fixar a data das cerimônias de forma definitiva. Ela mesma varia segundo as circunstâncias climáticas, que apenas o chefe do grupo totêmico, o *Alatunja*, tem competência para apreciar: no dia que julgar conveniente, ele avisa seus companheiros de que o momento chegou.[1105]

Cada grupo totêmico tem, com efeito, seu *Intichiuma*. Mas se o rito é amplamente difundido nas sociedades do centro, ele não é idêntico em toda parte. Ele não é entre os Warramunga o que é entre os Arunta. Ele varia não apenas em função das tribos, mas, na mesma tribo, em função dos clãs. Em verdade, os diferentes mecanismos assim empregados são muito próximos uns dos outros para poderem ser completamente dissociados. Talvez não haja cerimônias em que não se encontrem vários deles, mas desenvolvidos de maneira muito desigual: o que, em um caso, existe apenas em estado embrionário, em outro ocupa toda a cena, e vice-versa. É importante, contudo, distingui-los com cuidado, pois constituem tipos rituais diferentes, que devem ser descritos e explicados separadamente, para só mais tarde pesquisar se há uma raiz comum da qual derivam.

Começaremos por aqueles observados mais especialmente entre os Arunta.

---

1104. Por certo, a palavra que designa essa festa muda com as tribos. Os Urabunna a chamam *Pitjinta* (B. Spencer e F. J. Gillen, *North. Tr., op. cit.,* p. 284.); os Warramunga, *Thalaminta* (*Ibid.,* p. 297.) etc.

1105. L. Schulze, "The Aborigines of the Upper and Middle Finke River", *loc. cit.,* p. 243; e B. Spencer e F. J. Gillen, *Nat. Tr., op. cit.,* p. 169-70.

## I

A festa compreende duas fases sucessivas. Os ritos que se sucedem na primeira fase têm por objetivo garantir a prosperidade da espécie animal ou vegetal que serve de totem ao clã. Os meios empregados para esse fim podem ser remetidos a alguns tipos principais.

Como já foi dito, os ancestrais fabulosos dos quais cada clã supostamente descende viveram outrora sobre a terra e aí deixaram marcas de sua passagem. Essas marcas consistem sobretudo em pedras ou em rochas que deixaram em certos locais ou que se teriam formado nos pontos em que desapareceram no chão. Essas rochas e essas pedras são consideradas como os corpos ou como partes dos corpos dos ancestrais cuja lembrança evocam: elas os representam. Em decorrência disso, representam igualmente os animais e as plantas que servem de totens a esses mesmos ancestrais, pois um indivíduo e seu totem são um só ser. Atribui-se a elas, portanto, a mesma realidade e as mesmas propriedades que aos animais e às plantas semelhantes que vivem atualmente. Elas têm sobre estes últimos, contudo, a vantagem de ser eternas, de não conhecerem a doença e a morte. Elas constituem, portanto, uma espécie de reserva permanente, imutável e sempre disponível da vida animal e vegetal. E é a essa reserva que, do mesmo modo, em certo número de casos, recorre-se anualmente para garantir a reprodução da espécie.

Eis aqui, por exemplo, como, em Alice Springs, o clã da Lagarta *witchetty* realiza seu *Intichiuma*.[1106]

Em um dia estabelecido pelo chefe, todos os membros do grupo totêmico reúnem-se na aldeia principal. Os homens das outras tribos retiram-se, mantendo alguma distância.[1107] Entre os Arunta, afinal, lhes é proibido estar presente a uma celebração do rito que possui todos os elementos de uma cerimônia secreta. Um indivíduo de um totem diferente, mas da mesma fratria, pode eventualmente ser convidado, por gentileza, a assisti-la. Ele o faz, contudo, apenas na condição de testemunha. Em hipótese alguma ele exerce algum papel ativo.

Uma vez que as pessoas do totem estão reunidas, elas se põem a caminhar, deixando na aldeia apenas dois ou três indivíduos. Completamente nus, sem armas, desprovidos de todos os seus adornos habituais, eles avançam em fila, em profundo silêncio. Suas atitudes e suas condutas estão impregnadas de uma gravidade religiosa: afinal, o ato do qual participam tem, a seus

---

1106. B. Spencer e F. J. Gillen, *Nat. Tr.*, op. cit., p. 170 ss.
1107. As mulheres, bem entendido, estão submetidas à mesma obrigação.

olhos, uma excepcional importância. Assim, até o final da cerimônia, são compelidos a observar um jejum rigoroso.

O território que atravessam está todo repleto de lembranças deixadas pelos gloriosos ancestrais. Eles chegam assim a um local em que um grande bloco de quartzito encontra-se cravado no solo, acompanhado, em seu entorno, de pequenas pedras arredondadas. O bloco representa a lagarta *witchetty* no estado adulto. O *Alatunja* o golpeia com uma espécie de gamela de madeira chamada *apmara*[1108] enquanto entoa um canto cuja finalidade é convidar o animal a pôr ovos. O mesmo é feito com as pedras, que representam os ovos do animal, e, com uma delas, ele esfrega o estômago de cada assistente. Isso feito, todos descem um pouco mais abaixo, ao pé de uma rocha, igualmente celebrada nos mitos do *Alcheringa*, em cuja base encontra-se uma outra pedra, a qual também representa a lagarta *witchetty*. O *Alatunja* a golpeia com seu *apmara*. As pessoas que o acompanham fazem o mesmo com os galhos da seringueira que recolheram no caminho, tudo isso em meio a cânticos que renovam o convite anteriormente endereçado ao animal. Algo em torno de dez locais diferentes são sucessivamente visitados, alguns dos quais situam-se, por vezes, a uma milha de distância um do outro. Em cada um desses locais, no fundo de uma espécie de caverna ou de buraco, encontra-se alguma pedra que representaria a lagarta *witchetty*, sob um de seus aspectos ou em alguma das fases de sua existência, e sobre cada uma dessas pedras as mesmas cerimônias são repetidas.

O sentido do rito é perceptível aos olhos. Se o *Alatunja* golpeia as pedras sagradas, ele o faz para desprender delas a poeira. Os grãos dessa poeira muito santa são considerados germes de vida, cada qual contendo um princípio espiritual que, penetrando em um organismo da mesma espécie, dará origem a um novo ser. Os ramos da árvore que os assistentes carregam servem para dispersar em todas as direções essa preciosa poeira: ela parte em todas as direções, para realizar sua obra fecundante. Por meio de tal expediente, acredita-se ter garantido a reprodução abundante da espécie animal que o clã protege, por assim dizer, e da qual depende.

Os próprios nativos fornecem essa interpretação sobre o rito. Desse modo, no clã do *ilpirla* (espécie de maná) procede-se da seguinte maneira. Quando chega o dia do *Intichiuma*, o grupo reúne-se em um local onde se encontra uma grande pedra, de cerca de cinco pés de altura. Acima dela eleva-se outra, que é muito similar à primeira quanto ao aspecto, a qual está cercada de pedras menores. Ambas representam quantidades de maná. O *Alatunja* escava o chão embaixo dessas rochas e traz à luz

---

1108. O *apmara* é o único objeto trazido da aldeia.

um *churinga* que teria sido enterrado aí nos tempos do *Alcheringa* e que, também ele, constitui como que a quintessência do maná. Em seguida, ele sobe até o cume do mais elevado rochedo e esfrega-o primeiro com esse *churinga* e, depois, com as pedras menores que estão ao seu redor. Enfim, com os ramos das árvores, varre a poeira que se acumulou na superfície da pedra: cada um dos assistentes refaz o procedimento. Ora, dizem Spencer e Gillen, o pensamento dos nativos "é que a poeira assim dispersa vai se depositar sobre as árvores mulga e nelas produzir o maná". E, de fato, essas operações são acompanhadas de um canto, entoado pela assistência, em que essa ideia é expressa.[1109]

Com variantes, encontra-se o mesmo rito em outras sociedades. Entre os Urabunna, há um rochedo que representa um ancestral do clã do Lagarto: extraem-se dele pedras que são lançadas em todas as direções, a fim de obter uma abundante produção de lagartos.[1110] Nessa mesma tribo, há um banco de areia ao qual lembranças mitológicas associam intimamente o totem do piolho. No mesmo local encontram-se duas árvores, uma delas chamada árvore do piolho comum, e a outra, árvore do piolho-caranguejo. Recolhe-se tal areia, esfrega-se essas árvores com ela, lança-se a areia em todas as direções e tem-se a convicção de que, graças a isso, muitos piolhos nascerão.[1111] Entre os Mara, é dispersando a poeira depreendida de pedras sagradas que se realiza o *Intichiuma* das abelhas.[1112] Para o canguru das planícies, emprega-se um método ligeiramente diferente. Toma-se o esterco do canguru, envolvendo-o em seguida em uma determinada erva da qual esse animal gosta muito e que, por essa razão, está atrelada ao totem do Canguru. Deposita-se esse esterco, assim envolvido, no chão entre duas camadas dessa mesma erva e ateia-se fogo em tudo. Com a chama que se libera, inflamam-se ramos de árvores que são agitados, na sequência, de modo a liberar fagulhas em todas as direções. Essas fagulhas exercem aqui o mesmo papel que a poeira nos casos anteriores.[1113]

Em certo número de clãs,[1114] para tornar o rito mais eficaz, os homens misturam à substância da pedra algo de sua própria substância. Os jovens abrem suas veias e deixam jorrar sangue sobre o rochedo. Eis o que

---

1109. B. Spencer e F. J. Gillen, *Nat. Tr.*, op. cit., p. 185-6.

1110. *Id.*, *North. Tr.*, op. cit., p. 288.

1111. *Ibid.*

1112. *Ibid.*, p. 312.

1113. *Ibid.*

1114. Veremos adiante que esses clãs são muito mais numerosos do que afirmam B. Spencer e F. J. Gillen.

ocorre especialmente no *Intichiuma* da flor Hakea, entre os Arunta. A cerimônia ocorre em um local sagrado, em torno de uma pedra igualmente sagrada que representa, aos olhos dos indígenas, flores Hakea. Após algumas operações preliminares, "o ancião que dirige a execução do rito convida um jovem a abrir as veias. Este obedece e deixa seu sangue se espalhar livremente sobre a pedra, enquanto os assistentes continuam a cantar. O sangue escorre até que a pedra esteja totalmente coberta por ele".[1115] A finalidade dessa prática é revivificar, em alguma medida, as virtudes da pedra e reforçar sua eficácia. É preciso não esquecer, com efeito, que as próprias pessoas do clã são parentes da planta ou do animal cujo nome eles ostentam; neles, e sobretudo em seu sangue, reside o mesmo princípio de vida. É natural, portanto, que se utilize desse sangue e dos germes místicos que ele traz consigo para assegurar a reprodução regular da espécie totêmica. Quando um homem está doente ou cansado, é comum entre os Arunta que, para reanimá-lo, um de seus jovens companheiros abra as próprias veias e banhe esse homem com seu próprio sangue.[1116] Se o sangue pode assim reanimar a vida de um homem, não surpreende o fato de poder igualmente servir para despertar algo similar na espécie animal ou vegetal com a qual as pessoas do clã se confundem.

Um mesmo procedimento é empregado no *Intichiuma* do Canguru, em Undiara (Arunta). O teatro da cerimônia é um redemoinho junto ao qual se ergue um rochedo a pique. Esse rochedo representa um animal canguru do *Alcheringa* que foi morto e colocado nesse local por um homem-canguru da mesma época. Além disso, numerosos espíritos de canguru supostamente residem no local. Após um certo número de pedras sagradas terem sido esfregadas umas contra as outras tal como descrevemos, vários assistentes sobem no rochedo, ao longo do qual deixam escoar seu sangue.[1117] "O objetivo da cerimônia, segundo o que dizem os nativos, é atualmente o seguinte. O sangue do homem-canguru, espalhado desse modo sobre o rochedo, está destinado a caçar os espíritos de cangurus-animais que aí se encontram e dispersá-los em todas as direções; em decorrência disso, o número de cangurus deve aumentar."[1118]

---

1115. B. Spencer e F. J. Gillen, *Nat. Tr., op. cit.*, p. 184-5.

1116. *Ibid.*, p. 438, 461 e 464; e *Id., North. Tr., op. cit.*, p. 596 ss.

1117. *Id., Nat. Tr., op. cit.*, p. 201.

1118. *Ibid.*, p. 206. Empregamos a linguagem de B. Spencer e F. J. Gillen: de acordo com eles, dizemos que o que se depreende das rochas são espíritos de cangurus (*spirits* ou *spirit parts of kangaroo*). C. Strehlow (*Die Aranda – und Loritja – Stämme in Zentral-Australien, op. cit.,* III, 1910, p. 7.) contesta a exatidão dessa expressão. Para ele, o que esse rito faz surgir são cangurus reais, corpos vivos. A contestação é, contudo, sem interesse, assim como aquela

Entre os Arunta, há mesmo um caso em que o sangue parece ser o princípio ativo do rito. No grupo da Ema, não se empregam pedras sagradas nem algo que se lhes assemelhe. O *Alatunja* e alguns de seus assistentes regam o solo com seu sangue; sobre a terra assim embebida, desenham-se linhas, de diversas cores, que representam as diferentes partes do corpo da ema. Ajoelha-se em torno desse desenho e entoa-se um canto monótono. É da ema fictícia assim encantada e, por conseguinte, do sangue que serviu para produzi-la que partiriam os princípios vivos que, animando os embriões da nova geração, impedirão a espécie de desaparecer.[1119]

Há, entre os Wonkgongaru,[1120] um clã que tem por totem certo tipo de peixe. É igualmente o sangue que exerce o papel principal no *Intichiuma* desse totem. O chefe do grupo, após ter sido pintado cerimonialmente, entra em um redemoinho d'água e lá permanece sentado. Em seguida, valendo-se de pequenos ossos pontudos, ele perfura sucessivamente o escroto e a pele em torno do umbigo. "O sangue que jorra desses diferentes machucados espalha-se na água e dá origem aos peixes."[1121]

É por meio de uma prática bastante similar que os Dieri acreditam assegurar a reprodução de dois de seus totens, a serpente tapete e a serpente *woma* (serpente comum). Um *Mura-mura* chamado *Minkani* teria residido sob uma duna. Seu corpo é representado por ossadas fósseis de animais ou de répteis, tal como as contêm, diz-nos Howitt, os deltas dos rios que desembocam no lago Eyre. Quando chega o dia da cerimônia, as pessoas se reúnem e se dirigem ao lugar em que se encontra o *Minkani*. Nesse local, cavam até que atinjam uma camada de terra úmida, que eles denominam "os excrementos do *Minkani*". A partir desse momento, continua-se a escavar o solo com grandes precauções, até que se descubra "o cotovelo do *Minkani*". Nesse momento, dois homens abrem as próprias veias e deixam o sangue correr sobre a pedra sagrada. Entoa-se o canto do *Minkani* enquanto os assistentes, levados por um verdadeiro frenesi, golpeiam-se mutuamente com suas armas. A batalha dura até que eles estejam novamente na aldeia, que se situa à distância de aproximadamente uma milha. Nesse local, as mulheres intervêm e põem fim ao combate. Recolhe-se o sangue que jor-

---

que diz respeito à noção de *ratapa* (Ver, anteriormente, p. 309.). Os germes de cangurus que se depreendem assim das rochas não são visíveis. Eles não são, portanto, feitos da mesma substância que os cangurus percebidos por nossos sentidos. É tudo o que querem dizer B. Spencer e F. J. Gillen. É certo, aliás, que não se trata de puros espíritos como um cristão poderia concebê-los. Assim como as almas humanas, eles possuem formas materiais.

1119. B. Spencer e F. J. Gillen, *Nat. Tr., op. cit.*, p. 181.
1120. Tribo situada a leste do lago Eyre.
1121. *Id., North. Tr., op. cit.*, p. 287-8.

ra dos ferimentos, o qual é misturado com os "excrementos do *Minkani*" e o produto dessa mistura é plantado sobre a duna. Terminado o rito, tem-se a convicção de que as serpentes tapete nascerão em abundância.[1122]

Em alguns casos, emprega-se como princípio vivificante a própria substância que se quer produzir. Desse modo, entre os Kaitish, ao longo de uma cerimônia que tem por finalidade produzir a chuva, rega-se com água uma pedra sagrada, que representa os heróis míticos do clã da Água. É evidente que, com tal expediente, acredita-se aumentar as virtudes produtoras da pedra, da mesma forma que com o sangue, e por razões similares.[1123] Entre os Mara, o operador retira água de um buraco sagrado, a qual ele bebe e cospe em todas as direções.[1124] Entre os Worgaia, quando os inhames começam a crescer, o chefe do clã do Inhame envia as pessoas da fratria à qual ele mesmo não pertence para colher essas plantas. Aquelas lhe trazem alguns exemplares e lhe pedem que intervenha para que a espécie se desenvolva bem. Ele apanha uma planta, morde-a e lança seus pedaços para todos os lados.[1125] Entre os Kaitish, quando, após ritos variados que não descrevemos, certa semente de uma erva chamada erlipinna atingiu seu pleno desenvolvimento, o chefe do totem leva um pouco dela à aldeia dos homens e a tritura entre duas pedras. A poeira assim obtida é colhida piedosamente e alguns grãos são colocados sobre os lábios do chefe, o qual, soprando, espalha-as em todas as direções. Esse contato com a boca do chefe, que possui uma virtude sacramental muito especial, tem por finalidade, sem dúvidas, estimular a vitalidade dos germes que esses grãos contêm e que, projetados a todos os cantos do horizonte, comunicarão às plantas as propriedades fecundantes que possuem.[1126]

A eficácia desses ritos não é objeto de dúvida por parte do nativo: ele está convencido de que eles devem produzir os resultados esperados, com uma espécie de necessidade. Se o evento frustra suas esperanças, conclui simplesmente que os ritos foram contrariados pelos malefícios de algum grupo hostil. Em todo caso, não lhe ocorre que um resultado favorável possa ser obtido por outros meios. Se, por acaso, a vegetação brotar e os ani-

---

1122. A. W. Howitt, *Nat. Tr.*, op. cit., p. 798. Cf. A. W. Howitt, "Legends of the Dieri and Kindred Tribes of Central Australia", *J.A.I.*, XXIV, 1904, p. 124 ss. Howitt acredita que a cerimônia é celebrada pelas pessoas do totem, mas não teve condições de certificar o fato.

1123. B. Spencer e F. J. Gillen, *North. Tr.*, op. cit., p. 295.

1124. *Ibid.*, p. 314.

1125. *Ibid.*, p. 296-7.

1126. *Ibid.*, p. 293.

mais proliferarem antes de ter realizado o *Intichiuma*, ele supõe que outro *Intichiuma* foi celebrado, no subterrâneo, pelas almas dos ancestrais, e que os vivos colhem os benefícios dessa cerimônia subterrânea.[1127]

## II

Esse é o primeiro ato da festa.

No período que se segue, não há cerimônia propriamente dita. Ainda assim, a vida religiosa permanece intensa: ela se manifesta por uma intensificação do sistema ordinário dos interditos. O caráter sagrado do totem é como que reforçado: ousa-se menos tocá-lo. Enquanto, no tempo normal, os Arunta podem devorar o animal ou a planta que lhes serve de totem, contanto que isso seja feito com moderação, no dia seguinte ao *Intichiuma* esse direito é suspenso. A interdição alimentar é rigorosa e irrestrita. Acredita-se que toda violação desse interdito teria como resultado neutralizar os efeitos benéficos do rito e interromper o crescimento da espécie. As pessoas dos

---

1127. B. Spencer e F. J. Gillen, *Nat. Tr.*, op. cit., p. 519. – A análise dos ritos que acabam de ser estudados foi feita unicamente a partir das observações que devemos a Spencer e Gillen. Depois que nosso capítulo tinha sido redigido, C. Strehlow publicou o terceiro fascículo de sua obra, o qual trata precisamente do culto positivo e, em especial, do *Intichiuma*, ou, como diz, dos ritos de *mbatjalkatiuma*. Não encontramos nessa publicação, contudo, nada que nos obrigue a modificar a descrição precedente, nem mesmo a completá-la por adições importantes. O que Strehlow nos ensina de mais interessante sobre esse assunto é que as efusões e as oblações de sangue são muito mais frequentes do que se poderia suspeitar a partir do relato de Spencer e Gillen (Ver *Die Aranda – und Loritja – Stämme in Zentral-Australien*, op. cit., III, 1910, p. 13-4, 19, 29, 39, 43, 46, 56, 67, 80 e 89.). – As informações de Strehlow sobre o culto devem, aliás, ser empregadas com cuidado, pois ele não testemunhou os ritos que descreve. Ele limitou-se a recolher testemunhos orais, os quais são geralmente bastante sumários (Ver *Ibid.*, III, 1910, prefácio de M. F. von Leonhardi, p. V.). Pode-se mesmo questionar se ele não confundiu em excesso as cerimônias totêmicas de iniciação com aquelas que denomina *mbatjalkatiuma*. Sem dúvida, não deixou de fazer um esforço louvável para distingui-las e destacou bem suas características diferenciais. Primeiro, o *Intichiuma* sempre ocorre em um lugar consagrado, ao qual se atrela a lembrança de algum ancestral, enquanto as cerimônias de iniciação podem ser celebradas em qualquer lugar. Além disso, as oblações de sangue são próprias ao *Intichiuma*: isso prova que elas estão ligadas ao que há de mais essencial nesse rito (*Ibid.*, III, 1910, p. 7.). Ainda assim, na descrição que nos dá dos ritos, encontram-se confundidas informações que remetem indistintamente às duas espécies de cerimônia. Com efeito, naquelas que nos descreve com o nome de *mbatjalkatiuma*, os jovens exercem geralmente um papel importante (ver, por exemplo, *Ibid.*, III, 1910, p. 11, 13 etc.), o que é característico da iniciação. Do mesmo modo, parece claro que o lugar do rito seja arbitrário: afinal, os atores constroem sua cena artificialmente. Eles cavam um buraco no qual se instalam; geralmente não se faz qualquer alusão às rochas ou às árvores sagradas e a seu papel ritual.

outros totens que se encontram na mesma localidade não estão, é verdade, submetidas à mesma proibição. Elas não podem consumir o animal totêmico em um lugar qualquer, por exemplo, no mato; mas são compelidos a trazê-lo à aldeia, e é apenas lá que ele deve ser cozido.[1128]

Uma última cerimônia vem suspender esses interditos extraordinários e fecha definitivamente essa longa série de ritos. Ela varia um pouco segundo os clãs, mas seus elementos essenciais são sempre os mesmos. Eis aqui duas das principais formas que ela apresenta entre os Arunta. Uma remete à Lagarta *witchetty*, enquanto a outra, ao Canguru.

Tendo as lagartas atingido a plena maturidade e mostrado-se em abundância, as pessoas do totem, bem como os estrangeiros, saem para coletá-las na maior quantidade possível. Em seguida, todos levam à aldeia as lagartas que encontraram e as cozinham até que elas se tornem duras e quebradiças. Os produtos do cozimento são conservados em espécies de recipientes de madeira denominados *pitchi*. A coleta das lagartas é possível apenas durante um tempo muito curto, pois elas só aparecem após a chuva. Quando começam a se tornar menos numerosas, o *Alatunja* convoca todos ao acampamento dos homens. A seu convite, cada um traz sua provisão. Os estrangeiros depositam as suas diante das pessoas do totem. O *Alatunja* toma um desses *pitchi* e, com a ajuda de seus companheiros, tritura seu conteúdo entre duas pedras. Depois disso, alimenta-se um pouco do pó assim obtido, sendo seguido por seus assistentes, e o restante é deixado para as pessoas dos outros clãs, as quais podem, a partir desse momento, dispor dele livremente. Age-se da mesma forma em relação à provisão preparada pelo *Alatunja*. A partir desse momento, os homens e as mulheres do totem podem se alimentar dele, mas somente um pouco: afinal, se elas ultrapassassem os limites permitidos, perderiam os poderes necessários para celebrar o *Intichiuma* e a espécie não se reproduziria. Ainda assim, caso não comessem nada, e sobretudo se, nas circunstâncias que acabamos de anunciar, o *Alatunja* abstivesse-se totalmente de comê-lo, seriam acometidos pela mesma incapacidade.

No grupo totêmico do Canguru que tem seu centro em Undiara, certas características da cerimônia são caracterizadas de maneira mais aparente. Depois que os ritos já descritos por nós são realizados sobre o rochedo sagrado, os jovens partem para caçar o canguru e trazem sua caça à aldeia dos homens. Nesse local, os anciãos, em meio aos quais encontra-se o *Alatunja*, comem um pouco da carne do animal e untam com a gordura

---

1128. B. Spencer e F. J. Gillen, *Nat. Tr.*, *op. cit.*, p. 203. Cf. H. E. A. Meyer, "Manners and Customs of the Aborigines of the Encounter Bay Tribe", em J. D. Woods (ed.), *The Native Tribes of South Australia*, *op. cit.*, p. 187.

o corpo daqueles que participaram do *Intichiuma*. O restante é dividido entre os homens reunidos. Em seguida, as pessoas do totem se enfeitam com desenhos totêmicos, e a noite transcorre em meio a cantos que recordam os feitos realizados no tempo do *Alcheringa* pelos homens e os animais cangurus. No dia seguinte, os jovens voltam à floresta para caçar, trazendo um número maior de cangurus que da primeira vez, e a cerimônia da véspera recomeça.[1129]

Com pequenas variantes, o mesmo rito é encontrado em outros clãs Arunta[1130], entre os Urabunna[1131], os Kaitish[1132], os Unmatjera[1133], na tribo da baía do Encontro[1134]. Em toda parte, ele é feito dos mesmos elementos essenciais. Alguns espécimes da planta ou do animal totêmico são apresentados ao chefe do clã, que o come solenemente e que tem a obrigação de comê-lo. Caso abdicasse desse dever, perderia o poder que tem de celebrar eficazmente o *Intichiuma*, ou seja, de recriar anualmente a espécie. Por vezes, o consumo ritual é seguido por uma unção feita com a gordura do animal ou certas partes da planta.[1135] Em geral, o rito é repetido na sequência pelas pessoas do totem ou, ao menos, pelos anciãos e, uma vez realizado, os interditos excepcionais são suspensos.

Nas tribos situadas mais ao norte, entre os Warramunga e nas sociedades vizinhas,[1136] essa cerimônia atualmente não é realizada. Ainda assim, encontram-se resquícios dela, algo que parece bem atestar que houve um tempo em que não era ignorada. Em nenhuma circunstância, é verdade, o chefe do clã alimenta-se ritual e obrigatoriamente do totem. Em certos casos, porém, as pessoas que não pertencem ao totem cujo *Intichiuma* acaba de ser celebrado são compelidas a trazer o animal ou a planta à aldeia e a oferecê-la ao chefe, indagando-lhe se quer comer. Ele recusa e acrescenta: "eu fiz isso por vocês: vocês podem comê-lo livremente".[1137] Ou seja, o cos-

---

1129. B. Spencer e F. J. Gillen, *Nat. Tr., op. cit.*, p. 204.

1130. *Ibid.*, p. 205-7.

1131. *Id., North. Tr., op. cit.*, p. 286-7.

1132. *Ibid.*, p. 294.

1133. *Ibid.*, p. 296.

1134. H. E. A. Meyer, "Manners and Customs of the Aborigines of the Encounter Bay Tribe", em J. D. Woods (ed.), *The Native Tribes of South Australia, op. cit.*, p. 187.

1135. Já mencionamos um caso. Outros poderão ser encontrados em B. Spencer e F. J. Gillen, *Nat. Tr., op. cit.*, p. 205; e *Id., North. Tr., op. cit.*, p. 286.

1136. Os Walpari, Wulmala, Tjingilli e Umbaia.

1137. *Id., North. Tr., op. cit.*, p. 318.

tume da apresentação subsiste, e a questão colocada ao chefe parece estar relacionada a uma época em que o consumo ritual era praticado.[1138]

## III

O que torna interessante o sistema de ritos que acaba de ser descrito é que nele se encontram, sob a forma mais elementar atualmente conhecida, todos os princípios essenciais de uma grande instituição religiosa que estava destinada a se tornar um dos fundamentos do culto positivo nas religiões superiores: trata-se da instituição sacrificial.

Sabe-se qual revolução os trabalhos de Robertson Smith provocaram na teoria tradicional do sacrifício.[1139] Até ele, via-se no sacrifício apenas

---

1138. Em relação a essa segunda parte da cerimônia, assim como para a primeira, seguimos Spencer e Gillen. Ainda assim, o recente fascículo de Strehlow apenas confirma as observações de seus antecessores, ao menos no que elas têm de essencial. Ele reconhece, com efeito, que, após a primeira cerimônia (dois meses depois, é dito em C. Strehlow, *Die Aranda - und Loritja - Stämme in Zentral-Australien*, op. cit., III, 1910, p. 13), o chefe do clã alimenta-se ritualmente do animal ou da planta totêmica e, em seguida, faz cessar os interditos. Ele chama essa operação de *die Freigabe des Totems zum allgemeinen Gebrauch* [Em português: "a liberação do totem para uso geral". (N.T.)] (*Ibid.*, III, 1910, p. 7.). Ele nos ensina, inclusive, que essa operação é muito importante, a ponto de ser designada por uma palavra especial na língua dos Arunta. Ele acrescenta, é verdade, que esse consumo ritual não é o único, mas que, por vezes, o chefe e os antigos alimentam-se igualmente da planta ou do animal sagrado antes da cerimônia inicial, e que o ator do rito faz o mesmo após a celebração. O fato nada tem de inverossímil: esses consumos são ainda meios empregados pelos oficiantes ou pelos assistentes para conferir a si mesmos as virtudes que querem adquirir. Não é surpreendente que elas sejam multiplicadas. Isso não invalida, de forma alguma, o relato de Spencer e Gillen, pois o rito sobre o qual insistem, e não sem razão, é a *Freigabe des Totems* [Em português: "a liberação do totem". (N.T.)].

Apenas sobre dois pontos Strehlow contesta as alegações de Spencer e Gillen. Em primeiro lugar, ele declara que o consumo ritual não ocorre em todos os casos. O fato não é duvidoso, pois existem animais e plantas totêmicas que não são comestíveis. Ocorre, contudo, que o rito ainda é muito frequente: o próprio Strehlow cita vários exemplos disso (*Ibid.*, III, 1910, p. 13-4, 19, 23, 33, 36, 50, 59, 67-8, 71, 75, 80, 84, 89 e 93.). Em segundo lugar, viu-se que, segundo Spencer e Gillen, se o chefe do clã não se alimentasse do animal ou da planta totêmica, perderia seus poderes. Strehlow garante que os testemunhos dos nativos não confirmam essa asserção. Ainda assim, a questão nos parece bastante secundária. O fato certo é que esse consumo ritual está prescrito: isso significa que é julgado útil ou necessário. Ora, como toda comunhão, ele pode apenas servir para conferir ao sujeito que comunga as virtudes das quais precisa. Que os nativos, ou alguns entre eles, tenham perdido de vista essa função do rito, disso não decorre que ela não seja real. Acaso é necessário repetir que os fiéis geralmente ignoram as verdadeiras razões de ser das práticas que realizam?

1139. Ver W. Robertson Smith, *Lectures on the Religion of the Semites*, 2. ed., op. cit., lições VI-XI; e, do mesmo autor, o artigo "Sacrifício", na *Encyclopædia Britannica*, 9. ed., op. cit.

uma espécie de tributo ou de homenagem, obrigatória ou gratuita, análoga àquelas que os súditos devem a seus príncipes. Robertson Smith foi o primeiro a indicar que essa explicação clássica não dava conta de dois elementos essenciais do rito. Em primeiro lugar, trata-se de uma refeição: são alimentos que constituem sua matéria. Trata-se, além disso, de uma refeição da qual participam ao mesmo tempo os fiéis que a oferecem e o deus ao qual é oferecida. Certas partes da vítima são reservadas à divindade. Outras são atribuídas aos sacrificantes, que as consomem. Eis por que, na Bíblia, o sacrifício é, por vezes, denominado uma refeição feita diante de Jeová. Ora, considera-se que as refeições em comum, em várias sociedades, criam entre aqueles que dela tomam parte um laço de parentesco artificial. Parentes, com efeito, são seres naturalmente feitos da mesma carne e do mesmo sangue. A alimentação refaz sem cessar a substância do organismo. Uma alimentação comum pode, portanto, produzir os mesmos efeitos que uma origem comum. Segundo Smith, os banquetes sacrificiais teriam precisamente por objetivo fazer comungar em uma mesma carne o fiel e seu deus, de modo a tecer entre eles um laço de parentesco. Desse ponto de vista, o sacrifício surgia sob um aspecto completamente novo. O que o constitui essencialmente não era mais, como se acreditou por tanto tempo, o ato de renúncia que a palavra sacrifício exprime no geral: tratava-se, antes de mais nada, de um ato de comunhão alimentar.

Haveria, sem dúvida, algumas reservas a ser feitas, no detalhe, sobre essa maneira de explicar a eficácia dos banquetes sacrificiais. Essa não resulta exclusivamente da comensalidade. O ser humano não sacrifica apenas porque senta, em alguma medida, na mesma mesa que o deus, mas sobretudo porque o alimento que consome nessa refeição ritual possui um caráter sagrado. Mostrou-se, com efeito, como, no sacrifício, toda uma série de operações preliminares, purificações, unções, rezas etc. transformam o animal que deve ser imolado em algo santo, cuja santidade comunica-se em seguida ao fiel que o devora.[1140] Independentemente disso, a comunhão alimentar continua sendo um dos elementos essenciais do sacrifício. Ora, que se pense no rito por meio do qual se encerram as cerimônias do *Intichiuma*: também ele consiste em um ato dessa natureza. Uma vez morto o animal totêmico, o *Alatunja* e os anciãos devoram-no solenemente. Eles comungam, portanto, com o princípio sagrado que nele reside e o assimilam. Toda a diferença consiste no seguinte: aqui, o animal é naturalmente sagrado, ao

---

1140. Ver H. Hubert e M. Mauss, "Essai sur la nature et la fonction du sacrifice", em *Id.*, *Mélanges d'Histoire des Religions, op. cit.*, p. 40 ss. [Ver, em português: H. Hubert e M. Mauss, "Ensaio sobre a natureza e a função do sacrifício", em M. Mauss, *Ensaios de Sociologia*, São Paulo, Perspectiva, 1981, p. 150 ss., com tradução de Luiz João Gaio e Jacó Guinsburg. (N.T.)].

passo que, via de regra, ele adquire esse caráter apenas artificialmente ao longo do sacrifício.

O propósito dessa comunhão é, aliás, manifesto. Todo membro de um clã totêmico carrega em si uma espécie de substância mística que constitui a parte eminente de seu ser, pois é dela que é feita sua alma. É dela que lhe vêm os poderes que ele se atribui, bem como seu papel social: é por meio desta que aquele se torna uma pessoa. Há, portanto, um interesse vital em conservá-la intacta, em mantê-la, tanto quanto possível, em um estado de perpétua juventude. Infelizmente, todas as forças, mesmo as mais espirituais, se desgastam pelo efeito do tempo, se nada vem lhes restituir a energia que perdem pelo curso natural das coisas: há aí uma necessidade primordial que, como veremos, é a razão profunda do culto positivo. As pessoas do totem só podem manter-se idênticas a si mesmas caso revivifiquem periodicamente o princípio totêmico que reside nelas. E como elas concebem esse princípio sob a forma de um vegetal ou de um animal, é à espécie animal ou vegetal correspondente que requisitam as forças suplementares das quais precisam para ser renovadas e rejuvenescidas. Um homem do clã do Canguru acredita ser e sente-se um canguru. É por essa qualidade que ele se define, e é ela que marca seu lugar na sociedade. Para mantê-la, ele introduz periodicamente em sua própria substância um pouco da carne desse mesmo animal. Algumas parcelas bastam, aliás, em função da regra: *a parte vale o todo*.[1141]

Para que essa operação possa produzir todos os efeitos que se espera dela, contudo, é crucial que não ocorra em um momento qualquer. O mais oportuno é aquele em que a nova geração acaba de atingir seu completo desenvolvimento. Afinal, este é também o momento em que as forças que animam a espécie totêmica atingem seu pleno florescimento. Elas mal acabam de ser extraídas desses ricos reservatórios de vida que são as árvores e os rochedos sagrados. Além disso, todo tipo de meio foi empregado para aumentar ainda mais sua intensidade: é para isso que servem os ritos que se desenvolveram durante a primeira parte do *Intichiuma*. Ademais, em virtude de seu próprio aspecto, os primeiros produtos da colheita manifestam a energia que detêm: o deus totêmico afirma-se nesse momento em todo o esplendor da juventude. Eis por que, em todos os tempos, as primícias foram consideradas como um alimento muito sagrado, reservado a seres muito santos. É natural, portanto, que o australiano se valha deles para se regenerar espiritualmente. Desse modo explicam-se tanto a data quanto as circunstâncias da cerimônia.

---

1141. Ver, para uma explicação dessa regra, anteriormente, p. 282-3.

Talvez surpreenda o fato de um alimento assim tão sagrado poder ser consumido por simples profanos. Em primeiro lugar, porém, não existe culto positivo que não se mova nessa contradição. Todos os seres sagrados, em função do caráter com o qual são marcados, são subtraídos aos acessos profanos. Por outro lado, no entanto, eles de nada serviriam, e deixariam de ter qualquer razão de ser, se não pudessem ser relacionados a esses mesmos fiéis, os quais, aliás, devem se manter respeitosamente à distância. Não há rito positivo que não constitua, no fundo, verdadeiro sacrilégio. O ser humano, afinal, não pode se relacionar com os seres sagrados sem ultrapassar a barreira que, normalmente, deve mantê-lo separado. Tudo o que importa é que o sacrilégio seja realizado com as precauções que o atenuam. Entre aquelas que são empregadas, a mais usual consiste em conduzir a transição e engajar apenas lenta e gradualmente o fiel no círculo de coisas sagradas. Assim fragmentado e diluído, o sacrilégio não ofende violentamente a consciência religiosa: ele não é sentido como tal e se desvanece. Ora, é isso o que ocorre no caso que nos interessa. Toda a série de cerimônias que precedeu o momento em que o totem é solenemente devorado tem por efeito santificar progressivamente aqueles que nele exercem um papel ativo. Trata-se de um período essencialmente religioso que eles puderam atravessar apenas graças ao fato de seu estado religioso ter se transformado. Os jejuns, o contato com os rochedos sagrados, os *churinga*,[1142] as decorações totêmicas etc., conferiram-lhe paulatinamente um caráter que eles não tinham antes e que lhes permitiu afrontar, sem profanação chocante e perigosa, esse alimento desejado e temível que, em um período normal, lhes seria interdito.[1143]

Se o ato pelo qual um ser sagrado é imolado e, na sequência, devorado por aqueles que o adoram pode ser denominado um sacrifício, o rito que acabamos de tratar merece a mesma designação. No mais, o que mostra claramente seu significado são as analogias espantosas que ele apresenta com práticas encontradas em um grande número de cultos agrários. Trata-se, com efeito, de uma regra bastante difundida, mesmo entre os povos que alcançaram um alto grau de civilização, que os primeiros produtos da colheita servem de matéria a refeições rituais, das quais o banquete de páscoa é o exemplo mais conhecido.[1144] Como, por outro lado, os ritos agrá-

---

1142. Ver C. Strehlow, *Die Aranda – und Loritja – Stämme in Zentral-Australien, op. cit.*, III, 1910, p. 3.

1143. É preciso não perder de vista, aliás, que, entre os Arunta, alimentar-se do animal totêmico não é completamente interdito.

1144. Ver outros fatos em J. G. Frazer, *The Golden Bough, op. cit.*, I, p. 348 ss.

rios estão na própria base das formas mais elevadas do culto, vê-se que o *Intichiuma* das sociedades australianas está mais próximo de nós do que poderíamos imaginar, tendo em vista sua aparente rusticidade.

Graças a uma intuição genial, Smith, sem conhecer esses fatos, pressentiu-os. A partir de uma série de engenhosas deduções – que é inútil reproduzir aqui, pois possuem apenas um interesse histórico –[1145] ele acreditou poder estabelecer que, de início, o animal imolado nos sacrifícios deveria ter sido considerado como algo quase divino e como parente próximo daqueles que o imolavam: pois bem, essas características são precisamente aquelas pelas quais se define a espécie totêmica. Smith veio assim supor que o totemismo devia ter conhecido e praticado um rito absolutamente análogo àquele que acabamos de estudar. Ele tendia mesmo a ver nessa espécie de sacrifício a base fundamental de toda a instituição sacrificial.[1146] Inicialmente, o sacrifício não teria sido instituído para criar entre o ser humano e seus deuses um laço de parentesco artificial, mas para entreter e renovar o parentesco natural que os unia primitivamente. Aqui, como alhures, o artifício teria nascido apenas para imitar a natureza. Ainda assim, essa hipótese apresentava-se no livro de Smith tão somente como uma visada teórica, justificada apenas muito imperfeitamente pelos fatos então conhecidos. Os raros casos totêmicos que ele cita em apoio de sua tese não possuem o significado que ele lhes atribui: os animais que aí figuram não são totens propriamente ditos.[1147] Hoje, contudo, pode-se dizer que, ao menos sobre um ponto, a demonstração está feita: com efeito, acabamos de ver que, em um considerável número de sociedades, o sacrifício totêmico, tal como Smith o concebia, é ou foi praticado. Sem dúvida, não dispomos de forma alguma da prova de que essa prática seja necessariamente inerente ao totemismo, nem que seja o germe do qual surgiram todos os demais tipos de sacrifício. Se a universalidade do rito é hipotética, contudo, sua existência não é contestável. Deve-se então ver como estabelecido que a forma mais mística da comunhão alimentar já se encontra na mais simples religião atualmente conhecida.

## IV

Ainda assim, no que diz respeito a outro ponto, os fatos novos dos quais dispomos infirmam as teorias de Smith.

---

1145. W. Robertson Smith, *Lectures on the Religion of the Semites*, 2. ed., *op. cit.*, p. 275 ss.

1146. *Ibid.*, p. 318-9.

1147. Ver sobre isso, H. Hubert e M. Mauss, "Introduction à l'analyse de quelques phénomènes religieux", em *Id.*, *Mélanges d'Histoire des Religions*, *op. cit.*, p. V ss.

Segundo ele, com efeito, a comunhão não seria apenas um elemento essencial do sacrifício: seria, ao menos de início, seu único elemento. O equívoco não consistiria tão somente em reduzir o sacrifício a ser um mero tributo ou oferenda, pois a própria ideia de oferenda estaria primitivamente ausente. Ela só teria atuado tardiamente, sob a influência de circunstâncias exteriores, e dissimularia a natureza verdadeira desse mecanismo ritual, longe de poder ajudar a compreendê-lo. Smith acreditava, com efeito, ver na própria noção de oblação um absurdo por demais revoltante para que fosse possível ver nele a razão profunda de uma instituição tão importante. Uma das mais relevantes funções que remetem à divindade é garantir aos seres humanos os alimentos necessários para suas vidas. Assim, ao que tudo leva a crer, é impossível que o sacrifício, por sua vez, consista em uma apresentação de alimentos à divindade. Parece contraditório que os deuses esperem do ser humano seu alimento, quando este é alimentado por aqueles. Como poderiam necessitar do concurso dele para obter seu quinhão sobre as coisas que o próprio ser humano recebe de suas mãos? Smith concluía, dessas considerações, que a ideia do sacrifício-oferenda apenas poderia ter nascido nas grandes religiões, nas quais os deuses, libertos das coisas com as quais primitivamente se confundiam, foram concebidos como espécies de reis, proprietários eminentes da terra e de seus produtos. A partir desse momento, o sacrifício foi assimilado ao tributo que os súditos pagam a seu príncipe, em troca dos direitos que lhes são concedidos. Na realidade, contudo, essa interpretação nova teria sido uma alteração e mesmo uma corrupção da concepção primitiva. Afinal, "a ideia de propriedade materializa tudo aquilo em que toca"; ao se introduzir no sacrifício, ela o desnaturaliza e o torna uma espécie de comércio entre o ser humano e a divindade.[1148]

Os fatos que expusemos põem por terra, porém, essa argumentação. Os ritos que descrevemos figuram certamente entre os mais primitivos jamais observados. Não se constata neles o aparecimento de nenhuma personalidade mítica determinada. Neles, não entram em cena nem deuses, nem espíritos propriamente ditos. Eles engajam apenas forças vagas, anônimas e impessoais. Ainda assim, as linhas de raciocínio que supõem são precisamente aquelas que Smith declarava impossíveis em função de seu caráter absurdo.

Voltemo-nos, com efeito, ao primeiro ato do *Intichiuma*, aos ritos que são destinados a assegurar a fecundidade da espécie animal ou vegetal que serve de totem ao clã. Essa espécie é a coisa sagrada por excelência: é nela que essencialmente se encarna o que nos foi possível denominar, por meio de

---

[1148] W. Robertson Smith, *Lectures on the Religion of the Semites*, 2. ed., *op. cit.*, p. 390 ss.

uma metáfora, a divindade totêmica. Vimos, porém, que, para se perpetuar, ela requer o engajamento do ser humano. É ele que, cada ano, dispensa a vida à nova geração. Sem ele, ela não veria a luz. Se ele cessar de celebrar o *Intichiuma*, os seres sagrados desaparecerão da superfície da terra. É a ele, portanto, em certo sentido, que esses seres devem a existência; e, ainda assim, sob um outro viés, é a eles que a humanidade deve a sua. Afinal, tão logo tenham atingido a maturidade, é deles que serão emprestadas as forças necessárias para manter e reparar seu ser espiritual. Desse modo, pode-se dizer que é o ser humano que faz seus deuses, ou, ao menos, é ele que os faz durar. Ao mesmo tempo, porém, é graças a estes que aquele dura. Ele realiza regularmente, portanto, o círculo que, segundo Smith, estaria implicado na própria noção do tributo sacrificial: ele fornece aos seres sagrados um pouco do que recebe deles e recebe deles tudo o que lhes dá.

E há mais: as oblações que ele é, assim, obrigado a fazer anualmente não diferem quanto à natureza daquelas que serão feitas mais tarde nos ritos sacrificiais propriamente ditos. Se o sacrificante imola uma fera é para que os princípios vivos que nela residem liberem-se do organismo e possam servir para alimentar a divindade. Do mesmo modo, os grãos de poeira que o australiano depreende da rocha sagrada são outros tantos princípios que ele dispersa no espaço para que eles possam animar a espécie totêmica e garantir sua renovação. O gesto por meio do qual se faz essa dispersão é também aquele que acompanha normalmente as oferendas. Em certos casos, a semelhança entre os dois ritos encontra-se, inclusive, no detalhe dos movimentos efetuados. Vimos que, para provocar a chuva, o Kaitish derrama a água sobre uma pedra sagrada. Em certos povos, o sacerdote, com o mesmo objetivo, derrama a água sobre o altar.[1149] As efusões de sangue, usuais em um número considerável de *Intichiuma*, constituem verdadeiras oblações. Do mesmo modo que o Arunta ou o Dieri banham de sangue a rocha sagrada ou o desenho totêmico, muitas vezes ocorre, em cultos mais avançados, que o sangue da vítima sacrificada ou do próprio fiel seja espalhado diante de si ou sobre o altar.[1150] Nesse caso, ele é oferecido aos deuses, dos quais é o alimento preferido. Na Austrália, ele é ofertado à espécie sagrada. Ou seja, não se justifica mais ver na ideia de oblação um produto tardio da civilização.

---

1149. O próprio W. Robertson Smith cita casos em *Lectures on the Religion of the Semites*, 2. ed., *op. cit.*, p. 231.

1150. Ver, por exemplo, *Êxodo*, XXIX, 10-14; *Levítico*, IX, 8-11; é o próprio sangue que os sacerdotes de Baal derramam sobre o altar (I *Reis*, XVIII, 28).

Um documento que devemos a Strehlow coloca em evidência esse parentesco entre o *Intichiuma* e o sacrifício. Ele diz respeito a um canto que acompanha o *Intichiuma* do Canguru: a cerimônia é descrita ao mesmo tempo em que são expostos os efeitos que dela se esperam. Um pedaço da gordura de um canguru foi colocado pelo chefe sobre um suporte feito de ramos. Ora, o texto diz que essa gordura produz o crescimento da gordura dos cangurus.[1151] Nesse caso, portanto, o ato não se limita a espalhar poeira sagrada ou sangue humano: o próprio animal é imolado, sacrificado, pode-se dizer, colocado em uma espécie de altar e oferecido à espécie cuja vida deve conservar.

É possível ver agora em que sentido é lícito dizer que o *Intichiuma* contém os germes do sistema sacrificial. Sob a forma que ele apresenta quando é plenamente constituído, o sacrifício compõe-se de dois elementos essenciais: um ato de comunhão e um ato de oblação. O fiel comunga com seu deus ao ingerir um alimento sagrado e, ao mesmo tempo, ele faz uma oferenda a esse deus. Encontramos esses dois atos no *Intichiuma*, tal como acaba de ser descrito. Toda a diferença consiste no seguinte: no sacrifício propriamente dito,[1152] ambos são feitos simultaneamente ou seguem-se imediatamente um ou outro, ao passo que, na cerimônia australiana, eles estão separados. Naquele caso, trata-se de partes de um mesmo rito indiviso; neste, ocorrem em tempos diferentes e podem, inclusive, estar separados por um intervalo bastante longo. Ainda assim, o mecanismo é, no fundo, o mesmo. O *Intichiuma*, tomado em seu conjunto, é o sacrifício, mas cujas partes ainda não estão articuladas e organizadas.

Essa aproximação tem a dupla vantagem de nos fazer melhor compreender a natureza do *Intichiuma* e a do sacrifício.

Compreendemos melhor o *Intichiuma*. Com efeito, a concepção de Frazer, que o tornava uma simples operação mágica, destituída de todo caráter religioso,[1153] surge agora como insustentável. Não se pode esperar situar fora da religião um rito que é como o prenúncio de uma instituição religiosa assim tão grande.

Ao mesmo tempo, também compreendemos melhor o que é o próprio sacrifício. Em primeiro lugar, a igual importância desses dois elementos

---

1151. C. Strehlow, *Die Aranda – und Loritja – Stämme in Zentral-Australien, op. cit.*, III, 1910, p. 12, vers. 7.

1152. Ao menos quando é completo. Ele pode, em certos casos, reduzir-se a apenas um de seus elementos.

1153. "Os nativos", diz C. Strehlow, "consideram essas cerimônias como uma espécie de serviço divino, assim como o cristão considera as práticas de sua religião" (*Die Aranda – und Loritja – Stämme in Zentral-Australien, op. cit.*, III, 1910, p. 9.).

que o constituem está, a partir de agora, estabelecida. Se o australiano faz oferendas a seus seres sagrados, não faz sentido supor que a ideia de oblação seja estranha à organização primitiva da instituição sacrificial e perturbe sua economia natural. A teoria de Smith está para ser revista quanto a esse ponto.[1154] Sem dúvida, o sacrifício é, em parte, um mecanismo de comunhão; trata-se também, contudo, e não menos essencialmente, de um dom, um ato de renúncia. Ele sempre supõe que o fiel abandona aos deuses alguma coisa da sua substância ou de seus bens. Toda tentativa de reduzir um desses elementos ao outro é vã. Talvez, inclusive, a oblação seja mais permanente que a comunhão.[1155]

Em segundo lugar, dá-se a entender que o sacrifício, e sobretudo a oblação sacrificial, pode apenas se dirigir a pessoas. Ora, as oblações que acabamos de encontrar na Austrália não implicam nenhuma noção desse gênero. Isso significa que o sacrifício é independente das formas variáveis sob as quais são pensadas as forças religiosas: ele remete a razões mais profundas que iremos procurar mais tarde.

Ainda assim, é claro que o ato de ofertar desperta naturalmente nos espíritos a ideia de um sujeito moral, a quem essa oferenda está destinada a satisfazer. Os gestos rituais que descrevemos tornam-se mais facilmente inteligíveis quando se acredita que eles se dirigem a pessoas. As práticas do *Intichiuma*, colocando em cena apenas potências impessoais, abriam, portanto, a via a uma concepção diferente.[1156] Certamente, elas não seriam o suficiente para suscitar por inteiro a ideia de personalidades míticas. Ainda assim, tão logo essa ideia foi formada, ela foi levada, pela própria natureza desses ritos, a penetrar no culto. Na mesma medida, tornou-se menos especulativa. Associada mais diretamente à ação e à vida, ela adquiriu ao mesmo tempo mais realidade. Pode-se acreditar, portanto, que a prática do culto favoreceu, de uma maneira sem dúvida secundária, mas que merece ainda assim ser notada, a personificação das forças religiosas.

---

1154. Seria, em particular, o caso de se perguntar se as efusões de sangue, as oferendas de cabelos nas quais W. Robertson Smith vê atos de comunhão não seriam oblações propriamente ditas (Ver *Lectures on the Religion of the Semites*, 2. ed., *op. cit.*, p. 320 ss.).

1155. Os sacrifícios piaculares, dos quais falaremos com mais atenção no Capítulo V deste Livro, consistem exclusivamente em oblações. Eles apenas servem a comunhões de uma maneira secundária.

1156. É o que faz com que se fale frequentemente dessas cerimônias como se elas se dirigissem a divindades pessoais (Ver, por exemplo, um texto de F. E. H. W. Krichauff e outro de H. Kempe, ambos citados por E. Eylmann, *Die Eingeborenen der Kolonie Südaustralien, op. cit.*, p. 202-3.).

## V

Ainda falta explicar, contudo, a contradição na qual R. Smith via um inadmissível escândalo lógico.

Se os seres sagrados manifestassem sempre seus poderes de uma maneira perfeitamente idêntica, seria, com efeito, inconcebível que o ser humano pudesse pensar em oferecer-lhes seus serviços. Afinal, não se vislumbra qual necessidade aqueles poderiam ter desses préstimos. Em primeiro lugar, porém, enquanto se confundirem com as coisas, enquanto neles se constatar os princípios de uma vida cósmica, os próprios seres sagrados estão submetidos ao ritmo dessa vida. Pois bem, ela passa por oscilações em sentidos contrários e que se sucedem segundo uma lei determinada. Ora ela se afirma em todo seu esplendor, ora enfraquece a ponto de se poder questionar se ela não será interrompida. Todos os anos as plantas morrem. Acaso renascerão? As espécies animais tendem a se esvanecer pelo efeito da morte natural ou violenta. Acaso se renovarão em tempo hábil e de forma conveniente? A chuva é particularmente caprichosa: há longos períodos durante os quais ela parece ter desaparecido para sempre. O que essas inflexões da natureza atestam é que, em épocas correspondentes, os seres sagrados dos quais dependem os animais, as plantas, a chuva etc. enfrentam os mesmos estados críticos. Todos eles têm, também, seus períodos de enfraquecimento. O ser humano não poderia assistir a esses espetáculos, porém, como testemunho indiferente. Para que ele permaneça vivo, é preciso que a vida universal continue e, por conseguinte, que os deuses não morram. Ele procura, assim, dar apoio a eles, ajudá-los. Para tanto, coloca a seu dispor as forças que possui e que mobiliza para a circunstância. O sangue que corre em suas veias tem virtudes fecundantes: ele irá espalhá-lo. Nas rochas sagradas que possui seu clã, ele depositará os germes da vida que nelas dormem e os semeará no espaço. Em uma palavra, ele fará oblações.

Essas crises externas e físicas desdobram-se, além disso, em crises internas e mentais que tendem ao mesmo resultado. Os seres sagrados apenas existem porque são representados como tais pelas consciências. Basta que deixemos de acreditar neles e cessarão de existir. Mesmo aqueles que possuem uma forma material e estão presentes na experiência sensível dependem, a esse respeito, do pensamento dos fiéis que os adoram. Afinal, o caráter sagrado que os torna objetos do culto não está dado em suas constituições materiais. Ele lhes é adicionado pela crença. O canguru é apenas um entre inúmeros animais: para as pessoas do [clã do] Canguru, contudo, ele contém em si um princípio que o particulariza em meio aos outros seres, e esse princípio existe apenas nos espíritos que o pensam.[1157] Para que os seres sagrados, uma vez concebidos, não precisassem dos seres humanos para durar, seria preciso então que as representações que os exprimem permanecessem sempre iguais a elas mesmas. Essa estabilidade é, porém, impossível. Com efeito, é na vida em grupo que elas se formam, e a vida em grupo é essencialmente intermitente. Elas participam necessariamente, portanto, da mesma intermitência. Elas atingem seu máximo de intensidade no momento em que os indivíduos estão reunidos e em relações diretas uns com os outros, em que comungam todos em uma mesma ideia ou um mesmo sentimento. Tão logo a reunião é dissolvida e cada um retoma sua própria existência, porém, elas perdem progressivamente sua energia original. Pouco a pouco recobertas pela maré montante das sensações cotidianas, elas acabariam por cair no inconsciente caso não encontrássemos algum meio de convocá-las à consciência e revivificá-las. Ora, elas só podem se enfraquecer se os seres sagrados perdem sua realidade, pois esses apenas existem nelas e por elas. Eles existem em um grau menor. Eis aqui, portanto, mais um ponto de vista segundo o qual os serviços dos seres humanos seriam necessários aos seres sagrados. Essa segunda razão para auxiliá-los é, inclusive, mais importante que a primeira, pois faz-se sempre presente. As intermitências da vida física apenas afetam as crenças religiosas quando as religiões ainda não foram desatadas de sua base cósmica. As intermitências da vida social são, ao contrário, inevitáveis: mesmo as mais idealistas religiões não saberiam escapar delas.

É, aliás, graças a esse estado de dependência no qual se encontram os deuses em relação ao pensamento do ser humano que este acredita que sua assistência é eficaz. A única maneira de reanimar as representações coletivas que se ligam aos seres sagrados é mergulhá-las na própria fonte da vida religiosa, ou seja, nos grupos reunidos. Pois bem, as emoções que suscitam as crises periódicas pelas quais passam as coisas exteriores levam as pessoas que as testemunham a se reunir, de modo a poder descobrir o que convém fazer. Pelo simples fato de estarem juntos, contudo, elas se reconfortam mutualmente. Elas encontram a cura porque a procuram juntas. A lei comum se reanima naturalmente no seio da coletividade reconstituída: ela renasce, pois se encontra nas próprias condições em que primitivamente nasceu. Tão logo restaurada, ela triunfa sem dificuldade sobre todas as dúvidas íntimas que puderam se fazer presentes nas consciências. A ima-

---

1157. Em um sentido filosófico, o mesmo ocorre com todas as coisas. Afinal, as coisas apenas existem por meio da representação. Como mostramos, porém, a proposição é duplamente verdadeira quanto às forças religiosas, pois, na constituição das coisas, não existe nada que corresponda ao caráter sagrado.

gem das coisas sagradas recupera a quantidade suficiente de força para poder resistir às causas internas ou externas que tendiam a enfraquecê-la. A despeito de suas fraquezas aparentes, não se pode mais acreditar que os deuses morrerão, pois se percebe que eles revivem no âmago de cada um. Os procedimentos empregados para socorrê-los, seja qual for sua rudeza, não podem parecer vãos, pois tudo se passa como se sua atuação fosse efetiva. O fiel torna-se mais confiante porque se sente mais forte: e, de fato, torna-se realmente mais forte, pois as forças que esmoreciam são despertadas nas consciências.

É preciso evitar crer, como o faz Smith, que o culto foi exclusivamente instaurado em benefício dos seres humanos, e que os deuses não possuiriam aí qualquer papel: esses precisam tanto dele quanto seus fiéis. Sem dúvida, sem os deuses, os seres humanos não poderiam viver. Por outro lado, no entanto, os deuses morreriam se o culto não lhes fosse prestado. Ou seja, esse não tem apenas por finalidade permitir a comunicação dos súditos profanos com os seres sagrados, mas também objetiva manter estes últimos vivos, refazê-los e regenerá-los perpetuamente. Por certo, não se trata de oblações materiais que, por suas virtudes próprias, produzem essa reflexão: são os estados mentais que essas manobras, vãs por elas mesmas, despertam ou acompanham. A verdadeira razão de ser dos cultos, mesmo os mais materialistas em aparência, não deve ser buscada junto aos gestos que prescrevem, mas na renovação interior e moral que esses gestos contribuem a determinar. O que o fiel dá realmente a seu deus não são os alimentos que ele deposita em seu altar, nem o sangue que faz correr de suas veias: é seu pensamento. Do mesmo modo, entre a divindade e seus adoradores há uma troca de bons ofícios que se condicionam mutuamente. A regra *do ut des* [dou para que tu dês], pela qual por vezes se definiu o princípio do sacrifício, não é uma invenção tardia de teóricos utilitários: ela apenas traduz, de maneira explícita, o mecanismo mesmo do sistema sacrificial e, de modo mais geral, de todo culto positivo. O círculo sinalizado por Smith é, portanto, bem real: ele não tem, porém, nada de humilhante para a razão. Ele provém do seguinte fato: os seres sagrados, mesmo sendo superiores aos seres humanos, podem apenas viver em suas consciências.

Esse círculo nos soará ainda mais natural e nós compreenderemos melhor seu sentido e sua razão de ser se, levando a análise mais adiante e substituindo aos símbolos religiosos as realidades que exprimem, buscarmos como estas se comportam no rito. Se, como procuramos estabelecer, o princípio sagrado nada mais é que a sociedade hipostasiada e transfigurada, a vida ritual deve poder ser interpretada em termos laicos e sociais. Com efeito, assim como esta, a vida social move-se em um círculo.

Por um lado, o indivíduo adquire da sociedade o melhor de si, tudo o que confere uma fisionomia e um lugar à parte entre os demais seres, sua cultura intelectual e moral. Caso retiremos do ser humano a linguagem, as ciências, as artes e as crenças da moral, ele recai ao nível da animalidade. Os atributos característicos da natureza humana nos vêm, portanto, da sociedade. Por outro lado, contudo, a sociedade apenas existe e vive no e para os indivíduos. Caso a ideia da sociedade se extinga nos espíritos individuais, bem como as crenças, as tradições, as aspirações da coletividade cessem de ser sentidas e partilhadas por particulares, a sociedade morrerá. Pode-se, portanto, repetir sobre ela o que foi dito antes da divindade: a sociedade possui realidade apenas na medida em que ocupa um lugar nas consciências humanas, e somos nós que lhe outorgamos esse lugar. Vislumbramos agora a razão profunda pela qual os deuses não podem passar sem seus fiéis, nem estes sem aqueles: a sociedade, da qual os deuses nada mais são que a expressão simbólica, também não pode passar sem os indivíduos, nem estes sem aquela.

Tocamos nesse ponto a base sólida sobre a qual são edificados todos os cultos e que os faz persistir desde que existem sociedades humanas. Quando se vê de que são feitos os ritos e a que eles parecem tender, pergunta-se com espanto como os seres humanos puderam concebê-los e, sobretudo, como permaneceram tão fielmente atrelados a eles. De onde pode ter vindo essa ilusão de que com alguns grãos de areia jogados ao vento, ou algumas gotas de sangue derramadas sobre uma rocha ou sobre uma pedra de um altar, era possível sustentar a vida de uma espécie animal ou de um deus? Sem dúvida, já demos um passo adiante na solução desse problema quando, sob esses movimentos exteriores e, aparentemente, desprovidos de razão, descobrimos um mecanismo mental que lhes dá um sentido e um alcance moral. Nada nos garante que esse próprio mecanismo não consista em um simples jogo de imagens alucinatórias. Mostramos claramente qual processo psicológico induz os fiéis a acreditarem que o rito faz renascer em torno deles as forças espirituais das quais precisam. Do fato dessa crença ser psicologicamente explicável, contudo, não decorre que tenha um valor objetivo. Para que sejamos levados a ver na eficácia atribuída aos ritos algo diferente do produto de um delírio crônico do qual a humanidade se acometeria, é preciso estabelecer que o culto tem realmente por efeito recriar periodicamente um ser moral do qual nós dependemos tanto quanto ele depende de nós. Pois bem, esse ser existe: trata-se da sociedade.

Com efeito, para que as cerimônias religiosas tenham importância, elas colocam em movimento a coletividade. Os grupos reúnem-se para celebrá-la. Seu primeiro efeito é, portanto, aproximar os indivíduos, multiplicar entre eles os contatos e torná-los mais íntimos. Em decorrência disso, o conteúdo das consciências muda. Durante os dias normais, são as preocupações utilitárias e individuais que ocupam o maior espaço nos espíritos. Cada um se ocupa de seus afazeres pessoais: trata-se, antes de mais nada, para a maioria das pessoas, de satisfazer as exigências da vida material, e o principal mote da ação econômica sempre foi o interesse privado. Sem dúvida, os sentimentos sociais não poderiam estar totalmente ausentes. Permanecemos em relações com nossos semelhantes: os hábitos, as ideias, as tendências que a educação imprimiu em nós e que conduzem normalmente nossas relações com o outro continuam presentes. Eles são, porém, constantemente combatidos e mantidos sob controle pelas tendências antagônicas que despertam e alimentam as necessidades da luta cotidiana. Eles resistem com maior ou menor sucesso segundo sua energia intrínseca, mas essa energia não é renovada. Vivem de seu passado e, por conseguinte, seriam consumidos com o tempo se nada viesse lhes dar um pouco da força que perdem por esses conflitos e esses atritos incessantes. Quando os australianos, disseminados em pequenos grupos, caçadores ou pescadores, perdem de vista o que diz respeito a seu clã ou sua tribo: eles pensam apenas em capturar o máximo de caça possível. Nos dias festivos, ao contrário, essas preocupações obrigatoriamente se eclipsam: essencialmente profanas, elas são excluídas dos períodos sagrados. O que ocupa então o pensamento são as crenças comuns, as tradições comuns, as lembranças dos grandes ancestrais, o ideal coletivo do qual eles são a encarnação: em suma, são as coisas sociais. Mesmo os interesses materiais que as grandes cerimônias religiosas têm por finalidade satisfazer são de ordem pública e, por conseguinte, social. A sociedade como um todo está interessada em uma colheita abundante, em uma chuva que caia no momento ideal e sem excessos, em animais que se reproduzam regularmente. É ela, portanto, que está no primeiro plano das consciências. Ela domina e dirige a conduta, o que significa dizer que é então mais viva, mais ativa e, por conseguinte, mais real que em período profano. Desse modo, os seres humanos não se equivocam quando sentem nesse momento que existe, para além deles, algo que renasce, forças que se reanimam, uma vida que se desperta. Essa renovação não é, de forma alguma, imaginária, e os próprios indivíduos se beneficiam dela. Afinal, a parcela de ser social que cada um traz dentro de si participa necessariamente dessa renovação coletiva. A alma individual também se regenera ao se banhar novamente na mesma fonte da qual obteve a vida. Em decorrência disso, ela se sente mais forte, mais senhora de si mesma, menos dependente das necessidades físicas.

É sabido que o culto positivo tende naturalmente a assumir formas periódicas: trata-se de uma de suas características distintivas. Sem dúvida, há ritos que o ser humano celebra ocasionalmente, visando enfrentar situações passageiras. Essas práticas episódicas, contudo, exercem apenas um papel secundário e, inclusive, nas religiões que estudamos especialmente nesse livro, são quase excepcionais. O que constitui essencialmente o culto é o ciclo das festas que se renova regularmente em períodos determinados. Estamos agora em condição de compreender de onde provém essa tendência à periodicidade: o ritmo ao qual a vida religiosa obedece nada mais faz senão exprimir o ritmo da vida social, da qual ele provém. A sociedade só pode reavivar o sentimento que tem de si mesma caso venha a se reunir. Ela é incapaz, contudo, de manter perpetuamente seus encontros. As exigências da vida não lhe permitem permanecer indefinidamente em estado de congregação: ela se dispersa, portanto, para se reunir mais uma vez quando, novamente, sente necessidade disso. É a essas alternâncias necessárias que responde a alternância regular dos tempos sagrados e dos tempos profanos. Como, originalmente, o culto tem por finalidade, ao menos aparente, regularizar o curso dos fenômenos naturais, o ritmo da vida cósmica imprimiu sua marca sobre o ritmo da vida ritual. Eis por que as festas, durante muito tempo, foram sazonais: vimos que este já era o caráter do *Intichiuma* australiano. As estações, contudo, forneceram apenas a moldura exterior dessa organização, não o princípio sobre o qual repousa. Afinal, mesmo os cultos que têm visadas exclusivamente espirituais permaneceram periódicos. Isso significa que essa periodicidade remete a outras causas. Como as mudanças sazonais são, essencialmente, épocas críticas, surgem como uma ocasião natural às reuniões e, por conseguinte, às cerimônias religiosas. Ainda assim, outros eventos puderam exercer ou efetivamente exerceram esse papel de causas ocasionais. É preciso reconhecer, todavia, que essa moldura, embora puramente exterior, dá provas de uma singular força de resistência. Afinal, encontram-se vestígios dela inclusive em religiões que estão entre as mais desvinculadas de toda base física. Muitas festas cristãs vinculam-se, sem solução de continuidade, às festas pastorais e agrárias dos antigos Hebreus, muito embora, por si mesmas, nada tenham de agrário ou pastoral.

Esse ritmo é, aliás, suscetível de variação de forma segundo as sociedades. Quando o período de dispersão é longo ou a dispersão é extrema, o período de congregação é, por sua vez, muito prolongado, produzindo-se então verdadeiros excessos de vida coletiva e religiosa. As festas sucedem às festas durante semanas ou meses, e a vida ritual chega, por vezes, a uma espécie de frenesi. É o caso das tribos australianas e de muitas sociedades do norte e do noroeste americano.[1158] Alhures, ao contrário, essas duas fases da vida social sucedem-se em intervalos menores, e o contraste entre elas é então menos marcado. Quanto mais as sociedades se desenvolvem, menos elas parecem consentir intervalos por demais acentuados.

---

1158. Ver M. Mauss, "Essai sur les variations saisonnières des sociétés eskimos", *op. cit.*, p. 96 ss. [Como já foi dito, o referido texto foi escrito com a colaboração de Henri Beuchat. Para uma versão traduzida, ver M. Mauss, "Ensaio sobre as variações sazonais das sociedades esquimós. Estudo de morfologia social", em *Id.*, *Sociologia e Antropologia*, São Paulo, Cosac Naify, 2003, p. 474 ss., com tradução de Paulo Neves. (N.T.)]

CAPÍTULO III

# O culto positivo
(*continuação*)

**II – Os ritos miméticos e o princípio da causalidade**

Ainda assim, os procedimentos que acabamos de tratar não são os únicos empregados para assegurar a fecundidade da espécie totêmica. Existem outros que servem ao mesmo propósito, seja porque acompanham os precedentes, seja porque os substituem.

### I

Nas próprias cerimônias que acabamos de descrever, ao lado das oblações, envolvendo ou não sangue, ritos diferentes destinados a completar os primeiros e a consolidar seus efeitos são frequentemente celebrados. Eles consistem em movimentos e em gritos que têm por objetivo imitar, em suas diferentes atitudes ou sob seus diferentes aspectos, o animal cuja reprodução é almejada. Por tal razão, nós os denominamos *miméticos*.

Desse modo, o *Intichiuma* da Lagarta *witchetty*, entre os Arunta, não compreende apenas os ritos que são realizados sobre as rochas sagradas, dos quais já falamos. Uma vez concluídos esses ritos, inicia-se uma caminhada para retornar ao acampamento; e, quando se está a cerca de uma milha do destino, todos param e enfeitam-se ritualmente. É apenas após isso acontecer que se retoma a caminhada. Os enfeites que assim são colocados anunciam que uma importante cerimônia deverá acontecer. E, com efeito, enquanto o grupo estava ausente, um dos anciãos que permaneceu vigiando o acampamento construiu um abrigo de galhos, longo e estreito, chamado *Umbana*, e que representa o casulo do qual emerge o inseto. Todos aqueles que tomaram parte nas cerimônias anteriores reúnem-se nas proximidades do local em que essa construção foi erguida. Na sequência, caminham lentamente, parando de tempo em tempo, até chegarem ao *Umbana*, no qual entram. Logo depois, as pessoas que não são da fratria à qual pertence o totem da Lagarta *witchetty*, e que assistem, mas de longe, à cena, deitam-se no chão, com o rosto contra o solo. Eles devem permanecer nessa posição, sem se mexer, até que lhes seja permitido se levantar. Durante esse tempo, um canto é entoado do interior do *Umbana*, o qual conta as diferentes fases pelas quais passa o animal ao longo de seu desenvolvimento e os mitos cujo objeto são as rochas sagradas. Quando finda tal canto, o *Alatunja*, permanecendo acocorado, deixa o *Umbana* e ganha lentamente o terreno que se encontra diante dele. Ele é seguido por todos os seus companheiros, que reproduzem seus gestos, cujo objetivo é, por certo, representar o inseto quando ele sai de seu casulo. Aliás, um canto que se escuta no mesmo momento e que é como um comentário oral do rito, consiste precisamente em uma descrição dos movimentos que o animal faz nesse estágio de seu desenvolvimento.[1159]

Outro *Intichiuma*,[1160] celebrado em honra a outra lagarta, a lagarta *unchalka*,[1161] apresenta esse caráter de forma ainda mais evidente. Os atores do rito se enfeitam com desenhos que representam o arbusto *unchalka*, sobre o qual essa lagarta vive no início de sua existência. Em seguida, cobrem um escudo de círculos concêntricos de penugem, que representam outro tipo de arbusto sobre o qual o inseto, uma vez adulto, deposita seus ovos. Quando terminam esses preparativos, todos sentam-se no chão de modo a formar um semicírculo que se situa diante do oficiante principal. Este, alternativamente, dobra seu corpo em dois, inclinando-o em direção ao solo, e se ergue de joelhos. Ao mesmo tempo, ele agita seus braços esticados, uma maneira de representar as asas do inseto. De tempo em tempo, ele se inclina sobre o escudo, imitando o modo pelo qual a borboleta sobrevoa as árvores nas quais deposita seus ovos. Uma vez finda essa cerimônia, outra recomeça em um local diferente para o qual as pessoas se dirigem em silêncio. Dessa vez, dois escudos são utilizados. Sobre um deles são representadas, por linhas em ziguezague, as pegadas da lagarta. Sobre o segundo, são desenhados círculos concêntricos, de dimensões desiguais, representando ora os ovos do inseto, ora as sementes do arbusto de Eremófilo sobre o qual

---

1159. B. Spencer e F. J. Gillen, *Nat. Tr.*, *op. cit.*, p. 176.

1160. *Id.*, *North. Tr.*, *op. cit.*, p. 179. Spencer e Gillen, é verdade, não dizem expressamente que a cerimônia seja um *Intichiuma*. Ainda assim, o contexto não dá margem a dúvidas sobre o sentido do rito.

1161. No índice dos nomes de totens, B. Spencer e F. J. Gillen escrevem *Untjalka* (*Ibid.*, p. 772.).

se alimenta. Como na primeira cerimônia, todas as pessoas sentam-se em silêncio enquanto o oficiante mexe seu corpo, imitando os movimentos do animal quando deixa seu casulo e tenta alçar voo.

Spencer e Gillen indicam ainda, entre os Arunta, alguns fatos análogos, embora de menor importância: por exemplo, no *Intichiuma* da Ema, os atores, em determinado momento, buscam reproduzir por sua atitude a expressão e o aspecto desse pássaro.[1162] Em um *Intichiuma* da água, as pessoas do totem emitem o som característico do maçarico, som que naturalmente se associa nos espíritos à estação das chuvas.[1163] Em suma, porém, os casos de ritos miméticos que observaram esses dois exploradores são muito pouco numerosos. É certo, apenas, que seu relativo silêncio sobre esse ponto provém ou do fato de não terem observado bem o suficiente o *Intichiuma*, ou então de terem negligenciado esse aspecto das cerimônias. Schulze, ao contrário, espantou-se com o caráter essencialmente mimético dos ritos arunta. "Os *corrobbori* sagrados", diz ele, "são, em sua maioria, cerimônias representativas de animais"; ele os denomina *animal tjurunga*[1164] e seu testemunho é hoje confirmado pelos documentos reunidos por Strehlow. Neste último autor, os exemplos são tão numerosos que é impossível citá-los todos: sequer existe cerimônia em que algum gesto imitativo não seja assinalado. De acordo com a natureza dos totens cuja festa se celebra, salta-se à maneira dos cangurus, imita-se os movimentos que eles fazem ao comer, o voo das formigas aladas, o barulho característico que faz o morcego, o grito do peru selvagem e da águia, o assobio da cobra, o coaxar da rã etc.[1165] Quando o totem é uma planta, reproduz-se o gesto de colhê-la,[1166] de comê-la[1167] etc.

Entre os Warramunga, o *Intichiuma* assume, em geral, uma forma muito particular, que descreveremos no próximo capítulo e que difere daquelas que estudamos até agora. Existe, contudo, nesse povo, um caso típico de *Intichiuma* puramente mimético: trata-se daquele da cacatua branca. A cerimônia que Spencer e Gillen descrevem começa às dez horas da noite. Durante toda a noite, o chefe do clã imita o canto do pássaro com uma monotonia desoladora. Ele parava apenas quando estava no limite de suas

---

1162. B. Spencer e F. J. Gillen, *Nat. Tr., op. cit.*, p. 182.
1163. *Ibid.*, p. 193.
1164. L. Schulze, "The Aborigines of the Upper and Middle Finke River", *op. cit.*, p. 221; cf. p. 243.
1165. C. Strehlow, *Die Aranda – und Loritja – Stämme in Zentral-Australien, op. cit.*, III, 1910, p. 11, 31, 36-7, 68, 72 e 84.
1166. *Ibid.*, III, 1910, p. 100.
1167. *Ibid.*, III, 1910, p. 81, 100, 112 e 115.

forças, sendo então substituído por seu filho. Em seguida, tão logo repousasse um pouco, recomeçava. Esses exercícios extenuantes continuavam, sem interrupção, até o amanhecer.[1168]

Os seres vivos não são os únicos que se procura imitar. Em numerosas tribos, o *Intichiuma* da chuva consiste essencialmente em ritos imitativos. Um dos mais simples é aquele celebrado entre os Urabunna. O chefe do clã está sentado no chão, todo enfeitado de penugem branca e tendo em suas mãos uma lança. Ele se agita de todas as maneiras, sem dúvida com o intuito de soltar de seu corpo a penugem que nele está fixada e que, espalhada pelos ares, representa as nuvens. Ele imita desse modo, os homens-nuvens do *Alcheringa*, os quais, segundo a lenda, tinham o costume de subir ao céu para nele formar nuvens das quais a chuva caía em seguida. Em uma palavra, todo o rito tem por objetivo representar a formação e a ascensão das nuvens, portadoras da chuva.[1169]

Entre os Kaitish, a cerimônia é muito mais complicada. Já falamos sobre um dos meios empregados: o oficiante derrama água sobre as pedras sagradas e sobre si mesmo. A ação dessa espécie de oblação é, contudo, reforçada por outros ritos. Considera-se o arco-íris como se este fosse intimamente aparentado com a chuva: costuma-se dizer que ele é seu filho e que sempre tem pressa em aparecer para que ela cesse. Para que ela possa cair, portanto, é preciso que ele não se mostre. Acredita-se obter esse resultado ao proceder da seguinte maneira: sobre um escudo, executa-se um desenho que representa o arco-íris. Carrega-se esse escudo ao campo tendo o cuidado de escondê-lo de todos os olhares. Tem-se a certeza de que, ao tornar invisível essa imagem do arco-íris, impede-se o próprio arco-íris de se manifestar. Nesse ínterim, o chefe do clã, tendo a seu lado um *pitchi* repleto de água, lança em todas as direções flocos de penugem branca que representam as nuvens. Imitações repetidas do canto do maçarico acabam por completar a cerimônia, que parece ter uma gravidade muito particular. Afinal, enquanto transcorre, aqueles que dela participam, seja como atores, seja como assistentes, não podem ter nenhuma relação com suas mulheres. Eles não podem, inclusive, dirigir-lhes a palavra.[1170]

Entre os Dieri, os procedimentos de representação são diferentes. A chuva é representada não pela água, mas pelo sangue que pessoas fazem jorrar

---

1168. B. Spencer e F. G. Gillen, *North. Tr.*, *op. cit.*, p. 310.

1169. *Ibid.*, p. 285-6. Talvez os movimentos da lança tenham por finalidade perfurar as nuvens.

1170. *Ibid.*, p. 294-6. É curioso que, entre os Anula, o arco-íris seja, ao contrário, considerado produtor da chuva (*Ibid.*, p. 314.).

de suas veias sobre a assistência.[1171] Ao mesmo tempo, eles lançam ao ar punhados de penugem branca que simboliza as nuvens. Anteriormente, uma cabana foi construída. Nela, são deixadas duas grandes pedras que representam agrupamentos de nuvens, presságio de chuva. Após deixá-las nesse local por algum tempo, elas são transportadas a uma certa distância e colocadas o mais alto possível sobre a árvore mais alta que se pode encontrar. Eis aí uma maneira de provocar as nuvens a ascender aos céus. Gipsita, reduzida a pó, é jogada em um poço: o espírito, vendo isso, faz logo aparecer nuvens. Enfim, todos, jovens e velhos, reúnem-se ao redor da cabana e, cabisbaixos, precipitam-se sobre ela. Eles a transpassam violentamente, recomeçando o mesmo movimento várias vezes, até que, de toda a construção, apenas as vigas que lhe dão suporte permaneçam de pé. Nesse momento, lançam-se contra estas últimas, quebrando-as, arrancando-as do solo até que tudo colapse definitivamente. A operação que consiste em atravessar a cabana de lado a lado é destinada a representar as nuvens que se entreabrem; e o colapso da construção, a queda da chuva.[1172]

Nas tribos do noroeste estudadas por Clement[1173] e que ocupam o território compreendido entre os rios Fortescue e Fitzroy, celebram-se cerimônias que têm exatamente o mesmo objeto que o *Intichiuma* dos Arunta, e que parecem ser, em sua maioria, essencialmente miméticas.

Denomina-se *tarlow*, entre esses povos, uma série de pedras evidentemente sagradas, pois, como veremos, elas são o objeto de ritos importantes. Cada animal, cada planta, ou seja, em suma, cada totem ou subtotem[1174] é representado por um *tarlow*, que um clã determinado[1175] deve proteger. É fácil perceber a analogia entre esses *tarlow* e as pedras sagradas dos Arunta.

Por exemplo, quando os cangurus se tornam raros, o chefe do clã ao qual pertence o *tarlow* dos cangurus dirige-se até ele com um certo número

---

1171. O mesmo procedimento é empregado entre os Arunta (C. Strehlow, *Die Aranda – und Loritja – Stämme in Zentral-Australien, op. cit.*, III, 1910, p. 132.). Pode-se questionar, é verdade, se essa efusão de sangue não seria uma oblação destinada a evocar os princípios produtores de chuva. Ainda assim, S. Gason diz formalmente que ele é um meio de imitar a água que cai [Veja a nota seguinte para a referência deste texto. (N.T.)].

1172. S. Gason, "The Dieyrie Tribe of Australian Aborigines", em E. M. Curr (ed.) *The Australian Race, op. cit.*, II, p. 66-8. A. W. Howitt (*Nat. Tr., op. cit.*, p. 798-800.) menciona outro rito dos Dieri para obter a chuva.

1173. E. Clement, "Ethnographical Notes on the Western-Australian Aborigines", *Internationales Archiv für Ethnographie*, XVI, 1904, p. 6-7. Cf. J. G. Whitnell, "Marriage Rites and Relationships", *Science of man*, 1903, p. 42.

1174. Supomos que um subtotem pode ter um *tarlow* porque, de acordo com E. Clement, certos clãs possuem vários totens.

1175. E. Clement o chama de *a tribal-family* [uma família tribal].

de seus companheiros. Nesse local, são executados diferentes ritos, sendo que os principais dentre eles consistem em saltar, em torno do *tarlow*, como saltam os cangurus, em beber como bebem; em uma palavra, em imitar seus movimentos mais característicos. As armas que servem à caça do animal exercem um papel importante nesses ritos. Elas são brandidas, lançadas contra as pedras etc. Quando se trata de emas, vai-se ao *tarlow* da ema; caminha-se, corre-se tal como esses pássaros. A destreza que os nativos atestam nessas imitações é, ao que parece, absolutamente notável.

Outros *tarlow* são consagrados, por exemplo, a plantas e a sementes de capim. Nesse caso, são imitadas as operações que servem para peneirar essas sementes ou moê-las. E como, na vida cotidiana, normalmente as mulheres são encarregadas dessas tarefas, são elas também que realizam o rito em meio dos cantos e das danças.

## II

Todos esses ritos remetem ao mesmo tipo. O princípio sobre o qual repousam é um dos que está na base do que se denomina comumente, e impropriamente,[1176] de magia simpática.

Esses princípios reduzem-se, em geral, a dois.[1177]

O primeiro pode ser enunciado da seguinte maneira: *o que atinge um objeto atinge também tudo o que mantém com esse objeto uma relação de proximidade ou de solidariedade qualquer*. Desse modo, o que afeta a parte afeta o todo. Toda ação exercida sobre um indivíduo se transmite a seus vizinhos, a seus parentes, a todos aqueles que lhe são, de alguma forma, solidários. Todos esses casos constituem simples aplicações da lei de contágio que estudamos anteriormente. Um estado, uma qualidade boa ou má, comunicam-se contagiosamente de um sujeito a outro sujeito que mantém alguma relação com o primeiro.

O segundo princípio resume-se normalmente na fórmula: *o semelhante produz o semelhante*. A representação de um ser ou de um estado produz esse ser ou esse estado. É essa máxima que acionam os ritos que acabam de ser descritos, e é nessa ocasião que se pode melhor determinar o que ela

---

1176. Explicaremos mais adiante (p. 430) em que consiste essa impropriedade.
1177. Sobre essa classificação, ver J. G. Frazer, *Lectures on the Early History of the Kingship*, Londres, Macmillan, 1905, p. 37 ss; bem como H. Hubert e M. Mauss, "Esquisse d'une théorie générale de la magie", *op. cit.*, p. 61 ss. [Ver, em português: H. Hubert e M. Mauss, "Esboço de uma teoria geral da magia", em M. Mauss, *Sociologia e Antropologia*, São Paulo, Cosac Naify, 2003, p. 99 ss., com tradução de Paulo Neves. (N.T.)]

tem de característico. O exemplo clássico do feitiço, apresentado geralmente como a aplicação típica desse mesmo preceito, é muito menos significativo. No feitiço, com efeito, há, em grande parte, um simples fenômeno de transferência. A ideia da imagem está associada nos espíritos à do modelo. Por conseguinte, os efeitos da ação exercida sobre a estatueta se comunicam contagiosamente à pessoa cujos traços reproduz. A imagem exerce, em relação ao original, o papel da parte em relação ao todo: trata-se de um agente de transmissão. Acredita-se também poder obter o mesmo resultado ao queimar os cabelos da pessoa que se quer atingir: a única diferença que há entre esses dois tipos de operação é que, em uma, a comunicação se faz pela via da similaridade e, em outra, por meio da contiguidade. O mesmo não ocorre com os ritos com os quais nos ocupamos. Eles não supõem somente o deslocamento de uma qualidade ou de um estado específicos que passam de um objeto a outro, mas a criação de alguma coisa completamente nova. O mero fato de representar o animal dá origem a esse animal e o cria. Ao imitar o barulho do vento ou da água que cai, as nuvens são incitadas a formar-se e a dissolver-se em chuva etc. Sem dúvida, a semelhança exerce um papel nos dois casos, mas muito diferente. No feitiço, ela apenas imprime uma direção determinada para a ação exercida. Ela orienta em certo sentido uma eficácia que não provém dela. Nos ritos que acabamos de mencionar, ela age por si só e é diretamente eficaz. Do mesmo modo, ao contrário das definições usuais, o que diferencia realmente os dois princípios da magia dita simpática e as práticas correspondentes não é que a contiguidade age em um caso e a semelhança, em outro, mas que, nas primeiras, há uma simples comunicação contagiosa, ao passo que nas segundas existe produção e criação.[1178]

Explicar os ritos miméticos é, portanto, explicar o segundo desses princípios, e vice-versa.

Não nos demoraremos muito na discussão da explicação proposta pela escola antropológica, Tylor e Frazer em especial. Tal como o fizeram para explicar a contagiosidade do caráter sagrado, eles invocam as propriedades da associação das ideias. "A magia homeopática", diz Frazer, que prefere tal expressão àquela de magia mimética, "repousa sobre a associação das ideias por similaridade, como a magia contagiosa (*contagious magic*) sobre a associação das ideias por contiguidade. A magia homeopática comete o

---

[1178]. Não diremos nada sobre o que se denomina lei da contrariedade. Afinal, como mostraram H. Hubert e M. Mauss, o contrário só produz seu contrário por intermédio do semelhante ("Esquisse d'une théorie générale de la magie", *op. cit.*, p. 70.). [Ver, em português: H. Hubert e M. Mauss, "Esboço de uma teoria geral da magia", em M. Mauss, *Sociologia e Antropologia*, São Paulo, Cosac Naify, 2003, p. 107-8, com tradução de Paulo Neves. (N.T.)]

equívoco de tomar por idênticas coisas que se assemelham."[1179] Isso equivale, contudo, a desconhecer o caráter específico das práticas em questão. Por um lado, a fórmula de Frazer poderia ser aplicada, com alguma conveniência, ao caso do feitiço.[1180] Nesse caso, de fato, duas coisas distintas são assimiladas uma à outra em função de sua semelhança parcial: é a imagem e o modelo que ela representa mais ou menos esquematicamente. Nos ritos miméticos que acabamos de observar, porém, apenas a imagem está dada. Quanto ao modelo, ele não o é, uma vez que a nova geração da espécie totêmica não passa ainda de uma esperança, e mesmo de uma esperança incerta. Não se trataria, portanto, de assimilação, a despeito de ser ou não equivocada. Há criação propriamente dita, e não se percebe como a associação das ideias poderia suscitar a crença nessa criação. Como o fato isolado de representar os movimentos de um animal poderia fornecer a certeza de que esse animal vai nascer e renascer em abundância?

As propriedades gerais da natureza humana não poderiam explicar práticas assim tão especiais. Portanto, em vez de considerar o princípio sobre o qual elas repousam sob sua forma geral e abstrata, recoloquemo-lo no meio moral do qual faz parte e onde acabamos de observá-lo, atrelemo-lo ao conjunto de ideias e de sentimentos do qual procedem os ritos aos quais é aplicado, e poderemos melhor perceber as causas das quais resulta.

As pessoas que se reúnem por ocasião desses ritos acreditam realmente ser animais ou plantas da espécie cujo nome ostentam. Eles sentem em si mesmos uma natureza vegetal ou animal, e é ela que constitui, a seus olhos, o que há neles de mais essencial e de mais excelente. Uma vez reunidos, seu primeiro movimento deve, portanto, ser o de afirmar uns aos outros essa qualidade que se atribuem e pela qual se definem. O totem é seu signo de congraçamento. Por essa razão, como vimos, eles o desenham sobre seus corpos. Nada mais natural que busquem também se assemelhar a ele mediante gestos, gritos e atitudes. Dado que são emas ou cangurus, eles se comportam, portanto, como animais do mesmo nome. Por meio desse expediente, eles dão testemunho recíproco do que são membros da mesma comunidade moral e tomam consciência do parentesco que os une. O rito não se limita a exprimir esse parentesco: ele o faz ou o refaz. Afinal, ele só existe enquanto se acreditar nele, e todas essas demonstrações coletivas têm por efeito alimentar as crenças sobre as quais repousa. Desse modo, esses saltos, esses

---

1179. J. G. Frazer, *Lectures on the Early History of the Kingship*, op. cit., p. 39.

1180. Ela se aplica ao feitiço no sentido de que há realmente assimilação da estatueta e da pessoa enfeitiçada. Essa assimilação, contudo, está longe de ser um simples produto da associação das ideias por similaridade. A verdadeira causa determinante do fenômeno é o caráter contagioso próprio das forças religiosas, tal como o mostramos.

gritos, esses movimentos de todo tipo, estranhos e grotescos em aparência, têm, na realidade, um significado humano e profundo. O australiano busca se assemelhar a seu totem como o fiel das religiões mais avançadas procura se assemelhar a seu Deus. Trata-se, para ambos, de um meio de comungar com o ser sagrado, ou seja, com o ideal coletivo que este último simboliza. Eis aí uma primeira forma do ὁμοίωσις τῷ θεῷ*.

Ainda assim, como essa primeira razão remete ao que há de mais especial nas crenças totêmicas, se ela estivesse isolada, o princípio segundo o qual o semelhante produz o semelhante não poderia ter sobrevivido ao totemismo. Pois bem, talvez não exista religião em que não se encontrem ritos derivados dele. É preciso, portanto, que outra razão tenha vindo se unir à precedente.

E, com efeito, as cerimônias nas quais o vimos aplicado não têm apenas o objetivo muito geral que acabamos de recordar, por mais essencial que ele seja: elas visam, além disso, a uma finalidade mais próxima e mais consciente, qual seja, assegurar a reprodução da espécie totêmica. A ideia dessa reprodução necessária assombra, portanto, o espírito dos fiéis: é sobre ela que se concentram as forças de sua atenção e de sua vontade. Ora, uma mesma preocupação não pode atormentar a esse ponto todo um grupo de pessoas sem se exteriorizar sob uma forma material. Uma vez que todos pensam no animal ou no vegetal de cujos destinos o clã é solidário, é inevitável que esse pensamento comum venha se manifestar exteriormente por gestos,[1181] e os mais recomendados para esse papel são aqueles que representam esse animal ou essa planta a partir de um de seus aspectos mais característicos. Afinal, não há movimentos que sejam mais próximos à ideia que ocupa as consciências nessa ocasião, pois eles são sua tradução imediata e quase automática. Realiza-se, portanto, um esforço para imitar o animal: grita-se como ele, salta-se como ele, reproduz-se as cenas em que a planta é cotidianamente utilizada. Todos esses procedimentos de representação são meios de assinalar ostensivamente o propósito ao qual todos os espíritos se inclinam, de dizer a coisa que se quer realizar, de convocá-la, de evocá-la. E essa necessidade não remete a um período específico, não depende das crenças desta ou daquela religião: é algo essencialmente humano. Eis por que, mesmo em religiões muito diferentes da que estudamos, os fiéis, reunidos para solicitar de seus deuses um evento que desejam intensamente, são como que obrigados a representá-lo. Sem dúvida, a palavra é também

---

\*.  "Similar ao deus". A expressão remete, como bem nota Myron Achimastos em sua edição crítica do presente livro (p. 502, n. *d*), a uma passagem do diálogo platônico *Teeteto* (176b). (N.T.)

1181. Sobre as causas que determinam essa manifestação exterior, ver, anteriormente, p. 283 ss.

um meio de exprimi-lo, mas o gesto não é menos natural. Ele brota tão espontaneamente do organismo, antecipando-se mesmo à palavra ou, em todo caso, acompanhando-a.

Se é possível compreender desse modo como tais gestos ganharam espaço na cerimônia, ainda falta explicar a eficácia que lhes é atribuída. Se o australiano regularmente os repete a cada nova estação é porque acredita que sejam necessários ao sucesso do rito. De onde pode lhe ter vindo essa ideia segundo a qual determina-se a reprodução de um animal ao imitá-lo?

Um erro tão manifesto parece difícil de ser explicado enquanto se perceber no rito apenas a finalidade material à qual parece tender. Todavia, sabemos que, além do efeito que supostamente tem sobre a espécie totêmica, o rito exerce uma ação profunda sobre a alma dos fiéis que dele participam. Esses relatam a seu respeito uma impressão de bem-estar cujas causas não enxergam claramente, mas que é bem fundamentada. Eles têm consciência de que a cerimônia lhes é salutar; e, com efeito, refazem nela seu ser moral. Como essa espécie de euforia não lhes daria o sentimento de que o rito foi bem-sucedido, que foi o que se propôs a ser, que atingiu o propósito ao qual almejava? E dado que o único objetivo conscientemente perseguido refere-se à reprodução da espécie totêmica, essa parece assegurada pelos meios empregados, cuja eficácia encontra-se, assim, demonstrada. É desse modo que os seres humanos acabaram atribuindo virtudes criadoras a gestos que são, em si mesmos, vãos. A eficácia moral do rito, que é real, tornou crível sua eficácia física, que é imaginária; aquela do todo tornou crível a de cada parte, tomada em sua particularidade. Os efeitos realmente úteis que produz o conjunto da cerimônia são como que uma justificativa experimental das práticas elementares das quais é feita – muito embora, na realidade, todas essas práticas não sejam, de forma alguma, indispensáveis ao sucesso. Isso prova claramente, aliás, que elas não agem por si sós, que elas podem ser substituídas por outras, de natureza muito diferente, sem que o resultado final seja modificado. Ao que parece, existem *Intichiuma* que compreendem apenas oblações sem ritos miméticos, enquanto outros são puramente miméticos e não comportam oblações. Ainda assim, considera-se que ambos têm a mesma eficácia. Se, portanto, valorizam as mesmas manobras, isso não se deve a seu valor intrínseco: o fato é que elas fazem parte de um rito complexo cuja utilidade global é sentida.

Entender esse estado de espírito é, para nós, muito fácil, pois podemos observá-lo em nosso entorno. Sobretudo nos povos e nos meios mais cultivados, encontram-se frequentemente crentes que, mesmo tendo dúvidas sobre a eficácia especial que o dogma atribui a cada rito considerado em si mesmo, ainda assim continuam praticando o culto. Eles não estão convictos de que o detalhe das observações prescritas seja racionalmente justificável, mas sentem que lhes seria impossível liberar-se deles sem cair em uma desordem moral diante da qual recuam. O próprio fato de a fé ter perdido neles suas raízes intelectuais coloca assim em evidência as raízes profundas sobre as quais repousa. Eis por que as críticas fáceis, às quais um racionalista simplista por vezes submeteu as prescrições rituais, em geral deixam o fiel indiferente: a verdadeira justificativa das práticas religiosas não reside nos fins aparentes que perseguem, mas na ação invisível que exercem sobre as consciências, na maneira com que afetam nosso nível mental. Do mesmo modo, quando os pregadores procuram convencer, atêm-se muito menos a estabelecer diretamente e por provas metódicas a verdade de uma proposição particular, ou a utilidade desta ou daquela observância, do que a provocar ou a despertar o sentimento de reconforto moral que a celebração regular do culto busca. Eles criam, assim, uma predisposição a crer que antecede as provas, que incita a inteligência a passar por cima da insuficiência das razões lógicas, e que a leva a ir, como que espontaneamente, ao encontro das proposições que se quer fazê-la aceitar. Esse preconceito favorável, esse impulso a crer, eis aí precisamente o que constitui a fé. E é a fé que confere autoridade aos ritos para o crente, a despeito de quem seja, cristão ou australiano. Toda a superioridade do primeiro deve-se ao fato de que ele percebe melhor o processo psíquico do qual resulta sua crença. Ele sabe que "é a fé que salva".

É porque a fé tem essa origem que ela é, em certo sentido, "impermeável à experiência"[1182]. Se as falhas intermitentes do *Intichiuma* não abalam a confiança que o australiano tem em seu rito, isso se dá porque ele está atrelado a essas práticas, nas quais periodicamente se refaz, com todas as forças de sua alma. Ele não poderia, portanto, negar seu princípio sem que disso resultasse uma verdadeira reviravolta de todo seu ser, que resiste. Por maior que seja essa força de resistência, contudo, ela não distingue radicalmente a mentalidade religiosa das outras formas da mentalidade humana, inclusive aquelas que habitualmente se opõem a ela. Nesse sentido, a mentalidade do cientista não difere da precedente, a não ser em grau. Quando uma lei científica tem a seu favor a autoridade de experiências numerosas e variadas, é contrário a todo método renunciar a ela com muita facilidade sob o pretexto da descoberta de um fato que parece contradizê-la. É preciso ainda se assegurar que esse fato comporte apenas uma interpretação, e que não é possível explicá-lo sem abandonar a proposição que parece invalidar. Pois bem, o australiano não procede de forma diferente quando atribui o insucesso de um *Intichiuma* a algum malefício, ou a

---

1182. M. L. Lévy-Bruhl, *Les Fonctions Mentales dans les Sociétés Inférieures*, op. cit., p. 61-8.

abundância de uma coleta prematura a algum *Intichiuma* místico celebrado no além. Ele está ainda mais disposto a não duvidar de seu rito em função de um fato contrário porque o valor desse rito é ou parece estabelecido por um número maior de fatos concordantes. Em primeiro lugar, a eficácia moral da cerimônia é real, sendo diretamente atestada por todos que dela participam. Eis aí uma experiência, constantemente renovada, cujo alcance nenhuma experiência contraditória vem enfraquecer. Além disso, a própria eficácia física não se dá sem encontrar uma confirmação nos resultados da observação objetiva, mesmo que aparente. É normal, com efeito, que a espécie totêmica se reproduza regularmente: tudo se passa, portanto, na esmagadora maioria dos casos, como se os gestos rituais tivessem realmente produzido os efeitos que deles se esperava. As falhas são a exceção. Como os ritos, sobretudo aqueles que são periódicos, requerem apenas da natureza que ela siga seu curso regular, não surpreende que, na maioria das vezes, ela parece lhes obedecer. Desse modo, se ocorre que o crente se mostre refratário a certas lições da experiência, é por se basear em outras experiências que lhe parecem mais demonstrativas. O cientista não age de forma diferente: ele apenas é mais metódico.

A magia não é, portanto, como sustentou Frazer,[1183] um fato primeiro do qual a religião seria apenas uma forma derivada. Bem ao contrário, é sob a influência de ideias religiosas que se constituíram os preceitos sobre os quais repousa a arte do mágico, e é somente por uma extensão secundária que são aplicados a relações puramente laicas. Dado que todas as forças do universo foram constituídas a partir do modelo das forças sagradas, a contagiosidade inerente a estas foi estendida às primeiras e acreditou-se que, em determinadas condições, todas as propriedades dos corpos podiam se transmitir por contágio. Além disso, uma vez que o princípio segundo o qual o semelhante produz o semelhante foi constituído para satisfazer necessidades religiosas determinadas, ele se desprendeu de suas origens rituais para se tornar, por uma espécie de generalização espontânea, uma lei da natureza.[1184] Para compreender esses axiomas fundamentais da magia, contudo, é preciso reinseri-los nos meios religiosos em que nasceram, e

---

1183. J. G. Frazer, *The Golden Bough*, 2. ed., *op. cit.*, I, p. 69-75.
1184. Não estamos querendo dizer que houve um tempo em que a religião teria existido sem a magia. Ao que parece, à medida que a religião se formou, alguns de seus princípios foram estendidos a relações não religiosas e ela foi assim completada por uma magia mais ou menos desenvolvida. Ainda assim, se esses dois sistemas de ideias e de práticas não correspondem a fases históricas distintas, não deixa de haver entre elas uma relação de derivação definida. Isso é tudo o que nós nos propomos a estabelecer.

que são os únicos que permitem sua explicação. Quando se vê aí a obra de indivíduos isolados, de magos solitários, pergunta-se como consciências humanas puderam desenvolver tal ideia, uma vez que nada, na experiência, podia sugeri-la ou verificá-la; em especial, não se explica como uma arte tão decepcionante pôde se impor, e durante um período tão longo, à confiança das pessoas. O problema desaparece, contudo, se a fé que inspira a magia for apenas um caso particular da fé religiosa em geral, se ela mesma for o produto, ao menos indireto, de uma efervescência coletiva. Isso significa que o uso da expressão magia simpática para designar o conjunto de práticas que acabaram de ser tratadas não se dá sem alguma impropriedade. Existem ritos simpáticos, mas eles não são exclusivos da magia. Não apenas são encontrados na religião, como é da religião que a magia os recebeu. Ou seja, só pode levar a confusões parecer fazer deles, pelo nome que lhes dão, algo de especificamente mágico.

Os resultados de nossa análise acabam assim reforçando e confirmando aqueles aos quais chegaram Hubert e Mauss quando estudaram diretamente a magia.[1185] Eles mostraram que essa era algo totalmente diferente de uma indústria grosseira, fundada sobre uma ciência truncada. Por trás dos mecanismos, puramente laicos em aparência, que o mago utiliza, eles mostraram todo um pano de fundo de concepções religiosas, todo um mundo de forças que a magia tomou de empréstimo junto à religião. Podemos agora compreender o que faz com que ela seja tão repleta de elementos religiosos: isso se dá porque ela nasceu da religião.

### III

O princípio que acaba de ser explicado não tem apenas, contudo, uma função ritual: ele interessa diretamente à teoria do conhecimento. Trata-se, com efeito, de um enunciado concreto da lei de causalidade e, ao que tudo indica, um dos enunciados mais primitivos que já existiu. Toda uma concepção da relação causal está implicada no poder que é assim atribuído ao semelhante de produzir seu semelhante; e essa concepção domina o pensamento primitivo, pois serve de base, ao mesmo tempo, às práticas do culto e à técnica do mágico. As origens do preceito sobre o qual repousam os ritos miméticos são, portanto, suscetíveis de esclarecer aquelas do princípio de causalidade. A gênese de um deve nos ajudar a compreender

---

1185. H. Hubert e M. Mauss, "Esquisse d'une théorie générale de la magie", *op. cit.*, p. 108 ss. [Ver, em português: H. Hubert e M. Mauss, "Esboço de uma teoria geral da magia", em M. Mauss, *Sociologia e Antropologia*, São Paulo, Cosac Naify, 2003, p. 142 ss., com tradução de Paulo Neves. (N.T.)]

a gênese do outro. Ora, viu-se há pouco que o primeiro é um produto de causas sociais: são grupos que o elaboraram tendo em vista fins coletivos e são sentimentos coletivos que ele traduz. Pode-se então pressupor que o mesmo ocorre com o segundo.

Basta, com efeito, analisar o princípio de causalidade para se ter certeza de que os diversos elementos dos quais é composto têm claramente essa origem.

O que, desde o princípio, está implicado na noção de relação causal é a ideia de eficácia, de poder protetor, de força ativa. Geralmente se entende por causa aquilo que é suscetível de produzir uma mudança determinada. A causa é a força antes que tenha manifestado o poder que nela reside. O efeito é o mesmo poder, mas atualizado. A humanidade sempre concebeu a causalidade em termos dinâmicos. Sem dúvida, certos filósofos negam a essa concepção qualquer valor objetivo. Eles nada mais veem nela senão uma construção arbitrária da imaginação, que não correspondente a nada que exista. Por enquanto, contudo, não nos cabe perguntar se ela é ou não fundada na realidade: basta-nos constatar que ela existe, que constitui e sempre constituiu um elemento da mentalidade comum – e as próprias pessoas que a criticam reconhecem isso. Nosso objetivo imediato é buscar não o que ela pode valer logicamente, mas como se explica.

Ora, ela depende de causas sociais. A análise dos fatos já nos permitiu demonstrar que o protótipo da ideia de força havia sido o *mana*, o *wakan*, o *orenda*, o princípio totêmico, nomes diversos dados à força coletiva, objetivada e projetada nas coisas.[1186] O primeiro poder que os seres humanos conceberam parece assim claramente ter sido aquele que a sociedade exerce sobre seus membros. O raciocínio vem confirmar esse resultado da observação. É possível, com efeito, estabelecer por que essa noção de poder, de eficácia, de força atuante não pode ter vindo de outra fonte.

Em primeiro lugar, é evidente e reconhecido por todos que ela não poderia nos ser fornecida pela experiência externa. Os sentidos apenas nos permitem ver fenômenos que coexistem ou que se seguem, mas nada do que eles percebem pode nos dar a ideia dessa ação impositiva e determinante que é característica do que se denomina um poder ou uma força. Eles apreendem apenas estados realizados, adquiridos, exteriores uns aos outros; mas o processo interno que conecta esses estados lhes escapa. Nada do que eles nos ensinam poderia nos sugerir a ideia do que é uma influência ou uma eficácia. É precisamente por essa razão que os filósofos do empirismo viram nessas diferentes concepções tantas aberrações mitológicas. Todavia,

---

1186. Ver, anteriormente, p. 254-6.

mesmo que se suponha que tudo isso não passe de alucinações, permanece necessário dizer como elas nasceram.

Se a experiência externa não tem nenhuma influência na gênese dessas ideias, bem como, por outro lado, é inadmissível que nos sejam dadas já prontas e acabadas, é preciso supor que elas nos venham da experiência interior. Com efeito, a noção de força é claramente impregnada de elementos espirituais que só podem ter sido tomados de empréstimo de nossa vida psíquica.

Acreditou-se com frequência que o ato pelo qual nossa vontade encerra uma deliberação, contém nossas inclinações e comanda nossos órgãos poderia ter servido de modelo a essa construção. Na volição, já se disse, concebemo-nos como um poder em ato. Assim, uma vez que o ser humano teve essa ideia, ele teve, ao que parece, apenas de estendê-la às coisas para que o conceito de força fosse constituído.

Enquanto a teoria animista era considerada uma verdade demonstrada, essa explicação dava a impressão de ser confirmada pela história. Se as forças com as quais o pensamento humano povoou primitivamente o mundo tivessem realmente sido espíritos, ou seja, seres pessoais e conscientes, mais ou menos similares ao ser humano, poder-se-ia acreditar, com efeito, que nossa experiência individual bastaria para nos fornecer os elementos constitutivos da noção de força. Sabemos, contudo, que as primeiras forças imaginadas pelo ser humano são, ao contrário, potências anônimas, vagas, difusas, que se assemelham por sua impessoalidade às forças cósmicas e que contrastam, por conseguinte, da maneira mais categórica, com esse poder eminentemente pessoal que é a vontade humana. É impossível, portanto, que elas tenham sido concebidas à imagem desta última.

Há, aliás, um elemento essencial das forças impessoais que seria inexplicável nessa hipótese: trata-se de sua comunicabilidade. As forças da natureza foram sempre concebidas como suscetíveis de passar de um objeto a outro, de se misturar, de se combinar, de se transformar umas nas outras. É essa mesma propriedade, inclusive, que garante seu valor explicativo: afinal, é graças a ela que os efeitos podem ser atrelados às suas causas sem quebra de continuidade. Pois bem, o eu tem uma característica precisamente oposta: ele é incomunicável. Ele não pode mudar de substrato, estender-se de um ao outro: ele apenas se espalha por metáfora. A maneira pela qual ele se decide e executa suas decisões não poderia, portanto, nos sugerir a ideia de uma energia que se comunica, que pode, inclusive, confundir-se com outras e, por suas combinações e suas misturas, dar origem a efeitos novos.

Desse modo, a ideia de força, tal como implicada pelo conceito de relação causal, deve apresentar uma característica dupla. Em primeiro lugar, ela somente pode surgir para nós a partir de nossa experiência interior. As únicas forças que poderíamos alcançar diretamente são necessariamente forças morais. Ao mesmo tempo, contudo, é necessário que elas sejam impessoais, pois a noção de poder impessoal foi a primeira a se constituir. Pois bem, as únicas que satisfazem a essa dupla condição são aquelas que emergem da vida em comum: são as forças coletivas. Com efeito, por um lado, elas são inteiramente psíquicas: são feitas exclusivamente de ideias e de sentimentos objetivados. Por outro lado, contudo, são impessoais por definição, pois são o produto de uma cooperação. Obra de todos, não pertencem a ninguém em particular. Devem tão pouco à personalidade dos sujeitos em que residem, que jamais se fixam neles. Da mesma maneira que os penetram do exterior, estão sempre prontas a se desprender deles. Tendem naturalmente a espalhar-se mais longe e a invadir novos domínios: não existe nada, como sabemos, que seja mais contagioso e, por conseguinte, mais comunicável. Sem dúvida, as forças físicas possuem a mesma propriedade. Não podemos, contudo, ter uma consciência direta disso, nem mesmo apreendê-las como tais, pois elas nos são exteriores. Quando me deparo com um obstáculo, experimento a sensação de incômodo e de mal-estar. A força que causa essa sensação não está, contudo, em mim: ela reside no obstáculo e, por conseguinte, está fora do círculo de minha percepção. Percebemos seus efeitos, mas não a atingimos em si mesma. O mesmo não ocorre com as forças sociais: elas fazem parte de nossa vida interior e, por conseguinte, não apenas conhecemos os produtos de sua ação; nós os vemos em ação. A força que isola o ser sagrado e que mantém os profanos à distância não está, na realidade, nesse ser: ela vive na consciência dos fiéis. Assim, esses sentem-na no mesmo momento em que ela age sobre suas vontades para inibir certos movimentos e ordenar outros. Em uma palavra, essa ação constrangedora e necessária que nos escapa quando vem de algo exterior, nós a percebemos aqui nitidamente, pois ela transcorre inteiramente em nós. Sem dúvida, nem sempre a interpretamos de uma maneira adequada, mas, ao menos, não podemos deixar de ter consciência dela.

Além do mais, a ideia de força ostenta, de uma maneira aparente, a marca de sua origem. Ela implica, com efeito, a ideia de poder que, por sua vez, sempre vem acompanhada das de autoridade, de domínio e, correlativamente, de dependência e de subordinação. Pois bem, as relações que todas essas ideias exprimem são eminentemente sociais. Foi a sociedade que classificou os seres em superiores e em inferiores, em mestres que comandam e em súditos que obedecem. Foi ela que conferiu aos primeiros essa propriedade singular que torna o comando eficaz e que constitui o *poder*. Tudo tende a provar, portanto, que os primeiros poderes dos quais o espírito humano teve a consciência são aqueles que as sociedades instituíram ao se organizar: as potências do mundo físico foram concebidas à sua imagem. Do mesmo modo, o ser humano só pôde chegar a se conceber como uma força que domina o corpo em que ela reside, com a condição de introduzir, na ideia que fazia de si mesmo, conceitos tomados de empréstimo junto à vida social. Era preciso, com efeito, que ele se distinguisse de seu duplo físico e se atribuísse, em relação a este último, uma espécie de dignidade superior. Em suma, era preciso que ele se pensasse como uma alma. De fato, é claramente sob a forma de alma que ele sempre concebeu a forma que acredita ser. Sabemos, contudo, que a alma é algo completamente distinto de um nome dado à faculdade abstrata de se mover, de pensar ou de sentir. Trata-se, antes de mais nada, de um princípio religioso, um aspecto particular da força coletiva. Em definitivo, o ser humano sente-se uma alma e, por conseguinte, uma força, pois é um ser social. Embora o animal mova seus membros como nós, embora ele exerça a mesma ação sobre seus músculos, nada nos autoriza a supor que tenha consciência de si mesmo como se fosse uma causa ativa e eficaz. Ele não tem ou, para dizer de modo mais preciso, ele não se atribui uma alma. Se ele não se atribui uma alma, contudo, é porque não participa de uma vida social que seja comparável à dos seres humanos. Não existe, entre os animais, nada que se assemelhe a uma civilização.[1187]

A noção de força não é, porém, todo o princípio de causalidade. Esse consiste em um juízo que enuncia que toda força se desenvolve de uma maneira definida, que o estado em que se encontra a cada momento de seu devir predetermina o estado seguinte. O primeiro denomina-se causa, o segundo, efeito, e o juízo causal afirma a existência de um vínculo necessário entre esses dois momentos constitutivos de toda força. Essa relação é estabelecida pelo espírito, antes de qualquer prova, sob o império de uma espécie de constrangimento do qual não pode se liberar. Ele o postula, como se costuma dizer, *a priori*.

O empirismo jamais logrou explicar esse apriorismo e essa necessidade. Jamais os filósofos dessa escola conseguiram explicar como uma associação de ideias, reforçada pelo hábito, podia produzir algo diferente de um estado de expectativa, uma predisposição maior ou menor das ideias a se evocarem de acordo com uma ordem determinada. Pois bem, o princípio de causalidade tem uma característica totalmente diferente. Não se trata simplesmente de uma tendência imanente de nosso pensamento a

---

1187. Sem dúvida, existem sociedades animais. Ainda assim, a palavra não tem, de modo algum, o mesmo sentido se aplicada aos seres humanos ou aos animais. A instituição é o fato característico das sociedades humanas. Não existem instituições nas sociedades animais.

se desenvolver de determinada maneira. Trata-se de uma norma exterior e superior ao curso de nossas representações, que ela domina e regula imperativamente. Essa norma está investida de uma autoridade que domina o espírito e o ultrapassa; ou seja, da qual o espírito não é o artífice. Sob esse aspecto, de nada adianta substituir o hábito individual pelo hábito hereditário. Afinal, o hábito não muda de natureza porque dura mais que a vida de uma pessoa; torna-se apenas mais forte. Um instinto não é uma regra.

Os ritos que acabam de ser estudados permitem entrever uma fonte, até hoje pouco pressentida, dessa autoridade. Lembremo-nos, com efeito, como nasceu a lei causal que os ritos imitativos colocam em prática. Influenciados por uma mesma preocupação, o grupo se reúne: se a espécie cujo nome ele ostenta não se reproduz, trata-se de um fato do clã. O sentimento comum que anima desse modo todos os seus integrantes se traduz para o exterior sob a forma de gestos determinados que retornam sempre idênticos nas mesmas circunstâncias, e, tão logo a cerimônia se encerra, constata-se, pelas razões expostas, que o resultado almejado parece atingido. Uma associação se forma, portanto, entre a ideia desse resultado e aquela dos gestos que o precedem; e essa associação não varia de um sujeito a outro; ela é a mesma para todos os atores do rito, pois é o produto de uma experiência coletiva. Ainda assim, se nenhum outro fato interviesse, apenas se produziria um estado coletivo de espera; uma vez realizados os gestos miméticos, todos esperariam, com maior ou menor confiança, ver se manifestar na sequência o acontecimento almejado. Nem por isso uma regra imperativa do pensamento se constituiria. Ainda assim, como um interesse social de primeira importância está em jogo, a sociedade não pode deixar as coisas seguirem seu curso ao sabor das circunstâncias: ela intervém ativamente de modo a regular esse desenvolvimento em função de suas necessidades. Ela exige que essa cerimônia, da qual depende, seja repetida sempre que for necessário e, por conseguinte, que os movimentos, condição do sucesso, sejam regularmente executados: ela os impõe obrigatoriamente. Ora, esses movimentos implicam uma atitude definida do espírito, o qual, em contrapartida, participa desse mesmo caráter de obrigatoriedade. Prescrever que se deve imitar o animal ou a planta para incitá-los a renascer é estabelecer uma espécie de axioma que não deve ser colocado em questão, a saber, aquele segundo o qual o semelhante produz o semelhante. A opinião não pode permitir que os indivíduos neguem teoricamente esse princípio sem lhes permitir, ao mesmo tempo, que o violem em sua conduta. Ela o impõe, portanto, assim como as práticas que dele derivam, e desse modo o preceito ritual desdobra-se em um preceito lógico que é apenas o aspecto intelectual do primeiro. A autoridade de um e aquela do outro derivam da mesma fonte: a sociedade. O respeito que esta última inspira comunica-se às maneiras de pensar tanto quanto às maneiras de agir às quais agrega valor. Não se pode tomar distância tanto destas quanto daquelas sem enfrentar resistências da opinião pública. Eis por que as primeiras requerem, antes de qualquer exame, a adesão da inteligência, assim como as segundas determinam imediatamente a submissão da vontade.

Pode-se novamente verificar a partir desse exemplo como uma teoria sociológica da noção de causalidade e, de modo mais geral, das categorias, distancia-se das doutrinas clássicas sobre a questão e, ao mesmo tempo, as concilia. Com o apriorismo, ela mantém o caráter preliminar e necessário da relação causal; mas ela não se limita a afirmá-lo; ela o explica, sem fazê-lo desaparecer sob o pretexto de explicá-lo, como faz o empirismo. No mais, não seria o caso de negar a parte que remete à experiência individual. Não se pode duvidar que o indivíduo, por si só, constate sucessões regulares de fenômenos e adquira assim certa *sensação* de regularidade. Ocorre apenas que essa sensação não é a *categoria* de causalidade. A primeira é individual, subjetiva e incomunicável; nós mesmos a concebemos a partir de nossas observações pessoais. A segunda é a obra da coletividade, e nos é dada como algo totalmente acabado. Trata-se de um enquadramento no qual nossas constatações empíricas vêm se dispor e que nos permite pensá-las, ou seja, concebê-las a partir de um ângulo graças ao qual podemos nos entender a seu respeito com outra pessoa. Sem dúvida, se o enquadramento aplica-se ao conteúdo, isso se deve ao fato de ter alguma relação com a matéria que contém. Ainda assim, esta não se confunde com aquele. O enquadramento a ultrapassa e a domina. Afinal, ele tem outra origem: não se trata de lembranças individuais; ele é feito, antes de mais nada, para responder a exigências da vida coletiva.

Em definitivo, o erro do empirismo foi ver no vínculo causal apenas uma construção científica do pensamento especulativo e o produto de uma generalização mais ou menos metódica. Ora, por si só, a pura especulação pode dar origem apenas a visadas provisórias, hipotéticas, mais ou menos plausíveis, mas que devem sempre ser mantidas sob suspeita: afinal, não se sabe se, no futuro, alguma observação nova virá contradizê-las. Um axioma que o espírito aceita e é compelido a aceitar, sem controle e sem reservas, não poderia então nos vir dessa fonte. Apenas as necessidades da ação, e em especial da ação coletiva, podem e devem se exprimir em fórmulas categóricas, peremptórias e decisivas, que não admitem a contradição. Afinal, os movimentos coletivos são possíveis apenas com a condição de serem combinados, e, por conseguinte, regulados e definidos. Eles excluem os titubeios, fonte de anarquia. Eles tendem naturalmente a uma organização que, uma vez estabelecida, impõe-se aos indivíduos. E como a atividade não pode passar ao largo da inteligência, ocorre que essa é conduzida pela mesma via e adota, sem discussão, os postulados teóricos que a prática reclama. Os imperativos do pensamento são apenas, ao que parece, outra face dos imperativos da vontade.

Aliás, não estamos em condições de pretender apresentar as observações que precedem como uma teoria completa do conceito de causalidade. A questão é por demais completa para ser assim resolvida. O princípio de causa foi compreendido de maneiras diversas segundo os tempos e as localidades; em uma mesma sociedade, ele varia de acordo com os meios sociais, com os reinos da natureza aos quais é aplicado.[1188] Não se poderia, portanto, seguindo a consideração de apenas uma das formas que ele apresentou na história, determinar com suficiente precisão as causas e as condições das quais depende. Ainda assim, como a lei causal que acaba de chamar nossa atenção é certamente uma das mais primitivas que já existiram, e como desempenhou um papel considerável no desenvolvimento do pensamento e da indústria humana, ela constitui uma experiência privilegiada e, por conseguinte, presume-se que as observações a que deram ensejo sejam suscetíveis de ser, em certa medida, generalizadas.

---

1188. A ideia de causa não é a mesma para um cientista e para alguém desprovido de toda cultura científica. Além disso, muitos de nossos contemporâneos têm compreensões diferentes do princípio de causalidade, algo que varia em função de sua aplicação a fatos sociais ou a fatos físico-químicos. Tem-se em geral, da causalidade, na ordem social, uma concepção que lembra muito o que esteve, durante um tempo longuíssimo, na base da magia. É possível mesmo perguntar se acaso um físico e um biólogo concebem a relação causal do mesmo modo.

CAPÍTULO IV

# O culto positivo
(*fim*)

### III – Os ritos representativos ou comemorativos

A explicação dada dos ritos positivos que acabamos de tratar nos dois capítulos anteriores atribui-lhes um significado, antes de tudo, moral e social. A eficácia física que o fiel lhes atribui seria o produto de uma interpretação que dissimularia sua razão de ser essencial: é porque se prestam a refazer moralmente os indivíduos e os grupos que exerceriam uma ação sobre as coisas. Se essa hipótese nos permitiu explicar fatos, porém, não se pode dizer que ela foi diretamente demonstrada. Ela parece mesmo, à primeira vista, conciliar-se bastante mal com a natureza dos mecanismos rituais que analisamos. Consistindo seja em oblações, seja em práticas imitativas, os gestos dos quais são feitos visam fins puramente materiais. Eles têm ou parecem ter unicamente por finalidade incitar a espécie totêmica a renascer. Nessas condições, não é surpreendente que sua verdadeira função seja servir a objetivos morais?

É verdade que sua função física poderia bem ter sido exagerada por Spencer e Gillen, inclusive nos casos em que é mais incontestável. Segundo esses autores, cada clã celebrava seu *Intichiuma* para garantir aos outros clãs um alimento útil, e todo o culto consistiria em uma espécie de cooperação econômica dos diferentes grupos totêmicos; cada um trabalharia para os outros. Segundo Strehlow, contudo, essa concepção do totemismo australiano seria completamente estranha à mentalidade nativa. "Se", diz ele, "os membros de um grupo totêmico, esforçando-se para multiplicar os animais ou as plantas da espécie consagrada, parecem trabalhar para seus companheiros dos outros totens, é preciso evitar ver nessa colaboração o princípio fundamental do totemismo arunta ou loritja. Jamais os próprios negros me disseram que esse era o objetivo de suas cerimônias. Sem dúvida, quando eu sugeria essa ideia e a expunha a eles, compreendiam-na e concordavam. Ninguém me condenará, porém, por desconfiar de respostas obtidas nessas condições." Strehlow observa, aliás, que essa maneira de interpretar o rito é contrariada pelo seguinte fato: nem todos os animais ou vegetais totêmicos são comestíveis ou úteis. Existem alguns que não servem para nada. Há, inclusive, os que são perigosos. As cerimônias que lhes dizem respeito não poderiam, portanto, ter objetivos alimentares.[1189] "Quando", conclui nosso autor, "pergunta-se aos nativos qual é a razão fundamental dessas cerimônias, eles são unânimes na resposta: é porque os ancestrais instituíram as coisas assim. Eis por que agimos assim, e não de outra maneira."[1190] Dizer que o rito é cumprido porque ele vem dos ancestrais é reconhecer, contudo, que sua autoridade se confunde com a autoridade da tradição, coisa social no mais alto grau. Ele é celebrado para se permanecer fiel ao passado, para preservar a fisionomia moral da comunidade, e não em função dos efeitos físicos que produz. Assim, a própria maneira pela qual os fiéis a explicam já deixa entrever as razões profundas das quais procede.

Há casos, contudo, em que esse aspecto das cerimônias é, de imediato, visível.

# I

É entre os Warramunga que melhor se pode observar tal fenômeno.[1191]

Nesse povo, cada clã descenderia de um mesmo e único ancestral, o qual, nascido em um local determinado, teria passado sua existência terrena a viajar pelo país em todas as direções. É ele que, ao longo de suas viagens, deu ao país a forma que apresenta atualmente; é ele que teria feito as montanhas e as planícies, os poços e os cursos d'água etc. Ao mesmo tempo, semeava em sua rota germes vivos que se desprendiam de seu corpo e que se tornaram, em decorrência de reencarnações sucessivas, os

---

1189. Essas cerimônias não são seguidas, naturalmente, de uma comunhão alimentar. Segundo C. Strehlow, elas possuem, ao menos quando se trata de plantas não comestíveis, um nome genérico distinto: são denominadas não *mbatjalkatiuma*, mas *knujilelama* (*Die Aranda – und Loritja – Stämme in Zentral-Australien*, op. cit., III, 1910, p. 96.).

1190. Ibid., III, 1910, p. 8.

1191. Os Warramunga não são os únicos em que o *Intichiuma* apresenta a forma que iremos descrever. Observa-se algo análogo entre os Tjingilli, os Umbaia, os Wulmala, os Walpari, e mesmo entre os Kaitish, embora o ritual destes, em certos aspectos, lembre aquele dos Arunta (B. Spencer e F. J. Gillen, *North. Tr.*, op. cit., p. 291, 309, 311 e 317.). Se tomamos os Warramunga como modelo, isso se deve ao fato de terem sido eles melhor estudados por Spencer e Gillen.

membros atuais do clã. Ora, a cerimônia que, entre os Warramunga, corresponde exatamente ao *Intichiuma* dos Arunta tem por objetivo comemorar e representar a história mítica do ancestral. Não se faz aqui uso nem de oblação, nem, à exceção de um caso único,[1192] de práticas miméticas. O rito consiste unicamente em lembrar o passado e a torná-lo, de certo modo, presente por meio de uma verdadeira representação dramática. Tal palavra é particularmente conveniente para a ocasião, uma vez que o oficiante, nesse caso, não é de forma alguma considerado uma encarnação do ancestral que representa: trata-se de um ator que representa um papel.

Eis aqui, como exemplo, em que consiste o *Intichiuma* da Serpente negra, tal como foi observado por Spencer e Gillen.[1193]

Uma primeira cerimônia não parece se referir ao passado; ao menos, a descrição que nos é fornecida não autoriza a interpretá-la nesse sentido. Ela consiste em corridas e em saltos que dois oficiantes executam,[1194] ambos decorados com desenhos que representam a Serpente negra. Quando, enfim, caem esgotados no chão, os assistentes passam suavemente a mão sobre os desenhos emblemáticos com os quais as costas dos dois atores estão recobertas. Diz-se que tal gesto agrada a Serpente negra. – É somente na sequência que tem início a série das cerimônias comemorativas.

Elas realizam a história mítica do ancestral *Thalaualla*, desde quando deixou o solo até o momento em que retorna definitivamente para ele. Elas o seguem através de suas viagens. Segundo o rito, em cada uma das localidades em que habitou, ele celebrou cerimônias totêmicas: essas são repetidas na mesma ordem em que teriam originalmente ocorrido. O movimento repetido com mais frequência consiste em uma espécie de agitação ritmada e violenta de todo o corpo: afinal, o ancestral se agitava assim nos tempos míticos para que se desprendessem dele os germes da vida que trazia em si mesmo. Os atores têm a pele coberta por uma penugem que, em decorrência desses sobressaltos, solta-se e ganha os ares. Trata-se de uma maneira de representar a revoada dos germes míticos e sua dispersão no espaço.

O leitor se lembra que, entre os Arunta, o local em que se desenrola a cerimônia é ritualmente determinado. Trata-se do local em que se encontram as rochas, as árvores, as fontes d'água, e é necessário que os fiéis se desloquem para esses locais a fim de celebrar o culto. Entre os Warramunga,

---

1192. Trata-se do caso do *Intichiuma* da cacatua branca; ver, anteriormente, p. 421.

1193. B. Spencer e F. J. Gillen, *North. Tr.*, *op. cit.*, p. 300 ss.

1194. Um dos dois atores pertencem não ao clã da Serpente negra, mas ao do Corvo. Isso se explica porque o Corvo é considerado um "associado" da Serpente negra; em outras palavras, trata-se de um subtotem.

ao contrário, o espaço cerimonial é escolhido arbitrariamente por motivos circunstanciais. Trata-se de uma cena convencional. Apenas o lugar em que ocorreram os eventos cuja reprodução consiste no tema do próprio rito é representado por meio de desenhos. Por vezes, esses desenhos são executados sobre o próprio corpo dos atores. Por exemplo, um pequeno círculo colorido de cor vermelha, pintado sobre as costas e sobre o estômago, representa uma fonte d'água.[1195] Em outros casos, é sobre o solo que a imagem é traçada. Sobre a terra, previamente encharcada e recoberta de ocre vermelho, desenham-se linhas curvas, formadas por séries de pontos brancos, que simbolizam um curso d'água ou uma montanha. Trata-se de um princípio de ornamentação.

Além das cerimônias propriamente religiosas que o ancestral supostamente celebrou no passado, simples episódios acerca de sua trajetória terrestre, ora épicos, ora cômicos, são representados. Desse modo, em um determinado momento, enquanto três atores estão em cena, ocupados com um rito importante, outro se esconde atrás de algumas árvores, situadas a certa distância. Em volta de seu pescoço está atrelado um pacote de penugens que representa um *wallaby*. Desde que teve fim a cerimônia principal, um ancião desenha no chão uma linha que se dirige até o lugar em que se esconde o quarto ator. Os outros caminham atrás dele, com os olhos abaixados e fixados nesta linha, como se seguissem uma pista. Ao descobrir a pessoa, eles adquirem uma expressão de espanto e um deles a golpeia com um bastão. Toda essa mímica representa um incidente da vida da grande Serpente negra. Um dia, seu filho partiu sozinho para a caça, capturou um *wallaby* e o comeu sem nada dar a seu pai. Este último seguiu suas pegadas, surpreendeu-o e obrigou-o a vomitar; é a isso que faz alusão o golpe de bastão que encerra a representação.[1196]

Não relataremos aqui todos os eventos míticos que são sucessivamente representados. Os exemplos anteriores são suficientes para mostrar qual é o caráter dessas cerimônias: são dramas, mas de um gênero muito particular. Eles agem, ou, ao menos, acredita-se que eles ajam sobre o curso da natureza. Quando a comemoração do *Thalaualla* termina, os Warramunga têm plena convicção de que as serpentes negras não podem deixar de crescer e de se multiplicar. Esses dramas são, portanto, ritos, e, inclusive, ritos comparáveis em todos os sentidos, pela natureza de sua eficácia, àqueles que constituem o *Intichiuma* dos Arunta.

---

1195. B. Spencer e F. J. Gillen, *North. Tr.*, *op. cit.*, p. 302.
1196. *Ibid.*, p. 305.

Ambos podem, desse modo, iluminar-se reciprocamente. Aliás, é ainda mais legítimo aproximá-los, uma vez que entre eles não há quebra de continuidade. Não somente o objetivo almejado é o mesmo nos dois casos, como o que há de mais característico no ritual Warramunga já se encontra no outro em estado embrionário. O *Intichiuma*, tal como o praticam geralmente os Arunta, contém em si mesmo, com efeito, uma espécie de comemoração implícita. Os lugares nos quais é celebrado são, obrigatoriamente, aqueles que os ancestrais ilustraram. Os caminhos pelos quais os fiéis passam ao longo de suas piedosas peregrinações são os mesmos que percorreram os heróis do *Alcheringa*. Os locais nos quais se para a fim de dar continuidade aos ritos são aqueles nos quais os próprios antepassados se instalaram, onde desapareceram sob o solo etc. Tudo evoca, portanto, sua lembrança ao espírito dos assistentes. Aliás, cânticos que contam as façanhas ancestrais somam-se muito frequentemente aos ritos manuais.[1197] Se, em vez de serem narradas, essas histórias forem encenadas, e se, sob essa forma nova, desenvolverem-se de modo a ocupar o lugar central da cerimônia, então se está diante da cerimônia dos Warramunga. E há mais: por um lado, o *Intichiuma* arunta já é uma espécie de representação. O oficiante e o ancestral do qual descende e que ele encarna são uma única entidade.[1198] Os gestos que ele realiza são aqueles que, nas mesmas circunstâncias, realizou esse ancestral. Sem dúvida, para falar com exatidão, ele não interpreta o papel do ancestral, como faria um ator: ele é, de fato, esse personagem. No entanto, em certo sentido, é o herói que ocupa a cena. Para que o caráter representativo do rito se acentue, bastará que a dualidade do ancestral e do oficiante torne-se mais marcada. É precisamente isso o que acontece entre os Warramunga.[1199] Mesmo entre os Arunta, menciona-se ao

---

1197. B. Spencer e F. J. Gillen, *Nat. Tr.*, *op. cit.*, p. 188; e C. Strehlow, *Die Aranda – und Loritja – Stämme in Zentral-Australien*, *op. cit.*, III, 1910, p. 5.

1198. É o que o próprio C. Strehlow reconhece: "o ancestral totêmico e seu descendente, ou seja, aquele que o representa (*der Darsteller*), são apresentados nesses cantos sagrados como uma mesma entidade" (*Die Aranda – und Loritja – Stämme in Zentral-Australien*, *op. cit.*, III, 1910, p. 6.). Como esse fato incontestável contradiz a tese segundo a qual as almas ancestrais não reencarnavam, Strehlow acrescenta, é verdade, em uma nota, que, "ao longo da cerimônia, não há encarnação propriamente dita do ancestral na pessoa que o representa". Se Strehlow quer dizer que a encarnação não ocorre durante a cerimônia, nada mais exato. Se ele acredita, contudo, que não há de forma alguma encarnação, não compreendemos como o oficiante e o ancestral podem vir a se confundir.

1199. Talvez essa diferença seja proveniente do fato de que cada clã, entre os Warramunga, descenderia de apenas um único ancestral em torno do qual a história lendária do clã acabou se concentrando. O rito comemora esse ancestral: pois bem, o oficiante não descende necessariamente dele. É possível, inclusive, perguntar-se se esses chefes míticos, espécie de semideuses, estão submetidos à reencarnação.

menos um *Intichiuma* em que certas pessoas são encarregadas de representar ancestrais com os quais não tenham qualquer filiação mítica e onde há, por conseguinte, representação dramática propriamente dita: trata-se do *Intichiuma* da Ema.[1200] Também nesse caso, ao contrário do que normalmente ocorre entre esse povo, o teatro da cerimônia parece bem ser artificialmente montado.[1201]

Que esses dois tipos de cerimônias, a despeito das diferenças que as separam, deem assim a impressão de serem aparentadas, disso não decorre que entre elas exista uma relação definida de sucessão, que uma seja a outra transformada. É bem plausível que essas semelhanças sejam decorrência do fato de ambas partilharem a mesma fonte, ou seja, uma mesma cerimônia original da qual seriam modalidades divergentes: veremos, inclusive, que essa hipótese é a mais verossímil. Ainda assim, sem que seja necessário que se tome uma posição em relação a essa questão, o que antecede basta para estabelecer que ambos são ritos de igual natureza. Temos razão, portanto, em compará-los e em nos servir de um para nos ajudar a melhor compreender o outro.

Pois bem, o que as cerimônias Warramunga têm de particular quanto ao que acabamos de falar é que não há nelas gesto cuja finalidade seja ajudar ou incitar diretamente a espécie totêmica a renascer.[1202] Caso se analise tanto os movimentos efetuados como as palavras pronunciadas, geralmente não se encontra aí nada que revele alguma intenção desse gênero. Tudo transcorre na forma de representações que só podem estar destinadas a tornar presentes às pessoas o passado mítico do clã. A mitologia de um grupo é, contudo, o conjunto das crenças comuns a esse grupo. O que exprimem as tradições cuja lembrança ela perpetua é uma moral e uma cosmologia, ao mesmo tempo que uma história. Portanto, o rito apenas serve, e apenas pode servir, para reforçar a vitalidade dessas crenças, para impedir que elas se apaguem das memórias, ou seja, em suma, para revivificar os elementos mais essenciais da consciência coletiva. Por meio dele, o grupo renova perio-

---

1200. Nesse *Intichiuma*, três assistentes representam ancestrais "de uma considerável antiguidade"; eles exercem um verdadeiro papel (B. Spencer e F. J. Gillen, *Nat. Tr.*, *op. cit.*, p. 181-2.). Spencer e Gillen acrescentam, é verdade, que estão envolvidos ancestrais posteriores à época do *Alcheringa*. Ainda assim, eles não deixam de ser personagens míticos, representados ao longo de um rito.

1201. Não se comenta, com efeito, acerca de rochedos ou de fontes d'água sagradas. O centro da cerimônia é uma imagem da Ema que é desenhada sobre o solo e que pode ser executada em qualquer lugar.

1202. Não estamos afirmando, aliás, que todas as cerimônias dos Warramunga sejam desse tipo. O exemplo da cacatua branca, explorado anteriormente, prova que existem exceções.

dicamente o sentimento que tem de si mesmo e de sua unidade; ao mesmo tempo, os indivíduos são fortalecidos em sua natureza de seres sociais. As gloriosas recordações revividas diante de seus olhos, e com as quais se sentem solidários, transmitem-lhes uma impressão de força e de confiança: a segurança em sua fé é maior quando se constata o longínquo passado ao qual ela remonta e os grandes feitos que inspirou. É esse caráter da cerimônia que a torna instrutiva. Ela tende inteiramente a agir sobre as consciências e apenas sobre elas. Se, portanto, ainda assim se acredita que ela age sobre as coisas, que assegura a prosperidade da espécie, isso apenas pode ocorrer como uma reação da ação moral que exerce e que, ao que tudo indica, é a única real. Desse modo, a hipótese que propusemos se encontra verificada por uma experiência significativa: e essa verificação é tanto mais convincente se levarmos em conta que, como acabamos de estabelecer, não há diferença de natureza entre o sistema ritual dos Warramunga e aquele dos Arunta. Um apenas transparece com maior clareza o que já havíamos conjecturado acerca do outro.

## II

Existem, porém, cerimônias em que esse caráter representativo e idealista está ainda mais acentuado.

Naquelas que acabamos de tratar, a representação dramática não existe de maneira autônoma: trata-se apenas de um meio visando um fim totalmente material, a reprodução da espécie totêmica. Ainda assim, existem outros que não diferem especificamente dos precedentes e nos quais, contudo, toda preocupação desse gênero está ausente. O passado é aí representado com o único objetivo de representá-lo, de gravá-lo mais profundamente nos espíritos, sem que se espere do rito nenhuma ação determinante sobre a natureza. Ao menos, os efeitos físicos que lhe são por vezes imputados estão totalmente em um plano secundário e sem relação com a importância litúrgica que lhe é atribuída.

É o caso, em especial, das festas que os Warramunga celebram em homenagem à serpente Wollunqua.[1203]

---

1203. B. Spencer e F. J. Gillen, *North. Tr.*, op. cit., p. 226 ss. Cf., sobre o mesmo tema, algumas passagens de E. Eylmann que evidentemente remetem ao mesmo ser mítico (*Die Eingeborenen der Kolonie Südaustralien*, op. cit., p. 185.). C. Strehlow nos indica igualmente entre os Arunta uma serpente mítica (*Kulaia*, serpente d'água) que poderia bem não ser muito diferente da Wollunqua (*Die Aranda – und Loritja – Stämme in Zentral-Australien*, op. cit., I, 1907, p. 78; cf. *Ibid.*, II, 1908, p. 71, em que a Kulaia aparece sobre a lista dos totens.).

A serpente Wollunqua é, como já afirmamos, um totem de um gênero muito particular. Não se trata de uma espécie animal ou vegetal, mas de um ser único: existe apenas uma Wollunqua. Além disso, esse ser é puramente mítico. Os nativos representam-no como uma espécie de serpente colossal cujo tamanho é tal que, quando se levanta sobre a cauda, sua cabeça se perde nas nuvens. Acredita-se que ela reside em uma nascente d'água, chamada Thapauerlu, que está escondida no fundo de um vale solitário. Mas se ela difere em algumas coisas dos totens comuns, tem deles, ainda assim, todas as características distintivas. Funciona como nome coletivo e como emblema a todo um grupo de indivíduos que veem nela seu ancestral comum, e as relações que mantêm com essa fera mítica são idênticas àquelas que os membros dos outros totens acreditam manter com os fundadores de seus respectivos clãs. No tempo do *Alcheringa*,[1204] a Wollunqua percorria o país em todas as direções. Nas diferentes localidades em que parava, ela dispersava *spirit-children*, princípios espirituais, que ainda servem de almas aos vivos de hoje. A Wollunqua é considerada, inclusive, uma espécie de totem eminente. Os Warramunga estão divididos em duas fratrias denominadas Uluuru e Kingilli. Quase todos os totens da primeira são serpentes de espécies diferentes. Ora, eles teriam descendido da Wollunqua: diz-se que esta era sua avó.[1205] Pode-se vislumbrar por aí como, ao que tudo indica, o mito da Wollunqua nasceu. Para explicar a presença, em uma mesma fratria, de tantos totens similares, imaginou-se que todos eram derivados de um único e mesmo totem. Entretanto, foi necessário lhe conferir formas gigantescas para que, graças a seu próprio aspecto, ela correspondesse ao papel considerável que lhe era atribuído na história da tribo.

Pois bem, a Wollunqua é o objeto de cerimônias que não se diferenciam quanto à sua natureza daquelas que estudamos anteriormente: trata-se de representações em que são encenados os principais acontecimentos de sua vida fabulosa. Mostra-se como ela saiu da terra, passou de uma localidade a outra, representa-se os diversos episódios que marcaram suas viagens etc. Spencer e Gillen testemunharam quinze cerimônias desse gênero que se sucederam entre os dias 27 de julho e 23 de agosto, encadeando-se umas às outras, seguindo uma ordem determinada, formando assim um verdadeiro

---

1204. Para não complicar a terminologia, servimo-nos da palavra arunta: entre os Warramunga, esse período mítico é chamado Wingara.

1205. "Não é fácil", dizem B. Spencer e F. J. Gillen, "expressar com palavras o que é para os nativos um vago sentimento. Não obstante, após termos observado atentamente as diferentes cerimônias, tivemos a clara impressão que, no espírito dos nativos, a Wollunqua correspondia à ideia de um totem dominante" (*North. Tr.*, op. cit., p. 248.).

ciclo.[1206] Quanto ao detalhe dos ritos que a constitui, essa longa festa é então indistinta do *Intichiuma* normal dos Warramunga, o que reconhecem os autores que o descreveram.[1207] Ainda assim, por outro lado, trata-se de um *Intichiuma* que não poderia ter por finalidade garantir a fecundidade de uma espécie animal ou vegetal, pois a Wollunqua é, por si só, sua própria espécie, e ela não se reproduz. Ela é – e os nativos não parecem ter o sentimento de que ela precise de um culto para que seu ser continue. Não apenas essas cerimônias não possuem a eficácia do *Intichiuma* clássico, como não parece que tenham qualquer tipo de eficácia material. A Wollunqua não é uma divindade encarregada de uma determinada ordem de fenômenos naturais e, por conseguinte, não se espera dela, como contrapartida do culto, nenhum serviço definido. Afirma-se claramente que, caso as prescrições rituais sejam mal observadas, a Wollunqua se enfurece, deixa seu retiro e vem se vingar sobre seus fiéis por suas negligências. Por outro lado, quando tudo transcorre como manda o figurino, é-se levado a crer que tudo ficará bem e que algum acontecimento feliz ocorrerá. Mas a ideia dessas possíveis sanções evidentemente surgiu depois, para explicar o rito. Uma vez instituída a cerimônia, pareceu natural que ela servisse a algo e, por conseguinte, que a omissão das observâncias prescritas expusesse a algum perigo. Ela não foi instituída, contudo, para prever esses perigos míticos ou para garantir vantagens particulares. Essas, aliás, encontram-se representadas nas consciências da mais imprecisa maneira. Os antigos, por exemplo, anunciam que, quando todo cerimonial foi encerrado, a Wollunqua, se satisfeita, enviará a chuva. Não se celebra a festa, contudo, para que se tenha chuva.[1208] Ela é celebrada porque os ancestrais a celebraram, porque

---

1206. Uma das mais solenes dessas cerimônias é aquela que descrevemos anteriormente (p. 270-1), ao longo da qual uma imagem da Wollunqua é desenhada sobre uma espécie de túmulo, que é, em seguida, despedaçado em meio a uma efervescência geral.

1207. B. Spencer e F. G. Gillen, *North. Tr.*, *op. cit.*, p. 227 e 248.

1208. Eis aqui em que termos se exprimem B. Spencer e F. J. Gillen na única passagem que remete à possível relação entre a Wollunqua e o fenômeno da chuva. Alguns dias após o rito celebrado ao redor do túmulo, "os anciãos declaram que eles ouviram a Wollunqua falar que ela estava satisfeita com o que havia ocorrido e que iria enviar a chuva. A razão dessa profecia é que eles haviam escutado, assim como nós, trovejar a alguma distância de onde estavam" [Myron Achimastos restituiu a referência desta citação: *North. Tr.*, *op. cit.*, p. 238. (N.T.)]. A produção da chuva é um objetivo tão pouco imediato que só será imputado à Wollunqua vários dias após a celebração do rito e em decorrência de circunstâncias fortuitas. Outro fato que mostra o quanto as ideias dos nativos são vagas em relação a esse ponto. Algumas linhas depois, o trovão é apresentado como um signo não da satisfação da Wollunqua, mas de seu descontentamento. A despeito dos prognósticos, continuam nossos autores, "a chuva acabou não caindo. Alguns dias depois, contudo, escutou-se novamente o trovejar ao longe. Os antigos disseram que a Wollunqua reclamava porque não estava contente" com o modo

se está ligado a ela como a uma tradição altamente respeitada, e porque se sai das festividades com a impressão de um bem-estar moral. Quanto às outras considerações, essas têm apenas um papel complementar: podem servir para confirmar os fiéis na atitude que o rito lhes prescreve; não são, contudo, a razão de ser dessa atitude.

Eis aí, portanto, um conjunto de cerimônias que se propõem unicamente a despertar certas ideias e certos sentimentos, a atrelar o presente ao passado e o indivíduo à coletividade. Não apenas, de fato, elas não podem se prestar a outros fins, como os próprios fiéis não pedem dela nada mais que isso. Trata-se de uma nova prova de que o estado psíquico no qual se encontra o grupo reunido constitui claramente a única base, sólida e estável, do que se poderia chamar de a mentalidade ritual. Quanto às crenças que atribuem aos ritos esta ou aquela eficácia física, elas são coisas acessórias e contingentes, pois podem faltar sem que o rito seja alterado no que tem de essencial. Desse modo, as cerimônias da Wollunqua, melhor ainda que suas precedentes, desnudam, por assim dizer, a função fundamental do culto positivo.

Se, aliás, insistimos especialmente nessas solenidades, isso se deve à sua excepcional importância. Há outras, porém, que apresentam exatamente a mesma característica. Desse modo, existe entre os Warramunga um totem "do rapaz que ri". O clã que ostenta esse nome tem, segundo Spencer e Gillen, a mesma organização dos demais grupos totêmicos. Como esses, ele tem seus lugares sagrados (*mungai*), nos quais o ancestral fundador celebrou cerimônias nos tempos fabulosos, nos quais deixou, após sua partida, *spirit-children* que se tornaram os homens do clã; e os ritos atrelados a esse totem não diferem daqueles atrelados aos totens animais ou vegetais.[1209] É evidente, porém, que não poderiam ter uma eficácia física. Eles consistem em uma série de quatro cerimônias que se repetem mais ou menos idênticas umas

---

pelo qual o rito fora realizado. Dessa maneira, um mesmo fenômeno, o barulho do trovão, é tanto interpretado como um signo de disposições favoráveis, quanto como um indício de intenções malévolas. – Há, contudo, um detalhe ritual que, caso se venha a aceitar a explicação proposta por Spencer e Gillen, seria diretamente eficaz. Segundo eles, a destruição do túmulo estaria destinada a conter a Wollunqua e a impedir, via constrangimento mágico, de deixar seu retiro. Essa interpretação, contudo, parece-nos suspeita. Com efeito, na circunstância que acaba de ser mencionada e na qual a Wollunqua anunciava que estava descontente, esse descontentamento era atribuído ao fato de se ter negligenciado o desaparecimento dos restos do túmulo. Esse desaparecimento, portanto, é solicitado pela própria Wollunqua, em vez de ser destinado a intimidá-la e a exercer sobre ela uma influência coercitiva. Trata-se provavelmente aqui de apenas um caso particular de uma regra mais geral em vigor entre os Warramunga: os instrumentos do culto devem ser destruídos após cada cerimônia. É assim que as ornamentações rituais com as quais são revestidos os oficiantes lhes são violentamente arrancadas tão logo termina o ritual (*Ibid.*, p. 205.).

1209. B. Spencer e F. J. Gillen, *North. Tr.*, *op. cit.*, p. 207-8.

às outras, e que são unicamente destinadas a divertir, a provocar o riso pelo riso, ou seja, em suma, a cultivar a alegria e o bom humor no grupo especializado nessas disposições morais.[1210]

São encontrados entre os próprios Arunta mais de um totem que não comporta outro *Intichiuma*. Com efeito, vimos que, para esse povo, as irregularidades e as depressões do terreno que sinalizam o local em que algum ancestral residiu servem, por vezes, como totens.[1211] A esses totens são atreladas cerimônias que, por certo, não podem provocar quaisquer tipos de efeitos físicos. Eles apenas podem consistir em representações cujo objetivo é a comemoração do passado e não podem almejar nenhum objetivo além dessa comemoração.[1212]

Ao mesmo tempo em que elas nos permitem melhor compreender a natureza do culto, essas representações rituais colocam em evidência um importante elemento da religião: trata-se do elemento recreativo e estético.

Já tivemos a oportunidade de mostrar que elas são parentes próximas das representações dramáticas.[1213] Esse parentesco aparece ainda de modo mais evidente nas últimas cerimônias que acabam de ser evocadas. Com efeito, não apenas empregam os mesmos procedimentos do drama propriamente dito, mas almejam um mesmo tipo de objetivo: estranhas a toda finalidade utilitária, fazem com que as pessoas esqueçam o mundo real, transportando-as para um outro, no qual sua imaginação se sente mais à vontade; elas distraem. Chega ao ponto, inclusive, de assumirem o aspecto exterior de uma recreação: o público é visto rindo e divertindo-se abertamente.[1214]

Os ritos representativos e as recreações coletivas são, inclusive, coisas tão próximas que se transita de um gênero ao outro sem quebra de continuidade. O que caracteriza as cerimônias propriamente religiosas é que elas devem ser celebradas sobre um espaço consagrado, do qual as mulheres e os não iniciados são excluídos.[1215] Há casos, porém, em que essa caracterís-

---

1210. B. Spencer e F. J. Gillen, *North. Tr.*, op. cit., p. 210.

1211. Ver na lista de totens estabelecida por C. Strehlow, os números 432-442 (*Die Aranda – und Loritja – Stämme in Zentral-Australien*, op. cit., II, 1908, p. 72.).

1212. *Ibid.*, III, 1910, p. 8. Há igualmente entre os Arunta um totem *Worra* que lembra muito o totem do "rapaz que ri" entre os Warramunga (*Ibid.*, III, 1910, p. 8 e 124.). *Worra* significa jovens. A cerimônia tem por finalidade fazer com que os jovens se divirtam mais com o jogo de *labara* (Ver, sobre esse jogo, *Ibid.*, I, 1907, p. 55, n. 1.).

1213. Ver, anteriormente, p. 443.

1214. Um caso desse gênero encontra-se em B. Spencer e F. J. Gillen, *North. Tr.*, op. cit., p. 204.

1215. *Id.*, *Nat. Tr.*, op. cit., p. 118, n. 2, bem como p. 618 ss; e *Id.*, *North. Tr.*, op. cit., p. 716 ss. Há, ainda assim, cerimônias sagradas das quais as mulheres não são totalmente excluídas (Ver, por exemplo, *Id.*, *North. Tr.*, op. cit., p. 375 ss.); trata-se, contudo, de algo excepcional.

tica religiosa eclipsa-se um pouco, sem desaparecer completamente. Elas ocorrem fora do terreno cerimonial, o que prova que já são, em alguma medida, laicas; e, ainda assim, os profanos, as mulheres e as crianças ainda não são admitidos. Elas estão, portanto, no limite dos dois domínios. Em geral, remetem a personagens lendários, sobretudo aqueles que não têm um lugar estável nos quadros da religião totêmica. Trata-se de espíritos, malévolos na maior parte dos casos, que mantêm relações sobretudo com os magos, em detrimento do comum dos fiéis, espécies de bichos-papões nos quais não se acredita com a mesma seriedade e com a mesma convicção devotadas aos seres e às coisas propriamente totêmicas.[1216] Na mesma proporção que se torna mais distendido o laço que liga à história da tribo os eventos e as personagens representadas, estas e aqueles assumem um contorno mais irreal, e as cerimônias correspondentes mudam de natureza. É desse modo que se entra progressivamente no domínio da pura fantasia e que se passa do rito comemorativo ao *corrobbori* vulgar, simples divertimento público que nada mais possui de religioso e ao qual todo mundo pode indiferentemente participar. Talvez, inclusive, algumas dessas representações, cuja única finalidade é, atualmente, distrair, sejam antigos ritos que mudaram de qualificação. De fato, as fronteiras são tão incertas entre esses dois tipos de cerimônia que é impossível dizer com precisão a que gênero elas pertencem.[1217]

Sabe-se que os jogos e as principais formas da arte parecem ter nascido da religião e que mantiveram, durante muito tempo, um caráter religioso.[1218] Vê-se logo quais são as razões disso: o culto, embora visasse diretamente outros fins, foi ao mesmo tempo para as pessoas uma espécie de recreação. A religião não exerceu esse papel fortuitamente, graças a um feliz encontro, mas por uma espécie de necessidade natural. Com efeito, muito embora, como estabelecemos anteriormente, o pensamento religioso seja algo totalmente distinto de um sistema de ficções, as realidades às quais

---

1216. Ver B. Spencer e F. J. Gillen, *Nat. Tr.*, *op. cit.*, p. 329 ss.; e, dos mesmos autores, *North. Tr.*, *op. cit.*, p. 210 ss.

1217. É o caso, por exemplo, do *corrobbori* do Molonga entre os Pitta-Pitta do Queensland e das tribos vizinhas (Ver W. E. Roth, *Ethnological Studies among the North-West Central Queensland Aborigines*, *op. cit.*, p. 120 ss.). – Sobre os *corrobbori* comuns, informações podem ser encontradas em E. C. Stirling, *Report on the Work of the Horn Scientific Expedition to Central Australia*, *op. cit.*, parte IV, p. 72, e em W. E. Roth, *Ethnological Studies among the North-West Central Queensland Aborigines*, *op. cit.*, p. 117 ss.

1218. Ver sobre tal assunto, em especial, o belo trabalho de S. Culin, "Games of the North American Indians", *XXIV*[th] *Annual Report of the Bureau of American Ehtnology to the Secretary of the Smithsonian Institution, 1902-1903*, Washington, Government Printing Office, 1907, p. 3-809.

corresponde só chegam a se exprimir religiosamente se a imaginação as transfigura. Entre a sociedade, tal como ela está objetivamente constituída, e as coisas sagradas que a correspondem simbolicamente, a distância é considerável. Foi preciso que as impressões realmente experimentadas pelas pessoas e que serviram de matéria-prima a essa construção tenham sido interpretadas, elaboradas e transformadas até se tornarem irreconhecíveis. O mundo das coisas religiosas é, desse modo, mas somente em sua forma exterior, um mundo parcialmente imaginário e que, por tal razão, presta-se mais docilmente às livres criações do espírito. Aliás, uma vez que as forças intelectuais utilizadas em sua produção são intensas e tumultuosas, a tarefa única que consiste em exprimir o real com o auxílio de símbolos apropriados não basta para ocupá-las. Um excedente permanece geralmente disponível, o qual se busca empregar em tarefas suplementares, supérfluas e de luxo, ou seja, em obras de arte. Com as práticas ocorre o mesmo que com as crenças. O estado de efervescência no qual se encontram os fiéis reunidos traduz-se necessariamente ao exterior por movimentos exuberantes que não se deixam facilmente canalizar para fins por demais definidos. Eles se dispersam, em parte, sem objetivo, desdobram-se pelo simples prazer de se desdobrar, encontram satisfação em espécies de jogos. Ademais, na medida em que os seres aos quais o culto se dirige são imaginários, eles não são propícios para conter e regular essa exuberância. É preciso a pressão de realidades tangíveis e resistentes para restringir a atividade a adaptações precisas e econômicas. Desse modo, a análise está sujeita a equívocos quando, para explicar os ritos, crê ser necessário atribuir a cada gesto um objetivo preciso e uma razão de ser determinada. Existem alguns que não têm finalidade alguma. Eles simplesmente correspondem à necessidade de agir, de se mover, de gesticular que os fiéis experimentam. É possível vê-los saltar, girar, dançar, gritar, cantar, sem que seja sempre possível dar um sentido a essa agitação.

Desse modo, a religião não seria ela mesma se não deixasse algum espaço às livres combinações do pensamento e da atividade, ao jogo, à arte, a tudo o que recria o espírito enfastiado porque dominado em demasia pelo trabalho cotidiano: as próprias causas que reclamaram sua existência fazem disso uma necessidade. A arte não é simplesmente um ornamento exterior com o qual o culto se reveste para dissimular o que pode ter de excesso de austeridade e rudeza: mas, por si só, o culto tem algo de estético. Em função das relações bem conhecidas que a mitologia mantém com a poesia, quis-se, por vezes, colocar a primeira fora da religião;[1219] a verdade é que há uma

---

1219. Ver, anteriormente, p. 112-3.

poesia inerente a toda religião. As cerimônias representativas que acabam de ser estudadas tornam sensível esse aspecto da vida religiosa. Não existe rito, contudo, que deixe de representá-la em algum grau.

Por certo, o erro mais grave seria cometido se a religião fosse vista apenas em função desse único aspecto, ou mesmo se sua importância for exagerada. Quando um rito serve apenas para distrair, não se trata mais de um rito. As forças morais que exprimem os símbolos religiosos são forças reais, com as quais precisamos contar e as quais não podemos manipular como bem desejarmos. Mesmo quando o culto não almeja produzir efeitos físicos, limitando-se deliberadamente a agir sobre os espíritos, sua ação se exerce em um sentido diferente daquele que tem uma pura obra de arte. As representações que ela tem por função despertar e alimentar em nós não são imagens vãs, que não correspondem a nada na realidade, que evocamos sem finalidade, tendo como única satisfação vê-las aparecer e se combinar sob nossos olhos. Elas são tão necessárias ao bom funcionamento de nossa vida moral quanto os alimentos o são para nossa vida física. Afinal, é por intermédio delas que o grupo se afirma e se mantém, e sabemos a que ponto ele é indispensável ao indivíduo. O rito é, portanto, algo diferente de um jogo: ele é a vida encarada com seriedade. Mas, se o elemento irreal e imaginário não é essencial, nem por isso ele deixa de exercer um papel que não é negligenciável. Ele se faz presente, em alguma medida, nesse sentimento de reconforto que o fiel obtém do rito realizado: afinal, a recreação é uma das formas dessa restauração moral, finalidade principal do culto positivo. Tão logo estamos libertos de nossos deveres rituais, retornamos à vida profana com mais coragem e ardor, não somente porque colocamo-nos em relação com uma fonte superior de energia, mas também porque nossas forças se revigoraram ao viver, durante alguns instantes, uma vida menos rígida, mais agradável e mais livre. Em função disso, a religião tem um encanto que não é um de seus menores atrativos.

Eis por que a própria ideia de uma cerimônia religiosa, qualquer que seja sua importância, desperta naturalmente a ideia de festa. Por outro lado, toda festa, mesmo quando puramente laica em suas origens, possui certas características da cerimônia religiosa, pois, em todos os casos, ela tem por efeito aproximar os indivíduos, colocar em movimento as massas e provocar assim um estado de efervescência, e até mesmo de delírio, que não deixa de ter algum parentesco com o estado religioso. O ser humano é transportado para fora de si, distrai-se de suas ocupações e de suas preocupações ordinárias. Desse modo observa-se, em ambos os casos, as mesmas manifestações: gritos, cânticos, música, movimentos violentos, danças, busca de excitantes que aumentam o nível vital etc. Observou-se com frequência que as festas populares conduzem ao excesso, fazem perder de vista o limite que separa o lícito do ilícito.[1220] O mesmo ocorre com cerimônias religiosas que engendram como que a necessidade de violar as regras normalmente mais respeitadas.[1221] Isso não significa, por certo, que não caiba diferenciar essas duas formas de atividade pública. O simples divertimento, o *corrobbori* profano, não tem objetivo sério, enquanto, em seu conjunto, uma cerimônia ritual tem sempre uma finalidade profunda. É ainda preciso observar que talvez não exista divertimento em que a vida séria não encontre algum eco. No fundo, a diferença reside sobretudo na proporção desigual segundo a qual esses dois elementos são combinados.

### III

Um fato mais geral vem confirmar as perspectivas que precedem.

Em sua primeira obra, Spencer e Gillen apresentavam o *Intichiuma* como uma entidade ritual perfeitamente definida: eles falavam dela como se fala de uma operação exclusivamente destinada a garantir a reprodução da espécie totêmica, e parecia que ela deveria ser destituída de qualquer sentido alheio a essa única função. Mas em seu *Northern Tribes of Central Australia*, os mesmos autores, sem talvez se darem conta disso, empregam uma linguagem diferente. Eles reconhecem que as mesmas cerimônias podem participar indiferentemente dos *Intichiuma* propriamente ditos e dos ritos de iniciação.[1222] Elas servem, portanto, igualmente ou a produzir animais e plantas da espécie totêmica, ou a conferir aos noviços as qualidades

---

1220. Sobretudo em relação ao sexo. Nos *corrobbori* corriqueiros, as liberdades sexuais são frequentes (Ver B. Spencer e F. J. Gillen, *Nat. Tr.*, *op. cit.*, p. 96-7, e, dos mesmos autores, *North. Tr.*, *op. cit.*, p. 136-7.). Sobre as liberdades sexuais nas festas populares em geral, ver A. Hagelstange, *Süddeutsches Bauernleben im Mittelalter*, Leipzig, Duncker & Humblot, 1898, p. 221 ss.

1221. É assim que as regras da exogamia são violadas obrigatoriamente ao longo de certas cerimônias religiosas (Ver, anteriormente, p. 269, n. 702). Provavelmente não é necessário buscar para essas liberdades um sentido ritual preciso. Trata-se simplesmente de uma consequência mecânica do estado de superexcitação provocado pela cerimônia. Eis aí um exemplo desses ritos que não têm, por si mesmos, objetivo definido, que são simples descargas de atividades (Ver, anteriormente, p. 451.). O próprio nativo não lhe atribui uma finalidade determinada: afirma-se somente que, se essas liberdades não se fazem valer, o rito não produzirá seus efeitos; a cerimônia terá sido vã.

1222. Eis aqui as próprias expressões das quais se valem B. Spencer e F. J. Gillen: "Elas (as cerimônias que remetem aos totens) são frequentemente associadas, mas nem sempre, àquelas que dizem respeito à iniciação dos jovens, ou então fazem parte dos *Intichiuma*" (*North. Tr.*, *op. cit.*, p. 178.).

necessárias para que eles se tornem membros regulares da sociedade dos homens.[1223] Desse ponto de vista, o *Intichiuma* aparece sob um novo aspecto. Não se trata mais de um mecanismo ritual distinto, que repousa sobre princípios que lhe são próprios, mas uma aplicação particular de cerimônias mais gerais e que podem ser utilizadas para fins muito diferentes. Eis por que, em sua nova obra, antes de falar do *Intichiuma* e da iniciação, os dois autores dedicam um capítulo especial às cerimônias totêmicas em geral, abstraindo-se as formas diversas que podem assumir segundo os fins para os quais são empregadas.[1224]

Essa indeterminação fundamental das cerimônias totêmicas foi indicada apenas por Spencer e Gillen, e de uma maneira bastante indireta. Ainda assim, ela acaba de ser confirmada por Strehlow nos mais explícitos termos. "Quando", diz esse autor, "os jovens noviços tomam parte nas diferentes festas da iniciação, executa-se diante deles uma série de cerimônias que, ao mesmo tempo que reproduzem até nos seus mais característicos detalhes os ritos do culto propriamente dito (*vale dizer, os ritos que Spencer e Gillen denominam Intichiuma*), não possuem, ainda assim, como finalidade multiplicar e tornar próspero o respectivo totem."[1225] Eis que, portanto, a mesma cerimônia atua nos dois casos; apenas o nome não é o mesmo. Quando tem especialmente por objetivo a reprodução da espécie, chama-se *mbatjalkatiuma*, e é apenas quando constitui um processo de iniciação que seria denominada *Intichiuma*.[1226]

Além disso, entre os Arunta, esses dois tipos de cerimônias distinguem-se uma da outra por certas características secundárias. Se o contexto do rito é similar nos dois casos, sabemos, contudo, que as efusões de sangue e, de modo mais geral, as oblações características do *Intichiuma* arunta não estão presentes nas cerimônias de iniciação. E há mais: nesse mesmo povo, enquanto o *Intichiuma* ocorre em um local que a tradição determina por lei e em direção ao qual se é obrigado a partir em peregrinação, a cena

---

1223. Deixamos de lado a questão de saber em que consiste esse caráter. Trata-se de um problema que nos conduziria a questões que requerem um tratamento longo e demasiadamente técnico, e por essa razão necessitariam ser abordadas em um estudo particular. Aliás, ele não interessa às proposições estabelecidas ao longo da presente obra.

1224. É o capítulo VI de B. Spencer e F. J. Gillen, *North. Tr.*, op. cit., intitulado *Sacred Ceremonies Connected with the Totems*.

1225. C. Strehlow, *Die Aranda - und Loritja - Stämme in Zentral-Australien*, op. cit., III, 1910, p. 1-2.

1226. Explicar-se-ia desse modo o erro que C. Strehlow acusa B. Spencer e F. J. Gillen de terem cometido: eles teriam aplicado a uma das modalidades do rito o termo que convém mais à outra. Nessas condições, contudo, o erro não parece ter o peso que lhe atribui Strehlow.

em que se dão as cerimônias de iniciação é puramente convencional.[1227] Mas quando, como é o caso entre os Warramunga, o *Intichiuma* consiste em uma simples representação dramática, há uma completa indistinção entre os dois ritos. Em ambos, comemora-se o passado, coloca-se o mito em ação, ele é interpretado, e tal interpretação não pode se dar de duas maneiras muito diferentes. Uma só e mesma cerimônia serve então, de acordo com as circunstâncias, a duas funções distintas.[1228]

Ela pode, inclusive, prestar-se a vários outros empregos. Sabe-se que, em sendo o sangue algo sagrado, as mulheres não devem vê-lo correr. Ocorre, contudo, que um conflito estoure na presença delas e que, finalmente, termine com uma efusão de sangue. Uma infração ritual é assim cometida. Ora, entre os Arunta, o homem cujo sangue correu primeiro deve, para reparar a falta cometida, "celebrar uma cerimônia que remeta seja ao totem de seu pai, seja ao de sua mãe"[1229]. Tal cerimônia tem um nome especial, *Alua uparilima*, que significa o desaparecimento do sangue. Por si só, contudo, ela não difere das que são celebradas por ocasião da iniciação ou nos *Intichiuma*: ela representa um evento da história ancestral. Ela pode, portanto, igualmente ser empregada na iniciação, atuar sobre a espécie animal e expiar um sacrilégio. Veremos mais adiante que uma cerimônia totêmica pode também fazer as vezes de um rito fúnebre.[1230]

---

1227. Ela não pode, inclusive, ter outro caráter. Com efeito, como a iniciação é uma festa tribal, noviços de totens diferentes são iniciados na mesma ocasião. As cerimônias que se sucedem assim, em um mesmo local, remetem-se, portanto, sempre a muitos totens e, em decorrência disso, é preciso que ocorram fora das localidades às quais vinculam-se segundo o mito.

1228. É possível explicar agora por qual razão não estudamos, em lugar algum, os ritos de iniciação em si mesmos: eles não constituem uma entidade ritual, mas são formados por um conglomerado de ritos de espécies diferentes. Entram em cena interditos, ritos ascéticos e cerimônias representativas que não se diferenciam daqueles que são celebrados por ocasião do *Intichiuma*. Tivemos, portanto, de desmembrar esse sistema compósito e tratar separadamente cada um dos ritos elementares que o compõem, classificando-os junto com os ritos similares dos quais é necessário aproximá-los. Por outro lado, vimos (p. 344 ss.) que a iniciação serviu de ponto de partida a uma religião nova que tende a transcender o totemismo. Sobre essa religião, contudo, basta-nos mostrar que o totemismo a continha em estado embrionário. Não tivemos de seguir seu desenvolvimento. O propósito deste livro é estudar as crenças e as práticas elementares; devemos interromper a investigação no momento em que elas dão origem a formas mais complexas.

1229. B. Spencer e F. J. Gillen, *Nat. Tr., op. cit.*, p. 463. Se o indivíduo pode escolher entre celebrar uma cerimônia do totem paterno ou do totem materno, isso ocorre porque, por motivos expostos anteriormente (p. 230), ele participa de ambos.

1230. Ver, a seguir, Capítulo V, p. 466.

Hubert e Mauss já assinalaram uma ambiguidade fundamental do mesmo gênero no caso do sacrifício e, em especial, do sacrifício hindu.[1231] Eles mostraram como o sacrifício comunal, o sacrifício expiatório, o sacrifício voto e o sacrifício contrato são apenas variantes de um único e mesmo mecanismo. Vemos agora que tal fato é muito mais primitivo, e que não está de forma alguma limitado à instituição sacrificial. Talvez não exista rito que não apresente similar indeterminação. A missa serve tanto para os casamentos quanto para os funerais; ela redime as faltas dos mortos e garante aos vivos os favores da divindade etc. O jejum é uma expiação e uma penitência, mas é também uma preparação para a comunhão; ele confere, inclusive, virtudes positivas. Essa ambiguidade demonstra que a função real de um rito consiste não nos efeitos particulares e definidos aos quais parece visar e a partir dos quais ele é normalmente caracterizado, mas em uma ação geral que, ao mesmo tempo que permanece sempre e em todo canto similar a si mesma, ainda assim é suscetível de assumir formas diferentes em função das circunstâncias. Ora, é precisamente isso que supõe a teoria que propusemos. Se o verdadeiro papel do culto é despertar nos fiéis certa disposição d'alma, feita de força moral e de confiança, se os efeitos diversos que são imputados aos ritos devem-se apenas a uma determinação secundária e variável desse estado fundamental, não é surpreendente que um mesmo rito, preservando a mesma composição e a mesma estrutura, pareça produzir efeitos múltiplos. Afinal, as disposições mentais que ele tem por função permanente provocar continuam as mesmas em todos os casos; elas dependem da reunião do grupo, e não das razões específicas que tornaram essa reunião possível. Por outro lado, contudo, elas são interpretadas de modos diferentes de acordo com as circunstâncias às quais se aplicam. Acaso é um resultado físico que se almeja obter? A confiança sentida fará crer que esse resultado é ou será obtido graças aos meios empregados. Acaso se cometeu uma falta que se quer reparar? Similar estado de segurança moral atribuirá virtudes expiatórias aos mesmos gestos rituais. Desse modo, a eficácia aparente parecerá mudar, enquanto a eficácia real permanece inalterada, e o rito parecerá cumprir funções diversas, embora realize apenas uma, sempre a mesma.

Em contrapartida, assim como um único rito pode servir a diversos fins, vários ritos podem produzir o mesmo efeito e substituírem-se mutuamente. Para garantir a reprodução da espécie totêmica, pode-se igualmente re-

---

1231. Ver H. Hubert e M. Mauss, "Essai sur la nature et la fonction du sacrifice", em *Id., Mélanges d'Histoire des Religions, op. cit.*, p. 83. [Ver, em português: H. Hubert e M. Mauss, "Ensaio sobre a natureza e a função do sacrifício", em M. Mauss, *Ensaios de Sociologia*, São Paulo, Perspectiva, 1981, p. 183, com tradução de Luiz João Gaio e Jacó Guinsburg. (N.T.)]

correr a oblações, a práticas imitativas ou a representações comemorativas. Essa aptidão dos ritos a se substituírem reciprocamente prova mais uma vez, assim como sua plasticidade, a extrema generalidade da ação útil que exercem. O essencial é que os indivíduos estejam reunidos, que sentimentos comuns sejam experimentados e que eles se expressem por atos compartilhados; ainda assim, quanto à natureza particular desses sentimentos e desses atos, trata-se de algo relativamente secundário e contingente. Para tomar consciência de si, o grupo não tem a necessidade de produzir certos gestos mais do que outros. É preciso que ele comungue em um mesmo pensamento e em uma mesma ação. Pouco importa, porém, as espécies sensíveis mediante as quais essa comunhão ocorre. Sem dúvida, essas formas exteriores não se determinam fortuitamente: elas têm suas razões, mas essas não remetem ao que há de essencial no culto.

Tudo nos conduz, portanto, à mesma ideia: os ritos são, antes de mais nada, meios pelos quais o grupo social se reafirma periodicamente. Partindo daí, talvez, possamos lograr reconstruir hipoteticamente a maneira pela qual o culto totêmico deve, primitivamente, ter nascido. Pessoas que se sentem unidas, em parte por laços de sangue, mas ainda mais por uma comunidade de interesses e de tradições, reúnem-se e tomam consciência de sua unidade moral. Por razões que já expusemos, elas são levadas a conceber essa unidade sob a forma de uma espécie muito particular de consubstancialidade: consideram-se, todos, participando da natureza de um animal determinado. Nessas condições, haveria para eles apenas uma única maneira de afirmar sua existência coletiva, qual seja, afirmarem-se eles mesmos como animais dessa mesma espécie, e isso não apenas no silêncio da consciência, mas por meio de atos materiais. São esses atos que constituem o culto, e eles só podem consistir, por certo, em movimentos mediante os quais o indivíduo imita o animal com o qual se identifica. Assim entendidos, os ritos imitativos surgem como a forma original do culto. Pode-se pensar que isso equivaleria a atribuir um papel histórico muito considerável a práticas que, à primeira vista, dão a impressão de jogos infantis. Ainda assim, como mostramos, tais gestos ingênuos e desajeitados, tais procedimentos grosseiros de figuração, traduzem e alimentam um sentimento de orgulho, de confiança e de veneração absolutamente comparáveis aos que exprimem os fiéis das religiões mais idealistas quando, reunidos, proclamam-se os filhos do Deus todo-poderoso. Afinal, tanto em um caso quanto em outro, esse sentimento é feito das mesmas impressões de segurança e de respeito que desperta, nas consciências individuais, essa grande força moral que as domina e as mantém, e que é a força coletiva.

Os outros ritos que estudamos são apenas, ao que tudo indica, modalidades desse rito essencial. Uma vez admitida a estreita solidariedade entre o animal e o ser humano, sentiu-se fortemente a necessidade de garantir a reprodução regular da espécie totêmica, e fez-se dessa reprodução o objeto principal do culto. Essas práticas imitativas que, originalmente, sem dúvida tinham apenas uma finalidade moral encontraram-se então subordinadas a um fim utilitário e material, e foram concebidas como meios para produzir o resultado esperado. Não obstante, à medida que, em decorrência do desenvolvimento da mitologia, o herói ancestral, primitivamente confundido com o animal totêmico, distinguiu-se ainda mais, à medida que se tornou uma entidade mais pessoal, a imitação do ancestral substitui a imitação do animal ou foi a ela justaposta, e as cerimônias representativas substituíram ou completaram os ritos miméticos. Enfim, para que o objetivo esperado fosse alcançado com maior certeza, sentiu-se a necessidade de dispor de todos os meios de que se dispunha. Tinha-se em mãos as reservas de forças vivas que estavam acumuladas nos rochedos sagrados: elas eram utilizadas; uma vez que o sangue do ser humano era da mesma natureza que o do animal, ele foi utilizado com a mesma finalidade, sendo espalhado. Em contrapartida, até como consequência de tal parentesco, o ser humano empregava a carne do animal para refazer sua própria substância. Decorrem disso os ritos de oblação e de comunhão. Em definitivo, porém, todas essas práticas diversas são apenas variantes de um único e mesmo tema: em toda parte, na base, encontra-se o mesmo estado de espírito interpretado de forma diferente em função das situações, dos momentos da história e das disposições dos fiéis.

CAPÍTULO V

# Os ritos piaculares e a ambiguidade da noção do sagrado

Por mais diferentes que sejam entre si em virtude da natureza dos gestos que implicam, os diferentes ritos positivos que acabamos de passar em revista possuem uma característica comum: todos são realizados em um estado de confiança, de alegria e, inclusive, de entusiasmo. Embora a expectativa quanto a um evento futuro e contingente envolva sempre alguma dose de incerteza, ainda assim é normal que a chuva caia quando a estação propícia se inicia, que as espécies animais e vegetais se reproduzam regularmente. Uma experiência, repetida inúmeras vezes, demonstrou que, em princípio, os ritos produzem o efeito que se espera deles e que é sua razão de ser. Eles são realizados com segurança, aproveitando-se antecipadamente do feliz acontecimento que preparam e anunciam. Os movimentos executados participam desse estado de espírito: eles estão, sem dúvida, impregnados da gravidade que uma solenidade religiosa sempre supõe, embora essa gravidade não exclua nem o entusiasmo, nem a alegria.

As festas são alegres. Existem, ainda assim, festas tristes, que têm por finalidade enfrentar uma calamidade ou, simplesmente, relembrá-la e lamentá-la. Esses ritos possuem uma fisionomia muito particular, que tentaremos caracterizar e explicar. É ainda mais necessário estudá-los à parte, porque eles nos revelarão um aspecto novo da vida religiosa.

Propomos denominar piaculares as cerimônias desse gênero. O termo *piaculum* tem, com efeito, a seguinte vantagem: embora evoque a ideia de expiação, possui, contudo, uma significação muito mais ampla. Toda desgraça, tudo o que é de mau augúrio, tudo o que inspira sentimentos de angústia ou de medo requer um *piaculum* e, por conseguinte, chama-se *piacular*.[1232] Eis aí uma palavra propícia para designar ritos que se celebram na inquietude ou na tristeza.

## I

O luto nos oferece um primeiro e importante exemplo de ritos piaculares. Ainda assim, é necessária uma distinção entre os diferentes ritos que constituem o luto. Existem aqueles que são puras abstenções: não se pode pronunciar o nome do morto,[1233] permanecer no local em que houve o falecimento;[1234] os parentes, sobretudo os do sexo feminino, devem se abster de toda comunicação com os estranhos;[1235] as ocupações corriqueiras da vida são suspensas, tal como acontece durante as festividades[1236] etc. Todas essas práticas remetem ao culto negativo, explicam-se como ritos do mesmo gênero e, por conseguinte, não devemos nos ocupar delas. Elas provêm do seguinte fato: o morto é um ser sagrado. Em decorrência disso, tudo o que esteve em contato com ele se encontra, por contágio, em um estado religioso que exclui todo contato com as coisas da vida profana.

O luto não é feito, porém, apenas de interdições a serem observadas. Atos positivos são exigidos, dos quais os parentes são ao mesmo tempo os agentes e os pacientes.

Com muita frequência, esses ritos começam desde o momento em que a morte parece iminente. Veja-se a seguinte cena testemunhada por Spencer e Gillen entre os Warramunga. Uma cerimônia totêmica havia acabado de ser celebrada e a trupe de atores e de expectadores deixava o terreno consagrado quando, subitamente, um grito estridente foi emitido do acampa-

---

1232. "*Piacularia auspicia appellabant quae sacrificantibus tristia portendebant*" [Em português: "Eles denominavam piaculares os auspícios que traziam tristeza aos sacrificantes". (N.T.)] (Paulo ex Fest., editado por Muller, p. 244.). A palavra *piaculum* é, inclusive, empregada como sinônimo de infelicidade. "*Vettonica herba*", diz Plínio, "*tantum [que] gloriae habet, ut domus, in qua sata sit, tuta extimetur a piaculis omnibus*" [Em português: "A planta Vettonica tem tanto renome que uma casa em que foi semeada é tida como resguardada de todas as infelicidades". (N.T.)] (G. Plinius Secundos, *Naturalis Historiae*, Leipzig, Teubner, t. IV, 1897, XXV, § 84, verso 6.).

1233. B. Spencer e F. J. Gillen, *North. Tr.*, *op. cit.*, p. 526; e E. Eylmann, *Die Eingeborenen der Kolonie Südaustralien*, *op. cit.*, p. 239. Cf., anteriormente, p. 367-8.

1234. R. Brough Smyth, *Aborigines of Victoria*, *op. cit.*, I, p. 106; J. Dawson, *Australian Aborigines*, *op. cit.*, p. 64; e E. Eylmann, *Die Eingeborenen der Kolonie Südaustralien*, *op. cit.*, p. 239.

1235. J. Dawson, *Australian Aborigines*, *op. cit.*, p. 66; e E. Eylmann, *Die Eingeborenen der Kolonie Südaustralien*, *op. cit.*, p. 241.

1236. B. Spencer e F. J. Gillen, *North. Tr.*, *op. cit.*, p. 502; e J. Dawson, *Australian Aborigines*, *op. cit.*, p. 67.

mento: um homem estava prestes a morrer. De imediato, toda a companhia começou a correr o mais rápido possível, e a maioria, durante a própria corrida, já começava a gritar. "Entre nós e o acampamento", relatam esses observadores, "havia um córrego profundo em cujas bordas vários homens estavam sentados; espalhados aqui e acolá, com a cabeça baixa entre os joelhos, eles choravam e gemiam. Ao atravessar o córrego, encontramos, de acordo com o costume, o acampamento em frangalhos. As mulheres, vindas de todas as direções, estavam deitadas sobre o corpo do moribundo, enquanto as demais, mantendo-se próximas, de pé ou ajoelhadas, golpeavam-se no alto da cabeça com a ponta dos bastões usados para desenterrar inhames, produzindo assim feridas das quais jorrava sangue sobre seus rostos. Ao mesmo tempo, produziam um lamento ininterrupto. Nesse ínterim, chegam os homens, que também se lançam sobre o corpo, isso enquanto as mulheres se levantam. Ao término de alguns instantes, vê-se apenas uma massa fervilhante de corpos entrelaçados. Ao lado, três homens da classe Thapungarti, que ainda utilizavam seus ornamentos cerimoniais, estando sentados e, com as costas voltadas ao moribundo, emitiam gemidos agudos. Ao término de um ou dois minutos, outro homem da mesma classe se precipita sobre o terreno, gritando de dor e brandindo uma faca de pedra. Tão logo ele chega ao acampamento, produz em si mesmo incisões profundas nas coxas, nos músculos, tanto que, incapaz de se sustentar, acaba caindo por terra no meio de um grupo; duas ou três mulheres de seus parentes o retiram e aplicam seus lábios sobre esses benditos ferimentos, enquanto ele permanece inerte no chão." O doente apenas morreu tarde da noite. Tão logo deu seu último suspiro, a mesma cena recomeçou. A única diferença é que os gemidos eram ainda mais estridentes. Homens e mulheres, tomados por um verdadeiro frenesi, corriam, agitavam-se, infligiam-se ferimentos com facas, com bastões pontudos; as mulheres agrediam-se mutuamente sem que nenhuma delas procurasse se defender dos golpes que recebia. Enfim, ao término de uma hora, tinha início uma procissão, iluminada por tochas, pela planície, até a árvore em cujos ramos o corpo foi colocado.[1237]

A despeito da violência dessas manifestações, elas são estritamente reguladas pela etiqueta. Os indivíduos que se infligem incisões sangrentas são designados pelo costume: devem ter com o morto relações específicas de parentesco. Assim, entre os Warramunga, no caso observado por Spencer e Gillen, aqueles que golpeavam as próprias coxas eram o avô materno do defunto, seu tio materno, o tio materno e o irmão de sua

---

1237. B. Spencer e F. J. Gillen, *North. Tr.*, op. cit., p. 516-7.

mulher.[1238] Outros devem cortar as costeletas e os cabelos, cobrindo em seguida o coro cabeludo de argila. As mulheres têm obrigações particularmente severas. Elas devem cortar os cabelos, cobrir todo o corpo de argila; além disso, um silêncio absoluto lhes é imposto durante todo o tempo do luto, o que pode chegar a até dois anos. Em decorrência dessa interdição, não é raro que, entre os Warramunga, todas as mulheres de uma aldeia estejam condenadas ao mais completo silêncio. Eles incorporam tão bem o costume que, mesmo após o término do período de luto, renunciam voluntariamente à linguagem falada, e empregam de preferência a linguagem por gestos, que dominam, aliás, com notável destreza. Spencer e Gillen conheceram uma idosa que permaneceu calada durante vinte e quatro anos.[1239]

A cerimônia que acabamos de descrever dá início a uma longa série de ritos que se sucedem ao longo de semanas e meses. Ela é renovada nos dias que se seguem, sob diversas formas. Grupos de homens e de mulheres permanecem sentados no chão, chorando, lamentando-se, abraçando-se em determinados momentos. Esses abraços rituais repetem-se com frequência durante o período do luto. Os indivíduos experimentam, ao que parece, a necessidade de se aproximar e de comungar mais intimamente; são vistos juntos uns dos outros e entrelaçados a ponto de formar uma única e mesma massa, que emite gemidos barulhentos.[1240] Nesse ínterim, as mulheres começam novamente a machucar a cabeça e, para intensificar os ferimentos infligidos, chegam ao ponto de se golpear com pontas de bastões em brasa.[1241]

Tais práticas são muito difundidas em toda a Austrália. Os ritos funerários, ou seja, os cuidados rituais concedidos ao cadáver, a maneira com a qual é enterrado etc., mudam de acordo com as tribos,[1242] e, em uma

---

1238. B. Spencer e F. J. Gillen, *North. Tr.*, *op. cit.*, p. 520-1. Os autores não nos dizem se estes são parentes tribais ou parentes de sangue. A primeira hipótese é a mais verossímil.

1239. *Ibid.*, p. 525-6. Essa interdição de falar, própria às mulheres, embora consista em uma simples abstenção, tem todo o aspecto de um rito piacular: trata-se de uma maneira de se constranger. Eis por que a mencionamos aqui. O jejum igualmente pode, de acordo com as circunstâncias, constituir um rito piacular ou um rito ascético. Tudo depende das condições nas quais ocorre e do objetivo perseguido (Ver, sobre a diferença entre essas duas modalidades de ritos, a seguir, p. 468.).

1240. Encontrar-se-á em *Ibid.*, p. 525, uma gravura muito expressiva na qual esse rito é representado.

1241. *Ibid.*, p. 522.

1242. Sobre os principais ritos funerários, ver A. W. Howitt, *Nat. Tr.*, *op. cit.*, p. 466-508, para as tribos do sudeste; B. Spencer e F. J. Gillen, *North. Tr.*, *op. cit.*, p. 505 e, dos mesmos autores,

mesma tribo, variam em função da idade, do sexo e do valor social dos indivíduos[1243]. Ainda assim, as cerimônias de luto propriamente dito reproduzem invariavelmente o mesmo tema: as variantes são apenas um detalhe. Em toda parte, é o mesmo silêncio entrecortado por lamentações[1244], a mesma obrigação de cortar os cabelos ou a barba[1245], de besuntar a cabeça com argila, ou de cobri-la com cinzas, e até mesmo de excrementos[1246]. Em toda parte, enfim, manifesta-se o mesmo furor de se golpear, de se ferir e de se queimar. No centro de Victoria, "quando ocorre uma morte, as mulheres choram, lamentam-se, machucam a pele das têmporas com suas unhas. Os parentes do defunto machucam-se com raiva, especialmente se este for um filho que perderam. O pai golpeia-se na cabeça com um machado de pedra e emite tristes lamentações. A mãe, sentada junto ao fogo, queima o peito e a barriga com um bastão em brasa... Por vezes, esses ferimentos são tão cruéis que levam à morte"[1247]. Segundo um relato de Brough Smyth, eis o que ocorre nas tribos meridionais do mesmo estado. Tão logo o corpo foi colocado na tumba, "a viúva dá início a suas cerimônias fúnebres. Ela corta os cabelos que caem em frente ao seu rosto e, tomada por um verdadeiro estado de frenesi, apanha bastões em brasa e aplica-os em seu peito, em seus braços, nas pernas e nas coxas. Ela parece se deleitar com as torturas que se inflige. Seria perigoso e, aliás, inútil buscar interrompê-la. Quando, esgotada, não podendo mais andar, ainda se esforça para golpear as cinzas da fogueira e lançá-las em todas as direções. Caída no chão, apanha as cinzas com as mãos e esfrega suas feridas; em seguida, arranha-se no rosto (a única parte do corpo que os bastões em brasa não tocaram). O sangue que corre acaba por se misturar às cinzas que cobrem suas feridas e, enquanto se arranha, emite gritos e lamentações"[1248].

---

Nat. Tr., op. cit., p. 497 ss, para as tribos do centro; e W. E. Roth, "Burial Ceremonies, and Disposal of the Dead", op. cit., p. 365 ss.

1243. Ver, em especial, W. E. Roth, "Burial Ceremonies, and Disposal of the Dead", op. cit., p. 368; e E. J. Eyre, *Journals of Expeditions of Discovery into Central Australia, and Overland from Adelaide to King George's Sound, in the Years 1840-41*, op. cit., II, p. 344-5 e 347.

1244. B. Spencer e F. J. Gillen, Nat. Tr., op. cit., p. 500; Id., North. Tr., op. cit., p. 507-8; E. Eylmann, *Die Eingeborenen der Kolonie Südaustralien*, op. cit., p. 241; K. Langloh Parker, *The Eyahlayi Tribe*, op. cit., p. 83 ss; e R. Brough Smyth, *The Aborigines of Victoria*, op. cit., I, p. 118.

1245. J. Dawson, *Australian Aborigines*, op. cit., p. 66; A. W. Howitt, Nat. Tr., op. cit., p. 466; e E. Eylmann, *Die Eingeborenen der Kolonie Südaustralien*, op. cit., p. 239-40.

1246. R. Brough Smyth, *The Aborigines of Victoria*, op. cit., I, p. 113.

1247. W. E. Stanbridge, "Some Particulars of the General Characteristics, Astronomy, and Mythology of the Tribes in the Central Part of Victoria, Southern Australia", *Transactions of the Ethnological Society of London*, s. n., I, p. 286.

1248. R. Brough Smyth, *The Aborigines of Victoria*, op. cit., I, p. 104.

A descrição que Howitt nos dá dos ritos de luto entre os Kurnai assemelha-se consideravelmente às precedentes. Tão logo o corpo foi envolvido em peles de gambá e fechado em uma mortalha de casca de árvore, uma cabana em que seus parentes se reúnem é erguida. "Nesse local, espalhados no chão, eles lamentam sua fortuna, dizendo, por exemplo: 'Por que nos deixastes?'. De tempos em tempos, sua dor é tão exasperada pelas intensas lamentações emitidas por algum deles: *meu marido está morto*, grita a esposa do defunto, ou *meu filho está morto*, grita a mãe. Cada um dos assistentes repete o mesmo grito: as palavras apenas mudam em função dos laços de parentesco que os une ao morto. Com pedras cortantes ou machados de pedra, eles se golpeiam e se ferem até que suas cabeças e seus corpos jorrem sangue. Os choros e as lamentações continuam durante toda a noite."[1249]

A tristeza não é o único sentimento que se exprime ao longo dessas cerimônias; uma espécie de raiva normalmente se mistura a ela. Os parentes sentem uma espécie de necessidade de vingar, por um expediente qualquer, a morte ocorrida. Eles são vistos se precipitando uns sobre os outros, buscando machucar-se mutuamente. Por vezes, o ataque é real; em outros casos, ele é simulado.[1250] Há mesmo casos em que espécies de combates singulares são regularmente organizados. Entre os Kaitish, a cabeleira do defunto pertence, de direito, a seu genro. Este, em troca, é compelido a partir, acompanhado de um grupo de parentes e de amigos, para provocar um de seus irmãos tribais, a saber, alguém que pertence à sua mesma classe matrimonial e que, em função disso, teria podido igualmente casar com a filha do morto. A provocação não pode ser recusada, e os combatentes se infligem sérios ferimentos nos ombros e nas coxas. Findo o duelo, aquele que o incitou dá a seu adversário a cabeleira que ele provisoriamente herdou. Esse último vai, por sua vez, provocar e combater outro de seus irmãos tribais a quem a preciosa relíquia é em seguida transmitida, mas sempre de maneira provisória; ela passa assim de mão

---

1249. A. W. Howitt, *Nat. Tr., op. cit.*, p. 459. Cenas análogas podem ser encontradas em E. J. Eyre, *Journals of Expeditions of Discovery into Central Australia, and Overland from Adelaide to King George's Sound, in the Years 1840-41, op. cit.*, II, p. 255 n. e p. 347; bem como em W. E. Roth, "Burial Ceremonies, and Disposal of the Dead", *op. cit.*, p. 394-5, em particular; e G. Grey, *Journals of Two Expeditions of Discovery in North-West and Western Australia, during the Years 1837, 38, and 39, op. cit.*, II, p. 320 ss.

1250. R. Brough Smyth, *The Aborigines of Victoria, op. cit.*, I, p. 104 e 112; e W. E. Roth, "Burial Ceremonies, and Disposal of the Dead", *loc. cit.*, p. 382.

em mão e circula de grupo em grupo.[1251] Aliás, na espécie de raiva com a qual cada parente se golpeia, se queima ou se corta, já adentra algo desses mesmos sentimentos: uma dor que atinge esse paroxismo não é sentida sem provocar raiva. É impossível não se espantar com as semelhanças entre tais práticas e a vendeta. Ambas procedem desse mesmo princípio: a morte reclama efusões de sangue. Toda a diferença está no seguinte ponto: em um caso, as vítimas são parentes, e, em outro, são estrangeiros. Não trataremos especialmente da vendeta, que remete sobretudo ao estudo das instituições jurídicas; convém, contudo, mostrar como ela se associa aos ritos do luto, cujo término anuncia.[1252]

Em certas sociedades, o luto se encerra com uma cerimônia cuja efervescência atinge ou vai mesmo além daquela que se produz por ocasião das cerimônias inaugurais. Entre os Arunta, esse rito de encerramento é chamado *Urpmilchima*. Spencer e Gillen assistiram a dois desses ritos. Um era celebrado em homenagem a um homem, outro, a uma mulher. Eis a descrição que nos dão do último.[1253]

Começa-se fabricando ornamentos de um gênero muito particular, denominados *Chimurilia* para os homens e *Aramurilia* para as mulheres. Com uma espécie de resina, pequenos ossos de animais, anteriormente recolhidos e reservados, são fixados a cachos de cabelos fornecidos por parentes da falecida. Atrelam-se essas espécies de pingente a uma dessas bandanas que as mulheres utilizam comumente, e acrescentam-se a elas penas de cacatuas brancas e de papagaio. Uma vez findos esses preparativos, as mulheres reúnem-se em seu acampamento. Elas pintam seus corpos com cores diferentes em função do grau de parentesco com a falecida. Após manterem-se abraçadas em conjunto durante uma dezena de minutos, enquanto dão a ouvir uma lamentação ininterrupta, iniciam uma caminhada em direção à sepultura. A certa distância, encontram um irmão de sangue da finada, acompanhado por alguns de seus irmãos tribais. Todo mundo se senta no chão, e as lamentações recomeçam. Um *pitchi*[1254] contendo os *Chimurilia* é então apresentado ao primogênito, que o agita contra seu estômago. Diz-se que isso é um meio de apaziguar sua dor. Retira-se um desses *Chimurilia* e a mãe da falecida veste-o durante al-

---

1251. B. Spencer e F. J. Gillen, *North. Tr.*, op. cit., p. 511-2.
1252. J. Dawson, *Australian Aborigines*, op. cit., p. 67; e W. E. Roth, "Burial Ceremonies, and Disposal of the Dead", loc. cit., p. 366-7.
1253. B. Spencer e F. J. Gillen, *Nat. Tr.*, op. cit., p. 508-10.
1254. Pequeno vaso de madeira já mencionado anteriormente, p. 400.

guns instantes; em seguida, ele é recolocado no *pitchi* que os outros homens agitam, por sua vez, contra seus peitos. Por fim, o irmão coloca os *Chimurilia* sobre a cabeça das duas irmãs mais velhas e retoma-se o caminho da sepultura. No caminho, a mãe se lança repetidas vezes ao chão, procurando cortar sua cabeça com um bastão pontudo. Cada vez que isso acontece, as demais mulheres a levantam e parecem preocupadas em impedir que ela se machuque. Tão logo chega à sepultura, ela se lança sobre o túmulo, esforça-se por destruí-lo com suas mãos, enquanto as outras mulheres dançam literalmente sobre ela. As mães da tribo e as tias (irmãs do pai da morta) seguem seu exemplo: também elas se lançam ao solo, se golpeiam, se ferem mutuamente; seus corpos findam por estar todo ensanguentados. Após certo tempo, são arrastadas para longe. As irmãs mais velhas fazem então um buraco na terra do túmulo, onde depositam os *Chimurilia*, previamente despedaçados. Mais uma vez, as mães da tribo se jogam ao chão e cortam mutuamente suas cabeças. Nesse momento, "os choros e as lamentações das mulheres que se mantinham ao redor pareciam atingir o grau máximo de excitação. O sangue que corria ao longo de seu corpo sobre a argila com a qual se besuntaram lhes dava uma aparência de fantasmas. Ao final, a velha mãe permanece sozinha deitada sobre o túmulo, completamente esgotada e gemendo baixinho". Então as outras a erguem e retiram dela a argila com que estava coberta; eis aí o fim da cerimônia e do luto.[1255]

Entre os Warramunga, o rito final apresenta características muito particulares. As efusões de sangue não parecem ocorrer nele; mas a efervescência coletiva traduz-se de outra maneira.

Nesse povo, o corpo, antes de ser definitivamente enterrado, é exposto em uma espécie de plataforma que se instala nos galhos de uma árvore; deixa-se ele aí, decompondo-se lentamente até que sobrem apenas os ossos. Esses são então recolhidos e, com a exceção de um úmero, depositados no interior de um formigueiro. O úmero é envolto em um invólucro de casca de árvore enfeitado de diferentes maneiras. O invólucro é levado à aldeia em meio aos gritos e às lamentações das mulheres. Ao longo dos próximos dias, celebra-se uma série de cerimônias totêmicas relacionadas ao totem do defunto e à história mística dos ancestrais dos quais o clã descende. Quando todas essas cerimônias terminam, inicia-se o rito de encerramento.

---

1255. B. Spencer e F. J. Gillen, *Nat. Tr.*, *op. cit.*, p. 508-10. O outro rito final ao qual assistiram B. Spencer e F. J. Gillen é descrito entre as páginas 503 e 508 da mesma obra. Ele não difere, quanto à sua essência, daquele que acabamos de analisar.

Uma trincheira, com uma profundidade de um e comprimento de quinze pés, é aberta sobre o terreno cerimonial. Executou-se antes sobre o solo, a alguma distância desse local, um desenho totêmico que representa o totem do morto e certos locais onde o ancestral habitou. Próximo ao desenho, um pequeno fosso foi cavado na terra. Dez homens decorados avançam então uns sobre os outros e, com as mãos cruzadas atrás das cabeças e as pernas apartadas, colocam-se acima da trincheira. Tão logo é dado um sinal, as mulheres vêm da aldeia no mais profundo silêncio; tão logo se aproximam, colocam-se em fila indiana, com a última tendo em mãos o invólucro que contém o úmero. Em seguida, todas se jogam no chão e, engatinhando, atravessam toda a trincheira entre as pernas apartadas dos homens. A cena denota um grande estado de excitação sexual. Tão logo a última mulher passou, retira-se dela o invólucro, que é levado junto ao fosso para um ancião. Este, com um golpe forte, quebra o osso, e os fragmentos são rapidamente enterrados. Durante esse tempo, as mulheres permaneceram mais distantes, com as costas voltadas à cena cuja visão lhes é proibida. Quando escutam o golpe do machado, elas fogem gritando e se lamentando. O rito está realizado; o luto é encerrado.[1256]

## II

Esses ritos derivam de um tipo muito diferente daqueles que descrevemos anteriormente. Isso não quer dizer que não se possa encontrar entre eles semelhanças importantes que indicaremos; mas as diferenças são, talvez, mais claras. Em vez de danças alegres, de cantos, de representações dramáticas que distraem e deleitam os espíritos, encontram-se choros, lamentações, em suma, as manifestações mais variadas da tristeza angustiada e de uma espécie de piedade mútua, que ocupa toda a cena. Sem dúvida, há também, no decorrer do *Intichiuma*, efusões de sangue; trata-se, contudo, de oblações feitas em um movimento de entusiasmo devocional. Se os gestos se assemelham, os sentimentos que os exprimem são diferentes e até opostos. Do mesmo modo, os ritos ascéticos implicam claramente privações, abstinências e mutilações, mas que devem ser encaradas com uma coragem impassível e uma espécie de serenidade. Aqui, ao contrário, o abatimento, os gritos, os choros são a regra. O asceta se tortura para atestar, a seus olhos e aos olhos de seus semelhantes, que ele está acima do sofrimento. No luto, inflige-se o mal a si mesmo para provar

---

1256. B. Spencer e F. J. Gillen, *North. Tr.*, *op. cit.*, p. 531-40.

que se está sofrendo. A todos esses signos reconhece-se os traços característicos de ritos piaculares.

Como, então, podem eles ser explicados?

Um primeiro fato é constante: o luto não é a expressão espontânea de emoções individuais.[1257] Se os parentes choram, lamentam-se, mortificam-se, isso não ocorre porque sentem-se pessoalmente atingidos pela morte de seu próximo. Sem dúvidas, é possível que, em casos particulares, a tristeza expressa seja realmente sentida.[1258] Na maioria das vezes, contudo, não há nenhuma relação entre os sentimentos experimentados e os gestos executados pelos atores do rito.[1259] Se, no instante mesmo em que as pessoas que choram parecem estar mais acometidas pela dor, dirige-se a elas a palavra para informar-lhes sobre algum assunto mundano, é comum que mudem de imediato a expressão e o tom, assumindo um ar risonho e conversando com a melhor disposição do mundo.[1260] O luto não é um movimento natural da sensibilidade privada, esmagada por uma perda cruel; trata-se de um dever imposto pelo grupo. As pessoas se lamentam não apenas porque estão tristes, mas porque se é compelido a lamentar-se. Eis aí uma atitude ritual que se é obrigado a adotar por respeito ao costume, mas que é, em grande medida, independente do estado afetivo dos indivíduos. Essa obrigação é, aliás, sancionada por penas míticas ou sociais. Acredita-se, por exemplo, que quando um parente não enfrenta o luto como convém, a alma do morto se cola a seus passos e o assassina.[1261] Em outros casos, a sociedade não confia às forças religiosas a tarefa de punir os negligentes: ela mesma intervém e reprime as faltas rituais. Se um genro não cumpre os deveres funerários obrigatórios em relação ao seu sogro, se não realiza as incisões prescritas, seus sogros tribais lhe tomam sua mulher e a dão a outra pessoa.[1262] Desse modo, para se cumprir o costume, por vezes força-se o choro por meios artificiais.[1263]

---

1257. Ao contrário do que diz F. B. Jevons, *An Introduction to the History of Religion*, op. cit., p. 46 ss.

1258. É o que incita J. Dawson a dizer que o luto é encarado com sinceridade (*Australian Aborigines*, op. cit., p. 66.). E. Eylmann, por outro lado, garante ter conhecido apenas um caso em que tenha havido ferimento em função de uma tristeza sentida realmente (*Die Eingeborenen der Kolonie Südaustralien*, op. cit., p. 113.).

1259. B. Spencer e F. J. Gillen, *Nat. Tr.*, op. cit., p. 510.

1260. E. Eylmann, *Die Eingeborenen der Kolonie Südaustralien*, op. cit., p. 238-9.

1261. B. Spencer e F. J. Gillen, *North. Tr.*, op. cit., p. 507; e *Id.*, *Nat. Tr.*, op. cit., p. 498.

1262. *Id.*, *Nat. Tr.*, op. cit., p. 500; e E. Eylmann, *Die Eingeborenen der Kolonie Südaustralien*, op. cit., p. 277 ss.

1263. R. Brough Smyth, *The Aborigines of Victoria*, op. cit., I, p. 114.

Qual é a origem dessa obrigação? Etnógrafos e sociólogos geralmente se contentaram com a resposta que os próprios nativos dão à questão. Diz-se que o morto quer ser chorado, e que, se lhe for recusado o tributo de lamentações às quais ele tem direito, isso implica ofendê-lo; conformar-se às vontades do finado é, assim, o único meio de prevenir sua ira.[1264]

Essa explicação mitológica apenas modifica os termos do problema, sem resolvê-lo. Afinal, ainda é preciso saber por que o finado reclama imperativamente o luto. Dir-se-á que querer ser pranteado e lamentado está na natureza do ser humano. Ainda assim, explicar por esse sentimento o complexo aparato de ritos que constitui o luto implica atribuir ao australiano exigências afetivas que o próprio civilizado não experimenta. Admitamos – o que não é evidente *a priori* – que a ideia de não ser esquecido muito rapidamente seja naturalmente agradável à pessoa que pensa sobre o futuro. Seria preciso provar que alguma vez ela ocupou suficientemente o coração dos vivos para que se pudesse razoavelmente atribuir aos mortos uma mentalidade que procederia quase por completo dessa preocupação. Sobretudo, parece inverossímil que tal sentimento tenha podido obcecar e apaixonar a esse ponto pessoas que não estão habituadas a pensar além do instante presente. Em vez de considerar como a origem do luto o desejo de se manter na memória daqueles que permanecem em vida, é-se levado a questionar se acaso não seria o próprio luto que, uma vez instituído, teria despertado a ideia e o gosto das lamentações póstumas.

A interpretação clássica parece ainda mais insustentável quando se sabe em que consiste o luto primitivo. Ele não é constituído simplesmente de lamentações piedosas relacionadas a quem não mais está presente, mas de duras abstinências e de cruéis sacrifícios. O rito exige não apenas que se pense melancolicamente no falecido, mas que as pessoas golpeiem-se, machuquem-se, cortem-se e queimem-se. Vimos inclusive que as pessoas em luto torturam-se a tal ponto que por vezes não sobrevivem a suas feridas. Que motivo teria o finado para lhes impor tais suplícios? Tal crueldade de sua parte denota algo diferente de um desejo de não ser esquecido. Para que sinta prazer ao presenciar o sofrimento dos seus, é necessário que os odeie, que esteja sedento de seu sangue. Essa ferocidade parecerá, sem dúvida, natural a quem considera que todo espírito é necessariamente uma potência malévola e terrível. Sabemos, contudo, que existe todo tipo de espíritos; por qual motivo a alma do fi-

---

1264. B. Spencer e F. J. Gillen, *Nat. Tr.*, op. cit., p. 510.

nado deve ser necessariamente um espírito mau? Enquanto vive, ele ama seus parentes, troca favores com eles. Acaso não seria estranho que sua alma, tão logo se libere do corpo, desprenda-se instantaneamente desses sentimentos antigos para se tornar um gênio perverso e atormentador? Considera-se ainda uma regra geral a ideia de que o morto continua a personalidade do vivo, que tem o mesmo caráter, os mesmos ódios e afetos. É preciso, portanto, que a metamorfose seja compreendida por si só. É bem verdade que os nativos a admitem implicitamente quando explicam o rito por meio das exigências do falecido; trata-se, porém, de saber precisamente de onde lhes veio essa concepção. Ao invés de ser vista como um truísmo, ela é tão obscura quanto o próprio rito e, por conseguinte, não basta para explicá-lo.

Enfim, mesmo que encontrássemos razões para essa surpreendente transformação, ainda teria de se explicar por que ela é somente temporária. Afinal, ela não dura para além do luto; tão logo os ritos são realizados, o finado torna-se aquilo que era em vida, um parente afetuoso e devotado. Ele coloca à disposição dos seus os poderes novos que obtém de sua nova condição.[1265] A partir desse momento, ele é visto como um gênio bom, sempre disposto a ajudar aqueles que, antes, atormentava. Qual a origem dessas reviravoltas sucessivas? Se os sentimentos ruins atribuídos à alma provêm unicamente do fato de ela não estar mais em vida, eles deveriam permanecer imutáveis e, se um luto deriva disso, ele não deveria ter fim.

Essas explicações míticas exprimem a ideia que o nativo tem do rito, e não o próprio rito. Podemos, portanto, descartá-las para nos colocar diante da realidade que elas traduzem, embora a desfigurem. Se o luto difere das outras formas do culto positivo, há um aspecto em que se assemelha a ele: o luto também é feito de cerimônias coletivas que determinam um estado de efervescência para aqueles que delas participam. Os sentimentos superexcitados são diferentes; a superexcitação, contudo, é a mesma. É presumível, portanto, que a explicação dos ritos alegres seja suscetível de ser aplicada aos ritos tristes, com a condição de que os termos sejam transpostos.

Quando um indivíduo morre, o grupo familiar ao qual pertence sente-se enfraquecido e, para reagir contra esse enfraquecimento, ele se reúne. Uma infelicidade partilhada por um grupo tem os mesmos efeitos que a aproximação de um acontecimento feliz: ela aviva os sentimentos coletivos que, por conseguinte, incitam os indivíduos a se procurar e a se aproximar.

---

1265. Vários exemplos dessa crença podem ser encontrados em A. W. Howitt, *Nat. Tr.*, *op. cit.*, p. 435. Cf. C. Strehlow, *Die Aranda – und Loritja – Stämme in Zentral-Australien*, *op. cit.*, I, 1907, p. 15-6; e *Ibid.*, II, 1908, p. 7.

## CAPÍTULO V — OS RITOS PIACULARES E A AMBIGUIDADE DA NOÇÃO DO SAGRADO | 471

Vimos mesmo que essa necessidade de concentração impõe-se por vezes com uma energia particular: as pessoas se beijam, se abraçam e se aproximam o máximo possível umas das outras. O estado afetivo no qual se encontra então o grupo reflete, contudo, as circunstâncias que ele enfrenta. Não apenas as pessoas próximas mais diretamente atingidas trazem à assembleia sua dor pessoal, como a sociedade exerce sobre seus membros uma pressão moral para que coloquem seus sentimentos em harmonia com a situação. Permitir que permaneçam indiferentes aos golpes que a atingem e a diminuem seria proclamar que ela não ocupa em seus corações o lugar a que tem direito: seria negar a si mesma. Uma família que tolera que um dos seus possa morrer sem ser chorado testemunha com isso que lhe falta unidade moral e coesão: ela abdica, renuncia à sua existência. O indivíduo, por sua vez, quando está fortemente atrelado à sociedade da qual faz parte, sente-se moralmente compelido a participar de suas tristezas e de suas alegrias; desinteressar-se por ela seria romper os vínculos que o unem à coletividade; seria deixar de querê-la e se contradizer. Se o cristão, durante as festas comemorativas da Paixão, e o judeu, no dia do aniversário da queda de Jerusalém, jejuam e se mortificam, não é para manifestar uma tristeza sentida espontaneamente. Nessas circunstâncias, o estado interior do crente não encontra correlação com as duras abstinências às quais se submete. Se está triste é, antes de mais nada, porque se obriga a estar triste e o faz para afirmar sua fé. A atitude do australiano durante o luto se explica da mesma maneira. Se ele chora e lamenta-se não é simplesmente para traduzir uma tristeza individual: trata-se de cumprir com um dever em relação ao sentimento que a sociedade da qual participa não perde a oportunidade de recordá-lo.

Sabe-se, por outro lado, como os sentimentos humanos se intensificam quando se afirmam coletivamente. A tristeza, tal como a alegria, exalta-se, amplifica-se ao se repercutir de consciência em consciência e acaba, em decorrência disso, por se exprimir exteriormente por meio de movimentos exuberantes e violentos. Não se trata mais da agitação alegre que observávamos anteriormente; são gritos e urros de dor. Cada um é levado pelos demais; produz-se uma espécie de pânico de tristeza. Quando a dor atinge esse nível de intensidade, a ela se mistura uma espécie de raiva e de desespero. Sente-se a necessidade de quebrar, de destruir algo. Ataca-se a si mesmo e aos outros: a pessoa se golpeia, se fere e se queima, ou então se lança contra alguém para golpeá-lo, feri-lo e queimá-lo. Estabeleceu-se assim o costume de praticar, durante o luto, verdadeiras orgias de tortura. Parece-nos muito verossímil que a vendeta e a caça às cabeças tenham essa origem. Se toda morte é atribuída a algum sortilégio mágico e se, por essa razão, acredita-se que a morte deve ser vingada, experimenta-se então a necessidade de encontrar, a todo preço, uma vítima sobre a qual a dor e a raiva coletivas possam ser descarregadas. Naturalmente se procura essa vítima no exterior, pois um estrangeiro é um sujeito *minoris resistentiae\**; como ele não é protegido por sentimentos de simpatia que o vinculam a um parente ou a um vizinho, não há nada que afaste ou neutralize os sentimentos ruins e destrutivos despertados pela morte. É por esse motivo, sem dúvida, que a mulher se presta, mais frequentemente que o homem, a ser objeto passivo dos ritos mais cruéis do luto; uma vez que possui menor valor social, ela é mais diretamente designada para assumir o lugar de bode expiatório.

Observa-se que essa explicação do luto abstrai completamente a noção de alma ou de espírito. As únicas forças que realmente estão em cena são de natureza totalmente impessoal: trata-se de emoções provocadas no grupo em virtude da morte de um de seus membros. O primitivo ignora, contudo, o mecanismo psíquico do qual resultam essas práticas. Assim, quando busca explicá-las, sente-se compelido a forjar uma explicação inteiramente diferente. Tudo o que sabe é que deve se mortificar dolorosamente. Como toda obrigação evoca a ideia de uma vontade que obriga, ele busca ao seu redor a possível origem do constrangimento que sente. Ora, existe uma potência moral cuja realidade lhe parece certa e que parece indicada para cumprir esse papel: é a alma que a morte liberou. Afinal, quem pode se interessar mais que ela pelas reações que sua própria morte pode ter sobre os vivos? Imagina-se, portanto, que, se esses infligem-se um tratamento contrário à natureza, isso é feito para satisfazer às suas exigências. É assim que a ideia de alma deve ter intervindo posteriormente na mitologia do luto. Por outro lado, como se lhe atribui, quanto a isso, exigências desumanas, é necessário supor que, ao deixar o corpo que animava, a alma foi despojada de todo sentimento humano. Explica-se assim a metamorfose que transformou o parente de ontem em um inimigo terrível. Essa transformação não está na origem do luto; trata-se, mais, de sua consequência. Ela traduz a mudança que ocorreu no estado afetivo do grupo: não se chora o morto porque ele é temido; ele é temido porque o pranteiam.

Essa mudança no estado afetivo, contudo, pode ser apenas temporária, pois as cerimônias do luto, ao mesmo tempo em que resultam dessa mudança, colocam nela um fim. Elas neutralizam pouco a pouco as próprias causas que lhe originaram. O que reside na origem do luto é a impressão

---

\*.  Que apresenta menor resistência. (N.T.)

de enfraquecimento que o grupo sente quando perde um de seus membros. Tal impressão, contudo, tem por efeito aproximar os indivíduos entre si, colocá-los mais intimamente em contato, associá-los em um mesmo estado de espírito e, de tudo isso, provém uma sensação de reconforto que compensa o enfraquecimento inicial. Como se pranteia em comum, isso significa que as pessoas se importam umas com as outras, e que a coletividade, a despeito do golpe que a atingiu, não foi destruída. Sem dúvida, apenas emoções tristes são então compartilhadas; mas comungar na tristeza é, ainda assim, comungar; e toda comunhão das consciências, seja sob a forma que for, realça a vitalidade social. A violência excepcional das manifestações por meio das quais se exprime necessária e obrigatoriamente a dor comum atesta mesmo que a sociedade é, nesse momento, mais viva e mais atuante do que nunca. De fato, quando o sentimento social é esmagado dolorosamente, ele reage com uma força maior do que o normal: jamais nos apegamos tanto à nossa família como nos instantes em que ela passa por alguma provação. Esse acréscimo de energia apaga ainda mais completamente os efeitos do desamparo que se produziu de início, e assim se dissipa a sensação de frio que a morte traz consigo. O grupo sente que recobra as forças progressivamente: ele retoma a esperança e a vida. Deixa-se o luto, o que acontece em decorrência do próprio luto. Ainda assim, uma vez que a ideia que se tem da alma reflete o estado moral da sociedade, essa ideia deve mudar quando esse estado muda. Quando se estava no período de abatimento e de angústia, a alma era concebida com as características de um ser maléfico, totalmente engajado em perseguir as pessoas. Agora que se sente novamente em confiança e em segurança, admite-se que ela retomou sua natureza original e seus sentimentos originais de ternura e de solidariedade. Assim pode ser explicada a maneira muito diferente pela qual a alma é concebida nos diversos momentos de sua existência.[1266]

Não apenas os ritos do luto determinam certas características secundárias que são atribuídas à alma, como também não são, talvez, estranhos à ideia de que ela sobrevive ao corpo. Para poder compreender as práticas às quais se submete em virtude da morte de um parente, é preciso

---

[1266]. Perguntar-se-á talvez por que cerimônias repetidas são necessárias para produzir o apaziguamento que sucede ao luto. Isso se deve, de início, ao fato de os funerais serem frequentemente muito longos; eles compreendem operações múltiplas que se escalonam ao longo de meses. Eles prolongam e alimentam assim a perturbação moral determinada pela morte (Cf. R. Hertz, "Contribution à une étude sur la représentation collective de la mort", *L'Année Sociologique*, X, 1907, p. 48 ss.). De maneira geral, a morte é uma transformação profunda que, no grupo, tem repercussões amplas e duráveis. Para neutralizar seus efeitos é necessário tempo.

acreditar que as pessoas não são indiferentes ao finado. As efusões de sangue praticadas tão amplamente durante o luto são verdadeiros sacrifícios oferecidos ao morto.[1267] Isso implica, afinal, que algo sobrevive do morto; e como esse algo não é o corpo, o qual, claramente, está imóvel e se decompõe, apenas pode ser a alma. Sem dúvida, é impossível dizer com exatidão qual é o papel dessas considerações na gênese da ideia de além--vida. É verossímil que a influência do culto tenha sido aqui o que é em outros casos. Os ritos são mais facilmente explicáveis quando se imagina que se dirigem a seres dotados de personalidade; os seres humanos foram, portanto, induzidos a estender a influência das personalidades míticas na vida religiosa. Para poder explicar o luto, prolongaram a existência da alma para além do túmulo. É um novo exemplo da maneira por meio da qual os ritos reagem sobre as crenças.

### III

A morte não é, porém, o único acontecimento que pode perturbar uma comunidade. Há ainda, para os seres humanos, muitas outras ocasiões para se entristecer ou se angustiar e, por conseguinte, pode-se prever que mesmo os australianos conhecem e praticam outros ritos piaculares além do luto. Não deixa de ser notável, contudo, que, nos relatos dos observadores, apenas um pequeno número de exemplos tenha sido encontrado.

Um primeiro rito desse gênero lembra muito aqueles que acabam de ser estudados. O leitor se recorda como, entre os Arunta, cada grupo local atribui virtudes excepcionalmente importantes à sua coleção de *churinga*: trata--se de um paládio coletivo, a cujo destino supõe-se ligado o próprio destino da coletividade. Quando inimigos ou homens brancos conseguem roubar um desses tesouros religiosos, essa perda é também considerada uma calamidade pública. Pois bem, essa infeliz ocasião reclama um rito que possui todas as características de um luto: besunta-se o corpo com argila branca e fica-se no acampamento durante duas semanas chorando e se lamentando.[1268] Trata-se de uma nova prova de que o luto é determinado não pela

---

1267. Em um caso relatado por G. Grey, a partir de uma observação de J. G. Bussell, o rito tem todo o aspecto do sacrifício: o sangue é espalhado sobre o próprio corpo do morto (G. Grey, *Journals of Two Expeditions of Discovery in North-West and Western Australia, during the Years 1837, 38 and 39, op. cit.*, II, p. 330.). Em outros casos, há uma espécie de oferenda da barba: as pessoas em luto cortam uma parte de sua barba, que lançam sobre o cadáver (*Ibid.*, II, p. 335.).

1268. B. Spencer e F. J. Gillen, *Nat. Tr., op. cit.*, p. 135-6.

concepção que se tem da alma do morto, mas em função de causas impessoais, em função do estado moral do grupo. Eis aí, de fato, um rito que, por sua estrutura, é indistinto do luto propriamente dito, e que, no entanto, é independente de qualquer noção de espírito ou demônio malfeitor.[1269]

Outra circunstância que dá ensejo a cerimônias da mesma natureza é o estado de sofrimento no qual se encontra a sociedade em decorrência de colheitas insuficientes. "Os nativos que moram nos arredores do lago Eyre", diz Eylmann, "buscam igualmente conjurar a insuficiência dos recursos alimentares por meio de cerimônias secretas. Muitas das práticas rituais observadas nessa região distinguem-se, contudo, daquelas que se tratou anteriormente: não é por intermédio de danças simbólicas, por movimentos miméticos, tampouco por decorações deslumbrantes que se busca agir sobre as potências religiosas, ou sobre as forças da natureza, mas mediante sofrimentos que os indivíduos infligem a si próprios. Nos territórios do norte, é também por meio de torturas, de jejuns prolongados, vigílias, danças executadas até o esgotamento dos dançarinos e dores físicas de todo tipo que se tenta apaziguar as potências indispostas com os seres humanos."[1270] Os suplícios aos quais os nativos se submetem com essa finalidade os deixam por vezes em um estado de cansaço tão grande que eles permanecem, durante muitos dias, incapazes de praticar a caça.[1271]

É sobretudo para lutar contra a seca que essas práticas são empregadas: a falta de água provoca uma escassez geral. Para remediar o mal, recorre-se a meios violentos. A extração de dentes é um desses expedientes em uso. Entre os Kaitish, por exemplo, arranca-se de um indivíduo um incisivo que então é suspenso em uma árvore.[1272] Entre os Dieri, a ideia da chuva está intimamente associada à de incisões sangrentas feitas na pele do tórax e dos braços.[1273] Neste mesmo povo, quando a seca é muito forte, o grande conselho reúne-se e convoca toda a tribo. Trata-se de um verdadeiro acontecimento tribal. Mulheres são enviadas a todas as direções para alertar as

---

1269. Sem dúvida, cada *churinga* supostamente está em relações com um ancestral. Ainda assim, não é para aplacar os espíritos dos ancestrais que se veste o luto dos *churinga* perdidos. Mostramos alhures (p. 161) que a ideia de ancestral interveio apenas secundariamente, e após a noção de *churinga*.

1270. E. Eylmann, *Die Eingeborenen der Kolonie Südaustralien*, op. cit., p. 207; cf. *Ibid.*, p. 116.

1271. *Ibid.*, p. 208.

1272. *Ibid.*, p. 211.

1273. A. W. Howitt, "The Dieri and Other Kindred Tribes of Central Australia", *J.A.I.*, XX (1891), p. 93.

pessoas que elas devem se reunir em um local e em um momento determinados. Tão logo estão reunidas, emitem lamentações, gritam com uma voz estridente acerca do estado miserável de seu território e pedem aos *Mura--mura* (ancestrais míticos) que lhes confiram o poder de provocar uma abundante chuva.[1274] Nos casos, aliás muito raros, nos quais houve excesso de umidade, uma cerimônia análoga é realizada para interromper a chuva. Os anciãos entram então em um verdadeiro estado de frenesi[1275] e é doloroso ouvir os gritos que a multidão emite.[1276]

Spencer e Gillen nos descrevem, sob o nome de *Intichiuma*, uma cerimônia que bem poderia ter o mesmo objeto e a mesma origem das precedentes: uma tortura física é empregada para incitar uma espécie animal a se multiplicar. Há, entre os Urabunna, um clã cujo totem é uma serpente chamada *wadnungadni*. Eis aqui como procede o chefe do clã para impedir que esse animal não venha a faltar. Após se ornamentar, ele se ajoelha no chão, com os braços abertos. Um assistente puxa com seus dedos a pele do braço direito e o operador finca, através da dobra assim formada, um osso pontudo, de cinco polegadas de comprimento. Faz-se o mesmo com o braço esquerdo. Essa automutilação supostamente produz o resultado desejado.[1277] Entre os Dieri, um rito análogo é empregado para incitar as galinhas selvagens a pôr ovos: os operadores perfuram seu próprio escroto.[1278] Em certas tribos do lago Eyre, fura-se a orelha para levar os inhames a se reproduzir.[1279]

A escassez total ou parcial não é a única desgraça que pode se abater sobre uma tribo. Outros eventos, com maior ou menor periodicidade, ameaçam ou parecem ameaçar a existência coletiva. É o caso, por exemplo, da aurora austral. Os Kurnai acreditam que se trata de um fogo aceso no céu pelo grande deus *Mungan-ngaua*; eis por que, quando o observam, têm medo do incêndio estender-se à terra e devorá-los. Disso decorre uma grande efervescência na aldeia. Agita-se uma mão dessecada de morto à qual os Kurnai atribuem virtudes variadas e emitem-se gritos como:

---

1274. A. W. Howitt, *Nat. Tr.*, op. cit., p. 394.

1275. *Ibid.*, p. 396.

1276. Comunicação de S. Gason, em *J.A.I.*, XXIV (1895), p. 175.

1277. B. Spencer e F. J. Gillen, *North. Tr.*, op. cit., p. 286.

1278. S. Gason, "The Dieyrie Tribe of Australian Aborigines", em E. M. Curr (ed.), *The Australian Race*, op. cit., II, 1886, p. 68.

1279. *Ibid.*, p. 208.

"retirai-o; não nos deixe queimar". Ao mesmo tempo, ocorrem, sob o comando dos anciãos, trocas de mulheres, o que é sempre o indício de uma grande excitação.[1280] As mesmas liberdades sexuais são constatadas entre os Wiimbaio todas as vezes em que uma catástrofe parece iminente, e, em especial, quando há epidemia.[1281]

Sob a influência dessas ideias, as mutilações ou efusões de sangue são, por vezes, consideradas um meio eficaz de curar os doentes. Entre os Dieri, quando uma criança se acidenta, seus parentes se golpeiam na cabeça seja com um bastão, seja com um bumerangue, até que o sangue escorra sobre seus rostos. Acredita-se poder aliviar a criança da doença graças a esse procedimento.[1282] Em outros locais, imagina-se obter o mesmo resultado com uma cerimônia totêmica suplementar.[1283] Pode-se aproximar desses fatos, o exemplo, citado anteriormente, de uma cerimônia especialmente celebrada para erradicar os efeitos de uma falta ritual.[1284] Sem dúvida, nesses últimos dois casos, não há nem ferimentos, nem golpes, nem sofrimentos físicos de qualquer tipo; ainda assim, o rito não difere quanto à sua natureza dos precedentes: trata-se sempre de afastar um mal ou de expiar uma falta por meio de uma prestação ritual extraordinária.

Esses são, além do luto, os únicos casos de ritos piaculares que conseguimos observar na Austrália. É provável, é verdade, que alguns devem ter nos escapado, e pode-se igualmente presumir que outros não foram notados pelos observadores. Ainda assim, se os únicos que se descobriu até então são poucos, é possível pensar que não ocupam um grande espaço no culto. Vê-se o quanto as religiões primitivas estão longe de ser filhas da angústia e do medo, pois os ritos que traduzem emoções dolorosas são nelas relativamente raros. Se, sem dúvidas, o australiano possui uma existência miserável comparada com aquela dos povos mais civilizados, em contrapartida, ele requer tão poucas coisas da vida que se contenta com pouco. Tudo o que necessita é que a natureza siga seu curso normal, que

---

1280. A. W. Howitt, *Nat. Tr.*, *op. cit.*, p. 277 e 430.

1281. *Ibid.*, p. 195.

1282. S. Gason, "The Dieyrie Tribe of Australian Aborigines", em E. M. Curr (ed.), *The Australian Race*, *op. cit.*, II, 1886, p. 69. O mesmo procedimento é empregado para expiar algo vergonhoso. Quando alguém, por sua falta de jeito ou qualquer outro motivo, provoca o riso dos assistentes, ele pede a um dentre eles que o golpeie na cabeça até que o sangue corra. Nesse momento, as coisas voltam ao seu normal, e a pessoa da qual se tirava sarro participa igualmente do riso de seus colegas (*Ibid.*, p. 70.).

1283. E. Eylmann, *Die Eingeborenen der Kolonie Südaustralien*, *op. cit.*, p. 212 e 447.

1284. Ver, anteriormente, p. 455.

as estações se sucedam regularmente, que a chuva caia na época apropriada, em abundância e sem excesso; ora, as grandes perturbações da ordem cósmica são sempre excepcionais. Também se pôde observar que a maior parte dos ritos piaculares regulares dos quais trouxemos exemplos anteriormente foram observados nas tribos do Centro, onde as secas são frequentes e constituem verdadeiros desastres. É, de todo modo, realmente surpreendente que os ritos piaculares especialmente destinados a expiar o pecado pareçam quase inexistir. O australiano, ainda assim, como todo ser humano, deve cometer faltas rituais que tem interesse em saldar; pode-se perguntar, então, se acaso o silêncio dos textos sobre esse ponto não se deve às insuficiências da observação.

A despeito do reduzido número de casos que nos foi possível compilar, eles não deixam de ser instrutivos.

Quando se estuda os ritos piaculares nas religiões mais avançadas, nas quais as forças religiosas são individualizadas, eles parecem ser intimamente solidários de concepções antropomórficas. Se o fiel impõe-se privações, submete-se a violências, ele o faz para desarmar a malícia que atribui a certos seres sagrados dos quais crê depender. Para apaziguar seu ódio e sua raiva, antecipa-se às suas exigências; golpeia a si mesmo para não ser golpeado por eles. Ao que parece, portanto, essas práticas só puderam nascer a partir do momento em que deuses e espíritos foram concebidos como pessoas morais, capazes de paixões análogas às dos humanos. É por essa razão que Robertson Smith crê poder remeter a uma data relativamente recente os sacrifícios expiatórios, bem como as oblações sacrificiais. Segundo ele, as efusões de sangue que caracterizam esses ritos teriam sido, antes, simples procedimentos de comunhão: o ser humano teria derramado seu sangue sobre o altar de modo a reforçar os laços que o uniam a seu deus. O rito só teria adquirido um caráter piacular e penal quando sua significação original foi esquecida e quando a ideia nova que se tinha dos seres sagrados permitiu lhe atribuir outra função.[1285]

Como, contudo, ritos piaculares são encontrados já nas sociedades australianas, é impossível atribuir-lhes origem tão tardia. Aliás, aqueles que acabamos de analisar, com apenas uma exceção,[1286] independem de toda concepção antropomórfica: não implicam nem deuses, nem espíritos. É diretamente e por meio das próprias abstinências e das efusões de sangue

---

1285. W. Robertson Smith, *Lectures on the Religion of the Semites*, 2. ed., *op. cit.*, lição XI, p. 388-440.
1286. É o caso dos Dieri invocando, segundo S. Gason, os *Mura-mura* da água em tempos de seca.

que a escassez finda e as doenças são curadas. Entre o rito e os efeitos que supostamente produz, nenhum ser espiritual vem inserir sua ação. As personalidades míticas apenas intervêm posteriormente. Tão logo o mecanismo ritual foi estabelecido, tais personalidades serviram para torná-lo mais facilmente representável às inteligências; elas não são, contudo, condições de sua existência. Ele instituiu-se por outros motivos: é a uma causa que deve sua eficácia.

Ele age por intermédio das forças coletivas que aciona. Acaso uma catástrofe que parece iminente ameaça a coletividade? Esta reúne-se, como o faz em reação a um luto, e naturalmente uma impressão de inquietude e de angústia domina o grupo reunido. A experiência em comum desses sentimentos tem por efeito, como sempre, intensificá-los. Ao se afirmarem, eles se exaltam, se inflamam, atingem um alto grau de violência que se traduz pela violência correspondente dos gestos que os exprimem. Tal como ocorre por ocasião da morte de alguém próximo, emitem-se gritos terríveis, se é tomado de raiva, sente-se a necessidade de despedaçar e de destruir: é para satisfazer a essas necessidades que as pessoas se golpeiam, se ferem e fazem seu sangue correr. Ainda assim, quando emoções atingem essa vivacidade, por mais dolorosas que sejam, nada têm de deprimente. Ao contrário, elas denotam um estado de efervescência que implica uma mobilização de todas as nossas forças ativas e, inclusive, um afluxo de energias exteriores. Pouco importa que essa exaltação tenha sido provocada por um evento triste, ela não deixa de ser real e não difere especificamente daquela que se observa em festividades alegres. Por vezes ela até se manifesta por movimentos de natureza similar: é o mesmo frenesi que toma os fiéis, a mesma inclinação às orgias sexuais, sinal certo de uma grande excitação nervosa. Robertson Smith já havia observado essa curiosa influência dos ritos tristes nos cultos semíticos: "nos tempos de dificuldades", diz ele, no instante em que os pensamentos das pessoas estavam habitualmente sombrios, elas recorriam às excitações físicas da religião, como, hoje, refugiam-se no vinho. De modo geral, quando, entre os Semitas, o culto começava por choros e lamentações – como no luto de Adônis ou como nos grandes ritos expiatórios que se tornaram frequentes durante os últimos tempos –, uma brusca revolução fazia suceder, ao serviço com o qual a cerimônia foi iniciada, uma explosão de alegria e de divertimentos"[1287]. Em suma, mesmo quando as cerimônias religiosas têm como ponto de partida um fato inquietante e lúgubre, elas conservam seu

---

1287. W. Robertson Smith, *Lectures on the Religion of the Semites*, 2. ed., *op. cit.*, p. 262.

poder estimulante sobre o estado afetivo do grupo e dos indivíduos. É apenas por aumentarem o tônus vital que elas são coletivas. Ora, quando se sente dentro de si a vida – seja sob a forma de uma irritação difícil de aturar ou de um alegre entusiasmo – não se crê na morte; ou seja, tranquiliza-se, retoma-se a coragem e, subjetivamente, tudo se passa como se o rito tivesse realmente afastado o perigo que se temia. Eis como virtudes curativas e preventivas são atribuídas aos movimentos a partir dos quais ele é feito, aos gritos emitidos, ao sangue vertido, aos ferimentos autoinfligidos ou infligidos a outras pessoas. E como essas diferentes violências fazem necessariamente sofrer, o sofrimento, por si só, acaba por ser considerado um meio de conjurar o mal, de ferir a doença.[1288] Mais tarde, quando a maioria das forças religiosas tiverem assumido a forma de personalidades morais, explica-se a eficácia dessas práticas imaginando que tinham por finalidade acalmar um deus maléfico ou irritado. Essas concepções, contudo, apenas refletem o rito e os sentimentos que suscita; são deles uma interpretação, não uma causa determinante.

Uma falta ritual não atua de modo diferente. Também ela é uma ameaça para a coletividade; ela a atinge em sua existência moral, pois a atinge em suas crenças. Mas se a ira que a determina se afirma ostensiva e energicamente, ela compensa o mal que causou. Afinal, se é intensamente experimentada por todos, isso se deve ao fato de a infração cometida ser uma exceção, e que a fé comum permanece intocada. A unidade moral do grupo não está, portanto, em perigo. Pois bem, a pena infligida para fins de expiação é apenas a manifestação dessa cólera pública, a prova material de sua unanimidade. Ela tem realmente o efeito reparador que lhe é atribuído. No fundo, o sentimento que está na raiz dos ritos propriamente expiatórios não difere essencialmente daquele que encontramos na base dos outros ritos piaculares: trata-se de uma espécie de dor irritada que tende a se manifestar por meio de atos de destruição. Ora ela se alivia à custa daquele mesmo que a sente; ora o faz à custa de um terceiro elemento estrangeiro. Nos dois casos, porém, o mecanismo psíquico é essencialmente o mesmo.[1289]

---

1288. Aliás, é possível que a crença nas virtudes moralmente fortalecedoras do sofrimento (ver, anteriormente, p. 376) tenha exercido aqui algum papel. Como a dor santifica, pois aumenta o nível religioso do fiel, ela pode também soerguê-lo quando desceu além do normal.

1289. Cf. o que dissemos sobre a expiação em nosso É. Durkheim, *De la Division du Travail Social*, 3. ed., *op. cit.*, p. 64 ss. [Ver, em português: É. Durkheim, *Da Divisão do Trabalho Social*, São Paulo, Edipro, 2016, p. 97 ss., com tradução de Andréa Stahel M. da Silva. (N.T.)]

## IV

Um dos maiores serviços que Robertson Smith prestou à ciência das religiões foi ter destacado a ambiguidade da noção do sagrado.

Existem dois tipos de forças religiosas. Algumas são benéficas, guardiãs da ordem física e moral, fontes da vida, da saúde e de todas as qualidades que os seres humanos estimam: é o caso do princípio totêmico, difundido por toda a espécie, do ancestral mítico, do animal-protetor, dos heróis civilizadores, dos deuses tutelares de todo tipo e de todo grau. Pouco importa que sejam concebidas como personalidades distintas ou como energias difusas; sob esta ou sob aquela forma, elas exercem sempre o mesmo papel e afetam do mesmo modo as consciências dos fiéis: o respeito que inspiram mescla amor e reconhecimento. As coisas e as pessoas que normalmente estão relacionadas com elas participam desses mesmos sentimentos e do mesmo caráter: trata-se de coisas e de pessoas santas. Isso ocorre com os lugares consagrados ao culto, com os objetos utilizados nos ritos regulares, com os sacerdotes, com os ascetas etc. – Há, por outro lado, potências maléficas e impuras, produtoras de desordens, causadoras de morte, de doenças, instigadoras de sacrilégios. O único sentimento que o ser humano tem por elas é o medo, ao qual geralmente se mistura o horror. Essas são as forças sobre as quais age o feiticeiro, aquelas que emanam dos cadáveres, do sangue menstrual, aquelas que desencadeiam toda profanação das coisas santas etc. Os espíritos dos mortos, os gênios malignos de todo tipo são suas formas personificadas.

Entre essas duas categorias de forças e de seres, o contraste é o maior possível e chega, inclusive, ao mais radical antagonismo. As potências boas e salutares afastam aquelas que as negam e as contradizem. As primeiras são também proibidas às segundas: todo contato entre elas é considerado como a pior das profanações. Trata-se do modelo, por excelência, desses interditos entre coisas sagradas de espécies diferentes cuja existência indicamos anteriormente.[1290] As mulheres, durante a menstruação, e sobretudo quando estão menstruadas pela primeira vez, são impuras; elas são igualmente, nesse momento, rigorosamente sequestradas; os homens não devem ter quaisquer contatos com elas.[1291] Os *bull-roarers*, os *churinga*

---

1290. Ver, anteriormente, p. 364.
1291. B. Spencer e F. J. Gillen, *Nat. Tr.*, *op. cit.*, p. 460; *Id.*, *North. Tr.*, *op. cit.*, p. 601; e W. E. Roth, "Superstition, Magic and Medicine", *op. cit.*, p. 24. É inútil multiplicar as referências em relação a um fato assim tão conhecido.

jamais são colocados em contato com o morto.[1292] O sacrílego é excluído da sociedade dos fiéis; o acesso ao culto lhe é interdito. Desse modo, toda a vida religiosa gravita em torno de dois polos contrários entre os quais há a mesma oposição que entre o puro e o impuro, o santo e o sacrílego, o divino e o diabólico.

Ainda assim, ao mesmo tempo em que esses dois aspectos da vida religiosa opõem-se mutuamente, existe entre eles um íntimo parentesco. Em primeiro lugar, ambos mantêm a mesma relação com os seres profanos: esses devem se abster de todo contato tanto com as coisas impuras como com as coisas muito santas. As primeiras não são menos proibidas que as segundas: geralmente são retiradas de circulação. Isso significa que também são sagradas. Sem dúvida, os sentimentos que inspiram as duas não são idênticos: uma coisa é o respeito, já o asco e o horror são algo diferente. Não obstante, para que os gestos sejam os mesmos nos dois casos, é necessário que os sentimentos expressos não difiram em sua natureza. Com efeito, há o horror no respeito religioso, sobretudo quando este é muito intenso, e o medo que as potências malignas inspiram não deixa de ter certo aspecto reverencial. As nuances pelas quais se diferenciam essas duas atitudes são por vezes, inclusive, tão fugidias que nem sempre é fácil dizer em que estado de espírito encontram-se, exatamente, os fiéis. Entre alguns povos semitas, a carne do porco era proibida; mas não se sabia sempre com precisão se isso ocorria porque ela era impura ou algo santo,[1293] e a mesma observação pode se aplicar a um grande número de interdições alimentares.

E há mais: é muito comum que uma coisa impura ou uma potência maléfica torne-se algo santo ou uma potência tutelar, e vice-versa, sem que haja mudança de natureza, mas em função de uma simples modificação das circunstâncias exteriores. Vimos como a alma do morto, que é de início um princípio temido, tão logo termina o luto, transforma-se em gênio protetor. Do mesmo modo, o cadáver, que inspira inicialmente apenas terror e distância, é tratado mais tarde como uma relíquia venerada: a antropofagia funerária, frequentemente praticada nas sociedades australianas, é a prova dessa transformação.[1294] O animal totêmico é o ser santo

---

1292. B. Spencer e F. J. Gillen citam, no entanto, um caso em que vários *churinga* seriam colocados sob a cabeça do morto (*Nat. Tr., op. cit.*, p. 157.), o que é energicamente negado por C. Strehlow (*Die Aranda – und Loritja – Stämme in Zentral-Australien, op. cit.*, II, 1908, p. 79.).

1293. W. Robertson Smith, *Lectures on the Religion of the Semites*, 2. ed., *op. cit.*, p. 153; cf. *Ibid.*, a nota adicional intitulada *Holiness, Uncleanness and Taboo*.

1294. A. W. Howitt, *Nat. Tr., op. cit.*, p. 448-50; R. Brough Smyth, *The Aborigines of Victoria, op. cit.*, I, p. 118 e 120; J. Dawson, *Australian Aborigines, op. cit.*, p. 67; E. J. Eyre, *Journals of Expedi-*

por excelência; mas ele é, para quem consome de maneira inapropriada sua carne, um princípio de morte. De uma maneira geral, o sacrílego é simplesmente um profano que foi contagiado por uma força religiosa benéfica. Essa muda de natureza ao mudar de *habitat*; ela corrompe ao invés de santificar.[1295] O sangue que provém dos órgãos genitais da mulher, embora seja evidentemente impuro como aquele da menstruação, é frequentemente empregado como um remédio contra a doença.[1296] A vítima imolada nos sacrifícios expiatórios está carregada de impureza, pois se concentraram sobre ela os pecados que devem ser expiados. Ainda assim, uma vez que é abatida, sua carne e seu sangue são empregados nos costumes mais piedosos.[1297] Ao contrário, embora a comunhão seja uma operação religiosa que tem normalmente por função consagrar, ela produz por vezes os mesmos efeitos de um sacrilégio. Indivíduos que comungaram são, em certos casos, obrigados a fugir como vítimas da peste. Dir-se-á que eles se tornaram, um para o outro, uma fonte de contaminação: o vínculo sagrado que os une, ao mesmo tempo os separa. Os exemplos dessas espécies de comunhões são numerosos na Austrália. Um dos mais típicos é aquele que se observa entre os Narrinyeri e nas tribos vizinhas. Quando uma criança nasce, seus pais conservam com cuidado seu cordão umbilical, o qual supostamente possui algo de sua alma. Dois indivíduos que trocam seus cordões assim conservados comungam juntos pelo próprio fato de terem feito essa troca; afinal, é como se eles trocassem suas almas. Ao mesmo tempo, porém, é vetado a eles tocarem-se, falarem-se e, inclusive, verem-se. Tudo se passa como se fossem, um para o outro, objeto de horror.[1298]

O puro e o impuro não são, portanto, dois gêneros separados, mas duas variedades de um mesmo gênero que abarca todas as coisas sagradas. Há duas espécies de sagrado, um fasto, o outro nefasto, e não somente en-

---

tions of Discovery into Central Australia, and Overland from Adelaide to King George's Sound, in the Years 1840-41, op. cit., II, p. 257; e W. E. Roth, "Burial Ceremonies, and Disposal of Dead", op. cit., p. 367.

1295. Ver, anteriormente, p. 384-5.

1296. B. Spencer e F. J. Gillen, *Nat. Tr.*, *op. cit.*, p. 464; e *Id.*, *North. Tr.*, *op. cit.*, p. 599.

1297. Por exemplo, entre os Hebreus, com o sangue da vítima expiatória se lustra o altar (*Levítico*, IV, 5 ss.); queimam-se as carnes, e os produtos da combustão servem para produzir uma água purificadora (*Números*, XIX).

1298. G. Taplin, "The Narrinyeri", em J. D. Woods (ed.), *The Native Tribes of South Australia, op. cit.*, p. 32-4. Quando os dois indivíduos que assim trocaram seus cordões umbilicais pertencem a tribos diferentes, eles são empregados como agentes do comércio intertribal. Nesse caso, o intercâmbio dos cordões ocorre logo após seus nascimentos e por intermédio de seus respectivos parentes.

tre essas duas formas opostas não há quebra de continuidade, como um mesmo objeto pode passar de uma a outra sem mudar de natureza. Com o puro se faz o impuro, e vice-versa. A ambiguidade do sagrado consiste na possibilidade dessas transmutações.

Se Robertson Smith teve o vivo sentimento dessa ambiguidade, ainda assim ele jamais forneceu uma explicação explícita desse fenômeno. Ele limita-se a observar que, como todas as forças religiosas são indistintamente intensas e contagiosas, é prudente apenas abordá-las com o devido respeito, a despeito de qual seja o sentido em que sua ação é exercida. Parecia-lhe que assim se poderia explicar o aspecto de parentesco que todas apresentam, a despeito dos contrastes que as opõem em outros aspectos. De início, porém, a questão estava apenas deslocada: faltava ainda mostrar o que faz com que as potências maléficas tenham a intensidade e a contagiosidade das demais. Em outras palavras, de que modo possuem também elas natureza religiosa? Ademais, a energia e a força de expansão que lhes são comuns não permitem compreender como, a despeito do conflito que as divide, elas podem se transformar umas nas outras ou se substituir umas às outras em suas funções respectivas, como o puro pode contaminar, enquanto o impuro se presta, por vezes, a santificar.[1299]

A explicação que propusemos anteriormente acerca dos ritos piaculares permite responder a essa dupla questão.

Vimos, com efeito, que as potências maléficas são um produto desses ritos e os simbolizam. Quando a sociedade enfrenta circunstâncias que a entristecem, a angustiam ou a irritam, ela exerce sobre seus membros uma pressão para que manifestem, por meio dos atos significativos, sua tristeza, sua angústia ou sua cólera. Ela lhes impõe um dever de chorar, de gemer, de se machucar ou de machucar os outros; afinal, essas manifesta-

---

[1299]. W. Robertson Smith, é verdade, não admite a realidade dessas substituições e dessas transformações. Segundo ele, se a vítima expiatória servia para purificar é porque, em si mesma, ela não tinha nada de impuro. Primitivamente, era uma coisa santa: ela estava destinada a restabelecer, por meio de uma comunhão, os laços de parentesco que uniam o fiel a seu deus quando uma falha ritual os havia afrouxado ou quebrado. Escolhia-se para essa operação, inclusive, um animal excepcionalmente santo, de modo que a comunhão fosse mais eficaz e apagasse da forma mais completa possível os efeitos da falta. Somente quando se deixou de compreender o sentido do rito que o animal sacrossanto foi considerado impuro (*Lectures on the Religion of the Semites*, 2. ed., *op. cit.*, p. 347 ss.). É inadmissível, contudo, que crenças e práticas assim tão universais como essas que encontramos na base do sacrifício expiatório sejam o produto de um simples erro de interpretação. De fato, não há dúvidas quanto ao fato de a vítima expiatória estar impregnada da impureza do pecado. Aliás, acabamos de ver que essas transformações do puro em impuro, e vice-versa, encontram-se desde as sociedades mais inferiores que conhecemos.

ções coletivas e a comunhão moral que atestam e reforçam restituem ao grupo a energia que os acontecimentos ameaçavam tomar-lhe, e elas permitem, assim, seu restabelecimento. É essa experiência que o ser humano interpreta quando imagina, no exterior, seres malévolos cuja hostilidade essencial ou temporária só pode ser desfeita por meio dos sofrimentos humanos. Esses seres nada mais são que estados coletivos objetivados; eles são a própria sociedade vista sob um desses aspectos. Por outro lado, contudo, sabemos que as potências benéficas não são constituídas de outra forma; também elas resultam da vida coletiva e a exprimem; também elas representam a sociedade, mas apreendida em uma atitude muito diferente, a saber, no momento em que se afirma com confiança e pressiona com ardor as coisas para que concorram à realização dos fins que persegue. Uma vez que esses dois tipos de forças têm uma origem comum, não é surpreendente que, mesmo sendo direcionadas a sentidos opostos, tenham uma mesma natureza, que sejam igualmente intensas e contagiosas e, por conseguinte, interditas e sagradas.

É a partir disso que se pode compreender como elas se transformam umas nas outras. Como refletem o estado afetivo no qual se encontra o grupo, basta que esse estado mude para que elas próprias mudem de sentido. Tão logo terminado o luto, a sociedade doméstica é tranquilizada pelo próprio luto: ela readquire confiança. Os indivíduos são aliviados da terrível pressão que se exerce sobre eles. Eles se sentem mais confortáveis. Parece-lhes, assim, que o espírito do morto abdicou de seus sentimentos hostis para se tornar um protetor benévolo. As outras transmutações, das quais citamos exemplos, explicam-se da mesma maneira. O que faz a santidade de uma coisa é, como mostramos, o sentimento coletivo de que é o objeto. Se, violando interditos que a isolam, ela entra em contato com uma pessoa profana, esse sentimento se estenderá contagiosamente a esta última e lhe imputará um caráter especial. Porém, quando isso ocorre, ele se encontra em um estado muito diferente do original. Ofendido, irritado pela profanação que implica essa extensão abusiva e contranatural, ele se tornou agressivo e inclinado a violências destrutivas; ele tende a se vingar da ofensa cometida. Por essa razão, o sujeito contaminado é visto como se estivesse invadido por uma força violenta e nociva, que ameaça tudo o que se aproxima dele; por conseguinte, ele inspira apenas distanciamento e repugnância; está como que marcado por um caráter nocivo, por uma mancha. Ainda assim, essa mancha tem como causa esse mesmo estado psíquico que, em outras circunstâncias, consagrava e santificava. Basta, contudo, que a raiva assim provocada seja satisfeita por um rito expiatório para que, aliviada, ela desapareça; o sentimento ofendido se apazigua e volta ao seu estado inicial. Ele age, portanto, novamente, como agia no princípio; ao invés de contaminar, santifica. Como continua a contagiar o objeto ao qual está vinculado, este não poderia voltar a ser profano e religiosamente indiferente. O sentido da força religiosa que parece ocupá-lo é, contudo, invertido: de impuro, ele se tornou puro e instrumento de purificação.

Em resumo, os dois polos da vida religiosa correspondem aos dois estados opostos pelos quais passa toda vida social. Entre o sagrado fasto e o sagrado nefasto, há o mesmo contraste que existe entre os estados de euforia e de disforia coletiva. Como, porém, ambos são igualmente coletivos, há um íntimo parentesco de natureza entre as construções mitológicas que os simbolizam. Os sentimentos compartilhados variam da extrema depressão à extrema alegria, da irritação dolorosa ao entusiasmo extático; mas, em todos os casos, há comunhão das consciências e reconforto mútuo em decorrência dessa comunhão. O processo fundamental é invariavelmente o mesmo, apenas as circunstâncias o colorem de modos diferentes. Em definitivo, portanto, é a unidade e a diversidade da vida social que produzem, ao mesmo tempo, a unidade e a diversidade dos seres e das coisas sagradas.

Essa ambiguidade, aliás, não é própria apenas à noção do sagrado; algo dessa mesma característica é encontrado em todos os ritos que acabam de ser estudados. Por certo, era fundamental distingui-los; confundi-los equivaleria a desprezar os múltiplos aspectos da vida religiosa. Por outro lado, porém, por mais diferentes que possam ser, não há entre eles quebra de continuidade. Muito pelo contrário, eles sobrepõem-se uns aos outros, e podem, inclusive, substituir-se mutuamente. Já mostramos que ritos de oblação e de comunhão, ritos miméticos e ritos comemorativos ocupam geralmente as mesmas funções. Poder-se-ia acreditar que o culto negativo, ao menos, é separado de modo mais claro do culto positivo; e, contudo, vimos que o primeiro pode produzir efeitos positivos, idênticos àqueles que produz o segundo. Com jejuns, abstinências e automutilações, obtêm-se os mesmos resultados que com comunhões, oblações e comemorações. Por outro lado, as oferendas e os sacrifícios implicam privações e renúncias de todo tipo. A continuidade é ainda mais clara entre os ritos ascéticos e os ritos piaculares: ambos são constituídos de sofrimentos, aceitos ou suportados, aos quais é atribuída uma eficácia análoga. Desse modo, as práticas, tal como as crenças, não se situam em gêneros separados. Por mais complexas que sejam as manifestações exteriores da vida religiosa, ela é, no fundo, una e simples. Corresponde, em toda parte, a uma mesma necessidade e deriva, em toda parte, de um mesmo estado de espírito. Sob todas as suas formas, ela tem por finalidade elevar o ser humano acima de si mesmo e lhe fazer viver uma vida superior àquela que levaria se obedecesse unicamente às suas espontaneidades individuais: as crenças exprimem essa vida em termos de representações; os ritos a organizam e regulam seu funcionamento.

# Conclusão

Anunciávamos no início desta obra que a religião cujo estudo empreenderíamos continha em si os elementos mais característicos da vida religiosa. É possível verificar agora a exatidão dessa proposição. Por mais simples que seja o sistema que estudamos, encontramos nele todas as grandes ideias e todas as principais atitudes rituais que estão na base das religiões, inclusive das mais avançadas: distinção entre coisas sagradas e profanas, noção de alma, de espírito, de personalidade mítica, de divindade nacional e até mesmo internacional, culto negativo com as práticas ascéticas que são sua forma exasperada, ritos de oblação e de comunhão, ritos imitativos, ritos comemorativos e ritos piaculares, nada de essencial lhe falta. Podemos esperar, portanto, que os resultados obtidos não estejam restritos apenas ao totemismo, mas possam ajudar a compreender o que é a religião em geral.

Objetar-se-á que apenas uma única religião, qualquer que seja sua área de extensão, constitui uma base demasiado estreita para uma indução dessa ordem. Não pretendemos ignorar o quanto uma verificação mais ampla é capaz de acrescentar em termos de autoridade a uma teoria. Ainda assim, não é menos verdadeiro que, quando uma lei foi provada por uma experiência bem realizada, essa prova é válida universalmente. Se, em relação a um único caso, um cientista chegasse a desvendar o segredo da vida, quer esse caso fosse o do ser protoplásmico mais simples que se possa imaginar, as verdades assim obtidas seriam aplicáveis a todos os seres vivos, incluindo os mais elevados. Se, portanto, nas sociedades muito modestas que acabam de ser estudadas, realmente conseguimos perceber alguns dos elementos que constituem as mais fundamentais noções religiosas, não há razão para não estender às outras religiões os resultados mais gerais de nossa pesquisa. Com efeito, é inconcebível que, de acordo com as circunstâncias, um mesmo efeito seja devido ora a uma causa, ora a outra, a menos que, no fundo, as duas causas sejam somente uma. Uma mesma ideia não pode exprimir aqui uma realidade e, lá, uma realidade diferente, a menos que essa dualidade seja simplesmente aparente. Se, entre certos povos, as ideias do sagrado, de alma e de deuses explicam-se sociologicamente, deve-se cientificamente presumir que, em princípio, a mesma explicação é válida para todos os povos nos quais as mesmas ideias se encontrem com os mesmos elementos essenciais. Supondo-se, então, que não estejamos equivocados, ao menos algumas de nossas conclusões podem legitimamente ser generalizadas. É chegado o momento de desenvolvê-las. E uma indução dessa natureza, tendo por base uma experiência bem definida, é menos temerária que muitas generalizações sumárias que, buscando atingir de uma só vez a essência da religião sem apoiar-se sobre a análise de alguma religião particular, arriscam-se demasiado a perder-se no vazio.

# I

Na maioria das vezes, os teóricos que buscaram exprimir a religião em termos racionais viram nela, antes de mais nada, um sistema de ideias, ao qual corresponde um objeto determinado. Esse objeto foi concebido de maneiras diferentes: natureza, infinito, incognoscível, ideal etc.; mas essas diferenças pouco importam. Em todos os casos, tratava-se das representações, das crenças que eram consideradas como o elemento essencial da religião. Nesse ponto de vista, os ritos, por sua vez, só apareciam como tradução exterior, contingente e material, desses estados internos que eram os únicos considerados em seu valor intrínseco. Essa concepção é tão difundida que, na maioria das vezes, os debates que têm a religião por tema giravam em torno da questão de saber se ela pode ou não se conciliar com a ciência, ou seja, se, ao lado do conhecimento científico, há lugar para outra forma de pensamento que seria especificamente religiosa.

Ainda assim, os crentes, as pessoas que, vivendo uma existência religiosa, possuem a sensação direta do que a constitui, contrapõem-se a essa maneira de ver afirmando que ela não corresponde à sua experiência cotidiana. Eles sentem, de fato, que a verdadeira função da religião não é nos fazer pensar, enriquecer nosso conhecimento, acrescentar às representações que devemos à ciência representações de outra origem e de outro caráter, mas nos fazer agir, nos ajudar a viver. O fiel que comungou com seu deus não é apenas uma pessoa que vê verdades novas, que o não crente ignora: trata-se de alguém que *pode* mais. Ele sente em si mais força, seja para suportar as dificuldades da existência, seja para vencê-las. Ele é como que elevado acima das misérias humanas, porque é elevado acima de sua condição humana; ele se crê salvo do mal, a despeito da forma, aliás, com que o concebe. O primeiro artigo de toda fé é a crença na salvação pela fé. Ora, não se vê como uma simples ideia poderia ter essa eficácia. Uma ideia, com efeito, é apenas um elemento de nós mesmos; como seria ela capaz de nos conferir poderes superiores àqueles que já possuímos em nossa natureza? Por mais rica que seja em virtudes afetivas, ela não poderia acrescentar nada à nossa vitalidade natural; afinal, ela só pode despertar forças emotivas que estão em nós, e não criá-las, tampouco aumentá-las. Do fato de concebermos um objeto como algo digno de ser amado e procurado não decorre que nos sintamos mais fortes; mas é preciso que desse objeto emanem energias superiores àquelas de que dispomos e, além disso, que tenhamos algum modo de fazê-las penetrar em nós e de misturá-las à nossa vida interior. Ora, para isso, não basta que as pensemos, é indispensável que nos coloquemos em sua esfera de ação, que nos voltemos para a direção em que melhor possamos sentir sua influência; em poucas palavras, é necessário que ajamos e repitamos os atos que são assim necessários, sempre que for útil para renovar seus efeitos. Se vê como, desse ponto de vista, esse conjunto de atos regulares repetidos que constitui o culto reassume toda sua importância. De fato, quem quer que tenha realmente praticado uma religião sabe bem que é o culto que suscita essas impressões de alegria, de paz interior, de serenidade, de entusiasmo, que são, para o fiel, algo similar à prova experimental de suas crenças. O culto não é simplesmente um sistema de signos pelos quais a fé se traduz ao exterior: trata-se do conjunto dos meios pelos quais ela periodicamente se cria e se recria. Não importa se consiste em manobras materiais ou em operações mentais, é sempre ele que é eficaz.

Todo nosso estudo repousa sobre o seguinte postulado: esse sentimento unânime dos crentes de todos os tempos não pode ser puramente ilusório. Tal como um recente apologista da fé,[1300] admitimos, portanto, que as crenças religiosas repousam sobre uma experiência específica cujo valor demonstrativo, em certo sentido, não é inferior ao das experiências científicas, mesmo sendo diferente. Também pensamos que "uma árvore se

---

1300. William James, *The Varieties of Religious Experience*, Nova York, The Modern Library, 1902.

conhece por seus frutos"[1301] e que sua fecundidade é a melhor prova do que valem suas raízes. Ainda assim, do fato de existir, se quiserem, uma "experiência religiosa" e de ela ter, de algum modo, fundamento – existe, aliás, alguma experiência que não o tenha? – não se segue de maneira alguma que a realidade que a fundamenta seja objetivamente como a ideia que dela têm aqueles que nela acreditam. O fato de as formas pelas quais ela foi concebida terem variado infinitamente ao longo dos tempos basta para provar que nenhuma dessas concepções a exprime adequadamente. Se o cientista estabelece como um axioma que as sensações de calor e de luz que experimentam os seres humanos correspondem a alguma causa objetiva, não se conclui disso que essa seja tal qual parece aos sentidos. Do mesmo modo, se as impressões que sentem os fiéis não são imaginárias, ainda assim elas não constituem intuições privilegiadas; não há motivo para pensar que elas nos informam melhor sobre a natureza de seu objeto que as sensações vulgares sobre a natureza dos corpos e suas propriedades. Para descobrir em que esse objeto consiste, é preciso, portanto, submeter-lhe a uma elaboração análoga àquela que substituiu a representação sensível do mundo por uma representação científica e conceitual.

Pois bem, é precisamente isso que procuramos fazer, e constatamos que essa realidade – que as mitologias conceberam sob tantas formas diferentes, mas que é a causa objetiva, universal e eterna dessas sensações *sui generis* que constituem a experiência religiosa – é a sociedade. Mostramos quais forças morais ela desenvolve e como desperta esse sentimento de sustentação, de salvaguarda, de dependência tutelar que vincula o fiel a seu culto. É ela que o eleva acima de si mesmo; é ela, inclusive, que o faz. Afinal, o que instaura o ser humano é esse conjunto de bens intelectuais que constitui a civilização, e a civilização é a obra da sociedade. E assim se explica o papel preponderante do culto em todas as religiões, a despeito de quais sejam elas. É que a sociedade só pode fazer sentir sua influência se ela está em ação, e ela está em ação apenas se os indivíduos que a compõem estiverem reunidos e agirem em comum. É por meio dessa ação comum que ela toma consciência de si e se apresenta; ela é, antes de mais nada, uma cooperação ativa. Mesmo as ideias e os sentimentos coletivos só são possíveis graças aos movimentos exteriores que os simbolizam, tal como o estabelecemos.[1302] É a ação, portanto, que domina a vida religiosa, pelo único fato de que a sociedade é sua fonte.

---

1301. William James, *L'Expérience Religieuse. Essai de Psychologie Descriptive*, Paris, F. Alcan, 1906, p. 19.

1302. Ver, anteriormente, p. 283 ss.

CONCLUSÃO | 493

A todas as razões que foram dadas para justificar essa concepção, uma última pode ser acrescida, a qual se depreende do conjunto desta obra. Estabelecemos ao longo deste percurso que as categorias fundamentais do pensamento e, por conseguinte, a ciência, têm origens religiosas. Vimos que o mesmo ocorre com a magia e, por conseguinte, com as diversas técnicas dela oriundas. Por outro lado, sabe-se já há muito tempo que, até um momento relativamente avançado da evolução, as regras da moral e do direito eram indistintas das prescrições rituais. Pode-se então dizer, em resumo, que quase todas as grandes instituições sociais nasceram da religião.[1303] Ora, para que os principais aspectos da vida coletiva tenham começado sendo apenas aspectos variados da vida religiosa, é evidentemente necessário que a vida religiosa seja a forma eminente, algo como uma expressão condensada da vida coletiva por inteiro. Se a religião engendrou tudo o que há de mais essencial na sociedade, é porque a ideia da sociedade é a alma da religião.

As forças religiosas são, portanto, forças humanas, forças morais. Sem dúvida, dado que os sentimentos coletivos apenas podem adquirir consciência de si mesmos ao se fixar sobre objetos exteriores, elas não puderam se constituir sem tomar de empréstimo das coisas algumas de suas características: elas adquiriram assim uma espécie de natureza física; por esse motivo, acabaram por se misturar com a vida do mundo material, e é por meio delas que se acreditou poder explicar o que ocorre nesse mundo. Quando são consideradas apenas por esse aspecto e nesse papel, vê-se tão somente o que têm de mais superficial. Na realidade, é à consciência que são tomados de empréstimo os elementos essenciais dos quais elas são feitas. É comum achar que elas tenham apenas um caráter humano quando são pensadas sob forma humana;[1304] mas mesmo as mais impessoais e as mais anônimas nada mais são que sentimentos objetivados.

---

1303. Uma única forma de atividade social ainda não foi expressamente atrelada à religião: trata-se da atividade econômica. Ainda assim, as técnicas que derivam da magia revelam, por isso mesmo, origens indiretamente religiosas. Além disso, o valor é uma espécie de poder, de eficácia, e sabemos as origens religiosas da ideia de poder. A riqueza pode conferir *mana*; isso significa que ela o tem. A partir daí, pode-se entrever que a ideia de valor econômico e aquela de valor religioso devem ter alguma relação. Mas a questão de saber qual é a natureza dessas relações ainda não foi estudada. [Tal perspectiva será desenvolvida, ao longo da década de 1930, por François Simiand, antigo colaborador de Durkheim. Ver, em especial, F. Simiand, "La Monnaie realité sociale", *Annales Sociologiques*, série D, 1, 1934, p. 1-58. (Ver, em português: F. Simiand, *A moeda, realidade social*, São Paulo, Edusp, 2018, edição bilíngue e crítica, com tradução de Rafael Faraco Benthien e Miguel Soares Palmeira.). (N.T.)]

1304. É por essa razão que J. G. Frazer e mesmo K. T. Preuss situam as forças religiosas impessoais no exterior ou, no máximo, no limiar da religião, para as atrelar à magia.

É com a condição de ver as religiões a partir dessa perspectiva que é possível perceber sua verdadeira significação. Atendo-se apenas às aparências, os ritos dão frequentemente a impressão de ser operações puramente manuais: são unções, lavagens, refeições. Para consagrar algo, coloca-se isso em contato com uma fonte de energia religiosa, assim como, hoje, para esquentar um corpo ou para eletrificá-lo, ele é colocado em relação com uma fonte de calor ou de eletricidade; os procedimentos empregados tanto em um caso quanto em outro não são essencialmente diferentes. Assim entendida, a técnica religiosa parece ser uma espécie de mecanismo místico. Mas essas manobras materiais são apenas o invólucro exterior sob o qual se dissimulam operações mentais. Finalmente, trata-se não de exercer uma espécie de coerção física sobre forças cegas e, aliás, imaginárias, mas de atingir as consciências, de tonificá-las e discipliná-las. Por vezes se disse que as religiões inferiores eram materialistas. A expressão é inexata. Todas as religiões, mesmo as mais rudimentares, são, em certo sentido, espiritualistas: afinal, as potências que elas colocam em cena são, antes de mais nada, espirituais e, por outro lado, é sobre a vida moral que elas têm por principal função agir. Compreende-se, assim, que o que foi feito em nome da religião não poderia ter sido feito em vão: afinal, é necessariamente a sociedade dos seres humanos, a humanidade, que recolheu seus frutos.

Questiona-se, contudo, qual é, precisamente, a sociedade que se torna assim o substrato da vida religiosa? Acaso é a sociedade real, tal qual existe e funciona sob nossos olhos, com a organização moral e jurídica que ela moldou laboriosamente para si ao longo da história? Mas essa sociedade é cheia de vícios e de imperfeições. Nela, o mal está ao lado do bem, a injustiça frequentemente reina e a verdade é a cada instante obscurecida pelo erro. Como um ser tão grosseiramente constituído poderia inspirar os sentimentos de amor, de entusiasmo ardente, de espírito de abnegação que todas as religiões reclamam de seus fiéis? Esses seres perfeitos que são os deuses não podem ter tomado suas características de uma realidade tão medíocre, por vezes mesmo tão baixa.

Trata-se, ao contrário, da sociedade perfeita, na qual a justiça e a verdade seriam soberanas, da qual o mal, sob todas as suas formas, seria extirpado? Não se contesta que ela tenha uma íntima relação com o sentimento religioso; afinal, diz-se, as religiões tendem à sua realização. Ocorre apenas que essa sociedade não é um dado empírico, definido e observável; é uma quimera, um sonho com o qual os seres humanos embalaram suas misérias, mas que jamais viram na realidade. Trata-se de uma simples ideia que vem traduzir na consciência nossas aspirações mais ou menos obscuras em direção ao bem, ao belo e ao ideal. Ora, essas aspirações têm suas raízes em nós mesmos; elas vêm das próprias profundezas de nosso ser; não há, portanto, nada fora de nós que possa explicá-las. Aliás, elas são já religiosas por si sós; a sociedade ideal supõe, então, a religião, mas está longe de poder explicá-la.[1305]

De início, contudo, ver a religião apenas por seu lado idealista é simplificar arbitrariamente as coisas: ela é realista a seu modo. Não há feiura física ou moral, não existem vícios e males que não tenham sido divinizados. Há deuses do roubo e da malícia, da luxúria e da guerra, da doença e da morte. O próprio cristianismo, por mais elevada que seja a ideia que concebeu da divindade, foi obrigado a conceder ao espírito do mal um lugar em sua mitologia. Satã é uma peça essencial do sistema cristão; ora, se ele é um ser impuro, não se trata de um ser profano. O antideus é um deus, inferior e subordinado, é verdade, dotado, contudo, de poderes extensos; ele próprio é objeto de ritos, ao menos negativos. Ao invés da religião ignorar a sociedade real e criar uma abstração, ela é sua imagem; ela reflete todos os seus aspectos, mesmo os mais vulgares e os mais repulsivos. Tudo se encontra nela e se, na maioria das vezes, observa-se o bem triunfando sobre o mal, a vida sobre a morte, as potências de luz sobre as potências de trevas, é que na realidade não ocorre algo diferente. Afinal, se a relação entre essas forças contrárias fosse invertida, a vida seria impossível; pois bem, de fato, ela se mantém e tende, inclusive, a se desenvolver.

Mas se, por meio das mitologias e das teologias, vê-se claramente transparecer a realidade, é bem verdade que nesses contextos ela se encontra engrandecida, transformada e idealizada. Sob esse aspecto, as mais primitivas religiões não diferem das mais recentes e das mais refinadas. Vimos, por exemplo, como os Arunta situam na origem dos tempos uma sociedade mítica cuja organização reproduz exatamente aquela que existe ainda hoje; ela compreende os mesmos clãs e as mesmas fratrias, está submetida à mesma regulamentação matrimonial e pratica os mesmos ritos. Os personagens que a compõem, contudo, são seres ideais, dotados de poderes e de virtudes às quais o comum dos mortais não pode aspirar. Sua natureza não é somente mais elevada, ela é diferente, pois remete, ao mesmo tempo, à animalidade e à humanidade. As potências maléficas enfrentam aí uma metamorfose análoga: o próprio mal é como que sublimado e idealizado. A questão que se coloca é saber de onde provém essa idealização.

Responde-se que o ser humano tem uma faculdade natural de idealização, ou seja, de substituir o mundo da realidade por um mundo diferente, para o

---

1305. É. Boutroux, *Science et Religion dans la Philosophie Contemporaine*, Paris, Flammarion, 1908, p. 206-7.

qual se transporta em pensamento. Isso é, contudo, transformar os termos do problema: não significa resolvê-lo ou mesmo fazê-lo avançar. Essa idealização sistemática é uma característica essencial das religiões. Explicá-las a partir de um poder inato de idealizar equivale simplesmente, portanto, a substituir uma palavra por outra equivalente: é como se disséssemos que o ser humano criou a religião porque possuía uma natureza religiosa. Ainda assim, o animal conhece apenas um único mundo: aquele que percebe pela experiência tanto interna quanto externa. Apenas o ser humano tem a faculdade de conceber o ideal e de acrescentar ao real. Qual a proveniência desse singular privilégio? Antes de torná-lo um fato primordial, uma virtude misteriosa que escapa à ciência, seria preciso garantir que ele não depende de condições empiricamente determináveis.

A explicação que propusemos da religião tem precisamente essa vantagem, qual seja, a de trazer uma resposta à questão. Afinal, o que define o sagrado é que ele é sobreposto ao real; ora, o ideal corresponde à mesma definição. Não se pode, portanto, explicar um sem explicar o outro. Com efeito, vimos que, quando a vida coletiva atinge certo patamar de intensidade, ela desperta o pensamento religioso, e isso se dá porque ela determina um estado de efervescência que altera as condições da atividade psíquica. As energias vitais são superexcitadas; as paixões, mais vivas; as sensações, mais fortes; existem, inclusive, algumas que apenas se produzem nesse momento. O ser humano não mais se reconhece. Ele percebe a si mesmo como se estivesse transformado e, por conseguinte, transforma o meio que está em seu entorno. Para explicar as impressões muito particulares que experimenta, atribui às coisas com as quais está mais diretamente em contato propriedades que elas não têm, poderes excepcionais, virtudes que os objetos da experiência ordinária não possuem. Em uma palavra, ao mundo real onde se passa sua vida profana, ele sobrepõe um outro que, em certo sentido, existe apenas em seu pensamento, mas ao qual atribui, em relação ao primeiro, uma espécie de dignidade mais elevada. Trata-se, portanto, sob esse duplo aspecto, de um mundo ideal.

Desse modo, a formação de um ideal não constitui um fato irredutível, que escapa à ciência; ele depende de condições que a observação pode alcançar; trata-se de um produto natural da vida social. Para que a sociedade possa tomar consciência de si e alimentar, com o grau de intensidade necessária, o sentimento que tem si de mesma, é necessário que ela se reúna e se concentre. Pois bem, essa concentração determina uma exaltação da vida mental que se traduz por um conjunto de concepções ideais nas quais se exprime a vida nova que assim despertou; elas correspondem a esse afluxo de forças psíquicas que então se sobrepõem àquelas que empenhamos nas tarefas cotidianas da existência. Uma sociedade não pode criar a si mesma, tampouco se recriar, sem, no mesmo processo, criar o ideal. Essa criação não é para ela uma espécie de ato suplementar, que lhe completaria logo depois de formada. Trata-se do ato graças ao qual ela se faz e se refaz periodicamente. Além disso, quando se opõe a sociedade ideal à sociedade real como dois antagonistas que nos levariam em sentidos opostos, o que se faz e o que se opõe são abstrações. A sociedade ideal não está fora da sociedade real: faz parte dela. Ao invés de estarmos divididos entre elas como se estivéssemos entre dois polos que se repelem, não podemos nos ater a uma sem nos ater à outra. Afinal, uma sociedade não é simplesmente constituída pela massa de indivíduos que a compõe, pelo solo que ocupam, pelas coisas que utilizam, pelos movimentos que realizam, mas, antes de mais nada, pela ideia que ela faz de si mesma. E, sem dúvida, às vezes ela hesita sobre a maneira com a qual deve se conceber: sente-se, pois, dilacerada em sentidos divergentes. Quando esses conflitos eclodem, contudo, isso ocorre não entre o ideal e a realidade, mas entre ideais diferentes, entre aquele de ontem e aquele de hoje, entre aquele que tem ao seu lado a autoridade da tradição e aquele que está somente em vias de se desenvolver. Certamente há algum modo de buscar saber por qual razão os ideais evoluem: ainda assim, a despeito da solução que se encontre para esse problema, a verdade é que tudo se passa no mundo do ideal.

Ao invés do ideal coletivo que a religião exprime dever-se a um poder qualquer inato ao indivíduo, é sobretudo na escola da vida coletiva que o indivíduo aprendeu a idealizar. Assimilando os ideais elaborados pela sociedade é que ele se tornou capaz de conceber o ideal. É a sociedade que, trazendo-o à sua esfera de ação, suscitou nele a capacidade de se elevar acima do mundo da experiência e, ao mesmo tempo, forneceu-lhe os meios de conceber outro mundo. Afinal, foi a sociedade que construiu esse novo mundo ao se construir, pois é ela que ele exprime. Desse modo, tanto no indivíduo quanto no grupo, a faculdade de idealizar não tem nada de misterioso. Ela não é uma espécie de luxo do qual o ser humano pode prescindir, mas uma condição de sua existência. Ele não poderia ser um ser social, ou seja, ele não seria humano, se não a tivesse obtido. Sem dúvida, ao se encarnar nos indivíduos, os ideais coletivos tendem a se individualizar. Cada um os entende à sua maneira, deixa neles a sua marca indelével; alguns elementos são subtraídos, outros, acrescidos. O ideal pessoal deriva, assim, do ideal social à medida que a personalidade individual se desenvolve e se torna uma fonte autônoma de ação. Se quisermos compreender essa aptidão, aparentemente tão singular, de viver fora do real, basta reportá-la às condições sociais das quais depende.

É preciso então evitar ver nessa teoria da religião uma simples renovação do materialismo histórico: isso seria um singular equívoco em relação a nosso pensamento. Ao mostrar a religião como algo essencialmente social, não pretendemos de forma alguma dizer que ela se limita a traduzir, em outra linguagem, as formas materiais da sociedade e suas necessidades vitais imediatas. Sem dúvida, consideramos como uma evidência que a vida social depende de seu substrato e carrega consigo sua marca, tal como a vida mental do indivíduo depende do encéfalo e, inclusive, de todo o organismo. A consciência coletiva é, contudo, algo diferente de um simples epifenômeno de sua base morfológica, assim como a consciência individual é algo diferente de uma simples eflorescência do sistema nervoso. Para que a primeira apareça, é preciso que se produza uma síntese *sui generis* das consciências particulares. Ora, essa síntese tem por efeito liberar todo um mundo de sentimentos, de ideias e de imagens que, uma vez nascidos, obedecem a leis que lhes são próprias. Eles atraem-se, repelem-se, fundem-se, segmentam-se e proliferam-se sem que todas as combinações estejam diretamente ordenadas e requisitadas pelo estado da realidade subjacente. A vida assim suscitada goza de uma independência bastante grande para que se lance por vezes em manifestações sem sentido ou sem qualquer utilidade, pelo simples prazer de se afirmar. Mostramos precisamente que esse é frequentemente o caso da atividade ritual e do pensamento mitológico.[1306]

Se a religião é um produto de causas sociais, como explicar, contudo, o culto individual e o caráter universalista de certas religiões? Se ela nasceu *in foro externo* [no exterior], como pôde passar ao foro interior do indivíduo e nele se embrenhar cada vez mais profundamente? Se ela é obra de sociedades definidas e individualizadas, como pôde se destacar a ponto de ser concebida como um bem comum à humanidade?

Encontramos ao longo de nossa pesquisa os primeiros germes da religião individual e do cosmopolitismo religioso, e vimos como eles se formaram. Temos assim os elementos mais gerais da resposta que pode ser fornecida a essa dupla questão.

Mostramos, com efeito, como a força religiosa que anima o clã, ao se encarnar nas consciências particulares, particulariza-se. Assim se formam seres sagrados secundários; cada indivíduo possui os seus, feitos à

---

1306. Ver, anteriormente, p. 449 ss. Cf., sobre a mesma questão, nosso artigo, É. Durkheim, "Représentations individuelles et représentations collectives", *op. cit.* [Ver, em português: É. Durkheim, "Representações individuais e representações coletivas", em *Id.*, *Sociologia e Filosofia*, São Paulo, Edipro, 2015, p. 25-50, com tradução de Evelyn Tesche. (N.T.)]

sua imagem, associados à sua vida íntima, solidários ao seu destino: eis aí a alma, o totem individual, o ancestral protetor etc. Esses seres são o objeto de ritos que o fiel pode celebrar sozinho, fora de qualquer grupo; eis aí, portanto, uma primeira forma clara de culto individual. Por certo, trata-se de um culto ainda muito rudimentar; mas como a personalidade individual é então pouco definida, como lhe é atribuído pouco valor, o culto que a exprime não podia ser já muito desenvolvido. À medida que os indivíduos se tornaram diferentes entre si e que o valor da pessoa aumentou, o culto correspondente adquiriu uma importância maior no conjunto da vida religiosa, ao mesmo tempo em que se blindou mais hermeticamente em relação ao exterior.

A existência de cultos individuais não implica, assim, nada que contradiga ou que crie problemas para uma explicação sociológica da religião. Afinal, as forças religiosas às quais eles se dirigem são apenas formas individualizadas de forças coletivas. Desse modo, mesmo quando a religião parece caber inteiramente no foro interior do indivíduo, ainda é na sociedade que se encontra a fonte viva na qual ela se alimenta. Podemos agora julgar o valor desse individualismo radical que pretende tornar a religião algo puramente individual: ele despreza as condições fundamentais da vida religiosa. Se ele permaneceu até hoje no estado de aspirações teóricas que jamais se realizaram é porque ele próprio é irrealizável. Uma filosofia pode, sem maiores problemas, ser gestada no silêncio da meditação interior, mas não uma fé. Uma fé é, afinal e antes de mais nada, calor, vida, entusiasmo, exaltação de toda atividade mental, elevação do indivíduo acima de si mesmo. Ora, como ele poderia, sem sair de si, somar algo às energias que possui? Como poderia ir além de si mesmo valendo-se apenas de suas próprias forças? A única fonte de calor junto à qual podemos nos aquecer moralmente é aquela que constitui a sociedade de nossos semelhantes; as únicas forças morais com as quais podemos sustentar e aumentar as nossas são aquelas que outra pessoa nos empresta. Admitamos inclusive a existência real dos seres mais ou menos análogos àqueles que nos apresentam as mitologias. Para que exerçam sobre as almas a ação útil que é sua razão de ser, é necessário que se acredite neles. Ora, as crenças são ativas apenas quando são compartilhadas. É possível sustentá-las por algum tempo a partir de um esforço totalmente pessoal, mas não foi assim que elas nasceram, nem foi assim que foram adquiridas. Chega a ser duvidoso que possam ser conservadas nessas condições. De fato, o ser humano que tem uma verdadeira fé sente irrevogavelmente a necessidade de difundi-la; em função disso, ele deixa seu isolamento e se aproxima dos outros, busca convencê-los, e é o ardor das convicções que ele suscita que vem reconfortar a sua. Ela desapareceria rapidamente se permanecesse sozinha.

Com o universalismo religioso ocorre o mesmo que com o individualismo. Longe de ser um atributo exclusivo de algumas grandes religiões, nós o encontramos sem dúvida não na base, mas no ápice do sistema australiano. Bunjil, Daramulun, Baiame não são apenas simples deuses tribais; cada um deles é reconhecido por uma pluralidade de tribos diferentes. Seu culto é, em certo sentido, internacional. Essa concepção é, portanto, bastante próxima daquela que pode ser encontrada nas mais recentes teologias. Por tal razão, alguns escritores sentiram-se no dever de negar sua autenticidade, por mais incontestável que seja.

Pois bem, nós pudemos mostrar como ela se formou.

Tribos vizinhas, que pertencem à mesma civilização, não podem deixar de manter relações constantes entre si. Todo tipo de circunstâncias lhes fornece uma boa ocasião para isso: além do comércio, então rudimentar, existem os casamentos; afinal, os casamentos internacionais são frequentes na Austrália. Ao longo desses encontros, as pessoas adquirem naturalmente consciência do parentesco moral que as une. Elas possuem a mesma organização social, a mesma divisão em fratrias, em clãs e em classes matrimoniais; elas praticam os mesmos ritos de iniciação ou, então, ritos muito similares. Empréstimos mútuos ou convenções acabam por reforçar essas semelhanças espontâneas. Os deuses aos quais estavam atreladas essas instituições tão claramente idênticas dificilmente podiam permanecer distintos nas consciências. Tudo os aproximava e, por conseguinte, supondo-se mesmo que cada tribo tenha elaborado sua noção de maneira independente, deviam necessariamente tender a se confundir entre si. É provável, aliás, que eles tenham sido formados nas assembleias intertribais. Afinal, trata-se, antes de mais nada, de deuses da iniciação e, nas cerimônias de iniciação, tribos diferentes estão geralmente representadas. Se, portanto, foram formados seres sagrados sem vínculos com qualquer sociedade geograficamente determinada, isso não significa que eles tenham uma origem extrassocial. Isso apenas atesta que, acima dos agrupamentos geográficos, há outros cujos contornos são mais imprecisos: eles não possuem fronteiras definidas, mas compreendem todo tipo de tribos mais ou menos vizinhas e aparentadas. A vida social muito particular que provém daí tende, assim, a se estender sobre um território sem limites definidos. Muito naturalmente, as personagens mitológicas que correspondem a esse território têm os mesmos atributos; sua esfera de influência não é delimitada; elas planam acima das tribos particulares e acima do espaço. Trata-se dos grandes deuses internacionais.

Ora, não há nada nessa situação que seja particular às sociedades australianas. Não existe povo ou Estado que não esteja implicado em outra sociedade, mais ou menos ilimitada, que compreende todos os povos e todos os estados com os quais o primeiro está direta ou indiretamente em relação; não há vida nacional que não seja dominada por uma vida coletiva de natureza internacional. À medida que se avança na história, esses grupos internacionais adquirem maior importância e maior extensão. Observa-se, assim, como, em certos casos, a tendência universalista pôde se desenvolver a ponto de afetar não apenas as mais elevadas ideias do sistema religioso, mas, inclusive, os princípios sobre os quais ele repousa.

## II

Há na religião, portanto, algo de eterno que está destinado a sobreviver a todos os símbolos particulares nos quais o pensamento religioso sucessivamente se envolveu. Não pode existir sociedade que não sinta a necessidade de alimentar e de fortalecer, em intervalos regulares, os sentimentos coletivos e as ideias coletivas que realizam sua unidade e sua personalidade. Ora, essa restauração moral só pode ser obtida por meio de reuniões, de assembleias, de congregações, em que indivíduos intimamente associados uns aos outros reafirmam em comum seus sentimentos compartilhados. Ou seja, cerimônias que, por seu objeto, pelos resultados que produzem, pelos procedimentos nelas empregados, não se distinguem das cerimônias propriamente religiosas quanto à sua natureza. Qual é a diferença essencial entre uma assembleia de cristãos celebrando as principais datas da vida do Cristo, ou de judeus festejando seja a fuga do Egito, seja a promulgação do decálogo, e uma reunião de cidadãos comemorando a instituição de uma nova cartilha moral ou algum grande acontecimento da vida nacional?

Se temos, hoje, alguma dificuldade para conceber em que poderão consistir essas festas e essas cerimônias no futuro é talvez porque atravessamos uma fase de transição e de mediocridade moral. As grandes coisas do passado, aquelas que entusiasmavam nossos pais, não suscitam em nós o mesmo ardor, seja porque entraram no domínio público a ponto de terem se tornado inconscientes para nós, seja porque não correspondem mais às nossas aspirações atuais; e, não obstante, ainda não existe nada que possa substituí-las. Não podemos mais nos apaixonar pelos princípios em nome dos quais o cristianismo recomendava que os mestres tratassem seus escravos de forma humana, e, por outro lado, a ideia que se tem da igualdade e da fraternidade humana nos parece ceder muito espaço a injustas desigualdades. Sua piedade pelos mais humildes nos parece demasiadamente platônica; gostaríamos de uma que fosse mais eficaz; ainda não concebemos claramente o que ela deve ser, nem como poderia se realizar na prática. Em uma palavra, os antigos deuses envelheceram ou morreram, e outros ainda não nasceram. Eis o que tornou vã a tentativa de Comte de organizar uma religião com velhas lembranças históricas, artificialmente despertadas: é da própria vida, e não de um passado morto, que pode emergir um culto vivo. Mas esse estado de incerteza e de agitação confusa não poderá durar eternamente. Virá um dia em que nossas sociedades conhecerão novamente momentos de efervescência criadora ao longo dos quais novos ideais emergerão, novas fórmulas surgirão para servir, durante algum tempo, de guia à humanidade; e uma vez passados esses momentos, as pessoas sentirão espontaneamente a necessidade de revivê-los de quando em quando em seu pensamento, ou seja, sentirão a necessidade de alimentar sua lembrança por meio de festas que revivam regularmente seus frutos. Já vimos como a Revolução [Francesa] instituiu todo um ciclo de festas para manter em um estado de perpétua juventude os princípios que a inspiravam. Se a instituição declinou rapidamente, isso ocorreu porque a fé revolucionária durou apenas certo tempo; porque as decepções e o desencorajamento seguiram-se rapidamente ao primeiro momento de entusiasmo. Ainda assim, a despeito de a obra ter sido interrompida, ela nos permite imaginar o que poderia ter sido em outras condições; e tudo leva a crer que ela será retomada mais cedo ou mais tarde. Não há evangelhos que sejam imortais e não há motivo para crer que a humanidade seja, a partir de agora, incapaz de conceber novos. Quanto a saber o que serão os símbolos em que a nova fé virá se exprimir, se serão semelhantes ou não aos do passado, se serão adequados à realidade que deverão traduzir, essa é uma questão que escapa às faculdades humanas de previsão e que, de todo modo, não toca o âmago das coisas.

Contudo, as festas e os ritos, isto é, o culto, não constituem toda a religião. Esta não é somente um sistema de práticas; trata-se também de um sistema de ideias cujo objetivo é exprimir o mundo; vimos que mesmo os mais simples têm sua cosmologia. A despeito da relação que possa existir entre esses dois elementos da vida religiosa, eles não deixam de ser muito diferentes. Um deles está voltado na direção da ação, que ele demanda e regula; o outro, está do lado do pensamento que enriquece e organiza. Eles não dependem, portanto, das mesmas condições e, por conseguinte, cabe perguntar se o segundo corresponde a necessidades tão universais e tão permanentes quanto o primeiro.

Quando características específicas são atribuídas ao pensamento religioso, quando se acredita que ele tem por função exprimir, a partir de métodos que lhe são próprios, todo um aspecto do real que escapa tanto ao conhecimento vulgar como à ciência, é natural que se recuse a admitir que a religião possa alguma vez perder seu papel especulativo. A análise dos fatos nos pareceu demonstrar, contudo, essa especificidade. A religião que acabamos de estudar é uma dessas em que os símbolos empregados são os mais desconcertantes para a razão. Nela, tudo parece misterioso. Esses seres que participam ao mesmo tempo dos mais heterogêneos reinos, que se multiplicam sem deixar de ser unos, que se fragmentam sem diminuir-se, parecem, à primeira vista, pertencer a um mundo inteiramente diferente daquele em que vivemos; chegou-se ao ponto de dizer que o pensamento que a construiu ignorava totalmente as leis da lógica. Jamais, talvez, o contraste entre a razão e a fé foi tão acentuado. Se houve um momento na história em que sua heterogeneidade deveria aparecer com evidência, portanto, é bem este aqui. Ora, ao contrário das aparências, constatamos que as realidades às quais se aplica então a especulação religiosa são exatamente as mesmas que servirão mais tarde de objeto à reflexão dos cientistas: é a natureza, o ser humano, a sociedade. O mistério que parece os envolver é bastante superficial e se dissipa diante de uma observação mais aprofundada: basta afastar o véu com o qual a imaginação mitológica os recobriu para que elas apareçam tal como são. A religião se esforça por traduzir essas realidades em uma língua inteligível que não difere em essência daquela que a ciência emprega; tanto em um caso como em outro, trata-se de atrelar as coisas umas às outras, de estabelecer entre elas relações internas, de classificá-las e de sistematizá-las. Vimos, inclusive, que as noções essenciais da lógica científica são de origem religiosa. Sem dúvida, a ciência, para utilizá-las, submete-as a uma elaboração nova; ela as depura de todo tipo de elementos acidentais; de maneira geral, ela introduz, em suas iniciativas, um espírito crítico que a religião ignora; ela se cerca de precauções para "evitar a precipitação e a prevenção", para manter à distância as paixões, os preconceitos e todas as influências subjetivas. Esses aperfeiçoamentos metodológicos não bastam, porém, para diferenciá-la da religião. Ambas, sob esse aspecto, perseguem o mesmo objetivo; o pensamento científico é apenas uma forma mais perfeita do pensamento religioso. Parece natural, portanto, que o segundo se enfraqueça progressivamente diante do primeiro, à medida que este se torna mais apto a realizar sua missão.

E não se pode duvidar, com efeito, que essa regressão tenha sido produzida ao longo da história. Vinda da religião, a ciência tende a substituí-la em tudo o que diz respeito às funções cognitivas e intelectuais. O cristianismo já consagrou definitivamente essa substituição na ordem dos fenômenos materiais. Vendo na matéria a coisa profana por excelência, ele facilmente abandonou seu conhecimento a uma disciplina estrangeira, *tradidit mundum hominum disputationi**. Foi assim que as ciências da natureza puderam se estabelecer e impor sua autoridade sem grandes dificuldades. Ainda assim, ele não podia se desfazer tão facilmente do mundo das almas, pois é sobre elas, acima de tudo, que o deus dos cristãos espera reinar. Eis porque, durante muito tempo, a ideia de submeter a vida psíquica à ciência produzia a sensação de uma profanação; mesmo hoje, ela causa repugnância a vários espíritos. Não obstante, a psicologia experimental e comparativa se constituiu, e é necessário hoje contar com ela. O mundo da vida religiosa e moral permanece, porém, interdito. A grande maioria das pessoas continua acreditando que existe nesse mundo uma ordem de coisas na qual a consciência só pode penetrar a partir de vias muito especiais. Disso decorrem as fortes resistências com que se depara todas as vezes em que se busca tratar cientificamente os fenômenos religiosos e morais. A despeito dessas oposições, contudo, as tentativas se repetem, e sua própria persistência permite prever que essa última barreira terminará por ceder, e que a ciência se estabelecerá como mestra mesmo nessa região reservada.

Eis em que consiste o conflito entre a ciência e a religião. Com frequência, tem-se dele uma ideia inexata. Costuma-se dizer que, por princípio, a ciência nega a religião. A religião, porém, existe: trata-se de um sistema de fatos dados; ou, em uma palavra, trata-se de uma realidade. Como a ciência poderia negar uma realidade? Além disso, enquanto a religião for ação, enquanto for um meio de vivificar os seres humanos, a ciência não poderá ocupar seu lugar, pois se esta exprime a vida, ela não a cria. A ciência pode muito bem procurar explicar a fé, mas, justamente por isso, ela a supõe. Há conflito, portanto, apenas quanto a um ponto muito limitado. Das duas funções que a religião realiza primitivamente, há uma, mas apenas uma, que tende a escapá-la cada vez mais: a função especulativa. O que a ciência contesta na religião não é seu direito de existir, mas o direito de dogmatizar sobre a natureza das coisas, a espécie de competência especial que ela se atribui para conhecer o ser humano e o mundo. De fato, ela não conhece a si mesma. Ela não sabe nem do que é feita, nem quais necessidades ela atende. Ela mesma é objeto de ciência; e está longe, portanto, de ditar a lei à ciência! E como, por outro lado, para além do real ao qual se aplica a reflexão científica, não existe objeto próprio sobre o qual incida a especu-

---

*.  Abandonou o mundo às disputas dos seres humanos. (N.T.)

lação religiosa, é evidente que esta não poderia exercer no futuro o mesmo papel que desempenhou no passado.

Ainda assim, ela parece instada a se transformar, ao invés de desaparecer. Dissemos que há na religião algo de eterno: trata-se do culto, da fé. Mas as pessoas não podem celebrar cerimônias nas quais não veem sentido, tampouco aceitar uma fé que não compreendem de algum modo. Para propagá-la ou simplesmente para sustentá-la, é preciso justificá-la, ou seja, teorizar sobre ela. Uma teoria desse gênero deve, sem dúvidas, apoiar-se sobre as diferentes ciências, a partir do momento em que elas existem; ciências sociais em primeiro lugar, porque a fé religiosa tem suas origens na sociedade; psicologia, pois a sociedade é uma síntese de consciências humanas; e por fim, ciências da natureza, uma vez que o ser humano e a sociedade são parte do universo e apenas podem ser abstraídos dele artificialmente. Ainda assim, por mais importantes que sejam os empréstimos tomados junto às ciências constituídas, eles não bastariam. Afinal, a fé, antes de mais nada, é um impulso a agir e a ciência, por mais longe que a levemos, permanece distante da ação. A ciência é fragmentária e incompleta; ela avança apenas lentamente e jamais está completa; a vida, por sua vez, não pode esperar. Teorias que são destinadas a fazer viver e a fazer agir são, portanto, obrigadas a ultrapassar a ciência e completá-la prematuramente. Elas são possíveis apenas se as exigências da prática e as necessidades vitais, tal como as sentimos sem concebê-las distintamente, levam o pensamento adiante, para além do que a ciência nos permite afirmar. Assim, as religiões, mesmo as mais racionais e as mais laicas, não podem e não poderão jamais se privar de um tipo muito particular de especulação, a qual, mesmo tendo os mesmos propósitos da própria ciência, não poderia, contudo, ser propriamente científica: as intuições obscuras da sensação e do sentimento ocupam aí, com frequência, o lugar de raciocínios lógicos. Por um lado, essa especulação assemelha-se, portanto, àquela que encontramos nas religiões do passado; por outro, no entanto, distingue-se delas. Embora outorgue-se o direito de ir além da ciência, deve começar conhecendo-a e inspirando-se por ela. Desde quando a autoridade da ciência foi estabelecida, tornou-se necessário levá-la em consideração; pode-se ir além dela sob a pressão da necessidade, mas é dela que é preciso partir. Não se pode afirmar nada que ela negue, negar nada que ela afirma, não se pode estabelecer nada que não se apoie, direta ou indiretamente, nos princípios que se toma emprestado dela. A partir desse momento, a fé não exerce mais, sobre o sistema das representações que se pode continuar chamando de religiosas, a mesma hegemonia de antes. Diante dela, desenha-se uma potência rival que, nascida dela, submete-a doravante à sua crítica e ao seu controle. E tudo leva a crer que esse controle se tornará cada vez mais amplo e mais eficaz, sem que seja possível estabelecer um limite para sua futura influência.

## III

Se, contudo, as noções fundamentais da ciência são oriundas da religião, como a religião pôde engendrá-las? Não se percebe à primeira vista quais relações podem existir entre a lógica e a religião. Além disso, uma vez que a realidade que o pensamento religioso exprime é a sociedade, a questão pode ser colocada nos seguintes termos, que tornam ainda mais clara toda a dificuldade: o que pôde tornar a vida social uma fonte assim tão importante da vida lógica? Nada, ao que parece, predestinava-a a esse papel; afinal, certamente os seres humanos não se associaram para satisfazer necessidades especulativas.

Julgar-se-á temerário abordar aqui um problema de tal complexidade. Para poder tratá-lo como convém, seria preciso que as condições sociológicas do conhecimento fossem melhor conhecidas do que são hoje. Apenas começamos a vislumbrar algumas dentre elas. Ainda assim, a questão é tão grave e está tão diretamente implicada por tudo o que precede que devemos fazer um esforço para não a deixar sem resposta. Aliás, talvez não seja impossível desde agora estabelecer alguns princípios gerais capazes, ao menos, de iluminar a solução.

A matéria do pensamento lógico é feita de conceitos. Buscar como a sociedade pode exercer um papel na gênese do pensamento lógico implica, portanto, perguntar-se como ela pode ter participado da formação dos conceitos.

Se, como em geral acontece, o conceito é visto apenas como uma ideia geral, o problema parece insolúvel. O indivíduo, com efeito, pode, por seus próprios meios, comparar suas percepções ou suas imagens, depreender o que elas têm em comum, ou, em suma, generalizar. É difícil, portanto, perceber por que a generalização é apenas possível na e para a sociedade. Em primeiro lugar, contudo, é inadmissível que o pensamento lógico se caracterize exclusivamente pela maior extensão das representações que o constituem. Se as ideias particulares nada têm de lógico, por que algo diferente aconteceria quanto às ideias gerais? O geral existe apenas no particular: ele é o particular simplificado e empobrecido. O primeiro não poderia ter virtudes e privilégios que o segundo não tem. Por outro lado, se o pensamento conceitual pode ser aplicado ao gênero, à espécie, à variedade, por mais restrita que ela possa ser, por que não poderia se estender ao indivíduo, ou seja, ao limite ao qual tende a representação à medida que sua extensão diminui? De fato, existem claramente conceitos que têm indivíduos por objetos. Em toda espécie de religião, os deuses são individualidades distintas umas das outras; ainda assim, eles são concebidos, não percebidos. Cada povo concebe de certa maneira, variável ao longo do tempo, seus heróis históricos ou lendários; essas representações são conceituais. Enfim, cada um de nós tem certa noção dos indivíduos com os quais estamos em relação, sobre seu caráter, sobre sua fisionomia, sobre os traços distintivos de seu temperamento físico e moral: essas noções são verdadeiros conceitos. Sem dúvida, elas são, em geral, formadas de maneira bastante rudimentar; mas há, mesmo entre os conceitos científicos, muitos que sejam perfeitamente adequados a seu objeto? Sob esse aspecto, há, entre ambos, apenas diferenças de graus.

É preciso definir o conceito, portanto, a partir de outras características. Ele se opõe às representações sensíveis de todo tipo – sensações, percepções ou imagens – em função das propriedades a seguir.

As representações sensíveis estão em um fluxo perpétuo; sucedem-se umas às outras como as correntes de um rio e, inclusive enquanto duram, não permanecem idênticas a si mesmas. Cada uma delas é função do instante preciso no qual ocorre. Jamais podemos ter a garantia de reencontrar uma determinada percepção tal como a experimentamos pela primeira vez; afinal, se a coisa percebida não muda, somos nós que não somos mais as mesmas pessoas. O conceito, ao contrário, está como que fora do tempo e do devir; ele está apartado de toda essa agitação. Seria possível dizer que ele está situado em uma região diferente do espírito, mais serena e mais calma. Ele não se move por si só, por uma evolução interna e espontânea; ao contrário, ele resiste à mudança. Trata-se de uma maneira de pensar que, a cada momento, encontra-se fixada e cristalizada.[1307] Na medida em que é o que deve ser, ele é imutável. Se muda, não é porque mudar esteja em sua natureza, mas porque descobrimos nele alguma imperfeição, porque ele precisa ser retificado. O sistema de conceitos que mobilizamos cotidianamente para pensar é aquele que exprime o vocabulário da nossa língua materna; afinal, cada palavra traduz um conceito. Ora, a língua está fixada; ela muda apenas muito lentamente e, por conseguinte, o mesmo ocorre com a organização conceitual que ela exprime. O cientista se encontra em uma mesma situação em relação à terminologia especial empregada

---

1307. William James, *The Principles of Psychology*, Nova York, H. Holt, 1890, I, p. 464.

pela ciência à qual ele se consagra, e, por conseguinte, em relação ao sistema especial de conceitos ao qual essa terminologia corresponde. Sem dúvida, ele pode inovar, mas essas inovações são sempre algo como violências feitas contra as maneiras de pensar instituídas.

Ao mesmo tempo que é relativamente imutável, o conceito é, senão universal, ao menos universalizável. Um conceito não é meu conceito; ele é comum a mim e a outras pessoas, ou, em todo caso, ele pode lhes ser comunicado. A possibilidade de passar uma sensação da minha consciência à consciência de outra pessoa me é vetada: ela está intimamente ligada a meu organismo e à minha personalidade, não sendo possível liberá-la. Tudo o que posso fazer é convidar alguém a se colocar diante do mesmo objeto que tenho diante de mim e abrir-se à sua ação. Em contrapartida, a conversa, o intercâmbio intelectual entre os seres humanos consiste em um comércio de conceitos. O conceito é uma representação essencialmente impessoal: é por meio dele que as inteligências humanas comungam.[1308]

A natureza do conceito, assim definido, dita suas origens. Se ele é compartilhado por todos é porque é obra da comunidade. Uma vez que não carrega consigo a marca de alguma inteligência particular, isso se deve ao fato de ser elaborado por uma inteligência única, na qual todas as outras se encontram e vêm, em alguma medida, alimentar-se. Se tem mais estabilidade que as sensações ou que as imagens, isso se deve ao fato de as representações coletivas serem mais estáveis que as representações individuais; afinal, enquanto o indivíduo é sensível mesmo a pequenas mudanças que se produzem em seu meio interno ou externo, apenas acontecimentos de uma gravidade considerável podem conseguir afetar o fundamento mental da sociedade. Todas as vezes em que estamos diante de um *tipo*[1309] de pensamento ou de ação que se impõe uniformemente às vontades e às

---

1308. Essa universalidade do conceito não deve ser confundida com sua generalidade: são duas coisas muito diferentes. O que denominamos universalidade é a propriedade que o conceito tem de ser comunicado a uma pluralidade de espíritos, inclusive, em princípio, a todos os espíritos; ora, essa comunicabilidade é totalmente independente de seu grau de extensão. Um conceito que se aplica a um único objeto, cuja extensão, por conseguinte, é mínima, pode ser universal no sentido de ser o mesmo para todos os entendimentos; assim como, por exemplo, o conceito de uma divindade.

1309. Objetar-se-á que, com frequência, no indivíduo, pelo mero efeito da repetição, maneiras de agir ou de pensar se fixam e se cristalizam sob formas de hábitos que resistem à mudança. O hábito, contudo, é apenas uma tendência a repetir automaticamente um ato ou uma ideia, todas as vezes que as mesmas circunstâncias a despertam; ele não implica que a ideia ou o ato estejam constituídos no estado de tipos exemplares, propostos ou impostos ao espírito e à vontade. É somente quando um tipo desse gênero está preestabelecido, ou seja, quando uma regra ou norma está instituída, que a ação social pode e deve ser presumida.

inteligências particulares, essa pressão exercida sobre o indivíduo indica a intervenção da coletividade. Aliás, dizíamos anteriormente que os conceitos com os quais em geral pensamos são aqueles consignados no vocabulário. Ora, não é duvidoso que a linguagem e, por conseguinte, o sistema de conceitos que traduz, seja o produto de uma elaboração coletiva. O que ela exprime é a maneira pela qual a sociedade, em seu conjunto, concebe os objetos da experiência. As noções que correspondem aos diversos elementos da língua são, portanto, representações coletivas.

O próprio conteúdo dessas noções testemunha no mesmo sentido. Não existem palavras, com efeito, mesmo entre aquelas que empregamos usualmente, cuja acepção não ultrapasse mais ou menos os limites de nossa experiência pessoal. Com frequência, um termo exprime coisas que jamais percebemos, experiências pelas quais jamais passamos ou que nunca testemunhamos. Mesmo quando conhecemos alguns dos objetos aos quais ele remete, isso apenas se dá quanto a exemplos particulares que vêm ilustrar a ideia, mas que, por si sós, jamais bastariam para constituí-la. Ou seja, encontra-se condensada na palavra toda uma ciência à qual não colaborei, uma ciência mais que individual; e ela me ultrapassa a tal ponto que não posso me apropriar completamente de todos os seus resultados. Quem dentre nós conhece todas as palavras da língua que fala e o significado integral de cada palavra?

Essa observação permite determinar em que sentido pretendemos dizer que os conceitos são representações coletivas. Se eles são comuns a um grupo social por inteiro, isso não significa que eles representam uma simples média entre as representações individuais correspondentes; afinal, se esse fosse o caso, eles seriam mais pobres que estes últimos em conteúdo intelectual, quando, na realidade, são prenhes de um saber que ultrapassa aquele do indivíduo mediano. Trata-se não de abstrações que apenas teriam realidade nas consciências particulares, mas de representações tão concretas quanto aquelas que o indivíduo pode ter de seu meio pessoal: elas correspondem à maneira pela qual esse ser especial que é a sociedade pensa as coisas de sua experiência particular. Se, com efeito, os conceitos são ideias gerais na maioria das vezes, se exprimem categorias e classes ao invés de objetos particulares, isso decorre do fato de as características singulares e variáveis dos seres interessarem à sociedade apenas raramente; em função de sua extensão, ela só pode ser afetada pelas propriedades gerais e permanentes desses conceitos. É, portanto, para isso que sua atenção se volta: está em sua natureza ver as coisas em larga escala, sob o aspecto que assumem costumeiramente. Mas essa não é uma característica necessária; e, em todo caso, mesmo quando essas representações têm o caráter genérico que lhes é habitual, elas são a obra da sociedade, e são plenas de sua experiência.

Eis aí, aliás, o que torna o pensamento conceitual valioso para nós. Se os conceitos fossem apenas ideias gerais, não enriqueceriam muito o conhecimento; pois o geral, como já dissemos, nada mais contém senão o particular. Mas se são, antes de mais nada, representações coletivas, elas acrescentam, àquilo que pode nos ensinar nossa experiência pessoal, tudo o que a coletividade acumulou de sabedoria e de ciência no decorrer dos séculos. Pensar por meio de conceitos não é simplesmente ver o real por seu viés mais geral; trata-se de projetar sobre a sensação a luz que a ilumina, penetra-a e transforma-a. Para conceber uma coisa é melhor apreender seus elementos essenciais e, ao mesmo tempo, situá-la em um conjunto; afinal, cada civilização tem seu sistema organizado de conceitos que a caracteriza. Em relação a esse sistema de noções, o espírito individual está na mesma situação que o νοῦς* de Platão diante do mundo das Ideias. Ele se esforça por assimilá-las, pois precisa delas para poder interagir com seus semelhantes; mas a assimilação é sempre imperfeita. Cada um de nós as vê a seu modo. Há algumas que nos escapam completamente, que permanecem fora de nosso círculo de visão; de outras, percebemos apenas certos aspectos. Há muitas, inclusive, que desnaturalizamos ao pensar a seu respeito; afinal, como são coletivas por natureza, não podem se individualizar sem ser retocadas, modificadas e, por conseguinte, falseadas. Daí termos tanta dificuldade em nos entender; daí muitas vezes mentirmos, sem querer, uns aos outros: afinal, nós empregamos as mesmas palavras sem lhes dar, todos, o mesmo sentido.

Pode-se agora entrever qual parte cabe à sociedade na gênese do pensamento lógico. Esse só é possível a partir do momento em que, acima das representações fugidias que deve à experiência sensível, o ser humano chegou a conceber todo um mundo de ideais estáveis, lugar comum das consciências. Pensar logicamente, com efeito, sempre equivale, em alguma medida, a pensar de maneira impessoal; é também pensar *sub specie æternitatis*\*\*. Impessoalidade e estabilidade, tais são as duas características da verdade. Pois bem, a vida lógica supõe evidentemente que o ser humano sabe, mesmo que de modo confuso, que existe uma verdade, que é distinta das aparências sensíveis. Contudo, como ele pôde chegar a essa concepção? Geralmente se constrói uma explicação que supõe que a lógica deveria ter se apresentado espontaneamente ao ser humano desde o mo-

---

\*. Consciência ou conhecimento intuitivo. (N.T.)

\*\*. Do ponto de vista da eternidade. (N.T.)

mento em que abriu os olhos para o mundo. Ainda assim, não há nada na experiência imediata que possa sugerir isso; tudo, inclusive, a contradiz. Tanto a criança quanto o animal sequer suspeitam dela. A história mostra, aliás, que tal concepção demorou séculos para se delinear e constituir-se. Em nosso mundo ocidental, foi com os grandes pensadores da Grécia que ela tomou, pela primeira vez, consciência de si mesma e das consequências que implica; e, quando a descoberta foi feita, houve um maravilhamento, o qual Platão traduziu em uma linguagem magnífica. Ainda assim, se foi somente nessa época que a ideia se exprimiu por meio de fórmulas filosóficas, ele necessariamente preexistia na forma de um sentimento obscuro. Os filósofos buscaram elucidar esse sentimento, mas eles não o criaram. Para que pudessem refletir sobre ele e analisá-lo, foi preciso que ele lhes tivesse sido dado, e a questão é saber de onde vinha, ou seja, em qual experiência era fundamentado. Ele o é na experiência coletiva. É sob a forma do pensamento coletivo que o pensamento impessoal se revelou pela primeira vez à humanidade; e não se vê por qual outra via poderia ter havido essa revelação. Pelo simples fato de a sociedade existir, existe também, para além das sensações e das imagens individuais, todo um sistema de representações que gozam de propriedades maravilhosas. Por meio delas, os seres humanos se compreendem, as inteligências penetram-se mutuamente. Elas têm em si mesmas uma espécie de força, de ascendência moral em virtude da qual se impõem aos espíritos particulares. Desde então o indivíduo percebe, ao menos obscuramente, que acima de suas representações privadas existe um mundo de noções-tipos, a partir das quais deve regular suas ideias. Ele vislumbra todo um reino intelectual do qual participa, mas que vai além dele. Trata-se de uma primeira intuição do reino da verdade. Sem dúvida, a partir do momento em que teve consciência dessa elevada intelectualidade, buscou investigar sua natureza. Ele procurou de onde essas representações eminentes obtinham suas prerrogativas e, na medida em que acreditou ter descoberto suas causas, ele mesmo buscou colocar essas causas em ação para determinar, por suas próprias forças, os efeitos que implicam. Ou seja, ele outorgou a si mesmo o direito de produzir conceitos. Assim, a faculdade de conceber se individualizou. Não obstante, para compreender suas origens e sua função, é preciso remetê-la às condições sociais das quais depende.

Objetar-se-á que mostramos o conceito apenas a partir de um de seus aspectos, que ele não tem unicamente o papel de garantir o acordo mútuo dos espíritos, mas também, e sobretudo, sua conformidade com a natureza das coisas. Parece que sua razão de ser pressupõe que seja verdadeiro, vale dizer, objetivo, e que sua impessoalidade deva ser apenas uma consequência de sua objetividade. É nas coisas, pensadas tão adequadamente quanto possível, que os espíritos deveriam comungar. Não negamos que a evolução conceitual se faça em parte nessa direção. O conceito que é tido primitivamente por verdadeiro porque é coletivo tende a tornar-se coletivo apenas se for tido por verdadeiro: requisitamos suas credenciais antes de lhe dar crédito. De início, porém, é preciso não perder de vista que, ainda hoje, a grande maioria dos conceitos dos quais nos valemos não são metodicamente constituídos; nós os extraímos da linguagem, ou seja, da experiência comum, sem que tenham sido submetidos a qualquer crítica prévia. Os conceitos cientificamente elaborados e criticados existem sempre em franca minoria. Além disso, há apenas diferenças de grau entre eles e aqueles que retiram toda sua autoridade do simples fato de serem coletivos. Uma representação coletiva, porque coletiva, apresenta já garantias de objetividade; afinal, não é sem razão que ela pôde se generalizar e se manter com suficiente persistência. Se ela está em desacordo com a natureza das coisas, não poderia ter adquirido um império extenso e prolongado sobre os espíritos. No fundo, o que estabelece a confiança que os conceitos científicos inspiram é que eles são suscetíveis de ser metodicamente controlados. Ora, uma representação coletiva é necessariamente submetida a um controle repetido indefinidamente: as pessoas que aderem a ele o verificam por sua experiência própria. Ela não poderia, portanto, ser completamente inadequada a seu objeto. Pode o exprimir, sem dúvida, com a ajuda de símbolos imperfeitos; mas os próprios símbolos científicos sempre são apenas aproximados. É precisamente esse princípio que está na base do método que seguimos no estudo dos fenômenos religiosos: consideramos como um axioma que as crenças religiosas, por mais estranhas que sejam em aparência, possuem sua verdade, que é preciso descobrir.[1310]

Inversamente, os conceitos, mesmo quando construídos segundo todas as regras da ciência, estão longe de retirar sua autoridade unicamente de seu valor objetivo. Não basta que sejam verdadeiros para que se creia neles. Se não estão em harmonia com as outras crenças, as outras opiniões, em suma, com o conjunto das representações coletivas, eles serão negados; os espíritos lhes serão fechados; será, por conseguinte, como se não tivessem existido. Se hoje basta em geral que ostentem o carimbo da ciência para encontrar uma espécie de crédito privilegiado, isso ocorre porque temos fé na ciência. Essa fé, contudo, não se diferencia essencialmente da fé re-

---

1310. Vê-se como, simplesmente por ter uma origem social, uma representação não pode deixar de ter valor objetivo.

ligiosa. O valor que atribuímos à ciência depende, em suma, da ideia que temos coletivamente de sua natureza e de seu papel na vida. Isso significa que ela exprime um estado de opinião. Isso porque, com efeito, tudo na vida social, incluindo a ciência, repousa sobre a opinião. Sem dúvida, pode-se tomar a opinião como objeto de estudo e produzir uma ciência a seu respeito; é nisso que consiste principalmente a sociologia. A ciência da opinião, contudo, não constitui a opinião; ela apenas pode esclarecê-la, torná-la mais consciente de si mesma. Por meio desse processo, é verdade, ela pode fazer com que a opinião se transforme; mas a ciência continua a depender da opinião no momento em que parece estabelecer sua lei; afinal, como já mostramos, é da opinião que ela retira a força necessária para agir sobre a opinião.[1311]

Dizer que os conceitos exprimem a maneira pela qual a sociedade concebe as coisas é dizer também que o pensamento conceitual é contemporâneo da humanidade. Nós nos negamos, portanto, a ver nela o produto de uma cultura mais ou menos tardia. Alguém que não pensasse por conceitos não seria uma pessoa; afinal, não seria um ser social. Reduzido apenas a seus preceitos individuais, ele seria indistinto do animal. Se a tese contrária pôde ser sustentada, isso ocorreu porque se definiu o conceito por elementos que não lhe são essenciais. Ele foi identificado com a ideia geral,[1312] ou então com uma ideia geral claramente delimitada e circunscrita[1313]. Nessas condições, pôde parecer que as sociedades inferiores não conhecem o conceito propriamente dito: afinal, elas possuem apenas procedimentos de generalização rudimentares, e as noções das quais se valem geralmente não são definidas. A maior parte dos conceitos atuais, contudo, tem a mesma indeterminação; não nos obrigamos muito a defini-los, salvo nas discussões e quando fazemos trabalho de cientistas. Por outro lado, vimos que conceber não é generalizar. Pensar conceitualmente não é simplesmente isolar e agrupar conjuntamente os elementos comuns a certo número de objetos; é subsumir o variável sob o permanente, o individual sob o social. E como o pensamento lógico começa com o conceito, disso decorre que ele sempre existiu. Jamais houve período histórico durante o qual os seres humanos teriam vivido, de maneira crônica, na confusão e na contradição. Nunca seria demais insistir sobre os caracteres diferenciais que a lógica apresenta para os diversos momentos da história. Ela evolui como as próprias sociedades. Por mais reais que sejam as dife-

---

1311. Ver, anteriormente, p. 260-1.

1312. L. Lévy-Bruhl, *Les Fonctions Mentales dans les Sociétés Inférieures*, op. cit., p. 131-8.

1313. *Ibid.*, p. 446.

renças, contudo, elas não devem levar a ignorar as similitudes, que não são menos essenciais.

## IV

Podemos agora abordar uma última questão, que nossa introdução já colocava,[1314] e que permaneceu como que subentendida no decorrer desta obra. Vimos que ao menos algumas das categorias são coisas sociais. Trata-se de saber de onde lhes vem esse caráter.

Sem dúvida, uma vez que elas próprias são conceitos, compreende-se sem maiores problemas que sejam a obra da coletividade. Sequer há conceitos que apresentem no mesmo grau os signos mediante os quais se reconhece uma representação coletiva. Com efeito, sua estabilidade e sua impessoalidade são tais que elas foram frequentemente consideradas absolutamente universais e imutáveis. Aliás, como exprimem as condições fundamentais do acordo entre os espíritos, parece evidente que elas apenas puderam ter sido elaboradas pela sociedade.

Ainda assim, no que lhes diz respeito, o problema é mais complexo: afinal, elas são sociais em outro sentido e como que em segundo grau. Não somente provêm da sociedade, mas as próprias coisas que exprimem são sociais. Não somente é a sociedade que as institui, mas são aspectos diferentes do ser social que lhes servem de conteúdo: inicialmente, a categoria do gênero é indistinta do conceito de grupo humano; a [categoria] do ritmo da vida social está na base da categoria de tempo; é o espaço ocupado pela sociedade que forneceu a matéria da categoria de espaço; e a força coletiva que foi o protótipo do conceito de força eficaz, elemento essencial da categoria de causalidade. Ainda assim, as categorias não são feitas para serem aplicadas unicamente ao reino social; elas estendem-se a toda a realidade. Como, então, os modelos a partir dos quais elas se construíram foram tomados da sociedade?

O fato é que são conceitos eminentes que desempenham um papel preponderante no conhecimento. As categorias têm, com efeito, por função dominar e envolver todos os outros conceitos: são os quadros permanentes da vida mental. Ora, para que elas possam abarcar um tal objeto é necessário que sejam formadas sobre uma realidade de igual amplitude.

Sem dúvida, as relações que as categorias exprimem existem, de maneira implícita, nas consciências individuais. O indivíduo vive no tempo

---

1314. Ver, anteriormente, p. 44-5.

e tem, como já afirmamos, certo sentido de orientação temporal. Ele está situado em um ponto determinado do espaço e se pôde sustentar, com bons argumentos, que todas as suas sensações têm algo de espacial.[1315] Ele tem a percepção das semelhanças; nele, as representações similares atraem-se, aproximam-se, e a representação formada por sua aproximação já tem certo caráter genérico. Temos igualmente a sensação de certa regularidade na ordem de sucessão dos fenômenos; o próprio animal não é incapaz de fazer isso. Ocorre apenas que todas essas relações são próprias ao indivíduo que nelas se engaja e, por conseguinte, a noção que é capaz de adquirir não pode, de forma alguma, estender-se além de seu horizonte estreito. As imagens genéricas que se formam em minha consciência pela fusão de imagens similares não representam apenas objetos que percebi diretamente; não há nada aí que seja capaz de me dar a ideia de uma classe, ou seja, de um quadro que permita englobar o grupo *total* de todos os objetos possíveis que satisfarão a mesma condição. Ainda seria preciso ter previamente a ideia de grupo, que o mero espetáculo de nossa vida interior não bastaria para despertar em nós. No entanto, e em especial, não há experiência individual, por mais extensa e prolongada que seja, que possa nos fazer suspeitar da existência de um gênero total, que abarcaria a universalidade dos seres, e do qual os outros gêneros seriam apenas espécies coordenadas entre elas ou subordinadas umas às outras. Essa noção do *todo*, que está na base das classificações que relatamos anteriormente, não pode nos vir do próprio indivíduo, que é apenas uma parte em relação ao todo e não atinge jamais senão uma fração ínfima da realidade. E, ainda assim, talvez não exista categoria mais essencial; afinal, como o papel das categorias é envolver todos os outros conceitos, a categoria por excelência parece claramente ser o próprio conceito de *totalidade*. Os teóricos do conhecimento o postulam normalmente como se fosse autoevidente, ao passo que ele ultrapassa infinitamente o conteúdo de cada consciência individual tomada à parte.

Pelas mesmas razões, o espaço que conheço a partir de meus sentidos, do qual sou o centro e no qual tudo está disposto em relação a mim, não poderia ser o espaço total, que contém todas as extensões particulares e no qual, além disso, elas são coordenadas em relação a pontos de apoio impessoais, comuns a todos os indivíduos. Do mesmo modo, a duração concreta que sinto escoar em mim e comigo não poderia me fornecer a ideia do tempo total: a primeira exprime somente o ritmo de minha vida individual; a segunda deve corresponder ao ritmo de uma vida que não é aquela de nenhum indivíduo em particular, mas da qual todos parti-

---

1315. William James, *The Principles of Psychology*, op. cit., I, p. 134.

cipam.[1316] Do mesmo modo, enfim, as regularidades que posso perceber a partir da maneira como minhas sensações se sucedem podem, de fato, ter valor para mim; elas explicam como, quando me é dado o antecedente de um par de fenômenos cuja constância já experimentei, tendo a esperar o consequente. Esse estado de expectativa pessoal não poderia ser confundido, contudo, com a concepção de uma ordem universal de sucessão que se impõe à totalidade dos espíritos e dos eventos.

Uma vez que o mundo que exprime o sistema total dos conceitos é aquele que a sociedade concebe, apenas esta pode nos fornecer as noções mais gerais a partir das quais aquele deve ser representado. Somente um sujeto que englobe todos os sujeitos particulares é capaz de abarcar tal objeto. Uma vez que o universo existe apenas enquanto é pensado, e uma vez que só é pensado totalmente pela sociedade, é nela que ele acontece; ele se torna um elemento de sua vida interior e, desse modo, ela própria vem a ser o gênero total para além do qual nada existe. O conceito de totalidade é apenas a forma abstrata do conceito de sociedade: ela é o todo que compreende todas as coisas, a classe suprema que engloba todas as outras classes. Tal é o princípio profundo sobre o qual repousam essas classificações primitivas em que os seres de todos os reinos estão situados e classificados nos quadros sociais tanto quanto os seres humanos.[1317] Se o mundo está na sociedade, contudo, o espaço que ela ocupa se confunde com o espaço total. Com efeito, vimos como cada coisa tem seu lugar designado no espaço social; e o que mostra claramente a que ponto esse espaço total difere das extensões concretas que os sentidos nos fazem perceber é que essa localização é totalmente ideal, e não se parece com nada do que seria se nos fosse ditada apenas pela experiência sensível.[1318] Pela mesma razão, o ritmo da vida coletiva domina e envolve os ritmos variados de todas as vidas elementares dos quais resulta; por conseguinte, o tempo que o exprime domina e abarca todas as durações particulares. Eis aí o tempo total.

---

1316. Fala-se, com frequência, do tempo e do espaço como se esses fossem apenas a extensão e a duração concretas, tal como a consciência individual as experimenta, mas empobrecidas pela abstração. Na realidade, trata-se de representações de um gênero totalmente diferente, construídas com outros elementos, seguindo um plano muito diferente e visando fins igualmente diferentes.

1317. No fundo, conceito de totalidade, conceito de sociedade e conceito de divindade são apenas, ao que tudo leva a crer, aspectos diferentes de uma única e mesma noção.

1318. Ver É. Durkheim e M. Mauss, "De quelques formes primitives de classification", *loc. cit.*, p. 40 ss. [Ver, em português: É. Durkheim e M. Mauss, "Algumas Formas Primitivas de Classificação", em M. Mauss, *Ensaios de Sociologia*, São Paulo, Perspectiva, 1981, p. 399 ss., com tradução de Luiz João Gaio e Jacó Guinsburg. (N.T.)]

CONCLUSÃO | 517

A história do mundo foi durante muito tempo apenas outro aspecto da história da sociedade. Uma começa com a outra; os períodos da primeira são determinados pelos períodos da segunda. O que mede essa duração impessoal e global, o que fixa os pontos de apoio em relação aos quais ela é dividida e organizada são os movimentos de concentração ou de dispersão da sociedade; mais geralmente, são as necessidades periódicas de restauração coletiva. Se esses instantes críticos ligam-se normalmente a algum fenômeno material, como a recorrência regular de determinado astro ou a mudança das estações, é porque signos objetivos são necessários para tornar sensível a todos essa organização essencialmente social. Do mesmo modo, enfim, a relação causal, a partir do instante em que é estabelecida coletivamente pelo grupo, torna-se independente de toda consciência individual; ela flutua sobre todos os espíritos e todos os eventos particulares. Trata-se de uma lei de valor impessoal. Já mostramos que foi desse modo que ela parece ter nascido.

Outra razão explica que os elementos constitutivos das categorias devem ter sido tomados de empréstimo da vida social: as relações que exprimem apenas podem se tornar conscientes na e pela sociedade. Se, em certo sentido, elas são imanentes à vida do indivíduo, esta não teria nenhuma razão, nem meio algum de apreendê-las, de refleti-las, de explicitá-las e de erigi-las em noções distintas. Para orientar-se pessoalmente no espaço, bem como para saber quando devia satisfazer as diferentes necessidades orgânicas, o indivíduo não precisava de maneira alguma se dotar, de forma definitiva, de uma representação conceitual do tempo ou do espaço. Muitos animais sabem encontrar o caminho que os conduz aos locais que lhes são familiares; eles retornam a esses locais no momento que lhes é conveniente, sem que tenham, no entanto, qualquer categoria. Sensações bastam para dirigi-los automaticamente. Elas bastariam igualmente ao ser humano se seus movimentos tivessem apenas de satisfazer necessidades individuais. Para reconhecer que uma coisa assemelha-se a outras que já experimentamos, não é estritamente necessário que ordenemos ambas em gêneros e em espécies: a maneira pela qual as imagens semelhantes se atraem e se confundem basta para fornecer o sentimento da semelhança. A impressão do já visto e do já experimentado não implica nenhuma classificação. Para distinguir as coisas que devemos procurar daquelas que devemos evitar, precisamos apenas atrelar os efeitos de ambas a suas causas por um vínculo lógico, isso se apenas conveniências individuais estiverem em jogo. Consequências puramente empíricas, fortes conexões entre representações concretas, são guias igualmente seguros para a vontade. Não somente o animal não possui outros, como nossa prática privada, com muita frequência, não supõe nada mais que isso. O indivíduo sensato é aquele que tem uma sensação muito clara do que é preciso fazer, mas que seria, na maioria das vezes, incapaz de traduzi-la em uma lei.

Com a sociedade algo diferente se passa. Esta apenas é possível se os indivíduos e as coisas que a compõem estiverem divididos em diferentes grupos, ou seja, classificados, e se esses próprios grupos estiverem classificados uns em relação aos outros. A sociedade supõe, portanto, uma organização consciente de si que nada mais é que uma classificação. Essa organização da sociedade comunica-se naturalmente ao espaço que ocupa. Para prevenir todo conflito, é preciso que uma porção determinada do espaço seja atribuída a cada grupo particular: em outros termos, é preciso que o espaço total seja dividido, diferenciado, orientado, e que essas divisões e essas orientações sejam conhecidas de todos os espíritos. Por outro lado, toda convocação a uma festa, a uma caça e a uma expedição militar implica que datas sejam fixadas, convencionadas e, por conseguinte, que seja estabelecido um tempo comum que todos concebam da mesma maneira. Enfim, o concurso de muitos com a finalidade de perseguir um fim comum é apenas possível se houver um acordo sobre a relação que existe entre esse fim e os meios que permitem alcançá-lo, ou seja, se uma mesma relação causal for admitida por todos os cooperados de uma mesma iniciativa. Não chega a ser surpreendente, portanto, que o tempo social, o espaço social, as classes sociais e a causalidade coletiva estejam na base de suas respectivas categorias, pois é sob suas formas sociais que diferentes relações foram, pela primeira vez, apreendidas com alguma clareza pela consciência humana.

Em resumo, a sociedade não é, de forma alguma, o ser ilógico ou alógico, incoerente e caprichoso que, com muita frequência, se compraz em ver nela. Bem ao contrário, a consciência coletiva é a mais elevada forma da vida psíquica, pois é uma consciência das consciências. Situada além e acima das contingências individuais e locais, ela apenas vê as coisas em seu aspecto permanente e essencial, os quais fixa em noções comunicáveis. Ao mesmo tempo que vê de cima, vê ao longe; a cada momento do tempo, abarca toda a realidade conhecida; eis por que apenas ela pode fornecer ao espírito quadros que se aplicam à totalidade dos seres e que permitem refletir sobre eles. Esses quadros não foram criados por ela artificialmente; ela os encontra em si mesma tomando consciência deles. Eles traduzem as maneiras de ser que se encontram em todos os graus do real, mas que aparecem com mais clareza apenas no topo, pois a extrema complexidade da vida psíquica que aí transcorre requer um desenvolvimento maior da consciência. Atribuir origens sociais ao pensamento lógico não significa, portanto, rebaixá-lo, diminuir seu valor, reduzi-lo a ser apenas um sistema de combinações artificiais. Trata-se, ao contrário, de remetê-lo a uma causa que naturalmente o implica. Isso não significa dizer, por certo, que noções elaboradas dessa maneira possam se mostrar imediatamente adequadas a seus objetos. Se a sociedade é algo de universal em relação ao indivíduo, ela mesma não deixa de ser uma individualidade que possui sua fisionomia pessoal, sua idiossincrasia. É um sujeito particular e que, por conseguinte, particulariza aquilo que pensa. As representações coletivas também contêm, portanto, elementos subjetivos, e é necessário que sejam progressivamente depuradas para se tornarem mais próximas das coisas. Ainda assim, por mais rudimentares que possam ter sido de início, o fato é que já traziam consigo o germe de uma mentalidade, à qual o indivíduo jamais poderia ter se elevado se contasse unicamente com suas próprias forças: a partir desse momento, a via estava aberta ao pensamento estável, impessoal e organizado que apenas precisava, na sequência, desenvolver sua natureza.

Aliás, as causas que determinaram esse desenvolvimento parecem claramente não se distinguir especificamente daquelas que suscitaram seu germe inicial. Se o pensamento lógico tende cada vez mais a livrar-se dos elementos subjetivos e pessoais que ainda carrega na origem, isso não ocorre em decorrência da intervenção de fatores extrassociais. Isso se dá sobretudo porque uma vida social de um novo gênero se desenvolveu cada vez mais. Trata-se dessa vida internacional que já tem por efeito universalizar as crenças religiosas. À medida que ela se estende, o horizonte coletivo torna-se mais amplo; a sociedade deixa de aparecer como o todo por excelência, para vir a ser a parte de um todo muito mais vasto, de fronteiras indeterminadas e suscetíveis de recuar indefinidamente. Em decorrência disso, as coisas não podem mais caber nos quadros sociais em que estavam primitivamente classificadas. Elas reclamam uma nova organização segundo princípios que lhes sejam próprios e, desse modo, a organização lógica diferencia-se da organização social e torna-se autônoma. Eis aí, ao que parece, o modo pelo qual o vínculo que inicialmente atrelava o pensamento a individualidades coletivas determinadas vai se distendendo cada vez mais; a maneira com que, por conseguinte, ele se torna cada vez mais impessoal e se universaliza. O pensamento real e propriamente humano não é um dado primitivo: trata-se de um produto da história, um limite ideal do qual sempre nos aproximamos um pouco mais, mas que, ao que tudo indica, jamais conseguiremos alcançar.

Desse modo, longe de haver a antinomia que frequentemente se admitiu entre a ciência, de um lado, a moral e a religião, de outro, esses diferentes modos da atividade humana derivam, na realidade, de uma única e mesma fonte. É isso que Kant compreendeu bem, o que explica por que ele fez da razão especulativa e da razão prática dois aspectos diferentes da mesma faculdade. Segundo ele, o que garante sua unidade é que ambas estão orientadas para o universal. Pensar racionalmente é pensar segundo leis que se impõem à universalidade dos seres racionais; agir moralmente é se conduzir segundo máximas que possam, sem contradição, ser difundidas à universalidade das vontades. Em outros termos, a ciência e a moral implicam que o indivíduo seja capaz de se elevar acima de seu ponto de vista particular e viver uma vida impessoal. E não é duvidoso, com efeito, que essa seja uma característica comum a todas as formas superiores do pensamento e da ação. Ocorre apenas que o kantismo não explica de onde vem a espécie de contradição que o ser humano assim opera. Por que ele é obrigado a fazer violência contra si mesmo para ir além de sua natureza de indivíduo e, por outro lado, por que a lei impessoal é obrigada a se rebaixar para se encarnar nos indivíduos? Acaso dir-se-á que existem dois mundos antagônicos dos quais igualmente participamos: o mundo da matéria e dos sentidos, de um lado, e o mundo da razão pura e impessoal, de outro? Isso equivale, contudo, a repetir a questão em termos muito similares; afinal, trata-se precisamente de saber por que nos é necessário viver essas duas existências concomitantemente. Por que esses dois mundos, que parecem se contradizer, não permanecem apartados um do outro; e por que eles sentem a necessidade de se interpenetrar a despeito de seu antagonismo? A única explicação que foi dada acerca dessa necessidade singular é a hipótese da queda, com todas as dificuldades que ela implica, e que é inútil recuperar aqui. Ao contrário, todo mistério desaparece a partir do momento em que se reconhece que a razão impessoal nada mais é que um outro nome dado ao pensamento coletivo. Afinal, esse apenas é possível a partir da reunião dos indivíduos. Ou seja, o pensamento coletivo supõe os indivíduos, assim como estes, por sua vez, supõem aquele porque não podem subsistir sem se reunir. O reino dos fins e das verdades impessoais só pode se realizar pelo concurso das vontades e das sensibilidades particulares, e as razões pelas quais estas participam daquele são as razões mesmas para as quais contribuem. Em uma palavra, há em nós algo de impessoal porque há em nós algo do social, e como a vida social compreende ao mesmo tempo representações e práticas, essa impessoalidade estende-se muito naturalmente tanto às ideias quanto aos atos.

Talvez alguém se espante ao nos ver remeter à sociedade as mais elevadas formas da mentalidade humana: a causa parece tão modesta, tendo em vista o valor que atribuímos ao efeito. Entre o mundo dos sentidos e dos apetites, por um lado, e aquele da razão e da moral, por outro, há uma distância tão considerável que o segundo apenas poderia se sobrepor ao primeiro graças a um ato criador. – Não obstante, atribuir à sociedade esse papel preponderante na gênese de nossa natureza não equivale a negar o ato criador. Afinal, a sociedade dispõe precisamente de uma potência criadora que não pode ser equiparada a nenhum outro ser já observado. Toda criação, com efeito, salvo no caso de uma operação mística que escapa à ciência e à inteligência, é o produto de uma síntese. Ora, se as sínteses de representações particulares que se produzem no seio de cada consciência individual já são, por si mesmas, produtoras de novidades, quão mais eficazes são essas vastas sínteses de consciências completas que são as sociedades! Uma sociedade é o mais poderoso feixe de forças físicas e morais cujo espetáculo a natureza nos oferece. Em nenhuma outra parte encontra-se tal riqueza de materiais diversos levados a um tamanho grau de concentração. Não é espantoso, portanto, que uma vida mais elevada depreenda-se desse ponto, a qual, reagindo sobre os elementos de que resulta, eleva-os a uma forma superior de existência e os transforma.

Desse modo, a sociologia parece destinada a abrir uma nova via para a ciência do ser humano. Até agora, estava-se diante da seguinte alternativa: ou bem explicar as faculdades superiores e específicas do ser humano atrelando-as às formas inferiores do ser – a razão, aos sentidos; o espírito, à matéria –, o que levaria a negar sua especificidade, ou bem atrelá-las a alguma realidade supraexperimental que se postulava, mas cuja existência nenhuma observação pode estabelecer. O que colocava o espírito nessa situação embaraçosa é o fato de o indivíduo ser considerado *finis naturæ*\*. Parecia que além dele não havia nada, ao menos nada que a ciência pudesse alcançar. Ainda assim, a partir do momento em que se reconhece que acima do indivíduo há a sociedade, e que esta não é um ser nominal e racional, mas um sistema de forças ativas, uma nova maneira de explicar o ser humano torna-se possível. Para lhe conservar seus atributos distintivos, não é mais necessário situá-los além da experiência. Ao menos, antes de chegar a esse extremo, convém investigar se aquilo que no indivíduo vai além do indivíduo não viria dessa realidade supraindividual, mas seria dado na experiência, que é a sociedade. Por certo, não se poderia dizer a

---

\*.  A finalidade da natureza. (N.T.)

partir de agora até que ponto essas explicações podem ir e se são capazes de resolver todos os problemas. Não obstante, é também impossível traçar *a priori* um limite que elas não poderiam ultrapassar. É preciso testar a hipótese, submetê-la metodologicamente, tanto quanto for possível, ao controle dos fatos. Eis aí o que tentamos fazer.

# Sinopse dos temas

Introdução .................................................................... 27

Objeto da Pesquisa. Sociologia Religiosa e Teoria
do Conhecimento ...................................................... 27

I – Objeto principal do livro: análise da mais simples religião conhecida, visando determinar as formas elementares da vida religiosa. Porque é mais fácil apreendê-las e explicá-las por meio das religiões primitivas ............................................. 27

II – Objeto secundário da pesquisa: gênese das noções fundamentais do pensamento ou categorias. Razões para crer que elas possuem uma origem religiosa e, por conseguinte, social. Como, desse ponto de vista, vislumbra-se um meio de renovar a teoria do conhecimento .......................................... 34

Livro I – Questões preliminares ........................... 47

Capítulo I – Definição do fenômeno religioso
e da religião ................................................................. 49

Utilidade de uma definição prévia da religião; método a ser seguido para proceder a essa definição. Porque convém, de início, examinar as definições usuais ........................................... 49

I – A religião definida a partir do sobrenatural e do misterioso. Crítica: a noção do mistério não é primitiva ........................ 51

II – A religião definida em função da ideia de Deus ou de ser espiritual. Religiões sem deus. Nas religiões deístas, ritos que não implicam qualquer ideia de divindade ........................... 55

III – Busca de uma definição positiva. Distinção das crenças e dos ritos. Definição das crenças. Primeira característica: divisão bipartida das coisas entre sagradas e profanas. Características distintivas dessa divisão. Definição dos ritos em função das crenças. Definição da religião ........................................... 62

IV – Necessidade de uma outra característica para distinguir a magia e a religião. A ideia de Igreja. Acaso as religiões individuais excluem a ideia de Igreja? ........................................ 69

## Capítulo II – As principais concepções da religião elementar ........................................................................ 77

### I - O animismo ........................................................................ 77

Distinção entre animismo e naturismo ........................................... 77

I – As três teses do animismo; 1º) Gênese da ideia de alma; 2º) Formação da ideia de espírito; 3º) Transformação do culto dos espíritos em culto da natureza ........................... 79

II – Crítica da primeira tese. Distinção da ideia de alma e da ideia de duplo. O sonho não explica a ideia de alma ............ 85

III – Crítica da segunda tese. A morte não explica a transformação da alma em espírito. O culto das almas dos mortos não é primitivo ........................................................................ 90

IV – Crítica da terceira tese. – O instinto antropomórfico. Crítica que fez Spencer; reservas quanto a esse tema. Exame dos fatos pelos quais se acredita poder provar a existência desse instinto. – Diferença entre a alma e os espíritos da natureza. – O antropomorfismo religioso não é primitivo .................... 94

V – Conclusão: o animismo reduz a religião a ser apenas um sistema de alucinações ........................................................... 98

**CAPÍTULO III** – As principais concepções
da religião elementar *(continuação)* ............................................. 101

*II – O naturismo* ............................................................................ 101

Histórico da teoria .......................................................................... 101

I – Apresentação do naturismo segundo Max Müller .................. 103

II – Se a religião tem por finalidade exprimir as forças naturais, como ela as exprime de uma maneira errônea, não se compreende como tenha podido se manter. Suposta distinção entre a religião e a mitologia ............................................. 109

III – O naturismo não explica a distinção das coisas entre sagradas e profanas ............................................................... 114

**CAPÍTULO IV** – O totemismo como religião elementar ............. 119

I – História sumária da questão do totemismo .......................... 120

II – Razões de método pelas quais o estudo terá por objeto especialmente o totemismo australiano. Do lugar que será atribuído aos fatos americanos ............................................. 126

**LIVRO II – AS CRENÇAS ELEMENTARES** ........................................ 133

**CAPÍTULO I** – As crenças propriamente totêmicas ..................... 135

*O totem como nome e como emblema* ......................................... 135

I – Definição do clã. O totem como nome do clã. Natureza das coisas que servem como totens. Maneiras mediante as quais se adquire o totem. Os totens de fratrias; de classes matrimoniais ............................................................................. 136

II – O totem como emblema. Desenhos totêmicos gravados ou esculpidos em objetos; tatuagens ou desenhos sobre os corpos.... 149

III – Caráter sagrado do emblema totêmico. Os *churinga*. O *nurtunja*. O *waninga*. Caráter convencional dos emblemas totêmicos ............................................................................. 156

## Capítulo II – As crenças propriamente totêmicas
*(continuação)* .................................................................... 167

**O animal totêmico e o ser humano** ................................................. 167

I – Caráter sagrado dos animais totêmicos. Interdição de se alimentar deles, de matá-los, de colher as plantas totêmicas. Atenuações diversas que recaem sobre essas interdições. Proibições de contato. O caráter sagrado do animal é menos pronunciado que aquele do emblema ........................... 167

II – O ser humano. Seu parentesco com o animal ou planta totêmica. Mitos diversos que explicam esse parentesco. O caráter sagrado do ser humano é mais perceptível em certos pontos do organismo: o sangue, os cabelos etc. Como esse caráter varia de acordo com o sexo e a idade. O totemismo não é uma zoolotria, tampouco uma fitolatria ........................... 174

## Capítulo III – As crenças propriamente totêmicas
*(continuação)* .................................................................... 183

**O sistema cosmológico do totemismo e a noção de gênero** ............ 183

I – As classificações das coisas por clãs, fratrias e classes ........... 183

II – Gênese da noção de gênero: as primeiras classificações de coisas emprestam seus quadros à sociedade. Diferenças entre o sentimento das semelhanças e a ideia de gênero. Por que esta tem origem social ................................................................. 187

III – Significado religioso dessas classificações: todas as coisas classificadas em um clã participam da natureza do totem e de seu caráter sagrado. O sistema cosmológico do totemismo. O totemismo como religião tribal .................................. 192

## Capítulo IV – As crenças propriamente totêmicas *(fim)* .......... 201

**O totem individual e o totem sexual** .............................................. 201

I – O totem individual como prenome; seu caráter sagrado. O totem individual como emblema pessoal. Vínculos entre a pessoa e seu totem individual. Relações com o totem coletivo .... 201

II – Os totens dos grupos sexuais. Semelhanças e diferenças com os totens coletivos e individuais. Seu caráter tribal ............... 210

**CAPÍTULO V** – Origem dessas crenças ............................................. 213

*Exame crítico das teorias* ........................................................ 213

I – Teorias que derivam o totemismo de uma religião anterior: do culto dos ancestrais (Wilken e Tylor); do culto da natureza (Jevons). Crítica dessas teorias ............................................. 214

II – Teorias que derivam o totemismo coletivo do totemismo individual. Origens atribuídas por essas teorias ao totemismo individual (Frazer, Boas, Hill-Tout). Paradoxo dessas hipóteses. Razões que demonstram a anterioridade do totem coletivo ................................................................. 219

III – Teoria recente de Frazer: o totemismo *concepcional* e local. Petição de princípio sobre a qual ela repousa. O caráter religioso do totem é negado. O totemismo local não é primitivo ..................................................................... 227

IV – Teoria de Lang: o totem seria apenas um nome. Dificuldades para explicar o caráter religioso das práticas totêmicas desse ponto de vista ..................................................... 231

V – Todas essas teorias explicam o totemismo apenas postulando noções religiosas que lhe antecederiam ............................. 234

**CAPÍTULO VI** – Origem dessas crenças (*continuação*) .................. 237

*A noção de princípio, ou* **mana** *totêmico, e a ideia de força* .......... 237

I – A noção de força ou princípio totêmico. Sua ubiquidade. Seu caráter ao mesmo tempo físico e moral ................................... 237

II – Concepções análogas em outras sociedades inferiores. Os deuses de Samoa. O *wakan* dos Sioux, o orenda dos Iroqueses, o *mana* na Melanésia. Relações dessas noções com o totemismo. O *Arùnkulta* dos Arunta ............................................. 240

III – Anterioridade lógica da noção de força impessoal sobre as diferentes personalidades míticas. Teorias recentes que tendem a admitir essa anterioridade ............................................. 248

IV – A noção de força religiosa é o protótipo da noção de força em geral ............................................................................... 254

**Capítulo VII** – Origem dessas crenças (*fim*) ............................. 257

*Gênese da noção de princípio ou* **mana** *totêmico* ..................... 257

I – O princípio totêmico é o clã, mas pensado sob formas sensíveis ............................................................................................ 257

II – Razões gerais pelas quais a sociedade está apta a despertar a sensação do sagrado e do divino. A sociedade como potência moral imperativa; a noção de autoridade moral. A sociedade como força que eleva o indivíduo acima de si mesmo. Fatos que provam que a sociedade cria o sagrado ............... 258

III – Razões particulares às sociedades australianas. – As duas fases pelas quais a vida dessas sociedades passa alternadamente: dispersão, concentração. – Grande efervescência coletiva durante os períodos de concentração. Exemplos. – Como a ideia religiosa nasceu dessa efervescência.
Porque a força coletiva foi pensada sob as formas do totem: o totem é o emblema do clã. – Explicação das principais crenças totêmicas ............................................................... 267

IV – A religião não é um produto do medo. Ela exprime algo real. Seu idealismo essencial. Esse idealismo é uma característica geral da mentalidade coletiva. Explicação da experioridade das forças religiosas em relação a seus substratos. Do princípio segundo o qual *a parte vale o todo* ................................... 277

V – Origem da noção de emblema: o emblematismo, condição necessária das representações coletivas. Porque o clã tomou seus emblemas emprestados do reino animal e do reino vegetal ........................................................................................ 283

VI – Da tendência do primitivo a confundir os reinos e as classes que distinguimos. Origens dessas confusões. Como elas retardaram a via das explicações científicas. Elas não excluem a tendência à distinção e à oposição ......................................... 288

CAPÍTULO VIII – A noção de alma .................... 295

I – Análise da ideia de alma nas sociedades australianas .......... 295

II – Gênese dessa noção. A doutrina da reencarnação segundo Spencer e Gillen: ela implica que a alma é uma parcela do princípio totêmico. Exame dos fatos relatados por Strehlow; eles confirmam a natureza totêmica da alma .................... 302

III – Generalidade da doutrina da reencarnação. Fatos diversos em apoio da gênese proposta .................... 314

IV – A antítese da alma e do corpo: o que ela tem de objetivo. Relações da alma individual e da alma coletiva. A ideia da alma não é cronologicamente posterior à ideia de *mana* ..... 320

V – Hipótese para explicar a crença na sobrevivência .................... 325

VI – A ideia de alma e a ideia de pessoa; elementos impessoais da personalidade .................... 327

CAPÍTULO IX – A noção de espíritos e de deuses .................... 331

I – Diferença entre a alma e o espírito. As almas dos ancestrais míticos são espíritos, tendo funções determinadas. Relações entre o espírito ancestral, a alma individual e o totem individual. Explicação deste último. Sua significação sociológica ... 331

II – Os espíritos da magia .................... 340

III – Os heróis civilizadores .................... 342

IV – Os grandes deuses. Sua origem. Sua relação com o conjunto do sistema totêmico. Seu caráter tribal e internacional ........ 344

V – Unidade do sistema totêmico .................... 356

LIVRO III – AS PRINCIPAIS ATITUDES RITUAIS .................... 359

CAPÍTULO I – O culto negativo e suas funções.
Os ritos ascéticos .................... 361

I – O sistema de interditos. – Interditos mágicos e religiosos. Interditos entre coisas sagradas de espécies diferentes. Interditos entre sagrado e profano. – Estes fundamentam o culto negativo. – Principais tipos desses interditos; sua redução a dois tipos essenciais .................................................. 362

II – A observação dos interditos modifica o estado religioso dos indivíduos. Casos em que essa eficácia é particularmente aparente: as práticas ascéticas. Eficácia religiosa da dor. Função social do ascetismo .................................................. 372

III – Explicação do sistema de interditos: antagonismo do sagrado e do profano, contagiosidade do sagrado ........................ 381

IV – Causas dessa contagiosidade. Ela pode apenas ser explicada pelas leis da associação das ideias. Ela resulta da exterioridade das forças religiosas em relação a seus substratos. Interesse lógico dessa propriedade das forças religiosas .................. 385

**CAPÍTULO II – O culto positivo** .................................................. 391

*I – Os elementos do sacrifício* .................................................. 391

A cerimônia do *Intichiuma* nas tribos da Austrália central. Formas diversas que ela apresenta .................................................. 393

I – Forma Arunta. Duas fases. Análise da primeira: visita aos lugares santos, dispersão da poeira sagrada, efusões de sangue etc., para garantir a reprodução da espécie totêmica ..... 393

II – Segunda fase: consumo ritual da planta ou do animal totêmico .................................................. 399

III – Interpretação da cerimônia completa. O segundo rito consiste em uma comunhão alimentar. Razão dessa comunhão ...... 402

IV – Os ritos da primeira fase consistem em oblações. Analogias com as oblações sacrificiais. O *Intichiuma* contém, portanto, os dois elementos do sacrifício. Interesse desses fatos para uma teoria do sacrifício .................................................. 406

V – Do caráter supostamente absurdo das oblações sacrificiais. Como elas se explicam: dependência dos seres sagrados em relação aos seus fiéis. Explicação do círculo no qual o sacrifício parece se mover. Origem da periodicidade dos ritos positivos .................................................. 411

## SINOPSE DOS TEMAS | 531

**CAPÍTULO III** – O culto positivo *(continuação)* .................. 419

  *II - Os ritos miméticos e o princípio da causalidade* .................. 419

  I – Natureza dos ritos miméticos. Exemplos de cerimônias em que eles são empregados para garantir a fecundidade da espécie .................. 419

  II – Eles repousam sobre o princípio: *o semelhante produz o semelhante*. Exame da explicação que a escola antropológica fornece acerca deles. Razões para que se imite o animal ou a planta. Razões que fazem com que se atribua a esses gestos uma eficácia física. A fé. Em qual sentido ela está fundada sobre a experiência. Os princípios da magia nasceram na religião .................. 424

  III – O princípio precedente considerado como um dos primeiros enunciados do princípio de causalidade. Condições sociais das quais este depende. A ideia de força impessoal, de poder, tem origem social. A necessidade do julgamento causal explicado pela autoridade inerente aos imperativos sociais .................. 431

**CAPÍTULO IV** – O culto positivo *(fim)* .................. 439

  *III - Os ritos representativos ou comemorativos* .................. 439

  I – Ritos representativos com eficácia física. Suas relações com as cerimônias anteriormente descritas. A ação que produzem é totalmente moral .................. 440

  II – Ritos representativos sem eficácia física. Eles confirmam os resultados precedentes. O elemento recreativo da religião: sua importância; suas razões de ser. A noção de festa .................. 445

  III – Ambiguidade funcional das diferentes cerimônias estudadas; elas se substituem umas às outras. Como essa ambiguidade confirma a teoria proposta .................. 453

**CAPÍTULO V** – Os ritos piaculares e a ambiguidade da noção do sagrado .................. 459

  Definição do rito piacular .................. 459

  I – Os ritos positivos do luto. Descrição desses ritos .................. 460

II – Como eles se explicam. Eles não são uma manifestação de sentimentos privados. A maldade atribuída à alma do morto tampouco é capaz de explicá-los. Eles estão atrelados ao estado de espírito no qual o grupo se encontra. Análise desse estado. Como ele termina com o luto. Transformações paralelas na maneira pela qual a alma do morto é concebida ...... 467

III – Outros ritos piaculares: em decorrência de um luto público, de uma colheita insuficiente, de uma seca, de uma aurora austral. Raridade desses ritos na Austrália. Como eles se explicam .................................................................................... 474

IV – As duas formas do sagrado: o puro e o impuro. Seu antagonismo. Seu parentesco. Ambiguidade da noção do sagrado. Explicação dessa ambiguidade. Todos os ritos apresentam a mesma característica ............................................................... 481

**Conclusão** ............................................................................................. 489

Em que medida os resultados obtidos podem ser generalizados ... 489

I – A religião apoia-se em uma experiência bem fundada, mas não privilegiada. Necessidade de uma ciência para apreender a realidade que essa experiência funda. Qual é essa realidade: os agrupamentos humanos. Sentido humano da religião. Da objeção que opõe a sociedade ideal à sociedade real.
Como se explicam, nessa teoria, o individualismo e o cosmopolitismo religioso ............................................................... 490

II – O que há de eterno na religião. Do conflito entre a religião e a ciência; ele se refere unicamente à função especulativa da religião. O que essa função parece instada a se tornar .......... 501

III – Como a sociedade pode ser uma fonte de pensamento lógico, ou seja, conceitual? Definição do conceito: não se confunde com a ideia geral; caracteriza-se por sua impessoalidade, sua comunicabilidade. Ele tem uma origem coletiva. A análise de seu conteúdo testemunha no mesmo sentido. As representações coletivas como noções-tipos às quais os indivíduos participam. Da objeção segundo a qual elas seriam apenas impessoais com a condição de serem verdadeiras. O pensamento conceitual é contemporâneo da humanidade ............. 506

IV – Como as categorias exprimem coisas sociais. A categoria por excelência é o conceito de totalidade que só pode ser sugerido pela sociedade. Porque as relações que exprimem as categorias só podiam se tornar conscientes na sociedade. A sociedade não é um ser alógico. Como as categorias tendem a se separar dos agrupamentos geográficos determinados.

Unidade da ciência, por um lado, da moral e da religião, por outro. Como a sociedade justifica essa unidade. Explicação do papel atribuído à sociedade: sua potência criadora. Repercussões da sociologia sobre as ciências humanas .............. 514

# Índice onomástico

Achelis, Thomas, 280
Achimastos, Myron, 13-14, 61, 427, 447
Alexander, Jeffrey, 18, 20-22
Aristóteles, 35, 198

Bachofen, Johann Jakob, 32
Baciocchi, Stéphane, 15, 22
Barnwell, Ashley, 22
Barth, Auguste, 57, 59-60
Basedow, Herbert, 318
Bates, Daisy May, 145
Bellah, Robert, 20, 21
Berchon, Ernest, 286
Bergaigne, Abel, 61, 62
Beuchat, Henri, 280, 417
Birrell, Susan, 21
Bischofs, Joseph, 315
Bloor, David, 21
Boas, Franz, 123, 148, 152, 154, 156, 176-177, 189-190, 202-204, 219-220, 223, 226, 239, 243, 316

Bogoras, Waldemar, 253
Bollack, Jean, 10
Bourdieu, Pierre, 22
Bourke, John Gregory, 152
Boutroux, Émile, 495
Bréal, Michel, 102, 107-108, 112
Bridgman, George, 184, 192
Brinton, Daniel Garrison, 94, 203, 205
Bruno, Alessandro, 253
Buda. *Ver* Sidarta Gautama.
Burnouf, Eugène, 57-59
Bussell, John Garret, 473

Caillé, Allain, 22
Casalis, Eugène, 154, 172, 180
Catlin, George, 176, 202, 208
Charlevoix, Pierre-François-Xavier de, 149-150, 202, 205, 210
Cícero, 136
Clement, Emile, 423
Clodd, Edward, 252

Codrington, Robert Henry, 69-70, 73, 88, 92, 97, 205, 215, 244, 248, 254-255, 266, 319, 338, 387

Coenen-Huther, Jacques, 18

Collins, David, 151-152

Collins, Randall, 21

Comte, Auguste, 255, 502

Cuchet, Guillaume, 15

Culin, Stewart, 450

Curr, Edwaerd Micklethwaite, 137, 141, 143, 145, 170, 184-185, 187, 192-195, 198, 314, 318, 334, 345, 423, 476-477

Cushing, Frank Hamilton, 38, 121, 123

Dall, William Healey, 123

De Launay, Marc, 10

Dodge, Richard Irving, 150

Dorsey, James Owen, 97, 121, 123, 150, 153, 163, 166, 172, 189, 203-204, 208, 226, 241-243, 245, 249, 302, 319

Durkheim, Émile, 9, 10, 11-15, 18-19, 21, 37, 147, 184, 187, 191, 196, 264, 516

Etzioni, Amitai, 21

Eyre, Edward John, 124, 332, 345, 397, 463-464, 475-476, 482

Fernandes, Florestan, 20

Fewkes, Jesse Water, 152

Fischer, Gene, 22

Fish, Jonathan, 22

Fison, Lorimer, 73, 121, 123, 140, 143, 149, 154, 168, 184-185, 189, 192, 194, 197, 210-212, 233, 317, 341, 344

Fletcher, Alice Cunningham, 203, 208, 219, 223, 226, 241-242, 245, 249, 254, 387

Fournier, Marcel, 13

Frazer, James George, 49, 56, 65, 66, 121, 122-123, 125-127, 137-139, 146, 149, 152, 169, 172, 201, 204-206, 211, 215, 219, 220-223, 227-232, 234, 240, 253, 298, 319, 339, 362, 366, 384, 405, 409, 424-426, 430, 493

Fustel de Coulanges, Numa Denis, 78

Gallatin, Albert, 121

Gason, Samuel, 89, 314, 345, 423, 476-478

Gephart, Werner, 22

Giannotti, Arthur, 10

Gillen, Francis James, 56, 69, 87, 90, 93, 123-125, 129, 137-138, 140-142, 144-145, 151, 153-165, 168-172, 174-175, 177-179, 181, 190, 194, 196-197, 199-200, 211, 227-228, 230-231, 247-248, 267-271, 286, 296-298, 300-301, 303-312, 318, 323, 332-337, 340-346, 352, 365-370, 373-374, 377-378, 382-383, 385, 391-393, 395-402, 420-422, 439-449, 453-455, 460-469, 474, 476, 481-482

Grey, Georges, 120, 137, 149, 170, 172, 247, 464, 473

Grimm, Jacob, 101

Grimm, Wilhelm, 101

Gruppe, Otto, 102, 109

Haddon, Alfred Cort, 189, 202, 209, 228

Hagelstange, Alfred, 453
Hamelin, Octave, 35, 37
Hartland, Edwin Sidney, 122, 211, 225, 230, 350
Hearne, Samuel, 149
Heckewelder, John Gottlieb Ernestus, 151, 202, 207-208
Henderson, John, 345
Hertz, Robert, 38, 102, 188, 473
Hewitt, John Napoleon Brinton, 149, 243, 248-249, 254
Hild, Joseph Antoine, 333
Hill-Tout, Charles, 123, 151, 177, 202-205, 208, 209-210, 219-220, 223-226
Hodge, Frederick Webb, 147, 149
Homero, 102
Howitt, Alfred William, 69, 89, 121, 123, 125, 129, 137-141, 143-144, 146, 149, 153-154, 167-168, 170, 172, 177, 180, 184-189, 192-195, 197, 202, 204-206, 208, 210-212, 223-226, 233, 239, 267-269, 286, 301-302, 314, 317-318, 334, 340-350, 352-355, 365-369, 373-374, 377-378, 383-384, 397-398, 423, 462-464, 470, 475-476, 482
Hubert, Henri, 21, 36, 62, 66, 69-70, 72, 244, 248, 252, 276, 372, 375, 403, 406, 424-425, 431, 456

James, William, 491-492, 507, 515
Jevons, Frank Byron, 54-55, 78, 90, 217-218, 220, 234, 384, 386, 468
Joas, Hans, 16, 22
Jones, Susan Stedman, 17-18, 21

Kant, Immanuel, 37, 329, 520
Kempe, Hermann, 157, 410

Kern, Johan Hendrik Caspar, 57-59
Klaatsch, Hermann, 125, 140
Krause, Aurel, 123, 148, 150-152, 316
Krichauff, Friedrich Eduard Heinrich Wolf, 410
Kruijt, Albertus Christiaan, 339
Kuhn, Adalbert, 102-103
Kuhn, Ernst, 102

Lacassagne, Alexandre, 286
Lang, Andrew, 78, 89, 94, 143-144, 205, 215, 228, 230-234, 244, 349-350
Launay, Marc de, 10
Leibniz, Gotthold Wilhelm, 52, 328-329
Lévi-Strauss, Claude, 16-17, 19, 21
Lévy-Bruhl, Lucien, 288-289, 292, 324, 429, 513
Lombroso, Cesare, 286
Long, John, 120, 138
Lukes, Steven, 15

Mac Lennan, John Ferguson, 32, 120, 122
Mannhardt, Wilhelm, 63, 101, 122
Marett, Robert Ranulph, 251-252
Marillier, Léon, 302
Massella, Alexandre Braga, 21
Mathew, John, 125, 143, 145, 189
Mathews, Robert Hamilton, 123, 144, 160, 185-186, 193, 195, 207, 211-212, 225, 227, 301, 309, 314, 318, 334, 341, 346-347, 348-349, 354-355, 365, 383
Mathiez, Albert, 266, 267
Maudsley, Henry, 282

Mauss, Marcel, 13, 15, 21, 24, 36-38, 66, 70, 72, 147, 184, 187, 191, 196, 244, 248, 252, 276-277, 280, 361, 372-373, 375, 403, 406, 417, 424-425, 431, 456, 516

Maximilan de Wied, Alexander Philipp (Príncipe), 319

Meillet, Antoine, 109-110

Menger, Pierre-Michel, 22

Merllié, Dominique, 12

Merton, Robert, 16

Meyer, Heinrich Edward August, 168, 204, 300, 350, 400-401

Miller, William Watts, 18, 21, 22, 24

Mindeleff, Victor, 123

Montero, Paula, 16, 24

Morgan, Lewis Henry, 32, 121, 122, 137, 147, 176, 189, 226

Moura, Carlos Alberto Ribeiro de, 10

Müller, Friedrich Max, 51, 59, 78, 102-110, 112-113, 116

Müller, Johann Georg, 152

Negrioli, Augusto, 73, 333

Neves, Paulo, 10, 70, 72, 244, 248, 252, 277, 280, 417, 424-425, 431

Oldenberg, Hermann, 57, 59-60, 110

Oliveira, Márcio de, 15, 20, 361

Oxley, John, 151

Palmer, Edward, 145-146, 184, 370

Paoletti, Giovanni, 15

Parkinson, Richard Heinrich Robert, 244

Parsons, Talcott, 16-17, 19

Paugam, Serge, 22

Perdrizet, Paul, 98

Pereira, Miguel Serras, 10

Pereira Neto, Joaquim, 10

Pickering, William, 15, 18-22

Pikler, Julius, 232, 258

Plínio, "o Velho", 460

Pope, Withney, 17

Powell, John Wesley, 121, 150, 205-206, 226

Preller, Ludwig, 333

Preuss, Konrad Theodor, 56, 252-254, 282, 324, 376, 388, 493

Procópio de Gaza, 286

Queiroz, José Benevides, 15, 17

Rappaport, Roy, 21

Rasles, Sébastien, 202

Ratzel, Friedrich, 38

Rawls, Anne Warfield, 21

Renan, Ernst, 103

Réville, Albert, 55, 94, 97, 120, 362

Richard, Gaston, 362

Riley, Alexander Tristan, 22

Rivarol, Antoine de, 262

Robertson Smith, William, 73, 94, 122, 154, 402-403, 406-408, 410, 478-480, 482-484

Rodrigues, José Albertino, 10

Rodrigues, Laura Natal, 10

Rosati, Massimo, 13, 18-22

Roth, Walter Edmund, 93, 145, 168, 180, 202, 208, 296-300, 313, 315, 319, 332, 334, 340-341, 370-371, 385, 450, 462-465, 481-482

## ÍNDICE ONOMÁSTICO | 539

Sabatier, Auguste, 73

Sagard, Gabriel, 202

Sakyamuni. *Ver* Sidarta Gautama.

Samter, Ernst, 333

Schilling, Chris, 22

Schmaus, Warren, 17, 21

Schmidt, Wilhelm (Padre), 78, 230, 350, 354

Schoolcraft, Henry Rowe, 137, 149, 151, 153, 166, 176, 319

Schultze, Fritz, 65

Schwartz, Barry, 21

Schwartz, Friedrich Lebrecht Wilhelm, 102

Sidarta Gautama, 57-59

Sigaud, Lygia, 20

Smith, Erminnie Adele, 150, 176

Smith, Henry Quincy, 314

Smith, James, 318

Smith, William Robertson, 73, 94, 122, 154, 384, 402-403, 406-408, 410-411, 413, 478-480, 482-484

Smyth, Robert Brough, 143-144, 151, 184, 192, 269, 296, 318, 345-347, 349, 351, 353, 460, 463-464, 468, 482

Spencer, Baldwin, 56, 123

Spencer, Herbert, 51, 83, 345

Stanbridge, William Edward, 463

Steiner, Philippe, 22

Steinthal, Heymann, 39, 102

Stevenson, Matilda Coxe, 123

Stewart, Duncan, 185

Stirling, Edward Charles, 123, 450

Stoll, Otto, 262-263

Stone, Gregory, 21

Strehlow, Carl, 87, 89, 124-125, 139-140, 142, 151, 156-162, 165, 168-169, 171-172, 175, 180, 189, 194, 196-197, 228, 230, 247-248, 288, 297-303, 306-314, 317-318, 323, 327, 332-338, 340-341, 343, 346, 352, 353, 382, 391, 396, 399, 402, 405, 409, 421, 423, 439-440, 443, 445, 449, 454, 470, 481, 538

Swain, Joseph Ward, 13, 27

Swanton, John Reed, 123, 148, 150-152, 154, 177, 187, 189, 219, 243, 316

Szomlò, Felix, 232


Taplin, George, 137, 141, 167, 170-171, 175, 180, 301, 314, 340, 345-348, 350-351, 368, 385, 483

Tarot, Camille, 15, 21

Teza, Emilio, 243

Thavenet, Jean Baptiste, 243

Thévenot, Jean de, 286

Theal, George Mccall, 215

Thomas, Northcote Whitridge, 124, 129, 143, 189, 209, 225, 230, 287, 318, 350

Thompson, Kenneth, 21

Tiryakian, Edward, 18

Treager, Edward, 323

Turner, Victor, 21, 241, 338

Tylor, Edward Burnett, 56, 78-83, 85, 89-90, 98, 109, 122, 150, 205-206, 214-217, 229, 234, 319-320, 349-350, 425


Usener, Hermann, 78, 251

Valade, Bernard, 18
Van Gennep, Arnold, 177, 384
Visser, Marinus Willem de, 98
Von den Steinen, Karl, 319
Von Leonhardi, Moritz Freiherrn, 124, 160, 318, 399

Waitz, Theodor, 350
Warneck, Gustav, 339
Westermarck, Edward Alexander, 95
Whitnell, John Gregory, 423
Wilken, George Alexander, 214, 221
Wilson, John Leighton, 89
Windelband, Wilhelm, 39
Woods, James Dominick, 167-168, 170-171, 175, 204, 206, 300-301, 340, 345-348, 350-351, 368, 385, 400-401, 483
Wundt, Wilhelm, 215-217
Wyatt, William, 168, 340, 368, 383

# Mapa etnográfico da Austrália

*Os nomes das tribos estão indicados em caracteres itálicos maiúsculos*[*]

---

[*]. Na primeira edição da obra, o mapa aqui reproduzido encontra-se no início do livro. (N.T.)

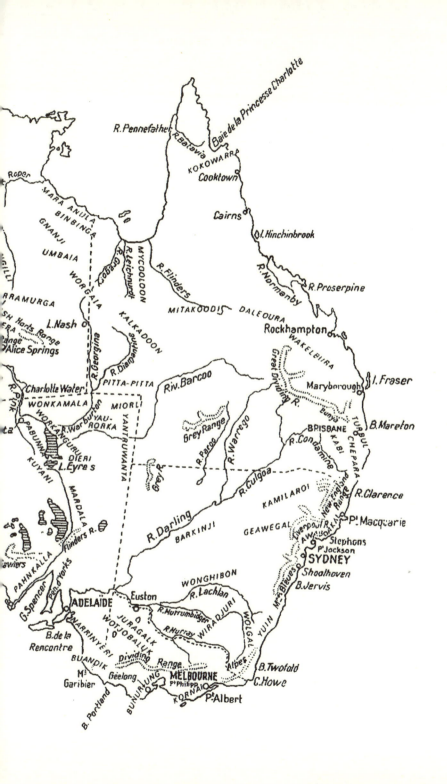

Este livro foi impresso pela BMF Gráfica e Editora
em fonte Minion Pro sobre papel Pólen Soft 70 g/m²
para a Edipro.